Richard G. Powers
Die Macht im Hintergrund

Richard G. Powers

Die Macht im Hintergrund

J. Edgar Hoover und das FBI

verlegt bei Kindler

Titel der Originalausgabe:
Secrecy and Power

Aus dem Amerikanischen von
Ute Mäurer
Tübingen

Redaktion
Dr. Brigitta Neumeister-Taroni
Zürich

Umschlaggestaltung: Graupner + Partner, München
Satzarbeiten: Compusatz GmbH, München
Druck und Aufbindung: May & Co, Darmstadt
Printed in Germany
ISBN 3-463-40088-X

2 4 5 3 1

Inhalt

Für
Eileen, Sarah und Evelyn

Prolog

Die Macht im Hintergrund

Die FBI-Zentrale J. Edgar Hoovers mit ihren tief hinter massive Fensterstürze zurückgezogenen Scheiben scheint argwöhnisch die Pennsylvania Avenue hinab zum Capitol und zum Justizministerium auf der gegenüberliegenden Straßenseite zu spähen. Einen Überblick über den Grundriß des Gebäudekomplexes verwehren schwere Barrieren aus Stein und Metall. Zwischen den schützenden Säulen und hinter den steil aufragenden Mauern verhüllen dunkle Schatten all jene unheimlichen Aktivitäten, deren wahren Charakter Außenstehende nur erahnen können. Die wuchtige FBI-Zentrale ist ein Denkmal aus Beton für den Mann, der das Federal Bureau of Investigation (Bundeskriminalamt der Vereinigten Staaten) achtundvierzig Jahre lang leitete. Hoover stand dem Bureau so lange vor, daß er wie ein erratischer Block in der politischen Landschaft Washingtons wirkte. Seine Gesichtszüge – das bullige Gesicht, die kleinen, zwinkernden Augen, die zusammengepreßten Kiefer, die eingedrückte Nase – waren so markant, daß jeder nicht besonders begabte Karikaturist mit wenigen Federstrichen ein erkennbares Porträt entwerfen konnte. Es war ein Gesicht, das ein selbstsicheres Bewußtsein von Macht ausstrahlte. Die wachsamen Augen blickten, als wüßten sie auch um die schlechtesten Seiten der menschlichen Natur und erwarteten, immer wieder damit konfrontiert zu werden. Die grimmige Miene war die eines Mannes, der alles Böse gesehen und gehört hatte und auf den man zählen konnte, wenn es darum ging, die Nation vor jedwelchem Unheil zu warnen, das sie bedrohen könnte.

Als Chef der Vollstreckungsbehörde des Bundes und Hüter der inneren Sicherheit verkehrte Hoover in den innersten Zirkeln der mächtigsten

Regierungskreise und trug während der größten politischen Krisen und nationalen Notsituationen entscheidende Verantwortung. Das von ihm geleitete Bureau war mächtig, effizient und völlig seinem Willen unterworfen, und nach und nach verließen sich darauf sowohl Präsidenten als auch die Öffentlichkeit, wenn immer unter heikelsten und schwierigsten Bedingungen entschlossenes, wirkungsvolles Handeln erforderlich war.

Zu seinen Lebzeiten waren der Mann und das Bureau von einem Mantel des Schweigens umgeben, der nur nach Bedarf und streng selektiv ein wenig gehoben wurde, und von so gewaltiger Macht beschützt, daß nur wenige den Versuch wagten, tiefer einzudringen und mehr darüber herauszubekommen. Die gesammelten und gelagerten Geheimnisse – die Akten über Kommunisten und Spione, die vielen hundert Millionen Fingerabdrücke, die Dossiers über die Großen und Berühmten – vermochten, so wurde gemunkelt, all seine Kritiker zum Schweigen zu bringen und seine Feinde zu vernichten. Für alle, die darin eine Bedrohung der politischen Freiheit sahen, war Hoovers geheime Macht eine beängstigende Erscheinung für die Nation.

Auf der anderen Seite aber machte gerade diese Macht im Hintergrund, die für manche Amerikaner so beängstigend war, Hoover für viele andere, und vielleicht sogar für die Mehrheit, zum Helden. Hoovers eindrucksvolle Persönlichkeit gab vielen Amerikanern ein Gefühl von Stabilität und Sicherheit, denn in ihm fanden sie all die traditionellen Elemente vereint, die sie mit der Vergangenheit verbanden: Religiosität, Patriotismus, Fortschrittsglaube und eine rationale Moral. Hoover anzugreifen hieß nichts anderes, als Amerika schlechthin anzugreifen. Millionen von Amerikanern waren davon überzeugt, daß einzig Hoovers Macht im Hintergrund zwischen ihnen und den bösen Mächten stand, die darauf aus waren, ihre Lebensweise zu zerstören.

Hoovers Kreuzzug gegen Verbrecher und Kommunisten in den dreißiger und vierziger Jahren machte ihn zum Helden der Nation; durch sein unwandelbares Eintreten für traditionelle Moralvorstellungen wurde er zu einer unangreifbaren politischen Institution. Anläßlich seiner Beisetzungsfeierlichkeiten bezeichnete Nixon ihn in seiner Grabrede als »einen der Männer, die Moral, Sitten und Meinungen dieser Nation entscheidend beeinflußt haben«. Der FBI-Direktor betrachtete es unter anderem auch als seine Aufgabe, die Amerikaner über die Bedeutung von Familiensinn, Kirchgang und Achtung vor der Autorität zu belehren; dies seien, so verkündete er, die einzig wirksamen Waffen gegen Verbrechen und Umsturz. Alle Ideen, die die moralische Bedeutung des privaten oder öffentlichen Verhaltens herabzusetzen drohten, kritisierte er heftig. Wo und vor wem er auch öffentlich sprach, immer trat er als aggressiver Verteidiger traditioneller Werte und Sitten auf. Hoovers Ruf beruhte auf einer komplexen Mischung von Tatsachen, Legenden, Geheimnissen *und* endlosen Moralpredigten, und die Öffentlichkeit lohnte es ihm mit immer mehr Macht, die er länger als jede andere politische Persönlichkeit in der Geschichte Amerikas behalten konnte.

Von allen Geheimnissen hütete Hoover jene um seine Person und seine Behörde am strengsten. Er war Direktor der vielleicht mächtigsten Behörde der Nation, und sein Einfluß und sein Einblick reichten weit in Regierung und Gesellschaft hinein, aber es gelang ihm, alle Versuche von Außenstehenden abzublocken, sich ein eigenes Bild davon zu machen, was er tat und wie er es tat, was er wußte und auf welchem Weg er es erfahren hatte. Ein halbes Jahrhundert strengster Abgeschiedenheit machten ihn zu einer rätselhaften, mysteriösen Gestalt, die bei vielen unterschwellige Befürchtungen auslöste. Legenden rankten sich um seine Person, und Gerüchte und geradezu abergläubische Vorstellungen wurden mit ihm verknüpft. Präsidenten, Kongreßabgeordnete, Justizminister und die Öffentlichkeit wußten über Hoover und das Bureau nur gerade das, was er sie wissen lassen wollte.

Erst mit seinem Tod nahmen der Mann und sein Bureau wieder menschliche Proportionen an. Untersuchungen und Enthüllungen beraubten das Bureau aller Verschleierungsmöglichkeiten. Jetzt floß ein wahrer Strom von Aufzeichnungen aus den Akten, die belegten, wie das Bureau gegen bürgerliche Freiheitsrechte verstoßen hatte. Die offiziell anerkannte Version von Hoovers Karriere wurde einschneidend korrigiert und seine Geschichte in eine Fallstudie darüber verwandelt, was geschieht, wenn überbordende bürokratische Macht aus den Fugen gerät. Wie immer bleibt der letzte Eindruck erhalten, und so erinnerte man sich bald nur noch an Hoovers illegale Überwachungsmethoden und seine heimlichen Angriffe gegen Vertreter mißliebiger Ideen und Überzeugungen. Die Trümmer seines Rufes begruben den

Mann selbst noch tiefer und mit ihm die Kräfte, die ihn hervorgebracht hatten.

Die Welt, in der Hoovers Wirken begonnen hatte, war schon vor seinem Tod in die Vergangenheit entschwunden. Seine Familie, die Kirche und die Schule, die er besucht hatte, und auch die Freunde waren nicht mehr da, und im Schatten seines späteren Ruhmes untergegangen und auch längst vergessen waren die ersten Triumphe und Niederlagen, aus denen er gelernt hatte, was politisch möglich war und was nicht, die großen nationalen und internationalen Umwälzungen, die ihm die erste Chance gegeben hatten, sich mit dem Kommunismus auseinanderzusetzen. Wenn Präsidenten und die Öffentlichkeit Hoover lauschten, hörten sie in seinen Worten nicht den Widerhall der Kämpfe aus vergangener Zeit, an die nur er allein sich erinnerte. Wenige wußten noch um die Lektionen der Vergangenheit, an die Hoover sich erinnerte, und ob er, wenn er das Wort *Kommunist* fauchte, Gus Hall und Chruschtschow und Castro meinte, oder ob er an Lenin und Trotzki und Emma Goldman zurückdachte. Ob er, wenn er über schwarze Radikale herzog, auf Rap Brown und Martin Luther King jun. anspielte, oder die ganze Reihe schwarzer Anführer meinte, beginnend mit Marcus Garvey, den ersten, den er vernichtet hatte. Oder ob er sich auf noch ältere Erinnerungen bezog, den Haß und die Angst im segregierten Washington seiner Jugend. Dachte er, wenn er vor seinen Anhängern eine seiner leidenschaftlichen Reden gegen die Kriminalität hielt, an Räuber und Plünderer in den Slums oder an Dillinger und »MG«-Kelly? Meinte er, wenn er über die Pseudoliberalen herfiel, die sich zur Verteidigung von Radikalen hergaben, Ramsey Clark und Robert Kennedy, oder kämpfte er immer noch mit Louis Post und Felix Frankfurter und jenen anderen Verteidigern der bürgerlichen Freiheitsrechte, die sich ihm 1919 und 1920 entgegengestellt hatten?

Überall und zu allen Zeiten leben die einzelnen Menschen in Wirklichkeit in verschiedenen Jahrhunderten und in verschiedenen geistigen und sozialen Bereichen, auch wenn sie rein äußerlich Zeitgenossen sind. Hoover hatte zeitlebens, auch als er im Zentrum der Hauptstadt der mächtigsten Nation der Welt lebte und arbeitete, eine unwandelbare Vorstellung von Amerika, die aus der Jahrhundertwende stammte: Amerika war für ihn eine kleine Gemeinschaft gleichgesinnter Nachbarn, die stolz sind auf ihre Leistungen, empört über jegliche Kritik daran und feindselig gegenüber jeder Veränderung. Als die Ideen und Vorstellungen der Massengesellschaft des 20. Jahrhunderts über das traditionelle Amerika hereinbrachen, alte Werte umstießen, alte Sitten verwarfen und alte Führungspersönlichkeiten absetzten, sahen all jene Amerikaner, die die totale Auflösung ihrer Gesellschaftsform befürchteten, in Hoover einen Mann, der ihre Sorge verstand und ihren Zorn teilte, einen mächtigen Verteidiger, der ihr Amerika der Erinnerung gegen eine Welt fremder Mächte, unverständiger Menschen und gefährlicher Ideen beschützte.

Wenn Hoover am Ende seines Lebens gegen die ewigen Feinde der Republik donnerte – gegen Verbrecher, Kommunisten und ihre Sympathisanten –, hatten seine Worte für sie die ehrfurchteinflößende Wirkung jener Predigten, mit denen einst Gottes Zorn auf die Sünder herabgerufen wurde und die einen noch immer erschauern lassen. Aber jenes Amerika, das Hoover als Maßstab benutzte, um die moderne Welt zu beurteilen, und aus dem er die Kraft seiner leidenschaftlichen Überzeugungen zog, war verschwunden, bevor die meisten Amerikaner der sechziger und siebziger Jahre geboren waren. Die Suche nach dem Ursprung von Hoovers Gedanken, seinen Gefühlen und Zielen, wenn er Präsidenten trotzte und Kommunisten verfolgte, die Suche nach den Wurzeln seines wilden Eifers und seiner Entschlossenheit, die ihn an soviel Macht solange festhalten ließen, führt zurück in das Washington der Jahrhundertwende, an einen kleinen Platz wenige Blocks hinter dem Capitol, wo J. Edgar Hoovers Geschichte begann.

Kapitel 1

Die Hoovers vom Seward Square

> Als Kind wurden mir einige grundlegende Überzeugungen beigebracht. Zyniker mögen darüber spotten. Ich lernte, kein Buch jemals über die Bibel zu stellen. In meiner Jugend wurde den Kindern noch die Bedeutung des Sternenbanners beigebracht, und sie wurden angehalten, es als Symbol des Lebens, der Freiheit und der Gerechtigkeit gegen jede Entweihung zu verteidigen.
>
> Hoover, 9. November 1959,
> Austin, Texas

Drei Blocks hinter dem Capitol, wo North Carolina Avenue und Pennsylvania Avenue sich kreuzen, liegt ein großer, offener Platz, umrahmt von würdigen, soliden viktorianischen Häusern. Sie erinnern noch an die Vornehmheit, die Achtbarkeit und den ausgeprägten Sinn für den äußeren Schein, die sie vor einem Jahrhundert entstehen ließen. Doch im Westen hat sich eine Tankstelle zwischen sie gedrängt, und der südliche Abschluß des Platzes wird durch eine moderne Kirche aus Ziegeln und Beton im pseudo-neoromanischen Stil unterbrochen.[1] Der Rasen ist ungepflegt und zertrampelt; nur wenige Bäume kämpfen ums Überleben. Die Pennsylvania Avenue, die den Platz diagonal durchschneidet, wurde zu einer wichtigen Durchgangsstraße verbreitert, auf der der Strom der Pendler morgens zum Capitol und abends wieder zurückfließt. Die altmodischen Häuser sind dem endlosen Fluß des Verkehrs schutzlos preisgegeben. Der Platz selbst ist dem stetigen Wachstum der Stadt in der Mitte des 20. Jahrhunderts und der Forderung nach immer mehr Effizienz, Bequemlichkeit und Ordnung zum Opfer gefallen.

Um die Jahrhundertwende bildeten die Vierte und die Sechste Straße* mit dem nördlichen und südlichen Teil der »C«-Straße den Seward Square, enge Straßen mit Kopfsteinpflaster, schattenspendenden Bäumen und befestigten Gehwegen. Der Verlauf der Pennsylvania Avenue wurde nur durch die schmale Spur der Kutschenräder markiert, die sich, in der Mitte von einer Grasnarbe getrennt, zwischen den Bäumen hinzog. Sträucher und Bäume schirmten die Häuser gegen die Straßenbahnwagen ab, die auf der Avenue verkehrten.[2] Es war eine friedliche Gegend, in der schon seit Generationen die Familien der Regierungsbeamten wohnten. Stolz auf ihre Kirchen, ihre Schulen und ihren sicheren Platz im Staatsdienst, bildeten sie eine feste, selbstzufriedene Gemeinschaft und lebten in der Überzeugung, Erfolg und Wohlstand hätten bewiesen, daß ihre Lebensweise es wert sei, geachtet – und verteidigt zu werden.

Hier, am Seward Square 413, nur fünf Minuten zu Fuß entfernt vom Capitol, wo siebenundsiebzig Jahre später sein Leichnam feierlich aufgebahrt sein wird, wurde John Edgar Hoover am 1. Januar 1895 geboren. Dreiundvierzig Jahre wird er, als letzter einer langen Reihe von Hoovers, die am Seward Square gewohnt hatten, in diesem Haus leben und es erst 1938, nach dem Tod seiner Mutter, verlassen. Und wenn er sein Elternhaus verlassen wird, wird sich die Gegend, wie die Welt, die er seit seiner Kindheit kannte, verändert haben. Aber die Werte des alten Seward Square, jene Werte des südlichen, weißen, christlichen, kleinstädtischen Washington der Jahrhundertwende sollten ihn sein Leben lang begleiten.

Im Sommer 1912 trug Edgar die Chronik der Familie Hoover in sein Notizbuch ein. Er war siebzehn Jahre alt und stand kurz vor der Versetzung in die Abschlußklasse der Central High School. »Am 21. November 1857«, begann er, »wurde in der 6. St., N.W. Nummer [Auslassung] mein Vater, Dickerson N. Hoover, geboren. Meine Mutter, Annie M. Scheitlin, wurde am 12. Sep. 1861 in Wash., D.C. geboren. Am 17. Sep. 1879 um 8 Uhr heiratete Dickerson N. Hoover Annie M. Scheitlin in der Presbyterian Church an der Ecke B und

* Das Capitol gilt als Mittelpunkt Washingtons. Ein großes Straßenkreuz teilt die Stadt in vier Sektoren: North East (N.E.), North West (N.W.), South East (S.E.) und South West (S.W.). Straßen, die in Ost-West-Richtung verlaufen, werden mit einem Buchstaben (und der Angabe des Sektors) bezeichnet. Straßen, die in Nord-Süd-Richtung verlaufen, haben eine Nummer (und die Angabe des Sektors). (A. d. Ü.)

4 S.E. Der Tag war kühl, die Nacht wunderbar. Dr. Chester hielt den Traugottesdienst ab. Die Kirche war überfüllt; selbst an den Türen und auf der Treppe standen Menschen. Eine so große Hochzeit hatte es in Capitol Hill noch nie gegeben. Mein Vater war 22, meine Mutter 19.«[3]
Edgars Vater, Dickerson Naylor Hoover, wuchs im Nordwesten Washingtons auf, ungefähr drei Meilen entfernt vom Seward Square. Edgars Großvater, John Thomas Hoover, arbeitete in der Druckerei des United States Coast and Geodetic Survey. Dort verdiente Dickerson später seinen Lebensunterhalt als Graveur und wurde schließlich Leiter der Druckerei. In der Familie wurde überliefert, John Thomas Hoovers Vater, Edgars Urgroßvater, habe als Maurer beim Bau des Capitols mitgewirkt. J. Edgars Großmutter lebte mit ihrem jüngsten Sohn Halstead Hoover in der Gegend von Central High. Halstead blieb wie Edgar Junggeselle und lebte bei seiner verwitweten Mutter, bis sie starb.[4]
Annie Margaret Scheitlin, Edgars Mutter, wuchs am Seward Square auf, wo sich ihre Familie lange vor dem Sezessionskrieg niedergelassen hatte. Ihre Großeltern, John und Anna Hitz, waren um 1820 aus der Schweiz eingewandert. John Hitz war Bergbauingenieur und hatte in den Kupferbergwerken am Lake Superior sowie in den Goldminen von North Carolina gearbeitet. Im Jahre 1953 wurde Hitz, der sich in Washington niedergelassen hatte, Schweizer Konsul (damals der höchste diplomatische Rang der Schweizer Vetretung in diesem Land). Zwei seiner drei Kinder waren Edgars Großmutter, Margaret Scheitlin, und Edgars Großonkel, der nach seinem Vater John getauft worden war. Er übernahm 1864 den Posten seines Vaters, der in jenem Jahr zum Rang eines Generalkonsuls aufgewertet wurde. (Hitz und sein Vater besaßen vermutlich die amerikanische und die schweizerische Staatsbürgerschaft.) In Edgars Kindheit lebte Großmutter Scheitlin auf der anderen Seite des Platzes. Sie und Edgars Großonkel waren sonntags oft Gäste im Haus der Hoovers. Über die Scheitlinsche Linie war Edgar ein Cousin von William Hitz, dem Richter des Bundesbezirks Columbia, und entfernt verwandt mit Harold Burton, Richter am Obersten Bundesgericht der Vereinigten Staaten.[5]
Nach ihrer Hochzeit zogen Annie und Dickerson Hoover in ein Haus an der Sechsten Straße S.E. auf dem Capitol Hill, in der Nähe des Hauses, in dem Annies Mutter lebte. Und dort wurde, wie der junge Edgar in seinem Notizbuch vermerkte, »am Donnerstag, den 9. Sep.

1880, meinem Vater Dickerson N. und meiner Mutter Annie M. Hoover morgens um halb drei Dickerson N. Hoover, jun., geboren. Es war ein freundlicher Tag. Der Arzt hieß McKim. Er wurde in der 6. St. S.E. Nummer [Auslassung] geboren.«[6] Das war Edgars Bruder Dick, fünfzehn Jahre älter als er und bei vielen persönlichen und beruflichen Entscheidungen ein Vorbild für seinen jüngeren Bruder.

»Am Sonntag, den 12. Nov. 1882«, heißt es weiter in dem Notizbuch, »wurde meiner Mutter und meinem Vater um 10 Uhr morgens meine Schwester Lillian Humphrey Hoover geboren. Es war ein schöner Tag. Der Arzt hieß McKim. Sie wurde am Seward Square S.E. Nummer 414, im Haus ihrer Großmutter [Margaret Scheitlin], geboren.« Dorthin waren Hoovers Eltern gezogen, bevor sie das Haus direkt am gegenüberliegenden Ende des Parks kauften. Acht Jahre später, als die Familie endgültig in ihr Haus am Seward Square Nummer 413 übersiedelt war, kam zu dem zehnjährigen Dickerson jun. und der achtjährigen Lillian ein weiteres Kind hinzu: »Am Sonntag, den 2. Juni 1890, wurde meinem Vater und meiner Mutter um drei Uhr nachmittags Sadie Margeruite [*sic;* richtig »Marguerite«] geboren. Es war ein heißer, klarer Tag. Der Arzt hieß Mallan. Sie wurde am Seward Square S.E., Wash., D.C. geboren.«

Drei Jahre später starb Sadie während eines Sommerurlaubs an Diphtherie. Ihr Grab wurde eine Art Familienheiligtum. In seinem Tagebuch und seinen Briefen erwähnt Edgar, wie die Familie Ausflüge zum Friedhof machte, um das Gras auf dem Grab zu mähen.

Kaum anderthalb Jahre nach Sadies Tod, also nur acht Monate nach der Tragödie empfangen, wurde J. Edgar Hoover geboren. Der Eintrag in seinem Notizbuch lautet:

Am Sonntag, den 1. Januar 1895, wurde meinem Vater und meiner Mutter um halb acht Uhr morgens J. Edgar Hoover geboren. Es war ein kalter und schneereicher, aber klarer Tag. Der Arzt hieß Mallan. Ich wurde am Seward Sq. S.E., Wash., D.C. geboren. Im Sep. 1901 kam ich, sechsjährig, in die erste Klasse der Brent School, die ich im Juni 1909 als Vierzehnjähriger abschloß. Sitzengeblieben bin ich nie. Ich hatte in jeder Klassenstufe ein ordentliches Zeugnis und einen guten Ruf. Abgesehen von der siebten Klasse war ich all die Jahre an der Brent School. In der siebten Klasse ging ich an die Wallack School. In der achten Klasse wechselte ich an die Central High School. Meine besten Lehrer waren: Miss Dalton, 8. Klasse, eine gute Lady; sie förderte mich moralisch. Miss Snowden, 7. Klasse, sie förderte mich intellektuell. Miss Hinkle, 4. Klasse; sie verbesserte meine Disziplin und meine geistigen Fähigkeiten. Im ersten Jahr wurde ich als der fünftbeste Schüler mit einem Durchschnitt von 93,8 Prozent der zu erreichenden Punktzahl versetzt. Im zweiten Jahr wurde ich als drittbester mit einem Durchschnitt von 96 Prozent versetzt. Im dritten Jahr wurde ich als Klassenbester mit einem Durschschnitt von 95,8 Prozent versetzt.

Edgar war der angebetete und begabte Sohn liebender Eltern, die möglicherweise ihre Gefühle, am Tod der Tochter, jenes Kindes, das Edgar ersetzte, schuld zu sein, nie ganz überwinden konnten und sich Vorwürfe machten, weil sie mit ihr im Sommer nach Atlantic City gefahren waren, wo sie sich mit Diphtherie angesteckt hatte. Er war der zärtlich geliebte Bruder einer älteren Schwester und eines älteren Bruders, für die der Tod der dreijährigen Sadie wahrscheinlich auch ein Schock gewesen war. Der zukünftige Direktor des FBI war der Liebling der Familie, beschützt von ihrer Fürsorge und Liebe.

In Edgars Geburtsjahr lebte eine Viertelmillion Menschen in Washington, und jedes Jahr wurden es rund fünftausend mehr. Die Hälfte des Capitol Hill nördlich der East Capitol Street wurde mit neuen Häusern bebaut, während die Gegend südlich der East Capitol, wo auch Hoovers Seward Square lag, schon seit Jahrzehnten von den gleichen Familien bewohnt war. Mit ihren Bäumen und Gärten wirkte die Gegend wohlhabend und sicher. Die öffentlichen Schulen und protestantischen Kirchen, die den Bewohnern zur Verfügung standen, waren fest etabliert, und seit 1890 hatte der Bezirk auch eine eigene High School. Eastern High lag zu Hoovers Zeit einen Block entfernt vom Seward Square an der Kreuzung Pennsylvania Avenue und Siebte Straße S.E.

Mütterlicherseits war Edgars Familie ein wenig vornehmer als die Mehrzahl der rangniederen Regierungsbeamten in der Nachbarschaft. Ihrem Haus nach hätte man die Hoovers allerdings nicht zu den Reichsten gezählt. Die meisten Häuser am Seward Square waren dreistöckig und hatten Ziegel- oder Steinfassaden. Das der Hoovers dagegen war, wie das Nachbarhaus, das Dickerson jun. später kaufen würde, ein bescheidenes zweistöckiges Holzhaus, weiß getüncht, mit schwarz gestrichenen Balken und Fensterläden. Annie Hoover hatte,

wie fast alle weißen Hausfrauen in Washington, ein schwarzes Hausmädchen, das jeden Tag kam und beim Kochen und Putzen half.
Obwohl Hoovers Nachbarn auf dem Capitol Hill ehrbare Bürger waren, galten sie nicht als besonders einflußreich oder vermögend. Seward Square war eine Enklave der weißen protestantischen Mittelschicht Amerikas. Innerhalb ihrer Grenzen gab es wenige Reiche und keine Armen; abgesehen von den Bediensteten, die täglich kamen, um zu kochen und sauberzumachen, waren alle weiß. Die einzigen religiösen Differenzen bestanden in friedlichen Rivalitäten zwischen Lutheranern, Presbyterianern und Methodisten. Ein Kind, das am Seward Square aufwuchs, wurde mit keinem Menschen konfrontiert, der in irgendeiner entscheidenden Hinsicht anders gewesen wäre, als es selbst. Die noch fester etablierten Familien der Mittelschicht, die schon seit mehreren Generationen nicht mehr von körperlicher Arbeit lebten, wohnten im Nordwesten von Washington, wo sich die reichen Familien der »Gesellschaft« versammelt hatten. Das schwarze Drittel der Bevölkerung von Washington lebte im Südwesten der Stadt und in den abgelegenen Ghettos im Nordosten, oder in den fast unsichtbaren »Hinterhöfen« zwischen den von Weißen bewohnten Blocks – Nester der Armut, verteilt über die gesamte wohlhabende Hauptstadt der Vereinigten Staaten.
Washington war eine Stadt des amerikanischen Südens, wo Einwanderer rar waren und sich unauffällig verhielten. Das Geltungsbedürfnis der weißen protestantischen Mittelschicht zeigte sich deshalb besonders deutlich daran, daß der Rassismus zunehmend an Ansehen gewann, ja sogar zur gesellschaftlichen Regel wurde. In den neunziger Jahren wurden die Schwarzen durch die »Jim Crow«-Gesetzgebung* im gesamten Süden Amerikas entrechtet und segregiert. Schon kurze Zeit später bekamen auch die Schwarzen in Washington zu spüren, daß eine neue Welle von Verfolgung und Unterdrückung nach Norden rollte. Zwischen 1900 und 1920, von Hoovers fünftem bis zu seinem fünfundzwanzigsten Lebensjahr, wurde »Jim Crow« in Washington systematisch durchgesetzt. Am Ende der Regierung Wilson herrschte in allen öffentlichen Gebäuden und auf öffentlichen Plätzen Rassentrennung, außer in Straßenbahnen und Bussen, öffentlichen Bibliotheken und auf der Haupttribüne des Griffith Stadion.[7]

* Jim Crow: am. Slang für »Nigger«, steht für Rassentrennung und Rassendiskriminierung. (A. d. Ü.)

Der Inbegriff des großartigen bürgerlichen Fortschritts, der den jungen Hoover in den ersten Jahren des 20. Jahrhunderts faszinierte, war die »White City«, die neoklassizistische Gips-Phantasie des Architekten Daniel Burnham auf der Columbian Exposition 1893 in Chicago.[8] Und durch die Machtverschiebung und den Ausschluß der Schwarzen von allen Annehmlichkeiten und Vorteilen des öffentlichen Lebens verwandelte sich Washington auch rassisch in eine Art weiße Stadt.
Aus den öffentlichen Schulen waren die Schwarzen schon immer verbannt gewesen, aber jetzt griff das Vorurteil gegen sie auch auf die Kirchen über. Den wenigen Schwarzen, die »weiße« Kirchen besuchten, zeigte man, daß sie unwillkommen waren, und schloß sie von religiösen Versammlungen und Treffen aus. Schwarze Frauen wurden aufgefordert, aus dem »Temperenzverein christlicher Frauen« (Women's Christian Temperance Group) und anderen gemeinnützigen Organisationen auszutreten. In Regierungsgebäuden wurden für Schwarze 1904 erstmals separate Wasch- und Garderoberäume eingerichtet. Jedes Jahr wurden die Forderungen nach Gesetzen gegen Mischehen, »Jim-Crow-Wagons« in Straßenbahnen und einer gesetzlichen Regelung für die Rassentrennung in Wohngebieten lauter. Von all den Bereichen des Lebens, in denen die Schwarzen früher einmal mit Weißen in Verbindung gekommen waren – in Restaurants, Friseurläden, Theatern, Wohltätigkeitsvereinen und anderen sozialen Organisationen –, wurden sie jetzt ausgeschlossen und auf ihren eigenen, sozial minderwertigen Lebensraum beschränkt. Im Jahre 1920 lebten die Schwarzen Washingtons bereits in der, wie die Historikerin Constance McLaughlin Green sie nannte, »Secret City«, der verborgenen Stadt.[9]

Um die Jahrhundertwende gab es auf dem Capitol Hill nur zwei wichtige öffentliche Gebäude: das Capitol und das eindrucksvolle Gebäude der Library of Congress. Als 1902 ein neuer Bauplan für die Stadt* fertiggestellt war, machte sich Washington an die gewaltige Aufgabe, die Stadt zu verschönern. Edgar verbrachte seine Kindheit damit, Washington zu erforschen, zuerst im Wagen, dann zu Fuß und auf dem Fahrrad. (Anfang des 20. Jahrhunderts ging es in Washington

* Im Jahre 1887 war der ursprünglich von Pierre Charles L'Enfant entworfene Plan für die Hauptstadt wieder aufgetaucht und aus Anlaß der Hundertjahrfeier (1900) die Stadt weitgehend nach dem alten Plan umgebaut worden. (A. d. Ü.)

so friedlich zu, daß Eltern keinen Grund hatten, ihren Kindern das Herumstrolchen in der Stadt zu verbieten.) Im ersten Jahrzehnt dieses Jahrhunderts entstanden zu beiden Seiten des Capitol, ganz in der Nähe des Seward Square, die Gebäude des Senats und des Repräsentantenhauses. Ein paar Blocks weiter entfernt von Hoovers Elternhaus wurde ein neuer Bahnhof, die Union Station, gebaut, so daß die Schienen und Depots entfernt werden konnten, die die Parkanlagen der Mall verunstalteten. Noch viel interessanter für einen heranwachsenden Jungen und seinen Hund war jedoch die Neuanlage des Rock Creek Park am anderen Ende der Stadt mit seinen Schluchten, Höhlen und verborgenen Pfaden.[10]

Die Familie Hoover mußte sich in Edgars Jugend nur selten voneinander trennen. Dick lebte zu Hause, bis er 1907 mit siebenundzwanzig Jahren heiratete und das Nachbarhaus kaufte. Dort wurde 1908 seine erste Tochter geboren. Auch Lillian wohnte bis zu ihrer Hochzeit zu Hause. 1908 heiratete sie im Alter von fünfundzwanzig Jahren und zog in ein Haus, das nur ein paar Blocks von ihrem Eltenhaus entfernt war. Wie viele sehr eng verbundene Familien neigten auch die Hoovers dazu, immer im Kreise der Familie zu bleiben. Es fiel jedem schwer, den anderen fern zu sein. Das galt besonders für Edgars Vater: Die Briefe, die er von Geschäftsreisen nach Hause schrieb, waren voller Sehnsucht nach seiner Frau und seinem jüngsten Sohn. Auch Edgars Mutter schrieb ihrem Sohn liebevolle Briefe; doch aus ihnen sprach weniger seelische Empfindsamkeit als aus den Briefen ihres Mannes.

Annie Hoover war der Zuchtmeister der Familie. Sie erzog Edgar mit Lob und Tadel. Von einer Reise nach New York und Boston schrieb sie ihm: »Ich habe mich sehr gefreut zu erfahren, daß Du in Rechtschreibung und Arithmetik keine Fehler gemacht hast. Lerne fleißig Deine Aufgaben und beschäftige Dich auch mit Musik. Sei ein braver Junge, denn Deine Mutter will, daß Du die Reise nach Baltimore machen darfst.« Edgars Mutter dachte auch viel praktischer als sein Vater: »Paß auf Dich auf. Wenn Dir nicht gut ist, nimm ein bißchen von der Arznei Nummer 10, und wenn Du Dich erkältet hast, ein bißchen von Nummer 7. Ich freue mich, daß Du unser Zimmer benutzt. Sei schön ordentlich und treib Dich nicht auf der Straße herum. Mit vielen Grüßen und Küssen, Deine Dich liebende Mutter.«[11]

Annies Interessen konzentrierten sich auf die Familie und den Klatsch in der Nachbarschaft. Die Bediensteten fanden in ihr eine strenge Herrin. In einem Brief an Edgar aus dem Jahre 1912 beschreibt sie einen Streit mit ihrer Köchin: »Und was hältst Du davon? Bell kam heute morgen so wie immer, doch kaum hatte ich die Küche betreten – Du hättest ihre Unverschämtheit hören sollen! Ich wartete, bis sie fertig war, und sagte ihr dann, wenn sie ihre Arbeit getan habe, könne sie gehen. Ich bezahle sie doch nicht für ihre Frechheit. Das überraschte sie und nahm ihr offenbar allen Wind aus den Segeln. Wenn Du nach Hause kommst, werden wir also eine andere Köchin haben. Ich glaube, sie war ein wenig zu lange bei uns.«[12]

Der Eintritt in eine Kirche war im Washington der Jahrhundertwende ein wichtiger Schritt zum sozialen Aufstieg. Ehrgeizige junge Männer konnten durch die Mitgliedschaft in einer Kirche ihr Engagement für die Konventionen ihrer Gesellschaftsschicht beweisen. Wenn sie sich dann um eine führende Position in der Kirchengemeinde bemühten, konnten sie ihre soziale Stellung verbessern und dann in noch höhere Kreise aufsteigen, indem sie nach strategischen Überlegungen einer anderen, angeseheneren Kirche beitraten, sobald sie in der alten Gemeinde nichts mehr gewinnen konnten. Das Ziel bestand darin, Mitglied einer möglichst exklusiven Kirche zu werden, allerdings durfte sie nicht so exklusiv sein, daß man eine Zurückweisung riskierte, weil man seine Ziele zu hoch gesteckt hatte. Diese Art der Kirchenpolitik konnte auch eine sozial vorteilhafte Ehe mit sich bringen. Edgars Eltern waren keine regulären Mitglieder einer Kirche.

Edgar stand in seiner Kindheit seinem älteren Bruder Dick sehr nahe. Dick begleitete ihn oft auf seinen langen Spaziergängen durch die Stadt. Er war der Held und das Vorbild seines kleinen Bruders, und Edgar folgte ihm als Kind in allem, was er tat.[13]

Den größten Einfluß übte Dick auf seinen Bruder dadurch aus, daß er ihn in die kirchlichen Organisationen einführte, denen in seiner Jugend ein Großteil seines Interesses galt. Dick engagierte sich in einer Vielzahl davon und hoffte als junger Mann, später einmal Geistlicher zu werden. Edgar ging bei seinem Bruder in die Sonntagsschule, besuchte die Vorträge, die er vor kirchlichen Organisationen in der ganzen Stadt hielt und half ihm vielleicht sogar bei seiner Missionstätigkeit im Bezirksgefängnis und den Vierteln am Fluß.[14]

Zunächst besuchte Edgar die beiden presbyterianischen Kirchen in der Nachbarschaft. Als Edgar noch in der Grundschule war, trat Dick der Lutheran Church of the Reformation bei. Edgar folgte ihm und wurde 1907 Protokollant seiner Sonntagsschulklasse. Sein Bruder war damals Leiter der Sonntagsschule. Die beiden Brüder waren noch Miglieder dieser lutheranischen Kirche, als im September 1907 der Pfarrer der Kirche, John Wiedley, Dick im Elternhaus seiner Braut traute. Am Sonntag, den 27. Dezember 1907, taufte derselbe Dr. Wiedley Edgar im lutheranischen Glauben in Dicks Haus am Seward Square Nr. 411.[15]
Im Jahre 1908 wurde Dicks erstes Kind, Margaret, geboren. Die kleine Margaret vergötterte Edgar, so wie Edgar seinen Bruder Dick vergöttert hatte. Als sie vier Jahre alt war, fuhr Edgar eine Weile weg, um Verwandte zu besuchen. Annie Hoover schrieb ihm: »Wenn ich Dir alle Briefe schickte, die Margaret schreibt, schöne Krakeleien, die selbst ein Chinese nicht entziffern könnte, würdest Du wahrscheinlich stündlich einen erhalten, denn sie schreibt unablässig an Onkel Edgar.« Und: »Margaret zählt die Tage, bis Onkel Edgar wieder nach Hause kommt.« Als Teenager fuhr Margaret gemeinsam mit ihrem Onkel in der Straßenbahn durch die Stadt und ging mit ihm in Eisdielen. In den zwanziger Jahren gab er ihr den Rat, bei Razzien in »Flüsterkneipen« einen falschen Namen anzugeben.[16]
Zu Beginn des Jahres 1909, als Edgar vierzehn Jahre alt war, gab er sein Amt als Protokollant seiner Sonntagsschulklasse auf und wurde zum schriftführenden Sekretär der gesamten Sonntagsschule gewählt – wahrscheinlich die höchste Position, für die er in seinem Alter überhaupt wählbar war. Ungefähr zu dieser Zeit merkten die Brüder Hoover wohl, daß eine Kirche in der Nachbarschaft aufstrebenden jungen Männern wie ihnen kaum noch etwas zu bieten hatte: Sie begannen andere Kirchen und christliche Religionsgemeinschaften auszukundschaften.[17]
Edgars Tagebuch läßt sich entnehmen, daß er noch das ganze Jahr 1909 über die Sonntagsschule, wahrscheinlich in der Church of Reformation, besuchte. Doch am Ende des Jahres hatten er und Dick offenbar beschlossen, ihre Mitgliedschaft bei dieser Kirche aufzukündigen. Dick wechselte von der Lutheran Church of the Reformation zur Old First Presbyterian Church. Am 9. Januar 1910 wurde er in den Kirchenvorstand dieser Kirche aufgenommen. Wieder folgte Edgar seinem Bru-

der. Am 11. September 1910 notierte er in sein Tagebuch: »Ich trat der Presbyterian Church bei und erhielt meine erste Kommunion von Dr. D. O. M[a]cLeod.«

Mit dem Wechsel zur Old First waren die Hoover-Brüder von einer Kirche ohne besonderes Ansehen zu einer Kirche übergetreten, in der die höchste soziale Stufe der amerikanischen Mittelschicht von Capitol Hill vertreten war. Old First war wahrscheinlich die geschichtlich bedeutendste Kirche in Washington und eine der geachtetsten presbyterianischen Gemeinden des Landes. Bevor die Gemeinde eine eigene Kirche hatte, hielt sie ihre Gottesdienste in den Räumen des Obersten Bundesgerichts im Capitol ab. Oft nahmen auch Präsidenten, Richter des Obersten Bundesgerichtes und Kongreßmitglieder daran teil.[18] Als sich die höhere Gesellschaft mit ihrem Reichtum im frühen 19. Jahrhundert in den Nordwesten der Stadt zurückzog, blieb Old First der Ruf, eine Kirche der Oberschicht zu sein, erhalten, auch wenn sich die Gemeinde aus Mitgliedern der Mittelschicht zusammensetzte.

Hoover blieb sein ganzes Leben lang Mitglied der Old First und ihrer Nachfolgerin, dem National Presbyterian Center. Er berief sich immer wieder darauf, daß diese Kirche und ihre Pfarrer in seiner Jugend bedeutenden Einfluß auf ihn gehabt hätten, besonders Dr. Donald Campbell MacLeod, Pfarrer der Old Church von 1899 bis 1913, und – allerdings in geringerem Maße – John Brittan Clark, der als Nachfolger von MacLeod von 1913 bis 1926 Pfarrer der Old Church war.[19]

MacLeod verwandelte die Old First in eine »institutional church«, eine Kirche mit sozialen und karitativen Einrichtungen. Die Freizeitangebote sollten alle Mitglieder der Gemeinde ansprechen und in die Aktivitäten der Kirche einbeziehen. Besonderen Erfolg schien MacLeod mit seinen Angeboten für kleine Jungen zu haben; bald war er in der ganzen Stadt als Organisator kirchlich geförderter Sportveranstaltungen bekannt.

Obwohl Edgar schon in der Church of Reformation ein ehrgeiziges und engagiertes Mitglied der Sonntagsschule gewesen war, widmete er sich seinen Pflichten in der Sonntagsschule der Old First mit noch größerer Hingabe. In seinem Tagebuch erwähnt er im Herbst 1910 Lehrerversammlungen in der Kirche[20], und offensichtlich unterrichtete er auch während seiner High-School-Zeit in der Sonntagsschule.

Zu seinen Pflichten als Lehrer der Sonntagsschule gehörte es, wöchentlich eine Unterrichtsstunde über einen Bibeltext vorzubereiten, der von der nationalen Organisation der Sonntagsschulen, der American Sunday School Union, ausgewählt wurde. Außerdem war es seine Aufgabe, Austritte aus der Sonntagsschule der Old First zu verhindern und neue Mitglieder zu werben, indem er für Disziplin und Begeisterung sorgte.

Es ist unwahrscheinlich, daß er als Lehrer der Sonntagsschule sehr erfolgreich gewesen wäre, wenn er irgendwelche Vorbehalte gegen die religiösen, sozialen oder politischen Überzeugungen der Schule gehabt hätte, oder wenn es ihm schwergefallen wäre, sich bei Schülern durchzusetzen, die nur wenig jünger waren als er selbst. Zu Hoovers Zeiten war die Sonntagsschule eine ehrwürdige, mehr als hundert Jahre alte nationale Einrichtung mit einer etablierten Bedeutung und einem ganz bestimmten Stil. Auf sehr viele Amerikaner übte die Weltanschauung, die sie verkörperte, eine gewaltige Anziehungskraft aus. Anderen erschien sie absurd. Hoover übernahm sie offensichtlich bereitwillig.

Die amerikanische Sonntagsschule diente ursprünglich, wie ihr englisches Vorbild, rein weltlichen Zwecken, wurde aber von den Protestanten bald für religiösen Unterricht genutzt. Um für die Kinder der Mittelschicht attraktiv zu sein und sie als Mitglieder halten zu können, mußte die Sonntagsschule ihren hohen sozialen Status betonen – so daß die Armen sich in ihren vornehmen Mauern zunehmend unwohl fühlten – und verstärkt darauf achten, daß schwarzen Kindern die Teilnahme am Unterricht verwehrt wurde. Ein Historiker, der sich mit der Sonntagsschulbewegung befaßte, schrieb: »Solange die Schulen den Kindern der Armen vorbehalten waren, stellte die Rassenmischung kein großes Problem dar. Erst als weiße Kinder aller Schichten am Sonntagsschulunterricht teilnahmen, wurde die Anwesenheit schwarzer Kinder peinlich und problematisch.« Als Hoover in der Sonntagsschule aktiv wurde, repräsentierte sie die Achtbarkeit der Mittelschicht bereits »auf einer Stufe, die einige Amerikaner erreicht hatten und die nie erreichen zu können der Rest nicht zugeben wollte«. Schließlich wurde aus der Sonntagsschule, »die aus praktizierter Nächstenliebe heraus entstanden war, eine private Schule für das protestantische Amerika«.[21]

Von Anfang an betrachtete sich die Sonntagsschule als eine Einrichtung, die eine bedrohte Kultur schützte und tradierte. Ihre erste

Mission bestand darin, den amerikanischen Westen zu zivilisieren und zu christianisieren. Doch bald schon stellten die Organisatoren der Sonntagsschulen fest, daß die wahre Bedrohung des Protestantismus nicht vom Pionier ausging, sondern vom Einwanderer. In einem Bericht der Sunday School Union aus dem Jahre 1856 hieß es:

Der Abschaum der europäischen Bevölkerung, der in großen Wogen gegen unsere Küsten brandet, läßt auf seinem Weg nach Westen seinen Unrat an unseren Gestaden zurück. Dieser Unrat sammelt sich in unseren Großstädten und vermehrt sich. Die Kinder, eine elende Brut, erniedrigt in der tiefen Erniedrigung ihrer Eltern, werden die Aasfresser, physisch und moralisch, unserer Straßen. Unter sie mischen sich die verstoßenen Kinder der amerikanischen Wollust, der Trunkenheit und des Lasters. Man kann sich kaum eine Klasse vorstellen ... die der Gesellschaft gefährlicher werden könnte. Und wie kann man sie erreichen? Die öffentlichen Schulen und die Kirche ... sind machtlos.[22]

Als die amerikanische Gesellschaft im Laufe des 19. Jahrhunderts immer komplexer wurde, neigten viele Konservative, darunter auch die Führer der Sonntagsschulbewegung, dazu, das Amerika der Vergangenheit als einen verlorenen Garten Eden zu verklären, als ein friedliches und gesetzestreues Land, in dem Klassenhaß und Arbeitskampf unbekannt waren. Der Einwanderer war die Schlange in diesem Garten. Er war zwar physisch nur selten in der Sonntagsschule anwesend, aber gerade sein Fernbleiben spielte eine entscheidende Rolle bei der Entwicklung des moralischen Selbstbewußtseins der Sonntagsschulen. Seine Gegenwart in der Welt draußen erklärte, warum *jenes* Amerika nicht der friedlichen und sicheren Gesellschaft glich, die sich jede Woche versammelte, um sich dafür begeistern zu lassen, aus dem Keller der Kirche zu stürmen und Amerika nach dem Vorbild der Sonntagsschule zu verändern.

In ihrer »Angst vor Unordnung und Chaos« betrachteten die Organisatoren der Sonntagsschule ihre Einrichtung schließlich als Bollwerk gegen die zersetzenden Tendenzen in der Gesellschaft, als eine Waffe, die gegen die gesetzlosen Klassen eingesetzt werden mußte. Besondere Aufmerksamkeit schenkte die Sonntagsschule auch der Aufgabe, Teenager vor der sexuellen Versuchung zu bewahren, und das hieß für viele nichts anderes, als angelsächsische protestantische Jugendliche vor der lockeren Moral junger Einwanderer zu warnen. Die International Sunday School Convention richtete 1911 ein »Department for Purity«, eine Abteilung für Reinheit ein, die das sogenannte »weiße Leben« fördern sollte. In diese euphemistische Bezeichnung für Jungfräulichkeit mischten sich unbewußt vielleicht auch die Gefühle gegenüber der Moral derer, die eine etwas dunklere Hautfarbe hatten als die Protestanten.[23]

Um die Jahrhundertwende war die Sonntagsschule mit ihrem starken Hang zu Nativismus und Konservatismus ein selbstverständlicher Bestandteil der amerikanischen Mittelschicht, zu der Hoover gehörte. Henry Seidel Canby, Chefredakteur des *Saturday Review*, erinnerte sich an die Sonntagsschule seiner Kindheit: »Ein reiner Hemdkragen, saubere Manschetten und ein Sonntagsanzug sorgten für das entsprechende Dekorum, und im sonntäglichen Frieden, der über der Nachbarschaft lag, fand man innere Ruhe. Wenn die Glocken zu läuten begannen, rief der langsame Zug der festlich gekleideten Kirchgänger, nach Familien geordnet, eine Ahnung von einem uralten ... Ritual hervor.«[24]

Edgar und Dick Hoover waren nicht in die Sonntagsschule hineingeboren; sie waren sozusagen Konvertiten. Für sie war die Sonntagsschule kein selbstverständliches Ritual, sondern eine Chance, sich mit der progressiven protestantischen Bewegung zu identifizieren, die Ordnung in ein sich wandelndes Amerika bringen wollte. Die Sonntagsschule brachte Hoover mit einer Denkweise in Berührung, in der viele den Geist der Zeit sahen: »Der Kampf, das nationale Leben in anderen Formen zu organisieren ... die Suche nach einer entwicklungsfähigen gemeinsamen Identität charakterisierten die dynamische Entwicklung jener Zeit.« Hoover lernte Menschen kennen, für die Organisation »nicht nur eine Notwendigkeit war, sondern eine der bedeutenden schöpferischen Taten des Lebens überhaupt«.[25]

Organisationstalent und Begeisterung für bürokratische Verwaltungsarbeit, die Hoovers spätere Karriere prägten, waren auch für den Erfolg des Sonntagsschullehrers entscheidend. Die Sonntagsschule der Jahrhundertwende machte sich all die Methoden zu eigen, die für die Geschäftstüchtigkeit und Propaganda der Zeit charakteristisch waren. In der Old First herrschte ein so reger Wettstreit um die Preise, die für die Anwerbung neuer Mitglieder ausgesetzt waren, daß sich Diskussionen darüber entspannen, wem die Belohnung für ein neues Mitglied gebührte, wenn es von verschiedenen Freunden »bearbeitet« worden war.[26]

Die Führer der nationalen Sonntagsschulbewegung waren von der Organisation per se fasziniert. Einer von ihnen schwärmte davon, »wie die Tammany* die Stadt New York in einzelne Bezirke mit zuverlässigen Kontaktpersonen einteilte, so daß jeder ›Wähler, der interviewt werden muß‹, innerhalb von vierundzwanzig Stunden aufgefunden werden konnte«. Die Sonntagsschule versuchte, diese Methode zu übernehmen. Die Bewegung behauptete, der nationale Vorstand der Sunday School Convention könne, wie ein großer Detektiv, der landesweit operiert, »jedem Sünder in diesem weiten Land einen christlichen Arbeiter auf die Spur setzen, der ihm die Botschaft Christi bringt«.[27]

Für Edgar bestand der Unterricht als Lehrer in der Sonntagsschule hauptsächlich darin, mit seinen Schülern zu singen und sie auswendig gelernte Bibelstellen abzufragen.[28] Singen war die bekannteste und wohl auch beliebteste Tätigkeit in der Sonntagsschule.

Der Bibelunterricht in Hoovers Sonntagsschule bestand vor allem im Auswendiglernen. Die zu behandelnden Textstellen waren von einem standardisierten Lehrplan der nationalen Sonntagsschulorganisation vorgegeben. Bei der Auswahl der Texte wurde darauf geachtet, daß sie sich auch für Kinder eigneten. Jede Bibelstunde war wie ein juristisches Plädoyer aufgebaut, damit die Klasse die jeweilige moralische Lektion akzeptierte und ein Urteil zugunsten Jesu fällte. Mit derselben Methode und demselben Ziel würde Jahre später der ehemalige Sonntagsschullehrer als Direktor des FBI arbeiten, wenn er John Dillinger, Ma Barker und Harry Dexter White statt Kain und Abel dazu benutzte, seine moralischen Lektionen zu veranschaulichen.

Im Jahre 1948 sprach Hoover von der Sonntagsschule als einer »Stätte zur Verhinderung von Verbrechen«.[29] Die Amerikaner glaubten, er meine damit nur die wöchentliche Dosis moralischer Maxime, die dort verabreicht wurde. Doch für Hoover bedeutete die Sonntagsschule mehr: sie symbolisierte und kultivierte eine fast vergessene Lebensweise. Mit der Sonntagsschule führte Hoover seinen ersten Kreuzzug für

* Patriotische Bruderschaft. Verfolgte später auch lokalpolitische Ziele. (A. d. Ü.)

das traditionelle Amerika gegen die Außenseiter, deren eigentliches Verbrechen darin bestand, im Amerika von Hoovers Jugend, im Amerika des Seward Square Angst zu verbreiten.

Im Jahre 1906 war Dick sechsundzwanzig Jahre alt und befand sich, sowohl was seine berufliche Karriere bei dem Steamboat Inspection Service als auch was sein Privatleben (er wird im folgenden Jahr heiraten) betraf, in einer entscheidenden Phase. Dennoch fand er irgendwie die Zeit, seinem elfjährigen Bruder bei der Herausgabe einer kleinen Zeitung zu helfen. Edgar nannte sein zweiseitiges Blättchen »Wochenschau, herausgegeben von J. E. Hoover« und verkaufte es zum Preis von einem Cent an Familienangehörige und Nachbarn. Dick wird als der »Erfasser« der Zeitung aufgeführt, hatte also wahrscheinlich die Aufgabe, die von seinem Bruder gesammelten Witze, Klatschgeschichten aus der Nachbarschaft und erdichteten Werbeanzeigen abzutippen. Sich selbst bezeichnete Edgar auch als »Drucker«. Da die Zeitung mit dem Druckverfahren vervielfältigt wurde, mit dem zu jener Zeit in den Büros der Regierung alle Dokumente kopiert wurden, ist anzunehmen, daß Edgar sie in Dicks Büro bei dem Steamboat Inspection Service durch die Buchdruckerpresse laufen lassen durfte.[30] Die »Wochenschau« zeigte die Welt aus der Perspektive des elfjährigen J. Edgar Hoover, eine Welt, die sich vor allem um seine Familie drehte. In Anbetracht seines Alters überrascht es nicht, daß sich der junge Edgar auf Neuigkeiten aus der Nachbarschaft beschränkte. Aber hin und wieder machte er auch eine Ausnahme, so zum Beispiel bei der Verlobung und Hochzeit von Ned Longworth mit Alice Roosevelt (er druckte die amtliche Eheverkündigung wörtlich nach). Die Welt außerhalb des Seward Square war für ihn aber im allgemeinen voller Unglücksfälle: er erwähnt Feuersbrünste, den Tod berühmter Persönlichkeiten (Marshall Field) und, vielleicht wegen des Berufes seines Bruders, Schiffbrüche und andere nautische Katastrophen. Seward Square war eine sichere Enklave, die Welt draußen ein Ort der Gefahr. Die beunruhigendste Nachricht aus der Nachbarschaft, die in seiner Zeitung erschien, war der Bericht über eine Kontroverse an seiner Schule: »Gehälter: Eine Lehrerin aus der Vierten Abteilung sagte, sie sei der Ansicht, daß Lehrer mehr Geld erhalten sollten.«

Edgar war im ersten Jahrzehnt des 20. Jahrhunderts nicht nur Beobachter und Berichterstatter, sondern ein unternehmungslustiger, mitteilsamer Junge mit unterschiedlichsten, begeistert verfolgten Interessen. Selbstverständlich nahm die Schule den größten Teil seiner Zeit in Anspruch. Von 1901 bis 1910 besuchte er die Brent Elementary School.[31]

In den öffentlichen Schulen Washingtons wurde in Hoovers Jugend besonders auf die Vermittlung der staatsbürgerlichen Pflichten und auf Disziplin (die Prügelstrafe wurde erst 1913 abgeschafft) Wert gelegt. Die Kleidung der Schüler war sehr formell: die Jungen trugen Jacketts und Krawatten, in den unteren Klassen Knickerbocker, ab der achten Klasse lange Hosen; die Mädchen trugen Kleider oder Röcke und Matrosenblusen. Die Kleidung war so normiert, daß die Schüler auf den Klassenfotos jener Zeit aussehen, als trügen sie eine Uniform. Die Schulen waren auch in anderer Hinsicht normiert: Da das amerikanische Schulsystem gesetzlich segregiert war, besuchten nur weiße Kinder die Brent Elementary School.[32]

Der Lehrplan von Brent war anspruchsvoll und sah zum Beispiel schon in der achten Klasse Unterricht in Algebra vor. Die Texte für den Literaturunterricht waren so gewählt, daß die Kinder mit den bekannten amerikanischen Klassikern vertraut wurden und auch ein paar Meisterwerke der europäischen Literatur kennenlernten. Die Pflichtlektüre umfaßte Shakespeares *Der Kaufmann von Venedig*, eine Auswahl von Texten aus der griechischen Mythologie, Defoes *Robinson Crusoe,* Thackerays *Rose und Ring,* Dickens' *Zwei Städte* und *Ein Weihnachtslied,* Ouidas *Stories of a Nürnberg Stove,* Hawthornes *Wonder Book,* Irvings *Sage von der schläfrigen Schlucht,* Whittiers *Eingeschneit* und Bryants *Thanatopsis*. Der Schultag begann morgens mit einem Gebet, und Bibelkunde war ein fester Bestandteil des Unterrichts.[33]

Der Lehrplan war auch in jeder Hinsicht konservativ. Niemand wäre auf die Idee gekommen, daß einem Kind beigebracht werden sollte, die tradierten Überzeugungen und Werte in Frage zu stellen. Die Schule versuchte den Schüler in seine Rolle als Staatsbürger einzuführen, indem sie ihn mit den traditionellen Legenden, den geheiligten Begriffen und den wissenschaftlichen Wundern bekannt machte, auf denen der Anspruch der westlichen Zivilisation auf ihre Vormachtstellung in der Welt basierte. Ein erfolgreicher Schüler war, wer dieses geschlossene, kohärente System von Überzeugungen und Werten beherrschte und gelernt hatte, seine Kenntnisse in seinen Schularbeiten auch zu zeigen.[34]

Nach dem Unterricht hatte Edgar frei. Er handelte sich den Spitznamen »Speed« ein, weil er den Frauen aus der Nachbarschaft die Einkaufstaschen nach Hause trug: »Als ich zwölf Jahre alt war«, erinnerte er sich später, »begann ich Geld zu verdienen, indem ich Einkaufstaschen schleppte. Damals stellten die Einkaufsmärkte noch keine Jungen ein, die die Waren auslieferten, aber ich entdeckte, daß ich mich nur an die Ladentür stellen mußte: ein mit Einkäufen beladener Kunde freute sich über die Hilfe und entlohnte jeden großzügig, der ihm einen Teil seiner schweren Last abgenommen hatte. Der erste derartige Auftrag, den ich erhielt, bestand darin, zwei Körbe zwei Meilen weit zu tragen, wofür ich ein Trinkgeld von 10 Cent erhielt. Ich erkannte schnell, daß ich um so mehr Geld verdienen konnte, je schneller ich die einzelnen Aufträge erledigte; deshalb war ich die ganze Zeit am Rennen. Weil ich immer zum Markt zurück rannte und jeden Tag nach der Schule und samstags sogar von 7 Uhr morgens bis 7 Uhr abends vor dem Eastern Market stand, verdiente ich pro Tag bis zu zwei Dollar. Das war in jener Zeit ein fürstlicher Betrag.«[35]

Sein Tagebuch enthält die Namen vieler Freunde, Jungen und Mädchen. Es gab zwanglose Besuche und formelle »Aufwartungen« im Stil des vergangenen Jahrhunderts. Am Valentinstag verteilte er Grußkarten an die Familie und an Freunde.[36]

Als Edgar älter wurde, interessierte er sich zunehmend für Zeitungsberichte, besonders für Berichte über Verbrechen oder Katastrophen. Der Familie ist dieses wachsende Interesse an Verbrechen und Rechtsprechung offenbar nicht entgangen, denn Edgars Eltern gewöhnten sich an, bemerkenswerte Fälle in ihren Briefen an ihn zu erwähnen. So schrieb seine Mutter, daß »der Allen-Prozeß sehr interessant gewesen sein [muß]. Der Zeitung entnehme ich, daß sie den letzten von ihnen in Des Moines gefangen haben. Aber wahrscheinlich sind sie gar nicht so schlecht, wie die Zeitungen sie darstellen«.[37]

Er las aber auch die bekannten Bücher seiner Zeit und erwähnte einige in seinem Tagebuch: »Verbrachte den Tag mit literarischen Studien.« »Las Magazine.« »Las ein wenig im *Gospel of Judas Iscariot* (großartiges Buch).« »Ruhte mich vormittags aus und las nachmittags *Circular Staircase*.«[38]

Edgar und seine Eltern liebten die Comédie Vaudeville. Wenn Edgar in den Sommerferien nicht zu Hause war, erzählten ihm die Eltern in ihren Briefen von den neuesten Aufführungen, die sie besucht hatten. Wenn Edgar im Sommer in Washington blieb, fuhr er mit dem Fahrrad zum Schwimmen in das Tindal Basin: »Machte nachmittags eine Fahrradtour zum Badestrand.« Aber oft verließ die Familie auch die Stadt während der heißen Sommermonate.[39]

Der junge J. Edgar Hoover war ein aufmerksamer Beobachter und überzeugt, daß alles, was er sah und tat, Gewicht und Bedeutung hatte. Unter dem Schutz interessierter, liebender Eltern und Geschwister erwarb er schon früh Vertrauen in seine eigenen Ideen und Fähigkeiten. Er hielt es für selbstverständlich, daß seine Gedanken und Beobachtungen für andere ebenso interessant waren wie für ihn selbst. Sein Interesse konzentrierte sich auf die objektiven Gegebenheiten einer Situation, nicht auf seine emotionale Reaktion darauf. Seine Notizen sind treffend und genau und von einer gewissen Rücksicht auf die Meinung anderer geprägt.

Da er sich eher an seiner Familie als an Freunden orientierte und so viel Zeit in der Gesellschaft von Menschen verbrachte, die älter waren als er, benahm er sich schon als Kind wie ein Erwachsener. Er lernte früh, seine Gefühle zu verbergen, obwohl die Mitglieder seiner Familie ein sehr emotionales Verhältnis zueinander hatten. Das Interesse und die Aufmerksamkeit seiner Eltern und seines Bruders gaben ihm Selbstvertrauen und machten ihn geistig selbständig, vielleicht weckten sie in ihm aber auch eine gewisse Angst, ihre – und seine eigenen – hohen Erwartungen erfüllen zu müssen.

Die öffentlichen Schulen waren wie die Kirchen unantastbare Institutionen für die ehrbare Mittelschicht Washingtons. Edgars Entscheidung im Jahre 1909, den Seward Square zu verlassen und sich an der drei Meilen entfernten Central High School anzumelden, statt an der nur einen Block entfernten Eastern High, wo Dick und Lillian zur Schule gegangen waren, war der bewußte Versuch, die besten Möglichkeiten auszuschöpfen, die die Stadt zu bieten hatte. Central High war die älteste, angesehenste und bekannteste öffentliche Schule der Stadt. Ein Abschlußzeugnis dieser Schule galt in der weißen Mittelschicht Washingtons als bedeutsamer Leistungsbeweis.

Edgar war nicht der erste Hoover an der Central High. Der jüngere Bruder seines Vaters, Halstead Peirce Hoover, leitete die Musikabteilung der Schule und gehörte zur Abschlußklasse von 1889. Halstead Hoover lebte immer noch bei Edgars Großmutter in der Nähe der Schule, und als Edgar die Central High besuchte, aß er oft in ihrem Haus zu Mittag.[40]

An der Central High gehörte Edgar zu jenen Jungen, die offenbar genau wußten, was sie wollten und wie sie es bekamen. Seine vorzüglichen schulischen Leistungen betrachtete er anscheinend als Selbstverständlichkeit und maß ihnen keine besondere Bedeutung bei. Er bekam mühelos ausgezeichnete Noten, was ihm die Ehre einbrachte, die Abschlußrede für seine Klasse halten zu dürfen. Seine Energie steckte er ganz in das Ziel, als Führer der Schüler anerkannt zu werden. Er überlegte sich genau, wie er dieses Ziel an der Central High erreichen könnte, wies alle Aktivitäten zurück, für die er kein Talent oder kein Interesse hatte, und widmete sich dafür mit entschlossener Zielstrebigkeit all jenen, in denen er glänzen konnte.

Die Central High eignete sich hervorragend für Edgars Ambitionen. Sie war im Jahre 1882 als erste weiße Schule Washingtons gegründet worden und hieß zunächst nur Washington High School, bis später weitere Schulen wie Eastern, Western, Business und Technical School gegründet wurden.

Das Niveau der öffentlichen Schulen Washingtons war zu Hoovers Zeit sehr hoch. Ein tüchtiger Schulinspektor hatte für eine hervorragende Leitung der Schulen gesorgt, und die Bundesbezirksverwaltung genehmigte ein Budget, das den Direktoren erlaubte, ausgezeichnete Lehrer anzustellen. Der Ruf der öffentlichen Schulen Washingtons, besonders der High Schools, war so gut, daß viele Schüler aus dem nahen Virginia oder Maryland sie ihren eigenen Schulen vorzogen. Von 1902 bis 1920, also auch in den Jahren, in denen Hoover die Schule besuchte, leitete Emory M. Wilson die Central High. Er war nach Aussage ehemaliger Schüler der beste Direktor in der Geschichte der Schule.[41] Wilson baute ein hervorragendes Lehrerkollegium auf und forderte seine Schüler (1060 waren es, als Hoover in die Schule eintrat) mit einem anspruchsvollen Lehrplan, der durch regelmäßige Gastvorträge von Rednern aus dem offiziellen Washington ergänzt wurde.

Im Washington jener Zeit war man stolz auf die Schule, die man besuchte, und fühlte sich der Schulgemeinschaft eng verbunden. Die Schüler zeigten große Begeisterung für Sportveranstaltungen und andere außerschulische Aktivitäten. Sie kämpften um die Führung der Mannschaften und Clubs, die ihre Schule in Wettkämpfen gegen andere Schulen vertraten. Erfolg wurde mit überschwenglichem Lob belohnt. Eine siegreiche Mannschaft konnte damit rechnen, daß das Ereignis auf einer Schulversammlung mit Chorgesang gefeiert wurde. In Washington galten die Schüler der Central High als die junge Elite der Stadt, deshalb lohnte es sich durchaus, sich dort um eine Auszeichnung zu bemühen.

Wie es oft auch von englischen Privatschulen gesagt wird, waren die Erfahrungen vieler Schüler der Central High so prägend, daß es schien, als könne nichts in ihrem späteren Leben sie jemals an Bedeutung übertreffen. Ein Direktor der Central High schrieb 1941: »Ein Vergleich mit Eton oder Harrow ist im Hinblick auf herausragende Absolventen unserer Schule zulässig. Man muß jedoch berücksichtigen ... daß die Aufnahme an diese Schule nicht von Rang, Reichtum oder sozialem Status abhängig gemacht wird. Jeder kann die Schule besuchen, und jedem stehen dieselben Möglichkeiten offen, sich hier oder in seinem späteren Leben auszuzeichnen.« Der Redner der Abschlußklasse von 1912 (ein Jahr, bevor Hoover die Schule abschloß) sagte beim Klassentreffen zum fünfzigsten Jahrestag der Abschlußprüfung, daß Central High »ganz die Atmosphäre einer Privatschule vermittelte. Ich meine, jeder konnte diese Schule besuchen, und dennoch brachte sie viele besonders angesehene Bürger hervor – Ärzte, Rechtsanwälte, Diplomaten. Central war eine öffentliche High School. Aber sie hatte einen gewissen sozialen Status. Sie hatte Persönlichkeit, und sie hatte Ausstrahlung.«[42]

Doch natürlich wurde nicht jeder an der Central High aufgenommen. In der Schule herrschte selbstverständlich Rassentrennung, und der Ausschluß der Schwarzen schien der entscheidende Grund gewesen zu sein, warum die Schüler der Central High das Gefühl hatten, einer Elite anzugehören. In den Veröffentlichungen der Central High finden sich immer wieder Hinweise auf das Rassenbewußtsein der Schule.[43]

Diese Tradition des Rassismus und ihre Bedeutung für das Selbstwertgefühl der Central High waren noch deutlich sichtbar, als die Schule 1950 geschlossen wurde. Die Washingtoner Schulbehörde hatte Studiengebühren für alle Studenten verfügt, die ihre Schulen besuchten, aber nicht im Bundesbezirk, dem District of Columbia, lebten. Dies hatte einen sofortigen Rückgang der Zahl weißer Schüler zur Folge, denn viele von ihnen stammten aus Maryland und Virginia. An der Central High meldeten sich daraufhin so wenige Schüler an, daß die Schulbehörde beschloß, die Gebäude dem »farbigen« Teil des immer noch segregierten Schulsystems zur Verfügung zu stellen. Kaum hatte die Behörde gehandelt und alle Eingaben gegen diese Entscheidung abgelehnt, fingen die empörten Absolventen der Schule an zu randalieren: sie zerstörten die Inschrift »Central High« über dem Eingang, stießen die Eckpfeiler um, rissen das Bronzesiegel von dem Portal, entfernten die dekorativen Vitrinen mit den Trophäen und Fahnen und stahlen die Dokumentensammlung der Schule.[44]

Central High war ein wichtiges Symbol für die Tatsache (oder die Illusion), daß es nur mit einer weißen Haut möglich war, Zugang zur Elite von Washington (und im Laufe der Zeit auch zur Elite der Nation) zu erhalten. Wie die Kirchen und der Verwaltungsapparat der Regierung war Central High einer der Vorposten der weißen amerikanischen Mittelschicht in ihrem Kampf um die kulturelle, soziale, wirtschaftliche und politische Macht. Um die Jahrhundertwende war sie der sichtbare Ausdruck des moralischen und rassischen Kastendenkens der Bewohner des Seward Square. Und dies wurde durch den Ausschluß der Schwarzen wiederum bestärkt.

Der junge Edgar hatte Erfolg an der Central. Er trug sich regelmäßig für die anspruchsvollsten Wahlfächer ein – Latein, Französisch, vier Jahre lang Mathematik und Physik. Geschichte war sein Lieblingsfach, und seine Mitschüler erinnern sich, daß er während seiner Freistunden oft als Gasthörer an Unterrichtsstunden teilnahm, deren Thema ihn interessierte.[45]

Doch in der Central basierte Anerkennung weniger auf akademischen Leistungen als auf außerschulischen Aktivitäten, vornehmlich Sport. Edgars Tagebuch zeigt, daß er kurz nach seinem Eintritt in die Central dem Sportclub beitrat.[46] Er versuchte, in die Football-Mannschaft aufgenommen zu werden, wurde aber wegen seiner Größe abgewiesen. Als kleiner Junge war er kräftig und stämmig gewesen, hatte aber in seinem ersten Jahr an der High School schon fast seine endgültige Größe von 1,78 Meter erreicht. Er war extrem dünn. Erst als er Mitte

Zwanzig war, nahm er zu und wog schließlich fast 80 Kilogramm. (Später schwankte sein Gewicht um 90 Kilogramm – weit über dem von ihm selbst festgesetzten Standardgewicht für die Angestellten des FBI.) Statt den Footballspielern schloß er sich den Langstreckenläufern an. Zum Ende seines ersten Jahres an der High School verlagerten sich Edgars Interessen vom Sport auf ein anderes Gebiet. Zu jener Zeit waren die Debattier-Teams der Central High die besten der Stadt und konnten sogar gegen Colleges antreten. Im zweiten Jahr trat er der Debate Society bei und nahm das ganze Jahr über an innerschulischen Debatten teil, wo er zu Fragen wie dem Wahlrecht für Frauen beide Seiten argumentativ vertrat. Während seines dritten Jahres gehörte er zu der Mannschaft, die Stadtmeister wurde und alle elf Wettbewerbe gewann.[47] In der Abschlußklasse war er der erste Sprecher des Teams. Keine andere High School forderte die Central heraus, und die Schule erhob zum fünften Mal hintereinander Anspruch auf den Titel des Stadtmeisters.

Im Jahre 1913, Hoovers letztem Jahr an der High School, veranstaltete das Team verschiedene Debatten über den städtischen Besitz öffentlicher Einrichtungen und das System der Vorwahlen zur Nominierung eines Präsidentschaftskandidaten. Um Erfahrungen im Wettkampf mit anderen Schulen zu sammeln, diskutierte Hoovers Mannschaft mit dem Baltimore City College über die Frage der Vorwahlen. Die Schülerzeitschrift brachte einen ausführlichen Bericht über den rhetorischen Wettstreit.[48] Im Anschluß daran veröffentlichte Hoover seine Gedanken über den Sinn und Zweck solcher Debatten:

> Die Debatten sind in verschiedener Hinsicht nützlich. Sie bringen den Disputanten bei, sich zu zügeln und nicht sarkastisch zu sein; sie vermitteln ihnen Schlagfertigkeit und intellektuelle Selbstbeherrschung; sie führen ihnen deutlich vor Augen, wie wichtig es ist, fair zu sein, denn in den Debatten bietet sich, wie in anderen Bereichen, immer wieder die Gelegenheit zu einem Schlag unter die Gürtellinie, doch wenn das Schiedsgericht aus drei Juristen besteht, nützen diese Tiefschläge in Form falscher Argumente oder Behauptungen nur wenig. Schließlich geben sie dem diskutierenden Schüler ein praktisches, nützliches Beispiel dafür, was das Leben ihm bringen wird: nicht mehr und nicht weniger, als daß ein Mann seinen Verstand mit dem eines anderen mißt. Und in den Debatten geschieht genau das.[49]

Edgar hatte bereits gelernt, seinen Ansichten Autorität zu verleihen, indem er sie nicht als seine eigene Meinungen darstellte, sondern als Wahrheiten, die jedem ernsthaften und ehrlichen Verstand einleuchten mußten. Sein Argumentationsstil läßt sich einer kurzen Gliederung entnehmen, die er während seines zweiten Jahres auf der High School schrieb:

Plädoyer über die Frage der Abschaffung der Todesstrafe (negativ)

1. Die Bibel tritt für die Todesstrafe ein.
2. Alle christlichen Nationen verfechten sie.
3. Ihre Abschaffung hätte beklagenswerte Folgen für ein Land.

(Plädoyer gehalten)[50]

In dieser Argumentation steckt eine brutale Kraft, denn sie richtet sich nicht an die Vernunft, sondern an die Loyalität des Richters (in diesem Fall des Schiedsgerichts der Debatte). Der Richter mußte das Argument gelten lassen oder sich zu einer Skepsis gegenüber den fundamentalen Glaubenssätzen bekennen, auf denen seine Autorität basierte. Er mußte zustimmen oder sich als treuloser Staatsbürger entlarven. Diese Form der Argumentation sollte Edgar später auf einer viel größeren Bühne äußerst nützlich finden.

Die Debatten an der Central High erlaubten Hoover, wichtige Züge seiner Persönlichkeit zu erkennen und zu entwickeln. Ein Disputant muß an der geistigen Auseinandersetzung als solcher Freude haben. Er muß den Kampf lieben. Da er zu einem Thema selbstverständlich immer beide Positionen vertreten muß, kann er nur Erfolg haben, wenn er lernt, seine persönlichen Ansichten und die Stärke der Argumente auseinanderzuhalten, mit denen er seine Position vertritt. Die Debatten fördern die Fähigkeit, die potentielle Überzeugungskraft eines Arguments sachlich zu beurteilen. Sie zeigen dem Disputanten, daß der Ausgang des Disputs weniger davon abhängt, daß man an die absolute Richtigkeit einer Position glaubt, als davon, mit welchen Tatsachen und logischen Argumenten man sie stützt.

Hoovers Erfahrungen bei den Debatten an der High School trugen entscheidend dazu bei, daß er die streitbare Persönlichkeit entwickelte, die ihm in seiner gesamten Laufbahn zustatten kam. Aber er lernte auch – und das ist ebenso wichtig –, die Stärken und Schwächen seiner

Position genau zu analysieren. Bis zum Schluß schützten ihn seine charakteristische Gelassenheit und sein nüchternes Kalkül in seinen vielen politischen Auseinandersetzungen. Er ging dem Kampf oft trotz dringender Bitten von Vorgesetzten oder Untergebenen aus dem Weg, wenn er seine Position für anfechtbar hielt. In Stabsbesprechungen war er gewöhnlich skeptischer und analytischer als alle anderen, doch wenn er dann den Kampf aufnahm, war er ein engagierter Vertreter seiner Sache.

Die Debatten waren eines der Interessen, die Hoover an der Central besonders in Anspruch nahmen. Das andere, das ebensosehr zur Entwicklung seines Charakters beitrug, war das Kadettencorps der Central High School, dem er in der ersten Woche nach seiner Aufnahme an der Schule beitrat.[51]

An der Central genossen die Captains der Sportmannschaften höchstes Ansehen, aber ein Führer des Kadettencorps erhielt fast ebensoviel Anerkennung. Das Kadettencorps der Central High School, wie die Schule im Jahre 1882 gegründet, hatte eine lange Geschichte und eine reiche Tradition. John Philip Sousa komponierte den Marsch »Washington High School Cadets« eigens für die Central-Kadetten, und sie betrachteten ihn als ihre offizielle Hymne. Jede High School in Washington hatte ein Kadettencorps mit ungefähr drei Kompanien. Zu jeder Kompanie gehörten rund sechzig Kadetten, die in vier bis acht Gruppen unterteilt waren. Am Anfang jedes Jahres legten die älteren Schüler, die im Jahr zuvor Unteroffiziere gewesen waren, eine Prüfung über ihre Kenntnisse im Exerzieren ab. Aus diesen Kandidaten rekrutierten sich die Hauptleute der verschiedenen Kompanien sowie der Colonel und der Stab des städtischen Kadettenregiments, zu dem die Brigaden aller High Schools gehörten. (Die Schulen der Farbigen hatten ihr eigenes Kadettencorps und stellten ein eigenes Regiment auf. Ihre Aktivitäten wurden von den Zeitungen und dem weißen Washington einfach ignoriert.)

An Exerziertagen gingen die Kadetten in Uniform zur Schule und schenkten ihren Freundinnen die Bänder, die als Embleme ihrer Kompanien dienten. Montags und donnerstags wurde nach der Schule auf einer abgesperrten Straße oder, wenn es regnete, in einem Übungsraum der Central anderthalb Stunden lang exerziert. Der stadtweite Wettkampf im Exerzieren fand jedes Jahr im Frühling in den Parkanlagen der White House Ellipse statt. Dieser Wettkampf und die Fest- und Tanzveranstaltungen, die jede Kompanie zu diesem Anlaß ausrichtete, sowie der städtische Regimentsball galten als das soziale Ereignis des Studienjahres. Außerdem hielt das Kadettenregiment in der Nähe des Weißen Hauses ein Manöver ab, das von Kabinettsmitgliedern und Offizieren der Armee abgenommen wurde.[52]

Während seiner ersten zwei Jahre an der Central exerzierte Hoover unter den Offizieren aus den höheren Klassen, die Manöver übten und ihre »Kommandostimme« entwickelten. Im Oktober seines letzten Jahres an der Central unterzog er sich der Regiments- und Kompanieprüfung und wurde zum Hauptmann der Kompanie A ernannt. Einer seiner Kollegen in diesem Amt war Lawrence Jones, ein Star der Footballmannschaft und Sprecher seiner Klasse, der später als All-American-Spieler in West Point spielte und schließlich zum Cheftrainer aufstieg. Der dritte Hauptmann, David Blakelock, wurde General in der Armee.[53]

Hoover nahm seine Pflichten als Hauptmann sehr ernst. Das Kadettencorps marschierte traditionell beim Amtsantritt des Präsidenten auf, und Hoover kommandierte seine Kompanie bei der Parade zu Ehren des Amtsantritts von Präsident Wilson im März 1913. Danach schrieb er einen Artikel für die Schülerzeitung, in dem er die Aufmerksamkeit seiner Kompanie wieder auf das eigentliche Ziel dieses Jahres lenkte: den stadtweiten Exerzierwettbewerb im Frühling. Er dankte dem Direktor, daß er den Kadetten für ihre exzellenten Leistungen im Exerzieren Medaillen verliehen und ihnen erlaubt hatte, im Hotel Cairo eine Tanzveranstaltung zu organisieren (Hoovers Eltern waren die Betreuer). Dann erinnerte er seine Leute, daß ihre eigentliche Aufgabe noch vor ihnen liege: »Die Offiziere treffen sich wöchentlich zu einer Besprechung, die am frühen Abend beginnt und oft erst früh am Morgen beendet ist. Jetzt, da wir die Pläne in den Händen haben, heißt es nur noch arbeiten. Einsatzbereitschaft, Kampf und Organisation sind die drei wesentlichen Anforderungen.«[54]

Nach dem Wettbewerb reflektierte Hoover seine Erfahrungen als Hauptmann der Kadetten: »Das vergangene Jahr verlief sehr erfreulich, denn es gibt nichts Angenehmeres als zu einer Kompanie von Offizieren und Männern zu gehören, von denen man das Gefühl hat, daß sie mit Leib und Seele hinter einem stehen. Den schmerzlichsten

Augenblick dieses Jahres erlebte ich nicht, als ich sah, daß der Adjutant rechts um machte; ich erlebte ihn, als mir bewußt wurde, daß ich mich von Kameraden verabschieden mußte, die Teil meines Lebens geworden waren. Laßt mich zum Schluß noch etwas sagen: Ich möchte, daß jeder Mann der Kompanie A von 1912 bis 1913 mich als seinen Freund und Helfer betrachtet, wo immer wir uns nach diesem Jahr auch begegnen sollten.«[55]

Es erfordert enorm viel Zeit, eine Gruppe von Menschen so auszubilden, daß sie auf die Befehle ihres Führers auf eine bestimmte, standardisierte Art und Weise reagiert. Dieser Aufwand erscheint nur dem lohnend, der seine Befriedigung allein in der Gruppensolidarität und den Methoden, sie zu schaffen, findet. Und Hoover faszinierte der Prozeß, Zusammenhalt in der Gruppe herzustellen; er sah darin eine Übung in Gruppendynamik, die als Selbstzweck schon wertvoll war.

Central High gab Hoover die Möglichkeit, schon in sehr jungen Jahren zu entdecken, daß er die Fähigkeit besaß, Menschen zu motivieren und zu führen, und daß ihm die Organisation von Gruppen und seine Position als Führer Spaß machte. Ein Großteil der Verwaltungsroutine, die Hoovers FBI später zu ersticken drohte und seinen Kritikern so sinnlos erschien, wird verständlich, wenn man in Betracht zieht, welchen Gefallen der junge Hoover an der Organisation als solcher hatte. Aufgrund seiner Erfahrungen im Kadettencorps der Central High School konnte Hoover sich vorstellen, welche materiellen und psychischen Vorteile es ihm brächte, sollte es ihm gelingen, das FBI zu einer hoch angesehenen Organisation aufzubauen, die so strukturiert war wie die, die er als Hauptmann der Kadetten angeführt hatte.

Edgar nahm von der Central eine Vorliebe für den Wettstreit in der Öffentlichkeit mit und die Überzeugung, daß es im Leben, wie er sagte, darauf ankomme, »daß ein Mann seinen Verstand mit dem eines anderen mißt«. Während seiner gesamten Laufbahn liebte er den Disput und suchte nach Gelegenheiten, sich mit Rivalen, Feinden und sogar Freunden zu messen. Hoovers Gegner zogen gewöhnlich wegen politischer Angelegenheit gegen ihn ins Feld und nahmen an, daß nach einer Kraftprobe eine Einigung erreicht werden könnte. Statt dessen sahen sie sich in einen endlosen, erbitterten Krieg gegen einen Feind verstrickt, der den Kampf auch dann noch fortsetzte, wenn die Ursache der Auseinandersetzung bereits vergessen war. Im Gegensatz zu den

meisten Menschen liebte Hoover den Kampf. Und dadurch konnte er den Widerstand seiner Kontrahenten schließlich brechen.
Central High bestärkte Hoover in der Selbsteinschätzung, zu der er bereits in seiner Kindheit am Seward Square gelangt war, nämlich daß er aufgrund seiner Herkunft aus der weißen protestantischen Mittelschicht des fortschrittlichen Amerika zu einer Elite gehörte. Dieses Selbstbewußtsein basierte auf bestimmten persönlichen Überzeugungen und Werten, die in der Weltanschauung einer eng verbundenen, homogenen Gemeinschaft wurzelten, die von ihrer Überlegenheit und ihrer Mission, andere zu »zivilisieren«, überzeugt war. Central High tat nichts, um in Hoover Zweifel an diesen Werten aufkommen zu lassen. Im Gegenteil, er hatte gerade deshalb Erfolg an der Schule, weil er die allgemeinen Überzeugungen der Gemeinschaft, zu der er gehörte, billigte und vertrat.

Die Bewohner des Seward Square wußten genau, wofür sie standen und wofür nicht, und das Symbol all dessen, wofür sie nicht standen, war der ausländische Radikale. Hoover war noch ein Junge, als die Zahl der Einwanderer von 300 000 im Jahre 1899 auf fast eine Million allein im Jahre 1907 anschwoll. Bis zum Ausbruch des Ersten Weltkrieges blieb es bei über 650 000 Einwanderern pro Jahr.[56] Mit der Zahl der Einwanderer wuchs auch die Ablehnung der Einheimischen den Fremden und ihren unamerikanischen Überzeugungen gegenüber.
Der überkommene Rassismus in der amerikanischen Hauptstadt wurde durch die Reaktion alteingesessener Amerikaner überall im Land auf ethnische und religiöse Außenseiter noch verschärft. Die Ausbreitung von »Jim Crow« in den ersten Jahrzehnten des 20. Jahrhunderts war die Auswirkung der Ängste und Aggressionen der im Land geborenen weißen Protestanten Washingtons. Außerhalb der Südstaaten, wo es nur wenige Schwarze gab, wurde der Feind durch den Einwanderer repräsentiert.
Alle Institutionen, denen der junge Hoover beitrat – die Sonntagsschule, die Kirche, Central High –, betrachteten sich als Bollwerk gegen die Bedrohung, die die Einwanderer für die ethnische Homogenität des Landes darstellten, für seinen Charakter als eine christliche Nation – wenn es auch keine einheitliche, offizielle christliche Glaubensgemeinschaft gab – und für die nationale Vorrangstellung der alteingesessenen

Amerikaner. Die protestantischen Kirchen begnügten sich nicht mit einer defensiven Haltung, sondern schufen ein Netz von Institutionen, um ihre Aufgabe, den christlichen Charakter der amerikanischen Kultur zu schützen, fortzusetzen. Die Entwicklung der Sonntagsschule zu der komplexen Einrichtung, der der junge Hoover beitrat, gehörte zusammen mit der WCTU (Women's Christian Temperance Union), der Anti-Saloon League, die für die Einführung der Prohibition kämpfte, dem YMCA (Young Men's Christian Association) und der Student Volunteer Movement zu den Mitteln zur Verteidigung des protestantischen Amerika gegen die Bedrohung durch die Einwanderer. Die neue, »institutionalisierte« Kirche mit ihren sozialen und karitativen Einrichtungen, die Hoover so beeindruckten, waren eine weitere Reaktion auf den Zustrom von Fremden. Die Kirche versuchte damit, einen Ersatz für den verlorenen Traum von einem Amerika als dem bedeutendsten christlichen Gemeinwesen zu schaffen, einen Brückenkopf für eine neue Offensive, Amerika zu »christianisieren«.[57]
Nicht nur das fremdländische Aussehen der Einwanderer, ihre höchst abstoßenden Bräuche oder ihre unchristliche Religion erschreckten die Seward Squares von Amerika. Die alteingesessenen Amerikaner waren sich der ewigen Gültigkeit amerikanischer Institutionen so gewiß, daß sie auch jede ernstere Kritik an der amerikanischen Gesellschaft fremdem Ursprungs zuschrieben. Sowohl der Arbeitskampf in den Kohlerevieren während der 70er Jahre des vergangenen Jahrhunderts als auch der landesweite Eisenbahnerstreik von 1877 wurden Mitgliedern des irischen Geheimbundes »Molly Maguires«, einem im Untergrund arbeitenden Ableger des »Alten Ordens der Iren«, angelastet. Im Jahre 1880 bekannte sich der revolutionäre Flügel der Socialist Labor Party zum anarchistischen Programm Bakunins[58], und als 1886 während einer Demonstration der Radikalen auf dem Haymarket Square von Chicago eine Bombe explodierte, machten die Gerichte acht selbsternannte »Anarchisten« dafür verantwortlich und hängten vier von ihnen.
Der Vorfall auf dem Haymarket Square machte jeden zum »Anarchisten«, der Gewalt als ein Mittel zur Veränderung der wirtschaftlichen oder politischen Situation billigte oder dessen auch nur verdächtigt wurde, besonders nachdem der Anarchist Alexander Berkman 1892 versucht hatte, Henry Clay Frick von der Carnegie Steel Company zu

ermorden. Im Jahre 1901 erschoß dann ein anderer Anarchist, der in Amerika geborene Leon F. Czolgosz, Präsident McKinley (während seines Verhörs belastete er die Anarchistenführerin Emma Goldman). Im Mythos vom fremden Ursprung (und somit unamerikanischen Charakter) des amerikanischen Radikalismus schien das kleinstädtische Amerika bedroht und völlig verdorben von den Übeln der Alten Welt, die der fremde Radikale in das Land geschmuggelt hatte, ein »zerlumpter, ungewaschener, langhaariger Teufel mit wilden Augen, bewaffnet mit rauchendem Colt und Bomben – ganz zu schweigen von dem Dolch, der manchmal zwischen seinen Zähnen steckt«. In einer Studie über den Antiradikalismus jener Zeit heißt es: »Nichts war unter den im Land Geborenen verbreiteter als die Vorstellung, der Einwanderer sei eine gesetzlose Kreatur, die der Gewalt und Unordnung verfallen ist.«[59]

Wurde die Ruhe des konservativen Amerika in irgendeiner Weise gestört, suchte man den Schuldigen automatisch unter den Fremden. »So etwas wie einen amerikanischen Anarchisten gibt es nicht«, schrieb ein Redakteur. »Im amerikanischen Charakter gibt es nichts, das, unter welchen Umständen auch immer, für solche abwegigen und verruchten Zwecke gewonnen werden könnte.« Im Jahre 1886 schrieb Reverend Theodore T. Munger, die angelsächsische Rasse habe so etwas wie »Anarchismus, Gesetzlosigkeit ... Arbeiterstreiks und die allgemeine Verletzung persönlicher Rechte ... seit der Magna Charta nicht erlebt ... Diese schreckliche Tyrannei ist vollständig fremden Ursprungs.« Woodrow Wilson beschuldigte in einer Rede während seiner Kriegskampagne die radikalen Einwanderer, »das Gift der Abtrünnigkeit in die Adern unseres nationalen Lebens gespritzt zu haben. Amerika hat nichts dergleichen je zuvor gesehen ... Solche Kreaturen der Leidenschaft, Untreue und Anarchie müssen ausgemerzt werden«[60].

Ein Kind mußte Seward Square als einen ruhigen und sicheren Hafen empfinden. Wenn es älter wurde, lernte es jedoch, daß es eine Gefahr gab, und gegen diese Gefahr standen die Old First Church, die Sonntagsschule, Central High und der Seward Square selbst Wache. Die Gefahr war der Fremde und die unamerikanischen Ideen, die er wie eine ansteckende Krankheit mit sich trug.

Während Hoover so seine Jugend verbrachte, eigneten sich andere Angehörige seiner Generation die Ideen von Karl Marx, Sigmund

Freud, George Bernard Shaw und H. G. Wells an und benützten sie in ihrem Kampf gegen die überkommenen Moralvorstellungen des Viktorianismus. In *A Preface to Politics*, erschienen in dem Jahr, in dem Hoover die Central High School abschloß, vertrat Walter Lippmann die Ansicht, daß »kein moralisches Urteil den Wert des menschlichen Lebens bestimmen kann«. Statt das »Böse« auszurotten, solle die Regierung versuchen, die schlechten Impulse auf würdige Ziele zu lenken. Die Regierung, schrieb er, solle »mehr Möglichkeiten schaffen, das Leben zu gestalten. Unterdrückung ist ein unbedeutender Bestandteil ihrer Aufgabe.«[61] Junge Intellektuelle wie Max Eastman, Floyd Dell, Van Wyck Brooks und John Reed waren Hoover, obwohl sie ungefähr in seinem Alter waren, unbekannt, und er erfuhr erst von ihnen, als er dazu beitrug, die Gesetze zu verschärfen, die viele von ihnen zu Kriminellen stempelten. In den ersten Jahrzehnten des 20. Jahrhunderts waren den Bewohnern des Seward Square solche dissidenten Ansichten offenbar fremd. Angesichts von sozialen Veränderungen und Skeptizismus pflegten sie die traditionellen Vorstellungen von Gut und Böse der weißen Christen von Amerika erst recht. Und diese Vorstellungen – am Seward Square, in der Sonntagsschule und an der Central High gehegt und gepflegt – nahm Hoover mit, als er sein Viertel verließ, um seine Laufbahn im offiziellen Washington zu beginnen.

Kapitel 2

Der fremde Feind

> Anbei die Akte von Udo Rall, 24 Jahre alt ... Die Ermittlungen des American Intelligence Bureau ergaben, daß Rall die Vereinigten Staaten verleumdete. Er äußerte sich negativ über den Kriegseintritt. Er verbreitete pazifistisches Propagandamaterial und verfaßte Schriften gegen die allgemeine Wehrpflicht.
> Der zuständige Bundesanwalt empfiehlt, Rall für die Dauer des Krieges zu internieren. Beiliegende Informationen sollen Ihnen bei der Entscheidung behilflich sein, ob Sie dieser Empfehlung folgen wollen.
>
> J.Edgar Hoover, 2. Januar 1918
> Memorandum an John Lord O'Brian

J. Edgar Hoover wurde sozusagen in die Bundesverwaltung hineingeboren. Schon in seiner Kindheit lernte er die Sackgassen und Schleichwege in der Bundesverwaltung kennen, so wie ein Bauernjunge mit der Luft, die er atmet, das Wissen um Weidenpfeifen und Weinblattzigarren einsaugt. Hoovers Vater und Großvater verbrachten ihr Leben in der Druckerei des Coast and Geodetic Survey. Sein Bruder arbeitete sich im Steamboard Inspection Service bis zum Rang eines Oberinspektors hinauf. Überall in der Bundes- oder Bezirksverwaltung hatten die Hoovers Verwandte; auf der mütterlichen Seite gab es sogar einen Bundesbezirksrichter: William Hitz, ein Freund von Louis Brandeis und Woodrow Wilson.[1] Als Hoover 1913 die Central High School abschloß, war Washington, wie heute noch, eine Stadt der Vereinsmeierei, und der Verein, um den es ging, war die Bundesverwaltung. Damals wie heute konnte man nur dann die Möglichkeiten ausschöpfen, die Washington bot, wenn man persönliche Beziehungen zu den in der Verwaltung fest etablierten Bürokraten hatte, die den Zugang zu einer Anstellung beim Staat kontrollierten. Eine direkte Aufnahme in die höheren, politisch einflußreichen Kreise war den Verbündeten und Protégés gewählter Regierungsbeamter vorbehalten.

Die höheren Positionen in der Regierung waren den Bewohnern des Seward Square im allgemeinen nicht zugänglich, dafür wachten sie eifersüchtig über die niedrigeren Einstiegspositionen in der Bundesverwaltung. Die Hoovers gehörten einer Kaste an, in der die Verbindungen mit den Bundesbehörden regelrecht vererbt wurden. Durch seine Herkunft, seine Umgebung und seine Erziehung war J. Edgar Hoover ein voll anerkanntes Mitglied dieser Kaste.

Familien wie die Hoovers sahen in der Regierung nicht ein abstraktes Prinzip oder ein vages Symbol, auch kein Instrument der Unterdrükkung oder eines, das geformt oder manipuliert werden sollte, sondern den Arbeitgeber der Familie, ihre Grundlage, die sie mit Stolz erfüllte und ihnen das Gefühl gab, daß ihre Werte der offiziellen Moral der Nation und des Staates entsprachen. Für sie war die Bundesregierung der Vereinigten Staaten nichts anderes als eine potenzierte Form des Seward Square. Die Beamtenschaft bestand aus Menschen ihres Schlages, die in ähnlichen Vierteln der Stadt aufgewachsen waren.

Nach dem Abschluß der Central High hatte Hoover im Sinn, eine juristische Laufbahn einzuschlagen. Unter seinem Foto im Jahrbuch der Schule stand: »›Speed‹ hat vor, am College Jura zu studieren. Er wird dabei zweifellos ebensoviel Erfolg haben wie an der Central.« Hoover dachte vermutlich damals schon an eine Karriere beim Staat. Mit dem Beispiel des Großvaters, Vaters und Bruders vor Augen wäre dies nur logisch gewesen.

Obwohl die Bewohner des Seward Square sich der Regierung verpflichtet fühlten, hielten sie sich von der Politik fern. Die Politik war eine bedrohliche, unberechenbare Macht, die in der Verwaltung periodisch für Ungewißheit sorgte – und niemand fürchtet sich so vor Ungewißheit wie der Verwaltungsbeamte. Nicht nur der für die weiße protestantische Mittelschicht typische Konservatismus, sondern auch die enge und vertraute Verbindung mit der Bundesverwaltung sorgte dafür, daß Seward Square in jeder Veränderung eine Gefahr und eine Bedrohung sah.

Hoover trat sein ganzes Leben lang keiner Partei bei. Als Einwohner

Washingtons wählte er nie und benutzte diese Wahlabstinenz als Beweis für seine Abneigung gegen korrupte Politik. Auch nach der Einführung der Selbstverwaltung und der Ratifizierung des dreiundzwanzigsten Amendment (1961), das den Bewohnern des District of Columbia die Teilnahme an den Präsidentschaftswahlen gestattete, rühmte er sich, nie einen Stimmzettel abgegeben zu haben – eine kluge Strategie für einen Beamten, der von den gewählten Politikern beider Parteien abhängig war, die, je nachdem, wie sich das politische Klima änderte, kamen oder gingen.

Als junger Mann hatte Hoover einen bedeutenden Vorteil gegenüber seinen Konkurrenten. Da er am Seward Square aufgewachsen war, wußte er genau, wie er sich auf eine Karriere bei der Regierung vorzubereiten hatte. Er kannte das bürokratische System und besaß durch seine Ausbildung an der Central genügend Selbstvertrauen, aber er wußte auch, daß ausgezeichnete Zeugnisse für einen Einstiegsposten bei der Bundesverwaltung nur Zeit- und Geldverschwendung bedeuteten. Die Vita eines gebürtigen Washingtoners im Dienst der Regierung, der bis ungefähr 1950 im Bundesdistrikt aufwuchs, war fast immer gleich: Ausbildung an einer öffentlichen Schule – vermutlich Central, manchmal auch Western oder Eastern –, dann Abendschule an der George Washington University (GWU). Wer nicht in Washington aufgewachsen, sondern während des Ersten oder Zweiten Weltkriegs in die Hauptstadt gezogen war, kam meist zu demselben Schluß: Wenn die Verbindung mit der Bundesverwaltung einmal hergestellt war, sollte sie nie mehr unterbrochen werden, schon gar nicht wegen etwas so Überflüssigem wie einer Ausbildung. Je früher man die erste Sprosse der Beförderungsleiter im Staatsdienst erklommen hatte, desto besser. Ein juristischer Grad war zwar unentbehrlich, aber noch wichtiger war es, früh in das System einzutreten und kontinuierlich dort zu arbeiten. Die beliebteste Lösung war die Abendschule der George Washington University; auch Hoover wählte sie, wie vor ihm sein Bruder und nach ihm seine Nichte sowie viele seiner besten Mitarbeiter im Justizministerium und seinem »Bureau of Investigation«.

Die George Washington University diente im wesentlichen dazu, den Nachwuchsbedarf der Bundesverwaltung zu decken. Die Universität war 1821 als Columbian College gegründet worden und bestand jahrelang in einer Ansammlung behelfsmäßiger Gebäude in der Nähe des

McPherson Square im Zentrum Washingtons. Im Jahre 1912 zog das »undergraduate college« in seine derzeitigen Räumlichkeiten um. Als schließlich auch der Rest der Universität verlegt wurde, blieb nur noch die juristische Fakultät am alten Ort. Einem Studenten, der eine Laufbahn bei der Regierung im Auge hatte, kam der Standort sehr gelegen – das Justizministerium war nur wenige Blocks entfernt.[2]

Die juristische Fakultät der GWU genoß zwar kein besonders hohes Ansehen, hatte aber keineswegs einen schlechten Ruf und gehörte im Jahre 1900 zu den Begründern der American Association of Law Schools. In rein akademischer Hinsicht wurde sie von den beiden anderen Universitäten Washingtons, Georgetown und der Universität von Virginia, an Bedeutung übertroffen. Ihre Attraktivität verdankte sie dem Umstand, daß sie eine der wenigen juristischen Fakultäten des Landes (und die einzige in Washington) war, in der es möglich war, als »Abendstudent« einen akademischen Grad zu erlangen. Zudem konnte ein Student die ersten Stufen der Collegeausbildung überspringen und direkt mit der dreijährigen Ausbildung zum Bachelor of Law beginnen; nach einem weiteren Ausbildungsjahr konnte er dann sein Magisterexamen ablegen. Diesen Weg schlug auch Hoover ein.

Um seinen Lebensunterhalt zu verdienen, nahm er eine Stelle in der Library of Congress an, die an der Pennsylvania Avenue lag, nicht weit entfernt vom Seward Square. Er begann am 13. Oktober 1913 in der Bestellabteilung der Bibliothek als Laufbursche, dem niedrigsten Rang der gesamten Abteilung.

Im Jahre 1913 verwandelte sich die Library of Congress unter der Leitung von Herbert Putnam in eine wissenschaftliche Bibliothek ersten Ranges. Durch die Art, wie er seinen Verwaltungsapparat aufbaute, war Putnam einer der ersten Vertreter des Typs, der später von Männern wie Robert Moses, Hyman Rickover und Hoover selbst verkörpert wurde.[3] Durch berufliche Sachkenntnis, akademische Qualifikation, Organisationstalent und nicht zuletzt durch geschickte Manipulation der Kongreßabgeordneten schaffte Putnam es, sich weitgehend von politischer Einmischung und protektionistischen Zwängen zu befreien, die die Effizienz der meisten Regierungsbehörden beeinträchtigten. Sein persönlicher Ruf und die Effektivität seines Verwaltungsapparats überzeugten seine Vorgesetzten im Kongreß, und sie billigten seine Haushaltspläne jedes Jahr so, wie er sie vorlegte.

Der Job in der Bibliothek gab Hoover die Möglichkeit, eine der raren effizient arbeitenden Abteilungen in der Bundesverwaltung kennenzulernen. Er konnte studieren, wie Putnam sich durch seinen Ruf, effizient zu arbeiten, und seinen geschickten Umgang mit den Kongreßabgeordneten, wenn sie ihn um gewisse Gefälligkeiten baten, persönliches Vertrauen und administrative Unabhängigkeit verschaffte.

Die Stellen in der Bibliothek, die fachliche Kompetenz verlangten, besetzte Putnam nach Leistungskriterien, doch auf der Ebene der ungelernten Arbeitskräfte, wo Hoover anfing, brauchte man Beziehungen. Vielleicht erhielt Hoover die Stelle über seinen Bruder oder über den Senator, für den Dick eine Weile arbeitete, als er an der George Washington University Jura studierte. Auch die juristische Fakultät der GWU könnte ihm die Verbindung zur Bibliothek verschafft haben, denn die Kongreßbibliothek war ein beliebter Arbeitsplatz für die Jurastudenten der GWU.

Hoover arbeitete, abgesehen von einer kurzen Zeit Ende 1915, als er in die Katalogisierungsabteilung versetzt wurde, viereinhalb Jahre in der Bestellabteilung der Bibliothek. Sein Gehalt stieg stetig. Das Anfangsgehalt von monatlich 30 Dollar im Oktober 1913 (soviel hatte er, noch an der High School, ungefähr mit dem Transport von Lebensmitteln verdient) hatte sich auf 70 Dollar pro Monat erhöht, als er am 31. Juli 1917 seine Tätigkeit in der Bibliothek endgültig aufgab. Man hat lange angenommen, daß sich Hoovers Erfahrungen in der Kongreßbibliothek als unschätzbar erwiesen, als er 1919 die Kartei der General Intelligence Division anlegte. Doch das Justizministerium verfügte, wie jede Organisation, die vor dem Zeitalter des Computers mit großen Datenmengen arbeitete, schon seit langem über ein effizientes System für Querverweise in seinen Akten. Wenn die Arbeit in der Kongreßbibliothek überhaupt einen wichtigen Einfluß auf Hoover hatte, dann nur, weil sie ihm Gelegenheit bot, zu beobachten, wie auch eine Regierungsbehörde nach klaren administrativen Prinzipien geleitet werden konnte.

Hoover arbeitete jeden Tag von 9 Uhr bis 16.30 Uhr, dann fuhr er quer durch die Stadt zur GWU und besuchte von 16.50 Uhr bis 18.30 Uhr Seminare und Vorlesungen. Im Sommer fand der Unterricht morgens, bevor die Hitze zu drückend wurde, von 7.50 Uhr bis 8.40 Uhr statt;

den Rest des Tages verbrachte er in der Bibliothek. In den wenigen Stunden, die ihm bei diesem vollen Stundenplan zum Studieren blieben, füllte er sechsundzwanzig gebundene Notizblöcke, jeder ungefähr hundert bis zweihundert Seiten stark, mit Vorlesungsaufzeichnungen und Bibliographien der Pflichtlektüre. Durch seine Mitarbeit bei der Legal Aid Society (Rechtshilfe-Organisation) sammelte er auch einige praktische Erfahrungen. Trotz Arbeit und Studium gelang es ihm noch, am sozialen Leben der Universität teilzunehmen. Die Jurastudenten der GWU waren ungefähr im Alter der Collegestudenten, deshalb konnten sie in die Burschenschaften und sogar in die Sportmannschaften der Colleges eintreten. Hoover wurde Mitglied der Kappa Alpha, einer überwiegend aus Südstaatlern bestehenden Burschenschaft, die ihren Ursprung in Washington und Lee hatte. Auch nach Abschluß seines Studiums blieb er noch eine Weile mit der Burschenschaft in Verbindung und wurde Anfang der zwanziger Jahre sogar ihr Präsident.[4]

Im Jahre 1916 legte Hoover nach der Mindeststudienzeit von drei Jahren sein Examen für den Bachelor of Law (ohne Auszeichnung[5]) ab. Er setzte seine Tätigkeit in der Kongreßbibliothek fort, während er noch ein weiteres Jahr an die GWU ging, um die erforderlichen Kurse für den Magister zu absolvieren.

Am 2. April 1917 informierte Woodrow Wilson den Kongreß von seiner Absicht, in den Krieg einzugreifen. Am 5. Juni mußten sich alle Männer zwischen einundzwanzig und einunddreißig Jahren zum Wehrdienst melden. Hoover war zweiundzwanzig Jahre alt und in bester physischer Verfassung, also genau der Mann, den die Armee brauchte. Er erhielt deshalb Anfang Juni nicht nur seinen Magistertitel und legte das Staatsexamen ab, sondern füllte auch die Wehrdienstformulare aus. Am 3. Juli 1917 erhielt er die Nachricht, daß er die Prüfung bestanden habe und beim Obersten Gericht des District of Columbia als Anwalt zugelassen sei.

Fotografien von Hoover aus jener Zeit zeigen einen jungen Mann mit einem schmalen, angespannten Gesicht und einem Ausdruck von fast grimmiger Entschlossenheit – wahrscheinlich die Folge der großen Belastung, der Hoover durch eine Krise in der Familie ausgesetzt war. Am 17. April mußte Hoovers sechzigjähriger Vater, der schon einige

Zeit nicht ganz gesund gewesen war und ärztlicher Hilfe bedurft hatte, sein Amt im Innenministerium aufgeben. (Er litt offenbar an einer Geisteskrankheit; eine Nichte Edgars erinnerte sich später an »irgendeinen nervösen Zusammenbruch«.) Damit verringerte sich das Jahreseinkommen der Familie um 2000 Dollar. Jetzt mußten Edgar und Dick für den Unterhalt ihres kranken Vaters und ihrer Mutter (Dickerson sen. lebte bis 1921, Annie bis 1938) sorgen. Und da Dick eine Frau und drei Kinder hatte, ruhte die Last, die Eltern zu unterstützen und mit der Krankheit des Vaters fertigzuwerden, allein auf Edgars Schultern.[6]

Doch Edgar konnte sich auch in dieser Notsituation auf seine Familie verlassen. Sein Cousin William Hitz war 1916 Sonderbeauftragter des Justizministers Thomas Gregory gewesen. Seine Arbeit bei den Finanzbehörden hatte ihn bis nach Boston und Portmouth, New Hampshire, geführt. Obwohl Hitz das Justizministerium am 15. November 1916 verließ – er wurde zum beigeordneten Richter an das Oberste Gericht des District of Columbia berufen –, war er aufgrund seiner Erfahrungen wahrscheinlich gut über Arbeitsmöglichkeiten im Ministerium informiert. Nach Aussage eines Neffen von Richter Hitz, Hoovers Cousin Harold Burton, später Richter am Obersten Bundesgericht der Vereinigten Staaten, stand Hoover Hitz sehr nahe.[7] Eine so enge Verbindung zu einem erfolgreichen Washingtoner Juristen kam Hoover gewiß sehr zustatten, als er nach einer Stelle im Ministerium suchte.

Rechtsanwälte beginnen ihre praktische juristische Ausbildung erst nach Abschluß der Universität, wenn sie ihre Zulassung haben; deshalb achten sie bei der Auswahl ihres ersten Arbeitsplatzes oft weniger auf die Bezahlung als auf die juristische Fortbildung, die er ihnen bietet.[8] Hoovers Anfangsgehalt im Justizministerium betrug 990 Dollar im Jahr. Das war zwar mehr als die 840 Dollar, die er in der Kongreßbibliothek verdient hatte, aber immer noch sehr wenig, auch wenn die Anstellung beim Justizministerium ihn von der Wehrpflicht befreite. Um diese Zahlen in Relation zu setzen: der Justizminister der Vereinigten Staaten verdiente 15 000 Dollar im Jahr, seine höchsten Untergebenen, der stellvertretende Justizminister und der Sonderbeauftragte für kriegsbezogene Aufgaben, verdienten jeweils 10 000 Dollar. Ein Washingtoner Rechtsanwalt mit guten politischen Verbindungen wie zum Beispiel A. Mitchell Palmer verdiente mit seiner Kanzlei am Anfang des Krieges pro Jahr 200 000 Dollar. Auch wenn ein solches Einkommen, selbst mit der Aussicht auf eine baldige Beförderung, weit außerhalb Hoovers Reichweite lag, wäre er als freiberuflich arbeitender Anwalt besser gestellt gewesen.

Hoover wurde nach weniger als einem Jahr in den Rang eines Attorney, eines Justizbeamten, befördert.[9] In dieser Position erhielt er pro Jahr 1800 Dollar – fast doppelt soviel wie zuvor und gerade genug, um die 2000 Dollar seines Vaters zu ersetzen.

Hoovers Cousin William Hitz kannte nicht nur Gregory, sondern war auch ein guter Freund des Mannes, der Hoovers Vorgesetzter werden würde: John Lord O'Brian, den er in Harvard kennengelernt hatte. Im Juli 1917 (Hoover trat am 26. Juli in das Justizministerium ein) legte Justizminister Thomas Gregory Pläne für die War Emergency Division des Justizministeriums vor, eine Abteilung, die im Spätsommer offiziell ihre Arbeit aufnehmen sollte. Und O'Brian, ein bekannter Jurist aus Buffalo, New York, war der Mann, den Gregory mit der Leitung dieser Abteilung beauftragen wollte. O'Brian hatte für die Regierung gerade erfolgreich den ersten wichtigen Prozeß in einem Fall, der die innere Sicherheit betraf, geführt, nämlich die Antitrust-Klage gegen den deutschen Propagandisten Franz von Rintelen.[10] O'Brian nahm die Ernennung zum Leiter der War Emergency Division im Herbst 1917 an, stand also gerade in dem Sommer, als Hoover nach Arbeit suchte, ständig in Verbindung mit Gregory.

O'Brian nahm gewöhnlich an den Essen teil, die Richter Hitz samstags im Cosmos Club gab, dem sie beide angehörten. Hitz trug maßgeblich dazu bei, daß O'Brian mit bedeutenden Vertretern der juristischen Kreise Washingtons bekannt wurde. Viele Jahre später erinnerte sich O'Brian dankbar daran, daß Hitz »in jener Zeit großen Einfluß darauf hatte, wie sich mein Leben entwickelte«. Möglicherweise erwähnte O'Brian bei einem jener Essen im Cosmos Club Hitz gegenüber, daß er für seine neue Abteilung im Justizministerium Juristen suche, und Hitz erzählte ihm, daß ein junger Mann in seiner Verwandtschaft gerade sein Jurastudium an der George Washington University abgeschlossen habe und auf der Suche nach einer Stelle sei. Vielleicht war Hoover auch selbstbewußt genug, anzunehmen, daß er durch die Bekanntschaft des Richters Hitz mit O'Brian eine gute Chance habe, von seiner Arbeit in der Ablage erlöst zu werden. Irgend jemand mußte O'Brian auf jeden Fall auf Hoover aufmerksam gemacht haben, denn es ist

unwahrscheinlich, daß einem Mann, der so weit oben stand, ein kleiner Büroangestellter so weit unten aufgefallen wäre – auch wenn er so hart arbeitete wie Hoover.[11]
Eher rätselhaft ist ein Hinweis aus Hoovers Anfangszeit im Justizministerium, in dem er als »Spezialagent« bezeichnet wird. Daraus ließe sich schließen, daß Hoover ursprünglich eine Stelle (vielleicht nur formal) in der Ermittlungsabteilung des Ministeriums, dem Bureau of Investigation (BI, später FBI), innehatte und nicht direkt im Justizministerium: In seiner ersten offiziellen Erwähnung Hoovers (am 14. Dezember 1917) bezeichnete ihn Lord O'Brian als »Spezialagenten«.[12] Aber da viele Detektive des Bureau of Investigation außerhalb des Bureaus mit kriegsbezogenen Aufgaben des Ministeriums betraut waren und ähnliche Büroarbeiten verrichteten wie Hoover, konnte sich O'Brian über Hoovers tatsächliche Stellung im Irrtum befunden haben. Man konnte nicht von ihm erwarten, daß er über den jeweiligen Status, den seine verschiedenen Angestellten im Ministerium hatten, detailliert Bescheid wußte.
Andererseits wird Hoover auch im Washingtoner Adreßbuch von 1919 als »Spezialagent« des Justizministeriums aufgeführt. Die Daten zu dieser Ausgabe des Adreßbuches müssen Anfang 1918 erhoben worden sein und basierten auf Informationen, die Hoover oder seine Eltern angegeben hatten. Wahrscheinlich kam Hoover als Spezialagent des Bureau of Investigation in das Justizministerium, weil das Bureau erst kurz zuvor (in Juli 1916) eine Sondergenehmigung erhalten hatte, sein Personal aufzustocken, und damit über mehr offene Stellen verfügte als andere Abteilungen. Später vermied Hoover, vielleicht wegen des schlechten Rufes, den das Bureau vor 1924 hatte, daß dies bei seinen Untergebenen bekannt wurde. Vielleicht hätte es auch seine Autorität untergraben, wenn seine Untergebenen gewußt hätten, daß er einst selbst die Anweisungen entgegenzunehmen hatte, die er jetzt gab. Wenn Hoover tatsächlich einmal Spezialagent gewesen sein sollte, hielt er es jedenfalls für den Rest seines Lebens geheim.

Als J. Edgar Hoover am 26. Juli, seinem ersten Arbeitstag im Justizministerium, mit der Straßenbahn vom Seward Square quer durch die Stadt zur »K« Street N.W. fuhr, machten sich die Mächte, die seine Zukunft prägen würden, gerade erst bemerkbar. Die Bolschewisten, die im Februar den Zar gestürzt hatten, bereiteten sich darauf vor, die Kontrolle über die russische Revolution an sich zu reißen. Die linksgerichteten Mitglieder der sozialistischen Partei Amerikas verfolgten gespannt die Entwicklung in Rußland, benötigten aber noch zwei Jahre, bis sie sich von den Sozialisten abspalteten, um die Kommunistische Partei und die Kommunistische Arbeiterpartei zu gründen. Emma Goldman und Alexander Berkman waren am 9. Juli verurteilt worden, weil sie gegen die Einberufung der Soldaten opponiert hatten, und saßen im Gefängnis – Goldman in Jefferson City, Missouri; Berkman in Atlanta, Georgia. John Dillinger war vierzehn Jahre alt und arbeitete als Maschinenschlosserlehrling in Indianapolis, Indiana.

Die Vereinigten Staaten führten schon vier Monate lang Krieg, als der zweiundzwanzigjährige Hoover ins Justizministerium eintrat. Es waren vier Monate regelrechter Kriegshysterie gewesen, und das Justizministerium hatte dabei im Zentrum gestanden. Es dehnte sich wegen des Krieges rapide aus, war aber dennoch eine sehr altmodische Behörde, und Gregory war ein altmodischer Justizminister.

Thomas W. Gregory, der erste der neunzehn Justizminister, unter denen Hoover arbeiten würde, war ein am Mississippi geborener Texaner. Als einer der ersten Anhänger Woodrow Wilsons war es sein Verdienst gewesen, Oberst House, auf dessen Beistand nicht verzichtet werden konnte, für Wilson zu gewinnen. Im Jahre 1914 übernahm Gregory das Justizministerium, nachdem Wilson seinen politisch unfähigen Vorgänger James C. McReynolds zum Richter am Obersten Bundesgericht befördert hatte. Gregory bereitete der traditionellen Allianz des Ministeriums mit den Unternehmern ein schnelles Ende und richtete die Energien des Justizministeriums wieder auf die Durchsetzung der Antitrust-Gesetze. Als progressiver Reformer sorgte er auch dafür, daß das Bureau of Investigation sich verstärkt um die Einhaltung des Bundesgesetzes gegen den weißen Sklavenhandel (Mann Act) kümmerte, das damals als progressiv galt.[13]

Wie viele frühe Anhänger Wilsons empfand Gregory instinktiv eine gewisse Sympathie für Reformer und Reformen. Er drängte Wilson, Louis Brandeis an das Oberste Bundesgericht der Vereinigten Staaten zu berufen, denn »es ist gar nicht so schlecht, wenn unter den neun Richtern am Obersten Gericht ein Radikaler ist«.[14] Wilson hatte eine so hohe Meinung von Gregorys Charakter und Verstand, daß er ihn selbst an das Oberste Bundesgericht berufen wollte, als Evans Hughes 1916 zurücktrat, um für das Amt des Präsidenten zu kandidieren. Doch Gregory konnte nicht annehmen, denn er war fast taub. So saßen in Wilsons Kabinett, das schon kurze Zeit später über schlimme Verstöße gegen die bürgerlichen Freiheitsrechte befinden mußte, bei Kriegsbeginn wenigstens zwei »Libertarians«, nämlich Justizminister Gregory und Arbeitsminister William B. Wilson, die sich gegen die Woge der repressiven Politik stellten.

Hoovers rasche Beförderung vom einfachen Büroangestellten zum »Attorney« und die Verantwortung, die ihm sofort übertragen wurde, waren angesichts seines Alters ungewöhnlich. Dennoch war er während des Krieges noch nicht an politisch relevanten Entscheidungen beteiligt. Allerdings war er durchaus in einer Position, in der ihm eine starke Tendenz der Regierung, politisch Andersdenkende auszuschalten, nicht entgehen konnte. Während seine Aufgabe darin bestand, bei der Überprüfung deutscher Ausländer zu helfen, beging das Justizministerium einige der krassesten Verstöße gegen die bürgerlichen Freiheiten, die es in der amerikanischen Geschichte je gegeben hatte. So benutzte das Ministerium im April 1918 einen großen politischen Prozeß dazu, die militanteste radikale Organisation des Landes, die Industrial Workers of the World (IWW), zu zerschlagen. Und es verfolgte und verurteilte Emma Goldman, Alexander Berkman und Eugene Debs, den ewigen Präsidentschaftskandidaten der Sozialisten, weil sie gegen die Einberufung zum Wehrdienst opponiert hatten.

Das Bureau of Investigation, das erst kurz zuvor auf dreihundert Agenten vergrößert worden war und durch Detektive aus dem Immigration Service, der Einwanderungsbehörde, verstärkt wurde, unterstand A. Bruce Bielaski, der wie Hoover an der juristischen Fakultät der GWU studiert hatte. Um seinen kleinen Mitarbeiterstamm zu ergänzen, schloß sich das Bureau mit einer zivilen Organisation, der American Protective League (APL), zusammen, einer Armee von 260 000 freiwilligen Agentenjägern, die Albert M. Briggs im März aufgebaut hatte. Das Bureau versorgte die Leute der APL mit Dienstmarken, die sie als Hilfskräfte des Justizministeriums auswiesen, und ließ sie auf Spione und verdächtige Nachbarn los. Außerdem setzte das Justizministerium die Männer der APL ein, um Wehrdienstverweigerern auf die Spur zu kommen. Es gestattete der APL, unzählige Männer im wehrdienstfähigen Alter zusammenzutreiben*, die der »Drückebergerei« verdächtigt wurden.[15]

Es war eine Ironie des Schicksals, daß die repressive Politik des Justizministeriums während des Krieges von Beamten verfolgt wurde, die sich den bürgerlichen Freiheitsrechten so verpflichtet fühlten wie Thomas Gregory und John Lord O'Brian. Auch in der geladenen Atmosphäre des kriegsbezogenen Ausnahmezustands achteten Gregory und O'Brian darauf, daß die Verfassung eingehalten wurde und die durch den Krieg bedingten Beschneidungen der Rechte des einzelnen tatsächlich vorübergehend blieben. Die Situation wäre noch viel schlimmer gewesen, wenn Gregorys erster Berater in Fragen der Kriegsgesetzgebung, der stellvertretende Justizminister Charles Warren, sich durchgesetzt hätte. Als extremer Nativist sah Warren im Krieg eine gute Gelegenheit, offene Rechnungen mit den Feinden des Landes zu begleichen. Er hatte die Einwanderer schon immer für eine der größten Bedrohungen der amerikanischen Gesellschaft gehalten und gehörte deshalb zu den fünf Begründern der kleinen, aber einflußreichen Immigration Restriction League, die sich 1894 in seinem Haus konstituierte.[16] Warren und andere Superpatrioten stürzten sich geradezu auf die Gelegenheit, die strengen Regeln des Krieges gegen ausländische »Rote« anzuwenden, eine weitgefaßte Bezeichnung für jeden, der mit der bestehenden Ordnung unzufrieden war.

Das Justizministerium war die Kommandozentrale im Feldzug, den die Regierung führte, um sich Unterstützung für den Krieg zu sichern und die Nation fügsam zu machen. Hoover konnte zusehen, wie die »Konstitutionalisten«, die entschlossen waren, die Rechte des einzelnen zu schützen, mit jenen rangen, die sich für eine gesellschaftliche Uniformität einsetzten und die Kriegsgesetzgebung dazu mißbrauchten, jeden zu unterdrücken, der den Status quo störte.

Nach außen hin war das Justizministerium im Sommer 1917 vor allem mit dem Kampf gegen deutsche Spione beschäftigt. Allerdings wurde diese Aufgabe eher als Teil der Öffentlichkeitsarbeit des Ministeriums wahrgenommen. Die Aktion sollte der Nation zeigen, daß die Regie-

* Die Männer der APL kontrollierten auf der Straße die Musterungspapiere aller Männer im entsprechenden Alter. Wer keine Papiere vorweisen konnte, wurde auf einen mit Seilen abgegrenzten Platz gebracht. Diese Plätze wurden unter dem Begriff »Viehhürden« bekannt: die der Drückebergerei Verdächtigten wurden wie Vieh zusammengetrieben. (A. d. Ü.)

rung sich kompetent mit der (stark übertriebenen) Bedrohung durch Spione befaßte. In diesem Zusammenhang ergab sich ein bürokratisches Tauziehen zwischen Gregorys Justizministerium und seinen Rivalen im Schatzamt (dem offiziellen Geheimdienst) und im Kriegsministerium (dem militärischen Abwehrdienst) um die Zuständigkeit im Falle von Landesverrat und Spionage.

Ein weiterer Kampf fand innerhalb des Justizministeriums statt, wo Gregory und O'Brian darum rangen, daß die gesetzlichen Vorschriften eingehalten wurden und die an den Krieg gebundenen Regelungen nicht gegen mißliebige Meinungen und Gruppierungen eingesetzt wurden. Der stellvertretende Justizminister Warren gehörte im Ministerium zu den heftigsten Verfechtern der Repression. Obwohl er von Gregory und O'Brian in Schach gehalten wurde, teilten viele untergeodnete Mitglieder des Ministeriums seine Ansichten. (Als Warren, Gregory und O'Brian nach dem Krieg aus dem Ministerium ausgeschieden waren und A. Mitchell Palmer 1919 Justizminister wurde, fanden Ansichten, wie Warren sie vertreten hatte, Eingang in die offizielle Politik des Justizministeriums.)

Als Wilson am 6. April 1917 die Kriegserklärung an das kaiserliche Deutschland unterzeichnete, war die Bevölkerung der Vereinigten Staaten schon fast drei Jahre lang (seit August 1914) mit Kriegsberichterstattung und Kriegspropaganda vertraut, die vornehmlich darauf abzielten, die Nation gegen die Deutschen aufzubringen. So wie der Seekrieg geführt wurde – die Briten kontrollierten den Atlantik über Wasser und wurden von deutschen U-Booten bekämpft –, war es unvermeidlich, daß immer die Deutschen verantwortlich gemacht wurden, wenn es zu amerikanischen Opfern kam, so bei der Versenkung der *Lusitania* im Mai 1915 und des französischen Passagierschiffes *Sussex* 1916. Und obwohl deutsche und britische Agenten in den Vereinigten Staaten gleichermaßen die amerikanische Souveränität verletzten, lösten nur die Aktionen deutscher Agenten Unruhe in der Bevölkerung aus. Dieses Vorurteil gegen die Deutschen wurde durch die extrem pro-britische Einstellung der Regierung noch verstärkt.

Finanzminister William McAdoo hatte seine Geheimdienstagenten auf »deutsche Machenschaften« angesetzt und für spektakuläre Enthüllungen über die Aktivitäten der deutschen Untergrundbewegung gesorgt. So hatte er zum Beispiel eine vermeintliche Verschwörung der Deutschen mit mexikanischen Revolutionären aufgedeckt, die sich gegen die amerikanischen Interessen in Mexiko richtete. Im Juli 1916, als das Munitionsarsenal auf der Insel Black Tom im Hafen von New York explodierte, schlug die Angst der Öffentlichkeit vor deutschen Spionen in Panik um. Obwohl erst Jahrzehnte später feststand, daß die deutsche Regierung für die Explosion verantwortlich war, kam man damals allgemein zu der Überzeugung, daß die Schuldigen unter den deutschen Agenten zu suchen seien.

Nachdem die Presse drei Jahre lang über deutsche Machenschaften auf amerikanischem Boden berichtet hatte, war ein Großteil der Bevölkerung davon überzeugt, daß die feindlichen Spione eine große Zahl von Ausländern, besonders Deutsche und k.u.k.-Österreicher, in einer geheimen Armee vereinigt hatten, um die Verteidigungseinrichtungen der Nation zu sabotieren. Im April 1917, als Wilson seine Kriegsbereitschaft bekundete,

> glaubten viele Amerikaner, die Kriegserklärung würde die Vereinigten Staaten in ein Schlachtfeld verwandeln – jeder einzelne von der Million deutscher Ausländer, die in Amerika lebten, ein Spion des Kaisers. Die Mexikaner würden im Bündnis mit Deutschland nach Norden marschieren, Arizona und New Mexiko zurückerobern und Kalifornien vom Rest des Landes abschneiden. Dann würden die Japaner an der Pazifikküste landen und in Kalifornien einmarschieren. Im Osten würden deutsche U-Boote New York unter Feuer nehmen. Mit Sabotageakten müßte besonders im stark industrialisierten Nordosten des Landes gerechnet werden. Spione vermutete man ohnehin überall.[17]

Während seiner ersten Monate im Justizministerium stand Hoover mitten im Zentrum dieser hysterischen Angst vor Verrätern, Spionen und Saboteuren. Im März 1917 ließ das Kriegsministerium ostentativ öffentliche Einrichtungen und Eisenbahnbrücken bewachen und gab an Fabrikbesitzer Waffen aus. An der Westküste war die Atmosphäre noch viel geladener. Eigentümer von Kraftwerken umgaben ihre Anlagen mit Stacheldraht und Elektrozäunen, Schützenvereine stellten Wachen zum Schutz der Wohngegenden, und allen Bürgern wurde angeraten, sich zu bewaffnen. Am 25. März 1917 verfügte das Kriegsministerium eine Nachrichtensperre für alle militärischen Operationen, und die fehlenden Informationen über Kriegsvorbereitungen wurden durch wilde Gerüchte über feindliche Agenten ersetzt.[18]

Unter diesen Umständen riskierte jeder Regierungsbeamte, der nicht in die allgemeine Hysterie einstimmen wollte, der Vernachlässigung seiner Pflichten beschuldigt zu werden. In Wilsons Kabinett konnten sich nur wenige behaupten. Außenminister Robert Lansing und Finanzminister McAdoo waren dafür, alle Ausländer zu internieren, während Kriegsminister Newton D. Baker und Justizminister Thomas Gregory weiterhin daran zweifelten, daß die innere Sicherheit tatsächlich so gefährdet war.[19]

Trotz seiner Abneigung gegen eine pauschale Verletzung politischer Rechte war Gregory durch gewisse Umstände gezwungen, mit dem Strom der repressiven Politik zu schwimmen. Die größte Rolle spielte dabei seine Loyalität gegenüber der Regierung, in der er eine führende Stellung einnahm, und gegenüber dem Präsidenten, den er bewunderte. In einer Situation, in der die ganze Nation und die Presse lautstark Maßnahmen der Regierung gegen die ausländische Bedrohung forderten, wäre Untätigkeit einem politischen Selbstmord gleichgekommen. Zudem hegte Gregory tiefes Mißtrauen gegen Finanzminister McAdoo und seinen Geheimdienst; wenn er und sein Justizministerium den Anschein erweckten, nicht hart genug gegen die Ausländer vorzugehen, hieße das, die Kontrolle über die innere Sicherheit dem Schatzamt zu überlassen. Gregory spürte, daß McAdoos unverantwortliches Verhalten die Regierung und ihre Behörden schließlich in Mißkredit bringen würde.

Zu Beginn des Krieges mußte sich Gregory auf den Rat von Charles Warren verlassen. Warren hatte auf das Ministerium großen Eindruck gemacht, weil er auf den geradezu genialen Einfall gekommen war, den alten Alien Act von 1798 hervorzuziehen, der Woodrow Wilson eine rechtliche Grundlage für seine Proklamation über die »ausländischen Feinde« am 6. April gab.[20]

Warrens bösartige Vorurteile gegen die Einwanderer beeinflußten seine Suche nach Verrätern unter den Ausländern und trugen dazu bei, den Argwohn gegenüber Fremden zu verstärken, von dem das ganze Ministerium durchdrungen war, als Hoover seine Stelle antrat. Gregory und O'Brian mußten Warren schließlich zwingen, zurückzutreten, als er am 19. April 1918 versuchte, den Kongreß für ein Gesetz zu gewinnen, das die Untersuchungen und Gerichtsverhandlungen in Spionagefällen der Zuständigkeit der Armee unterstellte, obwohl er wußte, daß der Präsident und der Justizminister gegen dieses Gesetz waren. »Ein Mann, vor ein Kriegsgericht gestellt und erschossen, ist soviel wert wie hundert Verhaftungen durch unser Ministerium«, hatte Warren an Gregory geschrieben.[21]

Hoovers erste Aufgabe im Justizministerium bestand darin, die Unmengen von Papierkram zu erledigen, die durch die Verordnungen zur Kontrolle deutscher Ausländer anfielen. Bereits seit 1914 erstellte das Justizministerium Listen von Ausländern, die als gefährlich galten. »Vor der Annahme der gemeinschaftlichen Resolution des Kongresses am 6. April 1917«, berichtete Gregory, »wurden aufwendige Vorbereitungen für die Verhaftung von dreiundsechzig ausländischen Feinden getroffen, die, wie frühere Untersuchungen gezeigt hatten, eine Gefahr für den Frieden und die Sicherheit der Vereinigten Staaten darstellten, wenn sie auf freiem Fuße blieben.« Bis zum 30. Juni 1917 wurden 295 Ausländer verhaftet; am 30. Oktober waren es bereits 895. Bei Kriegsende hatte das Justizministerium 4000 Ausländer verhaftet.[22]
Am 6. April verlas Präsident Wilson, unmittelbar nach der Unterzeichnung der Kriegserklärung, die Proklamation, die Warren unter Zitierung des Alien Act von 1798 verfaßt hatte. Die wesentliche Bestimmung (Sektion 4067 der »Revised Statutes«) besagte:

Wenn immer sich die Vereinigten Staaten mit einer ausländischen Nation oder Regierung im Kriegszustand befinden ... und der Präsident diesen Zustand öffentlich bekanntgibt, können alle Einheimischen, Bürger, Einwohner, Untertanen oder Angehörigen der feindlichen Nation oder Regierung männlichen Geschlechts im Alter von vierzehn Jahren und älter, die sich in den Vereinigten Staaten aufhalten und nicht wirklich eingebürgert sind, als ausländische Feinde erfaßt, verhaftet, eingesperrt und abgeschoben werden. Der Präsident ist in einem solchen Fall ermächtigt, durch seine Proklamation oder einen anderen öffentlichen Akt anzuordnen, daß diese Maßnahmen gegen alle Ausländer, die davon betroffen sind, von seiten der Vereinigten Staaten durchgeführt werden. Er bestimmt, auf welche Art und in welchem Maße sie den Beschränkungen unterworfen werden und in welchen Fällen und auf welche Sicherheiten hin ihnen der Aufenthalt genehmigt wird. Er trifft Vorsorgemaßnahmen für die Abschiebung jener, die sich, obwohl ihnen der Aufenthalt in den Vereinigten Staaten nicht gestattet worden ist, weigern oder versäumen, das Land zu verlassen, und erläßt beliebige andere Verordnungen, die zur Durchsetzung der oben erwähnten Schritte oder für die öffentliche Sicherheit als nötig befunden werden.[23]

Es gab zwölf Verordnungen, die »ausländischen Feinden« den Besitz von Gewehren oder Sprengstoff, Radiosendern und Dokumenten, die »chiffriert sind oder unsichtbare Schriftzeichen enthalten«, verboten. Sie durften sich militärischen Einrichtungen oder Munitionsfabriken sowie bestimmten anderen Gebieten – zum Beispiel der Hauptstadt und dem Hafen von New York – nur bis auf eine halbe Meile nähern. Außerdem war ihnen untersagt, in die Vereinigten Staaten einzureisen oder sie zu verlassen. Wilson gab in seiner Proklamation bekannt, daß alle ausländischen Feinde sich zu einem späteren Zeitpunkt bei den Behörden melden müßten, und drohte Gefängnisstrafen an, »wenn begründeter Verdacht besteht, daß [ein Ausländer] mit dem Feind kooperiert oder im Begriffe steht, es zu tun«. Während des gesamten Krieges herrschte eine geradezu abergläubische Furcht vor feindlicher Propaganda, und die Verordnungen dienten auch dazu, diese Furcht zu stillen:

Jedem ausländischen Feind ist das Verfassen, Drucken oder Veröffentlichen von Angriffen oder Drohungen gegen die Regierung oder den Kongreß der Vereinigten Staaten oder eine ihrer Behörden, gegen die Gesetze oder die Politik der Vereinigten Staaten, gegen eine Person oder das Eigentum einer Person des Militärs, der Marine oder der Zivilverwaltung der Vereinigten Staaten, der Einzelstaaten oder Territorien, des District of Columbia oder der jeweiligen kommunalen Verwaltungen untersagt.[24]

Wilson übertrug dem Justizminister die Verantwortung dafür, daß diese Verordnungen eingehalten wurden, und beauftragte ihn damit, Vorbereitungen für die Registrierung der Ausländer zu treffen. Am 16. April gab Gregory bekannt, ausländische Feinde hätten die verbotenen Gebiete bis zum 1. Juni zu verlassen, wies aber seine Vollzugsbeamten an, all jenen Ausländern, deren Anwesenheit keine Gefahr darstelle oder deren Aufenthalt in den Gebieten unbedingt notwendig sei, eine Sondergenehmigung auszustellen. Die US-Justizbeamten wurden aufgefordert, dem Justizministerium die Namen der ausländischen Feinde zu nennen, von denen sie meinten, sie müßten nach den Bestimmungen der Proklamation unverzüglich verhaftet werden. Gregory warnte davor, Verhaftungen ohne Einverständnis der Behörde in

Washington vorzunehmen, ausgenommen es wäre außerordentlich gefährlich, einen bestimmten Ausländer auf freiem Fuße zu lassen.
Gregory informierte das Ministerium, sein »Plan« sehe vor, »nach der Verhaftung eines Ausländers jeweils im Einzelfall zu entscheiden ... welche Maßnahmen im Interesse des Landes und der Gerechtigkeit erforderlich seien«. Zu seinen Anordnungen gehörte auch, daß Agenten vor Ort den zuständigen Beamten, den sogenannten »Permit Officer«, im Justizministerium, Washington D.C., über Anträge auf eine Sondergenehmigung informierten. Schon zu diesem frühen Zeitpunkt konnte das Ministerium nur mit Mühe die Arbeit bewältigen, die durch seine Zuständigkeit für ausländische Feinde anfiel.[25] Als Hoover in die War Emergency Division übernommen wurde, erfüllte er, wie viele andere Büroangestellte, die Pflichten eines »Permit Officer«.
Die ersten vier Monate, die Hoover 1917 im Justizministerium arbeitete, sind nicht dokumentiert. Sein Name taucht erstmals am 14. Dezember in einem Brief von John Lord O'Brian an Justizminister Gregory auf, in dem O'Brian beschreibt, wie er sich die Organisation der neuen War Emercency Division vorstellt. Gregory hatte O'Brians Vorschlag im wesentlichen bereits am 4. Dezember inoffiziell gebilligt. Man kann also davon ausgehen, daß O'Brian irgendwann vor dem 4. Dezember Hoover für das Alien Enemy Bureau seiner Abteilung auswählte. Wahrscheinlich hatte Hoover schon mehrere Monate die Akten der Ausländer bearbeitet, bevor O'Brian ihn offiziell mit dieser Aufgabe betraute.
Das Ministerium konnte nur deshalb so viele Mitarbeiter für die Überprüfung der Ausländer einsetzen, weil Gregory es geschafft hatte, andere kriegsbezogene Aufgaben fast gänzlich an die Justizbeamten und die APL zu delegieren. Es war allein die Aufsicht über ausländische Feinde, die das Ministerium mit einer unkontrollierbaren Papierflut überschwemmte. Präsident Wilsons Proklamation – die zunächst nur für deutsche und aus Österreich-Ungarn stammende Männer über vierzehn galt – übertrug dem Justizminister die »Pflicht der Ausführung«.[26] Gregory erhielt unmittelbar nach der Proklamation Tausende von Bittgesuchen deutscher Ausländer, die um eine Sondergenehmigung für den Aufenthalt in verbotenen Zonen baten, um ihre Wohnungen und Arbeitsplätze behalten zu können.

Der Papierberg wuchs schnell: Die Vorschriften des Roten Kreuzes verlangten, daß alle internierten Feinde registriert wurden. Es mußten Formulare vorbereitet werden, mit denen die Ausländer um bedingte Haftentlassung nachsuchen konnten. Ausländer, die in den verbotenen Gebieten – viele davon wiesen eine sehr hohe Ausländerdichte auf – lebten oder arbeiteten, mußten sich beim Ministerium melden. Erst dann konnten sie die Erlaubnis beantragen, dort bleiben zu dürfen, wo sie waren. Eine vollständige Registrierung aller deutschen Männer – später auch der deutschen Frauen (insgesamt lebten 480 000 ausländische deutsche Feinde und fast 4 Millionen k.u.k.-Österreicher in den Vereinigten Staaten) – wurde gleich zu Anfang auf einen späteren Termin verschoben, da umfängliche Vorbereitungen nötig waren. Zu dieser Zeit machte sich in Amerika bereits ein deutlicher Mangel an Arbeitskräften bemerkbar, und Arbeitgeber warteten verzweifelt darauf, daß ihre internierten ausländischen Arbeiter freigelassen würden. So mußte das Ministerium, kaum daß die Internierungen begonnen hatten, Anträge auf bedingte Haftentlassung bearbeiten. Für diese Arbeit wurde Hoover eingesetzt.[27]

Als John Lord O'Brian in das Ministerium eintrat, mußte er zunächst das Personal, das für kriegsbezogene Aufgaben abgestellt worden war, neu organisieren. O'Brians Plan[28] verlangte die Einrichtung einer Emergency War Division – einer »Provisorischen Kriegsbehörde ... oder einer Behörde ähnlichen Namens« – mit vier Abteilungen, deren Zuständigkeiten genau festgelegt waren. Hier wird Hoover erstmals in einem offiziellen Dokument erwähnt:

> [Für] alle Fragen, die sich auf die bedingte Haftentlassung internierter Männer beziehen einschließlich der wichtigen Arbeiten, die betreffs internierter Seeleute in Verbindung mit dem Arbeitsministerium erledigt werden müssen, [ist] Mr. Saxon, Assistent von Mr. Storey, unterstützt durch Mr. Hoover, Spezialagent, [zuständig].[29]

Im Dezember war Hoover, wie sich der Korrespondenz des Ministeriums entnehmen läßt, vollständig in den Arbeitsalltag des Alien Enemy Bureau integriert. Er überprüfte Akten, faßte sie zusammen und gab sie mit einer Handlungsempfehlung an O'Brian weiter. Die meisten Fälle waren eindeutig. Ein achtzehnjähriger Deutscher namens Ernest Loehndorf wurde in El Paso, Texas, verhaftet, als er versuchte, von Mexiko aus in die Vereinigten Staaten zu gelangen. »Loehndorf gab an, daß er sich in jeder Stadt beim deutschen Konsul melde und seinem Land seine Dienste anbiete. Er weigerte sich zu versprechen, daß er den Feind nicht unterstützen würde, und erklärte: ›Wenn mir irgendeiner der hohen Beamten aufträgt, irgend etwas zu tun, dann werde ich versuchen, es zu tun, auch wenn es mich das Leben kostet.‹« Hoover faßte den Fall zusammen und schrieb, daß »mich in diesem Fall die Umstände zur Empfehlung veranlassen, Ernest Loehndorf für die Dauer des Krieges zu internieren«.[30]

O'Brian ließ einen Ausländer gewöhnlich für die Dauer des Krieges internieren, sobald auch nur einer der zuständigen Beamten begründete Zweifel an seiner Vertrauenswürdigkeit hegte. Gnadengesuche lehnte er nahezu immer ab, wohl mit der Begründung, daß das Gesetz die Internierung jedes Ausländers verlangte, der auch nur den geringsten Anschein erweckte, eine Gefahr darzustellen.

Meist gab Hoover die Empfehlung des zuständigen Justizbeamten kommentarlos an O'Brian weiter. In vielen Fällen aber empfahlen Hoover und sein direkter Vorgesetzter, der Sonderbeauftragte des Justizministers Charles W. Storey, jedoch weniger strenge Maßregelungen als unbegrenzte Internierung. Hoover konnte sich in solchen Fällen nur selten durchsetzen, aber gerade sie gewähren Einblick in die Haltung, die er damals seiner Arbeit gegenüber einnahm. Am 28. Dezember berichtete Hoover O'Brian von einem deutschen Matrosen, dem nach Ausbruch der Feindseligkeiten untersagt worden war, an Bord eines Schiffes oder in der Nähe des Ufers zu arbeiten. Der Deutsche setzte sich jedoch über das Verbot hinweg und heuerte als Matrose auf einem Küstenschiff an. Hoover wies darauf hin, daß »dieser ausländische Feind, wie festgestellt wurde, träge und unkommunikativ ist. Der verantwortliche Spezialagent empfiehlt, Diedricks für die Dauer des Krieges zu internieren«. Dennoch war Hoover der Ansicht, daß »in Anbetracht der Umstände eine bedingte Haftentlassung nach dreißig Tagen durchaus vertretbar ist, vorausgesetzt, sie wird auf den Aufenthalt in einem ländlichen Gebiet beschränkt«. Charles Storey widersprach heftig: »Ein bewußter Verstoß gegen unsere wichtigste Verordnung. Ich kann in diesem Fall nur die Internierung für die Dauer des Krieges empfehlen. Resp. CWS. P.S. Das entspricht unserer gewöhnlichen Vorgehensweise in solchen Fällen.« O'Brian stimmte ihm zu: »Für die Dauer des Krieges internieren.«[31]

In einem anderen Fall wurde ein Deutscher verhaftet, weil er »Alkohol an Soldaten in Uniform verkaufte und Männer zum Umgang mit unmoralischen Frauen verleitete«. Hoover bemerkte dazu, daß »in diesem Fall eine bedingte Haftentlassung durchaus vertretbar ist, vorausgesetzt, Schachmann kann für eine kompetente Aufsichtsperson sorgen und eine Kaution von wenigstens 1000 Dollar hinterlegen«. Storey stimmte zu: »Wäre der Mann ein Spion, hätte er sich, was Bagatelldiebstähle und Frauen betrifft, kaum so verhalten. Ich halte ihn in dieser Hinsicht für harmlos und neige zu der Empfehlung, ihn von dem Flottenstützpunkt abzuziehen und gegen eine Kaution, die er gerade noch aufbringen kann, in eine Stadt im Innern des Landes zu entlassen.« Albert Bettman, Sonderbeauftragter des Justizministers Gregory, war anderer Meinung: »Ich vertrete die Ansicht, daß er für die Dauer des Krieges interniert werden sollte. Er hat Gesetze übertreten, die für eine effiziente Kriegführung erlassen worden sind.« O'Brian entschied, den Mann für die Dauer des Krieges zu internieren. In einem dritten Fall empfahl Hoover die bedingte Haftentlassung für einen deutschen Schaffner, der gesagt hatte: »Es ist eine Schande, daß die besten Männer der Vereinigten Staaten nach Europa geschickt werden sollen, um Englands Krieg zu führen.«[32] Wieder konnte er sich nicht durchsetzen.

Es gab auch Fälle, in denen Hoover eine strengere Behandlung empfahl als seine direkten Vorgesetzten. Aber auch in diesen Fällen traf O'Brian die Entscheidung, die Ausländer für die Dauer des Krieges zu internieren. In einem Fall hatte ein Mann namens Otto Müller Präsident Wilson »einen Wichser und Dieb« genannt. Als er später gefragt wurde, wie es ihm in Amerika gefalle, antwortete er: »Scheiß auf dieses gottverdammte Land.« Hoover charakterisierte diese Äußerungen als »verschiedene vulgäre und obszöne Bemerkungen über den Präsidenten« und »ausgesprochen pro-deutsche Ausdrücke« und billigte die Entscheidung des Justizbeamten, der »empfiehlt, Mueller für die Dauer des Krieges zu internieren. Dieser Empfehlung schließe ich mich an.« Charles Storey stimmte nicht mit Hoover überein: »Mueller hat zweifellos die Grenzen seines Rechts auf Redefreiheit überschritten. Dennoch besteht sein Vergehen eher darin, seinen Mund nicht halten zu können. Ich meine, daß eine Internierung für die Dauer des Krieges wegen ein paar dummer Worte eine zu strenge Maßnahme ist. Drei oder vier Monate Zuchthaus werden ihre Wirkung ebenso tun.«[33]

In einem anderen Fall, in dem Hoover strengere Strafen empfahl als seine Vorgesetzten, handelte es sich um einen Deutschen, der, wie Hoover schrieb, »in einem Gespräch mit einem Neger pro-deutsche Äußerungen und geringschätzige Bemerkungen über die Regierung der Vereinigten Staaten von sich gab. Er machte auch anderen Gesprächspartnern gegenüber verräterische Bemerkungen.« Hoover gab die Forderung des Justizbeamten, den Ausländer für die Dauer des Krieges zu internieren, kommentarlos weiter. Dagegen wandte Storey ein, der Ausländer lebe schon seit dreißig Jahren im Land. Er räumte zwar ein, »solche Reden einem Neger gegenüber legen nahe, daß er versuchte, letzteren gegen die Vereinigten Staaten einzunehmen«, empfahl aber, den Ausländer ein oder zwei Monate ins Gefängnis zu stecken und dann auf Bewährung freizulassen. »Die zusätzlichen Informationen, daß dieser Mann trinkt und seine Frau mißbraucht, beweisen nichts. Sie sollten meiner Meinung nach in diesem Fall nicht berücksichtigt werden.« O'Brian ließ ihn für die Dauer des Krieges internieren.[34]

Die Entscheidungen, die in diesen Fällen jeweils getroffen wurden, lassen ein gewisses System erkennen. O'Brian war offenbar entschlossen, sich nur aufgrund der jeweiligen Vergehen des Angeklagten oder aufgrund der Tatsache, daß jemand, der über Informationen aus erster Hand verfügte, in dem Ausländer eine Gefahr sah, für eine Internierung zu entscheiden. Hoover dagegen war dafür, die Überzeugungen und Einstellungen der Ausländer zu überprüfen, um dann zu entscheiden, ob eine mildere oder strengere Beurteilung des Falles angebracht sei. Er war gerne bereit, ungesetzliche Handlungen den Vereinigten Staaten gegenüber wohlmeinender Ausländer zu entschuldigen, zeigte sich aber überaus rachsüchtig gegenüber all jenen, die sich zwar eher harmloser Vergehen schuldig gemacht hatten, aber verräterisch klingende Meinungen vertraten.

Hoover war bis April 1918 weiterhin damit befaßt, Akten von internierten ausländischen Feinden zusammenzufassen. Während dieser Zeit sondierte er auch die verwaltungstechnischen Probleme, die sich im Zusammenhang mit der Registrierung deutscher Männer seit dem 16. November 1917 ergaben.

Am 19. April 1918 ordnete das Ministerium an, daß auch deutsche Frauen registriert werden müßten. Hier scheint Hoover erstmals aktiv an der Planung und Durchführung einer Operation des Ministeriums beteiligt gewesen zu sein. Vielleicht hat er dieses Projekt sogar geleitet. Am 3. Juli 1918 schickte er O'Brian einen Leitartikel aus der *New York Sun,* in dem »die effiziente Vorgehensweise des Ministeriums bei der Registrierung ausländischer Frauen« gelobt wurde. Möglicherweise machte Hoover auf den erfolgreichen Verlauf dieser Aktion deshalb aufmerksam, weil er dafür verantwortlich war.[35]

In den Akten vom Sommer 1918 tauchen erstmals Briefe auf, die zwar von O'Brian unterzeichnet sind, aber Hoovers Initialen »JEH« aufweisen. Das bedeutete, daß der Justizbeamte Hoover den betreffenden Brief entworfen hatte und daß die Antwortschreiben ebenfalls an ihn zu richten waren. In den meisten Dokumenten geht es um die Registrierung deutscher Frauen. Sie zeigen, daß Hoover inzwischen über ein beträchtliches Maß an persönlicher Entscheidungsfreiheit verfügte – eine beachtliche Kompetenz angesichts seines Alters (er war 1918 dreiundzwanzig Jahre alt).

Einige Anzeichen sprechen auch dafür, daß Hoover bei seinen Vorgesetzten als zuverlässiger und effizienter Mann bekannt war, denn sie teilten ihm Aufgaben zu, die außerhalb seiner offiziellen Zuständigkeit lagen. Als man im Justizministerium wegen der großen Zahl deutscher Ausländer, die auf Staten Island lebten – nahe dem ihnen verbotenen Gebiet des Hafens von New York –, unruhig wurde, sammelte Hoover Daten für eine Schätzung der deutschen Population auf Staten Island und besorgte die Namen und Revierbezeichnungen der Polizeibeamten, die die Ausländer überwachten.[36]

Mitte Sommer 1918 faßte Hoover nicht mehr einfach nur Akten zusammen, um sie mit seinen provisorischen Empfehlungen weiterzugeben, sondern bewertete die Fälle unter juristischen Gesichtspunkten und leitete endgültige Entscheidungen zur Unterschrift an seine Vorgesetzten weiter. Er war nichte mehr nur Charles Storey unterstellt, sondern arbeitete auch für Albert Bettman, der für O'Brian kriegsrechtliche Prozesse betreute. Da Hoover früher einem der Assistenten Storeys unterstellt gewesen war, könnte das darauf hinweisen, daß er in der Verwaltungshierarchie des Justizministeriums um mindestens eine Stufe aufgestiegen war.

Die Aufgabe, die Hoover am 8. Juni 1918 die Beförderung zum Justizbeamten einbrachte, bestand darin, »Ausländer zu überprüfen, die sich freiwillig zum Militärdienst meldeten und amerikanische Staatsbürger werden wollten«. Diese Bestimmung trat am 9. Mai 1918 in Kraft.[37] Ende September verfaßte Hoover außerdem für O'Brian Gutachten über komplizierte Fälle, die unter anderem Reisegenehmigungen für deutsche Ausländer betrafen. Hoover bearbeitete inzwischen schwierige Fälle aus allen Bereichen des Alien Enemy Bureau, war aber zugleich auch mit seiner alten Aufgabe befaßt, so daß er am Jahrestag des Waffenstillstands (11. November 1918) noch immer statistische Daten zur Registrierung von ausländischen Feinden sammelte. Gregory und O'Brian hatten Präsident Wilson darüber in Kenntnis gesetzt, daß sie bei Kriegsende aus der Regierung ausscheiden wollten. Da O'Brian beunruhigt war über die Tatsache, daß Gregory und Arbeitsminister William Wilson den Kongreß um die Vollmacht gebeten hatten, gefährliche internierte Ausländer zu deportieren, blieb er so lange in seinem Amt, daß er die Akten aller internierten Ausländer noch überprüfen konnte. Er wollte sicherstellen, daß niemand in Gefahr geriet, weil er noch im Gefängnis saß, wenn ein neues Gesetz in Kraft trat. Abgesehen von ein paar deutschen Matrosen, die sich während des Krieges der Repatriierung widersetzt hatten, und ungefähr hundertfünfzig Ausländern, die wegen Verstoßes gegen das Kriegsrecht verurteilt worden waren, ließ O'Brian alle internierten Ausländer frei. Er überprüfte auch alle Urteile, die unter dem Espionage Act gefällt worden waren, und erreichte bei Präsident Wilson drei Begnadigungen und hundertzwei Strafmilderungen.[38]

Hoover verschaffte sich durch seine Erfahrungen im Alien Enemy Bureau während des Krieges nicht nur eine sichere Stellung im Justizministerium, sondern lernte auch, administrative Methoden einzusetzen, um Unsicherheiten und Verzögerungen des Rechtsweges zu umgehen. Die Ausländer, die Hoover überwachte, hatten den rechtlichen Status von Feinden und standen deshalb nicht unter dem Schutz der amerikanischen Verfassung. So erhielt Hoover eine erste Kostprobe der Macht in einer Situation, in der er die normalen, in der Verfassung verankerten Einschränkungen der Staatsgewalt ignorieren konnte.
Es waren berauschende anderthalb Jahre als Junganwalt für ihn, während derer er mit seiner Unterschrift über Freiheit oder Gefängnis entscheiden konnte. Der Kriegsnotstand verlieh seinem persönlichen

Urteil die Autorität eines Gesetzes, wenn er über Loyalität oder Illoyalität ausländischer Feinde zu befinden hatte. Seine Freiheit, das Schicksal jener zu bestimmen, deren Akten vor ihm lagen, war nur durch sein persönliches Verantwortungsgefühl und die Kontrolle seiner Vorgesetzten begrenzt. Nach Kriegsende wurde Hoover nicht mehr von O'Brian und Gregory mit ihrer hohen Achtung vor den bürgerlichen Freiheitsrechten überwacht. O'Brian und Gregory wurden bald durch ehrgeizige Politiker wie A. Mitchell Palmer ersetzt, die nur zu bereit waren, die administrativen Techniken des Alien Enemy Bureau in ihrer Nachkriegskampagne gegen Vertreter mißliebiger politischer Meinungen einzusetzen.

Kapitel 3

Die »rote Gefahr«: Jahre des Erfolgs

In Rußland gibt es die Rote Armee bereits; bald wird es sie auf der ganzen Welt geben ... Im Jahre 1919 wurde die Große Kommunistische Internationale ins Leben gerufen. Im Jahre 1920 wird die Große Internationale Sowjetrepublik begründet werden.

Der Erste Kongreß der Dritten Internationale, 1919; im selben Jahr von Hoover in seinem Rechtsgutachten über die Kommunistische Partei zitiert

Das Jahr 1919 war das erste der Jahre, die von den Italienern *biennio rosso* genannt wurden, die »roten Jahre«: die kommunistische Revolution drängte aus Rußland hinaus und drohte die Regierungen Mitteleuropas zu stürzen, versetzte die Reichen, Mächtigen und Herrschenden aller Länder in Angst und Schrecken, bevor sie von den unerwartet widerstandsfähigen und skrupellosen Mächten des Konservatismus zurückgeworfen wurde. Ende 1920 war klar, daß die Revolution, wenigstens in absehbarer Zukunft, auf Rußland beschränkt bleiben würde und die internationale kommunistische Bewegung eine Grundlage russischer Politik geworden war. Doch zwischen 1919 und 1920, als J. Edgar Hoover seinen Kampf gegen den Radikalismus aufnahm, schien eine weltweite Revolution nicht nur möglich zu sein, sondern sogar unmittelbar bevorzustehen. Hoovers Antikommunismus blieb fortan für immer von der Atmosphäre jener Jahre geprägt, als, wie Dos Passos schrieb, »Lenin noch lebte, [und] der Generalstreik in Seattle der Beginn der Flut zu sein schien und nicht der Beginn der Ebbe«.[1]

Hoover sah seine Hoffnungen auf eine Karriere im Justizministerium schwinden, als das Alien Enemy Bureau nach dem Waffenstillstand aufgelöst wurde. Die Fachkenntnisse, die er während des Krieges im Umgang mit Ausländern erworben hatte, wurden in Friedenszeiten im Ministerium nicht mehr benötigt; Ausländer fielen wieder unter die Zuständigkeit des Immigration Bureau, einer Sektion des Arbeitsministeriums.

Fast all die Männer, die während des Krieges im Justizministerium mit Hoover zusammengearbeitet hatten und seine Energie und seine Talente kannten, schieden aus den Regierungsdiensten aus. Bis zum 1. Mai 1919 waren Gregory, O'Brian, Warren und Bielaski (der am 10. Februar 1919 zurücktrat) weg, und es war nicht zu erwarten, daß der neue Justizminister (Palmer trat sein Amt Anfang März an) Interesse daran haben könnte, einen kleinen Angestellten wie Hoover zu übernehmen.[2]

Anfang 1919 wurde Hoover und mit ihm die ganze Nation von Kanzel, Rednerpult und Zeitungsseite mit hysterischen Warnungen geradezu bombardiert, Regierung, Institutionen und das Eigentum in Amerika seien von der internationalen Revolution bedroht und die radikale Bewegung Amerikas sei nichts als die Vorhut der roten Verschwörung in den Vereinigten Staaten. In den ersten Monaten des Jahres 1919, als die »rote Flut« in Europa die höchsten Wellen schlug, hatte Hoover keine Möglichkeit, sich ein eigenes Urteil über die Vorgänge zu bilden, und war, wie die gesamte Öffentlichkeit, auf die Berichte in der fanatisch antikommunistischen Presse angewiesen. Wenige Monate später jedoch erlaubte ihm seine Position als Leiter der »antiradikalen« Abteilung des Justizministeriums, alle schriftlichen Erzeugnisse der radikalen Bewegung zu sammeln und eingehend zu studieren. Und in diesem Material sah Hoover die schlimmsten Befürchtungen der rechtsgerichteten Presse und konservativer Politiker bestätigt.

Vor dem Hintergrund der Gewalttaten in Europa schien die Streikwelle, die 1919 über die Vereinigten Staaten hereinbrach, der Ausläufer eines weltweiten Klassenkampfes zwischen Kapital und Arbeit zu sein. Während des Krieges waren Streiks verboten gewesen, und in der Öffentlichkeit herrschte immer noch die Meinung vor, jede Art der Arbeitsverweigerung sei verräterisch. Den Medien fiel es nicht schwer, das ganze Land in Furcht zu versetzen, als 1919 ungefähr vier Millionen amerikanische Arbeiter zu 3600 Streiks aufriefen.

Jahrelang hatten die Unternehmer bei Arbeitskämpfen Regierung und Öffentlichkeit um Unterstützung gebeten, indem sie behaupteten, den Arbeitern gehe es nicht nur um eine Verbesserung ihrer ökonomischen Situation, sondern um die Zerstörung fundamentaler Einrichtungen des Wirtschaftssystems. Die etablierten Gewerkschaften lernten, sich gegen diese Beschuldigung des Radikalismus (die oft ein Vorwand für die Regierung war, in die Streiks einzugreifen) zu verteidigen, und beschränkten sich explizit auf rein ökonomische Ziele: »Pure and simple unionism« (reine Gewerkschaftsbewegung) lautete die Überlebensstrategie Samuel Gompers' und der gemäßigten Gewerkschaften des größten amerikanischen Gewerkschaftsverbandes, der American Federation of Labor (AFL). Als radikale Gewerkschaften wie die IWW (Industrial Workers of the World) offen mit politischen Zielsetzungen streikten, griffen die etablierten Gewerkschaften sie gemeinsam mit Regierung und Industrie an. Die Doktrin der Wobblies*, daß »jeder Streik eine kleine Revolution und die Generalprobe für eine große Revolution« sei, war das Argument, das die Feinde der Arbeiterbewegung benutzten, wenn sie an die Regierung appellierten, Streiks zu unterdrücken. Im Jahre 1919 hatte sich die gemäßigte Gewerkschaftsbewegung bereits im wesentlichen auf die wichtigste Prämisse der Gewerkschaftsgegner eingelassen: daß alle Forderungen, die über Lohnerhöhungen oder Arbeitszeitverkürzungen hinausgingen, illegitim, ja sogar verbrecherisch seien. »Für höhere Löhne oder für den Bolschewismus?« war die Testfrage, nach der ein Streik beurteilt wurde.

Der Generalstreik in Seattle schien für den Bolschewismus zu sein. Er begann mit dem Ausstand von 35 000 Werftarbeitern am 21. Januar 1919 und breitete sich weiter aus, als das Central Labor Council von Seattle entschied, zur Unterstützung der Werftarbeiter die Arbeit in der ganzen Stadt niederzulegen. Die konservative Presse betrachtete den Generalstreik als Beginn einer Revolution und tönte in ihren Schlagzeilen: ROTE KONTROLLIEREN STREIK IN SEATTLE – TESTEN CHANCE FÜR REVOLUTION. Am 6. Februar traten weitere 60 000 Arbeiter in den Ausstand. Schulen, Büros und Geschäfte schlossen; öffentliche Verkehrsmittel stellten den Betrieb ein. Bürgermeister Ole Hanson sagte, der Generalstreik sei eine Kriegserklärung

* Wobbly: am. Slang. Bezeichnung für ein Mitglied der IWW. (A. d. Ü.)

der Radikalen, die »von unserer amerikanischen Regierung Besitz ergreifen wollen und versuchen, die russische Anarchie nachzuahmen«. Hanson forderte von einem nahegelegenen Armeestützpunkt Bundestruppen an und führte den Zug persönlich in einem beflaggten Auto in die Stadt. Mit Soldaten im Rücken, die seinen Worten den nötigen Nachdruck verliehen, befahl er den streikenden Arbeitern, die Arbeit wieder aufzunehmen, andernfalls würden die Soldaten ihre Arbeit übernehmen. Die streikenden Arbeiter wurden inzwischen auch scharf von ihren nationalen Gewerkschaften angegriffen, weil sie dem Grundsatz des »pure and simple unionism« zuwiderhandelten. Nach nur vier Tagen gaben sie auf und brachen den Streik ab. Seine Rolle bei der Niederschlagung des Streiks machte Hanson zum Held der Nation und vermittelte Hoover und Palmer vielleicht eine Vorstellung davon, was in einer Krisenstimmung wie der damals herrschenden durch militanten Antikommunismus erreicht werden könnte. Hanson verwandelte währenddessen seinen Ruf in bare Münze: er trat zurück und begab sich auf Vortragsreise.[3]

Der Generalstreik von Seattle nährte die Vorstellung, hinter jedem Streikposten verberge sich eine rote Flagge – eine beängstigende Sache angesichts von 175 Streiks im März 1919, 248 im April, 388 im Mai, 303 im Juni, 360 im Juli und 373 im August. Die während des Krieges weitverbreitete Ansicht, Streiks seien unpatriotisch, ja deutschfreundlich, wich nun der Überzeugung, sie seien prosowjetisch und somit in gewisser Weise immer noch verräterisch. Anfang 1919 mußte Hoover immer wieder gehört haben, wie Politiker das industrielle Amerika als Schlachtfeld des internationalen Klassenkampfs bezeichneten und forderten, die während des Krieges erlassenen Verordnungen zur Beschränkung gewerkschaftlicher Aktivitäten beizubehalten.

In Europa und in den Vereinigten Staaten organisierten sich Veteranen, die sich von der revolutionären Ideologie bedroht fühlten, um gegen die Revolution zu kämpfen. Die extremste Organisation war das deutsche *Freikorps,* dessen Mitglieder die Revolution in Deutschland niederschlugen und Karl Liebknecht und Rosa Luxemburg ermordeten. In den Vereinigten Staaten erbaten die Führer und Mitglieder der American Protective League (APL), die nach dem Waffenstillstand auf Anweisung des Justizministeriums aufgelöst worden war, sich wieder zusammenschließen zu dürfen, um gegen den Bolschewismus vorzugehen. In einzelnen Fällen wurde ihr Vorschlag informell angenommen. Am 5. Mai 1919 wurde die American Legion gegründet, die beunruhigende Ähnlichkeiten mit dem *Freikorps* aufwies; zu ihren erklärten Zielen gehörte, die Regierung im Kampf gegen den Kommunismus zu unterstützen. Im November 1919 kam es in Centralia, Washington, zu einer regelrechten Schlacht zwischen Mitgliedern der IWW und der American Legion. Das IWW-Mitglied Wesley Everest, selbst ein Veteran des Ersten Weltkrieges, wurde von aufgebrachten Legionären kastriert, aufgehängt und erschossen.[4]

Während Hoover sich im Alien Enemy Bureau auf dem Abstellgleis befand, wurde in der Presse immer wieder behauptet, es sei eine internationale Verschwörung im Gang mit dem Ziel, die führenden Politiker der Welt zu ermorden. Diese Gerüchte schienen sich zu bewahrheiten, als Ole Hanson am 28. April 1919 eine Bombe zugeschickt wurde. (Sie wurde entdeckt und entschärft.) Am nächsten Tag explodierte in Atlanta eine Bombe im Haus des ehemaligen US-Senators Thomas Hardwick und riß einem Hausmädchen beide Hände ab. In den folgenden Tagen wurden vierunddreißig weitere Bomben entdeckt und entschärft, bevor sie ihre Opfer erreichen konnten. Die Anschläge richteten sich gegen allgemein bekannte Persönlichkeiten wie Frederick C. Howe (Leiter der Einwanderungsbehörde von Ellis Island), Senator Lee Overman (der den Vorsitz über das sensationelle Hearing des Senats zum Bolschewismus geführt hatte), Oliver Wendell Holmes jun. (Richter am Obersten Bundesgericht), Postminister Albert Burlson und Richter Kenesaw Mountain Landis (der Victor Berger und Big Bill Haywood verurteilt hatte). Außerdem wurden Anschläge auf Justizminister A. Mitchell Palmer, Arbeitsminister William Wilson, John D. Rockefeller und J. P. Morgan verübt.[5]

Die Anschlagserie im April richtete sich gleichermaßen gegen Freunde und Feinde der Einwanderer und Radikalen, und doch zweifelten damals nur wenige daran, daß Radikale für die Attentate verantwortlich zu machen seien, die – ein wenig verfrüht – den 1. Mai begingen. Der »Tag der Arbeit« war in jenem Jahr von Aufmärschen mit roten Flaggen, Unruhen in Dutzenden amerikanischer Städte und Angriffen des Pöbels auf die Zentralen der sozialistischen Partei gekennzeichnet. Jahre später, als die »Red Scare«, die »Furcht vor den Roten«, abgeflaut war, vermutete man jedoch, daß die Attentäter nicht Radikale,

sondern rechtsgerichtete Provokateure gewesen waren, die damit Ausschreitungen gegen Radikale auszulösen hofften.[6]
Möglicherweise hätten die Unruhen von 1919 gar nicht so laute Forderungen nach Maßnahmen gegen die Radikalen ausgelöst, wäre die Öffentlichkeit nicht bereits in Vorurteilen befangen gewesen. Diese Vorurteile hatten sich während des Krieges noch verstärkt, als das Justizministerium unter dem Espionage Act und dem Sedition Act Radikale verfolgte. Diese Verordnungen machten jeden zu einem »Freund der Deutschen«, der gegen den Krieg opponierte. Da nahezu alle ethnischen, religiösen und kulturellen Minderheiten des Landes den Krieg als Gelegenheit begrüßt hatten, endlich in die etablierte amerikanische Gesellschaft integriert zu werden, die Radikalen sich aber offen weigerten, in den Ruf nach nationaler Einigkeit einzustimmen, isolierten sie sich von den anderen und stempelten sich selbst zu deren Gegner. Während Hoover im Krieg für das Justizministerium arbeitete, verbreitete sich unter den selbstbewußten, patriotischen Amerikanern die Überzeugung, Radikale, Anarchisten, Kommunisten und Sozialisten seien allesamt unamerikanisch, unpatriotisch und sogar verräterisch.[7]
Kaum war der Krieg vorüber, forderten die Konservativen, daß die Radikalen für ihre verräterische Einstellung während des Krieges zur Rechenschaft gezogen würden. Den Anstoß zu solchen Maßnahmen gab, eher unbeabsichtigt, A. Mitchell Palmer, Alien Property Administrator und Hoovers zukünftiger Chef im Justizministerium. Im Jahre 1918 beschuldigte Palmer Senator Boies Penrose, einen politischen Gegner aus seinem Heimatstaat Pennsylvania, Bestechungsgelder aus dem Braugewerbe angenommen zu haben. Da das Braugewerbe deutschfreundlich und verräterisch sei, habe, so Palmer, auch Penrose verräterisch gehandelt, als er das Geld annahm.
Ein Unterausschuß des Rechtsausschusses unter Leitung von Senator Lee Slater Overman wurde beauftragt, Palmers Anklagen zu untersuchen. Schon bald dehnte der Overman-Ausschuß seine Ermittlungen auf das allgemeine Phänomen der »Deutschfreundlichkeit« aus.[8] Der Direktor des Bureau of Investigation, Bruce Bielaski, zeigte sich sehr hilfsbereit und informierte den Ausschuß über eine breitangelegte Untersuchung seiner Leute zu diesem Thema. Sie seien zu dem Ergebnis gekommen, die »Deutschfreundlichkeit« breite sich in Amerika aus

wie eine Seuche. (Dem Schluß lag die Annahme zugrunde, daß jeder, der sich gegen Wilsons Neutralität oder seine Kriegspolitik stellte, mit den Deutschen sympathisiere.) Der Overman-Ausschuß machte sich zum Forum unverantwortlicher Anschuldigungen gegen prominente Professoren, Journalisten und Regierungsbeamte, deren »Vergehen« darin bestand, unorthodoxe Meinungen zu vertreten. Allerdings wurde er unglaubwürdig, als viele Opfer die unbegründeten Beschuldigungen ohne Schwierigkeiten als haltlos zurückweisen konnten. Mit dem Waffenstillstand vom 11. November war das Mandat des Ausschusses anscheinend beendet, und die meisten Mitglieder, von dem Fiasko mit der »Deutschfreundlichkeit« peinlich berührt, waren zufrieden, in aller Stille ihre diesbezügliche Arbeit niederlegen zu können.

Doch da zeigte ein Zeuge des Ausschusses, der New Yorker Anwalt Archibald E. Stevenson, den Senatoren, wie sie direkt von dem jetzt toten Schreckgespenst der »Deutschfreundlichkeit« zu den immer lebendigeren Bolschewisten übergehen konnten. Während des Krieges hatte Stevenson das Mayor's Committee on Aliens, einen Aussschuß des Bürgermeisters zum Ausländerproblem, in New York geleitet und als Spezialagent des Justizministeriums feindliche Propaganda untersucht. Nach dem Krieg hatte er für die New Yorker Union League eine Studie über radikale Ausländer angefertigt. Am 22. Januar 1919 teilte er dem Overman-Ausschuß mit, daß der Bolschewismus »ein Ergebnis der deutschen Propaganda« sei. »Der deutsche Sozialismus ... ist der Stammvater der bolschewistischen Bewegung in Rußland; deshalb hat die radikale Bewegung, die wir in unserem Land haben, deutsche Ursprünge.« Durch diese Verknüpfung von antiradikalen Empfindungen mit dem Haß auf die Deutschen lieferte Stevensons Aussage dem Overman-Ausschuß einen Grund, vom Senat ein neues Mandat zu fordern, um Untersuchungen über den amerikanischen Radikalismus durchzuführen. Die Hearings zum Bolschewismus begannen am 11. Februar 1919 und dauerten bis zum 10. März; so konnte auch die Panik ausgenutzt werden, die der Generalstreik in Seattle auslöste. Die Senatoren verhörten Radikale wie John Reed und seine Frau Louise Bryant, sammelten von weißrussischen Flüchtlingen Angaben über die mutmaßliche Zahl amerikanischer Truppen, die nötig wären, das Sowjetregime zu stürzen (50 000 war keine ungewöhnliche Vermutung) und lauschten fürchterlichen Geschichten über die Abscheulichkeiten der Bolschewisten.[9]

Stevensons Aussage enthielt alles, was konservative Amerikaner über die Radikalen glaubten: die Roten waren gefährliche Unruhestifter, sie verschrieben sich unpatriotischen und unreligiösen Ideen, und keine anständige Frau konnte ihnen trauen. Sie waren fast immer Ausländer; falls sie doch einmal Amerikaner waren, dann verweichlichte Gestalten, die die wahre amerikanische Geisteshaltung der europäischen Dekadenz preisgegeben hatten. Neu war, daß Stevenson den russischen Bolschewismus als feindliche Macht beschrieb, die überall in der Welt die Radikalen vereine (und kontrolliere). »Solange die Bolschewisten die Millionen Europas kontrollieren und dominieren, solange ... [werden sie] eine ständige Bedrohung darstellen und die radikalen und unzufriedenen Elemente in unserem Land aufhetzen.« Dem Ausschuß wurden auch Vorschläge für neue Gesetze unterbreitet, zum Beispiel, daß »in den nächsten zehn Jahren kein Mann dieses Land betreten darf, außer er ist weiß und angelsächsischer Herkunft«, daß »Beschränkungen gegen die Verbreitung aufrührerischer Literatur eingeführt werden sollen« und daß »amerikanische Bürger, die eine Revolution befürworten, nach einem für diesen Zweck geschaffenen Gesetz bestraft werden sollen«.[10]

Die These des Overman-Ausschusses, Bolschewismus sei nichts anderes als »Deutschfreundlichkeit«, bestätigte nur, was viele bereits ohnehin glaubten. Als die Bolschewisten im März 1918 Rußland aus dem Krieg zurückzogen und damit Deutschland der Notwendigkeit enthoben, einen Zweifrontenkrieg zu führen, waren viele Amerikaner überzeugt, die Bolschewisten seien mit den Deutschen verbündet – zumindest was die Auswirkungen ihres Verhaltens betraf, wenn sie es nicht sogar bewußt so eingerichtet hatten. Nach der simplen Logik des Patriotismus bedeutete das, daß jeder, der mit den Bolschewisten sympathisierte, auch als Freund der Deutschen betrachtet werden mußte. Das hatte verheerende Auswirkungen auf das Image der radikalen Bewegung in Amerika, denn in den Jahren 1918 und 1919 vereinte die Begeisterung für die bolschewistische Revolution alle amerikanischen Linken. Eugene Debs, der prominenteste Sozialist des Landes, verkündete: »Vom Scheitel bis zur Sohle bin ich Bolschewist, und ich bin stolz darauf.«[11]

Auch nach dem Waffenstillstand drängte die Regierung darauf, daß Radikale, die nach den Kriegsverordnungen verurteilt worden waren,

auch bestraft würden, und leitete sogar neue Verfolgungen ein. Im Januar 1919 wurde Victor Berger, der ehemalige sozialistische Kongreßabgeordnete des Staates Wisconsin, nach dem Espionage Act verurteilt. Eugene Debs, der am 10. März 1919 aufgrund desselben Gesetzes verurteilt worden war, hatte alle Möglichkeiten, Berufung einzulegen, ausgeschöpft. Sein Fall wurde vom Obersten Bundesgericht zurückgewiesen, und er kam zwei Wochen später ins Gefängnis. Diese Fälle mußten Hoover in seiner Annahme bestärken, daß alle Radikalen Verbrecher und Verräter seien.[12]
Die Kreuzzüge der Einzelstaaten und lokalen Behörden gegen Landesverräter trugen ebenfalls zu der Krisenstimmung bei, auf die Hoover und Palmer im Jahre 1919 reagierten. Das Parlament des Staates New York hatte eine Untersuchung über den Radikalismus angeordnet, um auf Archibald Stevensons Bericht für die Union League vom 13. Mai zu reagieren, der voller wilder Behauptungen war: so etwa, prominente New Yorker Liberale wie die Sozialarbeiterinnen Jane Addams und Lillian Wald, der Historiker Charles Beard, der Verleger Oswald Garrison Villard und der Ellis-Island-Leiter Frederick Howe seien heimliche Radikale.[13] Diese Untersuchung führte der berüchtigte, nach ihm benannte Lusk-Ausschuß unter dem Vorsitz von Senator Clayton R. Lusk aus dem Staat New York durch, mit Stevenson als wichtigstem Berater.
Der Lusk-Ausschuß begann mit seinen Hearings am 16. März 1919 und sorgte für weitere Schlagzeilen über die Bedrohung durch die Radikalen. Das ganze Frühjahr über und weit in den Sommer 1919 hinein ritten die »Luskers« auf der Vorstellung herum, alle Radikalen seien verräterisch und gefährlich und die Streiks und Bombenanschläge jenes Jahres stellten nichts anderes als den Anfang der bolschewistischen Revolution in Amerika dar.

Am Abend des 2. Juni, einen Monat nach den Bombenattentaten zum 1. Mai, zerstörte eine Explosion die Vorderfront des Hauses von Justizminister Palmer im Nordwesten von Washington. Der Attentäter kam bei der Explosion ums Leben, und in den Überresten seiner Leiche wurde ein Flugblatt gefunden, in dem mit Gewaltakten gegen die »kapitalistische Klasse« gedroht wurde; unterzeichnet hatten »die Kämpfer des Anarchismus«. Weder Palmer noch seine Familie wurden verletzt, aber nach Aussage seines Nachbarn, des stellvertretenden Marineministers Franklin D. Roosevelt, war der Justizminister so durcheinander, daß er in die Ausdrucksweise der Quäker verfiel, bei denen er aufgewachsen war. Dieser Bombenanschlag, der niemals aufgeklärt wurde, provozierte 1919 die Kampagne des Justizministeriums gegen die Radikalen und setzte die FBI-Karriere von J. Edgar Hoover in Gang.[14]

Der Staub hatte sich kaum gelegt, als Palmer seinen alten obersten Untersuchungsbeamten aus dem Alien Property Bureau, Francis P. Garvan, und William J. Flynn, den ehemaligen Leiter des Geheimdienstes und bekannten Privatdetektiv, ins Justizministerium holte. Sie sollten ihm helfen, einen Plan für die Reaktion des Justizministeriums auf das Attentat auszuarbeiten. Am 4. Juni verkündete Palmer, er habe Garvan zu seinem Stellvertreter ernannt und ihm die Aufgabe übertragen, sich um die Bedrohung durch die Radikalen zu kümmern. Er machte Flynn zum Direktor des Bureau of Investigation und ernannte Frank Burke, der die New Yorker Abteilung des Geheimdienstes sowie dessen »russische« Abteilung geleitet hatte, zum Stellvertreter Flynns mit dem Titel »Chief«. Die Titel der oberen Ränge des Bureau wurden jetzt genau festgelegt. Der ranghöchste Mann des Bureau, bislang entweder »Director« oder »Chief« genannt, trug jetzt den Titel »Director«, während sein Stellvertreter als »stellvertretender Director und Chief« betitelt wurde.[15]

Mit diesen Männern als Beratern begann Palmer, Pläne für eine großangelegte Kampagne gegen den Radikalismus auszuarbeiten. Er bat den Kongreß um die Bewilligung zusätzlicher Gelder für die Ermittlungen über die Radikalen und behauptete, er habe gewisse Informationen, die darauf hindeuteten, daß bald »ein Versuch gemacht [werde], sich zu erheben und die Regierung in einem einzigen Schlag zu vernichten«. Während einer ganztägigen Besprechung am 17. Juni beschloß das Justizministerium seine Strategie: eine Massenrazzia und die Ausweisung ausländischer Radikaler.[16]

Hoover nahm an dieser Besprechung vom 17. Juni wahrscheinlich teil, und entweder an diesem Tag oder kurz danach beschlossen Palmer und seine Berater, Hoover die Verantwortung für diese Aktion zu übertragen. Am 1. Juli beförderte Palmer Hoover zum Sonderbeauftragten des Justizministers und unterstellte ihn Garvan. Mit der Beförderung erhöhte sich Hoovers Gehalt von 1800 Dollar im Jahr auf 3000 Dollar. (Zum Vergleich: Der Direktor des Bureau of Investigation William Flynn verdiente 7500 Dollar pro Jahr, während das Gehalt des Leiters Burke 4000 Dollar betrug.) Kurze Zeit später tauchte Hoovers Name erstmals in den Organisationslisten des Bureau of Investigation auf.[17] Die Beförderung Hoovers ging auf John Lord O'Brian zurück, der ihn (wahrscheinlich im März oder April) Palmer empfohlen hatte. Diese Empfehlung mag Palmer aus persönlichen Gründen beeindruckt haben. Obwohl die beiden Männer grundverschieden waren (Palmer hatte eine mächtige Position innerhalb der nationalen demokratischen Partei inne; O'Brian war ein einflußreicher Republikaner), hatten sie viele gemeinsame Freunde. Palmer war eng mit J. Harry Covington und Edward B. Burling befreundet, die später in Washington die große Kanzlei Covington und Burling gründeten. Diese beiden Männer wiederum waren Freunde von Hoovers Cousin, Richter William Hitz, und Hitz machte während eines Essens im Cosmos Club seinen Freund O'Brian mit Covington und Burling bekannt, in deren Kanzlei O'Brian Jahre später (1944) eintrat. Deshalb ist es sehr wahrscheinlich, daß O'Brian, als er Hoover Palmer gegenüber erwähnte, auch auf Hoovers verwandtschaftliche Beziehung zu Richter Hitz hinwies, einem Freund von Covington.[18]

Hoovers wertvollste Empfehlung für diese neue Aufgabe waren die Erfahrungen, die er während des Krieges im Umgang mit unerwünschten Ausländern gesammelt hatte. Nach dem Rücktritt von Gregory und O'Brian war Hoover trotz seiner Jugend der Ausländerexperte im Justizministerium. Er war der einzige Mann im Ministerium, der Erfahrung damit hatte, in Zusammenarbeit mit dem Immigration Bureau des Arbeitsministeriums Ausweisungsverordnungen einzusetzen, um schnell und ungerichtlich mit Ausländern verfahren zu können. Als es nun notwendig wurde, die Beziehungen zum Arbeitsministerium wieder aufzunehmen, um die großangelegte Aktion gegen die Ausländer durchführen zu können, war Hoover der logische, ja sogar der einzige Kandidat für diese Aufgabe.

Hoovers Enthusiasmus für die Jagd auf Ausländer, durch den Argwohn gegenüber Ausländern, der während seiner Jugendzeit stetig genährt worden war, noch verstärkt, war inzwischen vermutlich im ganzen Ministerium bekannt. Darauf könnte John Lord O'Brian angespielt

haben, als er an Hoovers Todestag sagte, Hoover habe immer »ein lebhaftes Interesse an Ausländer betreffenden Aktivitäten«. gezeigt. Hoover schloß sich zu jener Zeit den Freimaurern an. Auch das stand vielleicht im Zusammenhang mit seiner Haltung gegenüber Einwanderern. Der Erste Weltkrieg markierte eine Wende in der Geschichte der Freimaurer: sie betrieben aktiv nativistische Politik, und viele Logen beteiligten sich an der Kampagne gegen den Radikalismus und für restriktive Einwanderungsbestimmungen. Allerdings ist es auch möglich, daß Hoover mit dem Beitritt bei den Freimaurern einfach dem Beispiel seines Bruders Dick folgte, der bereits eifriges Mitglied war.[19]
Hoovers Alter – er war im Frühjahr 1919 erst vierundzwanzig Jahre alt – könnte möglicherweise sogar ein weiterer Grund sein, warum Palmers Wahl, die Kampagne gegen die Kommunisten zu leiten, auf ihn fiel. Obwohl Palmer sich im Privatleben religiös und in der Öffentlichkeit moralisch gab, war er politisch korrupt – ein Typ, der sich nicht selten zu der Skrupellosigkeit und Rücksichtslosigkeit junger Untergebener ohne allzuviel Gewissensbisse hingezogen fühlte – und hegte sein Leben lang einen Argwohn gegen Ausländer und Radikale.[20] Er war habsüchtig und steckte bis zum Hals in politischen Profitgeschäften. Über sein Alien Property Bureau schleuste er deutsches Kapital zu politischen Verbündeten in der Demokratischen Partei. Im Jahre 1919 hatte Palmer kaum noch irgendwelche Skrupel oder bestimmte politische Überzeugungen. Er wollte 1920 unbedingt als Präsidentschaftskandidat der Demokraten nominiert werden, und er glaubte sich diesem Ziel greifbar nahe. Er war bereit, alles zu tun, um es zu erreichen, und sah in Hoover möglicherweise einen aggressiven, selbstbewußten jungen Agenten, der ihm das akute politische Thema verschaffen würde, mit dem er Präsident werden könnte.
Hoover verfügte nicht nur über enorme Energien und großen Ehrgeiz, sondern hatte auch ein unerschütterliches Vertrauen zu seinem Organisationstalent und zu seinen Führungsfähigkeiten, das auf seinen Erfahrungen im Alien Enemy Bureau und auf seinen früheren Erfolgen in der Central High basierte. In das Selbstvertrauen, das er im Bewußtsein, zu einer lokalen Elite zu gehören, ausstrahlte, mischte sich vielleicht auch ein gewisses Ressentiment sowohl den niedrigeren Bevölkerungsschichten, die sich um nichts verdient machten, wie auch den faulen Reichen gegenüber, die mit ihrer herablassenden Fürsorge

für all jene, die unter ihnen standen, die Ambitionen und das Streben nach Achtbarkeit der Mittelschicht dem Gespött preisgaben. Auch die Entschiedenheit, mit der Hoover eine Karriere beim Staat anstrebte, hob ihn von seinen Konkurrenten im Ministerium ab, die aus eigenem Antrieb nicht die ehrgeizigsten und tatkräftigsten Vertreter ihres Standes waren, denn die wirklich fähigen Juristen des Ministeriums waren zu jener Zeit begierig darauf, aus dem Ministerium auszuscheiden und in die juristische Praxis der Friedenszeiten zurückzukehren.

Hoover wäre wahrscheinlich auf jeden Fall erfolgreich gewesen, aber die aufgewühlte öffentliche Meinung, der feste, noch nicht ins Wanken gebrachte Glaube der radikalen Bewegung, kurz vor dem Triumph zu stehen und die spektakulären Bombenattentate auf den Justizminister und andere prominente Beamte schufen eine Situation, für die er durch seinen familiären Hintergrund, seine Erfahrungen und seine Persönlichkeit optimal geeignet war.

Nachdem Palmer Hoover in sein Amt als Leiter der Kampagne des Justizministeriums gegen die Radikalen eingesetzt hatte, wandte er sich anderen dringenden Aufgaben zu. Nach dem Waffenstillstand war die Inflationsrate stark gestiegen, und die Öffentlichkeit forderte von der Regierung entsprechende Maßnahmen. Palmer und sein Justizministerium hatten die leidige Aufgabe, dafür zu sorgen, daß die Verordnungen gegen »die hohen Lebenskosten« eingehalten wurden, und mußten außerdem brisante Streiks in wichtigen Industriezweigen schlichten. Die große Arbeitsbelastung und die Wahrscheinlichkeit, daß er nach Präsident Wilsons Schlaganfall der aussichtsreichste Bewerber bei der Nominierung des demokratischen Präsidentschaftskandidaten im Jahre 1920 sein würde, brachten Palmer an den Rand eines Nervenzusammenbruchs. Die Ärzte beschrieben seinen Zustand in den vorsichtigen Euphemismen jener Zeit und schickten ihn für einige Wochen in Urlaub. So war Hoover sich selbst überlassen, als die Vorbereitungen des Ministeriums für seine Kampagne gegen die Radikalen ihren Höhepunkt erreicht hatten.[21]

Abgesehen von der Entscheidung, die Kampagne gegen die Kommunisten auf Ausländer zu beschränken – einer Maßnahme, gegen die er höchstwahrscheinlich nichts einzuwenden hatte, da ihm sein Ruf als Ausländerexperte diese Aufgabe eingebracht hatte –, trug Hoover die volle Verantwortung für die Planung des Angriffs auf den Radikalismus im Sommer und Herbst 1919. Er wählte aus, gegen welche Personen (Emma Goldman, Alexander Berkman und Ludwig Martens) und welche Gruppen (die Union of Russian Workers, die Kommunistische Partei und die Kommunistische Arbeiterpartei) sich die Kampagne insbesondere richten sollte. Er verfaßte die Gutachten, mit denen die Ausweisungen gerechtfertigt wurden, und vertrat in den Deportationsvernehmungen persönlich die Seite der Regierung. Er organisierte die gesamten Ermittlungsstrategien der Radical Division, stellte Experten und Übersetzer ein und führte das Bureau of Investigation bei der Anlage der Akten über die kommunistische Bewegung, die den Grundstock bildeten für den umfassenden FBI-Apparat zur Bewältigung von Problemen der inneren Sicherheit, der heute noch besteht.

Bezogen auf seine Karriere und die Zukunft des FBI bestand die wichtigste Betätigung Hoovers im Sommer 1919 darin, sich mit den Inhalten und Überzeugungen der kommunistischen Bewegung vertraut zu machen, die damals so dynamisch und selbstbewußt war wie nie in ihrer Geschichte. Während der Ermittlungsarbeiten in den ersten hektischen Monaten als Leiter der Radical Division, als er haarsträubende Passagen aus kommunistischen Zeitschriften, Manifesten und Propagandaschriften ausschnitt und zusammenklebte, gelangte Hoover zu bestimmten, festen Überzeugungen über das Wesen und die Intentionen der Kommunisten, die sein ganzes Leben für seinen antikommunistischen Eifer bestimmend blieben.

Zunächst einmal mußte Hoover seine Abteilung, die Radical Division, organisieren. Er leitete diese Abteilung, bis er 1924 zum Direktor des Bureau of Investigation ernannt wurde.[22] Die Radical Division (Hoover benannte sie 1920 in General Intelligence Division oder GID um) war in erster Linie mit Ermittlungsarbeiten befaßt, eine Art von Arbeit, die Hoover lag und für die ihn seine Tätigkeit in der Kongreßbibliothek und im Alien Enemy Bureau gut vorbereitet hatten. Anfangs deutete Hoovers Gehalt als Sonderbeauftragter des Justizministers darauf hin, daß er in der Hierarchie des Bureaus den dritten Rang hinter Direktor Flynn und dem stellvertretenden Direktor Burke bekleidete. Doch schon ein Jahr später verdiente er 4500 Dollar im Jahr – wenn auch noch immer mit demselben Titel. Damit war sein Gehalt höher als das des stellvertretenden Direktors, das immer noch

4000 Dollar betrug. Seinem Gehalt nach war er also mit fünfundzwanzig Jahren der zweithöchste Beamte des Bureaus und verdiente beinahe soviel wie Direktor Flynn, einer der bekanntesten Detektive des Landes.

Obwohl Hoover noch so jung war, trug er durch seine Ernennung zum Leiter der Radical Division die Verantwortung für eine Abteilung, die bald die weitaus größte Sektion des Bureau of Investigation ausmachte, und außerdem hatte er keinen direkten Vorgesetzten im Bureau. Aufgrund seiner Position war zwar formell Direktor Flynn sein Vorgesetzter, aber Hoover war nicht ihm unterstellt, sondern wiederum Flynns direktem Vorgesetzten, dem stellvertretenden Justizminister Francis Garvan. Deshalb konnte er vom 1. August 1919 bis August 1920 (als er offiziell stellvertretender Direktor des Bureaus wurde) entweder als Mitglied des Führungsstabes des Bureau of Investigation operieren oder unabhängig vom Bureau als Angehöriger des Justizministeriums. Diese Situation gewährte ihm ungewöhnliche Handlungsfreiheit, auf die er auch später immer als sein gutes Recht bestand.

Zunächst befaßte sich Hoover mit »allgemeinen geheimdienstlichen« Aufgaben. Mit diesem Terminus wird, im Unterschied zu Ermittlungen, die durchgeführt werden, um Beweise für eine Strafverfolgung zu sammeln, die Beschaffung von Hintergrundinformationen bezeichnet, die zur allgemeinen Einschätzung einer Situation dienen. Im Dezember hatte er jedoch durch seine Kompetenz im Bereich Radikalismus auch die tatsächliche Einsatzleitung bei der Kampagne des Ministeriums gegen die Radikalen.

Um seine Aktionen gegen die Radikalen vorzubereiten, sammelte Hoover in den Zentralakten in Washington Informationen über radikale Personen, Organisationen und Veröffentlichungen. Bis November verfügte seine Abteilung über eine Aufstellung von mehr als 60 000 »zu radikalen Ideen neigende« Personen. »Nach ihrer Gründung«, berichtete Hoover, »befaßte sich die Radical Division zunächst mit verschiedenen Gruppierungen in den Vereinigten Staaten, die anarchistischen Lehren anhingen.« Er organisierte und schulte ein Team von vierzig Übersetzern, Assistenten und Lesern, um 471 radikale Zeitschriften zu überprüfen, die in den Vereinigten Staaten und im Ausland erschienen. Wie früher vor Disputierwettkämpfen suchte er alle greifbaren Informationen und Unterlagen über die Position, die sein Gegner vertrat, zusammen, eignete sich ihren Inhalt an und bereitete sich dann sorgfältig auf die mögliche Konfrontation vor. Innerhalb eines Jahres hatte Hoover eine riesige Sammlung von Material über die »ultraradikale Bewegung« zusammengetragen. Der Kongreß wurde darüber in Kenntnis gesetzt, daß »die Arbeit der General Intelligence Division sehr viel Forschungsarbeit erfordert sowie theoretische und historische Untersuchungen über die verschiedenen ultraradikalen Bewegungen ... Der Grundstock zu einem ausgezeichneten Handapparat ist gelegt.« Ein Jahr nach dem Entstehen seiner Abteilung stand Hoover eine Publications Section zu Verfügung, in der 625 Zeitungen nach Informationen über die radikale Bewegung durchgesehen wurden, und eine Kartei mit 200 000 Eintragungen über »verschiedene Themen oder Personen«.[23]

Die »allgemeine geheimdienstliche« Funktion der Radical Division wird in einem Bericht beschrieben, den wahrscheinlich Hoover selbst verfaßte: »Es ist klar erkennbar, daß die gegenwärtigen Unruhen und Tendenzen zum Radikalismus sozialen und wirtschaftlichen Zuständen entspringen, die von größerer Bedeutung sind als der einzelne Agitator. Eine erhellende Untersuchung über den Agitator, seine Arbeit und die Ergebnisse seiner Arbeit setzt deshalb die Kenntnis der sozialen und wirtschaftlichen Situation insgesamt voraus. Nicht um bestimmte gesellschaftliche oder wirtschaftliche Theorien zu untersuchen oder zu verteidigen, sondern nur aus dem einfachen Wunsch heraus, sinnvoll und effektiv zu arbeiten, schult die Abteilung kontinuierlich eine Gruppe von Agenten, damit sie diese größeren Zusammenhänge in Betracht ziehen, wenn sie Ermittlungen über einzelne Personen anstellen.«[24] Das erinnert, sowohl inhaltlich als auch stilistisch, sehr an den Artikel in der Schülerzeitung der Central High, in dem Hoover beschrieben hatte, wie er seine Kadettenkompanie auf den Jahreswettbewerb vorbereiten wollte.

Hoover war auf dem besten Weg, mit Hilfe seiner Akten, als Radikalismusexperte der Regierung aufzutreten, deshalb konnte er in seinen Analysen eindeutiger und überzeugender sein als jeder Konkurrent. Durch die Einrichtungen der Radical Division besaß er fast das Monopol über bestimmte Informationen, die sehr schwer zu bekommen waren, einen breiten Bereich abdeckten und für normale Sterbliche so unzugänglich waren, daß eine unabhängige Überprüfung ihrer Richtigkeit nahezu unmöglich war. Hoover hatte sich wieder in dieselbe Position manövriert, die er schon innehatte, als er noch für die Central High debattierte: Seine Feinde konnte er aufgrund seines profunden Wissens und seiner Kenntnisse einschüchtern und besiegen, und seinen Freunden war er wegen seiner intensiven Vorbereitung und ebendieser großen Kenntnis einer Sache unersetzlich. Die Radical Division und sein kompetentes Vorgehen bei ihrer Organisation machten Hoover zum ersten Sachverständigen der Regierung in allen Fragen, die den Kommunismus betrafen; und über diese Position wachte er eifersüchtig für den Rest seines Lebens.

Von Anfang an hatte Hoover eine geradezu abgöttische Achtung vor den »Fakten«, die er für beweiskräftig, eindeutig und evident hielt. Da er überzeugt war, daß Fakten ihre Überzeugungskraft in sich selbst trügen, meinte er, andere Leute müßten ihnen dieselbe Bedeutung zumessen wie er selbst, es sei denn, sie stellten sich absichtlich dumm oder wären ungewöhnlich beschränkt. Er zeigte eine ausgesprochene Neigung, die Fakten mit seinen Interpretationen dieser Fakten gleichzusetzen. Und da er über mehr »Fakten« verfügte als jeder andere und auf seine Akten verweisen konnte, um das zu beweisen, hatte er ein absolutes Vertrauen in die Gültigkeit seiner Meinung.

Das Justizministerium war schon vor den Bombenanschlägen dazu gedrängt worden, etwas gegen die ausländischen Radikalen zu unternehmen. Bereits im Februar 1919 hatte Justizminister Gregory Pläne des Ministeriums angekündigt, zwischen sieben- und achttausend »ausländische Anarchisten und Unruhestifter« zu deportieren.

Anfang 1919 verstärkte das Immigration Bureau des Arbeitsministeriums, auf das besonders von Beamten der Westküste derselbe Druck ausgeübt wurde, seine Bemühungen, die Deportationsbestimmungen gegen Radikale anzuwenden. Am 6. Februar verfrachteten in Seattle Agenten des Immigration Bureau sechsunddreißig ausländische Wobblies in einen Eisenbahnwaggon. Dieser »rote Sonderzug« erregte großes Aufsehen, und die Beamten der Einwanderungsbehörde versprachen, es werde noch viel mehr solcher Züge geben. Als der »Sonderzug« auf Ellis Island eintraf, schritt Arbeitsminister William Wilson (selbst ein Einwanderer) ein und überprüfte die Deportationsverfügungen der Wobblies. Er ließ zwölf von ihnen am 14. März frei, zwei weitere wenige Tage später. Fünf fügten sich freiwillig den Deportationsbefehlen. Von den übrigen siebzehn Verfügungen wurden sechs gerichtlich bestätigt, die restlichen fallengelassen. Als das Immigration Bureau seine Bemühungen einstellte, IWW-Mitglieder zu deportieren, waren hundertfünfzig verhaftet, aber nur siebenundzwanzig tatsächlich ausgewiesen worden.[25]

Justizminister Palmer beschränkte die Maßnahmen des Justizministeriums auf *ausländische* Radikale, da »die Ermittlungen, die unser Ministerium im Laufe des vergangenen Jahres über die ultraradikale Bewegung angestellt hat, deutlich gezeigt haben, daß 90 Prozent der kommunistischen und anarchistischen Agitation auf Ausländer zurückgeführt werden kann« (diese Aussage basierte auf den Daten, die Hoover erhoben hatte).[26] Es gab aber auch ganz handfeste Gründe, warum Palmer und Hoover zuerst gegen Ausländer vorgingen. Zu jener Zeit war kein Gesetz in Kraft, das dem Justizministerium erlaubt hätte, gegen radikale Bürger der Vereinigten Staaten wegen ihrer Gesinnung oder ihrer Verbindungen vorzugehen, sondern nur wegen krimineller Handlungen, und solche Art der Kriminalität war schwer zu beweisen. So konnte das Ministerium in keinem einzigen Fall irgend jemandem die Verantwortung für die Bombenanschläge nachweisen, die die Kampagne im Jahre 1919 ausgelöst hatten.

Es war aber durchaus möglich, *Ausländer* wegen ihrer Überzeugungen und Verbindungen zur Verantwortung zu ziehen. Der Immigration Act von 1918 hatte der Regierung eine starke Waffe gegen radikale Ausländer in die Hand gegeben. Ausländer konnten ausgewiesen werden, wenn sie an den Anarchismus oder an politische Gewaltakte glaubten oder wenn sie Organisationen angehörten, die politische Gewalttaten oder anarchistische Prinzipien befürworteten.

Radikale Bürger der Vereinigten Staaten konnten nur bestraft werden, wenn sie in einem gerichtlichen Verfahren verurteilt worden waren, und auch in einem solchen Verfahren wurden sie durch entsprechende Klauseln in der Verfassung geschützt. Nach der verdrehten Logik der Einwanderungsbestimmungen galt eine Ausweisung nicht als Strafe, sondern als eine administrative Maßnahme. Deshalb hatte ein Ausländer in einem Einwanderungsverfahren keinen Anspruch auf diesen in der Verfassung verankerten Schutz, der ihm in einem Strafprozeß gewährt worden wäre. Das Recht auf Einhaltung der Beweisgrundsätze, das Recht auf rechtlichen Beistand, das Recht auf ein schnelles Verfahren – keines dieser Rechte wurde ihm zugestanden. Der Ausländer stand nur unter dem Schutz der Bestimmungen des Immigration Bureau, und diese waren völlig verdreht worden, um – so die sinnreiche Formulierung des Immigration Bureau – gegen die Ausländer »die Rechte der Regierung zu schützen«.[27]

Die Einwanderungsgesetze ließen auch die Möglichkeit offen, nicht nur individuell, sondern *en masse* gegen radikale Ausländer vorzugehen. Als Hoover eine Zeitlang intensiv über dieses Thema nachgedacht hatte, arbeitete er ein Verfahren aus, mit dem er eine einfache Regelung durchsetzen wollte, aufgrund derer eine Organisation geschlossen unter jene Gruppierungen fallen sollte, die nach dem Gesetz von 1918 verboten waren (weil sie den Anarchismus und den gewaltsamen Sturz der Regierung propagierten). Sollte ihm dies gelingen, konnte er, davon war er überzeugt, Ausländer ausweisen, allein indem er ihnen die Mitgliedschaft in einer solchen Organisation nachwies – durch Mitgliedsausweise, Beitragsbücher oder Zeugenaussagen darüber, daß sie Versammlungen besuchten –, und brauchte so keine direkten Beweise für ihre persönlichen Überzeugungen mehr zu erbringen.

Die rechtliche Fiktion – daß Deportation keine Strafe für ein Verbrechen, sondern nur ein administratives Verfahren sei –, die aus der Deportation eine so attraktive Maßnahme gegen Radikale machte, basierte auf der zweiten Fiktion, daß die Vergehen, die zur Ausweisung eines Ausländers führten, keine Verbrechen seien. Damit war eine Ermittlung, die angestellt wurde, um ein Deportationsverfahren in Gang zu bringen, per definitionem keine Ermittlung in einem *Verbrechen* und fiel deshalb nicht in den Zuständigkeitsbereich des Justizministeriums. Hoover räumte später selbst ein, daß »unser Ministerium keine gesetzliche Vollmacht besaß, in Deportationsverfahren betreffs radikaler Aktivitäten Anklage zu erheben«. Das Justizministerium steckte in einem rechtlichen Dilemma. Die konfusen und willkürlichen Verfahren gegen Ausländer wurden mit dem juristischen Vorwand gerechtfertigt, daß es sich nicht um strafrechtliche Verfahren handle, obwohl das Ministerium durch sein Budget eindeutig auf Ermittlungen in Kriminalfällen beschränkt war. Aber da die Aktionen des Justizministeriums dem Kongreß bekannt waren, machten sich Hoover und Palmer nicht allzu große Sorgen darüber, daß sie ihre Gelder verwaltungstechnisch falsch verwendeten.[28]

Als aber Hoover die Verantworung für die Kampagne des Justizministeriums gegen die Radikalen übernahm, verwandelten sich die Bemühungen der Regierung – bislang konfus und unkoordiniert – in ein festumrissenes Programm mit einem langfristigen Ziel, das weit über die Absicht hinausging, ein paar tausend Ausländer zu deportieren. Hoover und Palmer arbeiteten daran, der Öffentlichkeit und dem Kongreß eine Ausdehnung der Kampagne auch auf Bürger der Vereinigten Staaten, die Mitglieder einer radikalen Organisation waren, schmackhaft zu machen. Sie hofften, daß die Deportationskampagne von 1919 eine neue Gesetzgebung zur Folge haben würde, die von den Juristen des Justizministeriums bereits vorbereitet wurde: der Sedition Act – ein Gesetz gegen Agitation in Friedenszeiten –, der für das Justizministerium eine ebenso weitreichende Handhabe für ein Vorgehen gegen radikale amerikanische Staatsbürger vorsah wie das Einwanderungsgesetz von 1918 gegen radikale Ausländer.[29]

Palmer und Hoover machten 1919 kein Hehl aus ihrem wahren Ziel, das nun tatsächlich als »radikal« bezeichnet werden könnte: das politische Leben in Amerika nachhaltig zu verändern, indem abweichende politische Meinungen nur innerhalb strenger rechtlicher Grenzen geduldet wurden. Palmer bezeichnete die Deportationskampagne später nicht »als bloße Strafmaßnahme, um ein paar Verbrecher oder irrende Ultraradikale, die gefährliche Lehren predigen, aus dem Land zu verbannen, sondern als eine Kampagne gegen – und ich war davon überzeugt, daß dies als Ziel vorgesehen war – eine wachsende revolutionäre Bewegung, die versuchte, durch Zwang und Gewalt unsere Regierung zu unterminieren, zu schädigen oder gar zu stürzen«. Da das höchste Ziel darin bestand, »das Land von den roten Agitatoren zu befreien«, betrachtete das Justizministerium die Deportationsrazzien, die an sich schon sehr nützlich waren, auch als Überbrückungsmaßnahme, bis ein Gesetz vorliegen würde, nach dem auch »Staatsbürger für Vergehen belangt werden können, die bei Ausländern mit Deportation geahndet werden«.[30]

Palmer und Hoover standen mit ihrem Wunsch nach einer neuen Waffe gegen radikale Überzeugungen nicht allein da. Der größte Teil der Regierung war wegen des zunehmenden Radikalismus in höchster Erregung. In einer seiner letzten Reden vor seinem Schlaganfall hatte sich Präsident Wilson selbst über »das Gift der Unordnung, das Gift der

Revolte, das Gift des Chaos, [das] ... in den Adern dieser freien Menschen fließt« ereifert und sich dann, in seiner Neujahrsansprache vor dem Kongreß im Dezember 1919, für die Annahme des neuen Agitationsgesetzes des Justizministeriums ausgesprochen.[31]
Ende des Jahres 1919 legte Martin Davey, der Kongreßabgeordnete des Staates Ohio, dem Haus den Gesetzesentwurf des Justizministeriums zu einem neuen Agitationsgesetz vor. Der Entwurf enthielt auch Bestimmungen, die sich speziell gegen Ausländer richteten, doch der wesentliche Teil des Gesetzes galt für alle Personen, für Staatsbürger und Ausländer gleichermaßen. Der Tatbestand der Agitation schien mit jeder Klausel in diesem Gesetz umfassender definiert zu werden:

Wer in der Absicht, einen Krieg gegen die Vereinigten Staaten zu eröffnen oder die Veränderung, den Sturz oder die Vernichtung der Regierung, ihrer Gesetze oder Behörden herbeizuführen, oder überhaupt die Abschaffung oder Vernichtung jeder Art von Gesetz oder ordentlicher Regierung zu veranlassen, oder sich der Anwendung eines Gesetzes der Vereinigten Staaten oder der Regierung der Vereinigten Staaten sowie den Weisungen ihrer Beamten, Vertreter oder Angestellten bei der freien Ausübung ihrer öffentlichen Pflicht zu widersetzen, sie zu verhindern, zu behindern oder zu verzögern, einen Akt der Gewalt gegen eine Person oder ihr Eigentum oder einen Akt des Terrors, des Hasses, der Rache oder der Ungerechtigkeit gegen die Person oder das Eigentum eines Beamten oder Vertreters oder Angestellten der Vereinigten Staaten begeht, versucht oder androht zu begehen, soll der Agitation schuldig gesprochen werden.[32]

In einem zweiten, noch drastischeren Absatz wird der Tatbestand der »Anstiftung zur Förderung der Agitation« definiert. Das Gesetz wurde vom Senat verabschiedet, im Repräsentantenhaus aber immer noch diskutiert, als die »Red Scare«-Kampagne unter dem Druck der Untersuchungen des Kongresses wegen Mißbrauchs zusammenbrach, und dieser Kammer deshalb nie zur Abstimmung vorgelegt.

Als die Pläne für die Radical Division feststanden, das Personal ausgewählt und Hoover sich über den eigentlichen Zweck der Kampagne im klaren war, bestand sein nächster Schritt darin, spezifische Kandidaten für eine Ausweisung ausfindig zu machen. Wenn die Kampagne gegen die Radikalen die öffentliche Meinung entscheidend beeinflussen sollte, mußte es eine Vielzahl von Deportierten geben, und einige von ihnen sollten der Öffentlichkeit gut bekannt sein. Wenn das gelang, konnten Hoover und das Ministerium für sich in Anspruch nehmen, die »geistigen Führer« der radikalen Bewegung aus dem Land vertrieben zu haben.

Während des Krieges hatte Hoover eine Art von pauschaler Rechtsprechung kennengelernt, in der auf ein ordentliches Rechtsverfahren* verzichtet werden konnte, indem auf administrativem Weg gegen Angeklagte vorgegangen wurde. Die ausländischen Feinde, die er überprüft hatte, galten wegen ihrer Gruppenzugehörigkeit (ihrer Nationalität) so lange für schuldig, bis ihre Unschuld bewiesen war. Deshalb wußte Hoover ganz genau, was er brauchte, um eine effektive Aktion durchführen zu können: das Einverständnis der entsprechenden Behörde (des Arbeitsministeriums), alle Organisationen, auf die er abzielte, dem Einwanderungsgesetz von 1918 zu unterstellen. Dann konnte er die administrativen Verfahren des Immigration Bureau einsetzen und die langwierigen Rechtsverfahren umgehen.

Im August 1919 war Hoover allerdings in der frustrierenden Situation, den Radikalen um einen Schritt voraus zu sein. Er war darauf vorbereitet, sie zu deportieren, sobald sie sich in formal organisierten Gruppen zusammenschlossen, doch eben das hatten sie zum überwiegenden Teil noch nicht getan. Die Radikalen, auf die er es besonders abgesehen hatte, nämlich die amerikanischen Sozialisten, Sympathisanten des russischen Bolschewismus, hatten ihre Unabhängigkeit von der gemäßigten Sozialistischen Partei noch nicht erklärt. Die IWW, die Workers International Industrial Union und Left Wing, der linke Flügel der Sozialistischen Partei, wurden von den russischen Kommunisten als potentielle Verbündete betrachtet, doch der Left Wing, die Gruppierung mit der höchsten Ausländerquote, hatte sich noch nicht in der Kommunistischen Partei Amerikas organisiert. Er blieb Teil der Sozialistischen Partei Amerikas, die formal und auch in der Praxis parlamentarische Methoden befürwortete und »direkte Aktionen« ablehnte.

* Der Autor verwendet hier den Begriff »due process«. Im 5. und 6. Amendment der Verfassung der Vereinigten Staaten heißt es, daß »niemand in seinem Leben, seiner Freiheit und seinem Eigentum beeinträchtigt werden soll, ›without due process of law‹«. Die »Due-process«-Klausel entzieht sich einer Definition. Sie ist kein rechtstechnischer Begriff, sondern eher ein Bekenntnis zum Gedanken der gerechten Behandlung eines jeden Mitglieds der Rechtsgemeinschaft. Siehe Ernst Fraenkel, *Das amerikanische Regierungssystem* (Köln, Opladen: Westdeutscher Verlag, 1960), S. 171 ff. (A. d. Ü.)

Gleich nachdem Hoover die Radical Division übernommen hatte, veranlaßte er den Direktor des Bureau, Nachforschungen über Organisationen anstellen zu lassen, die nach dem Einwanderungsgesetz von 1918 verboten werden konnten, weil sie die Anarchie oder den gewaltsamen Sturz der Regierung propagierten. Am 12. August 1919 schickte Direktor Flynn an seine Spezialagenten die (wahrscheinlich von Hoover entworfene) Anweisung, daß sie Hoover alle Informationen übermitteln sollten, die sie in diesem Zusammenhang beschaffen konnten. »Das Bureau«, schrieb Flynn, »fordert eine eingehende und umfassende Untersuchung über anarchistische Gruppen und andere Gruppen dieser Art, über den Bolschewismus und ähnliche Agitationen, die eine Veränderung der derzeitigen Regierungsform durch Zwang oder Gewalt fordern, zu Aufruhr und Revolution anstiften und Bombenanschläge oder ähnliche Aktionen propagieren.« Da es, wie Flynn einräumte, keine Bundesgesetze gebe, nach denen amerikanische Staatsbürger dafür belangt werden könnten, daß sie solche Aktionen befürworteten, wies er darauf hin, daß »diese Ermittlung sich nach dem gegenwärtigen Stand der Bundesgesetzgebung besonders auf Personen konzentrieren sollte, die nicht Bürger der Vereinigten Staaten sind; dabei sollte darauf geachtet werden, ob Beweismaterial für eine Deportation sichergestellt werden kann«. Allerdings war das neue Agitationsgesetz bereits in Sicht, und Flynn wies seine Agenten an, »im Hinblick auf die Beschaffung von Beweismaterial, das bei Anklagen unter der gegenwärtigen Gesetzgebung des Bundes oder der Einzelstaaten oder unter einem Gesetz, das vielleicht später in Kraft tritt, von Nutzen sein könnte«, auch auf radikale amerikanische Staatsbürger ein wachsames Auge zu haben.[33]

Zu Beginn der Kampagne sah Hoover drei potentielle Ziele für seinen Angriff: El Ariete, eine Gruppe spanischer Anarchisten in Buffalo, New York; l'Era Nuova, eine Organisation italienischer Anarchisten in Paterson, New Jersey; und die Union of Russian Workers (UORW), die Gewerkschaft der russischen Arbeiter. Diese drei Gruppen schienen eindeutig zu jenen Organisationen zu zählen, die für einen gewaltsamen Sturz der Regierung eintraten. Das Justizministerium benutzte El Ariete, um zu testen, ob Radikale nach den gesetzlichen Bestimmungen über agitatorische Verschwörungen im Strafgesetz angeklagt werden könnten, doch die Klage wurde am 24. Juli 1919 mit der

Begründung zurückgewiesen, daß sich die Verordnung, die noch aus dem Sezessionskrieg stammte, auf die tatsächliche Anwendung von Gewalt beziehe, nicht aber auf eine bloße Befürwortung der Anwendung von Gewalt. Das Gesetz, so der Richter, verbiete nicht, »die Regierung ... durch den Einsatz von Propaganda zu stürzen«. Dann wurde im Januar 1910 bei der l'Era Nuova eine Razzia vorgenommen, aber da El Ariete und l'Era Nuova zusammen nur sechsunddreißig Mitglieder hatten, stellten sie kein sehr beeindruckendes Ziel dar.[34]

Dagegen war die Gewerkschaft der russischen Arbeiter, die 1907 gegründet worden war und ihre nationale Zentrale in New York hatte, mit ihren vier- bis siebentausend Mitgliedern (die Schätzungen schwanken) im Jahre 1919 geradezu ideal. Zudem war die Arbeit, diese Organisation zu verbieten, bereits getan. Im Jahre 1918 war bei einer Sitzung des Arbeitsministeriums beschlossen worden, daß die bloße Mitgliedschaft in dieser Gewerkschaft ausreiche, um einen Ausländer zu deportieren. In dem Brief an seine Agenten vom 12. August hatte Flynn diese Gewerkschaft als die einzige Gruppe herausgestellt, von der bereits definitiv feststand, daß sie unter die Bestimmungen des Gesetzes von 1918 fiel. Im Herbst 1919 beschlossen Beamte des Arbeits- und Justizministeriums bei einer gemeinsamen Sitzung, daß die Union of Russian Workers das erste Ziel der Deportationskampagne sein werde.[35]

Nach Aussage des stellvertretenden Arbeitsministers Louis B. Post, der schließlich die Deportationsbefehle für die UORW-Mitglieder unterzeichnete, machten zwei Klauseln in der Satzung die Union angreifbar. So hieß es darin, daß die Massen »durch eine gewaltsame soziale Revolution Besitz über den gesamten Reichtum der Welt ergreifen« würden. Wenn »ein solcher Umsturz erreicht ist« und »zugleich alle Einrichtungen des Staates und der staatlichen Gewalt zerstört sind, wird die Klasse der Enterbten eine Gesellschaft der freien Produzenten ausrufen«. Daß diese Satzung, die spätestens aus dem Jahr 1911 stammte, im Hinblick auf den Sturz des Zarenregimes in Rußland verfaßt worden und die gesamte Führungsspitze nach der Revolution 1917 nach Rußland zurückgekehrt war, während in Amerika nur das Fußvolk zurückblieb, das sich vor allem deshalb zu der Union hingezogen fühlte, weil dort Russisch gesprochen wurde, galt nicht als mildernder Umstand. In der Praxis war von den Mitgliedern meist gar nicht verlangt worden, daß sie sich mit den Anstoß erregenden Klauseln oder einem anderen Teil der Satzung vertraut machen sollten, um als Mitglieder in die Union aufgenommen zu werden. Die Union war in erster Linie ein Ort, wo man andere russische Einwanderer traf, in Abendveranstaltungen Englisch lernte (wahrscheinlich um sich für die amerikanische Staatsbürgerschaft zu qualifizieren) und sich mit Freunden aus der alten Heimat betrank.[36]

Da das Arbeitsministerium bereits entschieden hatte, daß die Mitgliedschaft in der Union ein Vergehen war, das mit Deportation geahndet wurde, war Hoover bestrebt, die Mitgliedsbücher und Mitgliederlisten der Organisation zu beschaffen. Am 30. Juli 1919, zwei Tage vor der offiziellen Einrichtung der Radical Division, schrieb Hoover an Caminetti, den Chef des Immigration Bureau, und bat ihn, die Beweisstücke aus einem Deportationsverfahren in Akron, Ohio, nach Mitgliederlisten durchzusehen, denn er bemühe sich »im Augenblick um detaillierte Informationen über [die UORW]«.[37]

Eine Woche später bat Hoover Caminetti, ein Deportationsverfahren in Baltimore wiederaufzunehmen, um von einem UORW-Mitglied eine eidesstattliche Erklärung zu bekommen, daß »der rote Mitgliedsausweis tatsächlich der offizielle Mitgliedsausweis dieser Organisation ist«. Nach weiteren zwei Wochen informierte er Caminetti, er sei immer noch »äußerst interessiert daran, zu beweisen, daß die Union of Russian Workers anarchistisch geprägt ist«, und bat ihn, ihm bei der Durchsicht der Vernehmungsprotokolle aus einem anderen Verfahren behilflich zu sein, die vielleicht das Geständnis enthielten, das er benötige: daß »der rote Ausweis tatsächlich der offizielle Mitgliedsausweis ist«.[38]

Wahrscheinlich begann Palmer während der letzten beiden Oktoberwochen, Hoover zu drängen, nach all den Schnüffeleien und Untersuchungen in der radikalen Bewegung endlich Ergebnisse zu präsentieren. Am 14. Oktober hatte der Senat einstimmig die sogenannte Poindexter Resolution verabschiedet, in der Palmer aufgefordert wurde, von seinen Fortschritten bei der Aufklärung der Bombenattentate im Frühjahr und von seinen Ermittlungen über die Radikalen zu berichten. Die *New York Times* kritisierte Palmer am 17. Oktober im Zusammenhang mit den unsicheren Verhältnissen in der ganzen Welt,

weil er nicht schneller und effektiver Maßnahmen gegen die Bedrohung durch die Radikalen ergreife.[39]
Sobald Hoover sicher – und entsprechend zufrieden – war, daß ein UORW-Mitgliedsausweis oder ein Name in einem UORW-Mitgliederbuch als Beweismaterial für eine Deportation ausreichten, ging er ans Werk. Er übermittelte dem Arbeitsministerium die Namen von 600 Mitgliedern der UORW und ersuchte um Haftbefehle für sie. Am 7. November 1919 – dieser Tag war der zweite Jahrestag der bolschewistischen Revolution, deshalb wurde er gewählt – stürmten in zwölf Städten Beamte der lokalen Polizei und Agenten des Bureau of Investigation die Versammlungsorte der UORW. Sie durchsuchten die Gebäude, verhafteten jeden, den sie fassen konnten, und nahmen alles mit, was möglicherweise als Beweisstück verwendet werden konnte. Hoovers Apologeten behaupteten später, er habe auch noch während der Razzien nur »die Rolle eines Vermittlers zwischen dem Ministerium und seinen Agenten gespielt«, doch Hoover selbst sagte, daß seine Abteilung die »Erlaubnis gehabt hat ... die Razzien gegen die Union of Russian Workers und die Razzien gegen die Kommunisten zu leiten, die meines Wissens beide ohne nachteilige Kritik durchgeführt wurden«.[40]
Es wurden viel mehr Personen verhaftet als die 600, für die Haftbefehle ausgestellt worden waren. In New York zum Beispiel gab es nur siebenundzwanzig Haftbefehle, aber 200 Verhaftungen; in Newark gab es sechsunddreißig Haftbefehle und 150 Verhaftungen. Wenn die Relationen von vorliegenden Haftbefehlen zu tatsächlichen Verhaftungen in anderen Städten ebenso lagen, kamen im Zuge der Razzien mehrere tausend Menschen in Haft; die meisten wurden allerdings bald nach der Vernehmung wieder freigelassen. Zum Schluß waren noch 452 der 600 Haftbefehle des Arbeitsministeriums rechtskräftig. Mit einmonatiger Verzögerung wurden die Deportationsbefehle für 246 der Verhafteten unterzeichnet; 184 von ihnen wurden auf der *Buford* deportiert.[41]
Die größte Razzia wurde in New York in der nationalen Zentrale der Union, dem Russian People's House, durchgeführt. Sechshundertfünfzig Menschen wurden verhaftet, aber das Bureau konnte aufgrund seines Beweismaterials nur neununddreißig nach ihrer ersten Vernehmung festhalten.[42]
Am folgenden Tag führte die New Yorker Polizei unter der Leitung des

Lusk-Ausschusses in dreiundsiebzig weiteren Radikalen-Zentren Razzien durch und verhaftete 500 Personen. Im ganzen Land nahmen kommunale »rote Einsatztruppen« in Koordination mit der bundesweiten Operation Razzien vor.

Nach den November-Einsätzen war Palmer für einen Großteil der Bevölkerung ein Held. Eine Flut von Briefen überschwemmte sein Büro; man gratulierte ihm und forderte ähnliche Aktionen gegen die IWW, die Kommunistische Partei und sogar gegen die American Federation of Labor. Die Razzien vom 7. November boten Palmer auch eine günstige Gelegenheit, dem Senat seine Antwort auf die Poindexter Resolution zu übermitteln. Er nutzte die Chance, um gleichzeitig die Verabschiedung seines Gesetzes gegen Agitation in Friedenszeiten zu empfehlen und die ausgezeichnete Arbeit zu erwähnen, die Hoovers Radical Division geleistet hatte. Am 3. Dezember reagierte die *New York Times* und lobte den Gesetzentwurf zur Agitation. Palmer könnte allerdings auch etwas über die Probleme gelesen haben, die Hoovers Kampagne in der Zukunft verursachen sollte: das National Civil Liberties Bureau (im Januar 1920 in American Civil Liberties Union oder ACLU umbenannt) beschwerte sich in einem Brief darüber, daß die Verhafteten im Russian People's House während der Razzien geschlagen worden seien.[43]

Wenn der Öffentlichkeit die Vernehmungsprotokolle der Radikalen zugänglich gewesen wären, die im Zuge der November-Aktion verhaftet worden waren, hätte sie vielleicht dem stellvertretenden Arbeitsminister Post beigepflichtet, der den »Kreuzzug gegen die ›Roten‹« als eine »gigantische, grausame Farce« bezeichnete.[44] Einer der Ausländer, die in Hartford verhaftet worden waren, wurde (durch einen Dolmetscher) folgendermaßen befragt:

»Die Union of Russian Workers lehrt die Anarchie – glauben Sie an die Anarchie?«
»Niemals. Ich habe nie davon gehört.«
»Die Union befürwortet den gewaltsamen Sturz jeder ordentlichen Regierung. Glauben Sie daran?«
»Ich habe nie davon gehört.«
...
»Haben Sie je die Satzung dieser Union gelesen?«
»Nein.«
...

»Sind Sie ein Anarchist?«
»Nein.«
»Wissen Sie, was Anarchismus ist?«
»Nein, ich weiß nicht, was das ist.«
»Warum sagen Sie dann, Sie seien Anarchist? ... Erkennt die Union of Russian Workers das Regime Lenins und Trotzkis an?«
»Einige Mitglieder erkennen es an – andere nicht.«
»Welche Meinung vertreten Sie persönlich?«
»Ich kenne weder den einen noch den anderen.«
...
»Was würden Sie tun, wenn man Ihnen sagte, Sie wären Mitglied einer Organisation, die den gewaltsamen Sturz jeder ordentlichen Regierung befürwortet?«
»Ich würde einfach austreten.«
...
»Haben Sie schon einmal eine Geschlechtskrankheit gehabt?«
»Nein.«[45]

Die Bejahung der letzten Frage hätte zu einer Deportation aus gesundheitlichen Gründen geführt – eine Begründung, zu der manchmal Zuflucht genommen wurde, wenn das Beweismaterial für eine politisch begründete Deportation nicht ausreichte.
Wenn die Ausländer auf Ellis Island angekommen waren, kam die Aktion ins Stocken, denn Frederic C. Howe, der zuständige Beamte dort, ließ sich nicht dazu bewegen, die Deportationsverfahren schneller als gewöhnlich abzuwickeln. Am 22. November ordnete der Einwanderungsausschuß des Repräsentantenhauses (House Committee on Immigration), erzürnt über Howes Obstruktionspolitik, eine Untersuchung seiner Behörde an. Dabei wurde festgestellt, daß von den 600 Ausländern, die zwischen Februar 1917 und November 1919 als Anarchisten verhaftet worden waren, nur sechzig deportiert worden waren. Howe wurde noch mehr unter Druck gesetzt, als das Justizministerium am 25. November eine weitere Razzia im Russian People's House durchführte und bekanntgab, daß eine geheime »Bombenfabrik« entdeckt worden sei. Als die »Bombe«, eine gefährlich aussehende Eisenkugel, auf mysteriöse Weise verschwand, nachdem sie zur sicheren Aufbewahrung in einen Eimer Wasser gelegt worden war, wurden sarkastische Bemerkungen laut, die Anarchisten hätten eine wasserlösliche Höllenmaschine entdeckt. Zu diesem Zeitpunkt trat Howe zurück, und Byron Uhl, sein Nachfolger im Amt des Leiters von

Ellis Island, ordnete sich rasch den Wünschen des Immigration Bureau und des Justizministeriums unter.[46]

Hoover sorgte dafür, daß bei der ersten Einschiffung von Ausgewiesenen auch ein paar prominente Radikale an Bord waren. Das Justizministerium konnte die Mitglieder der Union of Russian Workers als Gruppe noch so schreckenerregend darstellen, einzeln boten sie eher ein klägliches Bild: sie waren arm, konnten kaum ein Wort Englisch sprechen, geschweige denn lesen. Nur wenige hatten sich mehr zuschulden kommen lassen, als Mitglieder verbotener Organisationen zu sein – Organisationen, die zudem erst verboten wurden, nachdem die Ausländer ihnen beigetreten waren. Hoover brauchte Ausländer mit Starqualitäten, Radikale, deren Namen und Gesichter der Öffentlichkeit bekannt waren. Die »Stars« würden dem anonymen Haufen, der die Masse der Ausländer ausmachte, die Hoover als die »rote Gefahr« bezeichnete, ein gewisses furchteinflößendes Aussehen verleihen.
Es war unvermeidlich, daß Emma Goldman – von Journalisten als die »Königin der Roten« oder »Rote Emma« tituliert – und ihr langjähriger Gefährte Alexander Berkman Hoovers Aufmerksamkeit erregten. Emma Goldman, 1869 in Rußland geboren, war 1885 im Alter von sechzehn Jahren in die Vereinigten Staaten gekommen. Als überzeugte Feministin und Anarchistin trat sie für die Geburtenkontrolle ein und kämpfte für die Befreiung des einzelnen aus der Knechtschaft des Staates. Sie war eine charismatische Persönlichkeit und vertrat ihre Sache mit mindestens ebensoviel Energie und Engagement wie Hoover die seine. Im Herbst 1919 war Emma Goldman fünfzig Jahre alt. Ihr Kneifer und ihre strenge Miene ließen kaum auf ihre bemerkenswerten Fähigkeiten als faszinierende Rednerin schließen, die ihr Publikum mit einem einzigen Wort oder einer einzigen Geste beruhigen oder aufrühren konnte. In einer Zeit, in der das Wort *Anarchist* pauschal für alles stand, was die amerikanische Mittelschicht in Unruhe versetzte, hatte Emma Goldman sich schon seit mehr als zwei Jahrzehnten stolz als Anarchistin bezeichnet. Die Deportation Emma Goldmans würde die Kampagne des Justizministeriums sofort glaubwürdig machen, deshalb verfaßte Hoover im Sommer 1919 ein Rechtsgutachten, in dem er das Deportationsverfahren des Immigration Bureau gegen Emma Goldman unterstützte. Aus dem Gutachten wurde eine kurze Darstellung

ihres Lebens – in der Geschichte der Biographie gewiß eine der ungewöhnlichsten Konstellationen von Autor und Thema.[47]
Emma Goldman und Alexander Berkman waren während des Krieges wegen Verstößen gegen die gesetzliche Wehrpflicht inhaftiert worden. Und solange sie noch (wie Hoover sich ausdrückte) »in der Obhut der Bundesbehörden weilten«, verhandelte Hoover mit dem Immigration Bureau und besorgte sich die Bestätigung, daß beide deportiert werden könnten: Berkman, weil er definitiv ein Ausländer war, und Goldman wegen eines verwaltungstechnischen Fehlers bei ihrer Einbürgerung. Hoover informierte seine Vorgesetzten im Justizministerium, daß er eine Anklageschrift gegen die beiden vorbereite. Dabei nannte er sie »zweifellos zwei der gefährlichsten Anarchisten in diesem Land, die beträchtlichen Schaden anrichten werden, wenn man sie wieder in die Gesellschaft zurückkehren läßt«.[48]
Hoover wußte, daß die Öffentlichkeit keinen gesichtslosen Feind hassen konnte, deshalb benutzte er Emma Goldman, um der Verschwörung der Radikalen, die er, wie er behauptete, aufdeckte, einen menschlichen Zug zu verleihen (ebenso benutzte er später Dillinger, Ma Barker, Alger Hiss, die Rosenbergs und die Berrigans). Er brauchte sich nicht anzustrengen, um aus Emma Goldman eine Symbolfigur zu machen; das hatte sie selbst bereits getan, mit Hilfe einer Presse, die von ihrer Vorliebe für dramatische Auftritte begeistert war. So konnte Hoover sich den allgemeinen Eindruck, Emma Goldman sei die Anführerin der radikalen Bewegung, zunutze machen, um die anonyme Masse der Deportierten – ein unorganisierter, hilfloser Haufen – zu einer revolutionären Armee zu stilisieren.
Bei der Beschaffung des Beweismaterials für die Anklage gegen Emma Goldman gingen Hoover und seine tatkräftigen Ermittler von der Publications Unit der Radical Division genauso vor wie bei den Ermittlungen gegen die kommunistische Bewegung im allgemeinen. Sie sammelten eine ganze Bibliothek belastender Schriften aus Emma Goldmans Karriere als Agitatorin, Rednerin und Begründerin und Herausgeberin der Zeitschrift *Mother Earth,* die sie 1906 als Antwort der Anarchisten auf das sozialistische Blatt *The Masses* ins Leben gerufen hatte. Sie fingen sogar die Post ab, die an Goldman und Berkman im Gefängnis gerichtet war, und schickten dem Immigration Bureau Fotokopien des belastenden Materials.

Emma Goldman war Hoovers erster großer Fall, und er stürzte sich mit einer Leidenschaft in diese Aufgabe, die den gewöhnlichen Eifer eines Jägers bei der Verfolgung seiner Beute weit überstieg. Jahre später hieß es in einem Artikel der Zeitschrift *National Magazine*:

... [Hoover] ging zu ihr in die Wohnung, las ihre Bücher und Schriften, besuchte ihre Vorträge und diskutierte mit ihr über ihre Philosophie, bis er eindeutig beweisen konnte, daß sie wirklich ein Feind unserer rechtmäßigen Regierung war, und rechtliche Schritte für ihre Ausweisung unternahm.[49]

Da Emma Goldman von Februar 1918 bis September 1919 im Gefängnis saß, nach ihrer Entlassung sofort zu einer Vortragsreise durch den Mittleren Westen aufbrach und erst Ende Oktober zu ihrer Deportationsverhandlung nach New York zurückkehrte, ist es unwahrscheinlich, daß Hoover tatsächlich ihre Vorträge besuchte und mit ihr diskutierte. Allerdings lassen die Worte, die Hoover und Goldman an Bord der *Buford* wechselten, die Annahme zu, daß sich ihre Bekanntschaft nicht auf Goldmans Deportationsverhandlungen beschränkte, während derer Emma Goldman kein Wort sagte und schon gar nicht mit Hoover diskutierte.[50]

Das Immigration Bureau arbeitete eng mit Hoover zusammen und stellte am 18. September einen Haftbefehl für Emma Goldman aus, der bei ihrer Entlassung aus dem Gefängnis rechtskräftig wurde. (Für Berkman gab es schon lange einen rechtskräftigen Haftbefehl.) Am 27. September wurde Emma Goldman aus der Vollzugsanstalt in Jefferson City, Missouri, entlassen, und der Haftbefehl wurde zugestellt. Als Emma Goldmans Deportationsverhandlung am 27. Oktober in New York stattfand, vertrat Hoover, der das Rechtsgutachten der Regierung gegen Goldman verfaßt hatte, persönlich die Seite der Regierung.[51]

Im ersten Teil seines Gutachtens wies Hoover Emma Goldmans Behauptung zurück, sie besitze durch ihren Vater und ihren Ehemann die amerikanische Staatsbürgerschaft. Da sie, so Hoovers Argument, bereits vierundzwanzig Jahre alt gewesen sei, als ihr Vater eingebürgert wurde, habe sie die Staatsbürgerschaft nicht mehr auf diesem Wege erlangen können, denn dieses Verfahren gelte nur für Minderjährige. Weiter hielt er ihr entgegen, daß ihre Ehe mit einem Amerikaner nach jüdischem Recht (und daher auch nach amerikanischem Recht) ungültig sei, da sie nicht durch einen Rabbiner, sondern durch einen »Reverend«, Kalmon Bardin, einen *Shokhet,* der die rituellen Schächtungen vornahm, geschlossen wurde. Und selbst wenn die Ehe gültig gewesen wäre, argumentierte Hoover weiter, wäre Goldman keine amerikanische Staatsbürgerin, denn im Jahre 1909 hätten die Einwanderungsbehörden die Einbürgerung ihres Ehemannes rückgängig gemacht, da er vor seiner Antragstellung nicht die erforderliche Anzahl von Jahren im Land gelebt habe.[52]

Danach wandte Hoover sich seinem entscheidenden Argument zu: Emma Goldman müsse nach dem Immigration Act vom 16. Oktober 1918 ausgewiesen werden. Zur Begründung führte er zunächst an, sie habe sich eines Verhaltens schuldig gemacht, das als »Befürwortung von Gewalt« charakterisiert werden könne. Als Beweis dafür diente eine Ausgabe von *Mother Earth* vom Juli 1914, in der Emma Goldman eine Reihe positiver Kommentare über die drei Anarchisten veröffentlicht hatte, die bei einer Explosion anläßlich des 4. Juli* in einer Bombenfabrik der Radikalen in New York ums Leben gekommen waren. Zudem hatte sie angekündigt, daß die Asche der drei toten Anarchisten in den Redaktionsräumen der Zeitschrift ausgestellt würde. Emma Goldman selbst hatte eine Mitteilung verfaßt (die auch ihr damaliger Geliebter, Ben Reitman, unterzeichnet hatte): »Wir halten das Andenken unserer toten Kameraden, Opfer des kapitalistischen Systems und Märtyrer der Arbeit, in Ehren.« Hoover bat den Beamten der Einwanderungsbehörde (der bei dieser Verhandlung eigentlich die Funktion eines Richters hatte), sein »besonderes Augenmerk« auf die Tatsache zu richten, daß Goldman in ihrem Telegramm die drei Anarchisten als »tote Kameraden« bezeichnet habe und »ihr Andenken in Ehren halten wolle«.[53]

Hoovers nächster Beweis war Emma Goldmans Reaktion auf den Dynamitanschlag gegen die *Los Angeles Times* im Jahre 1911. Er legte dar, daß die beiden Attentäter (Mitglieder der AFL; sie hatten sich zum höchsten Erstaunen der Radikalen zu dem Anschlag bekannt) Freunde von Emma Goldman gewesen waren und in ihrer Wohnung verkehrt hatten. Die für ihre Verurteilung nötigen Beweise habe ein Informant

* Nationalfeiertag in den Vereinigten Staaten. Am 4. Juli 1776 nahm der Kontinentalkongreß die von Jefferson entworfene Unabhängigkeitserklärung an. (A.d.Ü.)

beschafft, der sich das Vertrauen Goldmans erschlichen habe. Als weiteren Beweis legte er eine Ausgabe von *Mother Earth* vor, in der die beiden Attentäter als »Märtyrer für ihre Sache« gepriesen wurden.[54]
Der längste Abschnitt des Gutachtens befaßte sich mit dem Verhör von Leon Czolgosz, dem Mörder Präsident McKinleys. Damit sollte bewiesen werden, daß Emma Goldman den für äußere Beeinflussung sehr empfänglichen Mörder angestiftet habe, auch wenn sie erwiesenermaßen nicht direkt in den Mord verwickelt war. Czolgosz hatte angegeben, in einem Club in Cleveland, Ohio, verkehrt und dort Emma Goldman kennengelernt zu haben. Dort hatte er sie auch sagen hören, daß sie »an keine Regierung glaube«. Als er gefragt wurde: »Wer war der letzte Redner, den Sie hörten?« (über das Thema Mord), hatte er geantwortet: »Emma Goldman.«[55]
Hoover konnte zeigen, daß Czolgosz Artikel von Emma Goldman gelesen hatte, in denen sie schrieb: »Ich habe mich weder öffentlich noch privat jemals gegen Gewalt oder tätliche Agitation ausgesprochen ... Ich fordere und anerkenne das Recht des einzelnen oder einer Gruppe, gegen organisierte Gewalt zurückzuschlagen und sich gegen Angriffe zu verteidigen.« Weiter schrieb sie: »Ich bin meinem Wesen und meinem Temperament nach eine Revolutionärin, und als solche verlange ich für mich selbst und für alle, die mir folgen, das Recht, zu rebellieren und mich mit allen Mitteln, einschließlich jenem der Gewalt, gegen Angriffe zu verteidigen. In diesem Sinne bin ich destruktiv. Aber ich bin auch Anarchistin, und als solche konstruktiv. Wenn ich ein neues sauberes Wohnhaus errichten will, in dem Menschen wirklich leben können, und keinen freien Platz dafür finde, muß ich die alten, baufälligen, vermoderten Hindernisse niederreißen, die dem wunderbaren, prachtvollen Gebäude mit dem Namen ›Anarchie‹ im Wege stehen.« Hoover bemerkte dazu, dies sei »ein Beispiel für die Schriften, die Czolgosz las. Sie formten ganz offensichtlich seine Gedanken bis zu dem Entschluß, den Mord zu begehen.« Hoover beschloß diesen Teil seiner Argumentation mit der Erklärung: »Obwohl eingeräumt werden muß, daß Emma Goldman nicht direkt an Czolgosz' Verbrechen, dem Mord an Präsident McKinley, beteiligt war, trug sie doch dazu bei, die widernatürlichen Überzeugungen zu formen, die Czolgosz hinsichtlich Regierung und Autorität vertrat.« Hoover wies abschließend darauf hin, daß Emma Goldman die Oktober-Ausgabe von *Mother Earth* im Jahre 1906 Czolgosz gewidmet hatte.[56]

In dem Goldman-Gutachten finden sich bedeutsame Hinweise darauf, welche Ideen und Überzeugungen der Radikalen Hoover am meisten beunruhigten. Obwohl der Vorwurf des Atheismus nicht zu den Anklagepunkten gegen Emma Goldman zählte, legte Hoover seinem Gutachten eine Vielzahl von Schriften bei, die ihre Angriffe auf die Religion dokumentierten. Er fügte seine eigene Beobachtung hinzu, daß Emma Goldmans »Philosophie des Atheismus und ihre Betrachtungen über das Versagen des Christentums«, ein Beispiel für »die typisch anarchistische Doktrin, daß Gott und Kirche unnötig sind«, darstelle, und zitierte ihre Ansicht, daß »Religion ein Aberglaube ist, der seinen Ursprung in der geistigen Unfähigkeit des Menschen hat, sich natürliche Phänomene zu erklären. Die Kirche ist eine organisierte Institution, die den Fortschritt schon immer behindert hat ... Sie hat aus der Religion einen Alptraum gemacht, der auf der Seele des Menschen lastet und seinen Geist zum Sklaven macht.«[57]

Angesichts der Verbindungen, die seine Familie zur Bundesverwaltung hatte, und seiner eigenen Achtung vor der Autorität gesellschaftlich etablierter Institutionen wie Familie, Kirche und Schule fühlte Hoover sich von Emma Goldmans Angriffen auf Staat, Nationalismus und Patriotismus persönlich beleidigt. Mit Bezug auf Goldmans »Anarchy on Trial«, schrieb Hoover: »Besondere Aufmerksamkeit sei auf diesen Artikel gelenkt, in dem Prinzipien und Überzeugungen dargelegt werden, die all jenen vollkommen entgegengesetzt sind, auf denen unsere Regierung einst errichtet wurde und in denen die Existenz ihrer gegenwärtigen Institutionen gründet.« Aus Goldmans »What I Believe« (19. Juli 1918) zitierte er ihre Behauptung, daß »jede Regierung, jede Form organisierter Autorität oder der Staat nur notwendig sind, um Eigentum und Monopol zu erhalten und zu schützen. Sie haben sich einzig in dieser Funktion als wirksam erwiesen. Als Förderer individueller Freiheit, menschlichen Wohlbefindens und sozialer Harmonie, die allein die wahre Ordnung bilden, wird jede Regierungsform von allen großen Männern abgelehnt.« Und er zitierte einen weiteren Angriff Emma Goldmans auf den Patriotismus, den sie »als einen Aberglauben« bezeichnete, »der durch ein ganzes Netz von Lügen und Unwahrheiten künstlich geschaffen und aufrechterhalten wird; ein Aberglaube, der den Menschen seiner Selbstachtung und Würde beraubt und seine Arroganz und seinen Dünkel fördert«.[58]

Zu Hoovers festen Überzeugungen gehörte, daß sowohl politischer Radikalismus wie auch kriminelle Handlungen aus der, wie er es nannte, »ewigen Rebellion gegen jegliche Autorität« entstanden. In diesem Zusammenhang zitierte er eine Passage aus einer Schrift Emma Goldmans, die als Verteidigung der Kriminalität interpretiert werden konnte:

Zerreiß deine geistigen Ketten, sagt der Anarchismus zum Menschen, denn erst wenn du selbständig denkst und urteilst, wirst du dich aus dem Gefängnis der Unwissenheit befreien, dem großen Hemmnis allen Fortschritts. Anarchismus steht für die direkte Aktion, für die offene Verachtung und den Widerstand gegenüber allen Gesetzen und Beschränkungen, seien sie wirtschaftlicher, sozialer oder moralischer Art. Aber Verachtung und Widerstand sind ungesetzlich. Darin liegt die Erlösung des Menschen. Alles Ungesetzliche erfordert Integrität, Selbstvertrauen und Mut.[59]

Eine der schlimmsten Häresien, deren sich Emma Goldman nach Ansicht Hoovers schuldig machte, war ihre Behauptung, daß der Radikalismus nicht ausländischen Ursprungs sei, sondern ein normaler Bestandteil der amerikanischen Lebensart, der sich ganz natürlich aus den Lebensbedingungen in Amerika ergebe.

Hoovers Argumente gegen Emma Goldman überzeugten, und am 29. November gab das Immigration Bureau seine Entscheidung bekannt, sie des Landes zu verweisen. Nachdem ihr Anwalt einen Vorführbefehl nebst Anordnung der Haftprüfung erwirkt hatte, um sie aus dem Gefängnis herauszuholen, wurde am 9. Dezember in New York eine weitere Verhandlung angesetzt, in der über den Antrag der Regierung, den Vorführbefehl abzulehnen, entschieden werden sollte. Hoover nahm (gemeinsam mit dem Direktor des Bureau of Investigation, William Flynn) an der Verhandlung teil, um Francis G. Caffrey, den Staatsanwalt, der die Regierung vertrat, zu unterstützen. Als der Vorführbefehl abgewiesen wurde, legte Emma Goldman zunächst beim Obersten Bundesgericht Berufung ein. Da sie aber das Gefühl hatte, ihre Ausweisung sei ohnehin eine abgemachte Sache, zog sie die Berufung wieder zurück, um nicht noch länger im Gefängnis auf die Entscheidung ihres Falles warten zu müssen.[60]

Ganz am Anfang der Kampagne gegen die Radikalen, wahrscheinlich noch vor den November-Razzien, hatten Hoover und Anthony Caminetti das Kriegsministerium und das Außenministerium gebeten, einen Truppentransporter zur Verfügung zu stellen, mit dem die Ausgewiesenen nach Europa zurückgebracht werden könnten. Am 25. November wandte sich das Arbeitsministerium erneut an das Kriegsministerium, diesmal mit der konkreten Bitte um ein Schiff, das zweihundert Deportierte aufnehmen könne, und erhielt die U.S.S. *Buford.* Am 17. Dezember, nur vier Tage vor dem Ablegen der *Buford,* besorgte sich Hoover aus dem Kriegsministerium Karten von Nordrußland, um auf alle denkbaren Einwände der Deportierten gegen den Bestimmungshafen vorbereitet zu sein. Aus der Korrespondenz zwischen Hoover und dem Außenministerium geht hervor, daß er nicht nur die Verantwortung für die Überfahrt der *Buford* übernommen hatte, sondern auch arrangiert hatte, wie mit den Deportierten zu verfahren sei, wenn das Schiff Europa erreichte. In einem Brief, in dem er unverblümt auf die »Berühmtheiten« an Bord der *Buford* verwies, teilte er dem Außenministerium mit, das Schiff müsse im Hafen bleiben, bis »eine Bestätigung der dortigen Behörden vorliegt, daß die Deportierten tatsächlich den sowjetischen Streitkräften übergeben worden sind«. Hoover glaubte damit »jeden Verdacht der Unredlichkeit seitens der Regierung aus dem Wege zu räumen«.[61]

Unter den 249 Ausländern, die Hoover an Bord der *Buford* nach Rußland schickte, waren 184 Mitglieder der Union of Russian Workers (weil sie den gewaltsamen Sturz der Regierung befürworteten) und 51 Anarchisten, die aufgrund des Gesetzes von 1918 ausgewiesen wurden, weil sie jede Art von Regierung ablehnten. Die restlichen vierzehn wurden deportiert, weil sie wegen irgendwelcher Verbrechen verurteilt worden, weil sie verarmt oder weil sie illegal in das Land eingereist waren.[62] Abgesehen von Alexander Berkman und Emma Goldman war es keine besonders eindrucksvolle Ladung, aber Hoover und das Justizministerium wiesen die Presse und die Öffentlichkeit darauf hin, daß die *Buford* nur als erste einer großen Flotte von »Sowjetarchen« zu betrachten sei, die später folgen würden.

Am 21. Dezember, an dem Tag, an dem die *Buford* ablegte, versuchte das Justizministerium die Stimmung in der Öffentlichkeit anzuheizen, indem es Hoovers Gutachten gegen Emma Goldman zur Veröffentlichung freigab. Alle Zeitungen berichteten auf der ersten Seite darüber. Der Artikel in der *Washington Post* stand unter Schlagzeilen, in denen die Öffentlichkeit an Emma Goldmans Ruf als »Mentor von Czolgosz, McKinleys Mörder« erinnert wurde. Hoover, »der Sonderbeauftragte des Justizministers Palmer«, wurde als Autor der »geheimen Berichte über Berkman und Goldman« identifiziert. Sein Gutachten wurde als »äußerst sorgfältig« bezeichnet. Es enthalte »Beweise in Form von Dokumenten und Zeugenaussagen«, daß Goldman »dazu beitrug, die widernatürlichen Überzeugungen Czolgosz' zu formen« und daß »sie die amerikanische Staatsbürgerschaft nicht besitzt und niemals besaß ... Obwohl sie nahezu vierunddreißig Jahre in den Vereinigten Staaten lebte, arbeitete sie nur achtzehn Monate und verbrachte die letzten fünfundzwanzig Jahre damit, die Regierung der Vereinigten Staaten zu schmähen, Anarchie und Nichtachtung von Autorität zu predigen und Gewalt und Verstöße gegen das Gesetz zu propagieren«.[63]

Im *Congressional Record* veröffentlichte William Vaile, Kongreßabgeordneter aus Colorado, einen Augenzeugenbericht über die Abfahrt der *Buford:*

> ... Gemeinsam mit Mr. Hoover unterhielt ich mich ein wenig mit Emma Goldman ... Sie war sehr erbittert über Hoover, weil er Mr. Weinberger, ihren Anwalt, nicht über die Abfahrtszeit informiert hatte ... Mr. Hoover fragte: »Habe ich Sie nicht fair behandelt, Miss Goldman?« – »Oh, vermutlich haben Sie mich so fair behandelt, wie Sie nur konnten«, antwortete sie. »Wir dürfen von niemandem etwas erwarten, das seine Fähigkeiten übersteigt.«[64]

Als Reporter fragten, ob genügend Wachen an Bord seien, um mit den gefährlichen Passagieren, angeführt von den »Köpfen« der Revolution, fertig zu werden, versicherte Hoover ihnen: »Es ist unwahrscheinlich, daß die Deportierten meutern. An Bord befindet sich eine Wachmannschaft von zweihundert Soldaten, die jeweils mit einem Gewehr und zwei Pistolen ausgerüstet sind. Berkman wird vielleicht Schwierigkeiten machen. In diesem Fall kommt er in Einzelhaft.«

Hoover teilte der Presse mit: »Das Justizministerium betrachtet die Angelegenheit damit keineswegs als beendet. Andere ›Sowjetarchen‹ werden nach Europa fahren, und zwar so oft, wie es nötig ist, um das Land von den gefährlichen Radikalen zu befreien.« Der *Herald* verstand das so, als würden noch in derselben Woche mehrere Schiffe ablegen. Direktor Flynn meinte, die *Buford* habe das Land von den »Köpfen der ultraradikalen Bewegung« befreit.[65]

Hoover freute sich so über den Erfolg seiner Aktion und über den Grad an persönlicher Bekanntheit, den er dadurch erreicht hatte, daß er ein Album für seine Zeitungsausschnitte anlegte. Zu seinen Ausschnitten über die *Buford* gehörten nicht nur Artikel über ihn selbst, sondern auch andere, die an die Karnevalsstimmung der »Red Scare« erinnerten. (Es war der Anfang einer Sammlung, die schließlich drei Dutzend Aktenordner in Hoovers Büro füllte.)

An Weihnachten 1919 war Hoover sehr zufrieden mit der Welt und seinem Platz darin. Am Neujahrstag wurde er fünfundzwanzig Jahre alt. Im Verlauf der vergangenen sechs Monate war er zu einem der mächtigeren Männer in Washington geworden. Die gesamte Bundesverwaltung wußte bereits, daß sein Kopf und sein Wille hinter dem von der Öffentlichkeit am meisten beachteten Projekt der Bundesregierung steckten. Hoover hatte sogar die Aufmerksamkeit furchtsamer Antikommunisten in Übersee erregt: der serbokroatische Gesandte bat das Justizministerium kurze Zeit später um Rat bei der Bekämpfung von Bolschewisten. Hoover war »gerne bereit«, Informationen zur Verfügung zu stellen.[66]

Hoover konnte auch zuversichtlich sein, daß dieser Erfolg erst der Anfang war. Er hatte bereits eine weitere Razzia geplant, die die Kampagne gegen die Union of Russian Workers weit in den Schatten stellen würde. Schon eine Woche später sollte sie beginnen. In wenigen Tagen würde seine Radical Division eine massive Pressekampagne starten, um die Aufmerksamkeit der Gesetzgeber des Landes und aller, die Einfluß auf die Meinungbildung hatten, auf das Thema »Antiradikalismus« zu lenken. Es war ein erstaunliches Jahr gewesen.

Blättert man die Flut von Briefen, Memos und Anweisungen durch, die in der zweiten Hälfte des Jahres 1919 von Hoovers Schreibtisch strömte, wird einem klar, daß nur eine fast übermenschliche Energie sie produziert haben kann. (Gleichzeitig muß man sich aber eingestehen, daß heutzutage mit Hilfe von Computern selbst ein durchschnittlich fleißiger Mensch in der Lage wäre, dasselbe zu vollbringen.) Hoover plante komplizierte, breitangelegte Aktionen, die sich über das ganze

Land erstreckten, während er gleichzeitig einen Verwaltungsapparat aufbaute, wo zuvor keiner existiert hatte, und durch das Dickicht der etablierten juristischen Verfahren und Einschränkungen hindurch eine unerprobte und ungewöhnliche Strategie verfolgte. Und er verfügte über die Willenskraft und die Energie, in jeder Phase dieser ungeheuer umfangreichen Operation die Übersicht über die winzigsten Details zu haben: bei den juristischen Vorarbeiten, bei den Verwaltungsarbeiten und bei der Öffentlichkeitsarbeit.
Die Entschlossenheit, mit der Hoover sicherstellte, daß seine Pläne und Anweisungen ausgeführt wurden, ist heute noch in den Akten spürbar, die er während der Kampagne im Jahre 1919 füllte. In Dutzenden von Memos drängte er das Immigration Bureau, die Kaution für Radikale zu erhöhen, Haftbefehle zu unterzeichnen und Ausweisungsverfahren schneller abzuwickeln. Während der Ellis-Island-Verhandlungen gegen die Radikalen von der *Buford,* übte er auf Beamte, deren Verhalten für seine Pläne wichtig war, unnachgiebig Druck aus. Er bombardierte Ellis Island mit Beschwerden, daß die Sicherheitsvorschriften zu locker seien. Er verlangte, daß die Besucher der Radikalen durchsucht würden, und sprach sich dagegen aus, daß ihre Anwälte den Raum mit den Beweismaterialien für die Verhandlung ohne Aufsicht betreten durften. Als die Häftlinge in einen »Schweigestreik« traten und die Antwort auf Fragen verweigerten, forderte er, daß die Einwanderungsbehörden ihre Bestimmungen erweiterten und auch Fotografien als Affidavit zur Identifikation zuließen. Kein Detail war zu klein, um seiner Aufmerksamkeit zu entgehen, kein Fehler blieb unbemerkt und ungerügt. So war er bereits im Alter von vierundzwanzig Jahren und mit Untergebenen, die doppelt so alt waren wie er, der wachsame und unversöhnliche Aufseher, der er das nächste halbe Jahrhundert über immer bleiben würde.[67]
Die Besessenheit, mit der Hoover die kleinsten Details in den Aktionen gegen die Radikalen verfolgte, zeigt, wie wichtig sie ihm waren – nicht nur als Grundlage seines Erfolges, sondern als ein moralisches Problem. Diese Aktionen *bedeuteten* ihm etwas. In der zynischen Welt der Berufspolitiker machte dieses Engagement Hoover zu einem nützlichen, wenn auch Unruhe stiftenden Verbündeten – und zu einem gefährlichen Feind. Gewiß war es Hoover, der Palmers Vokabular um Ausdrücke wie »moralische Ratten« und »Abschaum der Menschheit«

bereicherte, mit denen der Justizminister die Sozialisten verunglimpfte, die er 1919 aus dem Land vertrieb. Aber es war auch Hoover, der ein UORW-Mitglied vor der Ausweisung bewahrte, weil er ein Kriegsveteran war. Allerdings machte er zu Bedingung, daß dieser Mann »darauf hingewiesen wird, sich in Zukunft anständig zu verhalten«.[68] Dieses persönliche Engagement, mit dem Hoover sich selbst bei großangelegten Aktionen um Details kümmerte, sorgte dafür, daß Unternehmungen unter der Leitung Hoovers, zu jener Zeit ebenso wie später, niemals in einen Zustand der Lethargie abglitten, der für einen Verwaltungsapparat sonst völlig normal ist.

Die Kampagne gegen die Radikalen im Jahre 1919 zielte ganz direkt darauf ab, all die neuen Wertvorstellungen zu diskreditieren und zu vernichten, die Seward Square bedrohten. Während die Nation noch von einer unbestimmten Angst vor Veränderungen in Unruhe versetzt wurde, identifizierte Hoover bereits den Quell des Bösen: all jene, die anders aussahen, eine andere Kultur hatten sowie einen anderen Glauben und andere Überzeugungen vertraten – Gruppen, die den alten Wahrheiten und Moralvorstellungen des nostalgischen Amerika entfremdet waren. Dann inszenierte er die große Demonstration der Macht des Staates und der Machtlosigkeit seiner Feinde und vertrieb diese verachteten Ausländer aus der Gesellschaft – ein läuterndes Ritual nationaler Solidarität.[69]

Wie er es als Lehrer in der Sonntagsschule der Old First gelernt hatte, sah er immer über die gerade anstehende Aufgabe hinaus, um herauszufinden, auf welche Weise er sie in eine moralische Lektion zum Nutzen des ganzen Volkes verwandeln könnte.

Den spärlichen Zeugnissen zufolge, die darüber erhalten sind, war Hoover während seiner Tätigkeit im Alien Enemy Bureau und während der ersten Monate in der Radical Division eine Art einsamer Wolf. Er hielt sich von den anderen Büroangestellten und Justizbeamten fern und verbrachte seine Freizeit damit, im Lesesaal des University Clubs in Zeitschriften zu blättern. Das änderte sich, als er am 27. Oktober 1919 Thomas Franklin Baughman in die Radical Division brachte. Baughman war ein zweiundzwanzigjähriger Hauptmann und gerade aus dem Artilleriekorps der Armee entlassen worden.[70] Er studierte an der juristischen Fakultät der George Washington University (Bakka-

laureus 1922, Magister 1923) und gehörte der Kappa Alpha, also derselben Burschenschaft an wie Hoover. In Baughman fand Hoover einen Freund, der ihm in den folgenden zehn Jahren ein steter Gefährte war.
Bereits kurz nachdem Baughman in das Bureau eingetreten war, erschienen seine Initialen »TFB« auf Hoovers Korrespondenz. Er erledigte also schon einen Teil der Post seines Freundes. In den ersten Wochen des Jahres 1920 hatten Hoover und Baughman durch die Januar-Razzien so viel zu tun, daß sie im Fließbandverfahren arbeiteten: jeder nahm jeweils den Brief, der gerade zuoberst im Korb mit der Aufschrift »Eingänge« lag und diktierte einem Team von Stenographen die Antwort.[71]
Nach der Arbeit besuchten Baughman und seine verwitwete Mutter Hoover und dessen Mutter am Seward Square, und während die beiden jungen Männer antikommunistische Geheimnisse austauschten, spielten die Mütter eine Partie Bridge. Wahrscheinlich überreichte Baughman in jener Zeit Hoover die flotte Fotoaufnahme von sich, die nach Hoovers Tod in seinem Nachlaß gefunden wurde.[72] Das Foto trug die Widmung:

Für »Speed« Hoover
In tiefer Zuneigung
Thomas Franklin Baughman

Kapitel 4

Die »rote Gefahr«: Jahre des Mißerfolgs

Jetzt sehen und fühlen wir, daß wir dem Ziel der Machtübernahme, der Weltrevolution, doch noch nicht so nahe sind. Vor einiger Zeit, im Jahre 1919, glaubten wir, es könne sich nur noch um Monate handeln, jetzt aber sagen wir, daß es vielleicht noch Jahre dauert.

Leo Trotzki auf dem Dritten Kongreß
der Komintern, Juli 1921

Der persönliche Triumph, den er durch die *Buford* errungen hatte, gab Hoover schon früh in seiner Laufbahn eine Kostprobe des Lohns, den man erhält, wenn man kühn und erfinderisch genug ist, die Bedürfnisse seines Landes in einer Krisenzeit zu befriedigen. Diese Erfahrung hätte ihn vielleicht leichtsinnig gemacht, wenn ihr nicht sofort eine Katastrophe ähnlich großen Ausmaßes gefolgt wäre. Die *Buford*-Aktion zeigte Hoover, welche Erfolge errungen werden konnten, wenn sich ein kühner Plan erwartungsgemäß entwickelt. Die Kampagne gegen die beiden kommunistischen Parteien, die er im Januar 1920 startete, machte deutlich, wie verborgene Mängel bei der Vorbereitung und unvorhergesehene Fehler bei der Ausführung nicht nur große Pläne zerstören können, sondern auch ihre Planer.
Während seiner ganzen Karriere war Vorsicht ebenso charakteristisch für Hoovers Arbeitsstil wie Kühnheit. Er war sich immer bewußt, daß die tatsächlichen Ereignisse oft anders ausgingen als erwartet und daß hohe Ziele nur erreicht werden konnten, wenn man alle Eventualitäten unter Kontrolle hatte und sich überwältigender politischer Unterstützung gewiß war. Sein Erfolg in den Jahren 1919 und 1920 lehrte ihn, sich

ehrgeizige und kühne Ziele zu setzen. Der Zusammenbruch der Kampagne gegen die Radikalen lehrte ihn, daß es ebenso wichtig war, kurzfristige Pläne bescheiden und realistisch zu entwerfen und sie sorgfältig auszuarbeiten.

Während Hoover die Kampagne gegen die Union of Russian Workers plante, wartete er ungeduldig darauf, daß die amerikanischen Kommunisten ihm ein Ziel boten, das er auf legalem Weg angreifen konnte; im August 1919 war dies noch nicht der Fall.

Schon bald nach der Oktoberrevolution hatte sich in der Sozialistischen Partei Amerikas ein militant revolutionärer und internationalistischer »linker Flügel« entwickelt und eine mächtige Gruppe gebildet. Dieser Flügel der Partei war in Brooklyn und Chicago besonders stark und begründete im November 1918 in Chicago die Communist Propaganda League. Die russische Revolution hatte die Einwanderer aus dem alten Zarenreich für sich gewonnen. Auf sie ist es wohl auch hauptsächlich zurückzuführen, daß die Partei von 80 379 Mitgliedern im Jahre 1917 auf 104 822 Mitglieder im Jahre 1919 anwuchs.[1] Die Einwanderer waren auch für das Wachstum des linken Flügels innerhalb der Sozialistischen Partei verantwortlich. Die alte Sozialistische Partei Eugene Debs', lange Jahre ein Refugium für amerikanische Nonkonformisten jeglicher Couleur, ging mit ihrer bislang größten und enthusiastischsten Fraktion in das Jahr 1919, einer reizbaren Ansammlung von Ausländern, von denen nur wenige überhaupt Englisch konnten. Diese fremdsprachigen Sozialisten waren so fixiert darauf, den russischen Kommunisten moralisch beizustehen, daß ihnen gar nicht zum Bewußtsein kam, daß die Situation in den Vereinigten Staaten völlig anders war und eine ähnliche Revolution sehr unwahrscheinlich machte.

Am 4. März 1919 wurde in Moskau die Dritte Internationale (die »Komintern«) gegründet; am 8. März erschien ihr Manifest. Und dieses Dokument lieferte Hoover die Grundlage für seine Argumentation gegen die kommunistischen Parteien Amerikas. Das Manifest bestand vornehmlich in wilden Angriffen gegen die »staatlichen« sozialistischen Parteien Europas, von denen es hieß, sie hätten ihre Länder bei Kriegsanstrengungen unterstützt und nach dem Krieg mitgeholfen, den Kommunismus zu unterdrücken, zum Beispiel durch Kollaboration bei der Ermordung Rosa Luxemburgs und Karl Liebknechts. In den Vereinigten Staaten hatte es keine bedeutende sozialistische Gruppe gegeben, die den Krieg befürwortete, aber diese Tatsache entging dem militanten linken Flügel in seinem Eifer, die Bolschewisten in jeder Hinsicht, einschließlich der Bildung einer »Splittergruppe« innerhalb der offiziellen Partei, nachzuahmen.

Noch bevor das Manifest der Komintern erschien, gab der linke Flügel der Sozialistischen Partei New Yorks, angeregt von den Plänen für den Kongreß der Dritten Internationale, am 16. Februar 1919 sein eigenes Manifest heraus. Darin wurden die Sozialisten aufgefordert, ihre parlamentarischen Methoden zu verwerfen und im Bündnis mit der Kommunistischen Partei Rußlands direkt für eine Revolution zu kämpfen. Hoover lieferte dieses Manifest einen erstklassigen Beweis und eine Grundlage für legale Angriffe auf die kommunistischen Parteien: »Revolutionäre Sozialisten glauben nicht daran, daß sie durch Wahlen an die Macht kommen. Sie kämpfen für die Übernahme der Macht durch das revolutionäre Proletariat.« Hoover erklärte später zusätzlich: »Alle betroffenen Parteien geben zu, daß mit dem Hinweis auf den bourgeoisen Staat die Regierung der Vereinigten Staaten gemeint ist, denn gegenwärtig existiert in den Vereinigten Staaten nur ein ›Staat‹, nämlich die Regierung.«[2]

Bei den Funktionärswahlen der Sozialistischen Partei im Frühjahr desselben Jahres schlugen die Kandidaten des linken Flügels, angeführt von John Reed, die nationalen Vorstandsmitglieder der Partei mit überwältigender Mehrheit und stellten zwölf der fünfzehn Mitglieder des nationalen Exekutivkomitees. Die bisherigen Funktionäre der Partei bekamen es mit der Angst zu tun. Angesichts der sehr realen Möglichkeit, daß das vom Justizministerium vorgeschlagene Gesetz über Agitation in Friedenszeiten die Mitglieder jeder Partei, die Gewalt befürwortete, zu Kriminellen stempeln konnte, weigerte sich der bisherige Vorstand, seine Sitze an die neuen Führer abzugeben. Stattdessen hielten Morris Hillquit und die anderen Sozialisten des rechten Flügels vom 24. bis zum 29. Mai in Chicago eine Konferenz ab und schlossen 40 000 Radikale aus der Partei aus. Zwischen Januar und Juli 1919 schloß das Nationale Exekutivkomitee der Sozialistischen Partei zwei Drittel der Mitglieder aus, weil sie versucht hatten, die Partei in eine revolutionäre Bewegung zu verwandeln.[3]

Am 21. Juni hielt der linke Flügel in New York eine Versammlung ab, auf der die Gründung einer neuen Partei gefordert wurde. Allerdings konnten sich die Teilnehmer nicht auf eine sofortige Handlungsstrategie einigen. Aber sie gaben ein zweites Manifest heraus, das Hoover noch zündendere Schlagworte für seine Angriffe gegen die Kommunisten lieferte: »Der revolutionäre Sozialismus muß die Massenerhebungen der Industriearbeiter nutzen und die Ziele des Streiks weiter stecken, um ihn allgemein und militant zu machen. Der revolutionäre Sozialismus muß den Streik für politische Ziele nutzen und daraus schließlich den politischen Massenstreik gegen den Kapitalismus und gegen den Staat entwickeln.« Und: »Der revolutionäre Sozialismus will den bourgeoisen politischen Staat nicht ›gefangennehmen‹, sondern ihn besiegen und zerstören.«[4]

Am 31. August sagten sich die Linkssozialisten offiziell von der Partei los, weil ihnen das Grundsatzprogramm, das an diesem Tag auf einem Parteitag der Sozialisten in Chicago beschlossen wurde, zu wenig revolutionär war. Einen Tag später beschloß die fremdsprachige Gruppe innerhalb des linken Flügels, ihre eigene kommunistische Partei unter der Führung von Louis Fraina, Nicholas Hourwich und Charles Ruthenberg zu bilden. Die englischsprachigen Mitglieder des linken Flügels versammelten sich dann am 3. September in der Versammlungshalle der IWW in Chicago und schlossen sich unter John Reed, Benjamin Gitlow und William Bross Lloyd zur Communist Labour Party, zur Kommunistischen Arbeiterpartei, zusammen. Eugene Debs und Morris Hillquit führten weiterhin den Vorsitz über das, was von der nichtrevolutionären Sozialistischen Partei übriggeblieben war.

Damit boten die Kommunisten Ende August 1919 Hoover endlich das, was er brauchte, um nach den Einwanderungsgesetzen gegen sie vorgehen zu können: 40 000 bis 70 000 Radikale hatten sich in Organisationen zusammengeschlossen, die offen den gewaltsamen Sturz der Regierung propagierten. Und das Entscheidende war, daß ungefähr 90 Prozent dieser Kommunisten Ausländer waren.

In dieser Phase begann Hoover seine Recherchen über den Kommunismus. Er konnte nicht direkt gegen die ausländischen Mitglieder der neuen Kommunistischen Partei und der Kommunistischen Arbeiterpartei vorgehen, bevor er nicht den Arbeitsminister davon überzeugt hatte, daß sie nach dem Immigration Act von 1918 deportiert werden

konnten. Mit diesem Ziel begann er im Herbst 1919 an einer Reihe juristischer Gutachten zu arbeiten; bis Dezember hatte er sie abgeschlossen. Er erstellte je ein Gutachten über die beiden Parteien und ein drittes, in dem er die Deportation des nicht akkreditierten Vertreters der von den Vereinigten Staaten noch nicht anerkannten sowjetischen Regierung, Ludwig C. A. K. Martens, befürwortete.
Hoover stürzte sich mit seiner gewohnten Energie in die Vorbereitungen zu diesen Gutachten. Er hatte keine speziellen Kenntnisse über die Geschichte des Kommunismus oder die theoretischen Grundlagen, als er mit seinen Forschungen begann, aber durch seine Herkunft war er von vornherein gegen alles eingenommen, was er finden würde, wenn er in der revolutionären marxistischen Literatur nach Beweismaterial suchte. Er begann mit seinen Untersuchungen zu einem ganz besonderen Zeitpunkt in der Geschichte des Kommunismus. Die Kommunisten waren nie zuvor überzeugter gewesen, daß ihr Triumph unmittelbar bevorstehe, als Mitte des Jahres 1919, direkt nach dem ersten Kongreß der Komintern, als die revolutionären Umtriebe in Europa ihren Hoffnungen Auftrieb gaben. Hätte Hoover seine Untersuchung ein Jahr früher oder ein Jahr später durchgeführt, wäre die Wirkung, die alles, was er über den Kommunismus las, auf ihn hatte, eine völlig andere gewesen, denn 1919 redeten die Kommunisten nicht davon, in Jahren oder Jahrzehnten den Sieg zu erringen, sondern in Wochen oder Monaten. Ein Jahr später aber waren sie durch die Ereignisse gezwungen, wieder Zuflucht beim traditionellen Glaubensartikel zu suchen, daß ihr Tag »schließlich doch« kommen werde. Im Jahre 1919 dagegen schien er kurz bevorzustehen.
Nie zuvor – und auch später nie wieder – mußte Hoover sich bei einer intellektuellen Aufgabe so sehr anstrengen wie bei dieser Abklärung im Jahre 1919, und nichts machte jemals einen tieferen Eindruck auf ihn. Der Kommunismus mochte sich verändern, Hoovers Ansichten über den Kommunismus blieben immer dieselben. Hoover behauptete von Anfang an, seine drei Gutachten seien die »ersten« offiziellen Stellungnahmen der Regierung zum Kommunismus gewesen. Darauf gestützt erhoben er und sein Bureau einen Anspruch darauf, in allen Fragen im Zusammenhang mit kommunistischen Aktivitäten als offizielle Autorität der Regierung auftreten zu können. Hoovers Untersuchungen über den Kommunismus aus dem Jahre 1919 dürfen ohne besondere Über-

treibung als Grundlage für die Entwicklung des Antikommunismus bezeichnet werden, der in den folgenden fünfzig Jahren das orthodoxe Denken Amerikas prägte. Ein halbes Jahrhundert später zitierte Hoover diese Papiere, die er als Vierundzwanzigjähriger geschrieben hatte, immer noch als die wesentliche Voraussetzung für die »Reaktion der Nation auf den Kommunismus«.[5]

Hoover studierte den Kommunismus selbstverständlich nicht aus eitler Neugier. Er verfolgte ein ganz bestimmtes Ziel. Er wollte die faktische und logische Grundlage für eine gerichtliche Entscheidung beschaffen, daß die beiden kommunistischen Parteien Amerikas unter den Immigration Act vom 16. Oktober 1918 fielen, nach dem

(1) Ausländer, die nicht an die Regierung der Vereinigten Staaten glauben oder den Sturz der Regierung der Vereinigten Staaten durch Zwang oder Gewalt befürworten oder lehren, deportiert werden sollen;

(2) Ausländer, die sich einer Organisation anschließen oder Mitglieder einer Organisation sind, die an den Sturz der Regierung durch Zwang oder Gewalt glaubt, ihn befürwortet oder lehrt, deportiert werden sollen.[6]

Im entscheidenden Abschnitt seines Gutachtens über die erste der beiden Parteien vertrat Hoover die Ansicht, daß jedes Mitglied der Kommunistischen Partei einzeln für die Satzung seiner Organisation verantwortlich gemacht werden sollte.

Um alle Zweifel an der Verantwortlichkeit der einzelnen Mitglieder der Kommunistischen Partei Amerikas zu beseitigen, müssen wir nur die Antragsformulare untersuchen, die jedes Mitglied beim Eintritt in die Organisation unterzeichnen muß. Folgendes Zitat stammt aus dem Antragsformular: »Der Unterzeichnende erklärt, daß er sich, nachdem er die Satzung und das Programm der Kommunistischen Partei gelesen hat, an die Prinzipien und Strategien dieser Partei und der Kommunistischen Internationale hält; daß er bereit ist, sich den Regeln der Partei, wie in der Satzung niedergelegt, zu unterwerfen; daß er gelobt, sich aktiv an ihrer Arbeit zu beteiligen.«[7]

Obwohl es in erster Linie Hoovers Ziel war, zu einem schlagenden Argument dafür zu kommen, daß die Mitglieder der Kommunistischen Partei einzig aufgrund ihrer Mitgliedschaft ausgewiesen werden konnten, ließ er keine Gelegenheit aus, auch darauf hinzuweisen, daß sie

wesentlich für die sozialen und wirtschaftlichen Unruhen im Land verantwortlich seien. Als er auf den landesweiten Stahlarbeiterstreik (der am 22. September begann) und den ebenfalls landesweiten Kohlearbeiterstreik (der am 1. November begann) Bezug nahm, zitierte er aus dem Manifest der Kommunistischen Partei Amerikas die Worte: »Es herrscht eine ausgeprägte Tendenz ... Massenstreiks auszurufen – Streiks, die gleichermaßen eine Revolte gegen das bürokratische Regierungssystem der Gewerkschaften und der Kapitalisten sind. Die Kommunistische Partei wird sich bemühen, diese Streiks auszuweiten und zu vertiefen, um sie allgemein und militant zu machen, und dadurch letzten Endes den politischen Generalstreik entwickeln.« Hoover bemerkte dazu, diese Zielsetzung sei »von ganz besonderer Bedeutung, angesichts der Tatsache, daß die Kommunistische Partei bei den großen Kohle- und Stahlstreiks, die in den vergangenen Monaten in den Vereinigten Staaten ausgebrochen sind ... aktiv ihre Propaganda betreibt, um Arbeiterunruhen anzufachen, eine Doktrin, die in dem Manifest ausdrücklich vertreten wird und zu der sich, wie ich später zeigen werde, jedes Mitglied der Kommunistischen Partei verpflichten muß«.[8]
Hoover ging es darum, die Kommunistische Partei in Verruf zu bringen, und das kam den Stahlgesellschaften und Grubenbesitzern sehr gelegen. Ihre Strategie bestand im Grunde darin, die Öffentlichkeit zu überzeugen, daß es bei dem Streik um den Bolschewismus gehe und nicht um den Kampf zwischen Kapital und Arbeit, und zwar obwohl William Z. Foster, der künftige Führer der Kommunistischen Partei, der den Stahlarbeiterstreik als Funktionär der American Federation of Labor organisierte, von den Kommunisten selbst angegriffen wurde, weil er die Taktik des »pure and simple unionism« vertrat und damit wirtschaftlichen Zielen den Vorrang vor politischen Zielen gab.[9]
Nichts in den Gutachten deutete darauf hin, daß Hoover außer »reinem« Antikommunismus andere Motive hatte, da er aber die Streiks mit dem Kommunismus in Verbindung brachte, gab er anderen eine geeignete Waffe in die Hand, mit der sie wirtschaftliche Feinde vernichten konnten. Der Stahlarbeiterstreik und der Kohlearbeiterstreik wurden durch Maßnahmen des Bundes niedergeworfen. Das war ein Schlag für die Gewerkschaften, von dem sie sich erst in den dreißiger Jahren erholten. Die »rote« Verunglimpfung war die Waffe, die den

Unternehmern zum Sieg verholfen hatte, und sie verdankten sie weitgehend den geräuschvollen Attacken des Justizministeriums gegen die Radikalen.[10]

Als er das erste Gutachten fertiggestellt hatte, widmete Hoover sich der Gegenpartei der Kommunistischen Partei, der Kommunistischen Arbeiterpartei. Da die 60 000 Mitglieder der Kommunistischen Partei zu 90 Prozent Ausländer waren, war sie ein weit attraktiveres Ziel für die Deportationskampagne. Die Kommunistische Arbeiterpartei zählte nur ungefähr 10 000 Mitglieder, und die meisten von ihnen sprachen Englisch, obwohl viele aus dem Ausland stammten.[11]

Hoovers Gutachten über die Kommunistische Arbeiterpartei war denn auch kürzer als das Papier über die Kommunistische Partei. Da er davon ausging, daß die Praktiken und Prinzipien der beiden Parteien »praktisch gleich« seien, war die Argumentation in beiden Fällen gleich aufgebaut – abgesehen von einem entscheidenden Unterschied. In seinem Gutachten über die Kommunistische Partei hatte er das Antragsformular auf Mitgliedschaft in der Partei in vollem Wortlaut zitiert. In seinem Gutachten über die Kommunistische Arbeiterpartei dagegen paraphrasierte er den Antrag nur und schrieb, daß »der Antragsteller gelobt, sich von der Satzung und den Grundsätzen der Kommunistischen Arbeiterpartei leiten zu lassen«.[12] Vergleicht man die beiden Antragsformulare, wirkt der Text auf dem Formular der Kommunistischen Arbeiterpartei (der in dem zweiten Gutachten fehlt) neben dem expliziten Versprechen auf dem Antragsformular der Kommunistischen Partei (das im ersten Gutachten zitiert wird) vage und allgemein, fast theoretisch. Die Kommunistische Partei forderte von den Mitgliedern, daß sie die Satzung und das Programm lasen, während die Kommunistische Arbeiterpartei nur verlangte, daß sich ihre Mitglieder von der Satzung »leiten« ließen. Auf dem Antragsformular der Kommunistischen Partei wurden die Mitglieder zur Loyalität gegenüber der Kommunistischen Internationale verpflichtet, und der Antrag enthielt eine vollständige Beschreibung des Programms und des Manifests der Komintern, die jeder Antragsteller lesen mußte. Die Kommunistische Arbeiterpartei dagegen verlangte kein so explizites Versprechen, die Ideen der Kommunistischen Internationale zu billigen.

Hoover fügte das Antragsformular der Kommunistischen Arbeiterpartei wahrscheinlich deshalb nicht direkt in sein Gutachten ein (es war allerdings unter den beigelegten Beweisstücken), weil es ein sehr schwacher Beweis dafür war, daß die einzelnen Mitglieder sich mit den propagierten Zielen der Organisation identifizieren mußten. Jedenfalls war es wohl dieser Unterschied in den beiden Gutachten, der Arbeitsminister William Wilson später stutzig machte und dazu bewog, die Antragsformulare selbst zu studieren, um Hoovers Argument zu widerlegen, daß die beiden Parteien, was den Immigration Act betraf, identisch seien. Diese Diskrepanz zwischen den Antragsformularen der beiden Parteien erwies sich als entscheidende Schwäche im juristischen Fundament für Hoovers Deportationskampagne, als jener Fehler, der schließlich zum Zusammenbruch der gesamten Kampagne führte.

Das dritte Gutachten, das Hoover 1919 schrieb, betraf Ludwig C. A. K. Martens, den offiziellen Vertreter Sowjetrußlands in den Vereinigten Staaten. Darin hielt Hoover fest, daß jeder, der irgendwelche Verbindungen zur russischen Revolution habe, oder sie gar befürworte, gegen amerikanische Gesetze verstoße, die das Eintreten für den gewaltsamen Sturz einer Regierung unter Strafe stellten – Bundesgesetze, sofern Ausländer, und Agitationsgesetze der Einzelstaaten mit derartigen Bestimmungen, sofern Staatsbürger betroffen waren.
Als Sohn deutscher Eltern in Rußland geboren, besaß Martens die deutsche Staatsangehörigkeit. Er hatte an der russischen Revolution von 1905 teilgenommen und war 1916 in die Vereinigten Staaten gekommen. Als ausgebildeter Ingenieur vertrat er eine russische Stahlfirma in den Vereinigten Staaten. Nach der bolschewistischen Revolution erhielt Martens von der provisorischen Regierung die russische Staatsbürgerschaft (ein Verfahren, das im amerikanischen Recht nicht anerkannt wurde) und eröffnete in New York das Informationsbüro der sowjetrussischen Regierung mit fünfunddreißig Angestellten. Bis zum Jahre 1919 konzentrierte sich Martens darauf, Handelsbeziehungen zwischen den Vereinigten Staaten und der Sowjetunion zu knüpfen. Im Jahre 1919 erhielt er von den Sowjets die Weisung, eine diplomatische Vertretung in den Vereinigten Staaten einzurichten. Als er sich darum bemühte, diesen Auftrag auszuführen, erregte er Hoovers Aufmerksamkeit. Hoover beschloß, Martens gleich als »bolschewistischen Botschafter« zu behandeln und ihn zu einem seiner prominenten Ausgewiesenen zu machen.[13]

Wie in den beiden anderen Gutachten hatte Hoover die Absicht, zu beweisen, daß Martens einer Organisation angehörte, die den gewaltsamen Sturz der amerikanischen Regierung befürwortete. In diesem Fall jedoch war die Organisation, die Hoover mit seinem Bann zu belegen suchte, nicht eine amerikanische Partei, sondern die Kommunistische Partei Rußlands.

Hoover argumentierte, daß der Aufruf der Dritten Internationale zu einer weltweiten Revolution die Kommunistische Partei Rußlands als Mitglied der Internationale dazu zwinge, den Sturz der Regierung der Vereinigten Staaten zu befürworten. Und da Martens Mitglied der Kommunistischen Partei Rußlands sei, falle er hiermit unter die Bestimmungen der Deportationsverordnungen.

Sollte der Arbeitsminister (der zu entscheiden hatte, welche Organisationen dem Immigration Act von 1918 unterworfen waren) Hoovers Gutachten über Martens bestätigen, wäre ein wichtiger Präzedenzfall geschaffen. Hoover hätte dann nicht nur die Möglichkeit, Vertreter der sowjetischen Regierung und Mitglieder sowjetischer Handelsgesellschaften auszuweisen, sondern wäre auch in der Lage, gegen alle jüngst aus Rußland eingereisten Einwanderer Ausweisungsverfahren einzuleiten, mit der Begründung, daß sie in der Sowjetunion Mitglieder der Partei gewesen sein könnten. Entsprechend weit ausgelegt, würde ihm sein Argument im Martens-Gutachten auch erlauben, gegen alle Ausländer vorzugehen, die mit der Komintern sympathisierten, und, sobald ein umfassendes Agitationsgesetz erlassen war, auch gegen amerikanische Staatsbürger. Bis es soweit war, könnte Hoover die Namen solcher Bürger an Einzelstaaten weiterleiten, in denen Agitationsgesetze bereits in Kraft waren. Im Jahre 1919 war Begeisterung für die Komintern eine weitverbreitete Erscheinung unter den Radikalen, so daß sie bei einer großzügigen Interpretation der Argumente Hoovers gegen Martens alle angreifbar gewesen wären.

Während Hoover sein Gutachten über Martens verfaßte, fühlte er sich zu einer sonderbaren Abschweifung gezwungen. Um den grundlegenden Unterschied zwischen dem Kommunismus und dem traditionellen Amerikanismus darzustellen, behauptete er, »eines der fundamentalen Prinzipien des Kommunismus« sei »der internationale Charakter desselben«, während das amerikanische Regierungssystem auf einem »nationalistischen Partikularismus« beruhe.[14]

Hoover hatte sich möglicherweise die Theorie zurechtgelegt, daß der eigentliche Konflikt dieser revolutionären Epoche im Zusammenprall der Ideologien des Nationalismus und des Internationalismus bestehe. Vielleicht hatte er sich auch auf die Doktrin der nationalen Selbstbestimmung in Wilsons »Vierzehn Punkten« gestützt, um den Widerstand gegen den Internationalismus der Komintern zu begründen. Arbeitsminister Wilson, der den Fall Martens entscheiden würde, glaubte fest an die besondere Mission Amerikas, die Welt zu demokratisieren. Hoover könnte also gedacht haben, es würde dem Minister besonderes zusagen, wenn er den Kommunismus als Bedrohung für den Nationalismus darstellte. Isolationisten waren selbstverständlich entsetzt darüber, welche Geringschätzung die Kommunisten der Idee der nationalen Unabhängigkeit entgegenbrachten, während sich die Anhänger Wilsons eher über die Vermessenheit der Kommunisten empörten, der Welt ein Modell des Internationalismus anzubieten, das nicht dem amerikanischen Vorbild folgte. So bestand Hoovers abschließende Anklage gegen den Kommunismus in seinem Martens-Gutachten darin, daß »mit der Existenz des Kommunismus der Patriotismus verschwindet. Das utopische Ideal der Kommunisten ist ein großer internationaler Staat der Proletarier.«[15] Hoover rang offenbar nach einer Formel, mit der er beweisen konnte, daß der Kommunismus die Antithese des Amerikanismus sei.

Am 15. Dezember schickte Hoover sein Gutachten über die Kommunistische Partei an Anthony Caminetti, den Leiter des Immigration Bureau. Am 22. Dezember übersandte er Caminetti die Namen von 2280 Mitgliedern der Kommunistischen Partei und ersuchte um Haftbefehle für sie. Er versprach Caminetti eine Liste mit weiteren 441 Namen für den folgenden Tag und versicherte ihm, daß die Affidavits auf einer »sorgfältigen und gründlichen Untersuchung der Aktivitäten der einzelnen Personen [beruhen] ... Wie Sie sehen werden, steht fest, daß sie Ausländer und Mitglieder der Kommunistischen Partei Amerikas sind und daß diese Partei eine Organisation ist, die den Sturz der Regierung der Vereinigten Staaten durch Gewalt oder Zwang befürwortet«. Am 24. Dezember schickte Hoover das Gutachten über die Kommunistische Arbeiterpartei an Caminetti sowie eine Liste mit den Namen von siebenundvierzig Mitgliedern dieser Partei und ersuchte ebenfalls um die Ausstellung von Haftbefehlen. In seinem Begleitschreiben hieß es, die beiden Parteien seien sich »völlig« gleich; ein Unterschied bestehe »nur in der Führung«.[16] Bis zum Weihnachtsabend des Jahres 1919 hatte Hoover somit das Arbeitsministerium um die Ausstellung von insgesamt 2768 Haftbefehlen ersucht. Diesem Gesuch waren keine hinreichenden Beweisgründe für die Schuld jedes einzelnen beigelegt, sondern pauschale Gutachten, in denen argumentiert wurde, die kommunistischen Parteien fielen unter die Bestimmung des Einwanderungsgesetzes von 1918, und Affidavits, die lediglich besagten, die Ausländer seien Mitglieder dieser Organisationen. Aufgrund des Gutachtens vom 15. Dezember über die Kommunistische Partei hatte der diensttuende Arbeitsminister John Abercrombie bereits einen Ausländer namens Marion Bieznuk ausgewiesen. Er war bei den UORW-Razzien im November verhaftet worden; später hatte sich dann herausgestellt, daß er auch der Kommunistischen Partei angehörte. Zu diesem Zeitpunkt bevollmächtigte Abercrombie das Immigration Bureau offenbar, jeden Ausländer auszuweisen, der in dieselbe Kategorie fiel wie Bieznuk – das heißt, jeden Ausländer, dem die Mitgliedschaft in der Kommunistischen Partei nachgewiesen werden konnte.[17] Als er jedoch am 22. und 23. Dezember von Hoover plötzlich ein ganzes Paket mit 2741 Gesuchen um Haftbefehle erhielt, wurde ihm schlagartig bewußt, daß das weit über das hinausging, was er mit seiner routinemäßigen Entscheidung im Fall Bieznuk beabsichtigt hatte. Abercrombie wußte, daß er seine Befugnisse als diensttuender Minister überschreiten würde, wenn er eine so große Aktion genehmigte, ohne den Arbeitsminister darüber zu verständigen, daß etwas Ungewöhnliches im Gange sei. Also bat er um eine Unterredung mit Wilson.

Während Hoover auf eine Entscheidung des Arbeitsministeriums über seine Gutachten zur Kommunistischen Partei und zur Kommunistischen Arbeiterpartei wartete, bat er Caminetti um Informationen über die Bestimmung (»Rule«) des Immigration Bureau, die das Recht der Ausländer auf einen Rechtsbeistand während der Deportationsverfahren regelte (»Rule 22«). Am 13. März 1919 hatte Arbeitsminister Wilson die Rechte von Ausländern, die von der Ausweisung bedroht waren, beträchtlich erweitert und den Wortlaut der Bestimmung revidiert, so daß Ausländern sofort bei Aufnahme des Verfahrens gegen sie das Recht auf einen Rechtsbeistand zustand. Am 19. November begann Hoover Caminetti mit der Frage zu belästigen, ob bei den Verfahren, die nach den von ihm geplanten Razzien eingeleitet würden, die neue oder alte Fassung dieser Bestimmung 22 wirksam sein werde. Er beklagte sich darüber, daß die Anwesenheit von Anwälten beim Umgang mit den Mitgliedern der Union of Russian Workers, die im Zuge der Razzien vom 7. November verhaftet worden waren, »Schwierigkeiten« verursacht habe. (Die Anwälte hatten ihren ausländischen Mandanten geraten, während der Deportationsverhandlungen die Antwort auf alle Fragen zu verweigern.) In einem Brief vom 17. Dezember wiederholte Hoover seine Anfrage. Am 31. Dezember schließlich gab Abercrombie einem Gesuch Caminettis statt, die ursprüngliche Fassung der Bestimmung 22 wiederherzustellen, nach der Ausländern ein sofortiger Rechtsbeistand versagt wurde.[18]

Die Unterredung zwischen Abercrombie und Arbeitsminister Wilson fand am Heiligen Abend des Jahres 1919 statt. Auf Wilsons Bitte nahm auch der stellvertretende Arbeitsminister Louis B. Post teil. Es steht fest, daß Wilson während dieser Unterredung wenigstens die Verhaftung von ausländischen Mitgliedern der Kommunistischen Partei genehmigte; wahrscheinlich genehmigte er auch die Verhaftung der Mitglieder der Kommunistischen Arbeiterpartei. Hoover arbeitete jedenfalls unter der Annahme weiter, Wilson in beiden Fällen überzeugt zu haben.[19]

Als Hoover sicher war, daß das Arbeitsministerium seine Argumente gegen die Kommunisten unterstützen würde, drängte er darauf, die Angelegenheit rasch zu einem Ende zu bringen. Am 27. Dezember unterzeichnete Abercrombie mehr als 3000 Haftbefehle: für die Personen, deren Namen Hoover vor Weihnachten übermittelt hatte, sowie für weitere 202 Kommunisten und vierzehn Mitglieder der Kommunistischen Arbeiterpartei, deren Namen Hoover an diesem Tag Caminetti mitgeteilt hatte. Am 31. Dezember legte Hoover eine Liste mit weiteren 185 Mitgliedern der Kommunistischen Partei und neunundzwanzig Mitgliedern der Kommunistischen Arbeiterpartei vor. Am 27. Dezember wies der Leiter des Bureau of Investigation, Frank Burke, seine Agenten an, Vorbereitungen für die Verhaftung der Mitglieder der beiden Parteien zu treffen und informierte sie, daß die Razzien in der Nacht des 2. Januar stattfinden würden.[20]

Hoover verfolgte mit der Planung von Razzien solchen Ausmaßes (sechs- bis achtmal so umfangreich wie die November-Razzien) zwei Interessen. Zunächst wollte er sicherstellen, daß die Massenverhaftungen den größtmöglichen Einfluß auf die öffentliche Meinung und die Moral der Radikalen hatten; die Zahl der Verhafteten mußte also groß genug sein, um wirklich dramatisch zu wirken. Zum zweiten lag ihm daran, die Vernichtung von Mitgliederlisten zu verhindern, die für seine Strategie der Massendeportation entscheidend waren; die Razzien mußten also überraschend stattfinden und zeitlich genau koordiniert sein. Doch die Aktion war so breit angelegt und mußte so schnell abgewickelt werden, daß das Justizministerium seine Leute nicht wirksam kontrollieren konnte. Das Bureau verfügte zu jener Zeit nur über 579 Agenten, obwohl das Personal erst aufgestockt worden war. Da Razzien über den ganzen Kontinent hinweg geplant waren – mit Hunderten von Einzelrazzien in dreiunddreißig Städten in dreiundzwanzig Staaten –, mußte das Bureau Hilfe von den regionalen Polizeibehörden anfordern und Freiwillige aus antikommunistischen Gruppen rekrutieren, vornehmlich ehemalige Mitglieder der American Protective League, die erst kurze Zeit zuvor aufgelöst worden war. Diese Hilfstruppen konnten nicht davon abgehalten werden, persönlichen Animositäten und regionalen Vorurteilen gegen die Ausländer freien Lauf zu lassen. Das führte unvermeidlich zu Verstößen gegen die Rechte der Ausländer.[21] Hoovers Unfähigkeit, die Kontrolle über alle Teilnehmer an seiner Aktion aufrechtzuerhalten, führte dazu, daß die Ausländer oft unmenschlich behandelt wurden, und versorgte die Kritiker der Kampagne später mit der nötigen Munition, um das Justizministerium und Hoover in die Defensive zu drängen.
Am 2. Januar 1920 teilte Hoover dem obersten Sekretär des Justizministeriums mit, daß die Büros die ganze Nacht über geöffnet sein müßten und reger Telefonbetrieb zu erwarten sei, denn »an diesem Abend werden im ganzen Land insgesamt über 3000 Personen unter der Anklage verhaftet, Kommunisten zu sein, und bis zur Ausweisung festgehalten«.[22] Während in jener Nacht Hoover und Baughman in ihren Büroräumen im Justizministerium die Telefone bewachten, führten ihre Agenten in den Versammlungshallen der Kommunisten im ganzen Land Razzien durch (das Bureau hatte seine Informanten angewiesen, darauf zu drängen, daß Versammlungen und andere Zu-

sammenkünfte auf diesen Abend gelegt wurden). Sie brachten die Radikalen zu Sammellagern, wo weitere Agenten mit Haftbefehlen bereits warteten.
Mindestens 4000 Radikale, möglicherweise sogar 6000, wurden in jener Nacht und in den darauffolgenden Tagen zu solchen Sammellagern gebracht. Nach einem von Hoover entwickelten Verfahren wurden alle Personen, deren Name auf einem Haftbefehl stand, sofort in Haft genommen, andere wurden freigelassen. Allerdings wurden viele Ausländer weder freigelassen noch offiziell verhaftet, sondern einfach illegal festgehalten, während die Agenten ihre Namen an Hoover durchgaben. Hoover leitete diese Namen mit einem unbestätigten Affidavit, daß sie Mitglieder der einen oder andern kommunistischen Partei seien, an Caminetti weiter und ersuchte um telegraphische Haftbefehle an die Sammellager. Zwischen dem 3. und 28. Januar fegte ein regelrechter Sturm von Gesuchen um telegraphische Haftbefehle aus Hoovers Büros zu Caminetti. Alle waren entweder von Hoover oder von Baughman diktiert worden. Die beiden schrieben zusammen 291 Memoranden mit 2705 Namen an Caminetti.[23]
Hoovers Agenten und ihre Hilfskräfte führten ihre Razzien in Saloons und Spiellokalen durch; manchmal drangen sie sogar einfach in die Wohnungen der Ausländer ein und zerrten die Verdächtigen aus dem Bett. Am meisten Aufsehen erregte das Verhalten von seiten der Behörden in Boston: die zuständigen Beamten legten den festgenommenen Ausländern Handschellen an, ketteten sie aneinander und führten sie vorbei an spottenden Schaulustigen, die die Gehsteige bevölkerten, zum Gefängnis Deer Island. In Detroit wurden achthundert Häftlinge tagelang in einem fensterlosen Korridor ohne sanitäre Einrichtungen eingepfercht. In ähnlichen behelfsmäßigen Sammellagern im ganzen Land herrschten ebenfalls völlig unzulängliche und unhygienische Verhältnisse. Das Justizministerium lud Reporter ein, sich die ungekämmten, schmutzigen, bärtigen Roten anzuschauen und zu fotografieren, von denen die Agenten behaupteten, sie seien drauf und dran gewesen, die Regierung der Vereinigten Staaten zu stürzen. Ein Bundesrichter, der die Verhältnisse in einem der Sammellager in Augenschein nahm, berichtete, daß »mangelhafte und chaotische Verhältnisse herrschten. Es waren keine entsprechenden Vorbereitungen getroffen worden, um eine so große Zahl von Menschen aufzunehmen

und zu versorgen ... Mehrere Tage lang waren die verhafteten Ausländer praktisch von jedem Kontakt mit der Außenwelt abgeschnitten ... die Verwirrung und die daraus resultierenden Schwierigkeiten für die Inhaftierten ... [hatten] zusätzlich einen einschüchternden Effekt auf sie«.[24] Es gibt allen Grund zu der Annahme, daß diese Situation kein Einzelfall war.

Die menschenverachtende und ungesetzliche Behandlung der Ausländer entfachte den Widerspruch der »Civil Libertarians« und ermöglichte es Hoovers Kritikern, die Aufmerksamkeit der Öffentlichkeit von den angeblichen Vergehen der Ausländer – die unbestimmt und theoretisch waren und selten auf tatsächlichen Handlungen basierten – abzuziehen und auf das brutale und unrechtmäßige Verhalten der Einsatzkräfte zu lenken, das durch Fotografien und Augenzeugenberichte gut dokumentiert war. So konnten die Gegner der Radikalenkampagne Hoover und Palmer die Initiative aus der Hand nehmen und den Großangriff gegen die Radikalen stoppen, bevor er seinen Höhepunkt erreicht hatte: weitere Massendeportationen, ein Agitationsgesetz für Friedenszeiten und eine Kampagne gegen radikale Bürger der Vereinigten Staaten.[25] Aus einer Mischung von Unerfahrenheit und übergroßem Selbstvertrauen heraus, das auf seinen Erfolg bei den November-Razzien zurückzuführen war, hatte es Hoover versäumt, einen Kommandostab zu organisieren, der dem Umfang seiner Aktion angemessen war. Als die Razzien begannen, entglitten die Ereignisse seiner Kontrolle.

Mit den Januar-Razzien hatte Hoover eine der kühnsten Operationen der Regierung in der amerikanischen Geschichte geplant und ausgeführt, so gewagt, daß es der Opposition für kurze Zeit die Sprache verschlug. Doch was bei den Razzien dann geschah, war so ungeheuerlich und stand in so großem Widerspruch zu allen Vorstellungen von Anständigkeit, Legalität und Fairness, daß sich nach einer ersten kurzen Phase der Bestürzung eine Gruppe von Rechtsanwälten, Geistlichen und »Civil Libertarians« eilig daranmachte, die Ausschreitungen des Justizministeriums aufzudecken, und auf diese Weise Hoovers Kampagne stoppte. Eine Weile allerdings konnte Hoover sich in dem Glanz eines Triumphes sonnen, der jenen der November-Razzien oder bei der Abfahrt der *Buford* noch überstieg. Zunächst hatten die Razzien auch Palmers Hoffnungen, als Präsidentschaftkandidat nominiert zu werden, weiteren Auftrieb gegeben. Und die Zeitungen lobten das Justizministerium mit Schlagzeilen wie: ALLE MANN AN BORD DER NÄCHSTEN SOWJETARCHE.[26]

Während Hoover und seine Assistenten sich bemühten, mit der Flut von Gesuchen um Haftbefehle von den Außendienststellen fertigzuwerden, wurden seine Gutachten über die beiden kommunistischen Parteien zur Veröffentlichung freigegeben. Am 4. Januar verkündete die Schlagzeile der *New York Times:* ALLE 4000 AUSGESTELLTEN HAFTBEFEHLE AUSGEFÜHRT. Außerdem wurde Hoovers Drohung veröffentlicht, daß er auch »Salonbolschewisten« verfolgen werde.[27]

Hoover scheint von einer spektakulären Razzia bei diesen Salonbolschewisten geträumt zu haben, den »Kaviar-Liberalen« jener Zeit; sie mußten für einen ehrgeizigen jungen Mann mit so bescheidenen sozialen und bildungsmäßigen Voraussetzungen wie Hoover ein verlockendes Ziel gewesen sein. Im Dezember und dann wieder im Januar versuchte Hoover von der für Radikale zuständigen Abteilung der Postbehörde eine Liste »bestimmter wohlhabender Frauen, die verschiedene radikale Veröffentlichungen finanziell unterstützen«, zu bekommen.[28]

Am 2. Januar 1920 erhielt der stellvertretende Arbeitsminister Louis B. Post Hoovers Gutachten über Ludwig C. A. K. Martens, das Hoover in der gesamten Regierung zirkulieren ließ.[29] Dieses Gutachten datierte vom 29. Dezember 1919. Post sah es während der ersten Januarwoche 1920 durch.

Aufgrund dieses Gutachtens entschied er, daß er einen Befehl für die Ausweisung von Martens unterzeichnen *würde.* Allerdings vermutete er, daß Martens, »wenn er den Geheimdiensthilfstruppen des Justizministeriums in die Hände fallen sollte ... angesichts der spektakulären Leistungen dieser fleißigen und cleveren Leute ... mit ziemlicher Sicherheit einer demütigenden Pressekampagne zum Opfer fallen würde«. Post wollte nicht zulassen, daß Hoovers Leute Martens verhafteten, denn eine solche Verhaftung wäre seiner Ansicht nach »eine Art von öffentlichem Entertainment, für das das Arbeitsministerium nicht verantwortlich zeichnen kann«. Er verärgerte Hoover, indem er dafür sorgte, daß Martens' Anwalt seinen Klienten in sein Büro brachte, wo ein Haftbefehl vorgelegt und beschränkte Haftentlassung gewährt wurde. Später erlaubte Arbeitsminister Wilson Martens, nach Rußland zurückzukehren, und zog den Haftbefehl zurück, so daß Martens später, sollten jemals diplomatische Beziehungen hergestellt werden, wieder in die Vereinigten Staaten zurückkehren könnte. Wäre er ausgewiesen worden, hätte er das Land niemals wieder betreten dürfen.[30]

Hoover war überzeugt, daß es nur noch wenige Wochen dauern würde, bis er alle Kommunisten deportieren konnte, die er verhaftet hatte. In seiner Sorge, sie für die Verhandlungen und den Abtransport greifbar zu haben, drängte er das Justizministerium, hohe Kautionen auszusetzen, um sie so im Gefängnis festzuhalten, und beschwerte sich, wenn er meinte, eine Kaution sei zu niedrig.[31]

Hoover war über den Verlauf der Razzien zunächst sehr euphorisch und schmückte sein Büro in Washington mit Erinnerungsstücken, die seine Agenten bei den Durchsuchungen der kommunistischen Büros mitgenommen hatten. Neben seinen anderen Arbeiten hatte er auch die Aufgabe übernommen, die vielen Briefe zu beantworten, in denen Palmer für die Razzien gelobt wurde.

Im Januar 1920 begann er – zunächst vierzehntägig, dann ab Juni wöchentlich – ein internes Informationsbulletin herauszugeben, das ursprünglich den Titel *Bulletin of Radical Activities* trug. Im August änderte Hoover den Namen des Blattes in *Bureau of Investigation General Intelligence Bulletin.* Unter diesem Titel war es bekannt, bis es, offenbar im Oktober 1921, einging.[32] Das *Bulletin* war als »vertraulich« gekennzeichnet und durfte nur an Regierungsbeamte in Schlüsselpositionen weitergegeben werden.

In einem Stil, der verblüffend an die Hauszeitung erinnert, die er mit elf Jahren herausgegeben hatte, füllte Hoover das *General Intelligence Bulletin* mit den verschiedensten Artikeln, von denen er meinte, sie könnten die antikommunistische Gemeinde interessieren und ermutigen. Da gab es Überblicke über die Aktivitäten »führender Radikaler« – eine Kategorie, unter die er Leute wie Morris Hillquit, die Gründer der American Civil Liberties Union, John Haynes Holmes und Roger Baldwin, sowie den progressiven katholischen Anwalt der Arbeiterklasse, Msgr. John A. Ryan, zählte – und Schmähschriften über die Gegner der antikommunistischen Kampagne – Männer wie den stellvertretenden Arbeitsminister Louis B. Post, Bundesrichter George Anderson und den Kolumnisten Walter Lippmann. Hoover benützte das *Bulletin* einerseits, um Hinweise, Belehrungen und Warnungen in der gesamten antikommunistischen Bewegung zu verbreiten, und andererseits, um auf patriotische Gruppen wie die »Knights of Columbus«, die »American Legion« und den »Fraternal Order of Eagles« in Philadelphia aufmerksam zu machen. Er berichtete, die Eagles seien »eine der ersten Interessengemeinschaften des Landes, die einen Feldzug gegen den Bolschewismus eröffnet haben«. Zudem stellte er lobend fest, daß »an einigen Orten in den Schulen des Staates täglich zwei Minuten dafür verwendet werden, amerikanische Ideale zu lehren. Und diese Idee breitet sich aus.«[33]

Um für die Kampagne gegen die Radikalen auch die Unterstützung der Öffentlichkeit und der Presse zu gewinnen, stellte Hoover den Massenmedien dokumentarisches Material zur Verfügung. In einem dieser Pamphlete mit dem Titel *The Red Radical Movement* waren Kopien all jener bei den Razzien beschlagnahmten Publikationen zusammengestellt, bei denen mit einer schockierenden Wirkung auf die Öffentlichkeit gerechnet werden konnte. Dieses Paket verschickte Hoover an die Presse, an Mitglieder des Rechtsausschusses und des Einwanderungsausschusses im Senat, sowie vermutlich auch an andere Kongreßabgeordnete.[34]

Das Begleitschreiben zum *Red Radical Movement*-Pamphlet ist in dem flammenden Stil gehalten, dessen Hoover sich in seinen eigenen Reden und Artikeln gewöhnlich bediente, doch es wurde von Palmer unterzeichnet. Das Schreiben richtete sich an die »geistigen Führer dieses Landes« und verkündete, daß das Justizministerium das Ziel habe, durch die Kampagne gegen die Radikalen die öffentliche Meinung gegen den Radikalismus einzunehmen.[35] Weiterhin enthielt es die von der Radical Division verfaßte, knappe Darstellung des Bolschewismus, in der behauptet wird, der Kommunismus »befürwortet die Abschaffung von jeglichem Eigentum sowie die Abschaffung aller Religion und des Glaubens an Gott. Er ist eine Bewegung gegen die Demokratie und kämpft für die Macht der wenigen, die auf Gewalt gründet. Bolschewismus, Syndikalismus, die sowjetische Regierung, Sabotage usw. sind nur verschiedene Bezeichnungen für die alten Theorien von Gewalt und Kriminalität«.

Hoovers ausführlichste Analyse des Radikalismus in den Jahren 1919 und 1920 war ein »allgemeiner Überblick« mit dem Titel *The Revolution in Action*. Vorbereitet zwischen Februar 1920 – kurz nach der Versammlung der Kommunistischen Internationale in Amsterdam – und Juni 1920 – kurz bevor Palmer vor dem Lenkungsausschuß des Repräsentantenhauses auftrat –, vermittelt dieser Überblick die Atmosphäre der antikommunistischen Hysterie jener Zeit und zeigt klar, wie sehr Hoover unter dem Eindruck der bolschewistischen Überzeugung der Jahre 1919 und 1920 stand, daß die Revolution sich in einem einzigen Land nicht halten könne, sondern sich überallhin ausbreiten müsse, wenn sie von Dauer sein solle.[36]
Hoover entwarf in *Revolution in Action* das Bild einer Welt, in der in jedem Land und jeder Kolonie auf der ganzen Erde bewaffnete Kommunisten standen und nur auf ein Wort Moskaus warteten, um den letzten Angriff zu starten und die internationale Diktatur des Proletariats zu errichten. Die Analyse über den Radikalismus schloß mit folgender apokalyptischen Warnung:

Die Zivilisation war von keiner schrecklicheren Gefahr bedroht, seit die barbarischen Horden Westeuropa überrannten und das dunkle Mittelalter einleiteten.
Wir haben jetzt und hier eine Vorstellung vom revolutionären Denken und von der revolutionären Gefahr gegeben. Was zu tun bleibt, ist, das soziale und wirtschaftliche Problem zu sehen, wie es ist, unabhängig von unseren Hoffnungen und Befürchtungen, und Einblick zu gewinnen in die Mittel und Wege, um den internationalen Zusammenbruch abzuwenden.[37]

Mit den »Mitteln und Wegen« mag Hoover auf den Vorschlag des Justizministeriums für ein neues Agitationsgesetz angespielt haben. Inzwischen lagen dem Kongreß verschiedene Entwürfe zu Gesetzen vor, die revolutionäre Reden oder Überzeugungen verboten. (Mitte November waren es ungefähr siebzig.) Am 10. Januar verabschiedete der Senat die extrem repressive Sterling Sedition Bill. Im Repräsentantenhaus wurde die Graham Bill diskutiert, die sich stark an dem Sterling-Gesetz orientierte. Diese Maßnahmen erregten den heftigen Widerstand Samuel Gompers' von der AFL. Er verdächtigte das Justizministerium, das bereits bei den Streiks der Stahl- und Kohlearbeiter gegen die Gewerkschaft interveniert hatte, die neuen Gesetze als

Waffe gegen streikende Arbeiter einzusetzen. Justizminister A. Mitchell Palmer wurde langsam bewußt, daß er durch seine Maßnahmen gegen die Streiks den politischen Boden verlor, den er durch seinen Krieg gegen den Radikalismus gewonnen hatte, in dem ihn konservative Gewerkschaftsführer wie Gompers unterstützt hatten. Er drängte den Kongreß, statt der Sterling oder Graham Bill das etwas mildere Agitationsgesetz zu verabschieden, das vom Justizministerium konzipiert und von Martin L. Davey aus Ohio eingebracht worden war. (Gompers beschloß jedoch, auch gegen dieses Gesetz zu opponieren.) Im Rahmen seiner »antiradikalen« Tätigkeit verbrachte Hoover viel Zeit damit, Palmer auf seine Aussage zugunsten der Davey Sedition Bill im Repräsentantenhaus vorzubereiten.[38]

Um sich während seiner Kampagne gegen die Radikalen den Vorteil zu sichern, immer auf dem aktuellsten Informationsstand zu sein, forschte Hoover weiterhin nach neuem Material für seine wachsende Sammlung über den Radikalismus. Besondere Beachtung schenkte er den sich überschlagenden Ereignissen in der internationalen kommunistischen Bewegung. Er bat das Außenministerium, ihm das gesamte Sortiment russischer Pressemitteilungen direkt zuzuschicken, statt es einfach an die Ablageabteilung des Justizministeriums weiterzuleiten. Außerdem arrangierte er, daß Ausgaben russischer Zeitungen, über die seine Abteilung verfügte, gegen Material eingetauscht wurde, das in der Russischen Abteilung des Außenministeriums gesammelt wurde, denn, so teilte er dem Außenministerium mit, er verfolge die Entwicklungen der kommunistischen Bewegung in Moskau mit »besonderer Aufmerksamkeit«. Er ersuchte das Außenministerium auch, ihm »zu seiner Information und seinem Gebrauch« zwölf Exemplare eines Dokuments zu übersenden, das er abwechslungsweise als »Die zehn Protokolle« oder »Die jüdische Gefahr« bezeichnete. Offensichtlich hatte Hoover erst zu diesem Zeitpunkt von den *Protocols of the Elders of Zion* gehört – einem gefälschten russischen Dokument aus dem frühen 20. Jahrhundert, in dem angeblich ein Plan der Juden aufgedeckt wurde, die Weltherrschaft an sich zu reißen – und wollte es seinen Unterlagen hinzufügen.[39]

Anfragen und Briefen, die Hoover an andere Regierungsbehörden schrieb, um spezielle, ausgefallene Informationen über den Kommunismus zu erhalten, läßt sich entnehmen, daß er im Jahre 1920 die

Bewegung in ihren Grundzügen sowie in ihren Details sehr genau kannte. Er schrieb an das Außenministerium, daß »Trotzkis berühmter Befehl an Arlov, in der Roten Armee und in der Arbeiterarmee* für strengere Disziplin zu sorgen, indem er die Verwandten und Freunde von Deserteuren verhaften ließ, in *Bednota,* Datum unbekannt, angeblich veröffentlicht wurde. [*Bednota* war eine vom Zentralkomittee der Kommunistischen Partei Rußlands herausgegebene Zeitung für die Bauern.] Ich bin äußerst interessiert an einer beglaubigten Kopie dieser speziellen Ausgabe der Zeitung«. Er forderte auch einen der Artikel Gorkis gegen Lenin in der menschewistischen Parteizeitung *Novaja Zizn,* in dem es »um die große Zahl von Menschen [geht], die getötet wurden, und darum, daß dieser enorme Verlust an Menschenleben Lenin von der weiteren Verfolgung seines Experiments nicht abhalten wird«. Im Juli ersuchte er das Außenministerium und den Militärischen Geheimdienst um Informationen über den Zweiten Internationalen Kongreß der Kommunisten in Petrograd; dabei lag ihm besonders an Informationen über Amerikaner, die an diesem Kongreß teilnahmen.[40]
Hoover hatte großartige Pläne für noch gründlichere Razzien. Am 21. Februar 1920 schrieb er an Frank Burke, den Leiter des Bureau of Investigation, er erstelle ein Gutachten, in dem er dafür eintrete, daß die Mitglieder der IWW deportiert werden sollten, weil sie die »ungesetzliche Abschaffung des Eigentums« befürworteten. Er erwähnte, daß er, sofern der Arbeitsminister seine Argumentation akzeptiere,

> fünfhundert (500) führende ausländische Agitatoren der IWW auswählen, die Beweisschriften gegen sie vervollständigen und dann für diese speziellen 500 Personen Haftbefehle ausstellen lassen [wolle]; damit wären der Organisation die führenden Kräfte genommen. Sollte das keine heilsame Wirkung auf die Organisation haben, könnten nach Ablauf eines Monats weitere 500 festgenommen werden.[41]

Im Februar geriet das Justizministerium ins Kreuzfeuer der Kritik, und in Hoovers Briefen machte sich ein warnender Ton bemerkbar; er beschwor Burke dahingehend, daß das Ministerium bei der Planung der Kampagne gegen ausländische Wobblies sehr vorsichtig vorgehen müsse.

* Am 15. Januar 1920 wurde das Dekret über die Bildung der »Ersten Revolutionären Arbeiterarmee« erlassen, die aus regulären Einheiten der Roten Armee bestand und anstehende Bau-, Transport- und Reparaturarbeiten ausführte. (A.d.Ü.)

Langsam wurde sich Hoover darüber klar, wie angreifbar er war, wenn ihm seine eigene Machtbasis, die Unterstützung der Öffentlichkeit, fehlte. Der Rückhalt, den ihm Vorgesetzte wie Justizminister A. Mitchell Palmer boten, war nur so lange von Nutzen, wie diese ihre jeweilige politische Machtbasis halten konnten. Sobald sie ihre Macht jedoch verloren, war Hoover in der Gewalt seiner Feinde. In Anbetracht seiner immer schwächer werdenden politischen Position im Frühjahr 1920 hätte Hoover die Unterstützung Palmers nicht viel genutzt, auch wenn der Justizminister ein mutigerer Mann gewesen wäre.

Hoover erkannte, daß sein Überleben letztlich von der Unterstützung der Öffentlichkeit abhing, die in politische Protektion in der Verwaltung und im Capitol umgewandelt werden konnte. Wahrscheinlich wurde ihm auch klar, daß das Justizministerium das Mandat, das ihm die öffentliche Meinung übertragen hatte, möglicherweise überschritten hatte und er und Palmer deshalb jetzt mit einem Gegenangriff rechnen mußten.

Anfang Januar kamen Arbeitsminister William Wilson Zweifel an der Entscheidung, die Hoovers Razzien ausgelöst hatte.[42] Er beschloß, offizielle Hearings zur Frage abzuhalten, ob die kommunistischen Parteien tatsächlich unter die Bestimmungen des Immigration Act von 1918 fielen. Die Hearings würden beiden Seiten, dem Justizministerium und den Kommunisten, eine Chance geben, ihre Argumente darzulegen.

Im ersten Hearing ging es um den Fall von Englebert Preis, einem Ausländer, der wegen seiner Mitgliedschaft in der Kommunistischen Partei deportiert werden sollte. Am 21. Januar stellte Hoover im Preis-Hearing die Sache des Justizministeriums dar und verteidigte die Rechtmäßigkeit der Januar-Razzien. In der Presse wurde Hoovers Aussage als maßgebliche Darstellung der Ziele aufgenommen, die die Regierung mit der Kampagne gegen die Radikalen verfolgte. Über Hoover selbst wurde berichtet, er sei selbstsicher aufgetreten, und heftig, ja sogar feurig geworden, als er über die Rechtseinwände der selbsternannten Revolutionäre spottete, die bei der Macht des Gesetzes Schutz suchten.

Obwohl Wilsons Zweifel an der Rechtmäßigkeit der Razzien wuchsen, entschied er am 25. Januar 1920 gegen Preis und erklärte in einer

Verfügung, die auch für die vielen tausend Mitglieder der Kommunistischen Partei galt, die Hoover hatte verhaften lassen, daß die Kommunistische Partei wegen ihres Zieles, »die Regierung der Vereinigten Staaten nicht durch parlamentarische Methoden, sondern durch eine direkte Auseinandersetzung zu bezwingen und zu vernichten«, eine Organisation sei, die unter die Bestimmungen des Einwanderungsgesetzes von 1918 falle.

Diese Verfügung ermutigte Hoover, der Presse zu versprechen, daß »die Deportationsverfahren und der Abtransport der ›Roten‹ aus diesem Land rasch vorangetrieben werden ... Eine zweite, dritte und so viele weitere ›Sowjetarchen‹, wie nötig sind, werden im Verlauf der Verurteilungen bereitgestellt ... und mit den Deportationen wird nicht gewartet werden, bis alle Verfahren abgeschlossen sind«.[43]

Ganz zufrieden war Hoover mit dem Preis-Hearing jedoch nicht. Swinburne Hale, der Anwalt, der Preis und die Kommunistische Partei vertrat, hatte ihn durch sein Verhalten in Rage gebracht. Hoover fragte beim Militärischen Abwehrdienst nach, ob über Hale, der während des Krieges dort gearbeitet hatte, irgendwelche nachteiligen Informationen vorlägen. Und er beschwerte sich bei seinen Freunden in der Armee darüber, daß Hale »sich jetzt aktiv bei der Verteidigung von Radikalen engagiert, die in New York State in Schwierigkeiten geraten sind«. An den Chef des Militärischen Abwehrdienstes, General Marlborough Churchill, schrieb er: »Mir fiel das etwas eigenartige Verhalten Hauptmann Hales gegenüber den Elementen auf, die an der Diskussion beteiligt waren. Deshalb würde ich mich freuen, wenn Sie Informationen über seine Vergangenheit und seine Verbindungen beibringen könnten.«[44] Hoover hegte den Verdacht, daß es etwas in der Vergangenheit dieses Mannes geben müsse, das sein Engagement für so gefährliche Radikale erklärte.

Die Preis-Hearings waren nur der Auftakt zu Hoovers Schwierigkeiten mit Minister Wilson und dem Arbeitsministerium. Am 26. Januar revidierte Wilson die Bestimmung 22 ein zweites Mal und setzte die liberale Regelung vom 13. Mai 1919 wieder in Kraft. Damit hatten die Ausländer bereits wieder zu Beginn der Deportationsverfahren das Recht auf einen Rechtsbeistand. Hoover erfuhr am 2. Februar von dieser Änderung und verlangte, »angesichts der Belastung, die selbige zweifellos der Regierung aufbürdet«, den Grund für die neuerliche

Änderung zu erfahren. Er führte an, daß die »Gerichte die ursprüngliche Bestimmung 22 immer wieder« als verfassungsgemäß bezeichnet hätten.[45]

Das waren jedoch erst die kleineren Unannehmlichkeiten. Am 5. März 1920 stieg jener Mann, der Justizminister Palmers Ruf und beinahe auch Hoovers Karriere zerstören sollte, im Arbeitsministerium in eine einflußreiche Position auf: der stellvertretende Arbeitsminister Louis B. Post, der an diesem Tag Abercrombies Pflichten in den Deportationsverfahren übernahm. Damit war Post in der Lage, der, wie er es nannte, »gigantischen, grausamen Farce« des »Deportationsdeliriums« ein Ende zu bereiten.[46]

Post war einundsiebzig Jahre alt und seit sieben Jahren stellvertretender Arbeitsminister. Bevor er in die Regierung Wilson eingetreten war, hatte er eine liberale Wochenschrift mit dem Titel *Public* herausgegeben und war mit vielen Radikalen befreundet gewesen. Emma Goldman war in seinem Haus zu Gast gewesen, und er und seine Frau hatten sie und andere Radikale während des Krieges in ihrem Kampf um die Redefreiheit verteidigt. Die Umstände zwangen Post die höchst unangenehme Aufgabe auf, im Jahre 1919 den Deportationsbefehl für Emma Goldman zu unterzeichnen, und sie schrieb in ihren Lebenserinnerungen mit ungerechter Verbitterung: »Meiner Ansicht nach hatte Post sich mit Schmach bedeckt!«[47] Mit seinem wilden Haarschopf, dem ungestutzten Schnauzbart und dem Van-Dyck-Bart sah Post genau so aus, wie man sich zu jener Zeit den typischen Radikalen vorstellte, und als er Hoovers Deportationen Einhalt gebot, beschuldigte Palmer ihn, er sehe wie ein Bolschewist aus und sei auch einer.

Da Wilson zweimal verfügt hatte, Mitglieder der Kommunistischen Partei könnten deportiert werden, hielt Post es für seine Pflicht, die Deportationsbefehle zu unterzeichnen. Allerdings war er entschlossen, das nur zu tun, wenn es Beweise dafür gab, »daß ein Ausländer, dem die Mitgliedschaft in der Kommunistischen Partei vorgeworfen wurde, auch tatsächlich Mitglied war«.[48] Trotz Hoovers Einwand, ein Mitgliedsausweis oder ein Eintrag in der Mitgliederkartei der Kommunistischen Partei sollte genügen, um einen Ausländer zu deportieren, entschied Post, daß jeder einzelne Fall genau geprüft werden müsse. Er wollte damit einwandfrei feststellen, ob ein Ausländer tatsächlich aus eigenem Antrieb in die Kommunistische Partei eingetreten und sich dabei im klaren darüber gewesen war, was er tat. Post vermutete, daß in vielen Fällen die Mitgliedschaft in einer der fremdsprachigen Gruppen, die dem linken Flügel der Sozialistischen Partei nahestanden, »automatisch« auf die Kommunistische Partei übertragen worden war, als die Führer dieser Gruppen in die neu gegründete Kommunistische Partei eintraten, und zwar ohne daß die einzelnen Mitglieder darüber orientiert waren.

Zusätzlich zu den vielen tausend Mitgliedern der Kommunistischen Partei hielt das Immigration Bureau ungefähr 300 Mitglieder der Kommunistischen Arbeiterpartei fest. Post überprüfte persönlich Hoovers Gutachten über diese Partei und machte dabei die entscheidende Entdeckung, daß entgegen Hoovers Behauptung zwischen beiden kommunistischen Parteien bedeutende Unterschiede bestanden, und zwar besonders in bezug darauf, was und wieviel ein einzelnes Mitglied über die Ziele der Partei wissen mußte, der es beizutreten wünschte. Post kam zu dem Entschluß, es liege kein hinreichender und glaubhafter Beweis vor, um die Entscheidung zu rechtfertigen, daß ein einzelnes Mitglied der Kommunistischen Arbeiterpartei allein wegen seiner Mitgliedschaft deportiert werden dürfe. Deshalb vertagte er in all diesen Fällen die Entscheidung, bis Wilson die Sachlage noch einmal persönlich überprüfen konnte.[49] Er ignorierte die Proteste Caminettis und Hoovers und entließ die Mitglieder dieser Partei aus der Haft, nachdem sie sich verpflichtet hatten, zu den Verhandlungen zu erscheinen, bis Wilson in der Lage war, eine Entscheidung zu fällen.

Post bewirkte damit, daß sich die Deportationsverfahren weniger auf die theoretische Gefahr konzentrierten, die von der kommunistischen Bewegung im allgemeinen ausging, als auf die tatsächliche Bedrohung durch einzelne Kommunisten im besonderen. Da er auf dem Nachweis einer persönlichen Schuld beharrte – was den Intentionen des Einwanderungsgesetzes von 1919 genau entgegengesetzt war –, nahm er Hoovers Kampagne die großangelegte Dynamik und reduzierte ihren Anspruch. Er zeigte der Öffentlichkeit, welch große Diskrepanz zwischen der vom Justizministerium propagierten Bedrohung durch die Kommunisten und den bemitleidenswerten, harmlosen Einzelpersonen bestand, die Hoover festgenommen hatte, und entlarvte so die Kluft, die zwischen der so einleuchtend dargestellten Theorie und der brutalen Praxis gegen die »Red Scare« klaffte.

In den achtzehn Monaten vom 1. Juli 1919 bis zum 21. Januar 1921 hatte das Immigration Bureau 6328 Haftbefehle gegen ausländische »Anarchisten« ausgestellt. Davon hatte, so Post, »das Arbeitsministerium rund sechstausend Haftbefehle für ausländische ›Rote‹ auf Veranlassung von Detektiven des Justizministeriums ausgestellt«. Rund viertausend von diesen Haftbefehlen wurden tatsächlich rechtswirksam, doch die Reihenfolge war meist nicht die übliche: meist wurde zuerst die Verhaftung vorgenommen und dann der Haftbefehl beigebracht. Von diesen viertausend Haftbefehlen wiederum, berichtete Post (mit nicht geringer Genugtuung), wurden »dreitausend größtenteils von mir selbst nach der Vernehmung zurückgezogen«. Auf den Vorwurf, er habe einfach möglichst alle Bolschewisten, die ihm vorgeführt wurden, freigelassen, reagierte Post mit dem Hinweis, daß »von weniger als tausend nach den Verhandlungen verfügten Deportationen mehr als fünfhundert auf meine Entscheidung zurückzuführen waren«.[50]

Post wußte, daß er vorsichtig sein mußte, denn »Detektive und Angestellte des Justizministeriums, politisch wachsame Kongreßmitglieder, die ihre ganz besonderen Interessen verfolgten, sowie Mitarbeiter im Arbeitsministerium selbst prüften aufmerksam jeden Fall, in dem meine Entscheidung für die angeklagten Ausländer vorteilhaft war«. Er bemühte sich deshalb, trotz der Vielzahl der Fälle, die er entscheiden mußte, und des chaotischen Zustands der Akten zu Beginn seiner Arbeit, alle rechtlichen Formen und Verfahrensweisen genau einzuhalten. Zu seiner Genugtuung wurde keine seiner Entscheidungen wegen eines juristischen Fehlers aufgehoben, obwohl Hoover behauptete, das Einwanderungsgesetz schreibe nicht vor, daß der tatsächliche Status der Mitgliedschaft eines Ausländers in einer verbotenen Organisation überprüft werden müsse. Doch Hoover konnte nichts anderes tun, als sich in seinem *General Intelligence Bulletin* darüber zu beschweren, daß »Mr. Post weiterhin wie üblich Haftbefehle zurückzieht«, und versuchen, durch weitere haarsträubende Berichte über die »rote Gefahr« die Unterstützung der Öffentlichkeit für die Kampagne gegen die Radikalen zu gewinnen.[51]

Es dauerte nicht lange, bis Hoover merkte, daß sich für ihn in Boston eine weitere Katastrophe anbahnte. Im April führte Bundesrichter George Anderson dort den Vorsitz bei einer Verhandlung über einen

Vorführungsbefehl und die Anordnung der Haftprüfung für achtzehn Radikale, die im Zuge der Januar-Razzien festgenommen und im Deer-Island-Gefängnis inhaftiert worden waren. (Es handelte sich um den Fall *Colyer vs. Skeffington.* Die Colyers waren britische Staatsbürger; Skeffington war der Leiter der Bostoner Einwanderungsbehörde.) Andersons Entsetzen wuchs, je mehr er über das Verhalten von Hoovers Agenten und Hilfskräften während der Razzien erfuhr. Die Kritik, die er während der Verhandlungen am Justizministerium und am Arbeitsministerium äußerte, zeigte Hoover und Palmer deutlich, daß sie im Fall Colyer mit einer ungünstigen Entscheidung zu rechnen hatten. Das jedoch würde verheerende Folgen für die rechtliche Lage in ihren anderen Fällen nach sich ziehen. Hoover wurde deshalb nach Boston gesandt, um den Staatsanwalt bei der Verteidigung der Sache der Regierung zu unterstützen.

Inzwischen hatte Hoover sich den Ruf als führender »Roten-Jäger« der Regierung erworben und wurde von der Bostoner Presse mit Spannung empfangen. Obwohl Hoover das Team der Regierung nur beriet und moralisch unterstützte, wurde ihm in den Zeitungsberichten über die Verhandlungen große Aufmerksamkeit geschenkt.

In einem Artikel des *Boston Globe* wurde besonders auf die roten Halstücher der Anhänger Colyers hingewiesen, zu denen auch Felix Frankfurter, Juraprofessor in Harvard, zählte, der als sachverständiger Berater des Gerichts fungierte. Frankfurter traf sich später mit Anderson im Haus des Richters und half ihm, das Urteil zu diesem Fall auszuarbeiten.[52]

Sobald die Colyer-Verhandlungen vorüber waren und noch während beide Parteien auf Andersons Entscheidung warteten, mußte Hoover sofort nach Washington zurück, um die Regierung erneut zu verteidigen, denn die Kampagne gegen die Radikalen wurde bereits einer weiteren Prüfung unterzogen. Arbeitsminister Wilson hatte Louis Post in der Ansicht zugestimmt, daß die Mitglieder der Kommunistischen Arbeiterpartei nicht nach denselben Kriterien wie die Mitglieder der Kommunistischen Partei zur Deportation verurteilt werden könnten, bevor die Arbeiterpartei nicht die Chance gehabt habe, sich bei einem öffentlichen Hearing zu verteidigen. Wieder vertrat Hoover das Justizministerium, und einmal mehr wurden die Radikalen durch Swinburne Hale vertreten. Gestärkt durch Richter Andersons scharfe Kritik an den Methoden des Justizministeriums bei der Durchführung der Razzien, wiederholte Hale Andersons Vorwurf, daß die Regierung mit Hilfe von Provokateuren »einen Teil der Kommunistischen Partei in diesem Land steuert«. Hoover feuerte zurück und meinte, Andersons Behauptung sei eine »unverantwortliche Falschauslegung der Tatsachen«, eine Schlußfolgerung, »die selbst der perverseste Geist aufgrund der Beweislage nicht konstruieren könnte«.[53] Das war nicht gerade der Ton, den sich ein Bundesrichter von einem fünfundzwanzigjährigen Justizbeamten sonst gefallen lassen mußte.

Hoover war nicht der Mann, der sich in die Defensive zurückzog, und er nahm seine heftigen verbalen Angriffe gegen die Radikalen bei dem Hearing über die Kommunistische Arbeiterpartei sofort wieder auf. Er bezeichnete die Partei als »eine Bande ausländischer Halsabschneider, die in dieses Land gekommen sind, um die Regierung gewaltsam zu stürzen. Fünfzig Prozent der Einflüsse hinter den jüngsten Streiks«, sagte Hoover, »lassen sich direkt auf die kommunistischen Organisationen zurückführen.«[54]

Am 5. Mai verblüffte Minister Wilson Hoover und das ganze Justizministerium und brachte die gesamte Kampagne gegen die Radikalen durcheinander, indem er verfügte, daß die Mitgliedschaft in der Kommunistischen Arbeiterpartei kein Vergehen darstelle, das mit Deportation geahndet werden könne, da die Kenntnis und Anerkennung der Ziele oder Methoden der Partei nicht Bedingung sei, um als Mitglied in diese Partei aufgenommen zu werden; er lehnte Hoovers Gutachten und seine Argumentation zu diesem Thema rundweg ab. Dreihundert Mitglieder der Kommunistischen Arbeiterpartei, die bei den Razzien festgenommen worden waren, wurden freigelassen.[55]

Hoovers Kampagne brach rasch zusammen, als so mächtige, landesweit bekannte und geachtete Persönlichkeiten wie Post, Wilson und Anderson solch vernichtende Angriffe gegen ihn und seine Abteilung starteten. Palmers allgemeine Unfähigkeit trat jetzt durch seine Verwirrung über die ungünstige Wendung, die die Ereignisse genommen hatten, und die vorrangige Beschäftigung mit seinen Präsidentschaftsplänen nur noch stärker zutage. Hoover mußte die Kampagne gegen die Radikalen völlig auf sich gestellt verteidigen. Doch obwohl er noch sehr jung und in jeder Hinsicht im Nachteil war, zeigte er keine Spur von Entmutigung. Dickköpfig versuchte er, die Kampagne weiterzu-

führen und die Anklageverfahren gegen die verhafteten Ausländer in Gang zu halten, während er gegen seine Kritiker zurückschlug, indem er ihren Patriotismus in Frage stellte.[56]
Am 1. Mai hatte Hoovers Kampagne einen weiteren Rückschlag erlitten. Mit dem Hinweis auf Lenins Versprechen, bis zum Sommer 1920 den weltweiten Sowjetstaat errichtet zu haben, hatte Hoovers Radical Division in den letzten Apriltagen eine Welle von Morden, Generalstreiks und Bombenattentaten für den 1. Mai vorhergesagt.[57] In vielen Städten, einschließlich New York und Boston, wartete die Polizei in Alarmbereitschaft auf den Angriff der Roten, aber nichts geschah. Nie zuvor waren die Radikalen ruhiger gewesen. Das ganze Getue um die »Red Scare« wurde langsam lächerlich.
Am 23. Juni war es mit Hoovers Kampagne gegen die Kommunisten endgültig vorbei. Richter Anderson gab seine Entscheidung im Fall Colyer bekannt und verfügte, daß *weder* die Kommunistische Partei *noch* die Kommunistische Arbeiterpartei eine Organisation sei, deren ausländische Mitglieder deportiert werden könnten. Andersons Entscheidung wurde zwar nicht rechtskräftig, da das Arbeitsministerium umgehend Berufung dagegen einlegte, aber den Deportationen war durch diese Meinungsverschiedenheiten wenigstens so lange Einhalt geboten, bis eine Entscheidung des Obersten Bundesgerichtshofes vorlag – sie wurde in diesem Fall übrigens niemals getroffen. Inzwischen stellte Louis Post in einem Fall nach dem anderen fest, daß es »nach den Bestimmungen der Einwanderungsgesetze keinen rechtmäßigen Beweis für die Anklagen in den Haftbefehlen gibt«.[58]
Das Blatt hatte sich endgültig gegen das Justizministerium gewendet, doch Hoover wehrte sich noch immer gegen seine Kritiker. Er durchsuchte seine Akten nach Beweisen dafür, daß Post mit den Radikalen sympathisierte, und versorgte Palmer mit unbewiesenen Behauptungen, wie Post sei »selbst ein Bolschewist«.[59] Palmer beschwerte sich bei der Presse und im Kongreß über Post und brachte schließlich am 17. April das Repräsentantenhaus dazu, die Möglichkeit eines Impeachment* gegen ihn zu prüfen. Die Hearings begannen am 27. April, doch der Lenkungsausschuß konnte keine Grundlage für eine Strafverfolgung Posts finden und stimmte statt dessen dafür, dem Repräsentan-

* Anklage eines höheren Staatsbeamten wegen Amtsmißbrauchs, Hochverrats usw.; wird in den USA vom Repräsentantenhaus im Senat eingebracht. (A.d.Ü.)

tenhaus eine Resolution zukommen zu lassen, in der Posts Milde bei den Deportationsverfahren gerügt wurde. Post weigerte sich, diese Beleidigung einfach hinzunehmen, und forderte, vor den Ausschuß geladen zu werden, um sich verteidigen zu können. Sein Auftritt vor dem Ausschuß war so beeindruckend, seine Anklage gegen das Justizministerium so direkt und überzeugend, daß die Untersuchungen hinfällig wurden und alle Vorwürfe auf Palmer und das Justizministerium selbst zurückfielen. Der Ausschuß beschloß, weitere Maßnahmen auszusetzen, darunter auch die Überlegungen zu einem neuen Agitationsgesetz für Friedenszeiten, auf das das Justizministerium die ganze Zeit über hingearbeitet hatte.

Der Versuch, gegen Post ein Impeachment durchzusetzen, schlug auch in anderer Hinsicht fehl. Im Rahmen der Verteidigung Posts gegen das Impeachment startete Posts Rechtsanwalt eine Untersuchung über das Verhalten des Justizministeriums während der Razzien. Diese Untersuchung wurde auch von liberalen Vereinigungen wie der National Popular Government League gefördert und von der American Civil Liberties Union unterstützt, die bis Januar 1920 unter der Bezeichnung National Civil Liberties Bureau bekannt war. Als die Untersuchungen abgeschlossen waren, wurden die Ergebnisse in einem Bericht zusammengefaßt und an verschiedene Juristen versandt, die gegen die Razzien waren. Als der siebenundsechzigseitige Bericht Ende Mai erschien, hatten zwölf prominente Anwälte ihn unterzeichnet.[60] Zwei von ihnen, Frank P. Walsh und Swinburne Hale, waren in vielen Verfahren gegen Radikale aufgetreten, und einer von ihnen, Jackson Ralston, war Posts Anwalt. Unter den übrigen waren so bekannte Vertreter des amerikanischen Juristenstandes wie Zechariah Chafee jun., Ernst Freund, Francis Fisher Kane, Roscoe Pound und Felix Frankfurter.

In ihrem *Report Upon Illegal Practices of the United States Department of Justice* behaupteten die Anwälte, daß das Justizministerium sechs Monate lang »unter dem Vorwand, eine Kampagne zur Unterdrückung radikaler Aktivitäten durchzuführen, ... fortwährend [die] Verfassung verletzt und ... Gesetze gebrochen hat«. Die Anwälte beschuldigten das Justizministerium (gemeint war Hoovers Radical Division), brutale und unübliche Strafen zu verhängen, Verhaftungen ohne Haftbefehle durchzuführen, unsinnige Durchsuchungen und Beschlagnahmungen anzuordnen, Provokateure einzusetzen, Zeugen zur Selbstbeschuldigung zu zwingen und eine unzulässige Propagandakampagne durchzuführen, was indirekt dem Vorwurf gleichkam, Budgetgelder unrechtmäßig zu verwenden. Zu diesem letzten Punkt findet sich im *Report* eine Bemerkung, die auch für Hoovers spätere Aktivitäten immer relevant bleiben würde. Die Rechtsanwälte wiesen nämlich darauf hin, daß die »rechtmäßigen Aufgaben des Justizministers darin bestehen, die Regierung bei juristischen Fragen zu beraten und Personen strafrechtlich zu verfolgen, die gegen ein Bundesgesetz verstoßen haben. Wenn der Justizminister Propaganda gegen Radikale betreibt, ist das ein bewußter Mißbrauch seiner Amtsbefugnis und eine bewußte Vergeudung von Geldern, die ihm vom Kongreß anvertraut wurden«. Die Anklageschrift schloß damit, daß es bei dem Verhalten des Justizministeriums »keineswegs um eine unbestimmte, gefährliche Bedrohung ging, sondern um einen direkten Verstoß gegen die heiligsten Prinzipien unserer verfassungsmäßigen Freiheit«.[61]

Palmer war über Posts Anklagen und die Angriffe im *Report* der Rechtsanwälte völlig außer sich und forderte ein Hearing vor dem Lenkungsausschuß des Repräsentantenhauses, um sich gegen die Anklagen gegen seine Person und gegen das Justizministerium verteidigen zu können.

Hoover verbrachte die letzten Tage des Monats Mai damit, den Justizminister auf seine Aussage vor dem Ausschuß vorzubereiten. Als das Hearing am 1. Juni begann, saß Hoover an Palmers Seite.

Einem Memorandum von Hoover an Palmer vom 25. Mai läßt sich entnehmen, daß und wie Hoover die Handlungsstrategie des Justizministers in dieser Krise plante. Er teilte Palmer mit, er und der stellvertretende Justizminister Francis Garvan seien der Ansicht, Palmers Aussage vor dem Ausschuß müsse im voraus festgelegt werden. Das Justizministerium könnte sie dann an die Presse weiterleiten, »so daß die Reporter etwas Konkretes in der Hand haben, auf dem sie ihre Artikel aufbauen können«. Hoover drängte Palmer, »kein Blatt vor den Mund zu nehmen«, sondern das Hearing als eine »höchst willkommene Gelegenheit [zu betrachten], sich nicht nur gegen diese speziellen Anklagen zu verteidigen, sondern dem Ausschuß und der Nation die wahre Geschichte über die rote Gefahr zu erzählen«. Hoover gab

Palmer ein eindrucksvolles Memorandum in die Hand, in dem er versuchte, die Anklagen, die gegen das Ministerium erhoben worden waren, zurückzuweisen. Seine Strategie bestand darin, Post die Initiative aus der Hand zu nehmen, indem er die Aufmerksamkeit des Ausschusses auf die Bedrohung lenkte, der das Land ausgesetzt war, und darauf, wie das Ministerium diese Bedrohung beseitigt hatte. Palmers gesamte Aussage vor dem Lenkungsausschuß sowie alles beigebrachte Beweismaterial kann als J. Edgar Hoovers Werk betrachtet werden.[62]

Doch seine Tat wurde nicht sehr gut aufgenommen. Palmers Versuche, die überwältigenden Beweise zu entkräften, die Post und die Anwälte in ihrem *Report* gesammelt hatten, waren letztlich nicht viel mehr als das nachdrückliche Abstreiten der Tatsache, irgend etwas falsch gemacht zu haben, ergänzt von eidesstattlichen Erklärungen der Agenten des Bureau, daß auch sie sich nichts hätten zuschulden kommen lassen. Trotz der allgemein negativen Reaktion auf Palmers Aussage versuchte Hoover das Beste aus der Situation zu machen und hielt an der Behauptung fest, Palmer habe das Ministerium von allen Vorwürfen befreit. Er ließ sich nicht dazu bewegen, das allgemeine Urteil zu akzeptieren, daß die Razzien ein Fehler gewesen seien, sondern propagierte weiterhin die Ansicht, sie seien ein gewaltiger Erfolg gewesen. Doch trotz aller Anstrengungen Hoovers waren die Kongreßabgeordneten nach Palmers kläglichem Auftritt und nach dem Fiasko vom 1. Mai überzeugt, daß die »Red Scare« sich totgelaufen habe; der Lenkungsausschuß beschloß, alle weiteren Untersuchungen einzustellen, ohne irgend jemanden eine Rüge zu erteilen. Hoovers einziger Racheakt gegen Post war ein maschinengeschriebenes Gedicht, das er in sein Erinnerungsalbum klebte. Es war von einem mit roter Kreide gemalten Rahmen umgeben und stand neben einem Zeitungsfoto von Post, das ebenfalls rot eingerahmt war.[63] Wahrscheinlich stammte die Collage von Hoover selbst, und vielleicht war er sogar der Verfasser des Gedichtes.

Während all dieser Ereignisse bemühte sich Palmer immer noch, als Präsidentschaftskandidat der Demokraten nominiert zu werden und äußerte Sprüche wie: »Ich bin selbst Amerikaner, und ich liebe es, meine Überzeugungen vor Menschen zu predigen, die zu hundert Prozent reine Amerikaner sind, denn ich stehe, mit einem Satz gesagt, zum unverfälschten Amerikanismus und zur ewigen Loyalität gegenüber der Republik.«[64] Die falschen Voraussagen über eine bolschewistische Erhebung in Amerika sowie die feindselige Haltung der Gewerkschaften waren jetzt Argumente gegen Palmer. Bei den Vorwahlen versagte er kläglich, und als er im Juni auf dem Nominierungsparteitag in San Francisco ankam, hatte seine Kampagne bereits vernichtende Schläge davongetragen. Der Sieger der demokratischen Nominierung hielt es für politisch klug, sich gegen die »Red Scare«-Kampagne auszusprechen.

Hoover und Palmer wurden noch mehr gedemütigt, als der Kongreß nach den Wahlen zu einer »Lame Duck Session«* zusammentrat und Senator Thomas Walsh aus Montana den Rechtsausschuß des Senats anregte, Hearings über die Anklagen gegen das Justizministerium abzuhalten. Diese Hearings fanden vom 19. Januar bis 3. März vor einem Unterausschuß unter dem Vorsitz des konservativen Republikaners Thomas Sterling aus South Dakota statt. Sterling gelang es, Palmer vor einigen Angriffen Walshs zu schützen. Er vereitelte Walshs Versuche, den Ausschuß dazu zu veranlassen, einen Bericht über die Anklagen gegen das Justizministerium zu veröffentlichen. Dennoch wurde Palmer, mit Hoover an seiner Seite, während der Hearings ein weiteres Mal einem strengen Verhör über die Rechtsverletzungen während der Razzien und danach unterzogen. Im Protokoll erschienen auch Palmers Bemerkungen, Hoover sei der Mann gewesen, »der die Verantwortung für diese Sache trug«.[65]

Hoover selbst zeigte später immer eine ambivalente Haltung gegenüber seiner Razzien-Zeit unter Palmer. Er bemühte sich sehr darum, nicht direkt mit den Razzien in Verbindung gebracht zu werden, und ließ von dem Bureau offene Lügen verbreiten, um die Bedeutung seiner Rolle bei den Ereignissen herunterzuspielen. In einer späteren Version der Ereignisse behauptete er, nicht viel mehr als ein Laufbursche für Palmer, Garvan und Flynn gewesen zu sein. Andererseits berief er sich voller Stolz darauf, Goldman, Berkman und Martens aus dem Land geschafft und die Gutachten über die beiden kommunistischen Parteien verfaßt zu haben.

Nichts wies darauf hin, daß die Katastrophen im Frühjahr 1920 Hoovers Selbstvertrauen auch nur im geringsten erschütterten. Einen blei-

* Sitzungsperiode des amerikanischen Kongresses nach den Wahlen. (A.d.Ü.)

benden Effekt hatten sie allerdings doch: Hoover hütete sich zeit seines Lebens davor, in eine Position zu geraten, in der er sich nicht ausschließlich auf sich selbst oder Männer, die vollständig seiner Kontrolle unterworfen waren, verlassen mußte.

Hoover sorgte dafür, daß seine General Intelligence Division die Überwachung der radikalen Bewegung fortsetzte, obwohl die »Red Scare« bereits der Vergangenheit angehörte. Die Gegenwart aber bestimmten inzwischen ganz andere Dinge: Baseball und Babe Ruth, Boxen und Jack Dempsey. Es war die Zeit, die später unter dem Begriff »Roaring Twenties«, die »Tollen Zwanziger«, zusammengefaßt wurde.[66]

Der wichtigste Faktor, der zum Schwinden der »roten Gefahr« im Jahre 1920 beitrug, war die weltpolitische Lage. Zu Beginn des Jahres 1919 hatte es so ausgesehen, als stünde der Ausbruch der Revolution überall in Europa kurz bevor, und die Amerikaner hatten jeden Streik und jeden politischen Gewaltakt in ihrem Land als regionale Manifestation einer schrecklichen internationalen Verschwörung betrachtet. Ende 1919 schien diese Interpretation der Situation nicht mehr überzeugend, nicht einmal plausibel: Weder hatte sich die Revolution während des Jahres 1919 weiter ausgebreitet, noch hatte sie die Stellungen, die sie außerhalb Rußlands gewonnen hatte, halten können.

Auch wenn Hoover nicht daran glaubte, daß die Bolschewisten ihre Strategie verändert hatten, waren die Sowjets doch zu dem Schluß gekommen, daß es gefährlich für sie werden könnte, weitere revolutionäre Abenteuer in Europa zu unterstützen, bevor sie erst einmal das gefestigt hatten, was sie in ihrem eigenen Land erreicht hatten.[67]

Im Jahre 1919 hatte der Erfolg der Oktoberrevolution Kommunisten und Antikommunisten gleichermaßen beeindruckt. In den Jahren 1920 und 1921 bestand das überwältigende Ereignis der damaligen Politik im Scheitern der Revolution außerhalb Rußlands.[68] Gemäßigte Amerikaner spürten, daß die Gefahr, wenn sie überhaupt je existiert hatte, vorüber war. Obwohl sich die Lobby der Antikommunisten die zwanziger Jahre über weiterhin darum bemühte, die Vorstellung vom Schreckgespenst des Kommunismus im Bewußtsein der Amerikaner wachzuhalten, hatte sie nur wenig Erfolg. Und Hoover hatte gelernt, wie gefährlich es ist, zu handeln, ohne sich eines starken Rückhalts in

der Öffentlichkeit gewiß zu sein, und widerstand klug ihren Bemühungen, ihn für ihre Sache zu gewinnen.
Daß die Razzien des Jahres 1920 für Hoover mit einem persönlichen Mißerfolg endeten, heißt nicht, daß sie dem amerikanischen Radikalismus nicht schweren Schaden zugefügt hätten. Außer Hoovers Truppen gab es in der Zeit zwischen 1919 und 1920 zwar viele andere Gründe, warum die kommunistischen Parteien in den Vereinigten Staaten immer schwächer wurden. Durch innerparteiliche Konflikte und Unterwürfigkeit gegenüber Moskau hatte sich die Mitgliederzahl der kommunistischen Parteien schon vor Januar 1920 drastisch reduziert. Hoovers Kampagne richtete sich also gegen eine kommunistische Bewegung, die ihre Basis in der Masse bereits langsam verlor. Dennoch war sie sicherlich einer der wichtigsten Gründe für den starken Rückgang der Mitgliederzahlen in der Kommunistischen Partei von ungefähr 60 000 bis 88 000 im September 1919 auf 5700 im Dezember 1920.[69]
Hoover hatte mit seiner Kampagne deutlich gemacht, daß es gefährlich war, einer kommunistischen Partei anzugehören. Er hatte gezeigt, daß bereits eine Mitgliedschaft für Ausländer illegal war und für amerikanische Staatsbürger vielleicht bald illegal sein würde. Dies wirkte auf weniger engagierte Kommunisten gewiß abschreckend. Der Organisator der Kommunistischen Arbeiterpartei, Benjamin Gitlow, behauptete zwar dreist, daß »die Razzien der Kommunistischen Partei halfen, die Spreu vom Weizen zu trennen«, aber die wenigen Unentwegten, die in der Partei blieben, hatten sich selbst mit Leib und Seele Moskau verschrieben. Da die russische Politik in den folgenden Jahrzehnten unbeständig und wandelbar war, war es für einen Kommunisten, der innerhalb der Partei Karriere machen wollte, äußerst wichtig, die neuesten Entwicklungen in Rußland genau zu verfolgen; dadurch aber nahm sein Denken unvermeidlich einen fremden Charakter an (den es niemals wieder verlor). Die kommunistischen Parteien Europas erlitten in den frühen zwanziger Jahren ähnliche Katastrophen. So schreiben Irving Howe und Lewis Coser in ihrer maßgebenden Geschichte der Partei nur, daß es »umstritten ist, was die frühe kommunistische Bewegung mehr zerrüttete: die Verfolgungen durch die Regierung oder die wilden inneren Auseinandersetzungen der kommunistischen Splittergruppen. Massenverhaftungen, das Leben im Untergrund und beständiges Sektierertum hatten sie vollständig vom amerikanischen

Leben isoliert und die gesamte Bewegung in eine Arena für politischen Kannibalismus verwandelt«.[70]
Hoover hatte seinerseits allerdings keinerlei Zweifel daran, daß er und seine Razzien die Ausbreitung des Bolschewismus nach Amerika verhindert hatten.[71]

Im Juni 1920 spielte der organisierte revolutionäre Kommunismus in den Vereinigten Staaten keine politisch entscheidende Rolle mehr. Hoovers Radical Division war darauf ausgerichtet, breitangelegte Kampagnen gegen größere radikale Gruppen durchzuführen; aber selbst wenn die Umstände eine Weiterführung der Kampagne von 1919 und 1920 erlaubt hätten, war Ende 1920 kaum noch etwas da, wogegen das Justizministerium hätte vorgehen können.
Wie sehr die Öffentlichkeit das Interesse am Radikalismus verloren hatte, läßt sich an der Reaktion auf eine Bombenexplosion an der Ecke Wall Street und Broad Street in New York am 16. September 1920 verdeutlichen. Bei dieser Explosion im Herzen des Finanzviertels von New York wurden dreiunddreißig Menschen getötet, weitere zweihundert verletzt und die Zentrale von J. P. Morgan und Company völlig zerstört. Obwohl die Explosion weit mehr Unheil anrichtete als die Explosionen im Juni 1919, konnten Palmer und Hoover weder die Presse noch die Öffentlichkeit dazu bringen, sie als Teil einer, wie sie es nannten, »gigantischen Verschwörung zur Vernichtung des Kapitalismus« zu betrachten.[72]
Ein Zeichen dafür, daß das Justizministerium nach dem Schwinden der »roten Gefahr« nicht mehr glaubte, mit seiner Kampagne gegen die Radikalen etwas gewinnen zu können, war sein Widerstand, in den Fall Sacco und Vanzetti, den großen Radikalenprozeß der zwanziger Jahre, verwickelt zu werden. Der Prozeß, die Verurteilung und die Hinrichtung von Nicola Sacco und Bartolomeo Vanzetti, zwei italienischen Radikalen, die für den Mord an einem Zahlmeister und einem Wachposten einer Schuhfabrik am 15. April 1920 in Baintree, Massachusetts, verantwortlich gemacht wurden, erregten wegen der radikalen politischen Ansichten der Verdächtigen und den offensichtlich politischen und ethnischen Vorurteilen der Behörden in Massachusetts internationales Aufsehen. Es handelte sich also um einen Fall, der Hoover sehr gereizt haben könnte. Doch das Justizministerium und Hoovers Gene-

ral Intelligence Division hielten sich aus der Sache heraus, obwohl der Gouverneur von Massachusetts versuchte, sich vom politischen Druck zu befreien, indem er den Fall Washington übergab.[73]

In den vier Jahren unter den Justizministern Thomas Gregory und A. Mitchell Palmer hatte Hoover politische Erfahrung gesammelt, eine Kostprobe der Macht bekommen und eine Vorstellung davon, wie diese Macht gewonnen und verloren werden konnte. Was jedoch seine fundamentalen Wertvorstellungen betraf, unterschied er sich kaum von dem Jungen, der er in der Central High und in der Old First gewesen war.

Er verteidigte die Werte des Seward Square, indem er alles angriff, was sie bedrohte. Nachdem er den Kommunismus in seiner Blütezeit kennengelernt hatte, blieben die Kommunisten für ihn zeit seines Lebens Symbole dieser Bedrohung. Er selbst scheint keine spezielle Wirtschaftsideologie vertreten zu haben und zeigte kaum je Interesse an den lautstarken Auseinandersetzungen um wirtschaftliche Institutionen der Sozialisten und Kommunisten. Gewerkschaften und Streiks an sich bekämpfte er nicht, außer er entdeckte, daß kommunistische Einflüsse am Werk waren (in der Praxis spielte diese Unterscheidung allerdings kaum eine Rolle).

Hoovers reiner Antikommunismus wurde nur durch eine Ausnahme getrübt: seine instinktive Abneigung gegen den Protest der Schwarzen. In den meisten Ermittlungen gegen Radikale machte Hoover einen Unterschied zwischen der kommunistischen Minderheit in einer Organisation und der nicht-kommunistischen Mehrheit. Gewöhnlich ließ sich deutlich erkennen, daß sein Haß gegen den Kommunismus ihn motivierte und nicht die jeweiligen Ziele, die die Kommunisten zu erreichen suchten. In seinem Gutachten über die Kommunistische Partei zitierte er dennoch einen Abschnitt aus dem Manifest der Partei, in dem es hieß, daß »die Kommunistische Partei bei den schwarzen Arbeitern agitieren wird, um sie mit allen klassenbewußten Arbeitern zu vereinigen«. Sein Kommentar dazu, der weit über das hinausging, was an Beweismaterial vorlag (und über das, was er über die Streiks gesagt hatte), lautete, daß »wir [im Kommunismus] die Ursache für einen Großteil der derzeitigen Rassenunruhen in den Vereinigten Staaten sehen.«[74]

In Hoover reifte bereits die gefährliche Überzeugung, daß kommunistische Agitation und nicht die tatsächliche Situation die Ursache für die Unruhen unter den amerikanischen Schwarzen sei. Im Jahre 1919 gründete der in Jamaika geborene Marcus Garvey, der vielleicht wichtigste schwarze Führer nach Booker T. Washington und vor Martin Luther King, die Schiffahrtslinie Black Star. Sie sollte einem unabhängigen schwarzen Wirtschaftssystem, das er aufzubauen hoffte, als Basis dienen. Hoover schrieb an seine Vorgesetzten, daß Garvey »leider« noch nicht gegen ein Bundesgesetz verstoßen habe, was seine Ausweisung ermöglichen würde; vielleicht wäre aber ein Betrugsfall im Zusammenhang mit Garveys Gründung der Dampfschiffahrtsgesellschaft eine Möglichkeit, ihn aus dem Land zu schaffen. Hoover setzte seine Ermittlungen gegen Garvey die folgenden zwei Jahre fort und überführte ihn im Juni 1923 des Mißbrauches der Post. Nachdem Garvey seine Strafe verbüßt hatte, wurde er 1927 nach Jamaika abgeschoben.[75] In diesem Fall stand der Wunsch, Garvey als Führer der Schwarzen zu vernichten, eindeutig im Vordergrund, und dann erst kam die Suche nach einem Verbrechen.

Marcus Garvey war der erste schwarze Führer, der Hoovers feindselige Einstellung gegen eine Veränderung der rassischen Situation zu spüren bekam. Ende des Jahres 1919 hatte Hoover politische Aktivitäten in der schwarzen Bevölkerung bereits als einen Bereich definiert, in dem seine Radical Division beständig ermittelte. Im Jahre 1920 brachte er ein Pamphlet mit dem Titel *Radicalism and Sedition Among the Negroes as Reflected in Their Publications* in Umlauf. Es war die erste seiner vielen Schriften, in denen er Einflüsse der Radikalen in der schwarzen Bevölkerung »enthüllte«.[76] Hoovers Entschlossenheit, Garvey und andere Führer der Schwarzen mit allen zur Verfügung stehenden Mitteln, einschließlich der »roten Verunglimpfung«, zu vernichten, mag ihren Ursprung in den strengen »Jim Crow«-Sitten seiner Jugend gehabt haben. Jedenfalls sprach aus ihr eine rassische Feindschaft, die so stark war, daß sie jedes Gefühl für Fairneß und Gerechtigkeit ausschaltete.

Kapitel 5

Stellvertretender Direktor

Verabreden Sie einen Termin für Oberst George R. Shanton und leiten Sie ihn an Mr. Holland weiter. Sagen Sie ihm, dies sei der Mann, von dem Mr. Hustet wollte, daß wir ihn einstellen – Mr. Husted vom Appropriationsausschuß.
Ich habe den Mann gesehen und mit ihm gesprochen. Er ist ein erstklassiger Mann, und wir wollen bei acht Dollar am Tag anfangen ... Außerdem wünsche ich, daß Sie das Memorandum des Justizministers auf meinem Schreibtisch zur Kenntnis nehmen, in dem er mich darüber informiert, daß Senator Gooding von Idaho zwei Leute hat; ich glaube, ihre Namen sind Day und White. Der Justizminister meint, wir sollten einen von beiden nehmen; wir werden Day einstellen.[1]

Memo von William J. Burns, Direktor des Bureau of Investigation, an J. Edgar Hoover, stellvertretender Direktor, 5. Mai 1922

In späteren Jahren verwandelte Hoover beim Erzählen seine Amtsdauer als stellvertretender Direktor während der Harding-Administration in eine Parabel über Korruption und Erlösung. Es waren drei Jahre unter einem korrupten Justizminister und einem willfährigen Bureau-Direktor, eine Zeit, in der das Justizministerium allgemein in dem Ruf stand, die »Behörde der lockeren Sitten« zu sein. Von sich selbst sagte Hoover, er habe sich von den korrupten Aktivitäten ferngehalten, aber aus nächster Nähe beobachten können, wie schnell Detektive auf die schiefe Bahn geraten, wenn die Disziplin zu locker ist, und er habe sich einige Lektionen gemerkt, um sie anzuwenden, wenn oder falls er je die Möglichkeit hätte, klar Schiff zu machen.

In der ersten Hälfte des Jahres 1921 blieb William Flynn, der aus der Zeit der Wilson-Administration übriggeblieben war, trotz des Regierungswechsels in seinem Amt als Direktor. Stellvertretender Direktor und Leiter des Bureau war Lewis J. Baley, ehemals stellvertretender Justizminister. Er hatte diesen Posten übernommen, als Frank Burke im Juli 1920 zurückgetreten war. Am 18. August 1921 entließ der neue Justizminister, Harry M. Daugherty, Flynn aus seinem Amt. Als Nachfolger Flynns wählte Daugherty einen Jugendfreund aus Ohio, den berühmten Detektiv und Gründer des nach ihm benannten Detektivbüros William J. Burns; wie Flynn hatte sich Burns zunächst beim Geheimdienst als Detektiv einen Namen gemacht. Am 22. August ernannte Daugherty den sechsundzwanzigjährigen Hoover zum stellvertretenden Direktor und Leiter des Bureau mit einem Gehalt von 4000 Dollar im Jahr. Da der stellvertretende Direktor für alle Verwaltungsangelegenheiten verantwortlich war und die täglichen Routinearbeiten der Behörde überwachte, erforderte diese Position einen Mann mit Hoovers verwaltungstechnischen Fähigkeiten und seiner intimen Kenntnis des Bureau-Alltags.

Während der drei Jahre als stellvertretender Direktor wurden Hoover nicht soviel Einsatz und Engagement abverlangt, wie er sie während der »Red Scare« an den Tag gelegt hatte; er konnte sich also mehr um das gesellschaftliche Leben kümmern. Er begann im Columbia Country Club, dem er bis 1936 angehörte, Golf zu spielen und erweiterte sein Engagement bei den Freimaurern in Washington. Am 9. November 1920 stieg Hoover in der Bundesloge Nummer 1 zum Dritten Grad der Freimaurer, zum Meister, auf; im April 1921 erwarb er die verschiedenen Grade des Royal Arch. Drei Monate später trat er der Washingtoner Loge Nummer 1 bei und wurde am 1. März 1922 als Mitglied in den Almas Shrine Temple aufgenommen. Außerdem trat Hoover dem University Club bei und wurde Mitglied der National Geographic Society, um die Lesesäle der Gesellschaft benützen zu können. Im Jahre 1922 erwarb er in der Nachrichtenabteilung der Armee (Military Intelligence Division) ein Reserveoffizierspatent und hatte während seiner Zeit als stellvertretender Direktor den Rang eines Hauptmannes inne. Das kam ihm bei seinen dienstlichen Kontakten mit dem Geheimdienst der Armee zugute, der sich während der zwanziger Jahre eifrig an der Überwachung im Inland beteiligte.[2]

Hoover lebte immer noch bei seinen Eltern am Seward Square 413. Im Jahre 1921 starb Dickerson Hoover sen. Drei Jahre später nahm Hoover, vermutlich um seine Mutter über ihre Einsamkeit hinwegzutrösten, Margaret, die älteste Tochter seines Bruders, in sein Haus auf. Margaret lebte noch am Seward Square 413, als sie sich zur Lehrerin ausbilden ließ und dann die juristische Fakultät der George Washington University besuchte. Wie ihr Onkel arbeitete Margaret in der Library of Congress, um ihr Studium zu finanzieren.[3]

Als Hoover stellvertretender Direktor wurde, bestand das Bureau seit dreizehn Jahren. Seit seiner Gründung im Jahre 1908 hatte es auf jener spannungsgeladenen politischen Bühne operiert, auf der die Führer der Nation um grundlegende Definitionen nationaler Werte rangen. Doch weder bei der Gründung noch irgendwann danach wurde die Funktion des Bureau in der amerikanischen Politik hinlänglich definiert. Es gab lediglich eine Klausel im jährlichen Budget des Justizministeriums, durch die das Ministerium seit 1871 ohne weitere Angaben bevollmächtigt wurde, Budgetgelder für die Aufdeckung und Verfolgung von Verbrechen gegen die Vereinigten Staaten zu verwenden.[4]
Die Aktivitäten des Bureau waren zuzeiten so weit von seinem eigentlichen Gebiet, der Durchsetzung der Gesetze, entfernt und so kontrovers, daß die Autoren, die über Hoover und das FBI schrieben, in der Anthropologie der Geheimbünde, in der Psychologie des Voyeurtums und in der politischen Funktion populärer Mythen nach Erklärungen suchten. Es ist schwierig, solche Abschweifungen vom eigentlichen Thema zu vermeiden, denn immer kümmerte sich das FBI geradeso um die Moral wie um das Gesetz und ebenso um die Sünde wie um das Verbrechen. Dabei hatte das Bureau of Investigation von Anfang an zwei Aufgaben, die nicht streng auf die Durchsetzung der Gesetze beschränkt waren: dem Präsidenten eine maßgebende Quelle für heikle Informationen zu sein und ihm ein wirkungsvolles Mittel zur Verfügung zu stellen, um seine Macht als Präsident auszuüben, wenn er sich unvermeidlichen (manchmal unwiderstehlichen) Herausforderungen gegenübergestellt sah.
Schon drei Jahre vor der Gründung des Bureau im Jahre 1908 lag Theodore Roosevelt mit dem Kongreß darüber im Clinch, wie Agenten des Geheimdienstes vom Präsidenten eingesetzt werden dürften. Bis

dahin wurde es in der Praxis so gehandhabt, daß die verschiedenen Ministerien, einschließlich des Justizministeriums, den Etat, der ihnen für die Untersuchung von Verbrechen bewilligt worden war, dazu verwendet hatten, Geheimdienstagenten vom Schatzamt zu »leihen«. Am 27. Mai verfügte der Kongreß in einer Ergänzung zu einer Budgetresolution, daß die Agenten des Geheimdienstes außerhalb des Schatzamtes keine Aufgaben übernehmen dürften.

Roosevelt warf dem Kongreß vor, die Justiz zu behindern, und bevollmächtigte seinen Justizminister Charles J. Bonaparte (einen Neffen Napoleons III.), eine neue Truppe von Ermittlungsbeamten zu organisieren. Bonaparte führte diese Anweisung am 1. Juli 1908 aus. Das Personal bestand aus den zwölf »Prüfern« des Justizministeriums (die die Berichte der Bundesanwälte, Sheriffs und Sekretäre prüften), dreizehn Angestellten, die an Fällen von Landbetrug und Peonage* gearbeitet hatten, und neun Agenten des Geheimdienstes, die dem Justizministerium unter der alten Regelung zur Verfügung gestellt worden waren. Der Kongreß betrachtete das neue Bureau ganz richtig als eine enorme Vergrößerung der Exekutivmacht und beschuldigte Roosevelt, »ein System der Überwachung und Ausspionierung des Volkes, wie es in Rußland herrscht« einzurichten. Trotz dieser Beschwerden hatte der Präsident jetzt seine Truppe von Ermittlern, und am 16. März 1909 gab Bonapartes Nachfolger ihr den Namen »Bureau of Investigation«. Der Hauptprüfer Stanley Finch wurde zum ersten »Leiter« ernannt.[5]

Im Streit zwischen der Exekutive und der Legislative über das Bureau ging es um ernsthafte Probleme, denn der Kongreß bemühte sich, dem Machtzuwachs in der Hand des Präsidenten entgegenzuwirken, der unter Theodore Roosevelt immer deutlicher zutage trat. Durch die Weigerung des Kongresses, Roosevelt den Einsatz des Geheimdienstes zu gestatten, um die Landbetrugsfälle** zu untersuchen, war die

* Verdingung von Sträflingen an Unternehmer im Südosten der Vereinigten Staaten (A.d.Ü.)

** Die Regierungen vor Roosevelt hatten im Westen der Vereinigten Staaten fast 160 Millionen Hektar Forstreserve abgegrenzt, die von einer Bundesbehörde, dem General Land Office, überwacht werden sollten. Da die Bodengesetze sehr lässig gehandhabt wurden, zäunten Siedler für private Zwecke öffentlichen Besitz ein oder erwarben auf betrügerische Weise riesige Ländereien, die sie mit großem Profit an Holzfirmen weiterverkauften. Kurz nach Roosevelts Amtsübernahme entdeckte der

Fähigkeit des Präsidenten in Frage gestellt, als Verteidiger der Öffentlichkeit gegen jene vorzugehen, die er als Staatsfeinde gebrandmarkt hatte – als Räuber des natürlichen Erbes des Volkes. Roosevelt mußte diese Macht zurückgewinnen oder seine Rolle als Beschützer und Führer der Nation preisgeben. Das Bureau eröffnete ihm eine Möglichkeit, sein Amt in die öffentliche Kontroverse einzubringen und so zu demonstrieren, daß er und die Öffentlichkeit sich gemeinsam gegen das Böse stellten.[6]

Obwohl das Bureau so klein war (selbst heute zählt es nur 8700 Agenten), konnte es einen bedeutenden Einfluß auf die Nation ausüben, da seine Aktionen komplexe Probleme auf jedermann verständliche Parabeln von Schuld und Sühne reduzierten. Die Fälle, die das Bureau bearbeitete, waren nicht deshalb so wichtig, weil sie die Verbrechensrate beeinflußt hätten, sondern weil sie die Möglichkeit boten, in der Öffentlichkeit das Bild des Präsidenten als ihren höchsten Verteidiger zu stärken.

Die spektakulärste Rolle vor dem Ersten Weltkrieg spielte das Bureau bei der sogenannten »White Slave Scare« von 1910, als die hysterische Berichterstattung der Presse die Öffentlichkeit überzeugt hatte, daß die organisierte Prostitution eine Bedrohung für das Fortbestehen der Nation darstelle. Der Kongreß verabschiedete den Mann Act, durch den verboten wurde, Frauen zu unsittlichen Zwecken von einem Staat in den anderen zu bringen. Die Gerichte interpretierten dieses Gesetz so, daß es auch für (wie Hoover sagte) »persönliche Eskapaden« galt. Der Kampf des Bureau gegen die Prostitution zeigte, daß die Regierung in einer Angelegenheit, die für die Öffentlichkeit von größter Bedeutung war – Hoover nannte sie später »das Problem des Lasters in der modernen Welt« –, auf der richtigen Seite stand. Die Mann-Act-Fälle waren ein so wichtiger Teil der Arbeit des Bureau, daß der Justizminister am 30. April 1912 Finch zum Sonderbeauftragten für die

Innenminister Ethan A. Hitchcock, daß sich das General Land Office offenbar an solchen betrügerischen Grundstückstransaktionen beteiligte. Das Justizministerium führte eine Untersuchung durch. Dutzende von Personen wurden angeklagt und für schuldig befunden, die Vereinigten Staaten um öffentlichen Grundbesitz betrogen zu haben. Auch Mitglieder des Kongresses, der Senator John H. Mitchell und das Mitglied des Repräsentantenhauses, John N. Williamson, beide aus Oregon, wurden beschuldigt, an den Betrügereien beteiligt zu sein, und im Jahre 1905 verurteilt. Vgl. Don Whitehead, *Die FBI-Story*, S. 26 ff. (A.d.Ü.)

Unterdrückung des »weißen« Sklavenhandels ernannte und ihm eine spezielle Truppe von »White-Slave«-Beamten zur Seite stellte, die aus den Reihen des Bureau abgezogen worden waren. A. Bruce Bielaski ersetzte Finch als Direktor des Bureau of Investigation. Die beiden Bureaus wurden im Jahre 1914 wieder zusammengelegt, als die White Slave Scare ihren Lauf genommen hatte.[7]

Während des Ersten Weltkrieges wurde um »Drückeberger« und Kriegsdienstverweigerer ein ebenso großes Aufhebens gemacht wie um deutsche Spione. Das Bureau hatte die Aufgabe, dafür zu sorgen, daß die Gesetze zur Wehrpflicht streng eingehalten wurden. Zwischen April und September 1918 trieben das Bureau und seine freiwilligen Hilfstruppen, die American Protective League, viele tausend Männer im wehrdienstfähigen Alter zusammen und hielten sie fest, bis sie ihre Musterungspapiere vorweisen konnten – nur ein winziger Teil von ihnen erwies sich als Drückeberger. Wie zuvor benutzte die Regierung das Bureau, um eine tiefsitzende Angst in der Öffentlichkeit zu zerstreuen; diesmal war es die Angst, das Land könnte nicht angemessen auf einen Krieg vorbereitet sein. Die Taktik bestand darin, einen symbolischen Feind (den Kriegsdienstverweigerer) anzugreifen. Die Mann-Act-Aktionen, die »Drückeberger«-Kampagne und selbstverständlich auch die Red-Scare-Razzien machten die Rolle des Bureau als Vorstreiter der Bundesregierung im Kampf gegen nationale Laster ebenso deutlich, wie die Landbetrugsfälle in Oregon gezeigt hatten, daß das Bureau als Waffe des Präsidenten eingesetzt werden konnte, um seine Feinde zu disziplinieren.

Das Bureau war nicht einfach die Schöpfung eines besonders streitsüchtigen oder publicitybewußten Präsidenten. Die Beziehung zwischen dem Präsidenten und der Nation war in einem ständigen Wandel begriffen, seit neue Kommunikationsmedien und verbesserte Transportmöglichkeiten ein »nationales« öffentliches Bewußtsein geschaffen hatten. Ein Präsident des 20. Jahrhunderts mußte für viele Dinge verantwortlich zeichnen, die vorher als Angelegenheiten der lokalen Behörden betrachtet worden waren, jetzt aber (manchmal zu Recht, manchmal zu Unrecht) als Ursachen oder Symptome für nationale Probleme gehalten wurden. So bildeten lokale Verbrechen in zunehmendem Maße einen dieser neuen Verantwortungsbereiche des Präsidenten. Kluge Politiker spürten, daß sie auf die Angst der Öffentlich-

keit vor neuen »Gefahren« reagieren mußten, um sich nicht das Vertrauen der Öffentlichkeit zu ihrer Führung zu verscherzen.
Tatsächlich blieb die staatliche Autorität in Amerika jedoch trotz der gegenteiligen Vorstellung der Öffentlichkeit so dezentralisiert wie zuvor. Da es an öffentlicher Unterstützung für eine echte Vereinheitlichung des Gesetzesvollzugs in den Einzelstaaten und im Bund mangelte, konnte die Bundesregierung auf die Besorgnis der Öffentlichkeit über die Kriminalität nur dadurch reagieren, daß sie gelegentlich mit theatralischem Gehabe gegen symbolische Feinde vorging. Die kleine Schar von Untersuchungsbeamten des Bureau (346 im Jahre 1921; bis Mitte der dreißiger Jahre waren es im Schnitt weniger als 400 pro Jahr) stand mit geradezu rührender Hilflosigkeit der Aufgabe gegenüber, eine Nation mit 106 Millionen Einwohnern zu überwachen, gleichgültig, wie großzügig der Auftrag des Bureau, »Verbrechen gegen die Vereinigten Staaten« zu untersuchen, auch ausgelegt wurde. Allerdings eignete sich das winzige Bureau hervorragend für eine Rolle im politischen Theater der symbolischen Politik.
Die beiden Vorgänger Hoovers, William Flynn und William Burns, wurden nicht zuletzt aus Gründen politischer Theaterregie ihres Rufes als große Detektive wegen zum Direktor des Bureau ernannt. Beide hatten während ihrer Tätigkeit beim Geheimdienst (Flynn in seiner Funktion als Direktor) Großes geleistet; beide hatten berühmte Fälle gelöst und dadurch nationalen Ruhm erlangt. Als Justizminister A. Mitchell Palmer Flynn zum Direktor des Bureau of Investigation ernannte, bezeichnete er ihn als den »führenden, aufbauenden Detektiv Amerikas ... Flynn ist ein Anarchistenjäger ... der größte Anarchistenexperte der Vereinigten Staaten«. Flynns Nachfolger William Burns war sogar noch berühmter. Er hatte die dem Innenministerium zugeordneten Agenten des Geheimdienstes betreut, die den Landbetrug in Oregon aufgeklärt hatten, war also indirekt mitverantwortlich für die Gründung des Bureau of Investigation. Im Jahre 1909 gründete er ein Detektivbüro, die William J. Burns National Detective Agency, und klärte später das sensationelle Bombenattentat auf die *Los Angeles Times* auf. Die *New York Times* schrieb über Burns, es sei »gewiß der größte, vielleicht der einzig große Detektiv, der einzige geniale Detektiv, den dieses Land hervorgebracht hat«.[8] Als Burns Direktor des Bureau wurde, war er der bekannteste amerikanische Detektiv seit

Allen Pinkerton, einer Berühmtheit und herausragenden Gestalt des New Yorker Nachtlebens.
Da Krimis eine beliebte Unterhaltungslektüre waren, war es für große Detektive (und ihre Ghostwriter) nur logisch, ihr Publikum mit wahren Kriminalgeschichten zu versorgen. So hielt Burns nicht nur Vorträge oder war Thema unzähliger Zeitungsberichte, sondern schrieb selbst eine Reihe von Geschichten über seine bekanntesten Fälle. William Flynn gab ein Kriminaljournal mit dem Titel *Flynn's Weekly* heraus, und Hoover trat schließlich mit Büchern wie *Persons in Hiding* und *Masters of Deceit* in ihre Fußstapfen.
Als Hoover die obersten Ränge des Bureau of Investigation erreichte, übernahm er eine Rolle, die bereits von großen Publikumserwartungen geprägt war, und diese Erwartungen waren ebenso von der Unterhaltungsliteratur wie von den bekannten Detektiven geformt worden, denen er nun nachfolgte.
Die Faszination der Öffentlichkeit für die Formen der Durchsetzung der Gesetze und für Krimi-Unterhaltung war Teil der intensiven Politisierung des Verbrechens in der amerikanischen Gesellschaft. Die Parabel von Schuld und Sühne hatte, wie Wahlen oder auch Kriege, schon lange als soziales Ritual der Solidarität den Zweck erfüllt, das Gemeinschaftsgefühl zu stärken.[9] Das Bureau, in das Hoover eintrat, hatte in der Vergangenheit für diese Rituale der Solidarität gesorgt, und die Medien erwarteten von seinem Direktor, daß er sich wie ein heldenhafter Detektiv verhielt. Allerdings hätte kaum jemand weniger mit traditionellen Detektiven wie Flynn und Burns (leutselig, extrovertiert, in gewisser Weise typische irische »Cops«) gemein haben können als der ernsthafte, enthaltsame Hoover; aber auch er mußte sich schließlich dem Bild anpassen, das sich die Öffentlichkeit von heldenhaften Detektiven machte. Von 1921 bis 1924 jedoch hatte Hoover als stellvertretender Direktor die Aufgabe, hinter den Kulissen zu bleiben und die Details zu organisieren, während »Billy« Burns als Aufklärer von Verbrechen und Bedrohung für Verbrecher durch die Schlagzeilen der Presse ging.
Hoover blieb auch nach seiner Ernennung zum stellvertretenden Direktor Leiter der General Intelligence Division und wachte weiterhin streng über die Aktivitäten der Radikalen. Vermutlich steckte er hinter den grundlosen Warnungen vor der Bedrohung durch die Radikalen,

die Burns im Rahmen seines jährlichen Rechenschaftsberichtes vor dem Appropriationsausschuß des Repräsentantenhauses äußerte. Dennoch führte der Zusammenbruch von Palmers Deportationskampagne zu einer drastischen Verkleinerung des Bureau – von einem Maximum von 579 Agenten (Gesamtpersonal: 1127) im Jahre 1920 auf 441 Agenten (Gesamtpersonal: 657) im Jahre 1924. Der Personalabbau konzentrierte sich auf das Ende des Jahres 1920, als das Ministerium die Pläne für weitere Kampagnen gegen Radikale verwarf.[10]

Trotz ihrer geringeren Größe war die General Intelligence Division immer noch eine gut funktionierende Abteilung. Hoover führte nicht nur die bereits bestehenden Akten der Abteilung über nationale und internationale Kommunisten weiter, sondern vereinbarte zusätzlich mit dem Heeresnachrichtendienst, daß seine Abteilung an den Früchten der Untersuchungen, die die Armee über die Radikalen anstellte, beteiligt wurde. Die General Intelligence Division ihrerseits leitete alle Informationen an die Armee weiter, die sie im Laufe ihrer Untersuchungen sammeln konnte.[11] Zudem holte Hoover weiterhin bei anderen Regierungsbehörden Informationen ein und übermittelte sie den übrigen Geheimdienstbehörden.

Hoover verzieh und vergaß es keinem, der seinen Kreuzzug gegen die Kommunisten entgleisen ließ. Er ordnete eine Untersuchung über das Federal Council of Churches of Christ an und ermittelte weiter gegen Swinburne Hale; er half einem ehemaligen Harvard-Absolventen, der Zechariah Chafees Entlassung aus Harvard betrieb, und ließ Informationen über Louis Post zirkulieren, die er für belastende Beweise seiner radikalen Neigungen hielt. Diese Kämpfe kamen nicht nur Hoovers streitlustiger Natur entgegen, sondern zeigten Freunden, potentiellen Feinden und Untergebenen, daß sie ihr Leben lang einen gefährlichen Feind hatten, wenn sie ihm in die Quere kamen.[12]

Hoovers bedeutendster Schlag gegen die amerikanischen Radikalen in seiner Funktion als stellvertretender Direktor war eine Razzia bei der Tagung der Kommunistischen Partei am 22. August 1922 in Bridgnam, Michigan. Die Führung der Partei hatte sich unter aufwendigen Vorsichtsmaßnahmen, um nicht entdeckt zu werden, auf einer Farm in der Nähe des Lake Michigan versammelt. Dort sollte diskutiert werden, ob die Partei ihre legalen Aktivitäten oder illegale geheime Operationen in den Vordergrund rücken sollte. Auf Informationen von Hoovers

General Intelligence Division hin schickte William Burns den besten Agenten des Bureau für Einsätze gegen Radikale, Jacob Spolansky, nach Michigan. Er spürte die Kommunisten auf, obwohl sie sich als ausländischer Gesangsverein getarnt hatten. Während Spolansky in seinem Versteck im Wald auf Verstärkung wartete, wurde er seinerseits entdeckt. William Z. Foster, der als Verbindungsglied zur Gewerkschaftsbewegung in die Partei eingetreten war, schlug Alarm. Die Kommunisten vergruben die Aufzeichnungen der Partei und das Protokoll der Tagung und versuchten zu entkommen, doch Spolansky und seine Agenten waren da, bevor alle fliehen konnten, und verhafteten unter anderen Parteiführern auch den zukünftigen Vorsitzenden (1930 bis 1945) der Partei, Earl Browder. Einer der verhafteten Kommunisten war der Spitzel des Bureau, Francis Ashworth, bei seinen Vorgesetzten als »K-97« bekannt. Er hatte sich in die Führung der Partei eingeschlichen und bei der Organisation der Tagung geholfen. Ashworth konnte Spolansky zeigen, wo die Aufzeichnungen vergraben worden waren. Später war K-97 in den Michigan-Agitationsprozessen gegen Charles Ruthenberg (Sekretär der Kommunistischen Partei), William Z. Foster und andere der wichtigste Zeuge der Regierung. (Ruthenberg wurde verurteilt, starb aber, bevor seine Berufung verhandelt werden konnte. Die Anklage gegen Foster endete mit einer Pattsituation bei der Abstimmung der Jury).

Während des Bridgnam-Prozesses führte Hoover eine Regelung ein, der er seine ganze Laufbahn über treu blieb. Er gewährte wohlgesinnten Journalisten und Autoren, von denen er sicher sein konnte, daß sie Material veröffentlichen würden, das seinen Absichten zuträglich war, Zutritt zu den Recherche-Einrichtungen des Bureau. So half er Richard Whitney, dem Direktor eines antikommunistischen Interessenverbandes, der sich American Defense Society nannte, eine Reihe von Artikeln über den Fall für das *Boston Evening Transcript* zu verfassen. Im Jahre 1924 faßte Whitney seine Zeitungsartikel in einem Buch mit dem Titel *Reds in America* zusammen, in dem er Hoover, George Ruch (einem Mitarbeiter von Burns) und Burns selbst für ihren »hilfreichen ... Rat und die freundliche Kritik« dankte.[13]

Hoovers Kampagne gegen die amerikanischen Kommunisten, die mit den Deportationsrazzien begonnen hatte und in der Bridgman-Razzia kulminierte, hatte dazu beigetragen, daß die Kommunistische Partei im

Jahre 1922 auf 5000 bis 6000 Mitglieder geschrumpft war. Später beobachtete Hoover wachsam, wie die Partei langsam wieder wuchs und im Jahre 1943 ihre höchste Mitgliederzahl von 80 000 strategisch verteilten Mitgliedern erreichte. Die Erfahrung, wie eine anscheinend tote kommunistische Partei vor seinen Augen wieder zum Leben erwachte, machte ihm für immer argwöhnisch, wenn ihm später von seinen eigenen Agenten oder anderen Leuten berichtet wurde, daß die Partei in den letzten Zügen liege.[14]

Ebenfalls im Jahre 1922 beteiligten Burns und Daugherty Hoover an der erfolgreichen Kampagne des Justizministeriums gegen den nationalen Eisenbahnerstreik. Dieser Streik hatte am 1. Juli begonnen, als die Arbeitgeber eine Lohnkürzung von 24 Prozent ankündigten. Am 1. September erwirkte Justizminister Daugherty eine gerichtliche Verfügung gegen den Streik; damit war den Arbeitern jedes Wort und jede Tat untersagt, die den Eisenbahnverkehr behinderte. Die Verfügung war so vage formuliert, daß Außenminister Charles Evans Hughes sowie Handelsminister Herbert C. Hoover Einspruch erhoben und von der »weitreichendsten und drastischsten Verfügung, die je in den Vereinigten Staaten erlassen wurde«, sprachen.[15]

Direktor William Burns hatte durch seine Tätigkeit in seinem Privatdetektivbüro viel Erfahrung als Streikbrecher und übertrug dem Bureau die Aufgabe, Beweismaterial zu sammeln, um Streikende, die gegen die Verfügung verstießen, verfolgen zu können. Hoover schickte als Einsatzleiter des Bureau die Agenten zu den Streikpostenketten und sammelte ihre Berichte. Das Ministerium benutzte Hoovers Berichte, um Richter zu überzeugen, daß der Streik von Kommunisten angezettelt worden sei. Die Untersuchungen des Bureau hatten die Verhaftung von zwölfhundert Arbeitern zur Folge, was wesentlich zur Niederschlagung des Streiks beitrug.[16]

Das Justizministerium hatte unter Daugherty und Burns einen so schlechten Ruf, daß Hoover später gern von den bekannteren Aktionen des Bureau ablenkte und auf seine Ermittlung gegen den Ku Klux Klan in Louisiana zu sprechen kam, besonders wenn ihm, wie so oft, mangelnde Begeisterung für die Durchsetzung der Bürgerrechte vorgeworfen wurde. Hoovers Fall gegen den Klan begann im September 1922, als ein Journalist aus Louisiana ihn aufsuchte und ihm vom Gouverneur jenes Staates die Nachricht überbrachte, der Klan sei so mächtig geworden, daß er die Post des Gouverneurs überwache und sein Telefon abhöre. Hoover riet dem Gouverneur, sich direkt an den Präsidenten zu wenden. Gemäß einer Bestimmung in der Verfassung, die den Präsidenten ermächtigte, gegen innere Unruhen vorzugehen, beauftragte Harding das Justizministerium, Nachforschungen anzustellen. Die Agenten des Bureau fanden Beweise, daß der Klan in eine Serie von Morden verwickelt war, doch die von Klanmitgliedern dominierten großen Geschworenengerichte der Region weigerten sich, Anklage zu erheben. Nachdem er in dieser Richtung abgeblockt worden war, fand Hoover einen indirekten Weg zu seinem Ziel: Er sammelte Informationen über das Sexualleben des Klanführers »Imperial Kleagle« Edward Y. Clark, die dazu führten, daß Clark am 10. März 1924 wegen Verstoßes gegen den Mann Act verurteilt wurde.[17] Vielleicht läßt sich Hoovers spätere Neigung, in Schlafzimmern zu stöbern, wenn er in Sachen Bürgerrechte vor einem schwierigen Problem stand, darauf zurückführen, daß sich die ersten wichtigen Erfolge in diesem Bereich durch Nachforschungen in bezug auf die Moral der Betroffenen ergeben hatten.

Mit dem Teapot-Dome-Skandal, der das Bureau der Ära vor Hoovers Amtsantritt als Direktor vernichtete, kam das Justizministerium erstmals im Januar 1924 in Berührung, als Senator Burton K. Wheeler von Montana Justizminister Harry Daugherty vorwarf, die Ermittlungen über den Verkauf der Ölreserven der Marine in Teapot Dome, Wyoming, durch Innenminister Albert B. Fall zu behindern. Daugherty rächte sich und veranlaßte Burns, Agenten des Bureau nach Montana zu entsenden und belastendes Material über Wheeler zu sammeln, um ihn zu diskreditieren. Das Ministerium benutzte die Entdeckungen des Bureau, um hastig Anklage gegen Wheeler zu erheben, weil er einen Auftraggeber vor einer Bundesbehörde vertreten und damit gegen Bundesgesetze verstoßen habe. Wheeler *hatte* seinen Klienten bei staatlichen Gerichten vertreten; die Behauptung, er habe ihn auch vor einer Bundesbehörde vertreten, war jedoch falsch.[18]

Wheelers Prozeß begann am 25. März 1924. Nach seinen eigenen Angaben hielten sich fünfundzwanzig bis dreißig Agenten des Bureau in Great Falls, Montana, auf. Sie informierten Hoover nachts telefonisch über den Verlauf des Prozesses (Wheeler wurde freigesprochen). Wheeler und sein Anwalt, Senator Thomas Walsh, waren überzeugt, daß Hoover beim Versuch, gegen Wheeler zu intrigieren, eine wichtige Rolle spielte. Allerdings änderte Wheeler später seine Ansicht und akzeptierte Hoovers Erklärung, daß in Wirklichkeit der stellvertretende Justizminister William Donovan (im Zweiten Weltkrieg als Chef des Heeresnachrichtendienstes, des Office of Strategic Services, Hoovers Geheimdienstrivale) für die Vendetta verantwortlich sei. Hoover tat vermutlich nur, wie ihm geheißen – und das mit seiner üblichen Effizienz. Später behauptete er, während seiner Zeit als stellvertretender Direktor seien Agenten oft zum Einsatz für das Ministerium »vom Bureau abkommandiert worden«. »Ich wußte nicht einmal, wo die Rechnungsprüfer und Spezialagenten waren ... Ich übernahm ... weder die Leitung ihrer Ermittlungsarbeiten noch sah ich ihre Berichte oder wußte, was sie taten.«[19]

Wenn Hoover die Korruption im Justizministerium unter Daugherty und Burns und seine Rolle bei der Säuberung des Ministeriums dramatisieren wollte, erzählte er gewöhnlich die Geschichte vom schurkischen Agenten Gaston B. Means. Er war für Hoover das Symbol der Korruption, mit der er zu kämpfen hatte, als er 1924 das Bureau übernahm.

Während der dreißiger Jahre verwandelte Hoover die Geschichte des Bureau mit Hilfe eines Ghostwriters in einen Mythos. Er demonstrierte anhand der großen Fälle die Tugenden, die das FBI verteidigte, die Laster, gegen die es ankämpfte, und die überwältigende Macht seiner wissenschaftlichen Methoden bei der Verbrechensbekämpfung. Means hatte als Hoovers wichtigste Symbolfigur für die Korruption bei der Polizei einen speziellen Platz in diesem allegorischen Wachsfigurenkabinett.

Hoover schrieb, er sei Means im Jahre 1921 erstmals begegnet: »Er polterte als frischgebackener Spezialagent des Bureau of Investigation in das Justizministerium, wo ich damals noch in untergeordneter Position war, und untersuchte sofort alles, was in Reichweite war. Er war ein massiger Mann, mit einem schweren Körper und langen, affenartigen Armen. Ihn umgab die Aura eines Menschen, der beständig einen Höhepunkt erreicht [*sic*]. Doch das war alles Heuchelei. Hinter seinem aufgeregten Gebaren war Gaston Means gelassen, gerissen und geschickt.«[20]

Means' Vergangenheit als Betrüger reichte bis ins Jahr 1911 zurück, als

er die Halterungen seiner Liege im Schlafwagen ansägte und dann den Hersteller Pullman verklagte, als das Bett zusammenbrach. Im Jahre 1914 heiratete er eine reiche Witwe, ging mit ihr auf die Jagd und trug sie tot aus dem Wald: sie hatte sich, so behauptete er, aus Versehen in den Kopf geschossen. Vor dem Ersten Weltkrieg arbeitete Means für den deutschen Geheimdienst und tat sich mit William Burns zusammen, der für den britischen Geheimdienst arbeitete. Sie versorgten sich gegenseitig mit Informationen und verkauften sie an ihre jeweiligen Arbeitgeber. Als Burns Direktor des Bureau wurde, brachte er Means mit und nahm ihn als Spezialagent unter Vertrag.
Means mauserte sich zum Geschäftsmann und verkaufte Informationen aus den Akten des Bureau. Zudem verbreitete er unter seinen Kontaktleuten in der Unterwelt, daß er Fälle »regeln« könne. Means' Aktivitäten waren so widerwärtig, daß sie selbst Justizminister Daugherty abstießen, der bekanntermaßen eine ganze Menge vertragen konnte. Nachdem Means im August 1922 aus dem Bureau entlassen worden war, nahm er von Alkoholschmugglern Bestellungen für »B-Erlaubnisscheine« entgegen – die offizielle Genehmigung, beschlagnahmten Alkohol aus den Lagerhäusern der Regierung zum Verkauf in Übersee zu entnehmen. Während des Teapot-Dome-Skandals behauptete Means, er sei im Besitz von Dokumenten, die das ganze Durcheinander in Washington aufdecken würden. Im letzten Moment verkündete er, daß ihm alle Unterlagen gestohlen worden seien.[21]
Zeit seines Lebens erzählte Hoover die Geschichte von Gaston Means, um einen Eindruck von der Korruption zu geben, die das Bureau verpestet hatte, bevor er Direktor wurde: »Dieser Mann hatte mich schon immer angeekelt. Ich war damals noch in untergeordneter Position, hatte aber beschlossen, daß ich, sollte ich je Direktor werden, alle Möglichkeiten ausschließen würde, daß das Bureau jemals wieder von einer solchen Person beschmutzt werden könnte. Das war mein erstes Bestreben, als ich meine Ernennung erhielt.«[22]
Als Präsident Harding am 2. August 1923 starb, waren die Skandale, in die sein Kabinett verwickelt war, noch nicht an die Öffentlichkeit gedrungen. Die Hearings des Senats über Teapot Dome unter dem Vorsitz von Senator Thomas Walsh aus Montana begannen am 22. Oktober. Die ganze Bestechungsgeschichte von Innenminister Fall kam erst am 24. Januar heraus. Eine Woche später forderte Senator Burton

K. Wheeler Justizminister Daugherty zum Rücktritt auf, weil er versäumt habe, in der Teapot-Dome-Affäre Nachforschungen anzustellen. Am 28. März enthob Präsident Coolidge Daugherty seines Amtes und ernannte Harlan F. Stone, Dekan der Columbia Law School, zu seinem Nachfolger.

Der nächste, der gehen mußte, war Billy Burns. Am 10. April 1924 gab der Direktor des Bureau vor einem Ausschuß des Senates zu, geschwiegen zu haben, als Daugherty unwahre Angaben über die Agenten gemacht hatte, die nach Montana geschickt worden waren, um Nachforschungen über Wheeler anzustellen. Danach suchte Stone nach dem richtigen Mann für den Posten des Direktors und erwähnte das Problem bei einer Kabinettssitzung. Handelsminister Herbert Hoover erzählte seinem Assistenten Larry Richey, der sein Vertrauen genoß, von Stones Problem. Richey war so etwas wie ein Detektiv aus Leidenschaft: Bereits mit dreizehn Jahren hatte er als Spitzel für den Geheimdienst gearbeitet, mit sechzehn war er zum Geheimdienst gegangen und hatte in der Wachmannschaft des Präsidenten gedient, bis er ausgetreten war, um für Hoover zu arbeiten. Bei dieser Vergangenheit überrascht es nicht, daß Richey sich mit dem Namensvetter seines Chefs im Justizministerium angefreundet hatte. Richey sagte zu seinem Chef, daß J. Edgar Hoover den Posten übernehmen könnte.[23] Der Handelsminister leitete diese Empfehlung an Stone weiter. Der Justizminister hatte bereits von Mable Willebrandt, der Beamtin des Justizministeriums, die für die Durchsetzung der Prohibition verantwortlich war, einen positiven Bericht über Hoover. Sie hatte Stone erzählt, Hoover sei »ehrlich und gut informiert, ein Mann, der wirklich auf Draht ist und fast wie ein Abzugbügel reagiert«. Trotz der Empfehlungen, den Finanzprüfer Elmer Irey zu ernennen, beschloß Stone, Hoover sei sein Mann.[24]

Wenige Tage später, am 9. Mai, ersuchte Stone um Burns' Rücktritt und ließ dem stellvertretenden Direktor Hoover bestellen, daß er ihn am folgenden Tag zu sehen wünsche. Am 10. Mai 1924 ernannte Harlan Stone Hoover zum interimistischen Direktor und übergab ihm das Amt, das er für den Rest seines Lebens bekleiden würde.

Kapitel 6

Die Jahre des Progressivismus

> Ich bin entschlossen, jeden Angestellten, über den ich erfahre, daß er bei irgendeiner Gelegenheit alkoholische Getränke – in welchem Ausmaß auch immer – zu sich genommen hat, fristlos zu entlassen. Ich verstehe, daß das eine sehr drastische Maßnahme ist, und daß gewisse Elemente mich für einen Fanatiker halten werden...
> Angesichts der nur allzu vielen Angriffe, die in den letzten paar Jahren gegen das Bureau gerichtet wurden, können wir uns keinen öffentlichen Skandal leisten. Ich möchte nicht, daß man von unserer Organisation in den gleichen Tönen spricht, die ich gegenüber anderen Regierungsstellen habe anwenden hören.[1]
>
> Hoover an seine Dienststellenleiter, Mai 1925

Als J. Edgar Hoover das Bureau im Frühjahr 1924 übernahm, räumte Coolidge mit der Korruption in der Administration auf. Hardings Leute waren, wie die Teapot-Dome-Skandale gezeigt hatten, mit dem Makel der korrupten Verbindung von Geschäft und Politik behaftet und wurden durch betont apolitische Beamte ersetzt. Harlan F. Stone repräsentierte genau den Typ Mann, den die Coolidge-Administration brauchte, aber das Musterbeispiel und Modell der neuen Gattung des unpolitischen, wissenschaftlichen Managers war der »andere Hoover«, Herbert C. Hoover, der in seinem Amt gebliebene Handelsminister, ein wahrer Inbegriff des progressivistisch gesinnten »Geschäftsmannes« in der Politik. (Zwischen den beiden Hoovers bestanden keine familiären Verbindungen.) An Herbert Hoovers Progressivismus orientierte sich auch J. Edgar Hoover bei der Verwaltung des Bureau in den folgenden neun Jahren.

Im Jahre 1924 genoß Herbert Hoover höchstes Ansehen wegen seiner viel bewunderten Arbeit in der Food Administration während des Krieges und wegen der führenden Rolle, die er bei der europäischen Wirtschaftshilfe nach dem Krieg gespielt hatte. Er war als der »Große Ingenieur« bekannt, und die wissenschaftliche Methode, nach der er die Verwaltung organisierte, hatte Modellcharakter für alle modernen Administratoren. Ein kluger Bürokrat – wie J. Edgar Hoover –, der Herbert Hoovers Beispiel folgte, konnte damit rechnen, daß er am Prestige des Großen Ingenieurs teilhatte. Indem er Herbert Hoovers Ideen annahm, legitimierte sich J. Edgar Hoover als Vertreter der neuen Gattung progressivistischer Manager, die mit den Methoden der Wissenschaft an die alten Probleme der Regierung herangingen.[2]

J. Edgar Hoovers Ernennung zum Direktor wurde von der Presse begrüßt, denn man sah in seiner Erziehung, seiner Intelligenz, seinem Gedächtnis, ja sogar in seinem Golfspiel charakteristische Merkmale des progressivistischen Managers, der die Faszination für Probleme der Organisation, der Effizienz und Kontrolle der progressivistischen Bewegung teilte. Der moralische Eifer, mit dem Hoover die technischen Probleme der Organisation und Disziplin des Bureau anging, war nur eine seiner vielen Gemeinsamkeiten mit den progressivistischen Staatsbeamten, die seit Beginn des Jahrhunderts in die Regierung hineindrängten.[3]

Die progressivistische Bewegung gab Hoover ein positives Beispiel, dem er folgen konnte, aber sie vermittelte ihm auch eine klare Vorstellung davon, was er zu vermeiden hatte. Die Progressivisten verstanden sich als Gegenpol der korrupten Politiker alten Stils, und niemand paßte besser in dieses negative Bild als William Burns. Ohne viel über Hoover zu wissen, beschrieben Reporter ihn als das absolute Gegenteil des in Ungnade gefallenen Billy Burns. Zunächst hatte Hoover nur eine Aufgabe: nicht wie Billy Burns zu sein. Er war vielleicht kein Herbert Hoover, wenigstens noch nicht, aber er konnte es gewiß schaffen, nicht wie William Burns zu sein.[4]

In ihrem Eifer, einen dramatischen Kontrast zum alten Daugherty-Burns-Regime herzustellen, ergingen sich die Reporter in überschwenglichen Schwärmereien für die völlig anderen Ziele und Fähigkeiten, die der neue Direktor in seine Aufgaben einbrachte. Die Öffentlichkeit wollte einen neuen Beginn, einen Bruch mit dem Vermächtnis Palmers und Burns', und Hoover schien diesen Erwartungen zu entsprechen.

Im Bureau of Investigation herrschte das blanke Chaos, als Hoover es am 10. Mai 1924 übernahm. Man sprach sogar davon, es aus seiner Not zu erlösen und seine Funktionen dem Geheimdienst zu übertragen; damit wäre das Justizministerium völlig aus dem Detektivgewerbe verbannt worden. Während der Palmer-Ära hatte Hoovers neuer Chef, Justizminister Harlan Stone, die Rolle des Bureau bei den Ausländerrazzien heftig kritisiert. Er war einem Protestkomitee gegen die gesetzwidrigen Praktiken des Justizministeriums beigetreten und hatte eine Untersuchung des Bureau durch den Kongreß gefordert. Dennoch hielt Stone das Bureau für ein »notwendiges Instrument des Gesetzesvollzuges«. Das war allerdings nur eine schwache Unterstützung, und angesichts der wohlbekannten Zweifel, die Stone an den Praktiken des Bureau hatte, für Hoover vermutlich kein großer Trost.[5]
Stone schaffte das Bureau zwar nicht ab, wollte es aber nur auf einer völlig anderen Basis weiterbestehen lassen. Er arbeitete eine Reihe genauer Richtlinien aus, die als Grundlage der Reorganisation dienten. Stone wies Hoover an, die Aktivitäten des Bureau »streng auf die Untersuchung von Gesetzesverstößen unter meiner Leitung und der Leitung eines stellvertretenden Justizministers zu [beschränken], der die Aufgaben des Justizministeriums den Regeln entsprechend wahrnimmt«. Hoover sollte die Mitarbeiterzahl drastisch vermindern und »all jene, die inkompetent und unverläßlich sind« entlassen. In Zukunft sollte er nur Leute einstellen, »die charakterlich einwandfrei und kompetent sind, und Bewerber mit juristischen Vorkenntnissen bevorzugen«.[6]
Die strikte Beschränkung der Aktivitäten des Bureau auf »Gesetzesverstöße« bedeutete das Ende der General Intelligence Division und der Untersuchung politischer Überzeugungen und Verbände. Um sicherzustellen, daß er nicht mißverstanden wurde, betonte Stone immer wieder, daß »das Bureau of Investigation sich nicht mit politischen oder sonstigen Meinungen von Einzelpersonen befaßt. Es interessiert sich nur für ihr Tun und auch dann nur, wenn dieses Tun nicht im Einklang mit den Gesetzen der Vereinigten Staaten steht.« Hoover kündigte eine neue »Hände-weg«-Politik gegenüber dem Radikalismus an: »Unser

Bureau führt in Angelegenheiten, die nicht gegen Bundesgesetze verstoßen, keine Ermittlungen durch. Es gibt kein Bundesgesetz, das verbietet, radikale Meinungen zu haben, und wir werden keine Zeit damit vergeuden, Informationen zu sammeln, die wir nicht nutzen können.« Hoover fügte sogar hinzu, daß er davon absehe, sich laut und deutlich gegen den Kommunismus zu äußern, denn wenn er anfinge, sich »über die ›rote Gefahr‹ auszulassen, würden die Agenten das als Wink verstehen und anfangen, überall nach Radikalen zu suchen«.[7]
Stones Richtlinien bereiteten Hoovers systematischen innenpolitischen Überwachungsaktivitäten ein Ende, und sie ruhten, bis Franklin Delano Roosevelt im Jahre 1936 ihre Wiederaufnahme anordnete. Im Jahre 1924 suchte Roger Baldwin, Direktor der ACLU (American Civil Liberties Union), Hoover und Stone auf, um sich zu vergewissern, daß die Radical Division tatsächlich abgeschafft worden war. Nach seinem Gespräch mit Hoover schrieb Baldwin an seine Kollegen bei der ACLU, daß

> wir uns in unserer Einschätzung von ihm getäuscht haben. Diese Einschätzung beruhte auf einigen der bedauerlichen Aktionen des Bureau unter einer früheren Regierung, an denen sich Mr. Hoover zweifellos nur widerwillig beteiligte...[8]

Stone amüsierte es offenbar, daß Baldwin J. Edgar Hoover als Bürgerrechtler porträtierte, und schrieb an Hoover, dies sei »vielleicht ein etwas peinliches Lob, aber ich vermute, daß wir es, wie die Hitze, ertragen müssen«. Der gute Eindruck, den Hoover in den zwanziger Jahren auf die Führung der ACLU gemacht hatte, hielt viele Jahre lang an; seine ganze Laufbahn über konnte er mit dem Beistand prominenter ACLU-Mitglieder wie Roger Baldwin und Morris Ernst rechnen, wenn er von Civil Libertarians angegriffen wurde – auch wenn die Angreifer selbst Mitglieder der ACLU waren.[9]
Während die ACLU erfreut darüber war, daß das Bureau seine Kampagne gegen die Radikalen aufgegeben hatte, zeigte sich die mächtige antikommunistische Lobby empört. Die folgenden zwölf Jahre über ersuchten die Antikommunisten das Weiße Haus, den Justizminister und den Direktor erfolglos, die General Intelligence Division zu reaktivieren. Die antikommunistischen Aktivitäten des Bureau wiederzube-

leben gehörte im folgenden Jahrzehnt zu den höchsten Prioritäten der privaten antikommunistischen Lobby.[10]

Hoover hatte sein Ziel, das Bureau of Investigation zu leiten, endlich erreicht, aber da die Belegschaft bis auf ein Minimum reduziert werden sollte, war es ein Bureau, das seiner wichtigsten Aufgaben enthoben war. (Das Bureau schrumpfte von 441 Agenten im Jahre 1924 auf 402 im Jahre 1925 und verfügte 1929 sogar nur noch über 339 Agenten.) Es war keine vielversprechende Situation, doch Hoover konnte sie zu seinem Vorteil wenden. Dieselbe Leidenschaft für Ordnung, die Hoover unter Palmer zu einem so wirkungsvollen Handlanger der Repression gemacht hatte, machte ihn jetzt zu einem unermüdlich innovativen Bürokraten, der sich verpflichtet hatte, das organisatorische Problem von Effizienz und Kontrolle zu lösen. Er widmete sich mit ganzer Kraft der Aufgabe, aus dem Bureau ein Musterbeispiel für einen perfekt organisierten und total kontrollierten Verwaltungsapparat zu machen, und legte dabei ebensoviel Begeisterung an den Tag wie wenige Jahre zuvor, als er sich aufgemacht hatte, das Land vom Radikalismus zu befreien.

Im Progressivismus Herbert Hoovers stellte Effizienz eines der höchsten Ziele dar, und um es zu erreichen, wies Herbert Hoover der Bundesregierung eine neue Funktion zu: Er wollte ihre guten Verbindungen nutzen, um Interessenverbänden, Berufsgruppen und kommunalen Verwaltungen die Möglichkeit zu geben, Ideen auszutauschen und Standards festzulegen, nach denen sie ihre Verwaltung regeln konnten. Die Methode, unabhängige, oft auch private Organisationen zu nutzen, um landesweit geplante Programme durchzuführen, wurde unter dem Begriff »Genossenschaftswesen« (Associationalism) bekannt. Das Genossenschaftswesen war eines der wichtigsten Themen in Herbert Hoovers »New-Era-Politik« während seiner Amtszeit als Handelsminister unter Harding und Coolidge und blieb, trotz der Depression, auch als er Präsident wurde, sein Ziel.[11]

J. Edgar Hoover verwaltete das Bureau in den zwanziger Jahren ganz im Geiste dieser Neuen Ära. Wie Herbert Hoover arbeitete er daran, aus der Bundesregierung die Vorhut des Progressivismus zu machen, die die Botschaft von Effizienz und Professionalismus verbreitete.

Mit den Progressivisten verband J. Edgar Hoover auch eine Haltung des »Muckraking«* sozialen Problemen gegenüber. Er glaubte, das Böse dem Blick der achtbaren Mehrheit auszusetzen sei gleichbedeutend damit, es auszurotten. Für den Historiker Richard Hofstadter schloß diese Haltung auch die Überzeugung ein, daß die Korruption allgegenwärtig sei und soziale Probleme »einfach als weitverbreiteter Verstoß gegen das Gesetz interpretiert werden können«. Deshalb »waren die Progressivisten der Ansicht, daß alles besser würde, wenn man die richtigen Gesetze hätte und die richtigen Männer, die sie durchführen«. Wie die Muckrakers habe Hoover seine Enthüllungen von Verbrechen in »Appell[e] an die universelle persönliche Verantwortung« verwandelt und sie dazu benützt, zu zeigen, daß die Ursache sozialer Probleme in der Schuld des Individuums liege. »Die progressivistische Geisteshaltung«, sagte Hofstadter, »war vorwiegend protestantisch geprägt.«[12]

Der Progressivismus hatte auch seine Schattenseiten. Die Progressivisten sahen in den Einwanderern die Ursache von Verwicklungen, Ignoranz und Nonkonformität, die das progressivistische Programm durcheinanderbrachten, und sie waren gerade jenen gegenüber repressiv, denen ihr Wohlwollen galt. Ihre Abneigung gegen Verschwendung und Korruption machte sie intolerant gegen kulturellen Pluralismus, und so suchten sie nach Möglichkeiten, einer widerspenstigen Gesellschaft einen einheitlichen Moralkodex aufzuerlegen.

In seiner ersten Rede als Direktor des Bureau im Juli 1925 beschrieb J. Edgar Hoover die Funktion der Identification (Fingerabdrücke) Division, indem er den Gedanken des neuen »Genossenschaftswesens« auf den Gesetzesvollzug anwandte. Da »Wissenschaft und Technik sich entwickeln«, sagte er vor den Polizeichefs, müsse sich das Land »der Notwendigkeit [stellen], angesichts der allgemeinen Gefahr, die Truppen der Hüter der Zivilisation zu vereinen«. Er bat die Vollzugsbehörden, sich ihm in der Bemühung anzuschließen, »den Hütern der Zivilisation angesichts der allgemeinen Gefahr« die Hilfe der Wissenschaft zu bringen. Schon damals hatte Hoover die Vision, daß das Bureau ein nationales Zentrum werden könnte, das die Vollzugsbehörden koordinierte. »Der mächtige, überwältigende Strom weltweiter kosmischer Kräfte hat die Notwendigkeit und den Anstoß geschaffen,

* Korruptionsfälle aufspüren oder aufbauschen und politisch nutzen. Der Terminus »muckrakers« stammt von Theodore Roosevelt. (A.d.Ü)

eine Organisation ins Leben zu rufen und aufzubauen, die dazu dienen wird, die Bemühungen all jener zu zentralisieren und zu konkretisieren, die den Bedürfnissen unserer sich wandelnden Zeiten entgegenkommen wollen, indem sie alles Wissen und alle Macht der Hüter der Zivilisation, der Wächter der Gesellschaft, vereinen und nutzen.«[13]

Hoover blühte unter Stones progressivistischer Führung auf. Mit neunundzwanzig Jahren leitete er eine Organisation mit rund 650 Angestellten (441 Agenten) und sorgte entschlossen dafür, daß sie effektiv und effizient funktionierte.

Stone hatte Hoover befohlen, die Kosten und die Größe des Bureau auf ein schieres Minimum zu reduzieren. Hoover verfolgte diese Politik der Personalreduzierung mit Begeisterung, denn in der Vergangenheit waren die Probleme des Bureau unter anderem dadurch verursacht worden, daß die Zentrale nicht in der Lage gewesen war, alle ihre Angestellten wirklich zu kontrollieren. Zunächst machte es die Verkleinerung Hoover leichter, ein System der strengen Kontrolle über die gesamte Organisation einzurichten. Hoover wußte, daß das Bureau keine wirklich wichtigen Aufgaben hatte. Da weder die Regierung Coolidge noch die Regierung Hoover die Dienste des Bureau dringend benötigte, konnte er keine große Anerkennung für seine Leistungen erwarten, auch wenn er andererseits selbstverständlich für jeden Fehler würde büßen müssen.

Darüber hinaus galt die Entlassung von Agenten des abgrundtief schlechten Rufes des Bureau wegen an sich schon als Reformmaßnahme und diente Hoover dazu, sich von den Untaten des alten Regimes zu distanzieren. Jedes Jahr wies Hoovers Abschnitt im Rechenschaftsbericht des Justizministers weitere Reduzierungen des Personalstandes auf. Am Ende seines ersten Jahres hatte Hoover einundsechzig Angestellte (einschließlich Gaston Means) entlassen und fünf von dreiundfünfzig Außendienststellen geschlossen. Zudem konnte er 300 000 Dollar von seinem 2,4-Millionen-Budget zurückgeben. Gegen Ende des Jahrzehnts hatte er noch 581 Angestellte, 339 davon Agenten – weitaus weniger als der Höchststand von 1127 Angestellten (579 Agenten) im Jahre 1920. Die Zahl der Außendienststellen hatte er auf dreißig reduziert. Ende des Jahres 1932 erreichte die Zahl der Außendienststellen mit zweiundzwanzig ein Minimum.[14]

Als wissenschaftlich arbeitender Manager machte Hoover sich sogleich daran, verschiedene Methoden auszuprobieren, um die Effizienz seiner Agenten zu steigern. Vermehrte Bildung war Teil der progressivistischen Zauberformel, und Hoover legte großen Wert auf die Bedingung (die schon lange in Kraft war), daß neue Agenten entweder eine juristische oder eine buchhalterische Ausbildung hatten. In Notfällen wurde (und wird) von dieser Bedingung manchmal abgesehen, aber nur in aller Stille. Zu Beginn des Jahres 1925 richtete Hoover in der New Yorker Dienststelle des Bureau eine Ausbildungsstätte ein, die vom Dienststellenleiter (SAC – special agent in charge, so hießen im Bureau die Leiter der Außendienststellen) geführt wurde. Doch in einer kleinen Institution wie dem FBI stellte eine vollwertige Schule eine enorme Belastung für das Budget dar, deshalb ersetzte Hoover sie bald durch die Methode, alle Agenten direkt den Außendienststellen zuzuweisen und sie dort von den jeweiligen Dienststellenleitern ausbilden zu lassen. Erst später erkannte Hoover, wie wertvoll die Schule war, nicht nur um den Agenten angemessenes Verhalten und einheitliche Verfahrensweisen beizubringen, sondern auch um dem Elitestatus des Bureau ein öffentliches Image zu verschaffen. Im November 1928 richtete er die Schule (ursprünglich in Washington) wieder ein. Sie befindet sich heute in Quantico, Virginia.
Der Gedanke, der Spezialagent müsse ein »Gelehrter und Gentleman« mit Collegeausbildung sein, der in speziellen und exklusiven Techniken geschult ist, lag in Hoovers Ansicht begründet, daß Reform nichts anderes bedeutet, als die Achtbarkeit der Mittelschicht zu erlangen. Das galt auch für den strengen Verhaltenskodex – einschließlich des Verbotes, während der Prohibition Alkohol zu trinken, auch außerhalb der Dienstzeit –, den Hoover seinen Agenten aufzwang, als er Direktor wurde.[15]
Hoover verschaffte dem Bureau das Image eines Bollwerks progressivistischer protestantischer Reform. Viele von Hoovers frühen Angestellten engagierten sich in protestantischen Organisationen wie dem YMCA, obwohl immer auch ein paar Juden und Katholiken unter seinen Spitzenleuten waren. Hoover war der erste nicht-katholische Direktor des Bureau seit geraumer Zeit, und das wurde in den entsprechenden Kreisen mit Wohlwollen zur Kenntnis genommen.[16]
Während die Zahl der Agenten durch Hoovers Sparmaßnahmen

schrumpfte, wuchs die Aufmerksamkeit, die ihrer Überwachung zuteil wurde, enorm an. Hoovers komplexer Apparat von Rapportsystemen und Kontrollmechanismen, der außenstehenden Beobachtern und verärgerten Agenten später so schwerfällig erschien, gründet in diesen frühen Jahren. Betrachtet man den Verwaltungsapparat, der zu jener Zeit entstand, zeigt sich, wie Hoover unermüdlich an seinem Kontrollsystem bosselte und Strategien erprobte und abstimmte, die ihm erlauben sollten, immer genau zu wissen, was jeder seiner Agenten tat, wo immer er sich auch aufhalten mochte.

Hoover übertrug den Dienststellenleitern (SAC) mehr Autorität und Verantwortung, indem er sie für alle Agenten in ihrem Gebiet verantwortlich machte, also auch für die Antitrust-Prüfer und die für die Bundesanwälte arbeitenden Agenten, die zuvor nicht direkt überwacht worden waren. Die SACs mußten die Bundesanwälte ihres Distrikts mindestens einmal im Monat aufsuchen und daran erinnern, daß die Spezialagenten, die abkommandiert waren, um bei Ermittlungen zu helfen, eigentlich für Hoover arbeiteten. Noch 1924 führte Hoover das später bekannte Prinzip ein, daß die Außendienststellen regelmäßig durch eine spezielle Inspection Division des Bureau mit Sitz in Washington überprüft wurden.[17] Dazu gehörte schließlich auch eine halbjährliche Inventur des Bureaueigentums.

Auch die Art, wie Berichte erstellt werden mußten, wurde systematisiert. Im September 1927 übergab Hoover jedem Agenten ein Loseblatt-Handbuch mit Instruktionen, in dem auch Regeln aufgeführt wurden, die bei den Ermittlungen und den Ergebnisberichten einzuhalten waren; später erhielten die Agenten gedruckte Formulare für ihre Ermittlungsberichte. Im Jahre 1929 wurden die Agenten mit einem neuen »Manual of Rules and Regulations and Instructions« ausgestattet, das bereits im Juli 1930 von Grund auf überarbeitet wurde.

Am 12. Juli 1925 führte Hoover offiziell strenge Sicherheitsregeln für die Benutzung der Akten des Bureau ein. Ausschließlich Agenten, die aktiv an Untersuchungen arbeiteten, durften sie entnehmen, aber auch sie nur mit Genehmigung des zuständigen SAC und gegen eine schriftliche Bestätigung der Übergabe.[18]

Hoover hatte ein dezentralisiertes System mit neun Außendienstabteilungen übernommen. Jede dieser Abteilungen wurde von einem Aufsichtsbeamten geleitet, der ermächtigt war, die Spezialagenten und

Leiter der Außendienststellen seiner Abteilung zu versetzen und zu bestellen. Am 20. Februar 1925 ersetzte Hoover dieses System durch sechs Abteilungen mit Sitz in Washington, die jeweils eine eigene Funktion hatten oder für spezielle Arten von Ermittlungen zuständig waren. Damit hatten die Inspektoren in Washington die unmittelbare Befehlsgewalt über alle SACs, während das Personal der Zentrale selbstverständlich Hoover unterstellt war.

Jedes Jahr gab es mehr Regeln und mehr Vorschriften. Agenten wurden geschult und wieder geschult. Viele hatten den Eindruck, der Großteil ihrer Zeit werde davon in Anspruch genommen, daß sie Washington Berichte vorlegten und sich wegen unvermeidlicher Verstöße gegen Hoovers Vorschriften verteidigten. Der springende Punkt jedoch war, sicherzustellen, daß Hoover sich nie für etwas verantworten mußte, das er nicht persönlich gebilligt hatte. In späteren Jahren pflegte er gerne zu sagen, daß »kein einzelner Mensch das Bureau aufgebaut hat, aber ein einziger Mensch imstande ist, es zu vernichten«.

Am Ende des Jahrzehnts hatte Hoover zwar ein perfektes System der Kontrolle aufgebaut, aber durch die geringe Größe des Bureau und den Druck, der auf seinen Angestellten lastete, begann es unter seinen Mitarbeitern zu kriseln. Es hatte bereits in den zwanziger Jahren kleinere Rebellionen gegen seine Autorität gegeben, und es würde sie auch seine gesamte Amtszeit über immer wieder geben.

Eine davon ereignete sich im Jahre 1929, als ein Agent zurücktrat und an Justizminister William D. Mitchell ein Memorandum von sechsundzwanzig Seiten mit Beschwerden gegen Hoover sandte.[19] Der Agent warf Hoover vor, Geld zu verschwenden, indem er Agenten aus disziplinarischen Gründen von einer Dienststelle in die andere versetze. Noch mehr Geld werde verschwendet, weil viele Agenten, die unter hohen Kosten ausgebildet worden seien, kündigten, denn »nur wenige Männer mit Selbstachtung tolerieren die tyrannische Behandlung durch den Direktor«. Die Fluktuationsrate sei, so der Vorwurf des Agenten, trotz der »außerordentlich interessanten« Arbeit sehr hoch. Er beschuldigte Hoover, Bewerber zu bevorzugen, die politische Beziehungen hätten, in Washington lebten und wie Hoover die juristische Fakultät der George Washington University besucht hätten. Es gebe, schrieb er, eine hochbezahlte Truppe von Inspektoren, die einzig und allein dafür angestellt worden seien, »das Personal im Außendienst zu bespitzeln«. Hoover habe die Ermittlungstätigkeit zugunsten der Erstellung von Statistiken und der Kontrolle von Agenten vernachlässigt:

Unter Hoover wird die Ermittlungstätigkeit, die doch der eigentliche Aufgabenbereich des Bureau ist, kaum von Washington kontrolliert. Das liegt vermutlich daran, daß er eher in Büro- als in Ermittlungsarbeit ausgebildet wurde. Seine Vorgänger waren Ermittlungsbeamte mit Erfahrung im Außendienst. Diese Erfahrung fehlt Hoover ... Daß er einen Buchhalter als Inspektor einsetzt, macht deutlich, daß die Statistik der Ermittlungstätigkeit vorgezogen wird ... Seit Hoover im Mai 1924 die Leitung übernommen hat, sind nahezu alle Anweisungen von ihm repressiver Art und richten sich eher gegen das Personal als gegen die Verbrecher ... Die oben erwähnten Vorfälle und viele andere, die mir bekannt sind, veranschaulichen den Wahnsinn dieses bürokratischen Systems.[20]

Sieht man von der persönlichen Kränkung Hoovers einmal ab – »wenigstens 75 Prozent des Personals haben eine starke Abneigung gegen den Direktor, der lediglich absolute persönliche Loyalität zu fordern scheint und sie durch Drohungen, disziplinarische Maßnahmen und häufig auch durch grausame und unmenschliche Behandlung zu erlangen sucht« –, bestätigen die Beschwerden des Agenten, daß es Hoover gelungen war, ein korruptes, unkontrollierbares Bureau in ein Bureau zu verwandeln, in dem die Probleme eher durch zuviel als durch zuwenig Disziplin verursacht wurden.
Justizminister Mitchell reagierte auf diese Vorwürfe mit einem Brief an das Weiße Haus, in dem er schrieb, keiner davon hätte sein Vertrauen zu Hoover erschüttern können: »Ich habe Vertrauen zu Mr. Hoover und bin überzeugt, daß er das Bureau gut verwaltet.« Hoover nahm die Vorwürfe immerhin noch so ernst, daß er Mitchell eine sechzigseitige Widerlegung übermittelte und seine Freunde in den Vollzugsbehörden zu seiner Verteidigung aufrief. Die International Association of Chiefs of Police (IACP) verabschiedete eine Resolution, in der die »ungerechten, unberechtigten und unverdienten Angriffe gegen Mr. J. Edgar Hoover« bedauert wurden, und beschloß, ihm ihre »uneingeschränkte Unterstützung« zu gewähren. Der Justizminister wurde von Resolutionen mit nahezu identischem Wortlaut von anderen Vollzugsbehörden überschüttet – ein Hinweis darauf, daß Hoover mit der für ihn typischen Effizienz bereits eine brauchbare Verteidigungsfront gegen die Angriffe seines Ex-Angestellten aufgebaut hatte.[21]

Gelegentlich tauchten weitere Berichte über Hoovers harten Umgang mit seinen Angestellten auf. Im Jahre 1932 brachte eine Washingtoner Zeitung unter der Schlagzeile HOOVER GRAUSAMER SKLAVENHÄNDLER GENANNT die Geschichte eines Angestellten, der durch einen Trick dazu gebracht worden war, Alkohol zu trinken, und dann hinausgeworfen wurde. Andere Angestellte beschwerten sich, daß Hoover die Heizung niedrig einstelle, weil er die Theorie vertrete, daß »sie mehr arbeiten, wenn sie sich unbehaglich fühlen«.[22]

Diese Art von Unzufriedenheit war symptomatisch für die organisatorische Unausgewogenheit, die im Bureau entstanden war: die Ausbildung, die Disziplin und die Kontrolle hatten einen Grad erreicht, der in keinem Verhältnis zu den zu lösenden Aufgaben stand. Der organisatorische Apparat war noch nicht auf ein operatives Ziel hin gerichtet, das seinem Potential entsprach. Am Ende des Jahrzehnts verlagerten sich Hoovers organisatorische Prioritäten – vielleicht weil er das Problem erkannt hatte – von der Kontrolle hin zu Motivation und Moral. Er gründete eine Angestelltenzeitschrift und soziale Clubs und stellte Sportmannschaften auf, die im Wettkampf mit anderen Bundesbehörden Preise errangen.

Auch als der Öffentlichkeit die Methode der Identifikation durch Fingerabdrücke schon lange vertraut war, pries Hoover die diesbezügliche Sammlung des Bureau als seine großartigste Leistung, ja sein Markenzeichen. Denn sie war *das* Symbol für die Führungsrolle, die er für sich und das Bureau geschaffen hatte. Durch diese Sammlung hatte Hoover es in erster Linie fertiggebracht, sich an die Spitze eines Vollzugsorgans zu stellen, das durch die professionellen Standards, die er förderte, und die wissenschaftlichen Einrichtungen, die er für die lokale Polizei unterhielt, in ein kooperatives Netz eingebunden wurde. Lange bevor er in der Öffentlichkeit allgemein bekannt wurde, war Hoover durch seine Kontrolle des nationalen Systems zur Identifikation von Verbrechern zu einer Schlüsselfigur der Vollzugsbehörden geworden.

Die International Association of Chiefs of Police (IACP) führte bereits seit 1896 in Washington auf eigene Kosten Akten zur Identifikation von Verbrechern, während das Justizministerium in seinem eigenen Bureau of Criminal Identification seit 1909 die Fingerabdrücke von Häftlingen des Bundes sammelte. Bereits 1921 hatte das Bureau das Justizministerium darum ersucht, beim Präsidenten die Ermächtigung einzuholen, um ein gemeinsames Bureau of Criminal Identification in Washington einrichten zu können. Während der Justizminister am 23. Oktober 1923 eine ministerielle Direktive erließ, gemäß der im Justizministerium eine Abteilung für Fingerabdrücke eingerichtet werden sollte, wurde die Genehmigung des Kongresses durch die Opposition des New Yorker Polizeichefs verzögert, der eine polizeiliche Berufsgenossenschaft leitete, die mit der IACP konkurrierte. Am 1. Juli 1924 bewilligte der Kongreß schließlich einen Etat. Hoover hatte die Leitung des Bureau gerade zwei Monate inne, als dem Bureau of Investigation offiziell die Verantwortung für die beiden Sammlungen von Fingerabdrücken übertragen wurde.[23]

Hoover hatte große technische Schwierigkeiten zu bewältigen, bis seine neue Abteilung funktionierte. Wie stolz er aber dann über die Leistung seiner Leute war, zeigte sich an dem uncharakteristisch überspannten Ton, in dem er der IACP berichtete, daß er die »Schwierigkeiten [überwunden] habe, die durch menschliche Schwächen und die unbelebten Dingen scheinbar innewohnende Perversität verursacht worden sind«.[24]

Während der ersten fünf Jahre war die Existenz der Division of Identification lediglich durch die Direktive des Justizministers und durch einen Betrag im jährlichen Etat des Justizministeriums gesichert. (Erst im Juni 1930 autorisierte der Kongreß das Ministerium offiziell, die Division of Identification and Information einzurichten.) Da diese Situation äußerst unsicher war, suchte Hoover Publicity für diese Abteilung, obwohl er sie für das Bureau grundsätzlich vermied.[25] Indem Hoover das Bureau in den zwanziger Jahren in eine Instanz verwandelte, die den Vollzugsbehörden professionelle Standards zur Verfügung stellte und wissenschaftlichen Beistand leistete, wandte er so effektiv wie kaum ein anderer die Prinzipien der »New Era« auf die Probleme der öffentlichen Verwaltung an.

In den Jahren des Progressivismus entwickelte sich Hoovers Bureau auch zur wichtigsten Institution des Landes, die Statistiken über die Kriminalität erstellte. Am 16. Dezember 1925 informierte Hoover den Appropriationsausschuß des Repräsentantenhauses, daß das Land ein System für die Erstellung einer einheitlichen Kriminalitätsstatistik benötige. Im Jahre 1930 erteilte der Kongreß dem Bureau schließlich die Genehmigung, Daten für eine Verbrechensstatistik zu sammeln, und im selben Jahr noch gab das Bureau den ersten seiner *Uniform Crime Reports* heraus.[26] Die Angaben des Bureau basierten auf der Zahl der Verbrechen, die polizeilich bekannt geworden waren – damals wie heute eine umstrittene Methode, das Ausmaß der Kriminalität festzustellen.

Hoover zog noch einen anderen wichtigen Vorteil daraus, daß er dem Bureau die Herausgabe der *Uniform Crime Reports* gesichert hatte: Die Berichte lieferten ihm den Vorwand, einen Stab von Ermittlungskräften und Autoren zusammenzustellen, die das Bureau potentiell dazu befähigten, Öffentlichkeitsarbeit zu betreiben. Stone hatte Hoover in seinen ursprünglichen Richtlinien aus dem Jahre 1924 mit einem Schweigegebot belegt. Dies sollte aber lediglich dem Zweck dienen, die antiradikale Propaganda des Bureau zu stoppen.

Als Hoover die *Crime Reports* veröffentlichte, mochte er gespürt haben, daß das Ende der Zeit nahte, in der sein Bureau im verborgenen arbeiten mußte. Noch im selben Jahr, in dem die Arbeit an den *Reports* aufgenommen wurde, konnte Hoover seinen Personalstamm auf insgesamt 655 Angestellte – 400 davon Agenten – drastisch vergrößern. Sein Etat wurde um rund 10 Prozent erhöht. Es war die erste Vergrößerung des Bureau, seit er es übernommen hatte. Da die *Uniform Crime Reports* in jenem Jahr die einzig größere Neuerung im Aufgabenbereich darstellten, ist anzunehmen, daß die Personalaufstockung vor allem die Research Unit der Crime Records Division betraf. Sie erfüllte während Hoovers gesamter Amtszeit die Funktion einer PR-Abteilung, kontrollierte die Kontakte des Bureau zu den Medien und dem Kongreß und verfaßte Hoovers Reden, Artikel und Bücher. So war es wahrscheinlich die Einführung der *Reports,* der Hoover die Publicity verdankte, aus der er Kapital schlagen konnte, als Roosevelt mit seiner Politik des »New Deal« im Jahre 1933 dem Verbrechen den Krieg erklärte und Hoover mit seinen G-Men in die Schlacht gegen die Gangster schickte.

Trotz Stones Regeln ruhten die politischen Nachforschungen in Hoovers Bureau nicht völlig. Hoover hatte auch nach 1924 einige Fälle gegen die Radikalen noch nicht abgeschlossen. Im Jahre 1925 informierte er seine Vorgesetzten, daß er weiterhin alle Informationen über Radikale in seine Akten aufnehmen werde, die er von anderen Behörden erhalte oder die sich im Verlauf anderer Ermittlungen ergäben. Er werde jedoch keine *speziellen* Nachforschungen anstellen, um Informationen über politische Abweichler zu erlangen.

Allerdings gab es in den zwanziger Jahren viele Gelegenheiten, bei denen Hoover seine Nachforschungen nicht streng auf die Verstöße gegen Bundesgesetze beschränkte. Der Präsident benötigte permanent Hintergrundinformationen über Einzelpersonen oder Gruppen, um entscheiden zu können, ob er sie empfangen oder auf ihre Briefe antworten sollte. Zudem mußte er im voraus vor Situationen gewarnt werden, die ihm in seiner Funktion als verfassungsgemäßer oder politischer Führer gefährlich werden konnten, und seine Mitarbeiter mußten dafür sorgen, daß er diese Informationen auch erhielt. Die Mitarbeiter des Präsidenten mit dieser Art von Informationen zu versorgen war Hoovers wichtigste Aufgabe in der Zusammenarbeit mit dem Weißen Haus (und eine der wichtigsten Quellen seiner Macht). Die Praktik wurde 1925 unter Coolidge begonnen und die gesamte Amtszeit Hoovers über fortgesetzt. Hoover begann schließlich die Bitten um solche Informationen vorwegzunehmen, und da seine Informationsquellen jenen des Weißen Hauses überlegen waren, konnte er die höchsten Mitarbeiter des Präsidenten oft als erster auf ein potentielles politisches Problem aufmerksam machen. Schließlich konnte Hoover nahezu jede Ermittlung damit rechtfertigen, daß der Präsident ihn um Informationen bitten könnte und er in der Lage sein müsse, unverzüglich zu reagieren. Meist waren diese Ermittlungen harmlos, aber sie stellten dennoch einen Verstoß gegen die Gebote Stones dar. Durch politische Ermittlungen war das Bureau einst in Schwierigkeiten geraten, dennoch weist nichts darauf hin, daß Hoover jemals zögerte, irgend etwas zu tun, um das ihn ein Präsident bat.

Zu Beginn der Hoover-Administration bat Larry Richey, ein Mitarbeiter des Weißen Hauses, Hoover erstmals, das Weiße Haus mit politischen Informationen zu versorgen. Die knapp skizzierten Berichte des Bureau lassen einen gewissen Mangel an Begeisterung für solche Aufträge erkennen, doch zurückweisen konnte Hoover die Bitten des Weißen Hauses nicht.

Am 11. Dezember 1929 unterrichtete Hoover Richey über Verbindungen zwischen der Foreign Policy Association und der American Civil Liberties Union. Im Jahre 1930 bat ein anderer Mitarbeiter des Weißen Hauses Hoover, »sehr diskrete Nachforschungen« über Pittsburghs American Citizens' Political Awakening Association anstellen zu lassen. Wieder lieferte Hoover dem Weißen Haus eine Liste mit den Funktionären der Organisation und einen Bericht, daß die Organisation italienischen Clubs für den Schutz vor den Prohibitionsgesetzen das Geld aus der Tasche ziehe. Auch über die NAACP (National Association for the Advancement of Colored People) und eine italienische Gruppe, die sich Federation of Lictor nannte, stellte Hoover Nachforschungen an – über letztere, weil sie dem Präsidenten in einem Telegramm ihre Unterstützung zugesichert hatte. Als der Präsident 1931 eine Einladung erhielt, vor dem Moorish Science Temple in Chicago zu sprechen, fanden die Mitarbeiter des Bureau rechtzeitig heraus, daß ein schwarzer Barbier das einzige Mitglied der Gruppe war.[27]

Etwas weniger harmlose Nachforschungen stellte das Bureau im Oktober 1931 an, als das Weiße Haus erfuhr, daß der Chefredakteur einer Finanzzeitschrift seinen Abonnenten den Konkurs spezieller Banken vorhersagte. Das Weiße Haus war der Ansicht, dies verstärke die allgemeine finanzielle Panikstimmung. Der Direktor schickte dem Weißen Haus einen Bericht über den Fall und schrieb dazu, der Redakteur sei »über den Besuch des Agenten völlig aus der Fassung geraten ... Aus seinem gegenwärtigen Verhalten geht klar hervor, daß er völlig eingeschüchtert ist. Ich glaube nicht, daß er die Verbreitung irgendwelcher Informationen über Banken oder andere Finanzeinrichtungen wieder aufnehmen wird.« Diesen Bürger einzuschüchtern war vermutlich nicht Hoovers vordringliches Ziel, als er seinen Agenten zu ihm schickte, aber er betrachtete es gewiß als positiven Nebeneffekt.[28]

Während der Regierungszeiten von Coolidge und Hoover wurden J. Edgar Hoover und sein Bureau ständig von privaten antikommunistischen Gruppierungen, besonders aber der National Civic Federation, bedrängt, die Ermittlungen gegen die Radikalen wieder aufzunehmen. Es gibt keinen Grund, anzunehmen, daß Hoover, was den Radikalismus betraf, irgendeinen Gesinnungswandel durchgemacht hätte, aber er hielt sich von diesen antikommunistischen Aktivisten fern. Während der zwanziger Jahre weigerte er sich, in irgendeiner Weise gegen die

Roten vorzugehen, denn er wußte, daß zwar weder Coolidge noch Hoover oder ihre Außenminister besondere Sympathien für die Bolschewisten hegten, die meisten von ihnen aber, besonders Coolidges Außenminister Charles Evans Hughes, die bürgerlichen Freiheitsrechte verteidigten, und zwar auch die bürgerlichen Freiheitsrechte der Radikalen. J. Edgar Hoover hätte sich vielleicht nur allzugern an einer Kampagne gegen Radikale beteiligt, wenn ein anderer, mit einer starken politischen Basis, sich dazu bereit erklärt hätte, sie anzuführen, doch allein einen Feldzug gegen die Kommunisten zu führen interessierte ihn nicht – damals nicht und auch später in seiner Karriere nicht. Da sich das Justizministerium in den zwanziger Jahren aus den ideologischen Kriegen zurückgezogen hatte, mußte ein anderes Ministerium der antikommunistischen Lobby zeigen, daß die Regierung nicht schlief, während die Kommunisten ihre Komplotte schmiedeten. Diese Rolle fiel dem Außenministerium zu, und es fungierte als Kanal, durch den Warnungen vor der kommunistischen Bedrohung zum Präsidenten geschleust wurden. (Die Russian Division des Außenministeriums füllte die Lücke, die durch die Abschaffung der General Intelligence Division in den zwanziger Jahren entstanden war.)[29]

Außenminister Hughes erteilte J. Edgar Hoover seinen letzten großen »antiradikalen« Auftrag, noch bevor er zum Direktor des Bureau ernannt wurde. Im Januar 1924 bat der Außenminister Hoover, ein Memorandum »über die kommunistischen Aktivitäten in den Vereinigten Staaten [vorzubereiten], die von der Dritten Internationale ausgehen oder von ihr geleitet werden«. Hughes verlangte dieses Memorandum, weil er vor dem Senat gegen eine diplomatische Anerkennung der Sowjetunion aussagen wollte. Hoovers Bericht füllte nahezu fünfhundert Seiten, und als stellvertretender Direktor des Bureau saß er neben Hughes, als dieser seine Aussage machte.[30] Vermutlich stützte sich Hughes' Opposition gegen eine Anerkennung auf Hoovers Gutachten, das besagte, daß die Sowjetunion subversive Aktivitäten der kommunistischen Parteien Amerikas unterstützte.[31]

Als J. Edgar Hoover das Amt des Direktors übernahm, versicherte er dem Appropriationsausschuß des Repräsentantenhauses, daß der Bericht für das Außenministerium eine Ausnahme darstelle und kein Indiz dafür sei, daß das neu organisierte Bureau sich weiterhin mit antiradikalen Angelegenheiten befasse.[32]

Gegen Ende des Jahres 1924 schickte Hoover Stone ein Memo, in dem er seiner Abneigung Ausdruck verlieh, weitere antikommunistische Aufträge anzunehmen. Er teilte dem Justizminister mit, daß das Bureau auf Geheiß des Außenministeriums hin weiterhin Nachforschungen über Kommunisten anstellen könne, allerdings solle das ohne Publicity und »auf einer völlig anderen Basis« als zuvor geschehen.[33] Er meinte damit vermutlich, daß im Bureau keine besondere Abteilung für Nachforschungen über Radikale eingerichtet werden sollte.
Ralph Easley von der National Civic Federation war der hartnäckigste von allen Antikommunisten, die die Mitarbeiter des Weißen Hauses bestürmten, die General Intelligence Division wieder in Einsatz zu bringen. Andere Antiradikale bombardierten das Weiße Haus mit bizarren Veröffentlichungen, die so haarsträubende Titel wie *Subversive, Radical and Doubtful Societies Spread over America like a Gigantic Spider Web* trugen. Der Abgeordnete der American Federation of Labor (AFL) im Vorstand der National Civic Federation führte die Abschaffung der General Intelligence Division auf die »gefährlichen ... Aktivitäten der [Radikalen] von der Civil Liberties Union« zurück, denen es gelungen sei, »die Schließung des Bureau of Investigation sicherzustellen«. Wegen der ACLU (American Civil Liberties Union), so klagte er, »erhielt das Bureau den Befehl, alle seine ›Spitzel‹ zu entlassen, ungefähr achtzig an der Zahl. Die Folge davon ist, daß unsere nationale Regierung über die Aktivitäten dieser subversiven Bewegungen nicht mehr unmittelbar informiert werden kann«.[34]
Easley und andere Antikommunisten übten weiterhin Druck auf die Regierung aus. Im Mai 1930 schickte Easley dem Präsidenten ein Memorandum von zweiundfünfzig Seiten über einen Plan, in allen achtundvierzig Bundesstaaten antikommunistische Bureaus einzurichten, die mit privaten Spenden finanziert werden sollten, bis Bundesmittel zur Verfügung ständen. Obwohl er – zumindest was J. Edgar Hoover betraf – mit einer garantierten Ablehnung rechnen mußte, machte Easley den erstaunlich unüberlegten Vorschlag, Gaston Means die Leitung dieses Unternehmens zu übertragen.[35]
Im Jahre 1930 wurde Hoover eingeladen, vor dem Special House Committee, dem Spezialausschuß des Repräsentantenhauses, auszusagen, der unter dem Vorsitz von Hamilton Fish aus New York kommunistische Aktivitäten untersuchte. Hoover legte dem Ausschuß eine

Auswahl von Geschichten über die Greueltaten der Kommunisten vor, die aus seinen Gutachten und Untersuchungen vor 1924 stammten. Seine Aussage enthielt deutliche Hinweise, daß sich seine grundsätzlichen Überzeugungen über den Kommunismus nicht geändert hatten, dennoch sträubte er sich gegen den Vorschlag des Ausschusses, das Bureau solle seine allgemeinen nachrichtendienstlichen Aktivitäten wieder aufnehmen. Wenn der Kongreß wolle, daß das Bureau in diesem Bereich arbeite, so seine Argumentation, solle er ein neues Strafgesetz erlassen, ähnlich dem Agitationsgesetz für Friedenszeiten, das Palmer 1919 vorgeschlagen hatte.[36] Ein solches Gesetz könnte das Bureau dann wie jedes andere Gesetz durchsetzen.

Als der Fish-Ausschuß Hoovers Ausführungen angehört hatte, baten die Mitglieder das Justizministerium, ein Gesetz zu konzipieren, das das Bureau ermächtigte, wieder Ermittlungen über kommunistische Aktivitäten anzustellen. Justizminister William Mitchell beriet sich mit dem Direktor und wies den Vorschlag ab. Mitchell stimmte den Kongreßabgeordneten zu, daß es zwar den Anschein habe, als betrieben die Kommunisten Sabotage. Da es aber um Industriesabotage gehe, seien er und Hoover der Ansicht, daß die Aufgabe dem Arbeitsministerium übertragen werden sollte. Ebenso sollte jede neue Ermittlungsbehörde, die für Nachforschungen über die Radikalen benötigt werde, in diesem Ministerium untergebracht werden.[37] Nichts konnte J. Edgar Hoover zu einer neuen Rotenhatz verführen, solange er nicht sicher war, daß er die starke Unterstützung der Öffentlichkeit und des Präsidenten hatte. Und daß er sie von Herbert Hoover nicht bekommen würde, wußte er.

Obwohl J. Edgar Hoover versuchte, unter Herbert Hoover alle Aktivitäten zu vermeiden, die sich gegen die Radikalen richteten, konnte er nicht völlig verhindern, daß er in die unerfreulichste Episode politischer Repression während der Hoover-Administration verwickelt wurde: die Bemühungen, den Bonus Army Marchers von 1932 Gewalttätigkeit und kommunistischen Einfluß zu unterstellen. Ende Mai 1932 hatte sich die Bonus Army, 17 000 Veteranen des Ersten Weltkrieges, in Washington gesammelt und eine Zeltstadt errichtet, um den Kongreß zu nötigen, die Patman Bonus Bill zu verabschieden. Dieses Gesetz hätte die frühere Auszahlung einer Veteranenprämie genehmigt, die im Jahre 1940 fällig war. Als der Gesetzesentwurf am 17. Juni

abgelehnt wurde, weigerten sich rund zweitausend Teilnehmer des Protestmarsches, ihr Camp zu verlassen, obwohl die Regierung angeboten hatte, alle ihre Auslagen zu ersetzen. Nachdem es der Polizei nicht gelungen war, die Veteranen zu vertreiben, befahl der Präsident der Armee, das Camp zu räumen. General Douglas MacArthur ignorierte den Befehl des Präsidenten, nur unbewaffnete Soldaten gegen die Veteranen einzusetzen, und hielt sich ebenfalls nicht an die neuerliche Anweisung, anzuhalten, bevor er das Camp der Veteranen auf den Anacostia Flats betrat. Statt dessen führte MacArthur persönlich in voller Paradeuniform am 28. Juli 1932 einen Tränengas- und Bayonettangriff gegen die armseligen Zelte der Demonstranten.
Da sich diese Vorfälle im Juli, zu Beginn des Präsidentschaftswahlkampfes, zutrugen, löste das Bonus-Army-Fiasko unter Herbert Hoovers Mitarbeitern eine Panik aus. Sie riefen am 1. August die Leiter aller geheimdienstlichen Bundesbehörden zusammen, um Wege zu finden, wie die verhafteten Veteranen diskreditiert werden könnten. Dem Protokoll der Versammlung zufolge »berichtete Mr. Hoover für das Bureau of Investigation, daß es in keiner Phase Nachforschungen über die Demonstranten angestellt und deshalb keine Informationen verfügbar habe«. Hoover erklärte sich nur damit einverstanden, die Fingerabdrucksammlung des Bureau zu überprüfen, um festzustellen, ob von den Verhafteten irgend jemand ein Strafregister aufweise. Da die Identification Division nur existierte, um genau solche Informationen zu beschaffen, mußte Hoover wenigstens dazu seine Zustimmung geben. Larry Richey bat Hoover, weitere Spuren zu verfolgen, durch die der Bonus March diskreditiert werden könnte, doch Hoover legte nur einen auf Gerüchten beruhenden Bericht vor, in dem es hieß, daß der Einsatz von Panzern die Demonstranten möglicherweise davon abgehalten habe, ihre Waffen gegen die Soldaten zu gebrauchen.[38]
Da die Regierung unbedingt irgend etwas benötigte, um die Demonstranten als Kommunisten verunglimpfen zu können, hätte ein gefügiger Direktor alle Informationen beschafft, die er bekommen konnte. Hoover dagegen beschaffte nur das erforderliche Minimum. Er versorgte das Weiße Haus mit allen möglichen Informationen, legte aber nicht die umfassende Analyse vor, die er zwischen 1919 und 1924 oder später während des Kalten Krieges nach dem Zweiten Weltkrieg erstellt hätte. Offenbar war er zu dem Schluß gekommen, daß es das

Risiko nicht wert sei, einer Regierung zu helfen, die schon bald nicht mehr an der Macht sein würde und ihn zudem nicht beschützen könnte, wenn er in Schwierigkeiten geraten sollte, weil er seine Befugnisse überschritten hatte.
Hoover schien mit seiner sicheren und unumstrittenen Position zum Ende der Regierung Herbert Hoovers recht zufrieden zu sein. Im Jahre 1932 informierte er den Justizminister, »das Bureau of Investigation arbeitet zur Zeit ... sehr offen und bietet in keiner Weise Anlaß zu Kritik. Die Aktionen des Bureau könnten jederzeit der genauesten Überprüfung unterzogen werden ... Diese Bedingungen würden sich wesentlich ändern, sollte das Bureau sich auf Ermittlungstätigkeiten in Bereichen einlassen, die vom Bund nicht für illegal erklärt wurden und in deren Zusammenhang keine Verfolgung angeordnet werden könnte. Dem Ministerium und dem Bureau würden zweifellos Heimlichkeit und unerwünschte Methoden vorgeworfen ... und es würde zudem beschuldigt, Provokateure einzusetzen.«[39]

In den späten zwanziger Jahren ging J. Edgar Hoover die persönliche Verbindung mit dem Mann ein, mit dem ihn für den Rest seines Lebens eine untrennbare Freundschaft verband: Clyde Tolson, der am 2. April 1928 als Spezialagent in das Bureau eintrat.
Während seiner ersten vier Jahre als Direktor war Hoover immer noch mit T. Frank Baughman, dem Freund aus der Zeit der Palmer-Razzien, eng liiert – beruflich wie privat. Hoover hatte Baughman den Rang eines Inspektors verliehen und ihm die Verwaltung des Personals in der Zentrale übertragen. Was das Gehalt betraf, nahm Baughman zwischen 1924 und 1928 hinter Hoover und dem stellvertretenden Direktor Harold Nathan den dritten Rang ein. Im Jahre 1928 erhielt Baughman eine Gehaltserhöhung, die ihn zum zweitbestbezahlten Mann des Bureau machte.[40]
Ein Jahr später begann Baughman abzufallen. Noch im Jahre 1928 übertraf Nathan ihn wieder im Rang, und in jedem weiteren Jahr zog Hoover bei der Beförderung mehr Mitarbeiter der Zentrale seinem alten Freund vor. Hoover hatte das Interesse an Baughman verloren. (Und Baughman, der ungefähr zu dieser Zeit heiratete, hatte offenbar weniger Zeit für Hoover.) Clyde Tolson hatte Baughmans Platz eingenommen.

Tolson war im Jahre 1900 geboren, und damit fünf Jahre jünger als Hoover. Er stammte aus Cedar Rapids, Iowa, und hatte dort ein Wirtschafts-College besucht, bevor er 1918 nach Washington übersiedelte. Zunächst hatte er als Sekretär im Kriegsministerium angefangen, am Ende des Krieges war er Erster Sekretär des Stabschefs, und 1920 wurde er Privatsekretär des Kriegsministers. Wie der junge Hoover war Tolson ein Mann, der schon früh Erfolge hatte. Bereits im Alter von zwanzig Jahren hatte er das Büropersonal des Kriegsministers unter sich. Zwischen 1920 und 1928 arbeitete er für die Kriegsminister Newton D. Baker, John W. Weeks und Dwight D. Davis. Abends besuchte er die juristische Fakultät der George Washington University. Im Jahre 1928 erwarb er seinen akademischen Grad und wurde am 6. Februar 1928 am Gericht des District of Columbia zugelassen.[41]

Es ist möglich, jedoch nicht sicher, daß Hoover Tolson gekannt hat, bevor sich dieser beim Bureau bewarb. Tolson hatte geschrieben, er habe vor, in Cedar Rapids eine Anwaltskanzlei zu eröffnen, werde also nur so lange für das Bureau arbeiten, bis er die nötigen Erfahrungen gesammelt habe.[42] Aber da sich bei Hoover selten jemand mit einer so hochqualifizierten Verwaltungserfahrung bewarb und auch da Tolson eine recht verantwortungsvolle Stellung mit einer Einstiegsposition des Bureau vertauschte, ist anzunehmen, daß Hoover Tolson bei seinem Eintritt ins Bureau eine baldige Beförderung zusicherte.

Welche persönliche Beziehung auch immer zunächst zwischen ihnen bestanden haben mag, Hoover hatte von Anfang an ein persönliches Interesse an Tolsons Laufbahn. Einen Monat nach seinem Eintritt ins Bureau versetzte er Tolson in die Bostoner Dienststelle. (Zu jener Zeit oblag die Ausbildung der neuen Agenten den Leitern der Außendienststellen.) Nur vier Monate später, im September 1928, holte er ihn zurück in die Zentrale und übertrug ihm mit dem Titel Erster Sekretär die Leitung des Büropersonals. Das war zwar eine untergeordnete Position, aber er blieb dadurch in engem Kontakt mit Hoover.[43]

Hoover hatte inzwischen beschlossen, daß Tolson ihm als stellvertretender Kommandeur helfen sollte, das Bureau zu leiten. Er übertrug ihm deshalb im Laufe des folgenden Jahres rasch verschiedene Aufgaben, um ihm in seinen Unterlagen auf dem Papier die nötige Erfahrung bescheinigen zu können. Am 31. Juli 1929 ernannte er Tolson zum Dienststellenleiter der Außendienststelle in Buffalo, New York, und holte ihn nur eine Woche später zurück nach Washington. Dort beförderte er ihn in den Rang eines Inspektors in der Zentrale des Bureau. Am 16. August 1930, gerade zwei Jahre nachdem Tolson in das Bureau eingetreten war, machte Hoover ihn zu seinem stellvertretenden Direktor. (Die Beförderung wurde am 26. Januar 1931 offiziell wirksam.) Sechs Monate später meinte Hoover gegenüber einem Journalisten der Zeitung aus Tolsons Heimatstadt: »Ich kann mich kaum erinnern, schon einmal erlebt zu haben, daß ein Mann lediglich aufgrund eigener Verdienste so rasch aufsteigt.«[44]

Im Juli 1930 hatte Hoover das Personal der Zentrale des Bureau in zehn Abteilungen neu organisiert. Hoover selbst leitete Abteilung 1, die sich mit geheimen Ermittlungen und persönlichen Aufträgen befaßte, sowie Abteilung 10, die Inspection and Training Division. Harold Nathan, der seit 1925 stellvertretender Direktor (und seit 1917 Angestellter des Bureau) war, unterstanden die Ermittlungen – Abteilung 2, 3, 4 und 5, die jeweils für eine bestimmte Art von Verbrechen zuständig waren. Tolson betreute als stellvertretender Direktor Personal und Verwaltung und leitete Abteilung 6, die National Division of Identification and Information, Abteilung 7, das Office of the Chief Clerk, Abteilung 8, das Office of Files and Records, und Abteilung 9, die Personalablage.[45]

Zunächst teilte sich Tolson den Rang des stellvertretenden Direktors mit Nathan; im Jahre 1936 hob Hoover offiziell den speziellen Status Tolsons hervor, indem er seinen Titel zu Direktionsassistent (später Zweiter Direktor) änderte.[46] Bis ans Ende seiner Laufbahn (er trat am Tag nach Hoovers Tod zurück) war Tolson Verwaltungschef des Bureau, Vorsitzender der Executive Conference des Bureau (ein Kabinett, dem die stellvertretenden Direktoren angehörten, die für die verschiedenen Abteilungen zuständig waren) und Hoovers Stabschef. Hoover lebte immer noch mit seiner Mutter am Seward Square, während Tolson in Apartments im Nordwesten Washingtons wohnte. Wenigstens zeitweise teilte Tolson seine Junggesellenwohnung mit Guy Hottel, dem Leiter der Washingtoner Außendienststelle. Er begleitete Hoover und Tolson während der dreißiger und vierziger Jahre oft auf ihren Urlaubsreisen. Baughman arbeitete eine Zeitlang als Tolsons Assistent. Da das vermutlich für beide belastend war, wurde Baughman die Leitung der Schießausbildung in Quantico übertragen. Dort war er für Generationen von Agenten ein bekannter und beliebter Ausbilder.[47]

Hoover und Tolson legten nach und nach die Gewohnheiten fest, die sie zeit ihres Lebens beibehielten. Sie fuhren gemeinsam zur Arbeit und zurück nach Hause, aßen gemeinsam zu Mittag und verbrachten gemeinsam ihren Urlaub. Im Juli 1930 etwa machten sie einen Golfurlaub im Ferienort Summit in New Jersey. Wenn Hoover auf Geschäftsreise war, begleitete Tolson ihn. Im Mai 1931 kamen sie beinahe ums Leben: ihr Flugzeug fing Feuer und mußte in Aberdeen, Maryland, notlanden.[48]

Ihre Beziehung war so eng, so beständig und so liebevoll, daß sie beiden Junggesellen die Ehe ersetzte. Hoover nannte Tolson »Junior«. Tolson nannte Hoover manchmal »Boss« und manchmal »Eddie«. Er war neben Baughman der einzige außerhalb der Familie, der auch den Spitznamen »Speed« aus Hoovers Kindheit benutzte. Im Oktober 1930 schenkte er dem Direktor ein Foto von sich mit der Widmung: »Für meinen besten Freund ›Speed‹ mit lieben Grüßen, Clyde A. Tolson«.[49]

Über all die Jahre hinweg wurden Hoover und Tolson immer wieder mit Anschuldigungen geplagt, sie seien homosexuell. Hoover machte es zum Prinzip, daß die Quelle jeder dieser Geschichten ermittelt wurde und daß seine Agenten die Urheber aufforderten, die Behauptung zu beweisen. Hoover hatte ein hitziges Temperament, und man konnte sicher sein, daß er die Gerüchte über seine angebliche Homosexualität nicht einfach hinnahm.[50]

Ob eine sexuelle Beziehung zwischen Hoover und Tolson bestand, ist schlicht nicht bekannt. Ein Hinweis auf die Intimität der Beziehung ist die Sammlung vieler hundert Momentaufnahmen, die Hoover in den zweiundvierzig gemeinsam verbrachten Jahren von Tolson (der, wie Baughman, als junger Mann bemerkenswert gut aussah) machte. Hoover rechnete nicht damit, daß diese Alben seinen Tod überdauern würden, aber sie wurden von Tolson und Hoovers Sekretär übersehen, als sie seinen Wünschen entsprechend seine persönliche Habe vernichteten. Die Fotos lassen ein anteilnehmendes, emotional beteiligtes Auge hinter der Kamera erkennen, und gleichgültig, ob es das Auge eines Liebhabers oder das eines engen Freundes war, es unterschied sich deutlich von dem eines Geschäftsfreundes.

In Anbetracht Hoovers prüder presbyterianischer Erziehung und seiner nahezu fanatischen Konventionalität ist es durchaus denkbar, daß er in seiner Beziehung zu Tolson die physische sexuelle Dimension ausschloß. Aber da er auch nur ein Mensch war, ist es auch möglich, daß es eine echte sexuelle Beziehung zwischen den beiden war. Ein zwingender Beweis für ein definitives Urteil in der einen oder anderen Richtung existiert nicht.

Obwohl die Beziehung zwischen Hoover und Tolson so ungewöhnlich war, wurde sie zu ihren Lebzeiten nicht öffentlich in der Presse diskutiert oder analysiert, denn die beiden waren noch Nutznießer einer Zurückhaltung, die nur wenige Jahrzehnte später absolut rückständig erscheinen würde. Nur wenn ein homosexueller Skandal an die Öffentlichkeit drang und einen Politiker zum Rücktritt zwang, wurde das Problem in den Medien diskutiert, aber auch dann nur unter Verwendung von Euphemismen wie »familiäre Schwierigkeiten«. Hoover ließ sich durch seine Beziehung zu Tolson nie in Verlegenheit bringen und bestand immer darauf, daß auch Tolson eingeladen wurde, wenn er eine gesellschaftliche Veranstaltung besuchen sollte. Solange Hoover lebte, akzeptierte das offizielle Washington die Situation einfach so, wie Hoover selbst sie darstellte: Er und Tolson waren Kollegen und Freunde. Die implizierte Meinung war, daß der tatsächliche Charakter ihrer Beziehung keinen etwas anging.

Während Hoover und sein straff organisiertes, modernisiertes Bureau of Investigation im allgemeinen im Hintergrund blieben, entwickelte sich das Verberechen zu einer nationalen Obsession, besonders nach dem Wall Street Crash und dem Beginn der Depression. Verbrechen sind immer spannend, aber die Art von Verbrechen, die während der Prohibition entstand, war es ganz besonders: Es gab riesige Schmugglerimperien mit eigenen Kriegen, Begräbnissen und Friedensverträgen und schillernde Gangsterbosse wie Dutch Schultz in New York, Roger Touhy in Detroit und – am eindrucksvollsten von allen – den König der Unterwelt von Chicago, Al Capone.[51]

Die Geschichte Al Capones war nur die berühmteste der vielen Verbrechergeschichten, die nach dem Crash die ersten Seiten füllten. Die Öffentlichkeit war in dem Maße fasziniert von Verbrechen, wie ihr Vertrauen zur Regierung abnahm. Wenn Gangster wie Dutch Schultz Pläne ankündigten, ihre Rivalen hinzurichten, und dann ihre Drohun-

gen wahrmachten, schienen sie ihren eigenen Gesetzen zu folgen, während die Regierung hilflos danebenstand.
Den fragmentarischen Kriminalitätsstatistiken aus jener Zeit läßt sich entnehmen, daß die Verbrechensrate von 1928 bis nach dem Zweiten Weltkrieg in Wirklichkeit sogar sank.[52] Dennoch überzeugte das unglaubliche Interesse, das einer relativ kleinen Zahl prominenter Gangster geschenkt wurde, die Öffentlichkeit, das Verbrechen sei auf dem Vormarsch. Als die nationale Moral durch die wirtschaftliche Depression zusammenbrach, wurde diese falsche Vorstellung zum Allgemeinplatz. Der Verbrecher symbolisierte schließlich all das, was in Amerika im argen lag, und wurde so zur Zielscheibe von Politikern, die versuchten, das angeschlagene Image der Autorität zu reparieren.
Das Verbrechen, insbesondere das sensationelle Verbrechen, wurde am Ende der Regierung Herbert Hoovers als eine Herausforderung für die Autorität der Regierung und die Gültigkeit der konventionellen Moral betrachtet. Nur wenige führende Politiker waren sich damals schon wirklich bewußt, wie dringend die Öffentlichkeit forderte, daß die Bundesregierung auf diese lokalen Herausforderungen reagierte. Einem Menschen wie J. Edgar Hoover, den instinktiv jede Bedrohung der Autorität störte, konnte diese Situation jedoch nicht entgangen sein. Das Land litt an einer kulturellen und wirtschaftlichen Depression. Das Vertrauen zu den Standards und Regeln, die in besseren Zeiten für Ordnung gesorgt hatten, steckte in einer Krise.
Am Ende der Hoover-Administration wollte das Land die Bundesgesetze auf andere Weise durchgeführt sehen als bisher. Statt für die beachtliche Leistung, Capone wegen Einkommenssteuerhinterziehung hinter Gitter zu bringen, Anerkennung zu ernten, wurde Herbert Hoovers unter strenger Beobachtung stehende Administration verspottet.[53] In der Presse wurde die Meinung vertreten, Capone sei für das falsche Vergehen verurteilt worden. Die Anklage hätte auf Mord, Glücksspiel, Prostitution und organisiertes Erpressertum lauten müssen. Die Presse lehrte die Öffentlichkeit die Reaktion auf Verbrechen als Test zu betrachten, ob eine Regierung fähig sei, auf die Herausforderungen der Gewalt mit Stärke zu reagieren. Die Zeiten verlangten eine ausgleichende, keine verfahrensrechtliche Gerechtigkeit.
Die Nation erwartete daher von ihren Führern eine Reaktion, die der tieferen Bedeutung, für die das Verbrechen stand, angemessen war,

aber Herbert Hoover (und zu jener Zeit auch J. Edgar Hoover) war durch seine progressivistische Einstellung nicht in der Lage, der neuen Forderung nach einem direkten Eingreifen des Bundes in lokale Probleme Rechnung zu tragen. Statt zu handeln hielt Präsident Hoover dem Land Vorträge über Kooperation, die Rechte der Einzelstaaten und die verfassungsmäßigen Grenzen der Rechtsprechung des Bundes. Wie tief die Öffentlichkeit zu jener Zeit ihre neue Verwundbarkeit empfand, zeigte sich, als am 1. März 1932 Charles Lindberghs kleiner Sohn entführt wurde, was eine zweieinhalb Jahre dauernde, frustrierende Fahndung nach dem Entführer auslöste. Lindbergh verkörperte den amerikanischen Traum, und ein Angriff auf ihn war gleichbedeutend mit einem Angriff auf den Traum selbst. Von der ersten Kurzmeldung über die Entführung bis hin zu Bruno Richard Hauptmann, der vier Jahre später in der Todeszelle in Trenton, New Jersey, auf dem elektrischen Stuhl hingerichtet wurde, war dieser Fall für das ganze Land ein nationales Melodrama.

Der Druck auf den Präsidenten wuchs, doch Herbert Hoover war nicht bereit, den lokalen Behörden von seiten der Bundesregierung mehr als technische und organisatorische Unterstützung zu gewähren – ein Prinzip, das er ebenso auf den wirtschaftlichen Zusammenbruch wie auf den Gesetzesvollzug anzuwenden versuchte. Am 4. Mai 1932 gab der Präsident bekannt, daß er den Postinspektor, den Geheimdienst, die Prohibition Unit, die Metropolitan Police von Washington und das Bureau of Investigation bevollmächtigt habe, sich an den Ermittlungen im Fall Lindbergh zu beteiligen, falls dies von lokalen Behörden gefordert würde. Er bestimmte J. Edgar Hoover zum Koordinator der Bundeshilfe.[54]

Endlich hatte Hoover die Aufgabe, auf die er das Bureau die vergangenen sechs Jahre vorbereitet hatte. Er sollte die Chance erhalten, ein föderiertes nationales Netz von Vollstreckungsbehörden zu leiten. Doch was Herbert Hoover gab, nahm er gleich wieder weg. Der Präsident machte klar, daß die Bundesregierung nicht die Verantwortung dafür übernehme, das Verbrechen aufzuklären; sie unterstütze nur die lokalen Behörden. Und selbst das würde davon abhängen, ob ein Verstoß gegen ein Bundesgesetz entdeckt würde. (Es gab immer noch kein Bundesgesetz zu Entführungen, und die Agenten des Bureau waren nicht ermächtigt, Verhaftungen vorzunehmen oder Waffen zu tragen.) Die Regierung betonte, daß sie nicht geneigt sei, den Fall zum Vorwand zu nehmen, um die Zuständigkeit des Bundes im Bereich des Gesetzesvollzugs auszuweiten, obwohl sie, angesichts der öffentlichen Meinung, aktiv nichts gegen ein Entführungsgesetz (das »Lindbergh Law«) unternehmen würde, das damals gerade vom Kongreß geprüft wurde.[55]

Zum ersten Mal seit 1924 hatte sich ein Präsident an das Bureau gewandt, um während einer allgemeinen Panikstimmung seine Verantwortung und seine Besorgnis zu demonstrieren. Obwohl Herbert Hoovers Geste halbherzig und ineffektiv war, reagierten die Medien mit einer Begeisterung, die ein politisch gewiefterer Präsident als klare Aufforderung verstanden hätte, in diese Richtung weiterzugehen.

Obwohl nur wenige ihrer Leser je von Hoover gehört hatten, versicherte die *Times* ihnen, daß das Bureau sich von »irgendeiner Behörde« in »einen Stoßtrupp der Regierung gegen das Verbrechertum« verwandelt habe, und behauptete, daß »Gesetzesbrecher höheren und niederen Ranges inzwischen einen gesunden Respekt vor dem Bureau haben«. Obwohl der Fall Capone das Werk Elmer Ireys und der Steuerbehörde war und das Bureau nur eine Untersuchung beigesteuert hatte, die zu einer Verurteilung wegen Mißachtung des Gerichts geführt hatte, behauptete die *Times,* Capone und andere Verbrecher hätten gelernt, daß das »Bureau ›seinen Mann‹ gewöhnlich fängt«. (Hoover ließ diesen Fehler nicht richtigstellen; später vertrat er die Ansicht, daß mit der Beteiligung des Bureau an einem Fall das Schicksal des Verbrechers automatisch besiegelt sei, deshalb verdiene das Bureau auch Anerkennung, gleichgültig, ob es ein bestimmtes Verbrechen nun tatsächlich aufgeklärt habe oder nicht.) Durch die neue Publicity erfuhr die Öffentlichkeit, daß der Direktor des Bureau »durchschnittlich gut Golf spielt, alte Glaswaren und Spinnräder sammelt und niemals die Eisenbahn benutzt, wenn eine Flugverbindung möglich ist«.[56]

Das neue Interesse an Verbrechen wurde schnell von der Unterhaltungsindustrie ausgenutzt. Auch das zeigte, daß die Öffentlichkeit das Verbrechertum als Herausforderung für die Legitimität traditioneller Autoritäten interpretierte. In den dreißiger Jahren kam zunächst ein Zyklus gewinnbringender Gefängnisfilme auf den Markt: *The Big House* (1930), *Convict's Code* (1930), *Ladies of the Big House* (1931) und *20 000 Years at Sing Sing* (1932). Letzterer beruhte auf den Erinnerungen eines Mannes, der für Hoover später als Symbol übermäßiger Milde gegenüber Verbrechern galt: der Gefängnisdirektor von Sing Sing, Lewis Lawes.[57]

Doch die Leiden eines verurteilten Helden waren zu passiv, deshalb widmete sich die nächste Welle von Kriminalfilmen Gangsterhelden, die prominenten Verbrechern wie Capone nachgezeichnet waren. In den Gangsterfilmen kamen die Verbrecher zwar um, wie die Zensur es forderte, aber sie starben oft durch die Hand rivalisierender Gangster. Die Polizei trat praktisch nicht in Erscheinung. Der erste dieser Filme war *Der kleine Caesar* (1930) mit Edward G. Robinson, dann kam *Der öffentliche Feind* (1931) mit James Cagney. Diese Filme waren so beliebt, daß 1931 mehr als fünfzig weitere Gangsterfilme produziert wurden, die einem unmoralischen »Schuld ohne Sühne«-Schema zu folgen schienen. Es gab keinen Helden des Gesetzes, der genügend Charisma und Macht hatte, um die anarchische Gewalt des Verbrechers ausgleichen zu können. Die Filme zeigten ein Amerika, in dem die Unterwelt die rechtmäßige Gesellschaft bezwungen hatte und ihre Beschützer als inkompetent, korrupt und machtlos entlarvte.

Die Erwartungen der Öffentlichkeit schufen eine Rolle für einen neuen Helden des Gesetzes, eine Rolle, in die J. Edgar Hoover schlüpfen sollte, sobald er über den erforderlichen politischen Rückhalt verfügen würde. Da es jedoch an einer effektiven, vom Bund geführten Aktion gegen das Verbrechertum fehlte, entstand zwischen 1929 und 1933 eine volkstümliche Antikriminalitätsbewegung, eine Massenbewegung ohne einen Führer oder einen Plan. Jedermann wurde sein eigener Kriminologe. Forderungen nach öffentlichen Hinrichtungen, Auspeitschungen und anderen Heilmitteln wurden laut. Häufig wurde auch der Vorschlag gemacht, eine amerikanische Teufelsinsel* für Gewohnheitsverbrecher einzurichten oder die Gradabstufungen für die Schwere eines Verbrechens etwas großzügiger zu handhaben. In einigen Gerichtsbezirken wurden Gesetze (die sich an einem Gesetz orientierten, das 1931 im Staat New York erlassen wurde) gegen sogenannte öffentliche Feinde erlassen. Sie erlaubten die Inhaftierung einer Person »mit einem bekannten Register, die mit bekannten Verbrechern ver-

* Iles-du-Diable, Salutinseln. Eine Inselgruppe in Französisch-Guayana, auf die bis 1945 Schwerverbrecher deportiert wurden.(A.d.Ü.)

kehrt und über keine Mittel verfügt, sich zu finanzieren«. Andere Staaten kopierten das New Yorker Baumes Law von 1926, das nach der vierten Verurteilung wegen eines Schwerverbrechens eine lebenslängliche Strafe vorschrieb (das sogenannte Gesetz für dreimalige Verlierer). Lawes, der ansonsten gemäßigte Direktor des Gefängnisses Sing Sing, forderte sogar das Standrecht und sagte, er könnte »das organisierte Erpressertum in sechzig Tagen ausrotten, wenn er ein Mussolini wäre«. Am 24. August 1931 fand im Madison Square Garden in New York eine Massenversammlung gegen das Verbrechertum statt, an der 20 000 Menschen teilnahmen. Die American Legion organisierte und bewaffnete ihre Mitglieder wie Hilfstruppen der Polizei. Im ganzen Land imitierten Gruppen die berühmten »Secret Six« aus Chicago, die das Schatzamt dazu gebracht hatten, Eliot Ness und seine »Untouchables« nach Chicago zu schicken.[58]

Schon bevor der New Deal mit seinem Programm gegen das Verbrechertum an die Öffentlichkeit trat, hatte sich im Land eine Vorstellung herausgebildet, welche Art von Gesetzesvollzug benötigt werde. Die sozialen Kräfte, die später im Mythos des G-Man verschmolzen, hatten sich bereits gesammelt: die allgemeine Faszination für die Rituale von Schuld und Sühne; die Interpretation des Verbrechens als Angriff auf die Nation und ihre Werte; leidenschaftliche Rachegefühle gegen die übermenschlichen Verbrecher und ein Bedürfnis der Masse, an Aktionen gegen das Verbrechertum beteiligt zu werden. Vor allem aber hatte die Verbrecherhysterie während der Depression vor Roosevelt die Nation überzeugt, daß jetzt, da das Verbrechen als Symbol des nationalen Niedergangs erkannt worden war, nur die Bundesregierung mit dem Problem fertigwerden könnte.

Was das Land brauchte, war »eine Figur, die Gesetz und Ordnung symbolisierte und es der Unterwelt mit gleicher Münze heimzahlte – nur besser. Eine Person, die ihnen das heiße Eisen direkt wieder zurückwerfen konnte, zusammen mit einem Kinnhaken für alle Fälle«. So beschrieb Chester Gold 1931 seinen Comic-Detektiv Dick Tracy. Ein Jahr später waren Hoover und seine G-Men dieses Symbol.[59]

Kapitel 7

Das FBI des New Deal

Gee, but I'd like to be a G-Man
And go Bang! Bang! Bang! Bang!
Just like Dick Tracy, what a »he-man«
And go Bang! Bang! Bang! Bang!
I'd do as I please, act high-handed and regal
'Cause when you're a G-Man, there's nothing illegal.

I'd be known in all the best spots of New York
Like Twenty-One and Eighteen and The Stork.
To all the smartest nightclubs I would go
To find out all the things that a G-Man ought to know.

Aus »When I Grow Up« (»The G-Man Song«)
von Harold Rome, Pins and Needles, 1937

Das Federal Bureau of Investigation der dreißiger Jahre war einer der wahrhaft sensationellen Triumphe des New Deal, und J. Edgar Hoover gehörte zu Roosevelts wertvollsten (und vertrautesten) Mitarbeitern. Keine »alphabet agency«* des New Deal stieß in der Öffentlichkeit auf soviel Begeisterung wie Hoovers FBI. In einem weiteren Sinn reagierte Franklin D. Roosevelt auf dieselbe Vertrauenskrise, die auch die Volksbewegung gegen das Verbrechertum ausgelöst hatte; er mußte sich mit dem Zusammenbruch der nationalen Moral ebenso befassen wie mit dem wirtschaftlichen Zusammenbruch. Während die anderen Behörden des New Deal mit der harten wirtschaftlichen Realität der

* Scherzhafte Bezeichnung für die vielen neuen Behörden, die im Rahmen des New Deal eingerichtet wurden. »Alphabet Agencies« deshalb, weil die Bezeichnungen für die neuen Behörden meist durch Großbuchstaben abgekürzt wurden. So hieß die neu gegründete Agricultural Adjustment Administration kurz AAA, während PWA für Public Work Administration stand. (A.d.Ü)

dreißiger Jahre zu kämpfen hatten, schlug sich Hoovers Bureau mit der kulturellen Depression herum, die sich in der allgemeinen Überzeugung ausdrückte, die legitime Macht sei konfus und inkompetent und zerfalle ohnehin langsam. Oberflächlich betrachtet standen Hoovers große Kriminalfälle aus den Anfangsjahren des New Deal – »Machine Gun« Kelly, John Dillinger, »Pretty Boy« Floyd und »Baby Face« Nelson – in keiner Beziehung zur fundamentalen Krise der Depression. Aber Menschen und Nationen leben nicht vom Brot allein; sie brauchen auch Spiele. Und Hoovers FBI sorgte für die Spiele.

In den dreißiger Jahren begann sich auch Hoovers Macht zu konstituieren, die er den Rest seines Lebens ausübte. Diese Macht erwuchs zunächst aus seiner erstaunlichen Popularität als berühmte Persönlichkeit und als Held in jenem Jahrzehnt. Die andere Wurzel seiner Macht war geheim – anfangs nur wenigen Personen aus den höchsten Kreisen der Regierung bekannt. Es war der innenpolitische Geheimdienstapparat, den Hoover für Roosevelt aufbaute. Er war Bestandteil der geheimen Vorbereitungen, die der Präsident für einen möglichen Krieg traf. Die Heimlichkeit war nötig, da die Öffentlichkeit sich gegen alle Versuche sträubte, darüber aufgeklärt zu werden, wie gefährlich die internationale Lage tatsächlich war. Hoover war in all diesen heiklen und vertraulichen Angelegenheiten Roosevelts effektiver, loyaler und unersetzlicher Agent.

Diese beiden Faktoren ergänzten sich und führten dazu, daß Hoovers Machtzuwachs alle Erwartungen überstieg, vor allem aber seine eigenen. Seine Popularität schützte ihn vor der Abneigung, die Schnüfflern und Spionen gewöhnlich entgegengebracht wird. Andererseits verlieh gerade sein Zugang zu geheimen und weitreichenden Informationsquellen seinen immer umfassenderen Äußerungen zu politischen, sozialen und moralischen Problemen mehr und mehr Autorität.

Mit dem bevorstehenden Wechsel zu einer demokratischen Regierung sah Hoover 1932 als im Amt verbliebener Beamter in eine unsichere Zukunft. »Die Dienstzeit eines Polizeiadministrators«, sinnierte er in jenem Jahr, »sollte nur durch bewiesene Ineffizienz, die erwiesene größere Effizienz eines anderen Mannes oder durch die Einwirkung jener natürlichen Ursachen beschränkt werden, die es notwendig machen, daß wir alle ›eines schönen Tages‹ unsere aktive Tätigkeit niederlegen und uns, wenn uns das Glück zuteil wird, die Zeit und die Neigung dafür zu haben, auf unsere Reise in das ›große Unbekannte‹ vorbereiten.« In einigen europäischen Ländern, bemerkte er neidvoll, blieben die Leiter der nationalen Polizeibehörden im Amt, »bis der Sensenmann für die Notwendigkeit gesorgt hat, daß ein Nachfolger bestimmt wird«.[1]

Roosevelt hatte Senator Tom Walsh aus Montana, der Hoover während der Red Scare und der Teapot-Dome-Affäre bekämpft hatte, zu seinem neuen Justizminister ernannt. Anfang 1933 wurde deshalb allgemein angenommen, daß Walsh, sobald er im Amt sei, Hoover entlassen werde. Doch am 2. März desselben Jahres erlitt der Senator auf dem Weg zur Amtseinsetzung einen tödlichen Herzanfall.[2] Roosevelt benötigte dringend einen Justizminister, der ihm ein rechtliches Gutachten über seine Machtbefugnis erstellte, die Banken des Landes zu schließen. Nachdem er sich mit seinem designierten Außenminister Cordell Hull beraten hatte, gab Roosevelt den Namen des Ersatzkandidaten für das Amt des Justizministers bekannt: Homer Stillé Cummings.

Cummings war dreiundsechzig Jahre alt und ein alter, treuer Anhänger Roosevelts aus Connecticut.[3] Die Wahl von Cummings gehörte zu Roosevelts gelungensten Schachzügen. Seine tatkräftige Administration erfüllte das gesamte Justizministerium mit Energie und keine Abteilung davon mehr als Hoovers Bureau of Investigation.

Weder Roosevelt noch Cummings kamen mit dem Versprechen nach Washington, den Verbrechern den Krieg zu erklären. Das Programm des New Deal gegen das Verbrechertum entwickelte sich ganz von selbst aus der Regierungsmethode, die Roosevelt mit seiner Forderung nach »Handeln, schnellem Handeln« in seiner Antrittsrede als Präsident angekündigt hatte, und seinem Appell an die Nation, »wie eine ausgebildete und loyale Armee zu marschieren, die bereit ist, zum Nutzen der allgemeinen Disziplin Opfer zu bringen«.[4] Roosevelt hatte keine konkreten Maßnahmen gegen die Depression versprochen, sondern Taten, gekleidet in die Rhetorik des Krieges. Das Spezialgebiet von »Doctor New Deal« war die Psychologie und sein höchstes Interesse die geistige Gesundheit seines Patienten; das Land hatte eine gewaltige Dosis von PR-Medizin zu erwarten.

Als der New Deal sein Programm für den Kampf gegen die Depression enthüllte, ergriff eine Art Kriegsbegeisterung das gesamte Kabinett. Das Landwirtschaftsministerium erklärte den landwirtschaftlichen Überschüssen und der Armut der ländlichen Bevölkerung den Krieg. Das Civilian Conservation Corps* kämpfte gleichzeitig gegen Jugendarbeitslosigkeit und Bodenerosion. Es war klar, daß sich in dieser Situation auch die Anwälte und Spezialagenten des Justizministeriums, und Hoover mit ihnen, nach ihren eigenen Trommelwirbeln und Signalrufen sehnten.

Das politische Theater, das Roosevelt mit seinen »Hundert Tagen«** inszenierte, hatte vielleicht keine direkte Auswirkung auf die wirtschaftliche Depression, aber es hatte einen gewaltigen Effekt auf die »kulturelle Depression«. Die nationale Moral habe sich gehoben, schrieb Leo Rosten 1935, weil der Präsident dem Land »einen Krieg für soziale Gerechtigkeit ... die Pracht eines militärischen Feldzuges und eines heiligen Kreuzzuges ... den Altruismus einer edlen Sache [und] das Kameradschaftsgefühl während einer Massenaktion« angeboten habe.[5]

Als Homer Cummings das Justizministerium übernahm, war die Treue zu den Prinzipien des Präsidenten seine einzige Waffe, und er beurteilte jedes politische Programm danach, inwieweit es der sozialen Solidarität diente. Die Funktion des Gesetzes, sagte er, bestehe darin, »die Bande der Zuneigung zwischen dem Volk und der von ihm eingesetzten Regierung zu festigen und nicht, sie zu dehnen«. Seiner Ansicht nach »war die Indifferenz der Öffentlichkeit vornehmlich die Apathie der Desillusionierten, die aus dem häufigen Versagen der Regierung resultierte ... die Nation wirklich zu führen«.[6]

Cummings sorgte dafür, daß er zum Führer der Bewegung gegen das Verbrechertum wurde, indem er vor nahezu jeder Gruppe von Bürgern auftrat, die sich mit dem Problem der Kriminalität befaßte. Vor 1933 waren die Massenversammlungen gegen das Verbrechertum Protestkundgebungen gegen die Unfähigkeit der Regierung gewesen, die

* Das CCC organisierte Freiwillige zwischen 18 und 25 Jahren, die von speziellen Arbeitsdienstlagern aus für monatlich 30 Dollar im Natur- und Landschaftsschutz tätig waren. (Udo Sautter, *Geschichte der Vereinigten Staaten von Amerika*, Stuttgart: Kröner, 1976, S. 383 – A.d.Ü.)

** Von Roosevelt einberufene Sondersitzung des Kongresses, die vom 9. März bis zum 16. Juni 1933 dauerte. (A.d.Ü)

Kriminalität in den Griff zu bekommen. Jetzt machte Cummings' Gegenwart sie zu Solidaritätsveranstaltungen für das – bislang noch unklare – New-Deal-Programm zur Bekämpfung der Kriminalität. Im Spätfrühling 1933 hatten ihn seine Appelle, daß sich »das Volksempfinden stärker gegen organisierte Erpresser richten müsse«, und seine Anspielungen auf einen baldigen »allgemeinen Krieg gegen Gangster und organisierte Erpresser« zur herausragenden Figur in der Bewegung gegen das Verbrechertum gemacht.[7]

Franklin D. Roosevelt war noch keine zwei Wochen im Amt, als das Weiße Haus Hoover erstmals um dieselben informellen Informationen bat, mit denen der Direktor bereits frühere Regierungen versorgt hatte. Diese ersten Aufträge waren zwar harmlos, fielen aber strenggenommen nicht in Hoovers offiziellen Aufgabenbereich, jedenfalls nicht nach den Richtlinien Harlan Stones. Doch Hoovers eifrige Bereitschaft, diese Dienste zu leisten, muß Roosevelt überzeugt haben, daß er in Hoover einen Mann im FBI hatte, mit dem es sich arbeiten ließ.[8]

Außerdem sorgte Hoover dafür, daß positive Äußerungen über ihn dem Präsidenten auch zu Ohren kamen. Hoovers alter Gönner Harlan Stone nahm durch Felix Frankfurter Kontakt mit Roosevelt auf, um sich nach Hoovers Aussichten zu erkundigen; am 22. April sagte FDR zu Frankfurter: »Alles in Ordnung mit Edgar Hoover. Homer Cummings stimmt mit mir überein.« Sechs Wochen später erhielt Roosevelt einen Brief von Francis P. Garvan, Hoovers Chef während der Palmer-Zeit, der jetzt bei der Chemical Foundation arbeitete. »Lassen Sie sich diesen Jungen, Hoover, nicht nehmen«, schrieb Garvan an den »lieben Franklin«. »Ich habe ihm geraten, das Ministerium zu verlassen und eine Kanzlei zu eröffnen, mit der er zweifellos Erfolg haben würde. Doch mit jedem Tag, den Sie mit ihm oder seinem Bureau zu tun haben, wird er Ihnen für Ihr Wohlbefinden und Ihre Sicherheit unentbehrlicher erscheinen. Je mehr Ermittlungsbehörden Sie ihm unterstellen können, desto besser werden Sie Ihre Administration gegen Skandale absichern.«[9]

Homer Cummings' Lieblingsidee im Frühjahr 1933 war die Gründung einer »Superpolizei«, die seinen Krieg gegen das Verbrechertum führen sollte. Sein erster Plan sah vor, die bestehenden Bundesbehörden zusammenzulegen, und am 10. Juni 1933 unterzeichnete Roosevelt eine Verfügung[10] des Präsidenten, durch die das Prohibition Bureau,

das Bureau of Identification und das Bureau of Investigation zu einer neuen Division of Investigation innerhalb des Justizministeriums vereinigt wurden. Dahinter steckte der Gedanke, Hoovers 326 Agenten durch die 1200 Ermittler des Prohibition Bureau zu verstärken und so auf einfache Weise und ohne große Kosten eine Bundesbehörde für den Kampf gegen die Kriminalität zu schaffen, die so imposant war, daß sie einen wirklich spektakulären Einfluß auf die öffentliche Meinung nehmen konnte. Bei jeder Zusammenlegung erhebt sich jedoch das Problem, daß einer der ehemaligen Leiter der einzelnen Abteilungen zum Chef des vereinigten Unternehmens ernannt werden muß; vermutlich war die Verfügung aus diesem Grund so datiert, daß sie erst zwei Monate später, am 10. August, wirksam wurde.
Diese zweimonatige Verschiebung gab Hoover Zeit, sich gegen die Vereinigung seines Bureau mit dem schlecht geführten, schlecht geschulten und korrupten Prohibition Bureau auszusprechen. Hoover überzeugte Cummings, daß »uns das erdrückt und all die Arbeit zunichte gemacht [hätte], die wir auf uns genommen haben, um ein ehrliches, sauberes und effizientes Bureau zu schaffen«. Offenbar zeigte Hoover, wie ernst es ihm war, indem er anbot, sich dem Chef der neuen Abteilung zu unterstellen, wenn Cummings dem Bureau Autonomie gewährte.[11]
Die Frage der Führung war noch immer ungeklärt, als am 17. Juni im fernen Kansas City, Missouri, eine Schießerei zwischen Hoovers Agenten und mehreren Gangstern Cummings den Vorwand lieferte, dem Verbrechertum offiziell den Krieg zu erklären. Das Massaker von Kansas City, wie es später genannt wurde, war ein Grundstein der FBI-Legende. Vier Agenten des Bureau of Investigation hatten (mit einem Polizeichef aus Oklahoma und zwei Detektiven des Ortes) einen ausgebrochenen Häftling nach Leavenworth eskortiert und waren auf dem Bahnhofsparkplatz von Kansas City von MG-bewaffneten Banditen überfallen worden. Angeführt wurde die Bande von Verne Miller, und vermutlich war auch Charles »Pretty Boy« Floyd mit dabei (obwohl er es bis zu seinem Tod leugnete). Als der Rauch sich verzogen hatte, lagen Spezialagent Raymond J. Caffrey und die drei städtischen Polizeibeamten tot am Boden, zwei der übrigen Spezialagenten waren schwer verwundet. Ihr Gefangener, der geflüchtete Bankräuber Frank »Jelly« Nash, war ebenfalls tot. (Vielleicht war der eigentliche Zweck

des Überfalls, Nash zu töten, damit er seine Freunde aus der Unterwelt des Mittleren Westens nicht verraten konnte.)

Cummings berief in seinem Büro eine Pressekonferenz ein und sagte den Reportern, er »betrachte den Mord an einem Agenten des Justizministeriums, der unter den Opfern war, als eine Herausforderung an die Regierung«. Weiter gab er bekannt, daß er »die gesamte Regierung aufgefordert habe, an dem Fall zu arbeiten«. Leitartikler, Filmemacher und Führer von Bürgergruppen hatten die Eskalation der Kriminalität schon lange als Kraftprobe zwischen der etablierten Gesellschaft und der Unterwelt betrachtet. Jetzt hatte das Land einen Justizminister, der sich derselben dramatischen Sprache bediente: Verne Miller und seine Bande waren nicht mehr nur vier einzelne Verbrecher – sie waren »die Armee des Verbrechens«. Spezialagent Caffrey und die verwundeten Agenten repräsentierten abwechselnd die »Regierung«, das »Recht« oder gar Amerika. Der Mord an Caffrey wurde als »Kriegserklärung« der Unterwelt an die Vereinigten Staaten betrachtet.[12]

Da Cummings das Massaker von Kansas City sofort lautstark als den Beginn des Krieges der Regierung gegen die Kriminalität apostrophierte, verwandelte sich das Mauerblümchen »Justizministerium« in die gefragteste politische Behörde Washingtons. Homer Cummings konnte eine Show mit echten Kämpfen, echten Kugeln und echten Helden bieten, die echte Feinde mit echten Gewehren bekämpften.

Den ganzen Juli über fluteten Meldungen über Cummings' Pläne aus dem Justizministerium, und der Justizminister gab offen zu, daß das »erste Ziel« seiner Kampagne in ihrer Wirkung auf die öffentliche Meinung bestehe. Er versuche »die Öffentlichkeit mit den Realitäten vertraut zu machen, damit sie noch lauter nach der Einhaltung der Gesetze verlangt«.[13] In Cummings' Forderungen nach einer vom Bund geführten Kampagne gegen die Kriminalität stimmten jetzt auch gleichgesinnte Führer von Bürgergruppen, Lokalpolitikern und Leitartikler ein.

Am 30. Juli war Cummings so weit, daß er den Schleier über seiner neuen Superpolizeibehörde lüften konnte. Er gab endlich den Beschluß vom 10. Juni bekannt, die drei Bureaus in einer »neuen« Division of Investigation zu vereinigen. Statt jedoch Hoover und Major E. V. Dalrymple, den Leiter des Prohibition Bureau, einem neuernannten Chef zu unterstellen, entließ er Dalrymple und ernannte

Hoover zum Direktor der gesamten neuen Abteilung; als Stellvertreter wies er ihm John S. Hurley zu, den zweiten Mann des Prohibition Bureau. Hoover richtete innerhalb seiner Division eine eigene Alcoholic Beverage Unit ein, um die »Antialkohol-Agenten« aus seinem Bureau of Investigation fernzuhalten.[14]

Nach all dem Gerede über eine Superpolizeibehörde, eine nationale Polizei und eine neue Kriminalbehörde war die Division of Investigation eine gewisse Enttäuschung. Abgesehen vom Trick, das bereits abgeschriebene Prohibition Bureau und das Bureau of Identification (das ohnehin zu Hoovers Reich gehörte) zusammenzulegen, hatte Cummings nichts weiter getan, als das alte Bureau of Investigation in »Division of Investigation« umzubenennen. (Am 1. Juli 1935 erhielt die Division ihre endgültige Bezeichung »Federal Bureau of Investigation«, FBI.)

Hoover hat vielleicht etwas nachgeholfen, um seinen Posten zu behalten: Gerade zu der Zeit, als über sein Schicksal entschieden wurde, erschien an den Kiosken die neueste Ausgabe des *American Magazine,* die ein schmeichelhaftes Porträt Hoovers, verfaßt von Courtney Ryley Cooper, enthielt. Cooper nannte Hoover den führenden Kopf »der Keimzelle der ersten wirklich nationalen Polizei Amerikas«. Hoover sei »eine sehr komplexe Gestalt ... ein Meisterdetektiv, der sich in kein Bild vom durchschnittlichen Verbrecherjäger einfügt«, ein Träumer mit der Vision »einer erstaunlich perfekten Polizei«, die ihren Mann immer fängt und immer verurteilt. Er sei unentbehrlich für die gesamte Organisation, denn er sei das Genie, das alle Mitarbeiter eingestellt, ausgebildet und zu einer »Eliteeinheit« gemacht habe.[15]

Als Cummings im Frühjahr 1933 versuchte, sich von der Zukunft des Bureau of Investigation eine Vorstellung zu machen, ging er sehr großzügig mit Begriffen wie »nationaler Polizei« und »amerikanischem Scotland Yard« um. Allerdings wurde ihm schnell klar, daß eine wirkliche Nationalisierung der Polizei unter Kontrolle des Bundes angesichts der verfassungsrechtlichen und finanziellen Gegebenheiten unmöglich war. Die *Leitung* des Gesetzesvollzuges jedoch dem Bund zu übertragen und dabei Hoovers Bureau als Instrument zu benutzen war eine praktikable Alternative. Statt nach neuen Verpflichtungen für den Bund zu streben, konnte sich das Ministerium mit dieser Politik ganz darauf konzentrieren, noch tatkräftiger und spektakulärer gegen

Verbrecher, insbesondere gegen Entführungen, vorzugehen, die bereits in seine Zuständigkeit fielen. Jede weitere Ausdehnung der Zuständigkeit des Bundes konnte sorgfältig geplant werden, so daß die Ressourcen des Bureau nicht übermäßig belastet wurden und die Möglichkeit, politisch wirksamen Einfluß zu nehmen, garantiert war. Seit Hoover 1924 die Leitung des Bureau übernommen hatte, sprach er sich für einen kooperativen nationalen Gesetzesvollzug aus. Das Bureau sollte in diesem Konzept die lokalen Polizeibehörden technisch unterstützen und ihre Aktionen koordinieren. Das paßte genau in die Vorstellung des Justizministers von einer selektiven Intervention des Bundes bei Kriminalfällen, die ihm die Publicity versprachen, die er für sein Ministerium benötigte. Nachdem Cummings sich auf dieses Konzept, das politisch sehr ehrgeizig, logistisch betrachtet jedoch sehr bescheiden war, festgelegt hatte, war Hoover genau der richtige Mann für ihn: Er war fleißig und diszipliniert, hatte seine kleine, straff organisierte Einheit völlig unter Kontrolle und seit zehn Jahren den makellosen Ruf, den Anweisungen seiner Justizminister streng Folge zu leisten und seine Pflichten ruhig und diskret zu erfüllen.

Während der ersten beiden Jahre des New Deal interessierte sich die Öffentlichkeit weit mehr für Justizminister Cummings als für J. Edgar Hoover und sein Team von anonymen Agenten. Hoover spielte die bekannte Rolle, die er schon unter A. Mitchell Palmer gespielt hatte, die Rolle des erfahrenen Organisators, der die Pläne ausführte, die der politisch einfallsreiche Cummmings entworfen hatte. Was die Öffentlichkeit begeisterte, war das Spiel einer Bundesregierung – repräsentiert durch den Justizminister –, die den Kampf mit den gefährlichen Gangstern aufnahm, das Spektakel des New Deal, der den Verbrechern die Muskeln zeigte und damit die neue Atmosphäre des Vertrauens demonstrierte.
Als Cummings seine Kampagne gegen die Kriminalität startete, hatte die Öffentlichkeit keine Veranlassung, viel von den Detektiven des Bundes zu erwarten. Seit mehr als einem Jahr schon verfolgten Hoover und seine Leute (gemeinsam mit den anderen Vollzugsbehörden Amerikas) im Entführungsfall Lindbergh Spuren, die in Sackgassen endeten. Im Juli 1933 jedoch lieferte Hoover dem Justizminister einen Fall, der die Öffentlichkeit die Mißerfolge der Bundesregierung vergessen

ließ: die Entführung des Erdölmannes Charles Urschel aus Oklahoma am 23. Juli durch den Banditen des Mittleren Westens, George »Machine Gun« Kelly und seine Frau Kathryn.
Der Fall Urschel war aus zwei Gründen ein Meilenstein in der offiziellen Geschichte des Bureau. Erstens war er das klassische Beispiel für ein Verbrechen, das nur aufgeklärt werden konnte, wenn eine gut koordinierte Truppe von Ermittlern landesweit operierte und auf wissenschaftliche Methoden zurückgreifen konnte, die es ermöglichten, jedes eventuell entdeckte Beweisstück zu analysieren. Dadurch war dieser Fall der erste von vielen folgenden, an dem Hoover zeigen konnte, daß er das FBI dafür ausgebildet hatte, die Wissenschaft in den Dienst des Gesetzesvollzugs zu stellen. Zweitens war der Fall Urschel einer der ersten, in dem Hoover die Publicity so steuerte, daß der Fall in den entstehenden FBI-Mythos einging – als der Fall, »in dem wir unseren Namen bekamen«, der Fall, der die FBI-Agenten zu »G-Men« machte.
Der Fall Urschel bewies nicht nur die Fähigkeit des Bureau, ein Verbrechen aufzuklären; er zeigte auch, wie Hoover und seine Presseleute von den vielen Hinweisen, denen sie bei der Aufklärung eines Falles nachgingen, nur die herausgreifen konnten, an denen sich die Überlegenheit der wissenschaftlichen Methoden des FBI demonstrieren ließ, und damit jeden zum Schweigen brachten, der darauf anspielte, Zufall oder Glück könnten dem Erfolg des FBI nachgeholfen haben. Im Entführungsfall Urschel konnte das Bureau parallel zwei Spuren verfolgen. Am 31. Juli erhielt Kelly seine 200 000 Dollar Lösegeld von der Familie Urschel und ließ sein Opfer frei. Am folgenden Tag gab Urschel seinen Bericht ab, und das FBI fügte alle Hinweise wie ein Puzzle zusammen. Die Entführer hatten Urschel die Augen verbunden, aber aus den Geräuschen, die er hörte, konnte er schließen, daß er auf einem Bauernhof war. Er hörte auch, wie zweimal am Tag ein Flugzeug über das Haus flog, und konnte seine Entführer überlisten, ihm die Uhrzeit zu nennen; damit hatte er eine Vorstellung von dem Flugplan des Flugzeuges. Außerdem erinnerte er sich an den besonderen mineralischen Geschmack des Wassers, an den Zeitpunkt eines Gewitters und an viele andere Details. Die Verbindung dieser einzelnen Hinweise führte das FBI direkt zu dem Haus, in dem Urschel festgehalten worden war. Am 10. August führte das FBI auf dem

Bauernhof eine Durchsuchung durch, verhaftete einen an der Entführung beteiligten Mann und nahm die Spur des Ehepaars Kelly auf.[16]
Während man im Bureau diesen Hinweisen nachging, wurde gleichzeitig eine andere Spur verfolgt. Kurz bevor die Kellys Urschel entführt hatten, war Kathryn Kelly nach Fort Worth gefahren, um dort zwei Detektive als Komplizen für die Entführung eines reichen Bankiers aus Texas zu gewinnen. Die Detektive hatten abgelehnt und sich mit ihrer merkwürdigen Geschichte an das FBI gewandt. Damit gehörten die Kellys für das Bureau sofort zu den Hauptverdächtigen, als Urschel entführt wurde. Kathryn Kelly verschlimmerte ihren Fehler noch und kontaktierte die Detektive aus Fort Worth ein zweites Mal, um herauszufinden, ob irgend jemand sie und ihren Mann im Verdacht habe. Die Detektive wandten sich wieder an das FBI, und das Bureau ließ die Wohnung der Kellys in Fort Worth überwachen. Es dauerte nicht lange, bis die Ermittlungen sich auf den Bauernhof von Kathryns Mutter, außerhalb von Fort Worth, konzentrierten.[17]
Dem Bureau hatten sich also zwei Wege eröffnet, um den Fall zu lösen: Der eine beruhte auf cleveren Schlußfolgerungen, der andere auf Glück und den Schnitzern Kathryn Kellys. Hoover machte den ersten zur offiziellen Version der Geschichte von »Machine Gun« Kelly.[18] In gleicher Weise stellte er sicher, daß die offiziellen Berichte über John Dillinger, »Pretty Boy« Floyd und »Baby Face« Nelson zu derselben unerbittlichen Schlußfolgerung führten: Hoover hatte die Verbrechensbekämpfung zu einer Wissenschaft gemacht und das FBI selbst in die letzte Waffe gegen das Verbrechertum verwandelt.
Während Cummings die Aufmerksamkeit der Öffentlichkeit darauf konzentrierte, zu erkennen, wie bedeutsam die Kampagne gegen die Verbrecher für ihr Vaterland war, brachte das Bureau den Fall Urschel zu einem spektakulären Abschluß. Am 26. September machte es Kelly in Memphis, Tennessee, ausfindig, und eine Gruppe von Spezialagenten und Detektiven aus Memphis (die Agenten des Bureau waren bis 1934 nicht bevollmächtigt, Verhaftungen vorzunehmen) stürmten die Farm. Als sie in das Wohnzimmer stürzten, streckte Kelly den Kopf aus dem Schlafzimmer. Angesichts des Waffenarsenals der Detektive (Schrotflinten, Maschinengewehre und Tränengas) warf er seine Pistole weg und ergab sich kampflos. In der Version, die später vom Bureau veröffentlicht wurde, geriet Kelly in Panik, als er die Agenten des

Bureau sah, und schrie: »Nicht schießen, G-Men*, nicht schießen!« Und so erhielt das FBI, wie Hoover nicht müde wurde zu erzählen, seinen Spitznamen. Den nationalen Presseberichten über die Verhaftung zufolge hatte Kelly beim Eintreten der Beamten »blöde gegrinst, einen Augenblick gezögert und dann sein Gewehr aus der Hand auf den Boden rutschen lassen. ›Okay, Jungs, ich hab' die ganze Nacht auf euch gewartet.‹«[19]

Der Fall Kelly war so reich an interessanten menschlichen Aspekten, daß er zu jeder Zeit eine fabelhafte Geschichte für die Presse abgegeben hätte. Doch im Jahre 1933 erregte er besonderes Aufsehen, da Homer Cummings und das Justizministerium ein *politisches* Melodram daraus gemacht hatten.

Den Rest des Jahres über kündigte Cummings alle paar Wochen eine weitere Neuerung in seinem Krieg gegen das Verbrechertum an. Als zum Beispiel die Flag Association die Abschlußversammlung zu ihrer Kampagne gegen die Kriminalität abhielt, gab Cummings bekannt, daß er für prominente Häftlinge ein besonderes Gefängnis einrichte: Alcatraz, ein ehemaliges Militärgefängnis in der Bucht von San Francisco. Cummings hatte die Stimmung in der Öffentlichkeit perfekt eingeschätzt. Alcatraz war, gleichgültig, ob es als Gefängnis taugte, ein unmittelbarer PR-Erfolg und wurde sofort zur Legende, zum neuen Symbol für die schlimmste Strafe außer dem Tod.[20]

Der größte Fall in der Geschichte des FBI war die Jagd auf John Dillinger im Frühjahr und Sommer 1934. Und Hoover gelang es niemals erfolgreicher als im Fall Dillinger, ein komplexes, unstrukturiertes Medienereignis in einen unbestreitbaren Triumph des FBI zu verwandeln. Zunächst jedoch dirigierte Homer Cummings den Fall.

Dillingers Verbrecherkarriere begann im Mai 1933 und dauerte etwas mehr als ein Jahr. In dieser kurzen Zeit faszinierte er die Öffentlichkeit wie kein anderer Verbrecher seit Jesse James. Zum Vorteil Cummings' (und Hoovers) begann Dillinger seine Laufbahn genau zu der Zeit, als Cummings seine Kampagne gegen das Verbrechertum organisierte, und die Menschenjagd erreichte einen Höhepunkt, als die Regierung gerade versuchte, ihre Gesetzgebung gegen die Kriminalität durch den Kongreß zu bringen. So konnte Cummings die Jagd auf Dillinger als

* Kellys Kurzform für »Government-Men«. (A.d.Ü.)

Test für die Entschlossenheit der Regierung bezeichen und Dillingers Tod in einen der größten politischen Triumphe der dreißiger Jahre verwandeln.

John Dillinger war 1933 dreißig Jahre alt und saß seit 1924 wegen eines Raubüberfalls auf ein Lebensmittelgeschäft in Indiana im Gefängnis. Kaum war er am 22. Mai 1933 aus dem Gefängnis entlassen, begann er Banken, Geschäfte und sogar Polizeiarsenale auszurauben; seine Spur zog sich von Florida nach Wisconsin und von Indiana nach Arizona. Zweimal brach er aus dem Gefängnis aus. Der zweite Ausbruch gehörte zu den klassischen Fällen in der Geschichte der amerikanischen Verbrecher.

Am 25. Januar 1934 wurde Dillinger in Tucson, Arizona, verhaftet und nach Crown Point, Indiana, ausgeliefert, um dort wegen Mordes vor Gericht gestellt zu werden. In Crown Point brachten Fotografen den Sheriff und den Ankläger dazu, mit Dillinger Arm in Arm für ein Foto zu posieren. Die Justizbeamten grinsten zufrieden; Dillinger lächelte zynisch, als erheitere ihn der Gedanke, was er für seine Fänger auf Lager hatte. In der Nacht des 3. März zog Dillinger eine hölzerne Pistole, die er aus einem zerbrochenen Waschbrett geschnitzt hatte, entwaffnete die Wächter, nahm ihre Waffen und floh im Auto eines Sheriffs. Als er die Staatsgrenze zu Illinois überfuhr, verstieß er gegen den Dyer Act von 1919, der den Transport eines gestohlenen Fahrzeuges von einem Staat in einen anderen unter Strafe stellte. Und damit war das Bureau of Investigation offiziell in den Fall verwickelt.

Cummings führte den Ausbruch Dillingers als Argument ins Feld, als er versuchte, den Kongreß zur Annahme des Zwölfpunkteprogramms gegen die Kriminalität zu bewegen, das er am 20. März entworfen hatte. Die Unterwelt, sagte er, verfüge über »mehr bewaffnete Männer als die Armee und Marine der Vereinigten Staaten«. Die Regierung benötige Verstärkung.[21] Cummings' Programm zufolge sollte die Zuständigkeit des Bundes auf das staatenübergreifende, organisierte Verbrechertum, Raubüberfälle auf Bundesreservebanken und Mord an Bundesbeamten ausgedehnt werden. Außerdem trat Cummings in seinem Programm für das Lindbergh-Gesetz ein und erweiterte die Machtbefugnisse der Bundesankläger. Später brachte er zusätzliche Maßnahmen ein, durch die FBI-Agenten das Recht erhielten, Waffen zu tragen und Verhaftungen durchzuführen.

In der Zwischenzeit hatte das Bureau, was Dillinger betraf, eine Pechsträhne. Am 31. März hatten ihn zwei von Hoovers Agenten in der Falle, ließen ihn aber durch eine unbewachte Hintertür entkommen. Darauf folgte bald ein zweites Fiasko. Am 22. April erhielt Melvin Purvis, Hoovers Dienststellenleiter in Chicago, den Tip, daß sich die Dillinger-Bande im Norden Wisconsins im Kurort Little Bohemia aufhalte. Purvis charterte ein Flugzeug und machte sich mit einer Gruppe von Agenten auf den Weg, während eine andere Gruppe (unter Inspektor Samuel Cowley) als Verstärkung von St. Paul eingeflogen wurde. Hoover rief Reporter in sein Büro und teilte ihnen mit, daß Dillinger in der Falle sitze und diesmal nicht entwischen könne.[22]
Die Aushebung der Verbrecher endete in einer Katastrophe. Wachhunde hörten die Agenten durch den Wald stolpern und bellten. FBI-Agenten und Gangster beschossen sich blindlings, und Dillinger konnte – einmal mehr – mit seiner Bande durch eine unbewachte Hintertür entschlüpfen. Ein Hotelgast starb im Kreuzfeuer, und ein neues, besonders mordgieriges Mitglied der Bande, »Baby Face« Nelson, stieß auf zwei Agenten und tötete einen von ihnen. In Washington sprach man von Hoovers Absetzung, und in einer Eingabe aus Wisconsin wurde Purvis' Entlassung gefordert, »wenigstens bis Dillinger gefaßt oder tot ist«.[23]
Die »Affäre« von Little Bohemia, wie Melvin Purvis den Vorfall in seinen Memoiren nannte, machte die Polizei – besonders Hoover, Purvis und das Bureau of Investigation – lächerlich, war aber genau das Ereignis, das Cummings brauchte, um seine Strafgesetze durchzubringen. Noch während der Diskussion über den Ausgang wurden weitere zweihundert Agenten (um die Gesamtzahl auf sechshundert zu erhöhen), Panzerspähwagen und Flugzeuge gefordert, und Cummings stimmte zu.[24] Am 19. Mai unterzeichnete Roosevelt die ersten sechs neuen Strafgesetze, während Hoover und Cummings neben ihm standen. Der Präsident rief die Öffentlichkeit auf, sich am Krieg gegen die Verbrecherwelt zu beteiligen.
Inzwischen herrschte in ganz Amerika eine regelrechte Dillinger-Manie. Er wurde überall gesichtet, sogar in Übersee, und in den Cartoons auf den ersten Seiten wurde das Justizministerium verspottet. *Time* illustrierte eine besonders witzige Geschichte über die Jagd nach Dillinger mit einem Spiel namens »Dillinger Land«: Schädel bezeichne-

ten die Stellen, an denen Justizbeamte und Verbrecher gestorben waren. Mit einer gepunkteten Linie war die bekannte Spur des Verbrechers nachgezeichnet, und von Little Bohemia, wo er zum letzten Mal wirklich gesehen worden war, gingen strahlenförmig Fragezeichen aus.[25]

Am Sonnabend, den 21. Juli, erhielt Melvin Purvis den mittlerweile berühmten Tip von Anna Sage, der »Frau in Rot«.* Anna Sage führte in East Chicago ein Bordell und sollte ausgewiesen werden. Sie hatte sich bereit erklärt, gegen eine Belohnung und das Versprechen, daß man ihr bei ihren Problemen mit dem Immigration Bureau helfen würde, Informationen über Dillinger zu beschaffen. Sie teilte Purvis mit, daß sie und eine weitere Frau am folgenden Tag mit Dillinger ins Kino gehen würden.

Dieses Mal entwischte Dillinger nicht. Während Hoover in seiner Bibliothek am Seward Square 413 auf und ab ging und alle paar Minuten telefonisch über die neuesten Entwicklungen in Chicago unterrichtet wurde, verteilte sich ein Sonderkommando von Spezialagenten im Foyer des Filmtheaters *Biograph* und auf dem Gehweg vor dem Gebäude. Um 22.30 Uhr war der Film zu Ende. Melvin Purvis ging von hinten auf Dillinger zu und forderte ihn auf, sich zu ergeben. Dillinger rannte los und griff in seine Hosentasche, um seine Pistole zu ziehen. Die Agenten eröffneten das Feuer – und der berühmteste Gangster des FBI war tot.[26]

Innerhalb weniger Minuten breitete sich die Nachricht von Dillingers Tod über Chicago und das ganze Land aus. Menschenmassen drängten zum Filmtheater und begafften die Blutlachen (einige tauchten sogar ihr Taschentuch hinein, um es als Souvenir mit nach Hause zu nehmen). Das städtische Leichenschauhaus wurde geöffnet, damit die Bürger sich den Leichnam anschauen konnten.

Die kommenden Monate waren eine Herausforderung für Hoover. Er mußte dafür sorgen, daß die am Einsatz im *Biograph* beteiligten Agenten, besonders Melvin Purvis, nicht die ganze Ehre einheimsten, die seiner Meinung nach dem gesamten Bureau gebührte. Er hatte einen Weg entdeckt, wie die Öffentlichkeit überzeugt werden konnte,

* Damit alle beteiligten Agenten Anna Sage auch erkannten, vereinbarte sie mit Purvis, daß sie am fraglichen Abend ein rotes Kleid tragen würde. Dillinger hatte sich einer plastischen Gesichtsoperation unterzogen, deshalb war nicht sicher, daß die Agenten ihn auch erkennen würden. (A.d.Ü)

daß der Fall durch eine systematische Anwendung der wissenschaftlichen Methoden des Bureau gelöst worden war, und nicht einfach durch den Tip von der Frau in Rot.
Doch vorerst bestimmten Melvin Purvis und Justizminister Cummings die Schlagzeilen. Um die Aufmerksamkeit zurück auf das Bureau zu lenken, setzte sich Hoover rasch mit seinem Freund Rex Collier in Verbindung, einem Reporter des *Washington Star*. Gemeinsam mit ihm veröffentlichte er seine Version der Dillinger-Story, in der das gesamte Bureau zum kollektiven Helden wurde. Hoover und Collier behaupteten, nicht der Tip Anna Sages sei der entscheidende Glücksfall gewesen, sondern der Diebstahl des Autos, das dem Sheriff des Gefängnisses von Crown Point gehörte: *Das* war der Verstoß gegen ein Bundesgesetz, der dem Bureau ein Eingreifen ermöglichte. Ausgehend von der Prämisse, daß das Bureau seinen Mann *immer* fing, war Dillinger von dem Augenblick an, da das Bureau eingriff, ohnehin erledigt. Hoovers wissenschaftliche Ermittler hätten ungeduldig darauf gewartet, so Collier, daß Dillinger »ihnen den Fehdehandschuh hinwarf, indem er gegen ein Bundesgesetz verstieß«.[27] Sobald das Bureau eingegriffen habe, sei der Ausgang gewiß gewesen; oder wie Hoover zu sagen pflegte: »Vor der Wissenschaft müssen alle kapitulieren.«
In Hoovers und Colliers Version des Falles waren all die unbequemen Details – das Fiasko in Little Bohemia, Anna Sages Tip, die umstrittene Abmachung zwischen ihr und Purvis (die von Hoover und der Regierung bestritten wurde) – irrelevant. Die wissenschaftliche Methode des Bureau war unfehlbar; wenn Dillinger nicht auf diese Weise erledigt worden wäre, hätte man ihn so oder so auf eine andere Weise gefaßt. Durch permanente Wiederholung gelang es Hoover schließlich, seine Darstellung des Falles Dillinger nicht nur zur endgültigen Version zu machen, sondern auch zum klassischen Sieg des FBI über das Verbrechen überhaupt. Selbst als schon dreißig Jahre vergangen waren, seit FBI-Agenten Dillinger vor dem *Biograph* in Chicago erschossen hatten, sagte einer der Spitzenmitarbeiter Hoovers, das FBI sei deshalb so populär, weil »wir die Aufgabe gelöst haben. Wir haben die Dillingers bekommen«. Hoover verwandelte den Vorraum seines Büro in ein Dillinger-Museum, das an seine Trophäensammlung aus der Zeit der Palmer-Razzien im Jahre 1920 erinnerte.
Hoover zog aus den Erfahrungen, die er sammelte, als er dem Fall

Dillinger die richtige Form gab, zwei wichtige Lehren für seine Öffentlichkeitsarbeit. Die erste lautete, daß die Presse immer den zu ihrem Helden macht, den sie für den Verantwortlichen des Falles hält – also gab Hoover im ganzen Bureau zu verstehen, daß *er* als derjenige zu nennen sei, der in jedem wichtigen Fall persönlich das Kommando führe. Die zweite Lehre war, daß die Reporter sich in ihren Artikeln immer an die Interpretation desjenigen hochrangigen Beamten hielten, dem es gelang, als erster seinen Kommentar bei der Presse abzugeben – also kümmerte Hoover sich darum, daß er immer sofort eine Pressemitteilung parat hatte, sobald eine große Story bekannt wurde.

Als Ende September der Fall Lindbergh aufgeklärt wurde, sorgte Hoover dafür, daß nichts und niemand zwischen ihn und die Kameras kam, obwohl eigentlich den Agenten des Schatzamtes die Ehre gebührte, denn sie hatten unter das Lösegeld für den Entführer Goldzertifikate gemischt. Das hatte am 15. September 1934 zum Durchbruch in diesem Fall geführt, denn ein Tankwart in der Bronx hatte sich gewundert, daß ein Kunde mit einem Goldzertifikat im Wert von zehn Dollar bezahlte. (Die Scheine mußten bis April 1933 an die Banken zurückgegeben werden, da die Vereinigten Staaten in diesem Monat vom Goldstandard abgingen.) Der Tankwart notierte die Nummer des Wagens. Es stellte sich heraus, daß er Bruno Richard Hauptmann gehörte.

Hoover eilte nach New York, damit er neben Polizeikommissar John F. O'Ryan von New York City stehen konnte, als die Verhaftung Hauptmanns bekanntgegeben wurde. Er schaffte es auch, dabei fotografiert zu werden, wie er Spezialagent T. H. Sisk und den beiden anderen Agenten des New Yorker Lindbergh-Kommandos, das von Inspektor John Lyons von der New Yorker Polizei geleitet wurde, die Hand schüttelte. Im *Washington Star* stand unter diesem Foto, Hoover und seine Leute seien die »Strategen des Justizministeriums im Fall Lindbergh«. Rex Collier schrieb in seinem Artikel den »Sherlocks aus [dem] Justizministerium« das Verdienst zu, Hauptmann in die Falle gelockt zu haben, und behauptete, Hoover habe das Verhör geleitet.[28]

Das Bureau of Investigation hatte wahrscheinlich von allen beteiligten Vollzugsbehörden am wenigsten zur Aufklärung der Entführung beigetragen, aber nach einem Jahr unablässiger Pressepropaganda in Form der in Washington erschienenen Artikel von Rex Collier kam die

Öffentlichkeit zu dem Schluß, daß der Fall Lindbergh ein weiterer Triumph des Justizministeriums sei.
In den Monaten nach Dillingers Tod errang Purvis noch mehr Ruhm für sich und das Justizministerium. Nachdem Dillinger aus dem Weg geräumt war, erkor die Presse »Pretty Boy« Floyd zum neuen Volksfeind Nummer eins (wegen seiner angeblichen Teilnahme am Massaker von Kansas City im Jahre 1933). Purvis nahm den Fall persönlich in die Hand, spürte Floyd auf und brachte ihn um.
Wieder einmal setzte Hoover alles daran, um sich in die Geschichte hineinzudrängen. Er erzählte Rex Collier, Floyd habe ihm ein Geschäft angeboten: Kapitulation gegen Straffreiheit. Er habe, sagte Hoover, dieses Angebot abgelehnt, denn »er tötete einen von unseren Leuten, und dafür muß er die Konsequenzen tragen. Außerdem machen wir keine Geschäfte mit Verbrechern.« In der Washingtoner Presse wurde diese Story aufgenommen, aber im übrigen Amerika war Purvis der Held, und sein Foto und seine Erklärungen füllten die ersten Seiten.[29]
Als nächstes machte sich Purvis an einen weiteren Volksfeind, »Baby Face« Nelson. Als das FBI seine Falle zuschnappen ließ, tötete Nelson den Spezialagenten Herman Hollis und fügte Sam Cowley, der jetzt eine bewegliche Einsatztruppe gegen Volksfeinde leitete, lebensgefährliche Verletzungen zu. Purvis eilte an Cowleys Sterbelager und erfuhr, daß Nelson der Mörder war; daraufhin äußerte er gegenüber Reportern, daß er »bei Cowleys Blut geschworen« habe, ihn zu rächen. UND WENN ES DAS LETZTE IST, WAS ICH TUE, ICH WERDE BABY FACE NELSON FANGEN, lautete die Schlagzeile, die im ganzen Land erschien.[30]
In Washington gaben Cummings und Hoover bekannt, sie hätten Anweisung gegeben, bei einem Zusammentreffen mit Nelson sofort zu schießen. Einige Stunden später erhielten sie die Nachricht, daß Nelsons Leiche gefunden worden sei; er war an den Wunden aus dem Schußwechsel mit Hollis und Cowley gestorben. Cummings »geriet beinahe ins Stottern«, als er bekanntgab: »Es ist ›Baby Face‹ Nelson. Unsere Leute haben ihn erledigt. Unsere Leute haben ihn erledigt.«[31]
Für Homer Cummings lag die Bedeutung dieser großen Kriminalfälle darin, daß sie dem Justizministerium halfen, politische Unterstützung für das gesamte Programm des New Deal zu gewinnen. An der Westküste Amerikas, in Hollywood, sah man Cummings' Kampf dagegen eher

von der romantischen Seite: Für die Unterhaltungsindustrie waren die großen Kriminalfälle das Rohmaterial für klassische Abenteuergeschichten. Während Homer Cummings Pläne für eine Versammlung von Vertretern aller Vollzugsbehörden in Washington Ende 1934 fertigstellte, auf der die Leistungen der vergangenen zwei Jahre gefeiert und Pläne für die Zukunft geschmiedet werden sollten, begann Warner Bros. mit der Arbeit am ersten der vielen Filme über die G-Men, die Hoover und das FBI zu Helden machten.[32]

Justizminister Cummings' Konferenz über die Kriminalität fand vom 10. bis zum 13. Dezember in Washington statt; mehr als sechshundert Delegierte nahmen daran teil. Eigentlich wollte Cummings mit dieser Konferenz seine Kampagne zur Bekämpfung der Kriminalität in eine permanente, landesweit koordinierte Allianz der Vollzugsbehörden verwandeln.[33] Statt dessen wurde sie seine letzte Gelegenheit, vor der Öffentlichkeit als Führer der Bewegung gegen das organisierte Verbrechertum aufzutreten, bevor Hollywood Hoover zur neuen nationalen Symbolfigur des Gesetzesvollzugs machte.

Cummings gab sich der Vorstellung hin, daß mit dieser Konferenz ein neues Zeitalter im amerikanischen Gesetzesvollzug anbrechen würde. Unter der Führung seines Ministeriums würde eine landesweite Föderation professioneller Vollzugsbehörden entstehen, die alle engagiert dieselben fortschrittlichen Prinzipien fördern und darauf hinarbeiten würden, die Unterstützung der Öffentlichkeit für die Sache des Gesetzes zu gewinnen. Das Justizministerium würde nationale Standards festlegen und mit Hilfe seiner Kriminalabteilungen – der Division of Investigation und dem Bureau of Prisons – und anderen Abteilungen, die Cummings bereits plante, für eine professionelle Ausbildung sorgen. Diese noch zu schaffenden Abteilungen sollten Polizeibeamte ausbilden und bei der Erforschung präventiver Maßnahmen gegen die Kriminalität, insbesondere gegen Jugendkriminalität, behilflich sein. Hoovers Division of Investigation sollte in diesem Konzept eine entscheidende Rolle spielen, aber nicht die einzige, und noch nicht einmal die wichtigste.

Doch die Konferenz markierte nicht den Anbruch einer neuen Epoche des Gesetzesvollzugs, sondern war in Wirklichkeit der Anfang vom Ende der Bewegung gegen die Kriminalität in den dreißiger Jahren. Im Laufe der folgenden paar Jahre stellten Hoover und sein Bureau of

Investigation mit ihrem Ruf das gesamte Ministerium und mit ihm auch Cummings und seine kühnen Pläne ins politische Abseits. Statt Cummings' Traum von einer durchorganisierten nationalen Polizei hatte das Land den Mythos der G-Men.

Hoover hatte Ende des Jahres 1934 einen soliden Ruf, aber er war im strengen Sinn des Begriffes keine populäre Figur.[34] Es bestand kein allgemeines Interesse an seiner Persönlichkeit, seinen Ideen oder seinen Wertvorstellungen, und sein politischer Einfluß konnte weder Roosevelt noch Cummings oder die stellvertretenden Justizminister, die die Kriminalermittlungen des Ministeriums leiteten, beeindrucken. Aber dann, im Jahre 1935, wurde er plötzlich eine große Berühmtheit, ein Star der Medien.

Hoover hatte wenig Einfluß auf den Prozeß, der diese Metamorphose bewirkte. Weder er noch seine rasch anwachsende Gruppe von Presseleuten waren anfangs in der Lage, das neue öffentliche Image des Bureau in den Griff zu bekommen, das in vieler Hinsicht mit Hoovers Vorstellungen davon, was das Bureau repräsentieren sollte, kollidierte. Auch Justizminister Cummings, dessen Kampagne für einen neuen Gesetzesvollzug der Faszination der Medien vom FBI zum Opfer fiel, hatte diese Glorifizierung nicht geplant oder beabsichtigt. Hoovers Verherrlichung war das Werk der Unterhaltungsindustrie, der Hollywoodfilme über die G-Men aus dem Jahre 1935.[35]

Als der erste G-Man-Film im April 1935 in die Kinos kam, hatten Hoovers Journalisten schon fast ein Jahr an der FBI-Legende gearbeitet. Für das neue Image des Bureau war vor allem Courtney Ryley Cooper, ein ambitionierter, freier Journalist aus Kansas City, verantwortlich. (Cooper war auf Kriminalstories spezialisiert, und zu Beginn des Jahres 1933 hatte ihn das *American Magazine* zum Bureau of Investigation geschickt, um zu sehen, ob er dort Stoff für eine Story finden könnte . Cooper lieferte vierundzwanzig Artikel über das Bureau, von denen alle außer einem im *American Magazine* veröffentlicht wurden. Insgesamt schrieb er drei Bücher über das FBI [eines davon als Ghostwriter Hoovers] und vier Drehbücher [wieder unter dem Namen Hoover].)[36]

Coopers Artikel über das FBI J. Edgar Hoovers brachten dem Bureau etwas Wertvolleres ein als nur Publicity. Cooper war clever und ehrgeizig. Er erkannte schnell, daß in den FBI-Akten mehr als nur eine Story steckte, aber er sah auch, daß er nur verschiedene Versionen der abgedroschenen Räuber-und-Gendarm-Geschichten produzieren würde, wenn er die Fälle, die Hoover und Tolson ihm gaben, einfach jeweils zu einem Artikel verarbeitete. Er brauchte ein verbindendes Element für die verschiedenen Fälle, eine »große Story«, die jeden einzelnen Fall in eine fortlaufende Saga einbinden würde, eine Saga, die zwar einen Anfang und einen Mittelteil, aber kein Ende, sondern eine Zukunft hatte. Das gelang ihm, indem er anhand eines jeden Falles entweder eine spezielle Technik des Bureau illustrierte oder darstellte, was für Fortschritte Hoover bei seinen Reformbestrebungen im Gesetzesvollzug gemacht hatte. So betrachtet fand sich im Bureau of Investigation so viel Material, daß es ein Leben lang reichen würde.

Cooper begründete mit seinen Reportagen über das FBI, die im *American Magazine* neben spannenden Geschichten nach klassischem Schema von Rafael Sabatini, Max Brand, Rex Stout und Agatha Christie erschienen, einen Standard für die Verarbeitung von Informationsmaterial aus dem Bureau, den man das »FBI-Schema« nennen könnte. Sobald es perfekt ausgearbeitet war, benutzte das Bureau dieses Schema als Vorlage für seine eigene Propaganda, um ein Image zu fördern, in dem alle Fälle des FBI, seine technischen Hilfsmittel und seine Organisation in einem geschlossenen Bild fest eingebunden waren.[37]

Das FBI, wie Cooper es darstellte, war eine Maschine zur Verbrechensbekämpfung, und ihre Effektivität, die an Allmacht grenzte, war allein das Ergebnis von Hoovers Führung: seiner Sorgfalt bei der Auswahl und Schulung seiner Leute, seiner Fähigkeit, sie zu führen, und der technischen Hilfsmittel, die er eingebracht hatte, um die Beweisstücke zu analysieren, die sie sammelten. Ob es um detektivische Meisterstükke, die an Wunder grenzenden kriminalistischen Laboranalysen oder um die Überführung von Verbrechern ging – Cooper sorgte dafür, daß sie das Genie des Meisterdetektivs (Hoover) hinter den Kulissen bestätigten, der die Fäden in der Hand hatte, mit den Einsatzplänen seiner Agenten jonglierte, Anweisungen in den Telefonhörer bellte und Losungen über den Fernschreiber jagte.

Bei der Darstellung von Hoovers Agenten orientierte sich Cooper am Image des aktiven Detektivs aus der Unterhaltungsliteratur, allerdings mit einem entscheidenden Unterschied: Die Detektive im Roman waren Einzelgänger und bei der Aufklärung ihrer Fälle ganz auf sich selbst gestellt; Hoovers Agenten dagegen waren Mitglieder eines Teams, und es war die Organisation, die sie unbesiegbar machte. In Coopers FBI-Schema wurde der Erfolg des Bureau immer auf J. Edgar Hoover und die gesamte Organisation des FBI zurückgeführt, und niemals auf einen einzelnen Agenten.[38]

Zu Beginn des Jahres 1935 erschienen die Artikel Coopers aus dem *American Magazine* in überarbeiteter Fassung als Buch unter dem Titel *Ten Thousand Public Enemies.*[39] Es war das erste und zugleich wichtigste Buch, das je über Hoover und das FBI geschrieben wurde. Cooper hatte inzwischen sein FBI-Schema perfektioniert und fügte alles, was er über das Bureau wußte, in dieses Schema ein. Das Buch hatte eine zusammenhängende, aktionsreiche Story, in der viele verschiedene Verbecher auftraten. Die Handlung ließ den Leser teilhaben an den Aktionen der Bundesregierung in ihrem Kampf gegen das Verbrechertum, und selbstverständlich hatte sie auch ihren Helden: J. Edgar Hoover.

Cooper vertrat in seinem Buch die These, daß die berühmten Verbrecher aus den Schlagzeilen (Dillinger und andere) ohne die Unterstützung einer lokalen Verbrecherwelt nicht bestehen könnten. Diese Betrachtungsweise hatte wichtige Implikationen für Hoover und das FBI. Statt bei berühmten Verbrechen die Kompetenz der Bundesbehörden (des FBI) in schlechtem Licht erscheinen zu lassen, konnte Cooper behaupten, daß das große Verbrechen durch das Versagen der lokalen Polizeibehörden erst möglich wurde. Daß es Verbrecher wie Dillinger wegen der Inkompetenz der lokalen Polizeibehörden gab, und nicht, weil eine landesweit operierende Verbrecherorganisation existierte, wie Hollywood und die Krimi-Heftchen glauben machten.

Cooper vertrat die Vorstellung, das Bureau habe den Auftrag, die Polizeibehörden Amerikas zu professionalisieren, und um diesen Auftrag zu erfüllen, müsse es sich selbst, seine Methoden und seine Ziele öffentlich bekanntmachen. Coopers These lautete, daß die wahre Bedeutung der einzelnen FBI-Fälle darin liege, daß sie dazu beitragen könnten, die Öffentlichkeit (und die Polizeibehörden) dazu zu bewegen, das Bureau als Musterbeispiel für eine Vollzugsbehörde anzuerkennen: um seine Methoden zu lernen, seine Hilfe zu akzeptieren und seiner Führung zu folgen. Coopers letzte Waffe gegen das Verbrechen war das Image des FBI: eine nicht korrumpierbare, unüberwindbare, wissenschaftliche Organisation von Meisterdetektiven.

Weder Cooper noch Hoover waren jemals der Ansicht, das FBI selbst sollte versuchen, das Land von Verbrechern zu säubern. Ihr Plan sah vielmehr vor, daß das FBI in einer solchen Kampagne die Führung übernahm. Das bedeutete aber, daß das FBI seine Aufgabe erst dann erfüllen konnte, wenn es in die Zeitungen kam. Coopers Vision von der Rolle des FBI im Gesetzesvollzug ermutigte das Bureau, seine Fälle zu veröffentlichen und Bücher, Filme, Rundfunk- und Fernsehsendungen über das Bureau herauszugeben. Zu den Pflichten des FBI gehörte demnach auch, daß es in die Schlagzeilen kam.[40]

Während Hoover aus naheliegenden Gründen sorgsam darauf achtete, Cummings immer wieder zu versichern, daß er und sein Bureau loyale Untergebene seien und ihren Platz kennten[41], mußte Hollywood sich nicht darum kümmern, ob es irgendwelchen Bürokraten auf die Zehen trat. Als die Filmindustrie 1935 das FBI und seine Kriminalfälle in populäre Unterhaltung verwandelte, nahm sie das Schema auf, das Hoover und Cooper entwickelt hatten, veränderte es aber völlig, um es den Konventionen und Stereotypen der Abenteuergeschichte anzupassen. Das Ergebnis war das G-Man-Schema, die populäre Adaption von Coopers FBI-Schema.

Hollywood brachte seinen »G-Man-Zyklus« von FBI-Filmen 1935 in einer Situation auf den Markt, die weit mehr Aufmerksamkeit auf diese Filme lenkte, als sie nach ihrem allgemeinen Unterhaltungswert eigentlich verdienten. Die G-Man-Filme gehörten zu den letzten Gangsterfilmen, die produziert wurden, bevor gewalttätige Kriminalfilme durch Zensurregelungen verboten wurden. Dieser Zensur unterwarf sich die Filmindustrie Ende 1934. Im Jahre 1935 waren die einzigen Gangster auf der Leinwand Volksfeinde, die von G-Men-Darstellern niedergeschossen wurden, und am Ende des Jahres konnten nicht einmal mehr in FBI-Filmen bewaffnete Gangster auftreten. In der Filmgeschichte markierte die Geburt des G-Man das Ende der Epoche des Gangsterfilms.

Der wichtigste G-Man-Film, der Film, der Hoover und sein Bureau zu einer amerikanischen Legende machte, war Warner Bros.' *G-Men* mit James Cagney in der Hauptrolle.[42] In *G-Men* wurde die Geschichte des

FBI neu geschrieben: Der FBI-Direktor im Film verkörperte nicht nur Hoover in seiner historischen Rolle, sondern zugleich auch Homer Cummings. In *G-Men* war es der Direktor des FBI, und nicht Justizminister Cummings, der als Sprachrohr der Nation fungierte und sich wegen neuer Strafgesetze an den Kongreß wandte. Hollywood nahm Cummings, dem Justizministerium und dem New Deal die Kampagne gegen die Kriminalität aus der Hand, riß sie aus ihrem politischen Kontext und schrieb sie ganz dem FBI zu. Das FBI Hollywoods war keine Behörde des Justizministeriums. Die G-Men gehörten der Nation; sie waren die Armee eines Volkes, das gegen das Verbrechen als solches kämpfte.

Der Film *G-Men* definierte den FBI-Agenten als die aktuellste Verkörperung eines jahrhundertealten Klischees der populären Unterhaltung: des heldenhaften Detektivs im Einsatz, der gewöhnlich außerhalb der hinderlichen Institutionen von Regierung und Justiz operiert. Für Hollywood war die Beziehung zwischen dem FBI und dem Rest der Regierung ein ärgerliches Hindernis, das den direkten Blick auf die Heldentaten des Bureau und die Ängste und Hoffnungen der Öffentlichkeit verstellte. Nach Cagneys *G-Men* hatte sich das Image des FBI verändert. Es war nicht mehr eine gewöhnliche Regierungsstelle innerhalb der normalen Ämterhierarchie, die nur die Politik ausführte, die ihre von der Verfassung bestimmten Vorgesetzten konzipierten, sondern der unmittelbare Ausdruck des Zorns der Öffentlichkeit gegen ihre Feinde. Die G-Men und ihr Direktor im Film erhielten ihr Mandat nicht vom Justizminister, sondern von der Nation, die durch eine Sondersitzung des Kongresses repräsentiert wurde.

Zu Beginn des Jahres 1935 war Homer Cummings noch das unumstrittene Haupt des amerikanischen Gesetzesvollzugs, das Symbol für das harte Vorgehen des New Deal gegen Verbrecher gewesen. Ein Jahr später stand er im Abseits, und J. Edgar Hoover war der »Volksheld Nummer eins«, das nationale Symbol für Gesetz und Ordnung.

Zu Beginn der G-Man-Manie hatte Hoover kaum eine Möglichkeit, so auf die Unterhaltungsindustrie einzuwirken, daß sie ihre Abenteuergeschichten nach dem FBI-Schema aufbaute. Aber er betrachtete die Glorifizierung des FBI in der Unterhaltungsbranche mit gemischten Gefühlen und arbeitete, als er die erforderliche Macht dazu hatte, hart daran, das FBI der Unterhaltungsindustrie dem Image anzugleichen, das er aufbauen wollte.

Die G-Man-Filme enthielten zwar auch einige Hinweise auf wissenschaftliche Methoden der Verbrechensbekämpfung (Sichern von Fingerabdrücken oder Gipsabdrücken von Reifenspuren) und feierten die Fälle des FBI als Teil eines patriotischen Krieges gegen das Verbrechen. Doch abgesehen davon war der G-Man des Films einfach der alte, frei operierende, heldenhafte Detektiv in einem neuen Gewand – dem dreiteiligen Anzug. Das war aber genau die altmodische Vorstellung vom Detektiv, die Hoover durch das Image einer professionellen, wissenschaftlich orientierten Ermittlungs*organisation* ersetzen wollte.

»Nicht ein einzelner Mann im Federal Bureau of Investigation sorgte für die Verhaftungen [der Volksfeinde]«, sagte Hoover 1936 vor einer Gruppe von Jugendlichen. »Die Organisation ist in Wahrheit vom ›Wir‹ geprägt, und nicht vom ›Ich‹.«[43]

Hoover genoß den Prominentenstatus, den er durch die Publicity des G-Man erhielt, und er begrüßte es, daß der Ruhm ihm Gelegenheit gab, seine Ansichten über Themen zu äußern, die nicht mehr ausschließlich den professionellen Gesetzesvollzug betrafen. Dennoch war seine erste Reaktion auf das falsche Bild, das die Filmindustrie von seinem Bureau vermittelte, der sofortige Versuch, dem dadurch entgegenzuwirken, daß er seine eigenen, sorgfältig überwachten FBI-Programme förderte.

Zu jenem Zeitpunkt stand ein offizieller FBI-Film für Hoover nicht zur Debatte, aber er kümmerte sich darum, daß das offizielle FBI in den Medien präsent war, was keine so hohe Investition erforderte.

Schon im Jahre 1935 lauerte Hoover auf Gelegenheiten, mit kooperativen Journalisten zusammenzuarbeiten, um das richtige öffentliche Image des Bureau zu fördern. Seine erste Chance kam im Juli 1935, als Phillips H. Lord ihn aufsuchte, ein ungeheuer erfolgreicher Produzent, Regisseur und Star einer Rundfunksendung mit Musik und Humor aus New England, die seit 1929 jeden Samstagabend über die NBC ausgestrahlt wurde.[44] Lord leitete eine neue Sendung mit dem Titel »Radio Crimebusters« und hatte eine Idee für eine neue Aufmachung dieser Sendung. Er wollte die Helden der Sendung, die bislang von Polizisten verkörpert wurden, in FBI-Agenten verwandeln und die Handlung der einzelnen Folgen nach authentischen Fällen aus den Akten des FBI gestalten. Hoover gefiel diese Idee.

Als Lord jedoch sein erstes Drehbuch vorlegte, war Hoover entsetzt und sagte, daß »das einfach nicht geht ... So arbeiten unsere Leute nicht«. Er sorgte dafür, daß Lord sich mit Rex Collier zusammentat, und arbeitete einen Vertrag aus, der ihm durch Collier die vollständige Kontrolle über die Sendung gab. Die Sendung trug den Titel »G-Men« und wurde am 20. Juli 1935 erstmals ausgestrahlt. Sie lief in insgesamt dreizehn Folgen bis zum 12. Oktober. In der ersten Folge ging es um den Fall Dillinger, darauf folgten der Fall der Osage-Indianer, »Machine Gun« Kelly, die Ma-Barker-Bande, »Pretty Boy« Floyd und andere berühmte Entführungen und Raubüberfälle.[45]

Unter Hoovers Kontrolle wich die Sendung »G-Men« immer mehr vom üblichen Handlungsmuster ab, bis in der letzten Folge nur noch ganz statisch beschrieben wurde, wie die G-Men in ihren Kriminallaboren arbeiteten. Hoover hatte die Handlung fast vollständig durch die Darstellung ersetzt, wie alle Hinweise im Zusammenhang mit einem Fall sorgfältig analysiert und Beweisstücke wissenschaftlich untersucht wurden. Von der ersten Sendung an wurde jede Folge nur als willkommene Gelegenheit betrachtet, zu demonstrieren, wie das FBI aus Teamwork und Wissenschaft eine furchteinflößende Waffe gegen die Kriminalität gemacht hatte. Doch Hoover nahm der Sendung durch sein Konzept jegliche Dynamik, Spannung und individuelles Heldentum, also all die Elemente, die für eine Abenteuergeschichte unerläßlich sind. Trotz offizieller Unterstützung lief die Sendung nur dreizehn Wochen, obwohl sich das Bureau zu jener Zeit größter Popularität erfreute.

Hoover ging sehr weit, um aus der Geschichte des FBI einen Volksmythos zu machen, aber er konnte nicht weit genug gehen. Das eine wesentliche Element, das seine Filme brauchten, um erfolgreich zu sein – den echten Helden –, konnte er ihnen nicht geben, ohne das von ihm geförderte »exakte« Image des FBI als einer Organisation von Teamarbeitern aufzugeben. Es schien Hoover unmöglich zu sein, der Unterhaltungskultur einen G-Man-Helden zu geben, ohne vom Image des Bureau als einem Team, einer Organisation, die vom ›Wir‹ geprägt ist, abzuweichen.

Es sei denn, *er* wurde dieser Held.

Ende das Jahres 1936 wurde die FBI-Legende von monatlich erscheinenden Groschenheften aufgenommen. Als erstes erschien im Oktober 1935 die Reihe *G-Men* (und lief achtzehn Jahre lang bis 1953). Im

Hoover wurde am 1. Januar 1895 in einem mit weißem Stuck verzierten Haus am Seward Square 413 geboren, einem Viertel hinter dem Capitol in Washington, wo vornehmlich Beamte aus dem öffentlichen Dienst lebten. Das Nachbarhaus gehörte später Hoovers Bruder, Dickerson jun.

Edgar sah seiner energischen Mutter, Annie Sheitlin Hoover, erstaunlich ähnlich. Sein Vater, Dickerson N. Hoover, war Graveur in der Druckerei des Coast and Geodetic Survey im Handelsministerium.

Eine Familie, eine Schule und eine Kirche, die noch ganz im kleinstädtischen Amerika des neunzehnten Jahrhunderts verwurzelt waren, prägten J. Edgar Hoover. Hier und im die Rassentrennung befürwortenden Washington lernte er die Achtung vor der etablierten Autorität, die seine gesamte lange Karriere bestimmte. Er unterrichtete in der Sonntagsschule der Old First Presbyterian Church von Dr. Donald Campbell MacLeod (oben links), war Champion des Debattierklubs sowie Hauptmann der Kadetten (rechts) und beteiligte sich aktiv am gesellschaftlichen Leben der Studenten (unten links).

Nach Abschluß seines Studiums an der juristischen Fakultät der George Washington University trat Hoover 1917 in das Justizministerium ein und stieg rasch auf. Während des Krieges erfaßte er internierte Ausländer. Diese Erfahrung ermöglichte es ihm, nach dem Krieg die Kampagne zur Deportation von Kommunisten zu leiten. Aufgrund seines hervorragenden Organisationstalents wurde er 1921 zum stellvertretenden Direktor des Bureau of Investigation und 1924 zum Direktor ernannt.

Als Hoover das Bureau übernahm, war es eine altmodische, politisch kontrollierte Detektivbehörde, deren Personal aufgrund von Protektion eingestellt wurde. Hoover gestaltete es rasch zu einer Behörde um, die durch professionellen Gesetzesvollzug und wissenschaftliche Ermittlungsmethoden charakterisiert war. Kennzeichnend für diese Umwandlung war Hoovers erste neue Einrichtung: die Sammlung von Fingerabdrücken in seinem Bureau of Identification (oben). Um Skandale zu vermeiden, führte Hoover ein strenges System von Kontrollen ein. Dabei unterstützten ihn seine engsten Mitarbeiter: in den zwanziger Jahren sein Freund und Mitarbeiter T. Baughman (unten rechts), der 1919 von Hoover eingestellt wurde, und später Clyde Tolson (unten links).

In den dreißiger Jahren half Hoovers Erfolg gegen berüchtigte Verbrecher wie John Dillinger der Roosevelt-Administration, das Vertrauen der Öffentlichkeit zur Regierung wiederherzustellen. Der Kampf des New Deal gegen das Verbrechertum machte das Bureau und Agenten wie Melvin Purvis berühmt.

Hoover diente Roosevelt loyal als einer der effizientesten und zuverlässigsten Mitglieder der Administration. Zusammen mit Justizminister Homer Cummings, Senator Henry F. Ashurst von Arizona und dem stellvertretenden Justizminister Joseph B. Keenan (von links nach rechts) schaut Hoover zu, wie Präsident Roosevelt das Paket der Strafgesetzvorlagen (1934) unterschreibt.

Hoover und sein Freund und Kollege Tolson während einer Pause bei den Dreharbeiten zum Film *You Can't Get Away With It*, den das FBI autorisierte (hinter Hoover stehen die Filmemacher Bill Miller und Charles Ford). Die Popularität, die Hoover in den dreißiger Jahren gewann, spielte eine wichtige Rolle für die Unabhängigkeit von politischer Kontrolle, die Hoover den Rest seiner Amtszeit über genoß.

Gemeinsam mit Tolson, der immer an seiner Seite war, führte Hoover in den dreißiger Jahren das Leben eines prominenten Mannes: Er besuchte New Yorker Nightclubs (oben bei einer Silvesterparty im Stork Club) und Meisterschaftskämpfe und war in den Zeitungen beliebtes Thema der Klatschspalten von Freunden wie Ed Sullivan und Walter Winchell.
Hoover und Tolson verbrachten ihre Ferien gemeinsam als Gäste reicher Freunde in exklusiven Hotels in Miami Beach (rechts) und La Jolla.

Roosevelt und Hoover bauten in den dreißiger Jahren im Bureau die Einrichtung für geheimdienstliche Aktivitäten im Inland heimlich wieder auf. Als der Zweite Weltkrieg ausbrach, konnte die Öffentlichkeit davon überzeugt werden, daß das Problem der Spionage unter Kontrolle war. Ein dramatisches Beispiel dafür war die Verhaftung von nationalsozialistischen Saboteuren, die mit einem U-Boot vor Long Island gelandet waren. Hoover und Tolson (oben) im Jahre 1942 auf dem Weg zum Obersten Bundesgericht, das die Urteile und die Todesstrafe für die Saboteure bestätigte.

Dezember kam unter dem Titel *The Feds* das zweite G-Men-Heftchen auf den Markt. Bald fand man in nahezu allen Abenteuerheftchen Geschichten über das FBI und Tips des Bureau zur Verbrechensbekämpfung sowie Kurzbiographien des Direktors.

Jede Ausgabe des *G-Men* enthielt einen Comic über »Volksfeinde«, eine Reportage unter dem Titel »Berühmte Fälle des J. Edgar Hoover« und eine der Reden Hoovers, die nicht durch ein Copyright geschützt waren und in dem Heftchen angeblich »exklusiv« erschienen. Es gab sogar einen »G-Men Club«.

Die Attraktion der *G-Men*-Heftchen waren die FBI-Abenteuergeschichten, in denen G-Man Dan Fowler, der eigens kreierte Held der Geschichten, die Hauptrolle spielte. Hoover trat gewöhnlich zu Beginn der Geschichte auf und schickte Fowler mit einem Auftrag los, um das Land vor der Eroberung durch die Verbrecher zu bewahren. Am Ende erschien er dann noch einmal und heftete Fowler, der ihn abgöttisch verehrte, einen Orden an die Brust.

Die größte Konkurrenz des *G-Men*, das Heft *The Feds*, ging in seiner Werbung für Hoover noch weiter und baute ihn zum Nationalhelden auf. Statt Dan Fowler, den »größten Menschenjäger der Welt«, präsentierte *The Feds* Hoover selbst als »Amerikas Volkshelden Nummer eins« und die »weltweit führende Persönlichkeit des Gesetzesvollzugs«. In der *Feds*-Version des Falles Dillinger kam es zu einem Zweikampf zwischen Hoover und dem berüchtigten Verbrecher.[46]

Hoovers neues Image als bester G-Man mußte durch Taten untermauert werden; deshalb begann er Mitte der dreißiger Jahre persönlich an Einsätzen im Außendienst teilzunehmen und schob seine Agenten in den größten Fällen des Bureau einfach beiseite. In den zwanziger Jahren hatten sich die Vollzugsbehörden Hoover als wissenschaftlichen Manager gewünscht. In den dreißiger Jahren verlangte ein viel größeres Publikum nach einem heldenhaften Detektiv. Und Hoover gab ihm den einzigen Mann im FBI, der die Handlungsfreiheit hatte, die man von einem Abenteuerhelden erwartete: J. Edgar Hoover selbst.

Ende der dreißiger Jahre fand es, abgesehen von ein paar unverbesserlichen FBI-Gegnern, niemand besonders merkwürdig, daß ein vierzigjähriger Bürokrat Pistole und Handschellen schwingend durch das Land stürmte. Indem Hoover sein Image dem Klischee des heldenhaften Detektivs aus den Abenteuergeschichten anglich, erfüllte er die

Erwartungen, die die Öffentlichkeit in einen heldenhaften Detektiv setzte.

Der erste der »Fälle des Direktors« (wie das Bureau sie anpries), für den am meisten Propaganda gemacht wurde, war Hoovers Verhaftung von Alvin Karpis im Jahre 1936. Karpis gehörte zur Ma-Barker-Bande, und nachdem FBI-Agenten Ma Barker und ihre Söhne am 16. Januar 1936 getötet hatten, war er der letzte lebende große Volksfeind der Gangster-Ära. Da Dillinger, Floyd, Nelson und die Barkers tot waren, blieb Karpis Hoovers letzte Chance, es Auge in Auge mit einem Volksfeind aufzunehmen.

Im November 1935 hatte Karpis die gesamten Lohngelder der Erie Railroad gestohlen. Das brachte ihn in die Schlagzeilen, und Hoover gab im ganzen Bureau bekannt, daß Karpis »sein« Mann sei. Im März 1936 erfuhr Hoover, daß Karpis sich in Hot Springs, Arkansas, verstecke. Das war seine erste Chance, an den Gangster heranzukommen. Er rief seine Top-Mitarbeiter, einschließlich Tolson und seinen PR-Chef Louis B. Nichols, zusammen und charterte ein Flugzeug nach Arkansas. Als er dort eintraf, war Karpis jedoch bereits geflohen; vermutlich hatte er von der örtlichen Polizei einen Hinweis erhalten.

Am 30. April 1936 erhielt Hoover eine zweite Chance. Abermals in Begleitung von Tolson und Nichols flog er nachts nach New Orleans, wo seine Agenten den Gangster gesichtet hatten. »Ich hatte den Jungs erzählt, daß er zu allem entschlossen sei«, schrieb Hoover später, »und hatte allen die Gelegenheit gegeben, sich aus der Sache zurückzuziehen, wenn sie wollten. Niemand rührte sich. Dann sagte ich ihnen, sie könnten, wenn sie wollten, kugelsichere Westen anlegen. Niemand rührte sich.«

Als die G-Men um Karpis' Apartment Stellung bezogen, traten der Gangster und ein Freund aus der Tür und setzten sich in ihr Auto. »Ich befahl dem Spezialagenten, der unseren Wagen fuhr, Gas zu geben«, schrieb Hoover,

> aber gerade als wir losfuhren, kam ein berittener Polizist auf einem großen Schimmel die Straße herabgaloppiert. Wir mußten ihn vorbeilassen. Er hätte vielleicht nicht verstanden, was die Schießerei sollte, und auf der falschen Seite eingegriffen. Als wir dann wieder losfahren wollten, kreuzte ein Kind auf einem Fahrrad vor unserer Kühlerhaube die Fahrbahn. Wir

konnten nicht riskieren, das Kind zu verletzen, also bremsten wir wieder ab. Schließlich umzingelten wir die Gangster und führten die Verhaftung durch. Endlich hatten wir den gefährlichsten Volksfeind der Vereinigten Staaten in unserer Hand. »Legt ihm Handschellen an, Jungs«, sagte ich.[47]

Ein Detail, das die Phantasie der Öffentlichkeit merkwürdigerweise besonders anzuregen schien, berichtete, niemand habe daran gedacht, Handschellen mitzubringen, so daß die G-Men Karpis mit einer Krawatte fesseln mußten.

Das spektakuläre Ereignis, daß der höchste Justizbeamte der Nation persönlich die Verhaftung des Volksfeindes Nummer eins durchführte, sorgte für Schlagzeilen, Glückwünsche und Tausende von Briefen an das FBI.

Hoover warf sich zwar selbst in die Schlacht, weil sein Ruf als heldenhafter Detektiv von ihm verlangte, der Öffentlichkeit und seinen Leuten persönlichen Mut zu beweisen. In gewisser Hinsicht waren seine eigenen Fälle aber inszeniert. Er brauchte in Aktionen, die kurz vor dem erfolgreichen Abschluß standen, einfach nur die letzten Befehle zu geben – sozusagen den König in den Bogen einzusetzen. Immerhin waren es gefährliche Situationen; sie verlangten Mut – aber Hoover verlor nie die Nerven. Er war in viel komplizierteren Situationen auf die Probe gestellt worden, als er 1919 und 1920 mit nur fünfundzwanzig Jahren seine Programme gegen die Radikalen vor feindlich gesinnten Bundesrichtern und Senatoren verteidigen mußte. Wer Hoover kannte, zweifelte nicht an seinem psychischen oder physischen Mut.

Sobald Hoover einmal an dieser Art von Tätigkeit Geschmack gefunden hatte, war er kaum noch in seinem Büro zu halten. Seine spektakulärste Demonstration persönlichen Heldentums war die Verhaftung von Louis »Lepke« Buchalter. Lepke war der führende Kopf der Erpresserbande, die in New York City Schutzgelder kassierte und buchstäblich die gesamte Bekleidungsindustrie beherrschte, und betrieb einen landesweiten Killerservice für Banden, der unter dem Namen »Murder Incorporated« bekannt war. Im Jahre 1937 tauchte Lepke unter. Das führte zur sogenannten »Big Heat«: Die Polizei setzte die Verbrecherwelt durch permanente Einsätze unter Druck, um Lepkes Kumpane zum Verrat zu zwingen. Schließlich ließ Lepke sich davon überzeugen, daß mit dem FBI eine Übereinkunft getroffen

worden sei, um ihn vor Thomas Dewey, dem obersten Justizbeamten des Staates New York, zu beschützen. Dewey hatte wegen Vergehen, die mit dem Tod bestraft wurden, eine Anklage gegen Lepke durchgesetzt. Lepke erfuhr, daß die Anklagen des Bundes sich auf einen Verstoß gegen das Betäubungsmittelgesetz mit einer zehnjährigen Haftstrafe beschränken würden, allerdings nur, wenn er sich dem FBI stellte. Dieses Arrangement schien plausibel, denn Dewey war als möglicher Gegenkandidat von FDR bei den Präsidentschaftswahlen 1940 im Gespräch, und Roosevelt könnte es wohl eingefallen sein, Hoover dazu zu benutzen, Deweys Ruf eines Vorkämpfers der Nation gegen das organisierte Erpressertum zu schmälern.
Die entscheidende Wende kam, als der Kolumnist Walter Winchell über Rundfunk an Lepke appellierte, sich zu stellen. Winchell erhielt einen anonymen Anruf. Der Anrufer teilte ihm mit, daß Lepke sich ergeben würde, um eine Schießerei zu vermeiden; allerdings dürften nur Hoover und Winchell zugegen sein. Winchell wußte, wie man eine gute Story inszenierte. Er rief Hoover an und machte mit ihm aus, daß er am 24. August 1939 um 22.15 Uhr alleine an der Ecke Fifth Avenue und Twenty-Eighth Street warten sollte. Als Winchell plangemäß mit seinem geliehenen Wagen vorfuhr, stieg Hoover ein. Winchell stellte ihm den anderen Fahrgast vor. »Mr. Hoover«, sagte er, »das ist Lepke.« »Freue mich, Ihre Bekanntschaft zu machen«, sagte Lepke hoffnungsvoll.[48] Doch Lepke hatte sich getäuscht. Es gab keine Übereinkunft mit dem FBI. Die Bundesregierung verurteilte Lepke wegen Verstoßes gegen das Betäubungsmittelgesetz und lieferte ihn dann an Dewey aus, der ihn wegen Mordes verurteilen und 1944 auf dem elektrischen Stuhl hinrichten ließ.

Ein Held im Einsatz gehört zur Prominenz, deshalb erschien Hoovers Name jetzt regelmäßig in den Kolumnen von Reportern wie Walter Winchell und Ed Sullivan. Doch sein Prominentenstatus gab ihm auch die Freiheit, das erste Mal seit dem Besuch der Central High und seiner Tätigkeit in der Sonntagsschule offen und aggressiv seine Meinung zu äußern. Er hatte nach 1935 begonnen, sich wie ein richtig harter Bursche zu benehmen und redete jetzt auch so. Er betonte zwar immer noch die wissenschaftliche Sachkenntnis des Bureau (er hörte niemals auf, darüber zu reden) und interpretierte das Verbrechen immer noch als eine Herausforderung an die Autorität der Regierung, aber er begann es auch verstärkt als eine Bedrohung für die moralische Ordnung darzustellen. Das war nicht nur eine Veränderung in Hoovers Rhetorik, sondern ein wichtiger Hinweis darauf, daß er seine eigene Führungsrolle neu definierte.

Früher hatte Hoover gemeinsam mit Cummings Verbrecher wie Dillinger als Volksfeinde dargestellt, die gegen die Regierung und das Volk der Vereinigten Staaten Krieg führten. Jetzt begann Hoover die Verbrecher als Symbole des moralischen Verfalls zu benutzen.

Nach 1935 attackierte Hoover in seinen Reden nahezu immer die Moral der Gesetzesbrecher. »Diese Personen aus dem Sumpf der Unterwelt sind nicht einfach arme Jungs oder moralisch Kranke, wie uns die Supersentimentalisten glauben machen wollen«, sagte er vor dem Frauenverein DAR (Daughters of the American Revolution). »Sie sind Marodeure, die für eine Schlagzeile morden, Ratten, die aus ihren Verstecken kriechen, um an den Eingeweiden unserer Zivilisation zu nagen.«[49]

Wenn ihm seine Redenschreiber in der Crime Record Division nicht die harten Formulierungen lieferten, die er wünschte, schalt Hoover sie wegen ihres sentimentalen Gefasels. Er zögerte nicht, ihre Entwürfe für seine Reden so lange in den Reißwolf zu schmeißen, bis sie so klangen, wie er das wollte.

Hoover verschob den Schwerpunkt jetzt von den Taten des Verbrechers auf seine Intentionen, von seinem offensichtlichen Verstoß gegen das Gesetz zum Geisteszustand, auf den dieser Verstoß schließen ließ. Jetzt war es für Hoover nicht mehr die Tat eines Verbechers, sondern sein Charakter, der ihn zum Volksfeind machte. Das war in gewisser Weise eine Rückkehr zu seiner Haltung in den Jahren von 1919 bis 1920, als er dazu tendierte, Ausländer eher nach ihren Überzeugungen und ihrer Einstellung als nach ihren Taten zu beurteilen.

Hoover verlangte jetzt nicht nur, daß Verbrecher geächtet würden, sondern auch jeder, der nur die geringste Sympathie für sie zeigte. Er appellierte an die Öffentlichkeit, »alle Personen, die Verbrechern in irgendeiner Weise, absichtlich oder unabsichtlich, helfen, als Feinde der Gesellschaft zu betrachten«. Er war »stolz, zu den Vertretern der harten Linie, der sogenannten ›MG-Schule‹ der Kriminologie gezählt zu werden«. Denn »ich werde meinen Mitmenschen eher mit reinem

Gewissen gegenübertreten können, als die Vertreter der weichen Linie mit den Samthandschuhen, deren Bemühungen täglich nur neue Räuber, Einbrecher, Brandstifter, Mörder und sexuell Entartete auf uns loslassen«.[50]

Diese Verlagerung des Schwerpunktes von den Taten eines Verbrechers auf seine unmoralischen Wertvorstellungen läßt eine Bewegung heraus aus dem Bereich der konventionellen Politik und hin zur sogenannten Anti- oder Statuspolitik vermuten – das Ressentiment einer Gruppe, die glaubt, ihre ehemals als absolut anerkannte soziale Überlegenheit zu verlieren. »Es ist richtig«, sagte Hoover 1936 zu seinen Zuhörern, »daß sie sich kleiden, wie wir uns kleiden. Und sie leben, wie wir leben, oft sogar auf einem höheren Standard, den sie dem reichen Lohn in ihrem sogenannten Beruf verdanken, aber ihre Ansprüche an das Leben sind die von Schweinen in der Suhle und ihre Anschauungen sind die von Geiern, die ihren Unrat wieder von sich geben.«[51]

Hoover unterschied hier weniger zwischen Gesetz und Gesetzlosigkeit als zwischen Achtbarkeit und Unanständigkeit. »Das Gesetz allein kann nicht dafür sorgen, daß die Menschen anständig bleiben. Es ist eine Macht in ihnen, die sie dazu bringt, dem Gesetz freiwillig zu gehorchen. Die Kriminalität nimmt nicht zu, weil die Menschen das Gesetz nicht mehr respektieren, sondern weil sie die Achtbarkeit nicht mehr respektieren.« Die Ursache des Verbrechens, sagte er, »ist vornehmlich ein Mangel an Disziplin«. Der »Kodex des Verbrechers« lautete in seiner Definition: »Ich nehme mir, was ich will und wann ich es will.«[52]

Der wissenschaftliche Manager, dessen Rolle Hoover seit 1924 spielte, hatte den Moralisten in ihm zum Schweigen gebracht, doch jetzt brach er hervor und mit ihm der bittere Haß gegen jede Art von Unmoral, der ebenfalls zur progressivistischen Geisteshaltung gehörte. Während jedoch die Progressivisten, und Hoover selbst ganz besonders, früher dem ethnisch Fremden die Schuld an sozialer Unruhe zuschoben, brandmarkte Hoover jetzt den moralisch Fremden, den Gesetzesbrecher, und zwar nicht nur als Verbrecher, sondern als Sünder.

Endlich konnte Hoover wieder die Stimme erheben, um die Moralität des Seward Square und der Old First Church zu verteidigen, und darauf bestehen, daß »soziale Probleme nicht von moralischen Problemen getrennt werden dürfen. Sie sind untrennbar miteinander verbunden.«

Wieder hatte er, wie in der Sonntagsschule, ein begieriges Publikum, wieder hatte er einen Text (den letzten Kriminalfall), auf dem er seine Predigt darüber aufbauen konnte, wie wichtig es war, die Moral gegen die Angriffe jener zu verteidigen, die die Regeln der Wohlanständigkeit mißachteten.[53]

Hoover war kein abstrakter Denker, der zu philosophischen Spekulationen neigte, aber seine Reden aus den späten dreißiger Jahren über die Ursachen von Verbrechen enthielten eine Zusammenstellung seiner fundamentalen kriminologischen Prinzipien. Das Verbrechen war für Hoover nicht das Ergebnis sozialer Gegebenheiten oder historischer Ereignisse, sondern es lag in der Natur der Menschen: »Verbrechen wird es geben, solange es die Leidenschaften und Instikte der menschlichen Natur gibt.«[54]

Ende der dreißiger Jahre betrachtete Hoover das Strafrecht als einen Teil der Ethik und diese wiederum als Teil des Naturgesetzes. Sein Denken war im wesentlichen *anti-politisch* geworden. Das Verbrechen war für ihn einfach das Prinzip des Bösen, das sich in menschlicher Form offenbarte. Die Annahme, daß der politische oder historische Kontext, in dem ein Verbrecher lebte, für das Verständnis von Kriminalität als solcher in irgendeiner Weise relevant sein könnte, lehnte er kategorisch ab. Die gefährliche Situation des Landes im Jahre 1939 führte er auf das Versäumnis zurück, sich mit den unveränderlichen Gesetzen der Natur zu befassen und sie zu verstehen.

Hunger, Kommunismus oder die Angst vor einer ausländischen Invasion ... sind nichts als die Folgen der Gesetzlosigkeit ... Hunger gibt es nur durch Verstöße gegen die Gesetze der Wirtschaft und die fundamentalen Prinzipien der sozialen Gerechtigkeit. Der Kommunismus basiert im wesentlichen auf dem Prinzip, die Gesetze unserer demokratischen sozialen Ordnung umzustoßen, und wurzelt in den glitschigen Sümpfen der Gesetzlosigkeit. In Zeiten wie diesen müssen wir selbstverständlich auf eine ausländische Invasion vorbereitet sein, gleichzeitig dürfen wir jedoch nicht vergessen, daß die grundlegende Ursache, die in der Vergangenheit zum Untergang alter Zivilisationen geführt hat, die Korrumpierung von Gesetz und Ordnung gewesen ist ... Die wichtigste Aufgabe der Gesellschaft besteht heute darin, sicherzustellen, daß Gesetz und Ordnung an erster Stelle stehen.[55]

Hoover neigte im allgemeinen nicht zu theoretischen Spekulationen über grundlegende Fragen der Politik, doch im Jahre 1939 versuchte er, den Unterschied zwischen Demokratie und Totalitarismus zu beschreiben:

Das Buch der Geschichte handelt vor allem vom Aufstieg und Fall von Diktatoren. Es gibt drei Arten von Diktatoren. Zunächst gibt es jene, die ihren eigenen egoistischen Zwecken und ihrer Habgier dienen, indem sie unter der Tarnkappe einer Pseudo-Benevolenz operieren. Dann gibt es Diktatoren von der Art der verbrecherischen Erpresser, die durch Gewalt regieren und sogar Ideologien schaffen, die ihren Zwecken dienen und ihre Untaten rechtfertigen...
Die dritte Art des Diktators ist den bereits erwähnten Arten genau entgegengesetzt. Es ist die Diktatur der Volkes, für das Volk und durch das Volk. In den Vereinigten Staaten nennen wir sie Demokratie – die Diktatur des Kollektivbewußtseins unseres Volkes. Wir könnten sie ebensogut Gerechtigkeit nennen, denn dafür steht Amerika.[56]

Hoovers Definition von »Demokratie« und »Gerechtigkeit« als der »Diktatur des Kollektivbewußtseins« erlaubt einen außergewöhnlichen Einblick in seine politischen Vorstellungen. Gleichgültig, ob einer seiner Ghostwriter mit den Implikationen des Begriffes »Kollektivbewußtsein« im Werk Emile Durkheims vertraut war oder nicht – Hoover hätte keinen Ausdruck wählen können, der der historischen amerikanischen Vorstellung vom Konstitutionalismus ferner gewesen wäre. Der Begriff implizierte eine Übereinstimmung mit der richtigdenkenden Mehrheit, die sich gegen die verfassungsmäßigen Einschränkungen ihrer Macht auflehnte. In dem Maße, wie Alter und Einfluß Hoovers Gefühl, unfehlbar zu sein, stärkten, betrachtete er sein Bureau nicht nur als gesetzlichen, sondern auch als moralischen Hüter der Nation, der das Recht hat, jede für notwendig erachtete Maßnahme zu ergreifen, um die Feinde der moralischen Ordnung unwirksam zu machen oder zu vernichten. Sein Bureau würde, anders ausgedrückt, der »Diktatur des Kollektivbewußtseins« Geltung verschaffen.

Roosevelt und J. Edgar Hoover waren, so möchte man meinen, ein sehr ungleiches Paar, aber sie arbeiteten dennoch effizient und effektiv zusammen. Was Herkommen, Persönlichkeit und Temperament betrifft, hatten die beiden Männer nur wenig gemeinsam: Roosevelt kam aus einem sehr guten Haus aus dem Norden des Staates New York und hatte in Harvard studiert. Seine Regierung war ein Magnet für jene Art von Liberalen, die Hoover instinktiv verachteten (und von ihm verachtet wurden), und Roosevelt selbst war mit einer Frau verheiratet, die Hoover als den Inbegriff eines »Salonbolschewisten« bezeichnet hätte. Auf der einen Seite stand Hoover mit seiner Leidenschaft für Ordnung und Kontrolle, auf der anderen Roosevelt mit »seiner Art, Dinge recht unbestimmt zu delegieren« und seiner Liebe für »Frische und Vitalität«.[57]

Doch Roosevelt mochte Hoover. Als Justizminister Robert Jackson Roosevelt 1940 vorschlug, dem stellvertretenden Justizminister Francis B. Biddle das Justizministerium zu übergeben, wenn er selbst ins Oberste Bundesgericht einziehen würde, fragte FDR: »Wie kommt Francis mit Hoover aus?« Im selben Jahr brachte Biddle Hoover ins Weiße Haus, weil FBI-Agenten dabei erwischt worden waren, wie sie das Telefon Harry Bridges' von der Gewerkschaft der Hafenarbeiter abgehört hatten. »FDR war entzückt. Breit grinsend sog er jedes Wort in sich auf, und als Hoover geendet hatte, schlug er ihm auf den Rücken. ›Bei Gott, Edgar, das ist das erste Mal, daß man Sie mit heruntergelassenen Hosen erwischt hat!‹«[58]

Roosevelts Regierungsmethode paßte in Wirklichkeit sehr gut zu Hoovers Temperament, auch wenn sich ihr Verwaltungsstil deutlich unterschied. Roosevelt wollte Taten; er hatte der Nation Taten versprochen und benötigte Männer, die für Taten sorgen konnten. Und Hoover war ein Mann der Tat. Gab man ihm eine Vorstellung davon, was benötigt wurde, und wies ihn auf den groben politischen Rahmen hin, dann ergänzte Hoover die Details ohne weitere Anleitung. Im Gegensatz zu den Improvisationen des New Deal waren Hoovers Programme nicht nur durchgestaltet, sondern ließen sich problemlos ausweiten und an mögliche zukünftige Entwicklungen anpassen. Roosevelt gab Hoover die Gelegenheit, die Arbeit zu tun, auf die ihn seine gesamte bisherige Karriere vorbereitet hatte, eine Arbeit, die seine ganze achtunggebietende Energie und seinen ganzen Ehrgeiz erforderte.

Roosevelt war weit aufgeschlossener und toleranter als Hoover, aber auch er war, wie Hoover, jedem gegenüber, den er verdächtigte, gegen ihn oder die Nation illoyal zu sein, extremer Bösartigkeit und Rachsucht fähig. Roosevelt konnte zwar feiner zwischen abweichender

Meinung und Illoyalität unterscheiden als Hoover, dennoch kümmerte sich keiner der beiden Männer übermäßig um die bürgerlichen Freiheiten seiner Gegner. Das heißt nichts anderes, als daß beide Männer zu allem entschlossene Politiker waren, denen fast jedes Mittel recht war, wenn es darum ging, an der Macht zu bleiben.
Was ihre allgemeine Weltanschauung betraf, gab es zwischen Roosevelt und Hoover auch grundlegende Gemeinsamkeiten, die allerdings nicht klar hervortreten, da Roosevelt gewöhnlich dem politischen und wirtschaftlichen Liberalismus, Hoover dagegen dem Konservatismus zugeordnet wird. Exakter wäre es allerdings, Roosevelt als einen Politiker zu betrachten, der im wesentlichen keiner bestimmten politischen oder wirtschaftlichen Theorie anhing, sondern bereit war, die Strategie zu verfolgen, die je nach Situation für die Einheit und das Bestehen der Nation am geeignetsten schien. Ebenso beschäftigte sich Hoover nur selten mit Wirtschaftstheorien; allerdings war er gedanklich nicht flexibel genug, sich eine Situation vorzustellen, in der die nationale Einheit einen fundamentalen Wandel der traditionellen sozialen Ordnung oder der moralischen Werte überdauern könnte. Beide Männer lauerten instinktiv auf jede Bedrohung der nationalen Sicherheit, deshalb erkannten auch beide in den dreißiger Jahren lange vor der Öffentlichkeit die gefährliche internationale Situation – Roosevelt wegen seines feinen Gespürs für Machtpolitik (und seines Verständnisses für die Intentionen Deutschlands und Japans) und Hoover wegen seines ewigen Argwohns gegenüber Ausländern und Radikalen. Roosevelt war auf Krieg gefaßt und wußte, daß er zur Wahrung der inneren Sicherheit einen Geheimdienstapparat bereit haben mußte, wenn die Feindseligkeiten ausbrachen. In Hoover hatte er einen Mann, der einen solchen Apparat aufbauen und leiten konnte.
Auch Roosevelts Regierungsstil war geeignet, Hoovers Loyalität zu gewinnen. FDR verhandelte gern direkt mit dem Beamten, der einen Einsatz leitete, auch wenn er dadurch ein Kabinettsmitglied über Aktivitäten seines eigenen Ministeriums im dunkeln ließ. So verfuhr Roosevelt zum Beispiel in der Zusammenarbeit mit dem Außenministerium, wo der stellvertretende Außenminister Summner Welles dem Präsidenten näherstand als Außenminister Cordell Hull. Bei einem Justizminister, der so absolut loyal war wie Homer Cummings, gab es eigentlich keine Veranlassung zur konspirativen Art, wie Roosevelt

Hoover oft seine Aufträge gab: die privaten Treffen im Weißen Haus oder im Zug des Präsidenten, oder die Sonderaufträge, durch die der treue und willfährige Cummings umgangen wurde. Roosevelt hatte mit seinem scharfen Blick für menschliche Stärken und Schwächen vielleicht erkannt, daß diese Vertrauensbeweise ein sicheres Mittel waren, Hoover zu seinem persönlichen Vasallen zu machen. Jedenfalls ist es nicht schwer, sich vorzustellen, wie Roosevelt mit seinem Charme aus Hoover einen loyalen Anhänger machte.

Die persönliche Beziehung zwischen Hoover und Roosevelt hatte die allgemein üblichen und gesetzlichen Grenzen verwischt, denen die Forderungen unterlagen, die ein Präsident an den Direktor des FBI richten, sowie den Gefälligkeiten, die der Direktor dem Präsidenten erweisen konnte. Hoover leitete politische Gerüchte über Roosevelts Freunde und Feinde weiter und beschaffte Informationen über die Pläne möglicher Gegenkandidaten für die Wahl sowie allgemeine Hintergrundinformationen, die den Präsidenten davor bewahrten, in peinliche Vorfälle verwickelt zu werden. Roosevelt hielt sich seinerseits nicht zurück, Hoover darum zu bitten, jeder winzigen Information nachzuspüren, die er benötigen könnte. So bat er ihn, ihm nicht wohlgesinnte Gerüchte oder Zeitungsartikel bis zu ihrem Ursprung zurückzuverfolgen oder ihn über Bürger genauer zu informieren, die an ihn schrieben oder sich seiner Politik widersetzten. Die Mitteilungen Hoovers an Roosevelt decken einen so weiten Bereich ab, daß aus ihnen klar hervorgeht, wie bereitwillig Hoover alles tat, um was ihn der Präsident bat, bitten könnte oder sogar, nach Hoovers Ansicht, gebeten haben sollte.

Hoovers Verhältnis zu Roosevelts Justizministern war zwar nicht einheitlich gut, aber in keinem Fall wirklich schlecht. Am besten arbeitete er mit Cummings zusammen, mit dem leicht auszukommen war. Hoover hatte nach 1935 mit dem FBI nicht zuletzt deshalb eine recht freie Hand, weil Cummings damit beschäftigt war, der Regierung zu helfen, durch die sogenannte »Court Packing«-Bill* die Opposition des Obersten Bundesgerichts gegen die Programme des New Deal zu umgehen. Cummings selbst hatte dieses Gesetz konzipiert und erfolglos versucht,

* Das Oberste Bundesgericht hatte sich in seiner entscheidenden Mehrheit den New-Deal-Gesetzen gegenüber ablehnend verhalten. Da die Richter des Obersten Bundesgerichts nicht abgesetzt werden können, kam man in der Umgebung Roose-

es durch den Kongreß zu bringen. Die Ablehnung dieses Gesetzentwurfes am 20. Juli 1937 – der größte Lapsus in Roosevelts Amtszeit – zerstörte Cummings' politische Macht. Cummings blieb noch zwei Jahre im Amt (er reichte im November 1938 seinen Rücktritt ein, der im Januar 1939 wirksam wurde), doch diese Niederlage zerstörte, was von seiner mühsam gewonnenen Position als Führer des amerikanischen Gesetzesvollzugs übriggeblieben war. Und damit entstand ein Machtvakuum, in das Hoover eintreten konnte.[59]

Trotz seines allgemeinen Erfolges und seines politischen Einflusses beim Präsidenten vernachlässigte Hoover die Leitung des Bureau nicht. Seine wichtigste Neuerung in den dreißiger Jahren war die National Police Academy, die er am 26. Juli 1935 mit einer ersten Ausbildungsklasse von dreiundzwanzig Polizeibeamten eröffnete. Die Polizeiakademie entstand auf eine gemeinsame Empfehlung Hoovers und Cummings' auf der Konferenz über Kriminalität im Dezember 1934 hin. Dieses Ausbildungslager hatte in der Praxis einen wichtigen politischen Effekt: In den Führungspositionen der lokalen Polizeibehörden entstand eine starke Basis für Hoover und das FBI, da ein Diplom von der Akademie für die Beförderung eines Polizeibeamten von großem Vorteil war.[60]

Die National Police Academy war der krönende Abschluß des progressivistischen Plans, einen nationalen Gesetzesvollzug zu schaffen, den Hoover in den zwanziger Jahren entworfen und Cummings 1933 zum politischen Ziel des Justizministeriums erhoben hatte. Das FBI würde, so das Konzept, den lokalen Polizeidienststellen das komplette wissenschaftliche Instrumentarium zur Benutzung zur Verfügung stellen; in der National Police Academy würden die Angestellten der lokalen Polizeibehörden im Umgang mit diesen Instrumenten ausgebildet, und das *FBI Law Enforcement Bulletin* würde die Polizei immer über die neuesten, vom Bureau bestätigten Fortschritte in der wissenschaftlichen Kriminologie auf dem laufenden halten. Und in der Zwischenzeit sollten das Bureau und Hoover allen amerikanischen Vollzugsbehörden ein glänzendes, absolut bewunderungswürdiges Image verschaf-

velts auf den Gedanken, die Mehrheitsverhältnisse durch zusätzliche Ernennungen zu verändern. Begründet wurde dieses »packing the Court« damit, daß das Gericht arbeitsmäßig überlastet sei (vgl. Udo Sautter, *Geschichte der Vereinigten Staaten von Amerika,* Stuttgart: Alfred Kröner, 1976, S. 387ff. – A.d.Ü.)

fen. Als sich die Idee, Ausbildungslager für Polizeibeamte einzurichten, ein paar Jahre später auch bei den lokalen Polizeibehörden durchsetzte, bemühte sich das Bureau darum, »die Situation in den Ausbildungslagern in den Griff zu bekommen«, indem Redner und Spezialisten entsandt wurden, die sich im ganzen Land an den Schulungskursen beteiligten.[61]

Die Zahl der Mitarbeiter des Bureau stieg während der Roosevelt-Administration stetig an: von 391 Agenten im Jahre 1933 auf 898 im Jahre 1940 – kurz danach führte der ernorme Zuwachs an kriegsbedingter Arbeit während des gesamten Jahres 1940 zu einer Verdoppelung der Mitarbeiterzahl des Bureau noch im selben Jahr und zu einer weiteren Verdoppelung im Jahr darauf (1942 verfügte das Bureau über nahezu 3000 Agenten). Die höchste Mitarbeiterzahl während des Krieges lag bei fast 4900 Agenten.[62]

Hoover vereinigte in seinem Führungsstil ein autoritäres Regime mit Kollegialität. Er kontrollierte das FBI durch eine sogenannte Executive Conference, einen Verwaltungsrat, dem zunächst seine zwei Stellvertreter Tolson und Nathan sowie die Leiter der Abteilungen (zunächst mit dem Rang eines Inspektors), die ihnen unterstellt waren, angehörten. Später hatten alle Mitglieder des Verwaltungsrates mindestens den Rang eines stellvertretenden Direktors (Tolson, als Direktionsassistent, fungierte als Vorsitzender des Rates).

Hoover regierte diese Top-Mitarbeiter mit eiserner Hand. Die Agenten im Außendienst, die sich von den strengen Disziplinregeln des Bureau unterdrückt fühlten, hatten es noch leicht verglichen mit den leitenden Angestellten, die den prüfenden Blick und die Schmähungen ihres perfektionistischen Direktors ständig ertragen mußten. Da Hoover verlangte, daß seine Führungskräfte die Verantwortung für alle Fehler trugen, die in ihren Abteilungen gemacht wurden, waren sie permanent damit beschäftigt, sich zu entschuldigen, zu rechtfertigen oder etwas zu erklären, und ihre Personalakten füllten sich mit Strafzetteln. Alle taktischen Vorschläge sowie die neuesten Entwicklungen in allen wichtigen Fällen wurden in Memoranden zusammengefaßt, die bei den Mitgliedern des Rates zirkulierten und von allen abgezeichnet wurden. Tolson legte diesen Memos seine eigene Empfehlung oder die des Rates bei. Hoover akzeptierte solche Empfehlungen oder lehnte sie ab und notierte am Rand mit blauer Tinte (nur er benutzte diese Farbe) seine persönlichen Ansichten über das Memo. Mit der Zeit kannten alle Mitglieder des Rates Hoovers Prinzipien, seine Ansichten und sogar seine vorübergehenden Launen ganz genau. Seine Randnotizen hatten oft den Charakter moralischer oder patriotischer Ermahnungen, und allmählich übernahmen seine Untergebenen diesen Stil, so daß Hoovers moralischer Eifer den Stil der gesamten Organisation prägte. Besonders schwer machte es Hoover seinen Führungskräften dadurch, daß er auch die winzigsten Details aller Operationen des Bureau unerbittlich überprüfte. Alle Mitteilungen vom Außendienst waren »An den Direktor« adressiert, gingen also über Hoovers Schreibtisch. Dieselbe grenzenlose Energie, die Hoover 1919 und 1920 aufgebracht hatte, um eine Unmenge von Analysen zu erstellen, setzte er jetzt ein, um die Papierflut des Bureau zu kontrollieren. Während seine Führungskräfte einerseits in der Lage sein mußten, sich zu den umfassendsten strategischen Entscheidungen des Bureau zu äußern, konnten sie andererseits damit rechnen, daß der Direktor die winzigsten Details ihrer Aktionen nachprüfte.

Trotz ihrer engen Freundschaft zögerte Hoover nicht, auch Tolson abzukanzeln, wenn er es für gerechtfertigt hielt. Es gibt jedoch keinen Hinweis darauf, daß dies jemals die Beziehung zwischen den beiden Männern beeinträchtigt hätte. Bis Tolson in den sechziger Jahren aus gesundheitlichen Gründen nicht mehr dazu imstande war, schien es zu seinen Aufgaben gehört zu haben, sich während der Arbeit um »den Boss« zu kümmern und Beschimpfungen über sich ergehen zu lassen, wenn der Boss schlechter Laune war.

Hoover war auch ein sorgfältiger Redakteur, der seine Reden und alle Artikel, die unter seinem Namen erschienen, gewissenhaft überprüfte und überarbeitete. Er verlangte, daß jede Vorlage, die auf seinen Schreibtisch kam, perfekt war. Was mit dem Image des Bureau zu tun hatte, verfolgte er mit besonderer Aufmerksamkeit. So verlangte er, informiert zu werden, wenn wichtige Personen kamen und die FBI-Zentrale besichtigen wollten, und geriet in Rage, wenn eine VIP die Zentrale ohne einen persönlichen Gruß und Handschlag von ihm verließ.

Hoovers Schreckensherrschaft führte unvermeidlich dazu, daß er auf eigenständige Urteile seiner Untergebenen verzichten mußte. Hoover selbst beschwerte sich darüber und schmähte 1935 die Mitglieder seines

Verwaltungsrates, weil sie sich wie »Paragraphenhengste« verhielten, statt »mit Ideen, Vorschlägen und Kritik zum effizienten und erfolgreichen Funktionieren des Bureau beizutragen«. Dann forderte er von jedem Ratsmitglied ein Memorandum, in dem es seine Kritik an den im Bureau herrschenden Prinzipien darlegte, wobei er allerdings einräumte, daß »es recht absurd erscheint, von angeblich intelligenten Führungskräften solche Erklärungen ausdrücklich verlangen zu müssen«.[63]

Als Belohnung dafür, daß sie mit dem Druck und den hohen Anforderungen in der Zentrale fertig wurden, nahm Hoover seine Führungskräfte immer mit, als er sich in den späten dreißiger Jahren persönlich um die großen Fälle kümmerte. Nach solchen Einsätzen legte er ihren Personalakten lobende Kommentare über ihre Tapferkeit bei. Nach der Verhaftung von Brunette erhielt Tolson folgendes offizielle Lob: »Ihrem Ruf im FBI getreu haben Sie alle Ihnen in diesem Fall zugewiesenen Pflichten bis zum Ende effizient erfüllt. Sie waren im Laufe dieses Unternehmens in großer Gefahr, und Sie sind damit in der hervorragenden Art und Weise fertiggeworden, die von allen Angehörigen des Federal Bureau of Investigation erwartet wird.« Nach einer anderen Verhaftung konnte Tolson in einem Brief von Hoover lesen, daß »der Mut und die Furchtlosigkeit, die Sie gezeigt haben, weit über dem Durchschnitt lag, der üblicherweise als Erfüllung der Pflicht erwartet wird«.[64]

Abgesehen von Hoover tat niemand mehr für die Triumphe, die das Bureau während der dreißiger Jahre in der Öffentlichkeitsarbeit einheimste, und den andauernden Erfolg über Jahre hinweg als Hoovers dritter Mann und allgemeiner Trouble-shooter, Louis B. Nichols. Er war im Juli 1934, zwei Wochen vor der Schießerei mit Dillinger, in das FBI eingetreten und trat im Jahre 1957 zurück, um den mit 150 000 Dollar dotierten Posten als Geschäftsführer und Vorstandsmitglied von Schenley Industries (die vom langjährigen Hoover-Freund Lewis S. Rosenstiel geleitet wurden) anzunehmen. Nichols war von dem Zeitpunkt an, als er am 6. August 1937 die Research Division übernahm, bis zu seinem Rücktritt für die Öffentlichkeitsarbeit des Bureau zuständig.[65]

Nichols war ein Mann von mächtiger Statur, eine aggressive Persönlichkeit mit einem kraftvollen, fast einschüchternden Auftreten. Er kümmerte sich, wie er zu sagen pflegte, um die »Sorgenkinder« des Bureau;

das bedeutete, daß er es Mann gegen Mann mit den mächtigsten Journalisten und Politikern des Landes aufnehmen mußte, um die Interessen des Bureau zu verteidigen. Innerhalb der Verwaltung des FBI jedoch zwang Hoovers strenge Zucht ihn in eine unterwürfige Haltung. Seine Personalakte quoll über von beleidigenden Kritiken, die Hoover verfaßt hatte, und seine eigenen Memos an Hoover waren voller unterwürfiger Schmeicheleien für seinen Chef. Im Jahre 1937 arrangierte Nichols, daß seine Schule, das Kalamozoo College, Hoover die Ehrendoktorwürde verlieh, indem er Hoover dem Präsidenten des Colleges gegenüber als »einen vom Schicksal begnadeten Mann« bezeichnete. Wenn er einen Fehler machte, schrieb er erniedrigende Entschuldigungen an Hoover. Seine Bereitschaft, Hoover mit übertriebenen Loyalitätsbezeugungen zu schmeicheln, wurde FBI-Geschichte. Eine Anekdote erzählt, wie er zu Hoover sagte, wenn er im voraus von einem nicht sehr schmeichelhaften Artikel in der *Washington Post* erfahren hätte, wäre »ich hinübergegangen und hätte mich persönlich zwischen die Druckerpressen geworfen«. Hoover soll dazu bemerkt haben: »Nick ist vielleicht nicht besonders schlau, aber an seiner Loyalität kann niemand zweifeln.«[66]
Nichols machte in der Woche zwischen fünfunddreißig und vierzig Überstunden, und die dauernde Überbelastung führte im Sommer 1936 zu einem Nervenzusammenbruch. Aber auch während der Zeit, in der er sich erholte, nahm er Hoovers Interessen wahr.

Hoover hatte aus bitteren Erfahrungen gelernt, daß die größte Gefahr für seinen Erfolg, ja sogar für seine Existenz, die potentielle Ineffizienz, die Anfälligkeit für Korruption und der Ungehorsam seiner Agenten waren; deshalb hatte er auch das komplexe Verwaltungssystem mit seinen Rapporten, Kontrollen, Gegenkontrollen und permanenten Inspektionen aufgebaut. In späteren Jahren klagten Agenten mißmutig darüber, daß die Zentrale sich verhalte, als seien sie, und nicht die Verbrecher, die wahren Feinde des FBI. Sie hatten recht. Mangelnde Kontrolle über Bureau-Agenten und ihre Hilfstruppen hatte in den zwanziger Jahren zum Zusammenbruch von Hoovers Kampagne gegen die Radikalen geführt. Korrupte Agenten wie Gaston Means und die Unfähigkeit der Zentrale, Agenten zu kontrollieren, die weit entfernt für Bundesanwälte arbeiteten, hatte das Bureau unter Burns und

Daugherty zerstört. Solange Hoover die absolute Kontrolle über das Bureau behielt, glaubte er sich und das Bureau in Sicherheit. Sollte er aber die Kontrolle verlieren, schwebten beide in höchster Gefahr.

Das gewaltige Interesse der Öffentlichkeit am FBI in den dreißiger Jahren stellte Hoovers Macht über seine Agenten auf eine neue Probe. Werbefirmen, Medien und die Unterhaltungsindustrie benötigten Prominente und Helden, und seine Agenten erhielten deshalb attraktive Angebote, als Werbeträger zu arbeiten, Bücher herauszugeben und Rollen in Filmen und beim Funk zu übernehmen. Hoover war sich darüber im klaren, daß die Publicity seine Agenten, sobald sie berühmt waren, vor seinen disziplinarischen Maßnahmen schützen würde. Zudem würde ihnen der Ruhm die Möglichkeit eröffnen, den Dienst zu quittieren und aus der Popularität des FBI Kapital zu schlagen. Das aber würde nicht nur seine Autorität schwächen, sondern auch das Image des Bureau abwerten. Und nicht zuletzt bedrohte ein FBI, das nur aus einzelnen Stars bestand, Hoovers Dogma, daß die Stärke des Bureau gerade in seiner Teamarbeit lag, in der Austauschbarkeit seiner Teile, daß ein Fall des FBI niemals den Einzelkampf zwischen einem Volksfeind und einem einzelnen G-Man darstellte, sondern den Kampf zwischen einem verdammten, isolierten und verderbten Rebellen und dem ganzen FBI, das den gesamten amerikanischen Gesetzesvollzug repräsentierte.

Aus all diesen Gründen führte Hoover allmählich die Regel ein, daß es einzelnen Agenten nicht gestattet sei, im Namen des Bureau zu sprechen oder sich in irgendeiner Weise einen öffentlichen Ruf aufzubauen. Zudem mußte jeder Agent, der das Bureau nicht im besten beiderseitigen Einvernehmen verließ oder sich nach seinem Ausscheiden aus dem Bureau auf eine Weise verhielt, die Hoovers Mißfallen erregte, damit rechnen, daß ihn die Rache des Bureau verfolgte und Hoover ihm alle Chancen auf eine erfolgreiche Karriere außerhalb des FBI verdarb.

Das zeigte sich in aller Deutlichkeit, als der berühmteste Agent in der Geschichte des Bureau, Melvin Purvis, gezwungen wurde, seinen Dienst beim FBI zu quittieren. Es war ein schneller Abstieg. Nur ein Jahr vor seinem Ausscheiden aus dem Bureau hatte Hoover ihm mehrere lobende Briefe geschrieben, doch noch während der Jagd auf Nelson zog Hoover Purvis von dem Fall ab, und bald begann die Hetzkampagne gegen ihn. Hoover schickte Inspektoren nach Chicago, um Purvis' Büro überprüfen zu lassen. Nach ihrem Bericht war es in einem so schlechten Zustand, daß sie empfahlen, Purvis in eine kleinere Außendienststelle zu versetzen. Außerdem berichteten sie, Purvis sei »äußerst launisch, egoistisch und ... [habe] mehr Zeit auf seine persönlichen Interessen und sein gesellschaftliches Leben als auf die Dienststelle verwendet, die er repräsentiert«. Ihm wurde vorgeworfen, in seinem Büro einen Agenten zu tolerieren, der »einen Schnurrbart trägt. Dieser Schnurrbart besteht aus sieben oder acht pomadierten, gekräuselten Haaren auf seiner Oberlippe, die ihm ein exotisches beziehungsweise clownhaftes Aussehen geben«.[67] Eines Tages forderte Hoover Purvis auf, zu einem Bericht Stellung zu nehmen, nach dem eine Party stattgefunden habe, »auf der Sie betrunken ein Gewehr schwangen und einige Gäste der Party bedrohten«. Purvis antwortete, dieser Bericht sei »eine glatte Lüge«. Hoover ließ Harold Nathan in dieser Sache ermitteln, doch die Vorwürfe konnten nicht aufrechterhalten werden.[68]

Nach weiteren Vorfällen solcher Art schied Purvis schließlich am 10. Juli 1935 aus dem FBI aus. Im Justizministerium machte man sich große Sorgen, wie die Öffentlichkeit auf seinen Rücktritt reagieren würde. Cummings forderte Hoover auf, sich eine bessere offizielle Reaktion einfallen zu lassen als »Kein Kommentar«, denn das erwecke den Anschein, es habe im Ministerium Unstimmigkeiten gegeben. Hoover telefonierte mit Purvis, um herauszufinden, welche Gründe er für seine Kündigung nannte. Er war beruhigt, als Purvis ihm mitteilte, er habe den Reportern gesagt, daß er einfach gewisse geschäftliche Chancen wahrnehmen wolle. Hoover gab eine Erklärung heraus, in der es hieß, daß »der Eindruck, es habe zwischen ihm [Purvis] und dem Bureau Unstimmigkeiten gegeben jeglicher Grundlage entbehrt«.[69]

Zu diesem Zeitpunkt hatte Purvis viele attraktive Angebote. Als er schließlich erkannte, daß Hoover ihm gegenüber verstimmt war, beschloß er einige von ihnen anzunehmen, bevor das Interesse an ihm erlöschen würde. Er hatte Angebote, Bücher zu schreiben, und in Hollywood gab es Studios, die ihn als technischen Berater und Autor engagieren wollten. Werbefirmen wollten, daß er für ihre Produkte warb. (Er trat in Werbespots für Dodge-Autos und für Rasierapparate von Gillette auf.) Als Anwalt konnte er überall im Land, besonders in Chicago, mit einem erfolgreichen Start rechnen, wenn er eine Kanzlei eröffnete. Was er allerdings nicht in vollem Umfang erkannte, war, wie zornig Hoover tatsächlich war.

Zu Beginn seiner neuen Karriere schrieb Purvis für *Redbook* eine Reihe von Artikeln über das Bureau. Hoover besorgte sich aus den Quellen des Bureau Vorabdrucke dieser Artikel und überprüfte sie genau. Später faßte Purvis diese Artikel zu einem Buch unter dem Titel *American Agent*[70] zusammen, in dem er sich im Grunde sehr positiv über das Bureau äußerte. Doch Hoover wurde von seinen Mitarbeitern darauf hingewiesen, das Buch sei »implizit« eine Kritik am FBI, da Purvis auch die Verdienste der lokalen Polizeibehörden würdige und Hoover nicht namentlich erwähne.

Als Hoover erfuhr, daß die »Motion Picture Producers and Distributors of America« (die die Zensur für die Branche durchführten) planten, Purvis zu engagieren, teilte er ihnen mit, daß er es »aus persönlichen Gründen mit Mißfallen betrachten würde«, wenn sie den Ex-Agenten einstellten; wenn die Studios technische Berater bräuchten, würde er ihnen »kostenlos« Agenten zur Verfügung stellen. Den Chef seiner Dienststelle in Los Angeles beauftragte er damit, Purvis' Kontakte mit Filmproduzenten im Auge zu behalten. Wann immer Purvis kurz vor dem Abschluß eines Vertrages stand, mischte sich das Bureau ein und bot seine autoritativere (und kostenlose) Hilfe an. Als die Rennbahn Santa Anita Purvis einen Posten als Sicherheitsbeauftragten anbot, setzte Tolson das Management der Rennbahn darüber in Kenntnis, das Bureau werde, »in Anbetracht der Tatsache, daß er eine persona non grata für das Bureau ist«, alle Kontakte abbrechen, wenn die Rennbahn Purvis anstelle.[71]

Purvis wurde schließlich 1936 als Ansager für die Kindersendung »Junior G-Men« engagiert, zu der auch ein Club mit Dienstmarken, Dienstvorschriften und anderen Requisiten eines Geheimagenten gehörte. Dieser »Junior G-Men Club« brachte Hoover in Rage. Das FBI hatte in den dreißiger Jahren viele Beschwerden über Kinder und sogar über einige Erwachsene erhalten, die versucht hatten, sich durch ihre »Dienstmarken« aus eben diesem Club als Freizeit-Agenten Autorität zu verschaffen.[72]

Schon bevor Purvis aus dem Ministerium ausgeschieden war, hatte Hoover begonnen, die Geschichte umzuschreiben, um an Stelle von Purvis den Märtyrer Sam Cowley zum Helden der Kriminalfälle zu machen. Bei jeder sich bietenden Gelegenheit wiederholten Hoover und seine Mitarbeiter die offizielle Bureau-Version, daß der heldenhafte tote G-Man eigentlich der Mann gewesen sei, der Dillinger gefaßt habe.[73]

Im Zweiten Weltkrieg erfuhr Hoover, daß Purvis, der damals in der War Crimes Section des Militärjustizwesens arbeitete, »sich mit dem Nimbus umgab, für Dillingers Tod gesorgt zu haben«. Hoover notierte an den Rand: »Vermutlich wird dieser Mythos nie aus der Welt geschafft, und Sam Cowley wird nie die verdiente Anerkennung erhalten«. Im Jahre 1948 gab Hoover die Anweisung: »Seht zu, daß ihr, wenn immer sich eine Gelegenheit bietet, [die] Wahrheit verbreitet – Purvis hat Dillinger nicht getötet und hatte in dem Fall wenig zu sagen. Cowley hatte das Kommando, und ihm gebührt die Ehre.« Hoover bezeichnete Purvis als »ein weiteres Beispiel für einen Mann, den das Bureau zu dem gemacht hatte, was er war, und von dem ohne seine Verbindung zum FBI niemand jemals etwas gehört hätte«.[74]

Es dauerte nicht lange, bis die Angestellten des Bureau begriffen hatten, daß sie sich bei Hoover beliebt machen konnten, wenn sie ihm nachteilige Informationen über ihren ehemaligen Kollegen lieferten. Wenn immer Purvis im Verlauf seiner restlichen Karriere für einen wichtigen Posten in Betracht gezogen wurde, kam ihm mit Sicherheit einer von Hoovers Leuten dazwischen und brachte ein vernichtendes Gutachten bei.

Purvis wußte selbstverständlich, daß er nicht Hoovers liebster Ex-Agent war, aber es gelang ihm nie, völlig zu durchschauen, was ihm angetan wurde. Er versuchte oft, Hoover in Washington zu treffen (Hoover pflegte ihm dann mitteilen zu lassen, daß er »nicht verfügbar« sei), und schrieb ihm viele freundliche Briefe.

Im Jahre 1960 erschoß sich Purvis angeblich mit derselben Pistole, die er im *Biograph* bei sich gehabt hatte. Der letzte Akt dieses Trauerspiels offenbarte, mit welch kaltem, unmenschlichem Haß Hoover jeden behandelte, der seiner Ansicht nach ihn selbst oder das Bureau bedroht hatte. Seine Angestellten empfahlen, nachdem sie die Stimmung des Direktors genau erforscht hatten, keinen Brief an Purvis' Witwe und seine Familie zu senden. Hoover setzte seinen Vermerk »Richtig« an den Schluß des Memos. Nach der Beerdigung telegrafierten Purvis' Witwe und seine Kinder an Hoover: »Wir fühlen uns geehrt, daß Sie

Melvins Tod ignoriert haben. Ihre Eifersucht hat ihn sehr verletzt, aber ich glaube, daß er Sie bis zum Schluß geliebt hat.« Hoover reagierte darauf nur mit einer Notiz am Rand des Telegramms: »Es war gut, daß wir ihr nicht geschrieben haben, denn sie hätte unsere Worte sicher verdreht.«[75]

Nur absolute Loyalität stellte Hoover zufrieden; die geringste Indifferenz konnte als Verrat aufgefaßt werden. Das galt für die Beziehungen zu seinen Untergebenen, aber es galt in weiterem Sinne auch für seine Ermittlungen im Dienste der inneren Sicherheit. Er verlangte, daß seine Untergebenen ihre Loyalität dadurch unter Beweis stellten, daß sie begeistert über seine Feinde herfielen, und er weigerte sich, ergebnislos verlaufende Untersuchungen über die Loyalität einer Person abzuschließen, denn, so führte er aus, wenn nicht erwiesen sei, daß eine bestimmte Person Kommunist sei, so sei damit keineswegs bewiesen, daß diese Person Anti-Kommunist sei.[76]

Hoover fühlte sich bedroht, sobald er nicht die totale Kontrolle über seine Umgebung hatte, und das ging bis zur Kontrolle über die Geschichte des Bureau. Auch daß er darauf beharrte, daß seine höchsten Mitarbeiter sich an der zeremoniellen Degradierung illoyaler Ausgestoßener wie Purvis beteiligten, läßt sein Bedürfnis nach absoluter Uniformität von Wollen und Denken erkennen. Doch wahrscheinlich war gerade dieses zwanghafte Bedürfnis, die Gedanken und Taten seiner Agenten zu kontrollieren, entscheidend für Hoovers Fähigkeit, das FBI als eng verbundenes Team von austauschbaren Agenten zu organisieren, das Kriminalfälle nach standardisierten, wissenschaftlichen Methoden aufklärte.

Indem Hoover sich weigerte, zu vergessen oder zu verzeihen, wenn sich ihm jemand widersetzt hatte, und seine Mitarbeiter zwang, ihm bei der Verfolgung »feindlicher Agenten« zu helfen, gab er seinen Untergebenen einen Vorgeschmack davon, was sie zu erwarten hatten, wenn sie ihm jemals Veranlassung geben sollten, sich gegen *sie* zu wenden. Sie wußten, daß ihre ehemaligen Kollegen und Freunde von dem Augenblick an, da sie verbannt waren, ebenso bösartig über sie herfallen würden, wie sie auf Veranlassung Hoovers über *ihre* ehemaligen Freunde hergefallen waren. Hoover schien sich so vollständig mit dem Bureau zu identifizieren, daß das Leben und die Menschen außerhalb davon keine Bedeutung für ihn hatten. Er konnte mit keinem Menschen fühlen, der sein Leben nicht so vollständig mit dem Bureau verschmolzen hatte wie er selbst.

Als der Krieg nahte, waren Hoovers Position in der Regierung und seine Stellung in der Öffentlichkeit nahezu unangreifbar. Gegen Ende der dreißiger Jahre begannen Hoover und Roosevelt insgeheim, den geheimdienstlichen Apparat, den Harland Stone zerstört hatte, wieder aufzubauen. Wieder einmal stellte das Bureau Listen von gefährlichen Bürgern und Ausländern zusammen, infiltrierte politische Gruppen, um allgemeine Informationen zu sammeln, und hörte Telefone ab, aber Hoover war für die Amerikaner inzwischen ein so beruhigendes Symbol für Sicherheit und Stabilität geworden, daß Proteste im Applaus für den Volkshelden Nummer eins untergingen.

Kapitel 8

Die FBI-Front

> Ich bin glücklich, heute berichten zu können, daß wir auf unsere feindlichen Agenten der Achse gestoßen sind und sie auf der ganzen Linie geschlagen haben. Die vielgerühmte Fünfte Kolonne in der westlichen Hemisphäre wurde ausgemerzt und vernichtet. Somit gab es keinen einzigen erfolgreichen Akt feindlicher Sabotage in unserer Nation. In diesem Land ist die Spionage unter Kontrolle.
>
> J. Edgar Hoover, »Victory, F.O.B.«, Radio CBS, 7. Oktober 1944

Schon bald nach seiner Amtseinsetzung begann Franklin D. Roosevelt von Hoover Informationen über die Aktivitäten nationalsozialistischer Gruppen einzuholen, die von Deutschen gesteuert wurden. Aufträge dieser Art führten Mitte der dreißiger Jahre zur Einrichtung eines neuen, nationalen Geheimdienstapparates innerhalb des FBI, der wesentlich komplexer war als alles, was Hoover vor den Personalkürzungen im Jahre 1924 geleitet hatte. Der erste Auftrag kam im März 1933, als Außenminister Cordell Hull das FBI bat, eine Drohung gegen Hitler zu überprüfen, die der deutsche Botschafter erhalten hatte. Im Etatplan des Bureau gab es einen Paragraphen, nach dem es dem FBI erlaubt war, gewisse Ermittlungen im Auftrag des Außenministers durchzuführen. Ein Jahr später, am 9. März 1934, gab Roosevelt Hoover die Anweisung, Beweismaterial »über die Nazi-Bewegung [zu beschaffen], vor allem auch im Hinblick auf rassistische und antiamerikanische Machenschaften, an denen deutsche Amtspersonen in den Vereinigten Staaten beteiligt waren«.[1]

Im August 1936 war die internationale Situation – der Stellvertreterkrieg zwischen Rußland und Deutschland in Spanien, japanische Eroberungen in Korea, die Annexion Äthiopiens durch Italien – so ernst geworden, daß Roosevelt es für nötig hielt, auf einer regulären Basis umfassend über subversive Bestrebungen im Inland informiert zu werden. Er mußte von jeder Gewaltandrohung amerikanischer Kommunisten oder Faschisten wissen, und da die politische Weltsituation so brenzlig war – er hatte gerade die Neutralität der Vereinigten Staaten im spanischen Bürgerkrieg erklärt –, mußte er im voraus über jede Entwicklung informiert werden, die ihn bei seinen diplomatischen Manövern einschränken könnte. Besonders besorgt war er über Agitations- und Propaganda-Kampagnen, die die Öffentlichkeit gegen seine Außenpolitik aufbringen könnten. Am 24. August berichtete Hoover ihm, daß die Kommunisten in der Lage seien, »das Land zu jeder Zeit lahmzulegen, denn durch Bridges' Organisation* [könnten] sie den gesamten Frachtverkehr für den Import und Export stoppen, durch Lewis' Bergarbeitergewerkschaft den Industriebetrieb und durch die Newspaper Guild die Veröffentlichung aller Zeitungen des Landes«. Zudem machten die Kommunisten, laut Hoover, Anstrengungen, die Bundesverwaltung zu unterwandern, vornehmlich den Bundesausschuß zur Regelung der Beziehungen zwischen Arbeitnehmern und Arbeitgebern.[2]

Roosevelt teilte Hoover mit, daß er systematische Informationen über »subversive Bestrebungen in den Vereinigten Staaten, besonders im Hinblick auf den Kommunismus und Faschismus [wünsche] ... ein umfassendes Bild über die Bewegung im allgemeinen und ihre Aktivitäten, soweit sie das ökonomische und politische Leben des Landes beeinflussen können«. Was Roosevelt hier forderte, konnte kaum noch als Ermittlung wegen Verstößen gegen Bundesgesetze bezeichnet werden. Deshalb wies Hoover den Präsidenten darauf hin, daß das Bureau auf der Basis des Paragraphen im FBI-Etat arbeiten könne, auf den er sich schon während seiner früheren Untersuchungen über die Nazis berufen habe. Er setzte Roosevelt darüber in Kenntnis, daß das Bureau »in allen Angelegenheiten ermitteln könnte, die ihm vom Außenmini-

* Gemeint ist Harry Bridges, der Präsident der Hafenarbeiter- und Lagerarbeitergewerkschaft. (A.d.Ü.)

sterium übertragen werden. Wenn das Außenministerium uns damit beauftragen sollte, eine solche Untersuchung durchzuführen, wären wir nach dem bereits genehmigten Etat dazu bevollmächtigt.«[3]
Am folgenden Tag (25. August) bestellte der Präsident Hoover noch einmal ins Weiße Haus. In Gegenwart das Außenministers Cordell Hull erklärte Roosevelt, daß Hoover einen Auftrag vom Außenministerium benötige, bevor er eine Untersuchung zur Beschaffung allgemeiner Informationen anordnen könne. Hull drehte sich zu Hoover und sagte angeblich: »Vorwärts – nehmen Sie sich die ... unter die Lupe!«[4]
Diese Direktive vom 25. August 1936 gab Hoover im wesentlichen die Vollmacht, nahezu vierzig Jahre lang nachrichtendienstliche Operationen im Inland durchzuführen. Somit hatte der Auftrag, wie Roosevelt ihn erteilte und Hull ihn auslegte, bedeutende Konsequenzen für Hoovers zukünftige Karriere. Hoover hatte seinerseits keinerlei Zweifel, daß Roosevelt und Hull ihn bevollmächtigten, die Aktivitäten von Kommunisten und Faschisten, wie er in einem Memo an einen Mitarbeiter schrieb, »nur zu Informationszwecken zu untersuchen, und nicht, um Beweismaterial zu sammeln, das bei Gericht vorgelegt werden soll«.[5]
Roosevelt war über alles, was Hoover tat, genau informiert, denn Hoover erstattete ihm regelmäßig Bericht über die Aktivitäten des Bureau. Viele Berichte Hoovers an den Präsidenten bezogen sich auf »subversive Bestrebungen« in einem so weiten Sinn, daß sie nahezu alles umfaßten, was den Präsidenten hätte betreffen können. Da Roosevelt jede Gelegenheit hatte, ein Mißverständnis auf seiten Hoovers zu berichtigen, muß davon ausgegangen werden, daß Hoovers nachrichtendienstliche Arbeit, einschließlich seiner Überwachung der Linken und radikalen Rechten, genau den Wünschen Roosevelts entsprach.[6]
In einem Memorandum an Homer Cummings schrieb Hoover, die Aufgabe seiner neuen General Intelligence Section bestehe darin, »durch Ermittlungstätigkeit und andere Kontakte Informationen über verschiedenen Betätigungsformen, die entweder subversiver oder sogenannter geheimdienstlicher Natur sind, zu sammeln und in Beziehung zu setzen, um prompt Auskunft erteilen zu können«. Das Bureau hatte bereits eine Kartei von 2500 Personen erstellt, die »sich an kommunistischen und nationalsozialistischen Bestrebungen und ande-

ren Formen ausländischer Spionage beteiligen«. Hoover empfahl Cummings und Roosevelt, die neue nachrichtendienstliche Überwachung weiterhin so zu finanzieren, als gehöre sie noch zum Auftrag des Außenministers. Der Kongreß solle gar nicht erst um irgendwelche neue Vollmachten ersucht werden, »um Kritik und Einwände zu vermeiden, die von schlecht informierten Personen oder Individuen, die eventuell Hintergedanken hegen, gegen eine solche Erweiterung erhoben werden könnten«.[7]

Der Trick, der Hoover empfahl, paßte in Roosevelts allgemeine Strategie, den Kongreß formell nicht über das gesamte Ausmaß seiner Verteidigungsvorbereitungen zu informieren. Seine Maßnahmen waren allerdings nur in dem Sinne geheim, daß sie der Legislative nicht *offiziell* zur Kenntnis gebracht wurden. Angesichts der fanatischen Opposition des isolationistischen Blocks im Kongreß und der Unbeständigkeit der öffentlichen Meinung war Roosevelts Wunsch nach Diskretion sehr verständlich. In seinem Buch *Roosevelt und Hopkins* wies Robert Sherwood im Zusammenhang mit Roosevelts geheimer Kooperation mit den Briten auf etwas hin, das gleichermaßen auf Roosevelts geheime Zusammenarbeit mit dem FBI zutrifft, um Informationen über die Betätigungen amerikanischer Nazis und Kommunisten zu erhalten:

> Es ist eine Ironie der Geschichte, daß aller Wahrscheinlichkeit nach diese Pläne, wenn sie mit allen ihren Einzelheiten den Deutschen und Japanern in die Hände gefallen wären, nicht viel Schaden getan hätten, während sie in den Händen des Krongresses und der Presse die amerikanische Kriegsvorbereitung wohl nahezu vereitelt und zum Scheitern hätten bringen können; ohnehin lag diese Gefahr sehr nahe, als das Repräsentantenhaus über die Ausdehnung der Wehrpflicht abstimmte.[8]

Durch die Einrichtung der neuen General Intelligence Section des FBI erhielt der Präsident immer mehr politische Informationen. Viele betrafen subversive Aktivitäten, aber ein Großteil bezog sich einfach auf politische Entwicklungen aller Art, die Hoovers Ansicht nach für den Präsidenten von Interesse sein konnten.

Am 13. März 1938 kam es zum Anschluß Österreichs an das Deutsche Reich. In den Vereinigten Staaten war die Angst gewachsen, möglicherweise ein zweites Mal in einen europäischen Krieg verwickelt zu werden. Einige forderten, daß das Land seine Neutralität nochmals bestätige, andere, daß die Nation Vorbereitungen treffe, um sich gegen Feinde im Ausland und Angehörige der Fünften Kolonne im Inland verteidigen zu können. Die Regierung wurde aufgefordert, Maßnahmen gegen eine angebliche Bedrohung durch Spione zu ergreifen. Deshalb gaben die Armee, die Marine und das FBI (auf Anweisung Roosevelts) bekannt, daß sie mit der »größten Jagd auf Spione, die es jemals gegeben hat«, beschäftigt seien und alle Verdächtigen vom FBI »einem strengen Verhör unterzogen werden«.[9]

Das reichte jedoch noch nicht aus, um die wachsende Hysterie in einigen Bevölkerungsgruppen einzudämmen. Am 9. Mai kündigte die American Legion an, daß sie eine eigene Truppe für Spionageabwehr aufstellen werde, und am 10. Mai wandte sich der Kongreßabgeordnete Martin Dies an das Repräsentantenhaus, um einen Spezialausschuß zur Untersuchung ausländischer »-ismen« ins Leben zu rufen. Dies' Vorschlag führte dazu, daß am 26. Mai der Ausschuß für Unamerikanische Aktivitäten (HUAC) gegründet wurde. Die Regierung versuchte, Dies und die American Legion zu blockieren, und ließ das Bureau am 12. Mai bekanntgeben, daß es einen zwölfbändigen Bericht über die Spionagetätigkeiten der Nationalsozialisten fertiggestellt habe. Am 20. Juni erhob die Regierung aufgrund des FBI-Berichts Anklage gegen achtzehn amerikanische Nazis, »den größten Spionagering der Geschichte, der je in Friedenszeiten ausgehoben wurde«.[10]

Während Ende September 1938 die Konferenz in München stattfand und Hitler die Abtretung der sudetendeutschen Gebiete an Deutschland durchsetzte, vergrößerte Hoover das inländische Geheimdienstnetz des Bureau, indem er Sicherheitsspezialisten in alle seine fünfundfünfzig Außendienststellen sandte, auch in seine neuen Dienststellen in Alaska, Hawaii und Puerto Rico. Zudem schuf er neue Einrichtungen »für eine spezielle Ausbildung in allgemeiner nachrichtendienstlicher Tätigkeit«. Inzwischen wurden in der Regierung so viele geheimdienstliche Ermittlungen durchgeführt, daß sich die Ermittlungsbehörden gegenseitig behinderten. Am 26. Juni 1939 erließ Roosevelt eine Direktive, in der die Zuständigkeit für geheimdienstliche Ermittlungen auf die Armee, die Marine und das FBI verteilt wurden; Hoover war für die westliche Hemisphäre verantwortlich.[11]

Die Öffentlichkeit wußte immer noch nichts von diesen Arrangements, ja noch nicht einmal von der Existenz des neuen Geheimdienstapparates der Regierung, als am 1. September 1939 Deutschland in Polen einmarschierte und in Europa Krieg auslöste. Damit war für Roosevelt der Zeitpunkt gekommen, die Einrichtung des neuen Geheimdienstes der Regierung bekanntzugeben. Geheimhaltung war inzwischen nicht mehr von Vorteil, denn die Öffentlichkeit begann unruhig zu werden und benötigte die Gewißheit, daß die Regierung auf den Notfall vorbereitet war. Als Hoover erfuhr, daß die Polizeibehörde von New York City eine fünfzig Mann starke Sabotagetruppe aufgestellt hatte (und plante, sie auf 150 Leute zu vergrößern), sandte er am 6. September eine Eilnotiz an den Justizminister und informierte ihn, daß der Präsident auf der Stelle eine öffentliche Erklärung abgeben müsse, damit der Sicherheitsapparat nicht außer Kontrolle gerate. Hoover bat Roosevelt, allen Polizeibehörden Weisung zu erteilen, dem Bureau »jegliche Informationen, die sie bezüglich Spionage, Spionageabwehr, Sabotage und der Neutralitätsgesetze in Erfahrung bringen«, an das Bureau weiterzuleiten.[12] Noch am selben Tag gab der Präsident die von Hoover geforderte Erklärung ab:

Der Justizminister ist von mir ersucht worden, das Federal Bureau of Investigation des Justizministeriums darüber zu unterrichten, daß es die Aufsicht über alle Ermittlungen hinsichtlich Spionage, Sabotage und Verstößen gegen die Neutralitätsgesetze übernimmt...
Deshalb fordere ich alle Polizeibeamten, Sheriffs und andere Vollzugsbeamte in den Vereinigten Staaten auf, jede Information, die sie hinsichtlich Spionage, Sabotage, subversiven Aktivitäten oder Verstößen gegen die Neutralitätsgesetze erhalten, unverzüglich an den nächsten Vertreter des Federal Bureau of Investigation weiterzuleiten.[13]

Am 9. September rief Roosevelt den Notstand aus, und am 30. November 1939, am Tag, als Hoover vor dem Appropriationsausschuß des Weißen Hauses aussagte, erfuhr die Öffentlichkeit in Einzelheiten, was Hoover und Roosevelt seit 1936 heimlich getan hatten. Hoover informierte den Kongreß über die »General Intelligence Division«, wie er sie einmal mehr nannte. Um die Operationen dieser Abteilung zu rechtfertigen, berief er sich darauf, daß Roosevelt den Notstand ausgerufen habe. Er legte dar, daß die Abteilung »umfassende Karteien über Personen, Gruppen und Organisationen angelegt [hat], die an ...

subversiven Bestrebungen, Spionagetätigkeit und anderen Aktivitäten beteiligt sind, die der inneren Sicherheit der Vereinigten Staaten möglicherweise schaden«. Der »General Intelligence Index« enthielt die Namen von Personen, die »potentielle Feinde unserer inneren Sicherheit sind, wie bekannte Spione, bekannte Saboteure, führende Mitglieder der Kommunistischen Partei und vom ›Bund‹*«.[14]
Hoover teilte dem Appropriationsausschuß mit, daß die Direktive Roosevelts vom 6. September das FBI damit beauftragt habe, »die gesamte Ermittlungsarbeit im Zusammenhang mit Spionage, Sabotage und Verstößen gegen die Neutralitätsgesetze, sowie allen anderen subversiven Aktivitäten« zu koordinieren. Dazu gehörten auch Nachforschungen über Propagandakampagnen, »die sich gegen die amerikanische Lebensweise richten«, und über Agitatoren, die den »Klassenhaß« schürten. In der Praxis bedeutete dies, daß Hoover alle verdächtigen politischen Gruppen überprüfen mußte, um herauszufinden, wo eine intensive Überwachung angebracht war. Selbst wenn es keine Beweise gab, daß eine Gruppe von subversiven Elementen unterwandert *war,* überwachte das Bureau sie mit der Begründung, daß sie ein Ziel der Subversion *werden könnte.* Damit gerieten nahezu alle liberalen politischen Gruppierungen in Hoovers Gesichtskreis. Die Aktion, die sich mit der Begründung einer potentiellen Unterwanderung am wenigsten rechtfertigen ließ, war die Überwachung der NAACP (National Association for the Advancement of Colored People). Sie begann 1941 und wurde Hoovers gesamte Laufbahn über fortgesetzt.[15]
Zu Hoovers wichtigsten geheimdienstlichen Operationen im Inland gehörte das »Custodial Detention Program«. Im Rahmen dieser Aktion wurden »gefährliche« Individuen ausgesondert, mit dem Ziel, sie in Notzeiten in Schutzhaft nehmen zu können. (Damit wurde im Jahre 1940 begonnen.) Doch Hoovers Vorgesetzte im Justizministerium beharrten darauf, in einer politisch so brisanten Angelegenheit die direkte Kontrolle zu haben, und im April 1941 übernahm das Ministerium die Durchführung dieser Aktion.[16]

* Hoover meint hier wohl den Jüdischen Bund, eine jüdisch-sozialistische, politische Bewegung, die 1897 eine kleine Gruppe von Arbeitern und Intellektuellen in Wilna ins Leben gerufen hatte. Der Bund gehörte zunächst zu den wichtigsten sozialistischen Organisationen in Rußland. Im Jahre 1920 spaltete er sich. Die Mehrheit verschmolz mit der Kommunistischen Partei; die Minderheit erhielt sich unter Rafael Abramovitsch ihre Identität, bis sie von der bolschewistischen Regierung unterdrückt wurde. (A.d.Ü)

Als der Zweite Weltkrieg näherrückte, hinderte Hoover nichts mehr daran, jede beliebige Gruppe oder Einzelperson im Land zu überprüfen, um festzustellen, ob die Organisation von subversiven Elementen unterwandert war oder ob »eine bestimmte Person während eines Krieges oder einer nationalen Notsituation eine Bedrohung für den öffentlichen Frieden und die Sicherheit der Regierung der Vereinigten Staaten sein könnte, wenn man sie nicht in Gewahrsam nahm«.[17] Die Situation war so offensichtlich, daß sowohl Hoovers Vorgesetzte im Justizministerium als auch Roosevelt sie durchschaut haben müssen. Aus diesem Grund muß auch Roosevelt letztlich dafür verantwortlich gemacht werden, daß Hoovers Überwachung der politischen Szene Amerikas keine Schranken mehr gesetzt waren.

Am 14. Juni 1940 schrieb Roosevelt einen Brief an Hoover, um dem »lieben Edgar« für die »vielen interessanten und wertvollen Berichte [zu danken], die Sie für mich über die sich so rasch verändernde Situation der vergangenen Monate erstellt haben. Sie erfüllten und erfüllen Ihre Aufgabe großartig, und ich möchte, daß Sie wissen, wie sehr ich Sie schätze und wie dankbar ich Ihnen bin«.[18]

Hoover hatte sich seit 1936 auf sehr dünnem Eis bewegt, nachdem er seine neue Abteilung nur auf eine mündliche Vereinbarung hin organisiert hatte, ohne eine schriftliche Bestätigung zu besitzen. Viele Berichte, die Hoover dem Präsidenten übermittelte, konnten auch durch eine Definition des Wortes *subversiv* im allerweitesten Sinne nicht mehr abgedeckt werden. Das FBI war eine politische Polizei geworden, die dem Präsidenten auf Abruf zur Verfügung stand. Der Mißbrauch bewilligter Etatgelder wäre vermutlich der geringste Vorwurf gegen Hoover gewesen, der erhoben worden wäre, wenn sich das politische Klima verändert und Roosevelt es für nötig gehalten hätte, zu leugnen, daß er von Hoovers Tun gewußt hatte. Doch mit Roosevelts Brief vom 14. Juni in seiner Ablage war Hoover all dieser Probleme ledig.[19]

In den dreißiger Jahren mußte sich Hoover nicht viele Gedanken darüber machen, wie er sich vor Angriffen schützen könnte, denn seine traditionellen Kritiker ließen ihn weitgehend in Ruhe – wenigstens verglichen mit der Zeit unter Palmer, als er sich permanent mit den Liberalen herumzuschlagen hatte. Lediglich einige wenige Häretiker wie Jack Alexander im *New Yorker* und Kenneth Crawford in der

Nation betrachteten Hoovers überragendes Image in der Öffentlichkeit mit skeptischen Blicken, doch ihre schwachen Stimmen wurden hauptsächlich von jenen gehört, die ohnehin bereits überzeugt waren. Die zwei führenden liberalen Wochenzeitschriften *Nation* und *New Republican* griffen Hoover aus Prinzip hin und wieder an, aber bis Ende des Jahres 1939 bekannt wurde, daß er seine politischen Überwachungen im Inland wieder aufgenommen hatte, fanden die Liberalen kaum etwas, um ihr ungutes Gefühl zu bestätigen, daß Hoover nichts Gutes im Sinn habe. Selbst seine Feinde mußten zugeben, daß sein Ruf, was die Einhaltung der bürgerlichen Freiheiten betraf, weit besser war als der Ruf der Polizeibehörden in den Einzelstaaten und Gemeinden, die sich überaus rückständig aufführten. Es war kaum zu bestreiten, daß Hoovers Professionalismus gegenüber dem Status quo ein Fortschritt war.[20]

Nachdem Hoover ein Jahrzehnt gegen Kritik nahezu immun gewesen war, setzte er sich 1940 wilden Angriffen der Linken aus, als er in der Zentrale der amerikanischen Veteranen des spanischen Bürgerkrieges eine Razzia durchführen ließ. Das Justizministerium hatte bereits seit längerer Zeit gegen die Zentrale der Abraham Lincoln Brigade in Detroit ermittelt, die verdächtigt wurde, gegen das Bundesstatut verstoßen zu haben, das Unbefugten die Rekrutierung von Amerikanern für den Einsatz in ausländischen Kriegen verbot. Doch das Ministerium konnte sich während der gesamten Dauer des Konflikts in Spanien nicht entscheiden, gerichtliche Schritte einzuleiten. Am 3. Februar 1940 schließlich, lange nach Francos Sieg (der spanische Bürgerkrieg endete am 28. März 1939), veranlaßte das Ministerium den Bundesanwalt in Detroit, Antrag auf ein Verfahren wegen Verschwörung zu stellen, und am 6. Februar holte das FBI zwölf Veteranen der Lincoln Brigade aus ihren Betten und brachte sie in die FBI-Außendienststelle in Detroit, um sie erkennungsdienstlich zu behandeln.[21]

Diese Verhaftungen mußten die Linke empören. Die Abraham Lincoln Brigade war ein unantastbares Symbol aus der Zeit der Volksfront – die von 1935 bis zum Hitler-Stalin-Pakt am 24. August 1939 währte –, als die Sowjetunion und internationale Kommunisten den Kampf gegen Hitler anführten. Die Art, wie mit den Veteranen nach ihrer Verhaftung umgesprungen wurde, machte die Sache noch viel schlimmer. Nachdem sie in der Außendienststelle erkennungsdienstlich behandelt worden waren, wurden sie mit Handschellen aneinandergekettet und auf dem Weg ins Gefängnis durch ein Spalier von Fotografen geführt. Die Verhaftungen erweckten die Linke, die seit dem Hitler-Stalin-Pakt völlig entmutigt war, zu neuem Leben; die liberale und radikale Presse bombardierten Hoover und das Justizministerium mit scharfer Kritik. Im Mai gab das Ministerium einen Bericht seiner Civil Rights Section heraus, in dem es hieß, die Vorwürfe gegen das Bureau seien übertrieben worden und der spektakulärste Mißgriff (das Zusammenketten der Verhafteten zum Gefallen der Fotografen) sei den Bundessheriffs anzulasten, nicht aber dem FBI.

Das Fiasko mit der Lincoln Brigade veranlaßte die Liberalen jedoch, sich einmal genauer anzusehen, was »G-Man Hoover« und Roosevelt an der antiradikalen Front getrieben hatten. Und was sie entdeckten, versetzte ihnen einen gewaltigen Schrecken. Bei der Überprüfung der Aussage, die Hoover ein Jahr zuvor vor dem Repräsentantenhaus gemacht hatte, stellten sie fest, daß er die Mitglieder des Kongresses über die Wiedereinsetzung der General Intelligence Division informiert hatte und daß er zwei Monate später, am 5. Januar 1940, dem Appropriationsausschuß mitgeteilt hatte, es gebe eine Kartei von Personen, die in einer Notsituation in Gewahrsam genommen werden sollten.[22] Langsam begannen die Liberalen die Verbindung zwischen dem »neuen« Hoover und dem »alten« Hoover aus der Palmer-Daugherty-Zeit zu erkennen.

Hoover schlug zurück und erzählte ihm wohlgesinnten Politikern und Journalisten, daß die ganze Kontroverse eine kommunistische Verleumdungskampagne sei, durch die das FBI vernichtet werden sollte. Gleichzeitig versorgte er Roosevelt mit Berichten über die kommunistischen Verbindungen der FBI-Kritiker. Roosevelt war sehr empfänglich für solche Andeutungen, denn zu jener Zeit – das heißt zur Zeit des Hitler-Stalin-Paktes (vom 24. August 1939 bis zum 22. Juni 1941) – war er selbst wegen seiner Politik der Kriegsbereitschaft heftigen Angriffen von der Linken, der Rechten und der Mitte ausgesetzt, und wie Hoover zog er grundsätzlich die Lauterkeit seiner Kritiker in Zweifel. Bei einem Diner für die Presse am 16. März 1940 im Weißen Haus gab sich Roosevelt besondere Mühe, zu zeigen, daß er Hoover unterstützte. »Edgar«, rief er so, daß die versammelte Presse ihn sah und hörte, »was führen die im Kapitol nur gegen Sie im Schilde?« Hoover antwortete:

»Ich weiß es nicht, Mr. President.« Darauf zeigte Roosevelt mit dem Daumen nach unten und sagte: »Denen gehört das... «[23]
Ein weiterer Schock für die Liberalen kam schon ein Jahr später, als sie erfuhren, daß das Bureau Telefongespräche abgehört hatte. Das hatte man zwar schon lange vermutet, jetzt aber erfuhren sie außerdem noch, daß das Justizministerium diese Maßnahme verteidigt hatte, als die Anwälte von Harry Bridges, dem Vorsitzenden der internationalen Gewerkschaft der Hafen- und Lagerarbeiter, Beweise beibrachten, daß das FBI Bridges' Telefon abgehört hatte, um Argumente für die Deportation des aus Australien stammenden Arbeiterführers zu haben. Der designierte Justizminister Francis Biddle verteidigte die Abhöraktion des Bureau auf einer Pressekonferenz am 9. Oktober 1941 während seiner Confirmation Hearings:*

Das Ministerium würde, wie es bereits seit einiger Zeit praktiziert wird, das Abhören von Telefonen in Fällen von Spionage, Sabotage und Entführung billigen, sofern die Umstände eine solche Maßnahme rechtfertigen ... Prinzipiell würde das Abhören von Telefongesprächen auf seltene Fälle beschränkt bleiben und bedürfte auch dann der ausdrücklichen Genehmigung des Justizministers.[24]

Hoover änderte seinen Standpunkt, was den Einsatz von Mithöreinrichtungen betraf, einige Male, je nachdem wieviel Unterstützung er von seinen Vorgesetzten bekam. Am 21. Mai hatte er eine Direktive von Roosevelt erhalten, aus der er später jederzeit seine grundsätzliche Befugnis ableitete, Telefone zu überwachen. Roosevelt hatte geschrieben, daß er die Entscheidung des Obersten Bundesgerichts von 1939 (die *Nardone*-Entscheidung), die Abhöreinrichtungen verbot, im allgemeinen zwar bilige, aber »überzeugt [sei], daß das Oberste Bundesgericht seinen Entscheid ... nicht auf schwerwiegende Fälle im Zusammenhang mit der Verteidigung der Nation angewendet sehen wollte«. Es sei zu spät, erst dann Maßnahmen zu ergreifen, wenn es bereits zu Sabotageakten und Morden gekommen sei. Deshalb »ermächtigte und beauftragte« Roosevelt seinen Justizminister Jackson, »Mithöreinrichtungen« gegen »Personen [einzusetzen], die der Spionage oder subversiver Aktivitäten gegen die Regierung der Vereinigten Staaten verdächtigt werden«. Er bat Jackson dieses Verfahren auf ein Minimum zu reduzieren und soweit wie möglich nur bei Ausländern anzuwenden.[25]

* Anhörung vor der Berufung in ein öffentliches Amt. (A.d.Ü.)

Hoover änderte seine Einstellung zu Abhöreinrichtungen während der dreißiger Jahre so oft (er eröffnete das Jahrzehnt damit, daß er das Abhören von Telefongesprächen als »unmoralisch« verbot), daß man den Eindruck hat, als habe ihn die ganze Sache im Grunde gar nicht interessiert. Allerdings war er sich wohl bewußt, daß sie für andere sehr interessant war. Er wußte, daß die Geheimagenten in der öffentlichen Meinung von einer gewissen mysteriösen Aura umgeben waren. Man stellte sich vor, wie sie im Keller oder in einem geheimen Zimmer versteckt mit Kopfhörern inmitten eines Gewirrs von Kabeln saßen und Notizen in einen Block kritzelten. Manche Beobachter sahen in den Abhöraktionen der Regierung ein Symbol für alle anderen Übergriffe der Regierung auf die Freiheiten der Bürger. Für andere wiederum zeigten sie, ob die Regierung bereit war, alles zu tun, was sie konnte (und sollte), um die Öffentlichkeit vor ihren Feinden zu schützen. Im Jahre 1941 ging es dem Präsidenten und dem Kongreß in erster Linie darum, einer verängstigten Öffentlichkeit zu demonstrieren, daß die Regierung alle zu Gebote stehenden Mittel benutzte, um sie vor Angriffen zu schützen, die – vor Pearl Harbor – viel eher von Spionen, Saboteuren und Angehörigen der Fünften Kolonne erwartet wurden als von äußeren Feinden. Das Abhören von Telefongesprächen war ein Kennzeichen dafür, daß der Regierung an der Sicherheit mehr gelegen war als an den bürgerlichen Freiheiten.[26]

Wenn die Liberalen gewußt hätten, was sich zusätzlich hinter den Kulissen abspielte, wären sie noch viel unruhiger gewesen. Zwischen dem 9. September 1939 und dem 7. Dezember 1941, als der Angriff auf Pearl Harbor stattfand, schickte Hoover dem Präsidenten 1039 numerierte nachrichtendienstliche Berichte, weitere 1600 folgten während des Krieges. Roosevelt erhielt während dieser Zeit im Durchschnitt also täglich mehr als zwei Berichte; einige bestanden nur aus einem Blatt, andere umfaßten mehrere hundert Seiten. Die meisten bezogen sich auf Hoovers geheimdienstliche Aktionen in Südamerika; an zweiter Stelle standen Berichte über seine Überwachung in- und ausländischer Kommunisten.[27]

In einigen Berichten versuchte Hoover das Weiße Haus über den Kommunismus zu »belehren«, da Roosevelt nur wenig Begeisterung dafür zeigte, die Kommunistische Partei zu verbieten. So lieferte er zum Beispiel einen detaillierten historischen Abriß über die verschiedenen Splittergruppen der Partei. Sein Informant, so Hoover, habe Verbindungen zur Partei, die »seinen Betrachtungen zu diesem Thema Gewicht und Autorität verleihen«, und ihm zufolge »ist die Kommunistische Partei Amerikas nichts anderes als ein Netz von Agenten und Spionen Stalins«.[28]

Hoover lauerte auch darauf, ob irgendeine Person, die für eine Anstellung bei der Regierung vorgeschlagen wurde, mit der Kommunistischen Partei in Verbindung gebracht werden könnte. So setzte Hoover jedes Mal, wenn Walter Reuther für einen Posten bei der Regierung in Betracht gezogen wurde, einen Brief in Umlauf, den Reuther 1934, als er mit seinem Bruder in Rußland arbeitete, an seine Freunde in die Vereinigten Staaten geschickt hatte. Der Brief schloß mit der Aufforderung: »Kämpft weiter für ein sowjetisches Amerika.« In einem Memo bezichtigte Hoover Reuther offen, ein Kommunist zu sein.[29]

In Hoovers nachrichtendienstlichen Berichten an Roosevelt triumphierte Quantität über Qualität. Völlig bedeutungslose Hinweise vermischten sich mit erstaunlichen Informationen, von denen einige falsch, andere richtig waren. Niemand, nicht einmal ein Mensch mit so unglaublichen Fähigkeiten wie Roosevelts unermüdlicher Berater Harry Hopkins, hätte die Masse von Material, die Hoover täglich an das Weiße Haus sandte, systematisch auswerten können. Hoover wies gern darauf hin, daß das FBI eine Organisation sei, die sich streng auf das Sammeln von Fakten beschränke und keine Schlußfolgerungen aus ihren Funden ziehe. Das Bureau überließ wirklich jegliche Bewertung seinen politischen Vorgesetzten. Auch wenn diese Trennung niemals vollständig durchgesetzt werden kann, ließ sich das Konzept im Hinblick auf Ermittlungen in Kriminalfällen durchaus verteidigen. Das Wesen der geheimdienstlichen Tätigkeit besteht jedoch darin, die Spreu vom Weizen zu trennen. Die mit FBI-Berichten überquellenden Karteikästen zeigen, daß Hoover niemals erkannt hat, wie wichtig es gewesen wäre, die Ergebnisse seiner Untersuchungen zu interpretieren, damit sie sinnvoll eingesetzt werden konnten.

Mit seinem Argwohn gegenüber allem, was die Autorität bedrohen könnte, mag Hoover sogar geglaubt haben, daß die Fakten, die er berichtete, für sich selbst sprachen. Vielleicht war er der Meinung, eine Person stelle bereits eine Gefahr für die Sicherheit dar, sobald sie auch nur im geringsten verdächtig schien. Sicherheit beruhte für ihn auf dem

Vertrauen darauf, daß orthodoxe Überzeugungen und Werte allgemein anerkannt wurden. Für einen Menschen, der sich den traditionellen Werten so verpflichtet fühlte, hatten allein die Anzeigen von Häresie – auch wenn sie jeglicher realen Grundlage entbehrten – einen rituellen Wert, der ebenso bedeutend war wie jede tatsächliche Information, die durch sie in Erfahrung gebracht wurde, denn die Anzeigen steigerten die allgemeine Konformität und stärkten die Solidarität.
Nur ein verschwindender Teil der Materials, das Hoover über die Kommunisten gesammelt hatte, konnte dazu benutzt werden, gegen die Partei vorzugehen. Der Smith Act vom 28. Juni 1940 hatte der Regierung eine mächtige Waffe gegen die Radikalen in die Hand gegeben. Nach diesem Gesetz war es verboten, den gewaltsamen Sturz der Regierung zu befürworten, ihn zu organisieren oder einer Organisation anzugehören, die ein solches Ziel verfolgte. (Das war im wesentlichen das Gesetz, das Hoover und Palmer sich 1920 gewünscht hatten.) Bis Kriegsende wurden aufgrund des Smith Act allerdings nur zwei Strafverfolgungen durchgeführt; das Justizministerium des New Deal billigte das Gesetz nicht, und als der Krieg begann, wurden die Kriegsbestrebungen von den Kommunisten stark unterstützt.
Als Whittaker Chambers 1939 dem Außenministerium seine Berichte über Kommunisten in der Regierung vorlegte, mußte er feststellen, daß die Roosevelt-Administration nicht sehr begierig war, die unvorhersehbaren und vermutlich unkontrollierbaren Emotionen zu entfesseln, die eine Jagd auf »rote« Spione mit hervorrufen würde. Auch Hoover drängte nicht sehr energisch darauf, daß etwas geschehe, als er von Chambers einige Jahre später dieselben Berichte erhielt oder als er auf Beweise stieß, daß die Sowjets amerikanische Kommunisten zu Spionagezwecken einsetzten. Hoover und seine Verteidiger erklärten später, er sei daran gehindert worden, weil die Roosevelt-Administration sich weigerte, auf seine deutlichen Warnungen vor subversiven Bestrebungen zu hören. In Wirklichkeit waren sich Hoover und Roosevelt im allgemeinen darüber einig, von welcher Seite der inneren Sicherheit Gefahr drohte. Da Deutschland und Japan die Feinde waren, galt ihre größte Sorge den deutschen und japanischen Spionen und Sympathisanten. Hoover war zu jener Zeit ganz und gar nicht der Ansicht, daß die Gefahr kommunistischer Spionage so groß war, wie von der radikalen Rechten behauptet wurde. Das änderte sich allerdings nach dem

Krieg, als die Sowjetunion Deutschland als Feind ablöste, und da ließen es die Umstände als geraten erscheinen, daß Hoover sich von all dem distanzierte, was die Republikaner als die »rot angehauchten« Strategien der Roosevelt-Administration angriffen.[30]

Am 7. Dezember 1941 nachmittags um halb drei rief die FBI-Zentrale in Washington J. Edgar Hoover in New York an und verband ihn mit Hawaii. Im Hintergrund hörte Hoover die Detonationen der Bomben, während Robert L. Shivers, der Leiter seiner Außendienststelle in Honolulu, ihm über den japanischen Angriff Bericht erstattete. Hoover befahl seinem Direktionsassistenten, die Pläne des Bureau für den Kriegsfall zu aktivieren, und eilte zum Flughafen, um mit der nächsten Maschine zurück in die Hauptstadt zu fliegen.[31]

Bevor Hoover an jenem Abend zu Bett ging, diktierte er zwei Memoranden an den Präsidenten. Im ersten listete er dreizehn Kriegsmaßnahmen auf, die er tagsüber in Kraft gesetzt hatte. Das Bureau hatte bereits eine Liste von 770 in den Vereinigten Staaten lebenden Japanern erstellt, die in Schutzhaft genommen werden sollten, und Hoover hatte angeordnet, daß dies geschehen sollte, sobald Roosevelt die Proklamation über »ausländische Feinde« unterzeichnet hatte – derselben Proklamation hatte Hoover als junger Mann schon vierundzwanzig Jahre zuvor Geltung verschafft. (Hier ging es nicht um die berüchtigte Zusammentreibung von 110 000 japanisch-amerikanischen *Staatsbürgern*, die Roosevelt am 19. Februar 1942 anordnete.)[32] Zudem hatte Hoover allen Reise- und Postverkehr nach Japan unterbunden. Dann ordnete er an, daß sämtliche Dienststellen des Bureau rund um die Uhr in Alarmbereitschaft stehen müßten, und strich jeden Urlaub.

Im zweiten Memo, das demselben Schreiben beigelegt war, faßte Hoover den Inhalt eines abgehörten Telefongespräches zusammen, das am 5. Dezember zwischen einem Japaner namens Mori in Hawaii und seinem Verwandten in Japan geführt worden war. In diesem Gespräch ging es um das Wetter in Hawaii, um den Standort der amerikanischen Flotte in Pearl Harbor und um die Frage, ob auf dem Flughafengelände Scheinwerfer eingesetzt würden. Mori beantwortete einige Fragen direkt, andere offensichtlich völlig zusammenhanglos. Zum Schluß wurde Mori gefragt, welche Blumen in Hawaii gerade blühten, und er antwortete »Hibiskus und Weihnachtssterne«. Hoover wies den Präsidenten auf die Möglichkeit hin, daß einige Ausdrücke, wie der Hinweis auf die Blumen, Kodewörter gewesen sein könnten, und schrieb dann weiter, »es [ist] durchaus möglich, daß die Informationen, die in diesem Gespräch mit Japan ausgetauscht wurden, eine Anspielung auf die geplante Bombardierung der Hawaii-Inseln heute morgen gewesen sein könnten«. Am 6. Dezember, so Hoover, habe das FBI diese Informationen dem Heeresnachrichtendienst und der Dienststelle des Geheimdienstes der Marine unverzüglich zur Verfügung gestellt.[33]

Als die Nachricht vom japanischen Angriff die Hauptstadt der Nation erreichte, ging ein kalter Schauer durch sämtliche Geheimdienstbehörden in Washington. Es war offensichtlich, daß ein nachrichtendienstliches Fiasko von katastrophalen Ausmaßen eingetreten war. Vielleicht war keiner, vielleicht war jeder daran schuld – das politische Überleben der Regierung verlangte so oder so, daß *irgend jemand* gefunden wurde, dem die Verantwortung dafür zugeschoben werden konnte. Keiner in der Befehlskette zwischen Washington und Hawaii konnte sich an jenem Tag sicher fühlen. Auch Hoover gehörte zu diesen Leuten, und das Memo über Mori zeigt, daß er bereits seine Verteidigung aufbaute.

Am 9. September 1939 hatte Roosevelt öffentlich bekanntgegeben, das FBI sei »für alle Ermittlungen in bezug auf Spionagetätigkeit und Verstöße gegen die Neutralitätsgesetze verantwortlich«. Eine Direktive vom 24. Juni 1940 hatte Hoover die unmittelbare Verantwortung für geheimdienstliche Tätigkeiten in der westlichen Hemispäre mit Ausnahme der Panamakanal-Zone übertragen, aber *nicht,* wie Hoover erleichtert sagen konnte, für Hawaii. In einer Reihe von Memoranden hatte Hoover die Übernahme der unmittelbaren Verantwortung für die Spionageabwehr auf den Inseln durch das FBI so lange hinausgeschoben, bis er die Präsenz des Bureau dorthin ausdehnen konnte. Am 7. Dezember war die Sicherheit auf den Inseln deshalb noch eine »gemeinsame Aufgabe«, die Hoover sich mit der Armee und der Marine teilte, während »das Federal Bureau of Investigation seine Operationen in diesem Bereich weiterhin ausdehnte«.[34]

Am 12. Dezember warf Hoover einen weiteren Wall auf, der ihn davor schützte, die Verantwortung für Pearl Harbor übernehmen zu müssen. Er gab Informationen weiter, von denen er genaue Kenntnis hatte. Wieder lenkte er die Aufmerksamkeit auf das abgehörte Telefonat Moris und berichtete, der Dienststellenleiter in Honolulu habe den

Armee- und Marinebehörden gegenüber betont, daß es sich bei den Blumennamen um Kodewörter für die Hawaii-Inseln handeln müsse. »In der Dienststelle des Geheimdienstes der Marine spottete man über die Bedeutung dieser Meldung«, teilte Hoover dem Weißen Haus mit, »und leitete sie nicht an höhere Stellen in der Marine weiter ... Welche Bedeutung der Dienststellenleiter des FBI in Honolulu dieser Meldung zumaß, läßt sich der Tatsache entnehmen, daß er einen Beamten, der sieben Meilen entfernt wohnte, anrief und ihn in sein Büro bestellte, um eine Kopie des Transkripts der Unterhaltung Dr. Moris abzuholen.« Am Samstagabend um sechs Uhr gelang es dem Agenten schließlich, dem Nachrichtenoffizier der Marine, der für den Bezirk zuständig war, eine Kopie des Transkripts zu überreichen.[35]

Daraufhin teilte Hoover dem Präsidenten mit, die Militärbehörden in Hawaii hätten zehn Tage vor dem Angriff eine Nachricht aus Japan abgefangen und entschlüsselt, die »im wesentlichen die vollständigen Pläne des Angriffes auf Pearl Harbor enthielt, wie er später ausgeführt wurde«. In der Meldung sei auch ein Kodewort erwähnt worden, das dreimal im Rundfunk gesendet werden würde, um den Angriff zu signalisieren. Die Militärbehörden in Hawaii, so Hoover weiter, seien über die Meldung informiert worden. Am 5. Dezember sei das Kodewort für den Angriff abgefangen worden, »was darauf hindeutete, daß der Angriff am Samstag oder Sonntag stattfinden würde. Diese Information wurde über Militärfunk an die Hawaii-Inseln weitergegeben ... Zum jetzigen Zeitpunkt«, schloß er unbestimmt, »läßt sich unmöglich mit Bestimmtheit sagen, ob der militärische Funkverkehr gestört war und die Meldungen deshalb ihren Empfänger nicht erreicht haben, oder ob die Meldungen ankamen, die Militärbehörden aber nicht entsprechend darauf reagierten.«[36]

Hoovers verwirrende, irreführende und ungenaue Anspielungen bezogen sich auf eine der rätselhaftesten und heiß diskutierten Streitfragen in der Kontroverse um Pearl Harbor: den sogenannten Windkode. Am 26. November hatte die Marine eine Meldung aus Tokio an die japanische Botschaft in Washington abgefangen und dechiffriert. Sie besagte, die Botschaft sollte, wenn die normalen Verbindungen zu Japan abgeschnitten seien, auf einen oder mehr von drei verschlüsselten Ausdrükken über das Wetter achten, die in die normalen Nachrichten auf den Kurzwellensendern eingestreut würden. Diese Worte würden jeweils fünfmal zu Beginn und zum Schluß der Übertragung wiederholt werden, um Mißverständnisse auszuschließen. Nach Erhalt der Nachricht sollten die japanischen Botschaften unverzüglich ihre Kodebücher und Geheimpapiere vernichten.

Das Kriegs- und das Marineministerium versetzten ihre Funkabteilungen in Alarmbereitschaft, um den Windkode aufzufangen. Zwischen dem 5. Dezember und dem 7. Dezember gab es einige Male blinden Alarm (Wettervorhersagen, die nicht exakt fünfmal wiederholt wurden). Nach dem Angriff auf Pearl Harbor kursierten Gerüchte, ein authentischer »Windkode« sei tatsächlich aufgefangen worden. Doch die Warnung sei, so die Gerüchte, nicht an die Militärbehörden in Pearl Harbor weitergeleitet oder (die Aussagen variierten) schlicht nicht beachtet worden.[37]

Im Jahre 1946 kam der gemeinsame Ausschuß des Kongresses, der den Angriff auf Pearl Harbor untersuchte, zum Ergebnis, daß »vor dem 7. Dezember 1941 keine authentische Meldung, die den Windkode oder die Vereinigten Staaten betraf, im Kriegs- oder Marineministerium eingegangen ist«. Ebenso wenig war der Ausschuß der Ansicht, daß man die ursprüngliche Meldung, ob mit oder ohne »Windkode«, selbst unter Aufbietung aller Phantasie, als die »im wesentlichen vollständigen Pläne des Angriffes auf Pearl Harbor« betrachten könne, wie Hoover Roosevelt gegenüber betont hatte. Schließlich stellte der Kongreßausschuß fest: »Selbst wenn man zu Diskussionszwecken annimmt, daß eine authentische Meldung, die sich auf den Windkode bezog, vor dem 7. Dezember abgefangen wurde, hätte diese Tatsache dem nichts hinzugefügt, was ohnehin über den kritischen Charakter unserer Beziehungen zum Kaiserreich Japan bekannt war«.[38]

Hoover hatte an den Präsidenten einen vagen, offensichtlich unbegründeten und wahrscheinlich falschen Bericht weitergeleitet. Er machte weder Angaben über den Kontext, noch nannte er Quellen, und er lieferte auch keine Einschätzung der Implikationen, der Bedeutung oder der Konsequenzen seines Berichtes. Auch ohne Hoovers Memo, das keinen erkennbaren Einfluß auf Roosevelt hatte, hätte das Debakel von Pearl Harbor eine riesige Kontroverse ausgelöst. Dennoch war es rücksichtslos, so zu handeln, besonders da Hoovers Bericht an Roosevelt so offensichtlich von seinem persönlichen Interesse motiviert war, die Verantwortung vom FBI abzulenken und bei der Gele-

genheit noch ein paar alte Rechnungen mit Rivalen in der Verwaltung zu begleichen.
Als Hoover seinen Bericht vom 12. Dezember an das Weiße Haus geschickt hatte, war Marineminister Frank Knox bereits in Pearl gewesen und befand sich auf der Rückreise nach Washington; bei sich hatte er seinen persönlichen Bericht über die allgemein mangelhafte militärische Bereitschaft auf Hawaii vor dem Angriff. Die Republikaner munkelten, Roosevelt habe das Land in einen Krieg hineingetrickst. Inzwischen gingen Gerüchte (von der Art, wie Hoover sie ausgestreut hatte) um, daß irgend jemand den militärischen Kommandanten in Pearl die Warnungen vor einem Angriff absichtlich vorenthalten habe. Nicht zuletzt um diesen paranoiden Gerüchten ein Ende zu bereiten, setzte Roosevelt unverzüglich ein Untersuchungsgremium ein, das unter dem Vorsitz von Owen Roberts, einem Richter am Obersten Bundesgericht, herausfinden sollte, wo die Verantwortung für die Katastrophe lag.
Während die Mitglieder des Roberts-Ausschusses sich noch in Hawaii aufhielten, wo sie vom 22. Dezember 1941 bis zum 10. Januar 1942 tagten, und die Insel Wake, Shanghai, Guam und Manila an die Japaner fielen, tauchte in Regierungskreisen in Washington ein anonymes Memorandum auf. Darin wurde der Ausschuß aufgefordert, »die Mängel des FBI [zu untersuchen], jener Behörde, die dem Präsidenten untersteht und von der die Öffentlichkeit und der Kongreß die Abwehr der Fünften Kolonne in unserem Land erwarten«.[39]
Doch es gab noch bösere Überraschungen für Hoover. Ungefähr am 29. Dezember behauptete John O'Donnell im *Washington Times Herald:*

Der große Dick Tracy der Nation, FBI-Chef J. Edgar Hoover, steht unter Beschuß ... [Der] vorläufige Bericht [des Untersuchungsausschusses A.d.Ü.] ... schiebt die Schuld am Debakel mit der Fünften Kolonne in Pearl Harbor direkt Hoover zu. Die Geheimdienste von Armee und Marine sind nicht unmittelbar dafür zuständig, feindliche Zivilisten aufzuspüren, die als Angehörige der Fünften Kolonne operieren.[40]

Hoover gab unverzüglich eine Erklärung ab, daß in diesem Artikel »nicht ein Funken Wahrheit« stecke und daß »die Zuständigkeit für alle Angelegenheiten, die Hawaii betreffen, prinzipiell bei den Marinebehörden und nicht beim FBI lag«. Er hatte Grund zur Sorge. Die militärischen Kommandanten in Pearl Harbor, Admiral Husband B. Kimmel und General Walter C. Short (und ihre Familien) erhielten Morddrohungen; in einigen Leitartikeln wurde für sie ein Exekutionskommando vorgeschlagen, in anderen der traditionelle Revolver mit einer Kugel. Angesichts des (wie man glaubte) angelaufenen japanischen Sturms auf Kalifornien verlangte die Öffentlichkeit nach Rache; alle Beamten konnten sich lebhaft vorstellen, wie der Präsident das Namensverzeichnis der Bundesbeamten durchblätterte, um herauszufinden, wen er den Wölfen vorwerfen würde. Hoover konnte nur abwarten, ob O'Donnells Artikel – offensichtlich ein Versuchsballon, den seine Feinde losgelassen hatten – ihn zum Kandidaten für das öffentliche Opfer machen würde.

Es war einer der heikelsten Augenblicke in Hoovers Karriere, doch Roosevelt befahl seinem Pressesprecher Stephen Early am 29. Dezember, Hoover anzurufen und ihm mitzuteilen, daß er immer noch das Vertrauen des Präsidenten genieße. Zu diesem Zeitpunkt waren Henry Stimson, Frank Knox und der Präsident übereingekommen, daß die Schuldigen an der Katastrophe auf Hawaii zu suchen seien und nicht in Washington; die politische Reaktion auf den Bericht des Marineministers Knox, in dem den Behörden in Pearl Harbor die Schuld angelastet wurde, hatte das Weiße Haus überzeugt, daß niemand anders zur Verantwortung gezogen werden müsse als Kimmel und Short. Hoover war in Sicherheit.

Kaum hatte er den Hörer auf die Gabel gelegt, sandte Hoover eine handschriftliche Notiz an Early:

Sie wissen nicht, wie sehr ich Ihren Anruf und die Botschaft, die Sie mir ausgerichtet haben, zu schätzen weiß. Bitte übermitteln Sie dem Präsidenten meinen Dank. Daß er angesichts seiner vielen Sorgen und Aufgaben an so etwas denken konnte, ist nur ein weiterer Beweis für seine Großmut und sein Verständnis. Ich bin tief bewegt.[41]

Der Rest des Briefes war eine Schmähschrift gegen O'Donnell, den Hoover mit einem Maultier verglich, »ohne Stolz auf seine Vorfahren und ohne Hoffnung auf Nachkommenschaft«. Insgesamt war der ganze Brief ein geradezu hörbarer Seufzer der Erleichterung.

In seinen ersten Berichten über Pearl Harbor an das Weiße Haus hatte

Hoover außer dem Bureau jeden für die Pannen, die passiert waren, verantwortlich gemacht. Inzwischen hatte er für die Rolle des Bösewichts eine bestimmte Person im Sinn. Seit 1939 lag Hoover mit James L. Fly, dem Vorsitzenden der Federal Communications Commission (FCC), die sich mit Problemen des Rundfunk- und Fernsehwesens befaßt, im Streit, weil Fly ihn nicht den telefonischen und telegrafischen Verkehr zwischen den Vereinigten Staaten und Tokio, Berlin, Rom und Moskau überwachen ließ. Außerdem hatte Fly sich geweigert, dem FBI die Fingerabdruckkarten der Rundfunk- und Telegrafenangestellten zur Verfügung zu stellen.[42]

Depeschen vom japanischen Außenminister Togo an den Generalkonsul auf Hawaii, die Hoovers Agent im japanischen Konsulat in Honolulu sichergestellt hatte, gaben Hoover eine Chance, seine Rechnung mit Fly zu begleichen. In einem Memo vom 5. Januar 1942, in dem Hoover das Weiße Haus über die Depeschen informierte, schrieb er:

Zwischen Vertretern des FBI und Beamten der Federal Communications Commission wurden mehrmals Verhandlungen über die Erfassung internationaler ... Meldungen geführt ... Die FCC beharrte jedoch auf ihrem Standpunkt, daß diese Art von Information nach geltenden Statuten nicht zugänglich gemacht werden dürfe ... Trotz wiederholter Bemühungen und dringender Bitten ... blieben alle diese Forderungen ungehört.[43]

Doch selbst wenn diese Depeschen entschlüsselt und rechtzeitig an Kimmel und Short weitergeleitet worden wären, ist es unwahrscheinlich, daß sie an dem, was passierte, irgend etwas geändert hätten. Short und Kimmel waren sicher, daß der erste Angriff Japans sich gegen amerikanische und britische Besitzungen in Südostasien richten würde; deshalb kamen sie zum Schluß, daß sie ihre Ausrüstung gegen Sabotageakte ansässiger Japaner schützen müßten. Sie brachten Gewehre und Munition unter Verschluß und zogen Schiffe und Flugzeuge an einem Punkt zusammen, wo sie leichter bewacht werden konnten – machten sie dadurch allerdings unabsichtlich auch zu einem leichteren Angriffsziel.

Ironischerweise konnte sogar Hoover selbst der Vorwurf gemacht werden, einen »deutlichen« Hinweis auf den Angriff ignoriert zu haben. Im Jahre 1940 traf er mit Dusko Popov zusammen, einem britisch-deutschen Doppelagenten, dem die Briten den Decknamen

»Tricycle« (Dreirad) gegeben hatten (angeblich, weil er es liebte, mit zwei Frauen zugleich ins Bett zu gehen). Tricycle zeigte Hoover einen Spionage-Fragebogen, den ihm die Deutschen gegeben hatten. Die detailliertesten Fragen in diesem Dokument bezogen sich auf militärische Einrichtungen in Pearl Harbor.[44]

Popov behauptete später, er habe Hoover erklärt, daß dieser Fragebogen »eine ernste Warnung [darstelle], wo, wann, wie und durch wen Ihr Land angegriffen werden wird«. Statt entsprechend beeindruckt zu sein, habe Hoover, durch Berichte über den zügellosen Lebenswandel gegen den Spion voreingenommen, Popov aus seinem Büro geworfen. Dieser »irrationale, hochtrabende Mann«, so Popovs Vorwurf, »war die Person, die für die Katastrophe von Pearl Harbor verantwortlich ist«.[45]

Was immer der Fragebogen enthalten haben mag, es war gewiß nicht der »detaillierte Plan des japanischen Luftangriffes«, wie Popov es nannte. Nach dem Krieg leugneten japanische Nachrichtenoffiziere, daß die Deutschen ihnen geheimdienstliche Unterstützung gewährt hatten; die militärischen Einrichtungen, die in dem Fragebogen erwähnt waren, ließen eher darauf schließen, daß die Deutschen Nachrichten für ihre eigenen Sabotageoperationen sammelten.[46] Wäre der Fragebogen ernstgenommen worden, hätten sich die Befehlshaber in Pearl Harbor vielleicht noch in ihrer Überzeugung bestätigt gesehen, daß die wirkliche Gefahr von Saboteuren drohte.

Die Popov-Episode, die Geschichte vom »Windkode« und die anderen »Warnungen«[47] vor dem Angriff auf Pearl Harbor illustrieren das Problem bei der Auswertung von Geheimdienstberichten, Wesentliches von Umwesentlichem zu trennen.

Das ganze Jahr 1941 über hatte Hoover zahlreiche Berichte über Kriegsvorbereitungen der Japaner an das Weiße Haus geschickt. Er gab diese Berichte einfach weiter, ohne sich zu bemühen, die Informationen auszuwerten oder einen Kontext mitzuliefern, in dem der Präsident sie hätte interpretieren können. Einige Berichte wiesen tatsächlich auf die Möglichkeit eines japanischen Angriffes hin (irgendwo, aber definitiv nicht in Pearl Harbor), andere wiederum schienen diese Möglichkeit auszuschließen. Insgesamt gesehen allerdings waren sie nicht nur nutzlos, sondern viel schlimmer: Sie waren schädlich, denn die Masse nicht ausgewerteter Informationen machte die sorgfältige

Auswertung einer einzelnen Meldung unmöglich. So betrachtet trug Hoover indirekt dazu bei, daß es der Regierung nicht gelang, die nützlichen Informationen, die sie erhielt, richtig zu interpretieren.
Hoovers Reaktion auf den Angriff auf Pearl Harbor läßt allerdings auch auf die Möglichkeit schließen, daß sich hinter den Vorwürfen gegen den Leiter der FCC Fly eine gewisse Bitterkeit gegenüber Roosevelt selbst verbarg. Eine von Hoover autorisierte Analyse in Whiteheads *FBI-Story* weist deutlich darauf hin, daß der Überraschungsangriff verhindert worden wäre, wenn Fly dem FBI erlaubt hätte, den Telegrafen- und Telefonverkehr zu überwachen. Whitehead tendiert dazu, Fly die ganze Verantwortung zuzuschieben. »Hoover hatte«, so Whitehead, »die Versicherung vom Weißen Haus ... daß [eine] Proklamation [in der Roosevelt über Fly hinweg die Überwachung genehmigte] unterzeichnet würde. Die Juristen des Ministeriums arbeiteten bereits an der endgültigen Fassung, in der dem FBI diese Vollmacht gewährt wurde, als die Japaner Pearl Harbor angriffen«.[48]
Ralph de Toledano, ein anderer Autor, der Hoover kannte (seine Biographie von Hoover erschien in Hoovers Todesjahr), vermutet, daß Hoover seinem Präsidenten grollte, weil er so lange brauchte, bis er Fly endlich überstimmte. »Wäre das Weiße Haus bei der Vergabe der Vollmacht an Hoover etwas weniger träge gewesen«, schreibt de Toledano, »hätte Pearl Harbor verhindert werden können.« De Toledano stellte fest, daß diese Ansicht von den höchsten Beamten des FBI, einschließlich Louis Nichols, allgemein geteilt wurde, konnte aber Hoover selbst dazu nicht befragen. Obwohl Hoover und Roosevelt gut zusammenarbeiteten, hatte Hoover, laut de Toledano, ein »ambivalentes« Verhältnis zu Roosevelt, das hauptsächlich darauf zurückzuführen war, daß sie die Gefahr der kommunistischen Unterwanderung der Regierung unterschiedlich bewerteten.[49]
Hoovers Reaktion auf Pearl Harbor läßt wichtige Aspekte seiner Persönlichkeit erkennen: seine Neigung, sofort einen Sündenbock zu suchen, wenn eine Panne passierte, und sein charakteristisches Ressentiment all jenen gegenüber, die seine Warnungen vor einer Gefahr nicht ernst nahmen. Er interpretierte ihr Versäumnis nicht als berufliche Meinungsverschiedenheit oder menschliches Versagen, sondern als persönliche Beleidigung und als Affront gegen seine fachliche Kompetenz – und geradezu als illoyal.

Während des Zweiten Weltkrieges arbeitete Hoovers Bureau in allen Bereichen reibungslos und effizient. Einsatztechnisch leitete Hoover den Geheimdienst in den Vereinigten Staaten und in Südamerika. Verwaltungstechnisch bewahrte er das Revier des FBI vor Übergriffen von konkurrierenden Geheimdienstbehörden. Ideologisch berief er sich auf seine eigenen wachsenden (aber unsystematischen) Befürchtungen, daß die nationalen Werte im Niedergang begriffen seien, um andere Konservative gegen die, wie er meinte, immer gefährlicheren Abweichungen von der traditionellen amerikanischen Lebensweise aufzubringen. Während des Krieges ergänzten sich diese Ziele gegenseitig und trugen dazu bei, daß alles, was Hoover tat, von einer klaren Zielgerichtetheit geprägt war. Nach dem Krieg gerieten sie in Konflikt, und für Hoover wurde es immer schwieriger, seine konkreten Ziele zu benennen und eine Strategie zu finden, mit der sie am besten zu erreichen waren.

Am Tag nach Pearl Harbor übertrug Präsident Roosevelt Hoover die Verantwortung für die Zensur des nationalen Nachrichtenwesens. Hoover leitete die Zensur nur weniger als zwei Wochen lang; am 16. Dezember übergab er diese Aufgabe Byron Price, dem Nachrichtenredakteur der Associated Press. Obwohl Hoover sich niemals darüber ausließ, warum er sich dieser Aufgabe so schnell entledigt hatte, gibt es mehrere naheliegende Gründe. Zunächst einmal hing die Publizität, die Hoover für sein Bureau so erfolgreich aufgebaut hatte, vom Bündnisnetz ab, das er mit begünstigten und wohlgesinnten Presseleuten geknüpft hatte. Als ihr Zensor würde er dieses Netz zerstören. Auch eine realistische Einschätzung der Kompetenzen seines Bureau könnte eine Rolle gespielt haben. Zensur verlangt, daß die Absicht, die Bedeutung und die Wirkung der Veröffentlichung einer bestimmten Information kompetent beurteilt wird. Um eine effektive Zensurbehörde betreiben zu können, hätte Hoover die Dienste von Personen mit einem unabhängigen Urteilsvermögen benötigt, also gerade einen Menschentyp, den er in seinem Bureau nicht tolerieren konnte. Hoover wußte, wie weit er gehen konnte, wenn er Verantwortung übernahm, und er schätzte seine Grenzen immer realistisch ein.[50]

Er vermied außerdem, in die Evakuierung von in den Vereinigten Staaten lebenden Japanern sowie japanisch-amerikanischen Staatsbürgern von der Westküste verwickelt zu werden. Seine Agenten hatten sich bei einem Einbruch in ein japanisches Konsulat ein vollständiges Bild vom japanischen Spionagesystem verschafft, und Hoover war sicher, daß er mit illoyalen japanischen Ausländern und Staatsbürgern jeweils individuell fertig werden würde. Nach Pearl Harbor hatte das Justizministerium begonnen, solche Fälle gerichtlich zu verfolgen. Anfang Februar 1942, zwei Monate nach Pearl Harbor, waren sich Hoover, der Geheimdienst der Marine und der Heeresnachrichtendienst einig, daß sie das japanische Spionagenetz zerstört hatten.[51]

Doch dem befehlshabenden Offizier der Vierten Armee an der Westküste, Generalleutnant John L. DeWitt, saß der Schock von Pearl Harbor tief in den Knochen. Als Hoover von Plänen für eine Massenverhaftung japanischer Staatsbürger erfuhr, sagte er darüber zu seinem Dienststellenleiter in San Francisco, daß es »derzeit kein Gesetz gibt, das uns erlaubt, Staatsbürger zu verhaften. [Deshalb] glaube ich nicht, daß sich ein Plan durchsetzen läßt, dieses Gebiet von solchen Leuten zu räumen, wenn nicht in allernächster Zukunft ein Angriff zu erwarten ist ... Ich hatte den Eindruck, daß die Armee ein wenig hysterisch wird.« DeWitt wurde noch viel hysterischer, als die Politiker an der Westküste und die nationale Presse, aufgehetzt von Kolumnisten mit gutem (Walter Lippmann) und schlechtem (Westbrook Pegler) Ruf, begannen, die Massenverhaftung japanisch-amerikanischer Staatsbürger ebenso zu fordern wie die Verhaftung von Ausländern.[52]

Angesichts der Opposition des Justizministeriums gegen ihre Deportationspläne wandten sich Kriegsminister Stimson und sein Stellvertreter John J. McCloy an Roosevelt, der der Armee eine unbeschränkte Vollmacht erteilte. Das Kriegsministerium bereitete eine Verfügung des Präsidenten für eine Evakuierung vor, und am 19. Februar 1942 unterzeichnete Hoover die Executive Order 9066, in der die Westküste zum Militärgebiet erklärt wurde; das hatte die Verlegung von 120 000 Japanern in die Rocky-Mountains-Staaten zur Folge.

Hoover legte seine Ansicht über die Umsiedlung von Amerikanern japanischer Herkunft in einem eindrucksvollen, zweibändigen Bericht (480 Seiten) über die Umsiedlungslager dar, den er 1943 erstellte.

Politische Klugheit und Prinzip veranlaßten Hoover, sein Bureau aus der Internierungsaktion herauszuhalten. Da das FBI verhältnismäßig klein war, wäre es ohnehin auf die Unterstützung der Armee angewiesen gewesen und hätte, ohne die Kontrolle über den Einsatz zu haben,

die Verantwortung mittragen müssen, als die unvermeidlichen Reaktionen gegen die Internierung einsetzten.
Außerdem sprach sich Hoover so oft und so konsequent gegen Schleppnetzfahndungen solcher Art aus, daß keine Veranlassung besteht, zu zweifeln, daß er im allgemeinen eher gegen solche Aktionen war – obwohl die Kampagne gegen die Roten und die Smith-Act-Prozesse nach dem Zweiten Weltkrieg zeigen, daß er unter gewissen Umständen umfassende Verhaftungen, die auf dem Prinzip der Schuld durch Mitgliedschaft beruhten, begeistert unterstützen konnte. Allerdings stigmatisierte er – mit einer wichtigen Ausnahme, nämlich seiner feindseligen Haltung Schwarzen gegenüber – keine Gruppe wegen ihrer ethnischen Abstammung, sondern nur wegen ihrer Überzeugungen. In seinem Bericht über die Umsiedlungslager findet sich kein Hinweis darauf, daß er etwas dagegen einzuwenden hatte, amerikanische Bürger oder Ausländer wegen Illoyalität zu bestrafen, aber er wollte zuerst feststellen, ob die einzelnen Personen tatsächlich illoyal waren, bevor er sie bestrafte. Aus diesem Grund lehnte er jede Strafmaßnahme ab, die auf loyale und illoyale Mitglieder gleichermaßen nur aufgrund ihrer rassischen Herkunft angewandt wurde. Für Hoover war die Differenzierung zwischen Loyalität und Illoyalität zu wichtig, als daß er sie irgendeinem anderen Kriterium oder einem anderen Standard untergeordnet hätte.

Hoover war stolz auf seinen Krieg gegen den deutschen Geheimdienst in Südamerika und fand es immer enttäuschend, daß die »Geschichte über ein gutes Stück Arbeit« nie erzählt worden ist.[53] An der Aufgabe, die amerikanische Öffentlichkeit für Südamerika zu interessieren, sind allerdings auch größere PR-Talente als Hoover gescheitert. Trotz aller Anstrengungen gelang es ihm nie, das Weiße Haus oder die Öffentlichkeit zu überzeugen, daß seine Operationen in Südamerika – basierend auf der Direktive des Präsidenten vom 24. Juni 1940, die dem FBI die geheimdienstliche Überwachung der westlichen Hemisphäre übertrug – alles andere als nebensächlich waren.
In Wirklichkeit klingen selbst Hoovers eigene Memoranden über seine Aktionen in Lateinamerika – was ganz uncharakteristisch für ihn ist – nicht sehr überzeugt. Nicht einmal er schien zu glauben, daß sich das FBI wirklich dafür eignete, in unterentwickelten Ländern herumzulun-

gern, wo nur verrückte Hunde und G-Men Krawatten und polierte Schuhe trugen. Aber auch wenn Hoovers Abenteuer in Südamerika alles andere als ein triumphaler Erfolg in Sachen Öffentlichkeitsarbeit war, konnte es sein Ruf als Jäger von Spionen und Saboteuren an der Heimatfront doch durchaus mit seinem Ruhm als Gangsterjäger in Friedenszeiten aufnehmen.

Hoover hatte mit der Planung seines Sondersicherheitsdienstes (Special Intelligence Service, SIS) für Südamerika im Mai 1940 begonnen, einen Monat bevor Roosevelt formell die geheimdienstlichen Verantwortungsbereiche zwischen dem FBI, dem Geheimdienst der Marine und dem Heeresnachrichtendienst aufteilte und Südamerika unter die Zuständigkeit des FBI stellte.[54] Innerhalb weniger Monate nach dieser Direktive schickte Hoover bereits Agenten nach Zentral- und Südamerika, einige als Spitzel, andere als offizielle Attachés von Botschaften oder Verbindungsoffiziere zu den lokalen südamerikanischen Polizeibehörden.

Das Ziel des FBI bestand darin, Washington mit Informationen über die Aktivitäten der Achsenmächte in Südamerika zu versorgen und das feindliche Geheimdienst- und Propagandanetz zu zerstören. Die südamerikanischen Republiken und Kolonien beherbergten tatsächlich ein enormes Gefahrenpotential. In Brasilien lebten 360 000 Deutsche, in Argentinien 194 000 und in Chile 129 000, und viele waren Mitglieder gut organisierter nationalistischer Gruppen, die von den Nazis gesteuert wurden. Außerdem gab es in Brasilien eine riesige japanische Kolonie mit 280 000 Menschen und eine weitere mit 60 000 Menschen in Peru. Die Deutschen besaßen ein Rundfunkpropagandanetz, das den ganzen Kontinent überspannte, hatten großen Einfluß auf südamerikanische Regierungen (besonders in Argentinien und Chile) und enorme kommerzielle Geschäftsverbindungen, über die sich die Wehrmacht mit strategischen Rohmaterialien versorgte. (Die Aufgabe, den Deutschen diese Materialien zu verweigern, lag in erster Linie bei Nelson Rockefellers Büro für die Koordination interamerikanischer Angelegenheiten.)

Hoover hatte niemals mehr als 360 Agenten auf einmal in Südamerika. Dennoch enttarnte sein SIS 887 Agenten der Achsenmächte, was zur Verhaftung von 389 und zur Verurteilung von 105 Agenten führte. 281 Propaganda-Agenten wurden ausfindig gemacht und 60 verhaftet. 30

Saboteure und 222 Schmuggler wurden identifiziert. Außerdem brachte das Bureau es fertig, daß 7064 feindliche Ausländer umgesiedelt, 2172 interniert und 5893 ausgewiesen wurden. Untersuchungen des SIS führten zur Beschlagnahmung von 30 Sendern durch lokale Polizeibehörden und zur Schließung von 24 Rundfunkstationen. Bei diesen Einsätzen verloren vier SIS-Agenten das Leben.[55] Die größte Leistung des FBI war wahrscheinlich die Aufdeckung der nationalsozialistischen Aktivitäten der Regierungsmitglieder etlicher südamerikanischer Regierungen, vor allem Chiles und Argentiniens. Der Einsatz des FBI trug dazu bei, die Unterstützung zu begrenzen, die diese Länder Deutschland gewährten, und führte im Falle Chiles zu einem Abbruch der Beziehungen zu den Achsenmächten.

Hoover vollbrachte diese Leistung mit einem sehr geringen Aufwand an Mitteln, weil er seine typische Strategie anwandte und das FBI als Katalysator benutzte, um die Spionageabwehr der lokalen südamerikanischen Behörden zu vereinheitlichen und zu kontrollieren. Seine Taktik bestand im wesentlichen darin, südamerikanische Sicherheitsbeamte nach Washington zu holen, damit sie die Methoden des FBI an der National Police Academy studieren konnten. Am Ende des Krieges verfügte er über ein Netz von FBI-geschulten lokalen Sicherheitsbeamten, das den ganzen Kontinent überspannte.

Nach der Zahl und dem Umfang der Berichte zu schließen, die das Bureau über Südamerika erstellte, hatte Hoover eine weitere Technik aus seinem Kampf gegen die Kriminalität übernommen. Er schickte offenbar ein großes Sonderkommando, bestehend aus Autoren und Journalisten des Bureau, in die Schlacht, um relevante Leser im Weißen Haus davon zu überzeugen, daß der Schauplatz Südamerika von entscheidender Bedeutung für die Kriegsanstrengungen sei.

Zu Hoovers Werbeschriften für den SIS gehörte auch ein Buch mit dem Titel *Axis Aspirations Through South America* vom April 1942. Darin wurde der Standpunkt vertreten, daß Südamerika, zumindest potentiell, wichtiger sei als die Schauplätze in Europa oder Asien, da Amerika oder Kanada »von derzeitigen Stützpunkten in Europa oder Asien aus nicht erfolgreich angegriffen werden können ... Es gibt aber Hinweise darauf, daß die Achsenmächte Südamerika ... als Basis benutzen würden, um unser Land anzugreifen.« Sollten die Achsenmächte, so Hoover, ohne eine Invasion die Kontrolle über eine lateinamerikanische Republik gewinnen, dann würde ein Angriff auf Nordamerika, so unmöglich es scheinen mag, plötzlich zu einer ganz realen Gefahr. Hoover mußte allerdings einräumen, daß dies nicht sehr wahrscheinlich war, da alle lateinamerikanischen Staaten mit Ausnahme Chiles und Argentiniens bereits mit den Achsenmächten gebrochen hatten (Chile folgte im Januar 1943; Argentinien hielt jedoch fast bis zum Ende des Krieges durch). Das vordringlichste Ziel des Feindes bestehe deshalb darin, den Vereinigten Staaten den Zugang zu südamerikanischen Rohstoffen zu verweigern und die Solidarität der lateinamerikanischen Länder zu untergraben, indem Kriege zwischen Nachbarländern angezettelt würden, die zum Sturz der gegenwärtigen Regierungen und der Errichtung achsenfreundlicherer Regime führen könnten. Dieses Szenarium, sagte Hoover, sei *nicht* an den Haaren herbeigezogen, denn in dem ganzen Gebiet wimmle es von Geheimdienstagenten, Saboteuren und Propagandisten.[56]

Im Gesamtergebnis haben die Erfahrungen in Lateinamerika während des Krieges Hoovers Begeisterung für eine Ausdehnung der FBI-Aktionen nach Übersee wahrscheinlich gedämpft. Obwohl er gegen Ende des Krieges vorschlug, die »offiziellen Attachés« des FBI an amerikanischen Botschaften als Basis für ein Geheimdienstsystem nach dem Krieg zu benutzen, kämpfte er nicht so engagiert für diesen Plan, wie man es von ihm hätte erwarten können. Der Grund dafür mag der, gemessen an seinem Einsatz und seinen Erwartungen, unbedeutende Lohn an Prestige und Macht gewesen sein, den ihm seine Operationen in Südamerika eingebracht hatten. Sicherlich trifft es zu, daß er nicht die Publicity bekam, die er zu verdienen glaubte, aber Amerikaner pflegen nun mal in Südamerika nicht berühmt zu werden – sie werden dort reich.

Während des Krieges bestand Hoovers wichtigstes Ziel darin, die Massenhysterie zu vermeiden, die im Ersten Weltkrieg die Heimatfront zunichte gemacht hatte. Dieses Ziel dominierte die gesamte Pressearbeit des Bureau während des Krieges, beginnend damit, daß der Öffentlichkeit mitgeteilt wurde, Roosevelt habe dem FBI ein Monopol über »alle Ermittlungstätigkeiten hinsichtlich Spionage, Sabotage, subversiven Aktivitäten und Verstößen gegen die Neutralitätsgesetze« übertragen. Dann wurde mit dem Slogan, »es dem FBI zu überlassen«,

an die Öffentlichkeit appelliert: »Wenn Sie von unamerikanischen Aktivitäten wissen, dann teilen Sie es dem FBI mit und bewahren im weiteren Stillschweigen darüber.«[57]
In seiner Pressekampagne gegen die Kriminalität während der dreißiger Jahre hatte Hoover seine Kriminalfälle zu Argumenten dafür gemacht, daß das FBI als Modell für den gesamten Gesetzesvollzug betrachtet wurde. In ähnlicher Weise benutzte er jetzt die Publicity, die das Bureau durch seine Triumphe über nationalsozialistische Saboteure und japanische Spione errang, um zu beweisen, daß das Land so gut geschützt sei, daß die Öffentlichkeit keinen Grund zur Sorge habe.
Es gelang ihm, die Öffentlichkeit dazu zu bringen, »es dem FBI zu überlassen«, indem er die Spionageabwehr »mystifizierte« und dadurch den Eindruck erweckte, sie sei so komplex, so technisch und außerdem so langweilig, daß sich kein Laie darauf einlassen sollte, ja daß noch nicht einmal einer auf die Idee kam, es zu tun.
Hoover hatte mehrere Gründe, sich gegen eine unabhängige »private« Agentenjagd auszusprechen. Sie usurpierte erstens einen Kompetenzbereich der Regierung, und das konnte dem Prestige der Regierung und damit seinem eigenen schaden. Zweitens hielt Hoover als Progressivist ohnehin jede Art direkter Aktion durch die Masse für ineffizient. Und schließlich wußte er aus der bitteren Erfahrung, die er nach dem Ersten Weltkrieg gemacht hatte, daß zivile Agentenjäger gewöhnlich die bürgerlichen Freiheitsrechte verletzten; eines Tages würden solche Übergriffe auf ihn zurückfallen und sein Bureau diskreditieren. Er würde seine alten Fehler nicht wiederholen. Deshalb betonte er in jeder Rede, daß »die Verfolgung eines Agenten oder Saboteurs die Sache erfahrener Fachleute ist. Es ist keine Aufgabe für Amateurdetektive, und herumstreifende Vigilanten sind hier völlig fehl am Platz.«[58] Diese Botschaft vermittelte er auch in den Unterhaltungssendungen, die er während des Krieges sponserte. »Im Land ist die Spionage unter Kontrolle.« *Das* war Hoovers Botschaft im Zweiten Weltkrieg.[59]
Hoover hätte die Öffentlichkeit nicht mit dieser Behauptung abspeisen können, wenn nach Pearl Harbor Industrieanlagen und Militärstützpunkte in die Luft geflogen wären. Ein größerer Sabotageakt hätte genügt, und er hätte seinen Slogan »Überlassen Sie es dem FBI« vergessen können. Aber es gab keine Vorfälle, die erwiesenermaßen

auf Sabotage zurückgeführt werden konnten – dies bei 19 649 untersuchten Meldungen. Die Bemühungen der Deutschen, Saboteure über U-Boote ins Land zu schmuggeln (acht landeten 1942, zwei weitere 1944), verwandelten sich in öffentliche Triumphe für Hoovers G-Men, die sie verhafteten, bevor sie Schaden anrichten konnten. Zwischen 1938 und 1945 führten die Ermittlungen des FBI zu einundneunzig Verurteilungen wegen Spionage; die meisten Verhaftungen fielen in die ersten paar Monate nach Pearl Harbor.[60] Jedenfalls waren die Geheimoperationen der Deutschen und der Japaner jämmerliche Fehlschläge. Gemessen daran stellten die Leistungen des FBI einen glänzenden Erfolg dar.

Wie in Südamerika paßte Hoover sein Konzept eines durch das FBI koordinierten Gesetzesvollzugs den Kriegsbedingungen an der Heimatfront an. Das stark erweiterte FBI (von 1596 Agenten im Etatjahr 1941 auf 4886 im Jahre 1944) war weiterhin für Spionageabwehr und Ermittlungen in Spionagefällen verantwortlich, aber auch der neue Mitarbeiterstamm genügte dem Bureau nicht, um die Sicherheit in der gesamten Rüstungsindustrie zu kontrollieren und die Überwachung subversiver Bestrebungen im ganzen Land durchzuführen. Hoover löste das Problem durch Zusammenarbeit mit den lokalen Polizeibehörden und sorgfältig ausgewählten zivilen Organisationen, um die Sicherheit angemessen garantieren zu können.

Drei umfassende Kontakt-Programme bildeten die Grundlage seines koordinierten inneren Sicherheitsnetzes. Am wichtigsten waren seine Verbindungen zu den lokalen Polizeibehörden, die er mit seinem »FBI Law Enforcement Officers Mobilization Plan for National Defense« (Mobilisierungsplan der Vollzugsbeamten des FBI für die Verteidigung der Nation) den Verhältnissen während des Krieges anpaßte. Nach diesem Plan wurden vierteljährlich Führungskräfte des FBI in den Außendienst geschickt, um Schulungen für leitende Polizeibeamte durchzuführen. Im Jahre 1942 hatten bereits 73 164 Polizeibeamte an solchen Schulungen teilgenommen.[61]

Mit dem zweiten Programm wurde für die Sicherheit in der Rüstungsindustrie gesorgt. Hoover knüpfte ein Netz von Informanten in den Rüstungsbetrieben, deren Aufgabe darin bestand, das FBI über Sabotagemeldungen zu unterrichten. Im Juli 1942 verfügte Hoover über 20 718 Informanten in nahezu 4000 Industriebetrieben.[62]

Gegen Ende des Jahres 1940 organisierte Hoover den dritten Teil seines Sicherheitsnetzes: sein American Legion Contact Program. Dieses diente zunächst einmal dazu, den Plan der Legion zu vereiteln, im Jahre 1940 eine eigene Spionageabwehrtruppe mit eigenen Dienstmarken, Dienstvorschriften und Ausweispapieren aufzubauen. Bis Oktober 1943 gelang es dem Bureau, 60 000 Mitglieder der Legion für das Programm anzuwerben, die sich zuverlässig für die Behauptung des FBI stark machten, daß das Problem »Sicherheit« unter Kontrolle sei.[63]
Auch die Öffentlichkeitsarbeit des FBI war ein integraler Bestandteil von Hoovers Kriegsprogramm, da für eine effiziente Mobilisierung der Nation das Vertrauen der Öffentlichkeit in die Sicherheit an der Heimatfront unerläßlich war. Als Hoover im Jahre 1943 Frederick L. Collins half, seine Huldigung an das FBI, *The FBI in Peace and War,* zu verfassen, war der Mythos vom G-Man bereits so tief im nationalen Bewußtsein verankert, daß Collins nur noch Dillinger, Floyd oder Barker zu erwähnen brauchte, um in der Vorstellung des Lesers Erinnerungen an den Heldenmythos auszulösen. Collins brachte in *Peace and War* einen Überblick über die Fälle, die das FBI nach den *Ten Thousand Public Enemies*-Fällen geklärt hatte, und zollte auch den wissenschaftlichen Methoden und der Teamarbeit pflichtschuldig seine Anerkennung, baute sein Buch jedoch auf einem Porträt Hoovers auf – des allmächtigen Hüters der Nation und des Glaubens der Nation. Hoover war in den populären Kulturerzeugnissen während des Krieges ein so wichtiges Symbol für Sicherheit, daß er selbst in Comics in Erscheinung trat.[64]
Hoover war ein Supermann, aber er war gleichzeitig auch der einfache Mann von der Straße: »Führen Sie ihn zum Essen aus, wenn er Zeit dazu hat – was gegenwärtig selten genug der Fall ist –, und er ist der fröhlichste Begleiter, den man sich vorstellen kann.«[65]

Für einen Mann mit Hoovers moralistischem Impetus war es unmöglich, den Schutz der nationalen Sicherheit von der Verteidigung der moralischen Werte dieser Nation zu trennen. Im Rahmen seiner Führungsrolle machte er es sich zur Aufgabe, öffentlich über die Ziele der Kriegsanstrengungen zu reden, und hatte deshalb die Möglichkeit, seine grundlegenden Überzeugungen anhand der kriegsbedingten Notsituation immer wieder neu zu formulieren.[66] Die Zuhörer erwarteten

Tiraden über Gesetz und Ordnung von Hoover, und er enttäuschte sie nicht. Außerdem erwarteten sie von ihm, daß er etwas über den Krieg sagte, und auch hier ließ er sie nicht im Stich. So hagelte es jetzt in seinen Reden nicht nur Anschuldigungen gegen Dillinger, sondern auch gegen Hitler.

Während des Krieges nahm Hoover in seinen Reden auch oft seine verwaltungstechnischen und organisatorischen Aufgaben als Ausgangsbasis, um sich zu dringenderen Problemen zu äußern. Das FBI, pflegte er zu argumentieren, tue alles, was notwendig sei, um die Sicherheit der Heimatfront zu garantieren, es gebe also keine Veranlassung für die Öffentlichkeit, sich an der Jagd nach Spionen zu beteiligen. War das klargestellt, erklärte er, daß zwischen dem Verbrechertum in Friedenszeiten und den Problemen, die mit innenpolitischer Subversion und Angriffen von außen während des Krieges verbunden sind, eine grundlegende moralische Verbindung bestehe. Vor dem Angriff auf Pearl Harbor, sagte er, habe es »eine eindeutige Verbindung zwischen dem professionellen Umstürzler [diesen Ausdruck (»destructionist« A.d.Ü.) benützte er gelegentlich statt »Radikale«, offensichtlich sah er in seiner Vorstellung einen Zusammenhang mit dem Begriff »Anarchist«] und dem professionellen Verbrecher [gegeben]. Beide ... [befanden sich] in einem Zustand der Rebellion gegen die amerikanische Lebensart.« Das Bindeglied habe darin bestanden, daß »unsere nationale Gleichgültigkeit gegenüber dem Thema Kriminalität eine Atmosphäre schafft, die für alles, was antiamerikanisch ist, wie ein Brutkasten wirkt.«[67]

Sowohl der Verbrecher als auch der Revolutionär hätten die Eigentumsrechte gesetzestreuer Bürger angegriffen: »Wenn Sie [Ihren Besitz] verlieren ... ist es belanglos, ob er Ihnen von einem gewöhnlichen Mörder genommen wurde oder von einem internationalen Piraten, der sich als selbsternannter Retter einer Nation aufspielt, deren Sprache er kaum mächtig ist.«

Ein Thema, das Hoover während des Krieges beherrschte, war die Gefahr, in der die Nation schwebte, weil »wir uns erlaubt haben, weich und kompromißbereit zu werden, und dem Unrecht gegenüber Zugeständnisse gemacht haben, wenn eine Beeinträchtigung unseres persönlichen Wohllebens und unserer Annehmlichkeiten der Preis für die Förderung der Prinzipien der Demokratie gewesen wäre«.[68] (Mit »wir«

meinte Hoover nicht etwa sich selbst oder sein Publikum, sondern »sie«, die Verderbten, die den »Ungläubigen« gleichzusetzen sind, die seinem Unterricht in der Sonntagsschule ferngeblieben waren.)
Da Hoover ein Moralist war, lehnte er jede Verhaltenstheorie ab, die die persönliche Moral des Gangsters, des Umstürzlers oder des Aggressors außer acht ließ. In seinen Büchern und Reden aus den späten dreißiger Jahren hatte er die Verbrechen von Dillinger, Karpis und Ma Barker als Blasphemie der traditionellen Werte dargestellt. Jetzt fügte er dieser Liste der Volksfeinde noch »den Kommunisten und die Bundmitglieder« an. »Sie sind mehr«, sagte er, »als bloß eine politische Partei. Sie treten für eine bestimmte Lebensart ein, für eine fanatische Verehrung des Materialismus, der Destruktion und für den Untergang der Anständigkeit. Sie stehen für die Zerstörung demokratischer Institutionen, sozialer, staatlicher und religiöser, auch wenn ihre verlogenen Führer in unserer Mitte versuchen, uns durch den faulen Zauber hochtrabender Phrasen zu täuschen.«[69]

Hoover schöpfte das Material für seine Reden aus seinem Leben und seinen Erfahrungen, deshalb waren sie oft voll von autobiographischen Anspielungen. So waren seine etwas optimistischeren Hoffnungen für die Zukunft Amerikas in Wirklichkeit verklärte Erinnerungen an seine eigene Kindheit. In seinen etwas trüberen Visionen davon, was nach dem Krieg auf das Land zukommen würde, bezog er sich dagegen eher auf seine jüngsten persönlichen Erfahrungen. Wenn Hoover sagte, daß »die Heimat ... in Gefahr ist«, dachte er vielleicht an seine eigene Situation. Im Jahre 1938 war Hoovers Mutter an Krebs gestorben. Sie war allen Quellen zufolge der stärkere Elternteil gewesen und hatte nach Aussage von Hoovers Nichten große Macht auf Hoover ausgeübt. Ihr Tod hat ihn vielleicht mit dem irrationalen, aber verständlichen Gefühl zurückgelassen, ohne eine Autoritätsperson in seinem Leben dem Schicksal preisgegeben zu sein, und vielleicht hat er diesen Verlust auf die Nation projiziert. »Es fehlt an mitfühlender und konstruktiver Führung auf seiten der Erwachsenen in Amerika. Allzu oft haben wir eine ›Laßt sie machen‹-Haltung eingenommen. Wir waren geneigt, die Dinge treiben zu lassen, und erwarten nun, daß die Jugend den bösen Konsequenzen entrinnt.«[70]
Hoover muß während des Krieges viel über den Kontrast nachgedacht

haben zwischen dem Leben in seinem behüteten Elternhaus, das ja bis zu seinem dreiundvierzigsten Lebensjahr dauerte, und dem einsamen Dasein, das er, was vorauszusehen war, für den Rest seines Lebens fristen würde. So lag ein persönlicher Zug in seiner Klage, daß »das Zuhause leider nicht mehr der mächtige Faktor ist, der es einst war. In dieser Hinsicht hat sich vieles beklagenswert verschlechtert, und zwar weil wir Erwachsene haben, nicht das Zuhause als Institution.«[71]

Er verließ Seward Square schließlich, wo inzwischen überwiegend Schwarze wohnten, und zog in ein alleinstehendes, vorstädtisches Haus im Nordwesten von Washington, dem Teil der Stadt, wo auch Tolson lebte. Alle Mitglieder seiner Familie, die noch am Leben waren, hatten Washington inzwischen verlassen, und Hoover lebte allein in seinem Haus; nur die Hunde, die er und seine Mutter geliebt hatten, waren ihm geblieben.

Nach dem Tod seiner Mutter war die Freundschaft mit Tolson Hoovers einzige enge Beziehung zu einem anderen Menschen. Die Reibungen im Büro, deretwegen Hoover sich manchmal über Tolson geärgert hatte, waren inzwischen beseitigt. Louis Nichols hatte Tolsons Funktion als Hoovers Blitzableiter übernommen und sammelte Tadel für tatsächliche oder vermeintliche Fehler gleich dutzendweise. Hoovers Anmerkungen auf Tolsons Briefen waren nach den dreißiger Jahren zwar gelegentlich versagt scherzhaft, aber immer herzlich.[72]

Als inzwischen unverbesserlicher Junggeselle scheint Hoover sich Gedanken darüber gemacht zu haben, was ihm entgangen war, weil er keinen Sohn hatte. Regelmäßig finden sich Überlegungen über die Beziehung zwischen Vater und Sohn in seinen Reden, und während des Krieges hielt er kaum eine Ansprache, ohne wenigstens beiläufig Söhne zu erwähnen, die ihre Väter durch Krieg oder Tod verloren hatten oder von ihnen im Stich gelassen worden waren.

Jugendliche, sagte er, folgten immer einem Führer. Und wenn ihre Väter sie nicht führten, würden sie außerhalb ihres Zuhauses nach Führung suchen. »Der Aufstieg Hitlers zeigt, daß die Menschen irgendeinem Führer folgen müssen, gleichgültig, wie niedrig, wie offensichtlich opportunistisch er ist. Amerika muß sich deshalb seiner Verantwortung voll bewußt sein, Führung von höchster Qualität zu entwickeln und zu erhalten.« Hoover machte für die Führungsschwäche, in der sich auch ein allgemeiner Verlust von Autorität in der Gesellschaft spiegle,

»eine Denkrichtung [verantwortlich], die die Theorie vertritt, daß die Jugend sich selbst lenken solle, [und so] zum zukünftigen Zusammenbruch des Landes beiträgt«. Wenn Eltern versäumten, Autorität auszuüben, würden ihre Kinder möglicherweise von Verbrechern beeinflußt werden, doch sei das nicht das Schlimmste, was ihnen oder der Nation geschehen könne. Das Schlimmste wäre, daß die amerikanische Gesellschaft, geschwächt durch den Niedergang der Autorität, für den »kommunistischen Virus« anfällig würde. Die Kommunisten seien »bestrebt, ihren heimtückischen Einfluß auf den Bereich der Ausbildung von Jugendlichen auszudehnen«.[73]

In Hoovers Vorstellung bestand ein klarer Zusammenhang zwischen der Autorität eines starken Vaters, die Verbrechen verhinderte, und einer ähnlichen Führung innerhalb der Nation, die Subversion und Aggression von ihr abhielt. »Die Generation vor Ihnen hat ihre Pflicht gegenüber der Zukunft schändlich vernachlässigt«, sagte er vor Universitätsabgängern. »Wir sind weich geworden. Der Pazifismus hat das Land überschwemmt. Wir haben auf törichte Weise unseren Feinden geholfen, stark zu werden.« Im Jahre 1944 sagte er, die »Erwachsenen haben der Jugend gegenüber einen Vertrauensbruch begangen«.[74]

Im Jahre 1943 wurde Hoover auf Anregung des ehemaligen Präsidenten Hoover als Mitglied im nationalen Vorstand der Boys Clubs of America* aufgenommen. Es ist gut möglich, daß dies eine typisch bürokratische Ersatzbefriedigung für sein Bedürfnis nach einem Sohn war. Über dieses Bedürfnis äußerte sich Hoover im Artikel »The Man I Want My Son To Be«, den er für das *Parents Magazine* schrieb.[75]

Der Traum, einen Sohn zu haben, scheint Hoovers Phantasie sehr beschäftigt zu haben. Vor dem Gedanken an eine Ehefrau schreckte er allerdings zurück. Im Jahre 1939 wurde er für die Frauenseite einer Washingtoner Zeitung interviewt und gefragt, warum er Junggeselle sei. Der Artikel erschien unter dem Titel »J. Edgar Hoover Wants an Old Fashioned Girl«.[76]

In Hoovers Vorstellung waren alle Männer »Söhne«, und alle Frauen waren »Mütter«. In übertragenem Sinne zielten seine Bemühungen, für nationale Führung zu sorgen, darauf ab, daß seine Mitbürger und

* Jugendorganisation, die eine Art Konkurrenz zu den Pfadfindern darstellte. (A.d.Ü.)

FBI-Kollegen gegenüber der nationalen Autorität ebenso gehorsam waren, wie er gegenüber der wichtigsten Autoritätsfigur in seinem Leben: der Mutter Annie Hoover.

In seinen Reden während des Krieges verdrängte ein pessimistischer Moralismus in zunehmendem Maße seine progressivistische Vision. Das zeigte sich besonders deutlich in seinen Warnungen vor dem Niedergang der Familie als einer der wichtigsten gesellschaftlichen Institutionen der Autorität. Während des Krieges hatte ein neuer Gedanke Eingang in seine Überlegungen über die Zukunft des Landes gefunden: die Ahnung, daß ihm und der Nation etwas sehr Wertvolles genommen werde, nämlich das sprichwörtliche traute Heim von früher. »Das amerikanische Zuhause der Familie«, sagte er 1942 zu seinem Publikum, »ist nicht mehr das, was es einst war, und es ist an der Zeit, daß jeder Erwachsene innehält und eine Bestandsaufnahme macht.« Die Verantwortung dafür liege bei den »Werken von Schriftstellern, die die Religion verdammen und behaupten, daß Distanz von Gott das Glück fördert«. Mit dem Zuhause seien auch die anderen fundamentalen Institutionen der Gesellschaft im Niedergang begriffen. Die Religion werde angegriffen, deshalb »müssen wir, während wir für die Religionsfreiheit kämpfen, auch gegen des Recht kämpfen, das Atheisten und all jene sich herausnehmen, die andere lächerlich machen, verspotten und herabsetzen, weil sie im Geistlichen Tröstung und Kraft suchen«. Die Schule werde von progressiven Lehrern unterwandert, die »mit einer heimtückischen und ungesunden pädagogischen Quacksalberei [hausieren gingen], die schließlich alle Prinzipien der Disziplin und Kontrolle außer Kraft setze. Wenn diese Vernunftwidrigkeit konsequent fortgesetzt wird, entsteht eine Generation von bilderstürmenden Trotteln und Kriminellen.«[77]

Während des Krieges war die Rhetorik der meisten amerikanischen Führungspersönlichkeiten verständlicherweise von schwellendem Stolz auf die Wundertaten der Nation im Bereich der Produktion sowie die Triumphe der Waffen geprägt. Amerika hatte seine historische Entwicklung immer als eine Geschichte des Erfolgs betrachtet, aber auch ohne diese Neigung konnten die meisten Amerikaner den Zweiten Weltkrieg in seinem Endstadium kaum anders interpretieren als als einen nationalen Triumph. Hoover allerdings schien, als das Ende des Krieges nahte, eine Zukunft zu sehen, die voller Gefahren, Fehlschläge und Niederlagen war.

Hoover pflegte seine Verbindung zu Präsident Roosevelt unter anderem, indem er ihm allerlei Kuriositäten aus dem Arbeitsalltag des Geheimdienstes zukommen ließ, um ihn zu amüsieren oder auch abzulenken. Wie jeder hohe Beamte legte Hoover Wert darauf, den Strom von Papier, der über den Schreibtisch des Präsidenten ging, nicht abreißen zu lassen, um ihn ständig daran zu erinnern, daß er immer noch auf dem Posten war. Humoristische Anekdoten oder Notizen von persönlichem Interesse hatten die besten Chance, die Türhüter des Präsidenten zu passieren.

Seine beste Leistung in dieser Hinsicht vollbrachte Hoover im Jahre 1943, als er Roosevelt berichtete, ein ihm bekannter Zeitungsredakteur aus Arkansas habe eine Kampagne gestartet, um an einem Telegraphenmast neben der Eisenbahnlinie, den Roosevelts Hund bei einer Zugreise nach Mexiko »benutzt« hatte, eine Tafel anzubringen. Hoover legte seinem Bericht einen Ausschnitt aus der Zeitung seines Freundes bei, in dem den Lesern versichert wird, daß der Mast trotz der jüngsten Überschwemmung »noch auf so trockenem Boden steht wie an dem Tag, als der Cockerspaniel und sein Führer aus dem Sonderwaggon des Präsidenten sprangen«.[78]

Von größerer Bedeutung waren die Berichte, die er Roosevelt über Mitglieder seines Stabes lieferte. Als Harry Hopkins im Januar 1941 in der Funktion eines persönlichen Vertreters Roosevelts England besuchte, konnte Hoover dem Präsidenten berichten, daß die Briten sehr beeindruckt gewesen seien von »seiner sehr charmanten, aber eher scheu wirkenden Persönlichkeit, die sich mit einem sehr lebhaften und dynamischen Geist [verbindet]«. Roosevelt soll erfreut gewesen sein, »zu wissen, daß die G-Men seine persönlichen Vertreter überwachen«.[79] (Hoovers Memo war an Erwin Watson gerichtet, aber er hat wahrscheinlich damit gerechnet, daß sein Bericht auch Hopkins vorgelegt würde, seiner wichtigsten Kontaktperson im Weißen Haus, einem Mann, dessen Freundschaft es wert war, gesucht zu werden.)

Die wichtigste dieser vertraulichen Ermittlungen betraf Roosevelts persönlichen Vertreter im Außenministerium, den stellvertretenden Außenminister Sumner Welles. Im September 1940 betrank sich Welles auf einer Zugreise und forderte den Steward seines Schlafwagenabteils zu homosexuellen Handlungen auf. Der Steward beschwerte sich bei der Schlafwagengesellschaft, und ein Feind von Welles, William

Bullitt, bekam zufällig Wind von der Geschichte. Die folgenden drei Jahre benutzte er sie als Waffe, um Welles aus dem Außenministerium zu vertreiben.

Als dem Präsidenten Gerüchte über Welles zu Ohren kamen, beauftragte er Hoover, der Sache nachzugehen. Hoover berichtete, daß die Geschichte wahr sei und Bullitt sie einem wichtigen Feind Roosevelts, Burton Wheeler, weitererzählt habe. Im Jahre 1942 erfuhr auch Außenminister Cordell Hull – ebenfalls von Bullitt – von der Geschichte. Hull haßte Welles und nahm ihm wohl auch seine enge Zusammenarbeit mit dem Präsidenten (und vielleicht auch seine größeren Fähigkeiten und Erfahrungen als Diplomat) übel. Er wandte sich an Hoover, um herauszufinden, ob sie wahr sei. Hoover war kein Freund von Welles, aber er weigerte sich, Hull ohne Erlaubnis des Präsidenten irgendeine Auskunft zu geben. Daraufhin ging Hull mit seiner Geschichte vor den Senat. Owen Brewster aus Maine traf am 27. April mit Hoover zusammen und verlangte, den Bericht zu sehen. Wieder weigerte sich Hoover.

Hoovers Bemerkungen gegenüber Justizminister Francis Biddle zu diesem Fall sind interessant, denn er begründete das homosexuelle Verhalten von Welles mit einem Mangel an Selbstbeherrschung. Im Gespräch mit Biddle sagte er, Welles' Verhalten verwirre ihn, weil es sich dabei nicht um ein homosexuelles Verhaltens*muster* handle, sondern nur um einzelne Vorfälle, die sich ereigneten, als Welles so betrunken war, daß er sich später nicht mehr daran erinnern konnte. Biddle aber meinte dem Präsidenten gegenüber schlicht, daß dieser Vorfall nun schon zu lange schwäre, und riet ihm, Welles fallenzulassen, bevor die Sache vollends außer Kontrolle gerate. Angesichts einer drohenden Untersuchung durch den Senat und der Furcht, daß Bullitt die Geschichte der Zeitungskette Patterson-McCormick, die gegen Roosevelt eingestellt war, stecken würde, reichte Welles am 25. September 1943 seinen Rücktritt ein.[80]

Obwohl sich Hoover erfolgreich bei Franklin Roosevelt beliebt machte, gewann er dadurch keineswegs die Gunst der First Lady. Sie beschwerte sich bei ihrem Mann, Hoover verwende viel zuviel Zeit darauf, Kommunisten zu verfolgen, und kümmere sich zuwenig um die Nazis. Hoover reagierte darauf mit statistischen Daten (die Roosevelt an sie weiterleitete), um zu beweisen, daß sie unrecht habe. Sie kritisierte auch die Art und Weise, wie das FBI mit den Veteranen von der Abraham Lincoln Brigade umgesprungen war: »Wir bauen in diesem Land eine Art Gestapo auf, und das flößt mir Angst ein.«[81] Hoover war überzeugt, in Eleanor Roosevelt eine Todfeindin zu haben; das mag auch der Grund dafür gewesen sein, warum er ein hochbrisantes Dossier über sie in seinen »Offiziellen und Vertraulichen Akten« aufbewahrte. Dieses Dossier enthielt einen Bericht von einem FBI-Agenten an Hoover, in dem es hieß, das Spionageabwehrcorps (Counter-Intelligence Corps, CIC) behaupte, in einem Hotelzimmer in Chicago ein Mikrophon installiert und dadurch Beweise sichergestellt zu haben, daß Mrs. Roosevelt und ihr Freund (und späterer Biograph) Joseph Lash »während ihres Aufenthalts in diesem Hotelzimmer sexuell miteinander verkehrten«. Der Informant, von dem der FBI-Agent diesen Bericht hatte, war John Bissell, der Chef des Heeresnachrichtendienstes (Military Intelligence Division, MID). Bissell sagte, der ehemalige MID-Chef habe ihm erzählt, daß die Tonbänder Roosevelt vorgespielt worden seien und der Präsident in Anwesenheit von Hopkins und Watson einen »furchtbaren Streit« mit Mrs. Roosevelt vom Zaun gebrochen habe. Angeblich war der Präsident so zornig gewesen, daß er das CIC auflösen ließ und seine Mitglieder in den Pazifik schickte, »damit sie gegen die Japs kämpfen, bis sie getötet werden«.[82] Sicher ist in dieser Angelegenheit nur, daß das CIC das Hotelzimmer von Eleanor Roosevelt in Chicago tatsächlich abhörte, daß sie davon erfuhr und sich beschwerte und daß Roosevelt das CIC auflöste. Abgesehen davon klingt nichts aus Hoovers Dossier in seiner O&V-Akte glaubhaft. Wenn ein kultivierter Mann wie Roosevelt einen »furchtbaren Streit« mit seiner Frau hatte, dann würde er ihn nicht vor seinen Mitarbeitern, das heißt vor Hopkins und Watson, austragen. Die wahrscheinlichste Erklärung für den ganzen Vorfall ist die, daß Geheimagenten die Geschichte beim Weitererzählen immer mehr ausschmückten, vor allem da sie den Verdacht hegten, der New Deal sei kommunistisch unterwandert, und Roosevelt selbst haßten, weil er ihre Einheit aufgelöst und damit ihre Karrieren zerstört hatte. Die belastenden Tonbänder stammten wahrscheinlich von einer Zusammenkunft Lashs mit seiner Freundin, und ein »furchtbarer Streit« fand vermutlich auch nie statt. Der absurde Bericht über die Abkommandierung in den Pazifik erinnert eher an den allgemeinen Tenor der Phantastereien, die

Gegner Roosevelts während des Krieges über ihn immer wieder in Umlauf setzten.[83]

Die Akte über Eleanor Roosevelt ist beispielhaft für die Art von Informationen über Prominente, die Hoover in seinen »geheimen Akten« aufbewahrte (seine »Offiziellen und Vertraulichen Akten« überdauerten seinen Tod; die »Persönlichen und Vertraulichen Akten« wurden von Tolson und seiner Sekretärin Helen Gandy nahezu vollständig vernichtet). Hoover behauptete, er habe dieses Informationsmaterial beschlagnahmt, damit es nicht Agenten und Angestellten in die Hände falle, die Gerüchte ausstreuen könnten. Es gab aber auch Leute, die von Hoovers »Erpressungsakten« sprachen. Sie waren der Ansicht, Hoover bewahre diese Materialien getrennt von der Zentralablage auf, um sich zu schützen (da es nicht seine Aufgabe war, solches Material zu sammeln, und weil er illegale Techniken benutzt hatte, um es zu beschaffen) und um sie bei der Hand zu haben, wenn er sie zu seinem Nutzen verwenden wollte.[84]

Zu Hoovers Lebzeiten war es nicht üblich, daß skandalöse Informationen über das Privatleben prominenter Persönlichkeiten in den Medien veröffentlicht wurden, aber viele hatten den Verdacht – und einige wußten sogar –, daß Hoover tatsächlich vernichtende Informationen an die Presse, an Regierungsbehörden und Ausschüsse sowie an Angestellte weitergab. Seine Opfer waren Einzelpersonen, die er der Illoyalität oder mangelnden Eifers im Kampf gegen illoyales Verhalten verdächtigte, und Kritiker des Bureau, da er jeglichen Widerstand gegen ihn oder das Bureau als solches bereits für subversiv hielt. Wahrscheinlich ist es richtig, daß, wie allgemein angenommen wurde, die Angst vor den vertraulichen Akten ein wichtiger Grund war, warum Hoover so wenige Kritiker hatte. Andererseits hätten schon Hoovers offene Angriffe auf seine Feinde ausgereicht, um auch die engagiertesten Gegner des Bureau abzuschrecken; die Kritiker wußten, daß sie niemals Ruhe vor seinen Angriffen haben würden, wenn sie ihn erst einmal verärgert hatten. Und vielleicht war die Angst vor Hoovers Akten auch nur eine willkommene Entschuldigung dafür, daß man eine direkte Konfrontation mit ihm vermeiden wollte, weil man in Wirklichkeit einfach Angst hatte, in einer offenen Debatte auf einen so grimmigen Gegner zu treffen.

Während des Krieges schützte Hoover sein geheimdienstliches Territorium geradezu eifersüchtig vor Übergriffen konkurrierender Behörden. Die größten Schwierigkeiten machten ihm ausländische Geheimdienste, die in den Vereinigten Staaten operierten, und die Reibungen mit William Donovans OSS (Office of Strategic Services), dem militärischen Geheimdienst. Die Einrichtung des OSS war eine der schlimmsten verwaltungstechnischen Niederlagen, die Hoover in seiner Karriere hinnehmen mußte.[85]

Zu Beginn des Jahres 1941 strömten von dreizehn verschiedenen Behörden ausländische Nachrichten ins Weiße Haus. Roosevelt stand vor der dringend notwendigen Aufgabe, für eine gewisse Ordnung zu sorgen. Die Möglichkeit, daß der Präsident irgend jemanden zum »Herrscher« über alle Geheimdienste ernennen könnte, beunruhigte Hoover und die Leiter der beiden militärischen Geheimdienste. Sie teilten Roosevelt mit, daß sie als Ausschuß von Gleichgestellten effektiv arbeiteten und es vorzögen, keinen Aufseher vor die Nase gesetzt zu bekommen. Dennoch lag im Frühsommer 1941 die Einsetzung eines einzigen Direktors über alle Geheimdienste durchaus im Bereich des Möglichen, und Roosevelt hatte bereits einige Kandidaten im Auge: seinen langjährigen Freund, den New Yorker Vincent Astor (Ehemann der Wohltäterin Brooke Astor); Bürgermeister Fiorello La Guardia, der die Zivilverteidigung leitete und deshalb ein Interesse an Propaganda und am Nachrichtendienst hatte; und selbstverständlich den Mann, auf den Roosevelts Wahl schließlich fiel, den ehemaligen stellvertretenden Justizminister William J. Donovan, den Helden aus dem Ersten Weltkrieg (Ehrenmedaille des Kongresses, Führer der »Fighting Sixty-Ninth«, dargestellt im gleichnamigen Film). Roosevelt hatte Donovan, der damals ein einflußreicher Rechtsanwalt in New York war, als persönlichen Abgesandten nach Übersee geschickt, wo er sich einen Überblick über die internationale Lage verschaffen und Ideen sammeln sollte, wie das Geheimdienstproblem gelöst werden könnte. Donovans Plan sah eine neue Organisation vor, die für alle geheimdienstlichen Operationen im Ausland zuständig sein sollte, Nachrichten sammelte, sie interpretierte, verdeckte Aktionen durchführte und die ausländische Propaganda überwachte.[86]

Den meisten Präsidenten ist daran gelegen, eine Vielzahl von verschiedenen Informationsquellen zu besitzen, um in ihren politischen Entscheidungen nicht durch die besonderen Prioritäten oder Wahrnehmungen irgendeines ihrer Untergebenen eingeschränkt zu werden. Roosevelt hatte bereits auf die weltweite Notsituation reagiert und zwei »Behörden« eingerichtet, die eigentlich nichts anderes waren als zwei persönliche Geheimdienste. Die eine war das Bureau of the Budget, das er im Februar 1940 vom Schatzamt in das Weiße Haus verlegte; die andere war eine Nachrichtenbeschaffungsstelle unter dem Pressemann John Franklin Carter, die im Büro Adolf Berles im Außenministerium Deckung gefunden hatte. Roosevelt war im Gegensatz zu den Bürokraten nicht sehr begeistert davon, die organisatorische Struktur der Geheimdienststellen zu klären und zu rationalisieren. Von seiner Warte aus gesehen, war es um so besser, je mehr Konkurrenz zwischen den Geheimdiensten bestand.[87]

Im Spätfrühling und Frühsommer des Jahres 1941 war Roosevelt immer noch dabei, endlich zu einer Entscheidung darüber zu kommen, wem er die Verantwortung für die geheimdienstlichen Operationen im Ausland übertragen sollte (er ernannte Donovan am 18. Juni zum »Coordinator of Information«, gab seine Entscheidung aber erst am 15. Juli bekannt). Wie schon im Jahre 1933 mußte Hoover sich mit der Möglichkeit herumschlagen, einem neuen Chef unterstellt zu werden. Das Problem wurde virulent, als der Präsident Vincent Astor die Verantwortung für die Zusammenarbeit mit dem britischen Geheimdienst übertrug,[88] anscheinend, um ihn auf die Aufgaben eines Geheimdienstchefs vorzubereiten.

Am 3. Juli 1941 – Hoover hielt sich gerade in Atlantic City, New Jersey, auf – rief Dienststellenleiter T. J. Donegan vom New Yorker FBI-Büro die FBI-Zentrale in Washington an. Er berichtete, Astor habe gerade die wöchentliche Geheimdienstsitzung, die er als Vorsitzender leite, abgebrochen und ihn, Donegan, beauftragt, Kermit Roosevelt, Sohn Theodore Roosevelts und Cousin Franklin Delano Roosevelts, ausfindig zu machen. Kermit Roosevelt war erst kurz zuvor von London in New York eingetroffen und hätte sich ins New York Hospital begeben sollen, um dort wegen Alkoholismus und anderer Leiden behandelt zu werden. Er hatte sich jedoch nicht im Krankenhaus gemeldet und war zum letztenmal in Begleitung einer deutschen Masseuse gesehen worden.[89]

Direktionsassistent Edward Tamm gab Donegan die Anweisung, eine sehr diskrete Untersuchung einzuleiten. Als Hoover jedoch von den Ereignissen erfuhr, befahl er, die Untersuchungen unverzüglich einzustellen, da er entsprechende Reaktionen fürchtete, wenn entdeckt werden sollte, daß das FBI einen Verwandten des Präsidenten überwachte. Astor war wütend und drohte, dafür zu sorgen, daß Donegan und Hoover entlassen würden. Donegan beschwerte sich bei seinem Direktor und sagte: »Ich brauche mir eine solche Behandlung nicht gefallen lassen, und ich meine auch, daß Sie nicht von mir erwarten, daß ich mich so behandeln lasse.«[90] Hoovers wohlbekannter Grundsatz war, jeden Angriff eines Außenstehenden gegen einen seiner Agenten wie einen Angriff gegen sich selbst zu bewerten, und als er jetzt hörte, wie Astor mit Donegan umgesprungen war, geriet er in Rage. Aber er erkannte auch, daß Astor, der, soweit Hoover wußte, immer noch ein Konkurrent für den führenden Posten im Geheimdienstwesen war, sich in eine unhaltbare Position gebracht hatte. Hoover beauftragte das Weiße Haus, sich um Kermit zu kümmern.

Nach einem zornigen Briefwechsel zwischen Hoover und Astor hatte Hoover sich Astor gegenüber so viele Vorteile verschafft, daß er sicher war, in ihm keinen ernsthaften Rivalen mehr zu haben. Das hatte allerdings keinerlei Einfluß auf Roosevelts Entscheidung, Donovan zum »Coordinator of Information« zu machen. Ein Jahr später, am 11. Juli 1942, wurde Donovans Organisation als OSS neu strukturiert und den JCS (Joint Chiefs of Staff), dem aus den Generalstabschefs der Teilstreitkräfte bestehenden Generalstab, angegliedert. Der wichtigste Grund, warum der Präsident Donovan seinem FBI-Direktor vorzog, war vermutlich die Persönlichkeit Donovans, das heißt der Unterschied in Bildung, Erfahrung und Weltverständnis, der zwischen den beiden Männern bestand. Donovan war ein Mann mit großer internationaler Erfahrung; er und Winston Churchill kannten und bewunderten einander. Donovan war sein Leben lang gereist, so daß er die Situation in der Welt aus erster Hand kennengelernt hatte. Seine faszinierende Persönlichkeit, sein erstaunlich großer Kreis von Freunden, Anhängern und Verbündeten in Amerika und sein professionelles Format hatten ihm alle Türen geöffnet, so daß er sich überall mit Regierungschefs und führenden Persönlichkeiten der Wirtschaft treffen konnte, um wichtige Probleme zu erörtern. Ihm gegenüber stand der engstirnige, provinzielle Hoover, der in seinem ganzen Leben keinen der beiden Ozeane überquert hatte. (Abgesehen von einem Urlaub in der Karibik in den dreißiger Jahren, wagte er sich niemals über die Grenzen der Vereinigten Staaten hinaus.)

Da der Präsident seit einem Jahr schon Geheimdienstberichte der Marke Hoover erhielt, muß er von Donovans Vorschlag beeindruckt gewesen sein, innerhalb seiner Organisation einen Analyseausschuß zu bilden, der die Nachrichten analysierte und interpretierte. Bereits Mitte Oktober 1941 arbeiteten über hundert Experten für Donovans »Research and Analysis«-Abteilung und erstellten Studien für den Ausschuß. Das war ein scharfer Kontrast zu den unausgewerteten Klatschgeschichten, die Hoover während seiner gesamten Karriere hartnäckig an das Weiße Haus weitergab. Hoovers stereotypes Beharren darauf, daß das FBI nur Fakten zur Verfügung stelle und die Interpretation und Schlußfolgerung anderen überlasse, machte ihm eine effektive nachrichtendienstliche Arbeit unmöglich und war letztlich vielleicht der Grund, daß er seine geheimdienstlichen Operationen während des Krieges nicht über Lateinamerika hinaus ausdehnen konnte.[91]

Die »Experten« im Bureau, auf die Hoover für seine »Analysen« zurückgriff, waren in erster Linie Experten darin, die Beurteilungen ihres allmächtigen Direktors vorauszuahnen. Um die Kompetenz seines Bureau über das bloße Sammeln von Fakten hinaus erweitern zu können, hätte Hoover selbständig denkende Mitarbeiter benötigt, doch solche Menschen konnte er als Untergebene nicht tolerieren. Das war der Preis für die straffe Disziplin, die er von seinen Angestellten forderte. Er beraubte sich damit jeder Chance, Ratschläge zu erhalten, die nicht darauf ausgerichtet waren, seiner wahrscheinlichen Reaktion darauf zu genügen. Es gelang Hoover nie, dieses Problem – ein ewiges Dilemma aller militärisch aufgebauten Organisationen – zu lösen.

Als Donovans Organisation stand, konnte Hoover nur noch mit den Zähnen knirschen und dafür sorgen, daß er Donovans periodische Versuche abblocken konnte, seine Operationen auf das Gebiet der Vereinigten Staaten auszudehnen, wo das OSS nicht handeln durfte. Als Hoover erfuhr, daß Donovan einen Agenten nach Mexiko gesandt hatte, stachelte er Sumner Welles an, sich dafür einzusetzen, daß die »Donovan-Organisation aufgelöst wird«.[92]

Im Oktober 1942 bekam Hoover eine zweite Chance, Donovan zu diskreditieren, und er machte das Beste daraus. Die Briten hatten herausgefunden, daß die Spanier die Dechiffrierbücher für ihren Seefunk im Safe ihrer Botschaft aufbewahrten. Wenn man in die Botschaft hineinkommen konnte, würde man sich also über die neuesten Veränderungen der Kodes informieren können. Im Juli wurde diese Aufgabe Donovan übertragen, und Donovan gab sie an Donald Downes weiter, den Agenten, der bereits früher, in Mexiko, Hoovers Zorn erregt hatte. In der Nacht des 29. Juli 1942 schickte er drei Agenten in die Botschaft und ließ die Dechiffrierbücher fotografieren. Die Aktion erwies sich als außerordentlich ergebnisreich und wurde im August und September wiederholt.[93]

Im Oktober kam die Katastrophe – in Gestalt Hoovers. Als die Männer vom OSS in der Botschaft waren, fuhr das FBI mit heulenden Sirenen und Blaulicht vor, so daß die OSS-Agenten fliehen mußten. Downes äußerte später dazu, Hoovers Verhalten sei »nahezu als Verrat« zu werten.[94]

Hoovers Zweikampf mit Donovan war nicht einfach nur Ausdruck einer beruflichen Rivalität. Die Agenten des OSS waren ermächtigt, in Übersee auch gewaltsame Methoden anzuwenden und illegale »verdeckte«* Aktionen durchzuführen. Es hätte katastrophale Folgen gehabt (und wäre außerdem gesetzwidrig gewesen), wenn man ihnen erlaubt hätte, diese Techniken auch innerhalb der Vereinigten Staaten anzuwenden, vor allem, da in dem Dokument, das Donovans Zuständigkeiten definierte, dem OSS ausdrücklich verboten wurde, auf amerikanischem Boden zu operieren. Die Erfahrung hatte Hoover gelehrt, daß dem FBI, als der exponiertesten Ermittlungsbehörde des Bundes, gewöhnlich der Schwarze Peter zugeschoben wurde, wenn Agenten des Bundes bei zweifelhaften Aktivitäten erwischt wurden. So steckte auch die übliche Mischung von Egoismus und Prinzip in Hoovers lebenslangem Kampf mit dem OSS – der späteren CIA (Central Intelligence Agency) –, um den Rivalen von amerikanischem Boden fernzuhalten.

Im Jahre 1943 war die amerikanische Politik darauf ausgerichtet, alles zu tun, um Stalin zu besänftigen, weil es noch nicht möglich war, auf seine Forderung nach einer zweiten Front einzugehen. Donovan hatte die

* Unter einer verdeckten Aktion (»covert action«) versteht man Operationen, durch die auf die Politik fremder Länder Einfluß genommen werden soll, ohne daß die Beteiligung der Vereinigten Staaten oder des Geheimdienstes bekannt wird. (A.d.Ü.)

Idee, Vereinbarungen über eine Zusammenarbeit zwischen dem OSS und der russischen Geheimpolizei NKWD* zu treffen, die nicht nur die Koordination ihrer Operationen auf deutschem Territorium umfassen würden, sondern auch einen Austausch von Stationen in den jeweiligen Hauptstädten. Am 10. Februar 1943 unterbreitete Donovan den JCS seinen Vorschlag. Ein Unterausschuß der JCS bestimmte, daß »die militärischen Vorteile ... eines solchen gegenseitigen Austausches ... von Stationen gegenüber den Nachteilen zu überwiegen scheinen«, und empfahl den JCS, den Plan zu billigen.[95]

Aber inzwischen hatte Hoover vermutlich über seine Quellen im Heeresnachrichtendienst von der Sache Wind bekommen und ließ sofort ein Protestschreiben an das Weiße Haus los. Aufgrund von Hoovers Memo überdachte Roosevelt die Angelegenheit noch einmal. Er informierte Admiral William D. Leahy, den Vorsitzenden der JCS, über Hoovers Protest und bat ihn, mit den JCS »darüber zu beraten«. Hoover setzte mit einem zweiten Memo an Justizminister Biddle nach. Darin warf er dem NKWD vor, er versuche, »an streng vertrauliche Informationen über Geheimnisse des Kriegsministeriums zu gelangen«. Er gab warnend zu bedenken, daß eine Vertretung des NKWD in den Vereinigten Staaten »eine ernsthafte Bedrohung der inneren Sicherheit des Landes darstellt«. Jetzt war auch Biddle alarmiert und leitete diese Warnung an Roosevelt weiter, der wiederum Leahy wissen ließ, das er besorgt sei.[96]

Die JCS waren durch Hoovers Warnungen und die Erregung des Präsidenten sehr beunruhigt. Obwohl die Mehrheit der Mitglieder der JCS Donovans Vorschlag immer noch gewogen war, wurde beschlossen, daß Leahy, angesichts der vielen politischen Komplikationen, die sich ergeben hatten, privat mit dem Präsidenten zusammenkommen sollte, um seinen Rat einzuholen. Nahezu ein Monat verging; am 15. März wurden die JCS informiert, daß Roosevelt beschlossen habe, den Plan fallenzulassen.[97]

Die Bedenken des Präsidenten waren vermutlich weniger auf die Angst vor dem Kommunismus zurückzuführen, als auf die Befürchtung, daß Hoover die konservative Presse gegen die Regierung aufhetzen könnte,

* Narodnyj Kommissariat Wnutrennych Del: Volkskommissariat für innere Angelegenheiten. (A.d.Ü)

wenn eine Vertretung des NKWD in Washington genehmigt würde. Es war dies das erste Mal – viele weitere ähnliche Fälle würden folgen –, daß die Regierung bei politischen Überlegungen Hoovers Einfluß auf die Konservativen berücksichtigte. Allerdings gab es außer Hoovers Widerstand auch andere Gründe, daran zu zweifeln, daß Donovans Plan wirklich gut war. Der Geheimpolizei Stalins zu erlauben, in Washington ein Basislager aufzuschlagen (was den militärischen Befehlshabern offenbar als Lappalie erschien, denn ihnen ging es nur darum, an das Informationsmaterial zu gelangen, das die Sowjets über die Deutschen besaßen), war wirklich eine kühne Idee. Hätte der Präsident Donovans Plan zugestimmt, wäre ein Wink von Hoover gar nicht nötig gewesen, um die Gegner Roosevelts auf die Chance aufmerksam zu machen, die sich ihnen hier bot, über den Präsidenten herzufallen.

Im Dezember 1944 mußte Hoover einen weiteren Versuch Donovans zurückschlagen, einem ausländischen Geheimdienst zu einer Niederlassung in Washington zu verhelfen. Hoover schickte Biddle ein Memo, in dem er sich gegen Donovans Plan aussprach, den Franzosen die Erlaubnis für Operationen in den Vereinigten Staaten zu geben.

Hoover sträubte sich aus ideologischen Gründen dagegen, ausländische Geheimdienstbehörden in den Vereinigten Staaten arbeiten zu lassen. Aber er hatte auch ein verwaltungstechnisches Motiv: Die ausländischen Geheimdienste würden logischerweise eng mit der amerikanischen Geheimdienstbehörde zusammenarbeiten, die dafür gesorgt hatte, daß sie sich in den Vereinigten Staaten niederlassen konnten, und die außerdem in ihren Heimatländern operierte. In der Praxis hätte dies bedeutet, daß die ausländischen Geheimdienstnetze in den Vereinigten Staaten dem OSS die Möglichkeit geboten hätten, das Verbot zu umgehen, auf amerikanischem Boden zu arbeiten. Das OSS hätte dann seine ausländischen Kollegen dazu benutzen können, um Informationen zu sammeln und innerhalb der Vereinigten Staaten verdeckte Aktionen durchzuführen. Hoover war nicht zu halten, wenn er sein Territorium gegen eine potentielle Bedrohung verteidigte, und war sie auch noch so weit hergeholt.

Durch die vielen Zusammenstöße, die Donovan während des Krieges mit Hoover hatte, fiel sein Verdacht automatisch auf den FBI-Direktor, wenn Indiskretionen gegenüber der Presse seine Pläne behinderten, das OSS nach dem Krieg reibungslos in die heutige CIA zu verwandeln – vielleicht mit dem Ziel, selbst die Leitung zu übernehmen. Und möglicherweise hatte er mit seinem Verdacht sogar recht.

Am 18. November 1944 schlug Donovan dem Präsidenten vor, eine neue Geheimdienstbehörde einzurichten, die im Ausland operierte. Ihr Direktor, unterstützt durch ein Gremium, bestehend aus dem Außen-, dem Kriegs- und dem Marineminister, sollte direkt dem Präsidenten unterstehen. Donovans Plan stieß bei der Armee, der Marine und dem FBI auf Widerstand. Hoover brachte seinen eigenen Vorschlag ein, in dem er fordete, auf das System der Zusammenarbeit des FBI mit der Armee und der Marine aus der Zeit vor dem Krieg zurückzugreifen, das durch ein vergrößertes Netz von »offiziellen« FBI-Attachés an amerikanischen Botschaften und durch eine neue Abteilung für die Auswertung und die Analyse der Nachrichten im Außenministerium ergänzt werden sollte.[98]

All diese Pläne brachen wie ein Kartenhaus zusammen, als irgend jemand am 9. Februar 1945 Walter Trohan, den Washingtoner Korrespondenten der geradezu fanatisch gegen Roosevelt eingenommenen *Chicago Tribune,* über Donovans Pläne informierte. Die Zeitungskette McCormick-Patterson – *Washington Times Herald, New York Daily News* und natürlich die *Tribune* – warf dem New Deal vor, man »plant, die Menschen in [der] Welt und in diesem Land auszuspionieren«, und Roosevelt »zieht eine Supergestapo ... in Betracht«. Alle Feinde des New Deal beteiligten sich an diesem Gefecht und erhoben so absurde Vorwürfe wie den, daß Donovans Plan »eine weitere Maßnahme des New Deal auf der Linie Hitlers« sei. Die Anhänger Donovans schlugen zurück, doch die Indiskretion gegenüber Trohan zerstörte praktisch alle Hoffnungen, die Donovan sich auf eine Karriere im Geheimdienstwesen nach dem Krieg gemacht hatte. Donovan beschwerte sich bei Roosevelt, dies sei nicht »nur eine Indiskretion [gewesen], sondern ein bewußter Plan, [jede Neuorganisation des Geheinmdienstes] zu sabotieren«. Er war überzeugt, daß Hoover dafür verantwortlich zu machen sei, und obwohl es keine schlagenden Beweise gibt, neigen viele Historiker ebenfalls zu dieser Ansicht.[99]

Am Ende des Krieges war Hoover das unumstrittene Haupt des nationalen Geheimdienstes und hatte eine gute Chance im bislang unentschiedenen Rennen um die Kontrolle der Geheimdienstoperationen im Ausland nach dem Krieg. Zwölf Jahre hatte er eng mit einem

Präsidenten zusammengearbeitet, der ihm vertraute und auch sein Vertrauen genoß.

Dieses Vertrauensverhältnis aber machte Hoover angreifbar, als Roosevelt starb, denn das Geheimnis, das Hoovers Wiederaufbau des FBI-Geheimdienstapparates in den dreißiger Jahren umgab, hatte Hoover und Roosevelt davon abgehalten, die Legislative offen um die Vollmacht für die neuen Geheimdienstoperationen des Bureau zu ersuchen. Hoover war auf eine Reihe informeller Übereinkünfte, persönlicher Direktiven und rechtlicher Ausflüchte angewiesen, um die Tatsache zu verbergen, daß er sich nicht mehr an Harlan Stones Richtlinien hielt, die die Ermittlungen des Bureau auf Verstöße gegen Bundesgesetze beschränkten. Da ihm eine klare und unangreifbare rechtliche Basis für Operationen, die schließlich den größten Teil des Bureau in Anspruch nahmen, fehlte, ging Hoover sofort in Verteidigungsstellung, wenn Zweifel angemeldet wurden, ob das Bureau überhaupt ermächtigt sei, Geheimoperationen durchzuführen. Hoover mußte sich auf vage Direktiven des Präsidenten berufen, die er dem Geist nach sehr weit und umfassend interpretierte, die aber später dem Buchstaben nach eng und restriktiv ausgelegt wurden. Für einen Mann, der Mehrdeutigkeiten so sehr haßte wie Hoover, war es eine lebenslange Last, in einer Grauzone zweifelhafter Legalität arbeiten zu müssen. Jetzt lag sein Schicksal in der Hand eines neuen Präsidenten, eines Mannes, der mit Hoover erst ein einziges Mal zu tun gehabt hatte, und zwar als er den Untersuchungsausschuß über Pearl Harbor kritisierte, weil er Hoover von aller Schuld am Versagen des FBI freisprach.[100] Harry Truman gelang es nicht, Hoovers Vertrauen und seine Zuneigung zu gewinnen. Er erfuhr nie, was für ein wertvoller politischer Verbündeter Hoover sein konnte – aber er sollte spüren, daß er keinen schlimmeren Feind hätte wählen können.

Kapitel 9

Innere Sicherheit im Kalten Krieg

> [Ich habe niemals angedeutet], daß Präsident Truman illoyal oder prokommunistisch sei. Er war einfach blind gegen die kommunistische Gefahr und schätzte vieles völlig falsch ein.
>
> Hoover nach seiner ersten Aussage gegen Truman vor dem Unterausschuß des Senats für Innere Sicherheit, 1953[1]

Nur ein Mensch, in dem die Erinnerung an die Vergangenheit lebendig geblieben war, konnte so reagieren wie Hoover, als der Kalte Krieg einsetzte. In Europa war Stalin auf dem Vormarsch, in Griechenland und China brachen Bürgerkriege aus, und Truman, der das Militär wieder mobilisierte, war zu sehr abgelenkt, um die Folgen der weltweiten Krise für die innere Sicherheit in den Vereinigten Staaten einzuschätzen. Hoover aber hatte all das schon einmal erlebt.

Wieder breitete sich der Bolschewismus über die Grenzen Rußlands hinaus aus. Wieder unterstützten amerikanische Radikale und ihre Freunde Moskau. Hoover kam es vor, als wiederhole sich das Jahr 1919. Wieder wurden Stimmen laut, die Maßnahmen gegen die amerikanischen Verteidiger der kommunistischen Revolution forderten. Aber diesmal machte Hoover die Fehler nicht noch einmal, die seinen Angriff auf die Kommunistische Partei im Jahre 1920 vereitelt und beinahe auch seine berufliche Karriere ruiniert hatten.

J. Edgar Hoover war im Jahre 1945 fünfzig Jahre alt. Achtundzwanzig Jahre lang hatte er sich mit Forderungen nach Mobilisierung und Demobilisierung herumgeschlagen. Seit er und Roosevelt 1936 den politischen Überwachungsapparat wieder aufgebaut hatten, war er *der*

Nachrichtendienstler der Nation im Bereich der inneren Sicherheit. Er hatte so oft mit Kriegspsychosen zu tun gehabt, daß seine Reaktionen darauf fast Routine geworden waren.
Da er wußte, was im Falle eines Krieges von den Truppen, die für die innere Sicherheit des Landes zuständig waren, insbesondere vom FBI, verlangt wurde, konnte Hoover auch vorausplanen, was für Maßnahmen zu ergreifen waren, wenn es darum ging, die öffentliche Hysterie zu besänftigen, die immer mit internationalen Krisen einherging. Er wußte zwar nicht, ob die Zukunft Krieg oder Frieden bringen würde, aber er wußte, daß er sich auf einen Einsatz vorbereiten und einen entsprechenden Vorrat an Munition, Verbandsmaterial und Tragbahren anlegen mußte.

Aufgrund der »Kriegssignale«, die er in den Jahren 1945 und 1946 empfangen hatte, war Hoover überzeugt, daß das Land im besten Fall einer langen spannungsreichen Zeit entgegensah, im schlechtesten Fall einer bewaffneten Auseinandersetzung oder einem Überraschungsangriff von der Art des Angriffes auf Pearl Harbor. Sollte die internationale Situation sich zuspitzen, würde die Öffentlichkeit – das wußte Hoover – in ihrer Angst nach Washington blicken und dort die Gewißheit suchen, daß die Heimatfront sicher war vor Spionen, Saboteuren und Umstürzlern. Und das FBI würde – auch das wußte Hoover – den Beweis dafür liefern müssen. Sollte ein Überraschungsangriff stattfinden, würde er beweisen müssen, daß er jeden möglichen Hinweis auf den Angriff, der ihm zugetragen worden war, auch weitergeleitet hatte. Sollte tatsächlich Krieg ausbrechen, würden nicht abweisbare Forderungen nach einer Massenverhaftung von Ausländern und Bürgern laut werden, die der Illoyalität verdächtigt wurden, und von ihm würde erwartet werden, daß er die Aktion in die Wege leitete.
Als Roosevelt am 12. April 1945 starb, ging Hoover der absoluten Gewißheit verlustig, die Unterstützung des Weißen Hauses zu haben, auf die er sich in den vergangenen zwölf Jahren verlassen hatte. Roosevelt und Hoover hatten bei einer Vielzahl von heiklen und gefährlichen Operationen kollaboriert, und Hoover hatte sich beim Aufbau seines inneren Sicherheitsapparates fast nur auf informelle mündliche Direktiven eines Präsidenten berufen können, dem er bedingungslos vertraute. Vor allem aber war Hoover schon seit längerem

auf Roosevelts Fähigkeit angewiesen, eine gewisse unbestreitbare Autorität auszustrahlen und ihm so das Gefühl der Sicherheit und Stabilität zu geben, das er immer gebraucht hatte.
Jetzt mußte Hoover statt mit Roosevelt, der immer wieder demonstriert hatte, daß er ihn unterstützte und auch verteidigen würde, mit Harry S. Truman zusammenarbeiten, einem Mann, der Hoovers Vorbereitung auf Pearl Harbor kritisiert und die Schlußfolgerungen des Roberts-Ausschusses, der das FBI von aller Schuld freisprach, zurückgewiesen hatte. Als Truman das Amt des Präsidenten übernahm, umgab ihn ein Stab von Mitarbeitern, die allein schon durch ihre liberalen Ansichten Hoovers natürliche Feinde waren. Truman selbst ließ keine Zweifel daran, daß er Hoover und das FBI als Gegner der bürgerlichen Freiheitsrechte betrachtete. Zudem beunruhigte und verärgerte er Hoover zusätzlich, als er am 30. Juni 1945 Justizminister Francis Biddle seines Amtes enthob und ihn durch Tom C. Clark ersetzte. Obwohl Biddle fast alle Fälle abgeblockt hatte, in denen Hoover aufgrund der Agitationsgesetze eine gerichtliche Verfolgung befürwortete, hatte Hoover doch das Gefühl gehabt, bei ihm wenigstens zu wissen, woran er war. Und als Hoover in Schwierigkeiten gewesen war (weil er das Telefon von Harry Bridges abhören ließ), hatte Biddle sich vor ihn gestellt. Bei Clark jedoch, der ausgewählt worden war, um die Kongreßabgeordneten aus Texas versöhnlich zu stimmen, hatte Hoover das Gefühl, er treffe seine Entscheidungen für oder gegen eine gerichtliche Verfolgung aufgrund des politischen Druckes von Parteigenossen, und deshalb fühlte sich Hoover weniger sicher. Er zeigte sich Clark gegenüber zwar sehr freundlich, als dieser als Richter am Obersten Bundesgericht in die Entscheidung einstimmte, daß Hoovers Anklage gegen die Führungsspitze der Kommunistischen Partei aufgrund des Smith Act zu billigen sei, doch er hielt ihn nicht für einen Mann mit Prinzipien. Andererseits war Clark, wie ein Angehöriger des Justizministeriums einmal äußerte, »von Hoover eingeschüchtert«. Truman und Clark gaben Hoover das Gefühl, in den gefährlichen Zeiten nach dem Krieg auf sich selbst gestellt zu sein. Also mußte er seine Bündnisse mit den konservativen Antikommunisten im Kongreß und im ganzem Land festigen, denn sie waren seine natürlichen Schutzherren und Vasallen.[2]
Hoover verfolgte wachsam alle Ereignisse der Jahre 1945, 1946 und

1947, die schließlich den Kalten Krieg auslösten – das Scheitern der Außenministerkonferenz in London (September 1945); die Rede Stalins im Februar 1945 über die ewige Rivalität zwischen Kommunismus und Kapitalismus; Winston Churchills Rede in Fulton, Missouri (5. März 1946), bei der das Stichwort vom »Eisernen Vorhang« fiel; die amerikanische Unterstützung antikommunistischer griechischer Truppen im März 1947; die Entstehung des Marshall-Plans im Juni 1947 und George Kennans Aufsatz »Mr. X« in der Juli-Nummer von *Foreign Affairs* aus dem Jahre 1947, in dem er die Politik zur Eindämmung des Kommunismus formulierte. Hoover betrachtete diese Ereignisse als Beamter, der sich aus beruflichen Gründen mit den Auswirkungen dieser Politik auf die innere Sicherheit würde auseinandersetzen müssen, und als lebenslanger Antikommunist, der mit dem Wort »Kommunismus« alles assoziierte, was seine eigenen Grundwerte bedrohte. Hoovers Verhalten während der Regierung Trumans wird nur verständlich, wenn man sich die beiden Aspekte der Rolle vergegenwärtigt, die er in der Öffentlichkeit spielte. Einerseits war er der Fachmann für innere Sicherheit, der haarscharf wußte, wie riskant es war, auch nur ein einziges Gefahrensignal zu vernachlässigen, und andererseits der Moralist, der immer geneigt war, seine Aktionen in dramatische Lektionen über »richtig« und »falsch« zu verwandeln, besonders wenn sie gegen seinen historischen Feind, den Kommunismus, gerichtet waren.

Die Maßnahmen, die Hoover im Jahre 1919 und dann wieder nach dem Zweiten Weltkrieg traf, beruhten allerdings ebensosehr auf einer rationalen Beurteilung der Weltlage wie auf seinem Vorurteil den Kommunisten gegenüber. Unter Palmer hatte sich Hoovers Kampagne gegen den Kommunismus an der Angst entzündet, der Kommunismus werde sich in den Jahren 1918 und 1919 über ganz Europa ausbreiten, und erlosch, als die »rote« Flut zurückging. Die Kampagne war eine Reaktion auf die realistische (einer weniger blühenden Phantasie allerdings eher ferne) Möglichkeit einer inneren Revolution gewesen, die von außen unterstützt wurde. Auf ganz ähnliche Weise wurde durch die allgemeine Beunruhigung über die wirklich spannungsgeladene Atmosphäre in Europa und Asien nach dem Zweiten Weltkrieg die Kontroverse über die innere Sicherheit unter der Regierung Trumans ausgelöst. Hoover war nicht allein mit seiner Reaktion auf die Angst, daß auch diesmal die Gefahr eines ausländischen Angriffes bestand, dem durch Sabotage, Spionage und Subversion in Amerika Vorschub geleistet werden könnte.[3]

Im Jahre 1919 hatten die Prognosen der Kommunisten, in naher Zukunft sei mit einem bewaffneten Konflikt zu rechnen, Hoover von dem baldigen Ausbruch der Weltrevolution überzeugt. Nach dem Zweiten Weltkrieg ergaben sich aus den vielen Telefonaten amerikanischer Kommunisten und sowjetischer Vertreter in den Vereinigten Staaten, die Hoover abhören ließ, ähnliche Prognosen über einen nahen Triumph der Kommunisten. Es schien einiges dafür zu sprechen, daß das Land kurz vor einer Eskalation des Konfliktes zwischen Kapitalismus und Kommunismus stand. Zu Beginn des Jahres 1946 begann Hoover das Weiße Haus darüber zu informieren, daß amerikanische Funktionäre der Kommunistischen Partei über den »festen Glauben« der Sowjetunion diskutierten, die Kommunisten würden in »einigen wenigen kurzen Jahren« die Kontrolle über jedes europäische Land übernehmen. Im Jahre 1947 berichtete er dem Präsidenten, die Kommunisten entwickelten Pläne für Sabotageakte und Störmaßnahmen in Rüstungsbetrieben, da sie einen Krieg zwischen den Vereinigten Staaten und der UdSSR erwarteten.[4]

Da Hoover dazu neigte, allem, was er aus kommunistischen oder exkommunistischen Quellen erfuhr, große Bedeutung zuzumessen, war er verwirrt, als im Mai 1945 Jacques Duclos, ein französischer Kommunistenführer, Earl Browder, den Vorsitzenden der Kommunistischen Partei Amerikas, scharf kritisierte, weil er während des Krieges mit dem Kapitalismus kollaboriert habe. Im Juli wurde Browder durch den extremen Stalinisten William Forster ersetzt. Zur gleichen Zeit nahm die Partei ihren alten Namen wieder an und ließ den Beinamen »Communist Political Association« wieder fallen, den sie während des Krieges angenommen hatte. Außerdem wurde das Volksfront-Programm der Zusammenarbeit mit der amerikanischen Regierung unverzüglich umgestoßen, während zugleich die kommunistische Propaganda und Agitation verstärkt wurden. Hoover sandte dem Weißen Haus Berichte, in denen er dringend vor diesem neuen Kampfgeist der Kommunisten warnte. (In einem seiner Memos berichtete Hoover, er wisse aus einer »im allgemeinen zuverlässigen Quelle«, daß die Entlassung Browders auf eine Absetzung Stalins hindeute und W. M. Molotow jetzt wahrscheinlich das Kommando übernommen habe.)[5]

Hinter Hoovers Warnungen vor bevorstehenden Feindseligkeiten läßt sich eine Art »Pearl-Harbor-Syndrom« entdecken: eine feste Entschlossenheit, im Falle eines feindlichen Angriffes anhand von Aufzeichnungen beweisen zu können, daß er nicht überrumpelt worden war. Da die Informationen über Reisen japanischer Diplomaten einen Hinweis auf Pearl Harbor hätten geben können, wenn nur irgend jemand sie richtig interpretiert hätte, hielt Hoover das Weiße Haus jetzt über die Reisepläne sowjetischer Diplomaten und ihrer Familien auf dem laufenden.[6] Allerdings folgte Hoover immer noch seinem Grundsatz, Informationen nicht auszuwerten, denn er glaubte nach wie vor, seine Pflicht bestehe nur darin, alle Gefahrensignale, die er erhielt, weiterzuleiten, und daß das Wesentliche vom Unwesentlichen zu trennen Aufgabe seiner Vorgesetzten sei. Hoovers wiederholte Warnungen vor einem sehr wahrscheinlichen Ausbruch eines Krieges könnten als zynische Bemühungen aufgefaßt werden, lediglich sich selbst zu schützen, aber sie waren natürlich mehr als das. Seine gesamte Laufbahn beweist, daß er ein ernsthafter Mensch war und seine Energie nicht in nutzlosen Aktivitäten vertat. Ein Krieg mit der Sowjetunion war für ihn eine so reale Bedrohung, daß er seine FBI-Planung während der gesamten Truman-Administration daran ausrichtete.

Im Laufe der Jahre hatte Hoover einen charakteristischen Führungsstil entwickelt. Er suchte gewöhnlich nach Möglichkeiten, seine Aktivitäten in einem umfassenden Programm zu organisieren, das die fachliche Kompetenz des Bureau demonstrierte. Dazu gehörte auch, Bündnisse mit anderen Behörden einzugehen, die seine Ziele förderten, die Unterstützung der Öffentlichkeit für sie zu gewinnen und das gesamte Programm so zu gestalten, daß es der Nation gleichzeitig eine moralische Lektion erteilte. Die Mobilmachung gegen die Kommunisten nach dem Zweiten Weltkrieg war keine Ausnahme. Sie war eine umfassende Reaktion auf die internationale und die nationale Krise, in der alle Aspekte der Aktivitäten des Bureau – das Programm zur Überwachung der Loyalität innerhalb der Regierung, der legale und verdeckte Angriff auf die Kommunistische Partei und die Spionageprozesse gegen Hiss, das Ehepaar Rosenberg und andere – nicht nur Vorbereitungen für einen neuen militärischen Konflikt waren, sondern auch die Wiederaufnahme des alten Kreuzzuges, den Hoover führte, um den traditionellen Werten des Seward Square Geltung zu verschaffen. Indem er sich wieder in dem rituellen Kampf gegen seine alten Antagonisten, die amerikanischen Radikalen, engagierte, machte er einmal mehr die Kommunisten für die Sünden der modernen Gesellschaft verantwortlich, rief sie zu unamerikanischen Verrätern aus und vertrieb sie mitsamt ihren obszönen Wertvorstellungen aus der amerikanischen Gesellschaft.

Der erste Spionagefall nach dem Krieg wurde am 6. Juni 1945 bekannt. John Stewart Service, ein China-Experte des Außenministeriums, wurde verhaftet, weil er Hunderte von Verschlußpapieren des Außenministeriums an *Amerasia* weitergegeben hatte, ein linkes diplomatisches Journal. Der Tatbestand der »Spionage« hätte hier auch als extremer Fall einer »Indiskretion gegenüber der Presse« aufgefaßt werden können, von denen ein Großteil der Nachrichtenmedien lebt, wenn Philip Jaffe, der Herausgeber der Journals, nicht ein Radikaler gewesen wäre. Nachdem das FBI eine Untersuchung durchgeführt hatte, klagte das Justizministerium Service, Jaffe und vier andere der Spionage an. Dann aber brachten die Vertreter des Ministeriums Hoover in Rage: Sie legten den Fall mit beschränkten Anklagen bei, weil sie meinten, ihre Position sei geschwächt, da das FBI und das OSS die Büroräume des Journals ohne Durchsuchungsbefehl durchsucht hatten. Im Jahre 1950 wurden in zwei Untersuchungen spektakuläre Vorwürfe gegen das Justizministerium (die damals nicht bewiesen werden konnten, aber in einer Studie aus dem Jahre 1986 von neuem erhoben und mit Beweisen untermauert werden) überprüft, man habe den Fall manipuliert. (Die eine Untersuchung wurde von einem Senatsausschuß anberaumt, die andere von einer Anklagejury* in New York.)[7] Die Nachlässigkeit des Justizministeriums im Fall *Amerasia* erweckte in Hoover den Verdacht, die Regierung setze sich nicht ernsthaft genug mit einem bedeutenden nationalen Problem auseinander: den immer deutlicheren Hinweisen auf eine umfassende kommunistische Spionagetätigkeit.

Gegen Ende des Jahres 1945 wuchs Hoovers Enttäuschung darüber, daß es ihm nicht gelang, das Weiße Haus dazu zu bringen, seine

* Grand Jury: Untersuchungsgremium von auf Zeit ernannten Bürgern, die eine öffentliche Anklage für recht befinden oder ablehnen. Die Anklagejury entscheidet nicht über Schuld oder Unschuld eines Angeklagten. (A.d.Ü.)

Warnungen vor verdächtigen Kommunisten in der Regierung hinreichend zu beachten. Dies galt besonders für den Fall Harry Dexter White. White, der stellvertretende Finanzminister, war seit 1934 Henry Morgenthaus rechte Hand gewesen und wurde im Juni 1946 von Truman in den International Monetary Fund (IMF) berufen, obwohl es deutliche Hinweise darauf gab, daß er als Spion tätig war. Drei Informanten Hoovers hatten White als Mitglied eines sowjetischen Spionagerings bezeichnet: Whittaker Chambers (der am 10. Mai gründlich vom Bureau befragt wurde), Igor Gouzenko, ein russischer Chiffreur aus der sowjetischen Botschaft in Kanada, der im September 1946 überlief (und im Oktober desselben Jahres vom FBI verhört wurde), und, ganz besonders wichtig, Elizabeth Bentley, die »blonde Königin der Spione«. Sie war von 1938 bis 1945 für ihren Geliebten Jacob Golos, einen der Topagenten des sowjetischen Geheimdienstes in den Vereinigten Staaten, als Kurier tätig gewesen und hatte dem Bureau am 7. November 1945 ihre Geschichte gestanden. Aufgrund ihrer Enthüllungen führte Hoover nicht nur seine Ermittlungen im Fall Harry Dexter White durch, sondern auch die Untersuchungen über Alger Hiss, William Remington und Cedric Belfrage sowie in ein paar Dutzend weiteren wichtigen Spionagefällen Ende der vierziger Jahre. Hoover verteilte Memos mit Elizabeth Bentleys Beschreibung der sowjetischen Spionagetätigkeit in der ganzen Regierung; ihre Identität verbarg er hinter dem Decknamen Gregory.[8]

Am 8. November 1945 schickte Hoover (durch den militärischen Berater des Präsidenten, General Harry Vaughan) Präsident Truman seinen ersten Bericht über Harry Dexter White, in dem er darlegte, daß White Mitglied eines kommunistischen Spionagerings sei. Am 4. Dezember ließ er ein einundsiebzig Seiten langes Memorandum (datiert vom 27. November) folgen, das alle Enthüllungen Elizabeth Bentleys, besonders aber ihre Vorwürfe gegen White enthielt. Ein weiteres Memo (vom 1. Februar 1946) über diesen Fall wurde dem Weißen Haus am 4. Februar zugestellt. Am 21. Oktober 1946 schickte Hoover dem Weißen Haus einen Bericht über Elizabeth Bentleys Aussage, der auf den neuesten Stand gebracht war.[9]

Truman mißachtete all diese Warnungen und berief White auf einen Posten im IMF; damit lieferte er den Republikanern willkommene Munition, ihn wegen Inkompetenz (die wohlwollendste Interpretation seines Verhaltens) oder gar wegen gefährlicher Bereitschaft, Kommunisten in der Regierung zu dulden, anzugreifen. Hoover selbst scheint zwischen diesen beiden Positionen geschwankt zu haben. Die wirklich begründeten Warnsignale waren, so deutlich sie auch im nachhinein schienen (etwa als Hoover im Jahre 1953 vor dem Unterausschuß des Senats für innere Sicherheit detailliert darüber berichtete), zu jener Zeit, wie dies oft der Fall ist, durch viele unwesentliche Hinweise verdeckt. Truman wußte, daß nahezu jedes Mitglied der New-Deal-Administration beschuldigt worden war, Kommunist zu sein, und er wußte, daß Hoover viele dieser Beschuldigungen an das Weiße Haus weitergeleitet hatte. Warum sollte es im Fall Harry Dexter White anders sein? Wäre die Öffentlichkeit weniger hysterisch gewesen und damit auch weniger bereit, das Schlimmste zu glauben, hätte Truman sich sogar verteidigen und der Presse eine Auswahl von Hoovers noch weiter hergeholten und schwarzfärberischen Kriegswarnungen vorlegen können.

Es ist eine Ironie der Geschichte, daß Hoover früher sogar sich selbst mit seinen Warnungen vor Umstürzlern in der Regierung betäubt hatte. Ein paar Jahre zuvor, 1942, hatte er Chambers' Beschuldigungen gegen Hiss und andere nicht weiter verfolgt, als er von ihnen erfuhr. Selbst Hoover, der für die Motive und Ziele der Kommunistenjäger in den Jahren der Depression und des Zweiten Weltkrieges durchaus Verständnis hatte, erkannte, daß viele von ihnen verantwortungslos und gefährlich waren. Es gab so viele »Listen« von Kommunisten, und sie waren im allgemeinen so wertlos, daß nicht einmal Hoover ihnen viel Beachtung schenkte.[10]

Das FBI war gesetzlich autorisiert, die Espionage Acts und den Hatch Act* zu vollziehen; es war also Hoovers Pflicht, nach Spionen Ausschau zu halten. Sein Interesse wuchs auch, als er im Jahre 1945 aus unabhängigen Quellen mehrfach Berichte erhielt, in denen immer wieder dieselben Regierungsangestellten als heimliche Kommunisten bezeichnet wurden. Im Grunde jedoch warnte Hoover die Regierung

* Nach dem Hatch Act (1939; 1940) war Beamten, Angestellten und Arbeitern des Bundes (mit Ausnahme der politischen Beamten) interne aktive Parteiarbeit und nach außen in Erscheinung tretende Betätigung zugunsten einer Partei, die den gewaltsamen Sturz der Regierung der Vereinigten Staaten befürwortete, unter Strafe der fristlosen Entlassung verboten. (Vgl. Ernst Fraenkel, *Das amerikanische Regierungssystem,* Köln und Opladen: Westdeutscher Verlag, 1960, S. 52, 285ff; – A.d.Ü.)

unmittelbar nach dem Krieg vor allem deshalb so hartnäckig vor Spionen und Umstürzlern, weil er sich bewußt war, daß internationale Spannungen fast immer eine allgemeine Angst vor Spionen auslösen. Um dieser Angst entgegenzuwirken, mußte er für spektakuläre Spionagefälle sorgen, um zu beweisen, daß er die Situation unter Kontrolle hatte. Als Folge davon mußten Hoovers Warnungen vor einer kommunistischen Unterwanderung der Regierung jetzt mit den vielen ähnlich klingenden Warnungen konkurrieren, die im Laufe der vergangenen zehn Jahre von der extremen Rechten ausgesprochen worden waren, und darüber hinaus mit der Masse von nicht analysierten Gerüchten, die er selbst kontinuierlich an das Weiße Haus geschickt hatte, weil er hatte verhindern wollen, sich dem Vorwurf auszusetzen, das eine von hundert Gerüchten ignoriert zu haben, das sich als wahr erweisen würde.

Am 29. Mai schickte Hoover einen Bericht an das Weiße Haus, der geradezu ein Paradebeispiel für diese Art von unbewiesenen Warnungen war. Darin hieß es, ein »Informant, der für zuverlässig zu halten ist«, habe berichtet, daß es in Washington einen »riesigen Spionagering« gebe, der versuche, an Informationen über Atomenergie zu gelangen. Die Namen der in diese Sache verwickelten Personen waren aufgelistet, und es wurde behauptet, sie alle seien »für ihre prosowjetischen Tendenzen bekannt«; darunter waren der stellvertretende Außenminister Dean Acheson, sein Assistent Herbert Marks, der ehemalige stellvertretende Kriegsminister John J. McCloy, der stellvertretende Kriegsminister Howard C. Peterson, Handelsminister Henry A. Wallace, Paul Appleby und George Schwartzwalder, beide vom Bureau of the Budget, Edward U. Condon vom Bureau of Standards sowie Alger Hiss, Abe Feller und James R. Newman, die alle mit den Vereinten Nationen zu tun hatten und in verschiedenen Bereichen der Regierung tätig waren. Hoover machte besonders auf Hiss, Appleby, Condon, Schwartzwalder und McCloy aufmerksam. Condon sei, so Hoovers Informant, »nicht mehr und nicht weniger als ein getarnter Spion«. Außerdem behauptete Hoovers Informant, Senator Brian McMahons Untersuchung der Atomic Energy Commission (AEC) werde den Spionen eine Chance geben, eine ganze Reihe von Geheimnissen über die Kernenergie aufzuschnappen. In einem anderen Memo hatte Hoover sogar McMahons Sekretärin beschuldigt, Kommunistin zu sein. Das Bureau habe aus »mehreren Quellen« von den »prorussischen« politischen Überzeugungen von Acheson, Peterson und Wallace erfahren, deshalb »ist es durchaus denkbar, daß sie zu einem Komplott gehören, wie es oben ausgeführt wurde«. Hoover erinnerte das Weiße Haus daran, daß Hiss »dem Bureau gegenüber als ehemaliges Mitglied der kommunistischen Untergrundorganisation bezeichnet worden ist«.[11]

Spione aufzuspüren und die Regierung zu überzeugen, daß sie gegen sie vorgehen müsse, war aber nicht alles, was Hoover zu Beginn des Jahres 1946 für die innere Sicherheit tat. Er mußte auch Pläne bereit haben, wenn er bei Ausbruch von Feindseligkeiten oder einer Massenhysterie aufgefordert wurde, Sympathisanten des Feindes zu verhaften. Dieses »Custodial Detention Program« für den Kalten Krieg verursachte so aufwendige Vorbereitungen und barg so große rechtliche und politische Risiken, daß es fast alles beeinflußte, was Hoover im Bereich der inneren Sicherheit während der Truman-Administration tat. Die komplizierten rechtlichen, logistischen und politischen Vereinbarungen, die notwendig waren, um Massenverhaftungen bei Verdächtigen vornehmen zu können, sind der rote Faden, der die scheinbar unzusammenhängenden Teile von Hoovers weitreichenden Operationen im Bereich der inneren Sicherheit während des Kalten Krieges miteinander verband. Reißt man Hoovers Schutzhaft-Programme aus ihrem historischen Kontext, erscheinen sie ebenso bizarr wir verhängnisvoll. Doch auf dem Hintergrund der Kriegspsychose nach dem Zweiten Weltkrieg erscheint seine Vorstellung, daß er vielleicht bald gezwungen war, solche Verhaftungen vorzunehmen, um hysterische Kriegsängste zu zerstreuen, zumindest nicht völlig irrational. Als Chef des FBI wurde von Hoover erwartet, daß er detaillierte Inhaftierungspläne bereitliegen hatte, die unverzüglich ausgeführt werden konnten, falls die Sowjetunion zum Angriff übergehen sollte. Eine solche Situation, in der die Verhaftungen aufgrund von ideologischen Überzeugungen und nicht aufgrund einer bestimmten Nationalität durchgeführt werden müßten, hätte das FBI vor Probleme von nie dagewesener Komplexität gestellt.[12] Im Gegensatz zu früheren Internierungen wäre die »Alien Enemy Proclamation« als rechtliche Absicherung nutzlos – die meisten Verdächtigen würden Staatsbürger sein – und eine Massenverhaftung

ethnischer Gruppen aus Osteuropa absurd gewesen – denn sie gehörten zu den besonders antisowjetisch eingestellten Gruppen im Land.
Die Planung eines Schutzhaftprogrammes und die Erstellung von Listen all derer, die aufgrund ihrer Überzeugungen und Verbindungen verhaftet werden sollten, waren während der vierziger und fünfziger Jahre die wichtigsten geheimdienstlichen Aufgaben des Bureau. Hoovers Razzien unter Palmer waren aus dem Ruder gelaufen und hatten Palmers Ruf ruiniert, weil nicht jedes Detail der Großaktion im voraus genau ausgearbeitet worden war. Hoovers Erinnerung an diese Katastrophe erklärt hinlänglich, warum er die Planung seiner Internierungsprogramme während des Kalten Krieges so peinlich genau nahm. Im März 1946 teilte er Justizminister Clark mit, er werde »die Ermittlungen [des Bureau] über die Aktivitäten der Kommunistischen Partei und die sowjetische Spionagetätigkeit intensivieren«, um eine vollständige Liste »aller Mitglieder der Partei sowie anderer Pesonen [erstellen zu können], die im Falle eines Abbruchs der diplomatischen Beziehungen mit der Sowjetunion oder einer anderen ernsthaften Krise zwischen den Vereinigten Staaten und der UdSSR gefährlich werden könnten«. Da in jedem Fall eines nationalen Notstandes zu einem großen Teil amerikanische Staatsbürger verhaftet werden müßten, forderte er das Ministerium auf, die Rechtslage zu überprüfen, damit festgestellt werden könne, welche zusätzlichen Ermächtigungen vom Kongreß dazu erforderlich wären.[13]
Die Schwierigkeiten, die Hoover wegen des »Custodial Detention Program« mit der Administration hatte, und die ablehnende Haltung des Weißen Hauses gegenüber seinen Berichten über die kommunistische Unterwanderung der Regierung ließen Hoover zur Überzeugung gelangen, daß er im Notfall nicht mit der Unterstützung Trumans oder Clarks rechnen konnte. Nachdem er sich ins Gedächtnis gerufen hatte, auf welche Weise Angriffe von Liberalen und »Civil Libertarians« wie Louis Post, Richter George Anderson, Tom Walsh und anderen seine Karriere in der Palmer-Ära fast ruiniert hatten, kam er zum Schluß, daß er und sein Bureau keine andere Wahl hatten, als die Truman-Administration als einen potentiellen Feind zu betrachten und neue politische Verbündete zu suchen.
Durch seine Erfahrungen aus den Jahren 1919 und 1920 war sich

Hoover vollkommen bewußt, welche bedeutende Rolle die Unterstützung der Öffentlichkeit für den Erfolg jeder großangelegten Kampagne im Bereich der inneren Sicherheit spielte, die unvermeidlich gewaltigen Widerstand provozieren und auf ihre Rechtmäßigkeit geprüft werden würde. Im Februar 1946 billigte Hoover eine Empfehlung seiner Executive Conference, in der es hieß, daß »jetzt für die Vorbereitung von Lehrmaterial gesorgt werden sollte, das über die verfügbaren Kanäle veröffentlicht werden kann, damit wir im Falle eines Notstandes mit einer informierten Öffentlichkeit rechnen können«. Das Ziel bestand darin, die »Flut von Propagandaschriften« zu unterlaufen, die »im Falle extensiver Verhaftungen von Kommunisten« losbrechen würde.[14]

Die öffentliche Meinung so zu beeinflussen, daß sie die FBI-Aktion gegen den Kommunismus unterstützte, wurde schließlich zu einem Gemeinschaftsprojekt der Crime Records Division, der Führungskräfte des Bureau und der Dienststellenleiter im Außendienst. Den Agenten im Außendienst wurde beigebracht, wie sie mit der lokalen Presse zusammenarbeiten mußten, um eine antikommunistische öffentliche Meinung zu fördern. Auch an Hoovers eigenen Reden ließ sich eine ausgeprägtere »didaktische Orientierung« feststellen, selbst wenn er sich vor einem Publikum wie dem HUAC (Ausschuß des Repräsentantenhauses für Unamerikanische Aktivitäten) zu den einsatztechnischen Problemen bei der Entlarvung von Kommunisten äußerte. In der populären Unterhaltung war das Bureau wieder ebenso präsent wie Mitte der dreißiger Jahre, um die Öffentlichkeit für die Betrachtungsweise zu gewinnen, die das Bureau dem Kommunismus gegenüber einnahm. Im Radio, auf der Filmleinwand und bald auch im Fernsehen wurde der neue heldenhafte G-Man präsentiert: der geheime Informant. Dieser neue G-Man, so wurde gezeigt, schlich sich in die Kommunistische Partei ein, lieferte seinen Vorgesetzten im Bureau heimlich Beweismaterial und trat schließlich bei Hearings des Kongresses oder im Gerichtssal als Zeuge gegen die Partei auf.[15]

Im Juni 1946 gab das National Committee der Republikanischen Partei als Wahlmotto für den Herbst den Slogan – und damit die Entscheidung zwischen – »Kommunismus oder Republikanismus« bekannt. Die Demokraten bekamen es mit der Angst zu tun. Ein Unterausschuß der

Civil Service Commission* des Repräsentantenhauses forderte, daß sofort ein Gremium gebildet werden müsse, das ein »vollständiges und einheitliches Programm« entwerfen sollte, um Regierungsangestellte aufzuspüren, »deren höchste Loyalität einer anderen Regierung gilt als unserer eigenen«. In den folgenden Monaten beschäftigte sich der Kongreß damit, Gesetze zu verabschieden, die bestehende Ministerien ermächtigten, illoyale Angestellte zu entlassen, und neuen Behörden (zum Beispiel der AEC, der Atomic Energy Commission) diese Vollmacht ebenfalls erteilten. Die Handelskammer eröffnete im Oktober mit einem propagandamäßig groß aufgemachten Bericht den Krieg gegen Kommunisten im Regierungsdienst. In diesem Bericht, der mit Hilfe des FBI zusammengestellt worden war, hieß es, Kommunisten und ihre Sympathisanten seien in die Regierung, besonders in das Außenministerium und – was der Sache näherkommt – in die Gewerkschaften eingedrungen. Die Kammer forderte eine Kampagne, um »Umstürzler« aus jeder Position zu entfernen, in der sie die öffentliche Meinung beeinflussen, die Regierungspolitik steuern oder die Wirtschaft kontrollieren könnten. Am Tag vor den Wahlen im November behauptete der republikanische Kongreßabgeordnete Joseph Martin, die Alternative laute: »Chaos, Verwirrung, Bankrott, Staatssozialismus oder Kommunismus oder aber Erhaltung der amerikanischen Lebensart.« Der Streit um das »Kommunisten«-Problem verpestete das Klima in der gesamten amerikanischen Politik. Ein Washingtoner Republikaner behauptete: »Wenn jemand auf der Ansicht beharrt, die Neger in diesem Land würden diskriminiert oder der Reichtum sei ungleich verteilt, besteht aller Grund zur Annahme, daß diese Person Kommunist ist.«[16]

Mit Hilfe ihrer Kampagne gegen die Kommunisten erlangten die Republikaner seit mehr als einem Jahrzehnt erstmals wieder eine Mehrheit im Repräsentantenhaus und im Senat. Truman merkte zu spät, daß seine Feinde das brisanteste politische Thema der Zeit für sich erobert hatten und nicht bereit waren, eine siegreiche Strategie aufzugeben. Am 25. November nahm er in einem verzweifelten Versuch, die Initiative in der Kontroverse um die innere Sicherheit an sich zu reißen,

* Die Civil Service Commission wurde im Jahre 1883 eingeführt und ist dafür verantwortlich, daß das Personal der Bundesexekutive nach Leistungskriterien und nicht nach Parteibuch eingestellt wird. (A.d.Ü.)

den Vorschlag des Unterausschusses des Repräsentantenhauses an und richtete eine Temporary Commission on Employee Loyalty (Provisorische Kommission für Loyalität von Angestellten) ein, die einen Bericht über die Möglichkeiten erstellen sollte, die es für die Lösung dieses Problems gab. Der Vorsitz des Ausschusses wurde Hoovers Kandidat A. Devitt Vanech übertragen.[17]
In einem Memorandum vom 3. Januar 1947 legte Hoover der Temporary Commission seine Ansichten dar. Er wies darauf hin, daß »subversive oder illoyale Personen« in der Regierung eine Bedrohung der Sicherheit darstellten; sie könnten Spionage treiben, die Politik der Regierung beeinflussen, um sie den Interessen einer ausländischen Macht anzupassen, über feindliche Propaganda den Deckmantel »offizieller Sanktionierung« breiten oder weitere Personen einstellen, die einer subversiven Verschwörung dienten. Er empfahl, ein Loyalty Review Board (Gremium zur Überprüfung der Loyalität) zu bilden, das ermächtigt wäre, Entscheidungen der Ministerien hinsichtlich der Loyalität von Angestellten »zu billigen oder zu überstimmen«. Das FBI sollte weiterhin die Aufgabe wahrnehmen, subversive Tendenzen bei Amtsinhabern zu untersuchen. Obwohl die »Civil Libertarians« forderten, daß den angeklagten Angestellten erlaubt werde, ihren Anklägern gegenüberzutreten, bestand Hoover darauf, daß das FBI seine Quellen und Akten geheimhalten durfte.[18]
Die Temporary Commission griff viele Vorschläge Hoovers auf, dennoch war Hoover mit ihrem Bericht vom 20. Februar absolut nicht zufrieden. Der Bericht gab Trumans Überzeugung wider, die Loyalität der Angestellten sei kein grundlegendes Problem, sondern lediglich eine *Streitfrage.* Für Hoover waren die Vorschläge der Kommission nur kosmetische Verbesserungen bereits existierender Programme zur Überprüfung der Loyalität. Truman ließ Hoovers Einwände unberücksichtigt, als er das Loyality Program seiner Regierung, Executive Order 9835 vom 22. März 1947, bekanntgab. Das Truman-Programm beschränkte die Untersuchungen des FBI auf Amtsinhaber, übertrug die Untersuchung neuer Angestellter und vorübergehend Beschäftigter der Civil Service Commission, überließ die Entscheidung, Angestellte mit negativen Gutachten zu entlassen, den Leitern der jeweiligen Behörde und stellte es in das Ermessen der Ministerien, ob sie die Dienste des FBI in Anspruch nehmen wollten oder nicht. Da es Hoover

schon zuvor nicht gelungen war, die Regierung zu Maßnahmen gegen White und andere verdächtige Spione zu bewegen, und er wegen des Custodial Detention Program Schwierigkeiten mit dem Justizministerium gehabt hatte, überzeugte ihn Trumans Loyality Program nun vollends davon, daß Truman und Clark das Problem der Spionage und Subversion einfach nicht ernst genug nahmen.[19]

Hoover signalisierte seinen Bruch mit der Truman-Administration am 26. März 1947 bei einem spektakulären Auftritt vor dem Ausschuß des Repräsentantenhauses für Unamerikanische Aktivitäten (HUAC), dessen Mitglieder fanatische Gegner des New Deal und auch Trumans waren. Dies diente als Hinweis, daß er sein historisches Bündnis mit der Exekutive aufgegeben hatte und sich in der Streitfrage über die Loyalität dem Kongreß anschloß. Nur eine Woche bevor Truman sein Loyalty Program bekanntgegeben hatte, war Hoover von J. Parnell Thomas, dem neuen republikanischen Vorsitzenden des HUAC, eingeladen worden, vor dem Ausschuß zu sprechen und »Empfehlungen oder Vorschläge über alle Aspekte des Kommunismus zu unterbreiten«. Hoover hatte die Einladung ausgeschlagen. Das hatte er immer getan, wenn er vor einen Ausschuß des Kongresses gebeten wurde, außer es handelte sich um den Appropriationsausschuß des Senats oder des Repräsentantenhauses. Er teilte Justizminister Clark mit, er wünsche keine Erklärung abzugeben und habe von Thomas erfahren, daß der eigentliche Zweck des Hearings eine »formelle Verurteilung des Kommunismus« sei. Sein Erscheinen, fügte er hinzu, würde nur dazu führen, daß Praktiken des Bureau enthüllt und Informationsquellen verstopft würden.[20]

Kaum hatte er jedoch Trumans Loyality Program gesehen, änderte er seine Meinung. Er befahl seinen Mitarbeitern, unverzüglich für ihn einen Termin mit dem Ausschuß zu arrangieren und für seine Aussage eine Erklärung über den Kommunismus zu entwerfen.[21]

Er war zur Ansicht gelangt, daß Trumans Loyality Program nicht ausreichen würde, um die Vorwürfe des Kongresses zu entkräften, die Regierung sei unfähig, die Sicherheitsfrage in den Griff zu bekommen. Seine Erfahrung sagte ihm, daß diese Frage, für das Land im allgemeinen und das FBI im besonderen, im Brennpunkt der amerikanischen Politik stehen würde. Wie alle im Land (außer Truman) betrachtete vermutlich auch Hoover den republikanischen Sieg bei den Kongreßwahlen im Jahre 1946 als sicheres Zeichen dafür, daß die Republikaner auch die Präsidentschaftswahlen im Jahre 1948 gewinnen würden. Es war ein Gebot politischer Klugheit und Berechnung, sich auf die siegreiche Seite zu schlagen.

Doch Hoovers Abfall von der Exekutive war nicht nur Berechnung. Hoover war Moralist, und seiner Meinung nach verteidigte Truman das Böse, wenn er sich eher mit jenen verbündete, die der Illoyalität angeklagt waren, als mit ihren Anklägern. Da Truman das FBI zwang, seine aufgrund des Hatch Act rechtmäßige Aufgabe, subversive Tendenzen in der Regierung zu untersuchen, mit der weniger qualifizierten Civil Service Commission zu teilen, gefährdete er nach Hoovers Ansicht auch die nationale Sicherheit.

In seiner Aussage vor dem HUAC nahm Hoover Gedanken aus dem Gutachten gegen die Kommunistische Partei, das er 1919 und 1920 vorgelegt hatte, in aktualisierter Form wieder auf. Er benutzte die eigenen Prahlereien und Erfolgsprognosen der Kommunisten als erläuternden Kontext für die Motive und Ziele der jüngsten Entwicklung des Kommunismus in Amerika. Justizminister Biddles Entscheidung im Deportationsfall Harry Bridges lieferte ihm die präzise Formulierung seiner These, daß die Kommunistische Partei, »an den gewaltsamen Sturz der Regierung der Vereinigten Staaten glaubt, ihn erwägt, befürwortet und lehrt«. Trotz der jüngsten Veränderungen in der Parteilinie, sagte er, »kann der amerikanische Kommunist, wie der Leopard, seine Zeichnung nicht verändern ... die eine fundamentale Regel ... daß die Unterstützung Sowjetrußlands die Pflicht der Kommunisten aller Länder ist«. Um die Beteuerungen der Kommunisten zu widerlegen, daß sie keine gewaltsamen Maßnahmen beabsichtigten, bediente er sich des Kunstgriffes, die Friedensangebote der Kommunisten als Drohungen zu interpretieren, die durch »äsopische Sprache« getarnt seien. (Den Ausdruck »äsopische Sprache«, – eine Redeweise, in der die wahre Bedeutung der Aussage verschleiert wird – entlehnte er Lenins Schriften vor 1917.) Da die Kommunisten Meister der Verstellung seien, brauche man Experten wie ihn, die hinter den betrügerisch idealistischen Slogans der Partei den wahren, verschwörerischen Sinn entdeckten.[22]

Er zeichnete den Kongreßabgeordneten das Bild einer Kommunistischen Partei mit 74 000 Mitgliedern, hinter denen jeweils zehn Sympathisanten stünden, von denen alle wüßten, »daß es ein Kampf bis zur Entscheidung ist und daß sie mit dem Rücken zur Wand stehen«. Überdies, sagte er, sei »die Größe der Partei relativ unwichtig angesichts des Enthusiasmus und der eisernen Disziplin, mit der sie operieren«. Er wiederholte vor den Kongreßabgeordneten auch eine seiner Lieblingsstatistiken: »In diesem Zusammenhang ist es vielleicht von Interesse, darauf hinzuweisen, daß im Jahre 1917, als die Kommunisten die russische Regierung stürzten, in Rußland auf je 2277 Einwohner ein Kommunist kam. In den Vereinigten Staaten kommt heute auf je 1814 Einwohner ein Kommunist.«

Der Kern von Hoovers Aussage bestand darin, daß er den Kreuzzug des HUAC unterstütze, »Kommunisten und Sympathisanten aus dem Staatsdienst« fernzuhalten. Das sei notwendig, da die Regierungsstellen versäumt hätten, die Warnungen des Bureau ernstzunehmen. In den 6193 Fällen, so Hoover, in denen das Bureau aufgrund des Hatch Act ermittelt habe, habe es 101 Entlassungen gegeben, einundzwanzig Rücktritte und fünfundsiebzig administrative Maßnahmen. Er berichtete dem HUAC von einem Angestellten in der Federal Security Agency, der seine Stellung behalten durfte, obwohl das Bureau einen fünfundsiebzig Seiten langen Bericht über seine Aktivitäten in der Kommunistischen Partei vorgelegt habe. Nachdem er dann freiwillig aus dem Dienst bei der Regierung ausgeschieden sei, sei er im National Committee der Kommunistischen Partei aufgetaucht. Die Partei verlange aber, fügte Hoover hinzu, daß eine Person mindestens vier Jahre lang Mitglied der Partei sei, bevor sie in das National Committee gewählt werden könne.

Diese Art pflichtwidriger Unterlassungen hätten seine Kampagne gegen die Kommunisten und die des HUAC notwendig gemacht. »Am meisten«, sagte er, »fürchte ich den Liberalen und Progressiven, der geblendet und überlistet worden ist, mit den Kommunisten gemeinsame Sache zu machen ... [die] Schulämter und Eltern, [die] eine Situation tolerieren, in der Kommunisten und ihre Sympathisanten unter dem Deckmantel der akademischen Freiheit unserer Jugend eine Lebensart beibringen, die letztendlich die geheiligte Institution des trauten Heims zerstört, den Glauben an Gott untergräbt und die Jugendlichen veranlaßt, den Respekt vor der verfassungsmäßigen Autorität geringzuschätzen und unsere Verfassung zu sabotieren ... Wenn es jemals eine Fünfte Kolonne gegeben hat«, sagte er, dann sei es die Kommunistische Partei. »Sie ist viel besser organisiert, als die Nazis es vor ihrer Kapitulation in besetzten Ländern waren ... Es besteht kein Zweifel, wo die Loyalität der echten Kommunisten liegt. Ihre Treue gehört Rußland, nicht den Vereinigten Staaten.«

Hoover teilte dem HUAC mit, sein Auftrag bestehe darin, die Öffentlichkeit gegen den Kommunismus aufzubringen und die Kommunisten dem Zorn der Öffentlichkeit auszusetzen, wo immer sie auch aufgespürt würden. »Ich glaube, wenn die Öffentlichkeit, so wie heute, wirklich aufgerüttelt ist, dann ist der Kampf gegen den Kommunismus schon weit fortgeschritten. Der Sieg wird gewiß sein, sobald die Kommunisten identifiziert und entlarvt sind, weil die Öffentlichkeit den ersten Schritt tun und sie völlig isolieren wird, damit sie keinen Schaden anrichten können. Der Kommunismus ist in Wahrheit gar keine politische Partei. Er ist eine Lebensweise – eine böse und bösartige Lebensweise. Er gleicht einer Krankheit, die sich wie eine Epidemie ausbreitet, und wie bei einer Epidemie müssen die Erkrankten isoliert werden, damit sie nicht die ganze Nation anstecken.«

Da Hoover voraussah, daß er von liberalen Demokraten angegriffen würde, weil er offen die Partei eines so unerbittlichen Gegners der Roosevelt- und Truman-Administration wie dem HUAC ergriff, führte er einen Präventivschlag, indem er auch gleich festhielt, daß »jeder, der gegen die Kommunisten in Amerika ist, sofort zum ›Störenfried‹, ›Faschist‹, ›Rotenhetzer‹ oder ›Anhänger Hitlers‹ gestempelt und Ziel einer systematischen Rufmordkampagne wird«. Er teilte dem HUAC mit, daß er persönlich sowie der ganze Ausschuß mit solchen Angriffen rechnen müßten, da »die fundamentale Taktik der Kommunistischen Partei in List und Tücke besteht«.

Mit seinem Auftritt vor dem Ausschuß gab Hoover sein Bündnis mit den Kommunistenjägern der Administration bekannt. Indem er sich dem HUAC anschloß, wurde er als der Seniorchef, die führende Macht der antikommunistischen Rechten anerkannt. Er seinerseits befürwortete die Strategie des HUAC gegen die Umstürzler, nämlich, sie mit Hilfe »präskriptiver Publicity« zu vernichten. Das FBI und der Ausschuß, sagte Hoover vor den Kongreßabgeordneten, hätten dasselbe Ziel, und zwar »den Schutz der inneren Sicherheit der Nation«, nur ihre Methoden seien verschieden. Während das FBI Beweise beschaffen müsse, die von einem ordentlichen Gericht akzeptiert würden, sei der »größte Beitrag« des HUAC »die öffentliche Enthüllung der Kräfte, die Amerika bedrohen – der Kommunisten und Faschisten ... Dieser Ausschuß leistet einen entscheidenden Beitrag, wenn er die teuflischen Machenschaften unheilvoller Gestalten, die an unamerikanischen Aktivitäten teilhaben, öffentlich bloßlegt.«

Hoovers Auftritt vor dem HUAC war ein Meisterstück an Virtuosität. In seiner Rede war nicht nur eine Tirade gegen die Indifferenz der Liberalen gegenüber der Bedrohung durch den Kommunismus enthalten, sondern auch die Versicherung, daß er und sein Bureau auf alle Eventualitäten vorbereitet seien, sowie ein Appell an die Öffentlichkeit, die neue Kampagne gegen die Kommunisten zu billigen und zu unterstützen. Und über all dem stand Hoovers sorgsam gehegte Vision vom FBI als einer fortschrittlichen, kompetenten Behörde, die besonders dafür ausgerüstet war, eine nationale Kampagne anzuführen, einer Truppe, die die ganz besondere Verantwortung übernommen hatte, für nationale Führung zu sorgen.

Hoover sah sich als Führungspersönlichkeit der Nation, und als solche nutzte er öffentliche Ereignisse, um dem Volk moralische Lektionen zu erteilen, und strittige Sachverhalte, um die öffentliche Unterstützung für die fundamentalen Werte der Gesellschaft zu gewinnen. »Das beste Gegenmittel gegen den Kommunismus«, sagte er, »ist tatkräftiger, intelligenter, altmodischer Amerikanismus, verbunden mit ständiger Wachsamkeit.« Und genau dafür würde er in dieser Notsituation sorgen.

Die begeisterte Reaktion des HUAC auf Hoovers Zeugenaussage (die Ausschußmitglieder lobten sie als »die gelungenste und umfassendste Erklärung Ihrer ganzen Laufbahn über diese konkrete Bedrohung«) ermutigte ihn, seine Rebellion gegen die Administration und den Präsidenten auszuweiten. Als Harry B. Mitchell, der Leiter der Civil Service Commission, versuchte, die Pflichten zu erfüllen, die ihm durch Trumans Loyality Program auferlegt wurden, drohte Hoover, alle Loyalitätsüberprüfungen durch das FBI abzubrechen, falls die Commission nicht *sämtliche* Ermittlungen dem FBI überlasse.

Justizminister Clark und auch Präsident Truman wußten, daß die Administration Hoover brauchte. Aber Hoover hatte inzwischen neue Verbündete und brauchte die Administration nicht mehr. Deshalb war

es für ihn wichtiger denn je, seine Verbindungen mit den Konservativen in der Regierung, in der Wirtschaft und in der entsprechenden Gesellschaft zu pflegen. Nachdem er sich von der Administration losgesagt hatte, bildeten sie jetzt die Basis seiner Macht.
Truman machte einen letzten Versuch, eine Monopolstellung Hoovers im Bereich der Loyalitätsüberprüfungen zu verhindern, und beauftragte die Civil Service Commission damit, wenigstens die Überprüfungen neuer Angestellter durchzuführen. Doch er mußte schnell einsehen, daß es eine vergebliche Maßnahme war und daß sie von Hoovers Freunden im Kongreß mit Leichtigkeit umgangen werden konnte. George Elsey, einem Mitarbeiter des Präsidenten, zufolge, war Truman zu diesem Zeitpunkt »sehr stark anti-FBI« und wollte »[das] FBI niederhalten, [da] er [das Entstehen einer] ›Gestapo‹ fürchtete«. Aber Truman erkannte auch, was für eine gewaltige politische Macht in Hoovers Bündnis mit dem HUAC steckte, und fand sich damit ab, daß der Kongreß nichts tolerieren würde, was dem FBI hinderlich sein könnte. Er klagte, »J. Edgar Hoover wird seinen ewig gestrigen Kongreß aller Wahrscheinlichkeit nach dazu bringen, ihm alles zuzugestehen, was er will. Es ist gefährlich.« Und wie Truman vorhergesehen hatte, bewilligte der Kongreß nicht, wie die Administration ursprünglich vorgeschlagen hatte, der Civil Service Commission 16 Millionen Dollar und dem FBI 8,7 Millionen, sondern versorgte das FBI mit 7,4 Millionen und die Civil Service Commission nur mit drei Millionen. Damit wurde das Programm in Wirklichkeit dem FBI übertragen.[23]
Truman hatte Hoover in seiner Berufsehre bitter gekränkt, als er sich weigerte, auf seine Warnungen vor Subversion hin Maßnahmen zu ergreifen. Da Hoover fest überzeugt war, daß er über das Problem Sicherheit mehr wußte als jeder andere, und der Meinung war, diese Überlegenheit müsse jedem vollkommen einsichtig sein, der nicht durch irgendwelche eigenen Ziele mit Blindheit geschlagen war, konnte er niemanden für ehrlich halten, der sich ihm in diesem Bereich entgegenstellte.
Nach März 1947 unterhielt Hoover formal korrekte Beziehungen zum Weißen Haus, aber die Zeit der freundlichen Gespräche, die er mit Roosevelt und trotz allem, vor 1947, mit Truman geführt hatte, war vorbei. Er versorgte Truman weiterhin mit politischen Nachrichten, die ihm in der Auseinandersetzung mit seinen Rivalen innerhalb der

Demokratischen Partei helfen würden, aber er bot ihm keinerlei Unterstützung mehr gegen die Republikaner.[24]
Truman und seine Mitarbeiter erkannten, daß sie sich einen gefährlichen Feind geschaffen hatten, begriffen aber nicht, worauf seine Bitterkeit gegenüber der Administration zurückzuführen war. Man war im Weißen Haus unfähig, das Ausmaß des Hasses zu erfassen, der Hoover und seine Anhänger erfüllte, ein Haß, der so groß war, daß sie jeden angriffen, der sich der Kampagne gegen die Kommunisten in den Weg stellte.
Nachdem Hoover wegen der Streitfrage der Loyalität mit der Administration gebrochen hatte, wandte sich die Presse an ihn, wenn sie offizielle Stellungnahmen zur Bedrohung durch die Kommunisten benötigte. Truman konnte aufgrund seines Status als Präsident zwar immer noch verkünden, woher dem Land Gefahr von außen drohte, doch er war nicht mehr imstande, festzusetzen, welche Probleme der inneren Sicherheit auf der politischen Tagesordnung stehen sollten. Als die Zeitschrift *Newsweek* ein Feature über den »Kommunismus und seinen Einfluß in Amerika« veröffentlichen wollte, wandte sie sich deshalb an Hoover, »den zuständigen Bundesbeamten, der am direktesten mit Kommunismus und Kommunisten zu tun hat«. Hoover erläuterte den *Newsweek*-Lesern: »Der Kampf gegen den Kommunismus [muß] unter dem Motto [stehen], ihre Aktivitäten zu enthüllen, sie aufzudecken und ans Licht der Öffentlichkeit zu ziehen. Wenn das getan ist, wird das amerikanische Volk den Rest erledigen – sie isolieren und wirksam davon abhalten, unser Land zu schwächen.« Doch die Kommunisten seien nicht die einzige Bedrohung. Es gebe darüber hinaus »kommunistische Sympathisanten«, »Mitläufer« und »kommunistische Handlanger«. Es spiele keine Rolle, ob sie »unschuldig, leichtgläubig oder vorsätzlich [handeln], ... denn sie fördern die Sache des Kommunismus und schwächen unsere amerikanische Demokratie.« Die beste Verteidigung gegen sie alle, sagte Hoover, sei »unsere amerikanische Lebensart«.[25]

J. Edgar Hoovers bedeutendster Fall im Bereich der inneren Sicherheit während der Truman-Administration – die gerichtliche Verfolgung der nationalen Führung der Kommunistischen Partei aufgrund des Smith Act in den Jahren 1948 und 1949 – ergab sich aus seinen Vorbereitungen für ein Sicherheitsverwahrungsprogramm, das im Falle eines nationalen Notstandes zum Einsatz kommen sollte. Als das Justizministerium Hoovers Forderung nach neuen Gesetzen abwies, die bei Ausbruch von Feindseligkeiten eine Internierung gefährlicher Staatsbürger hätten ermöglichen sollen (das Justizministerium vertrat die Ansicht, eine solche Gesetzgebung sei politisch nicht durchzusetzen), reichte Hoover eine Empfehlung des Bureau ein, das Ministerium solle versuchsweise einige Fälle aufgrund des Smith Act verfolgen, um rechtliche Präzedenzfälle zu schaffen. Dann könnte das FBI im Falle eines Notstandes Kommunisten verhaften,

weil sie tatsächlich [gegen den Smith Act] verstoßen haben. Dies hätte wichtige Konsequenzen für das Bureau, sollte bei Ausbruch von Feindseligkeiten keine legislatorische oder administrative Vollmacht zur Verfügung stehen, die eine unverzügliche Verhaftung von Ausländern sowie Staatsbürgern erlaubt, wenn solche als gefährlich einzustufen sind.[26]

Gil Green, der aufgrund des Smith Act angeklagt wurde, betonte später, die Strategie des Bureau habe »auf der Überzeugung beruht, daß ein Krieg unvermeidlich sei, denn in dem [oben zitierten Memo] hieß es nicht ›wenn es zum Ausbruch von Feindseligkeiten kommen sollte‹, sondern › *bei [deren] Ausbruch*‹«. Nach Ansicht Greens hatte diese Wortwahl unheilvolle Implikationen; wahrscheinlicher ist jedoch, daß Hoover und seine Mitarbeiter nicht mehr und nicht weniger als einfach in der Überzeugung handelten, ein Krieg zwischen den Vereinigten Staaten und der Sowjetunion in naher Zukunft liege durchaus im Bereich des Möglichen.[27]

Hoover sah in den Smith-Act-Fällen, wie in seinen großen Kriminalfällen der dreißiger Jahre eine Chance für das FBI, die Unterstützung der Öffentlichkeit für eine neue, vom FBI angeführte Kampagne zu mobilisieren. Diesmal ging es um eine antikommunistische Bewegung, und das FBI sollte seine traditionelle Rolle spielen: das Bureau würde der Bewegung Informationsmaterial zur Verfügung stellen (durch Informanten, Abhöranlagen und Überwachung), technische Hilfsmittel für sie bereithalten (seine Akten) und für fachliche Ausbildung und kompetenten Rat sorgen. Dazu sollten Schulungen, Reden von Hoover und seinem Mitarbeiterstab, FBI-Veröffentlichungen über den Kommunismus und personelle Unterstützung für den HUAC, den Unterausschuß des Senats für innere Sicherheit und für andere antikommunistische Untersuchungsausschüsse gehören. Hoover unterschied sich von den politisch opportunistischeren antikommunistischen Konservativen darin, daß er den Antikommunismus als eine umfassende kooperative Bewegung betrachtete, die sich am Beispiel seiner Kampagne gegen die Kriminalität in den dreißiger Jahren orientierte. Zudem waren all seine antikommunistischen Aktivitäten in sich konsistent, denn sie waren durchweg auf sein Ziel gerichtet, im Bureau einen durchführbaren Plan für die Sicherheitsverwahrung von Kommunisten und ihren Sympathisanten in einem kriegsbedingten nationalen Notstand bereitzuhalten, der seiner Ansicht nach bald eintreten würde.

Im Laufe der Jahre 1946 und 1947 stellte Hoover eine Studie über die historische Entwicklung der Kommunistischen Partei Amerikas zusammen, die zeigen sollte, daß die Partei aufgrund des Smith Act aus dem Jahre 1940 rechtlich angreifbar war. Dann legte er das umfangreiche »Gutachten«, das sich über 1350 Seiten mit 546 Beweisstücken erstreckte, der Abteilung für innere Sicherheit im Justizministerium vor. Im Jahre 1919 hatte Hoover das Ziel gehabt, den Arbeitsminister zu überzeugen, daß ausländische Kommunisten ausgewiesen werden mußten. Jetzt stand er vor der erheblich schwierigeren Aufgabe, ein ihm feindlich gesinntes Justizministerium dazu zu bringen, bei einer Anklagejury eine Anklage gegen amerikanische Kommunisten durchzusetzen, und dann ein Schwurgericht zu bereden, sie schuldig zu sprechen. Diesmal hatte er allerdings den Vorteil, ein Bundesgesetz vorliegen zu haben, das fast identisch war mit dem Agitationsgesetz für Friedenszeiten, das er und Palmer im Jahre 1920 gefordert hatten. Im großen und ganzen wiederholte Hoover seinen Angriff auf die amerikanischen Kommunisten aus den Jahren 1919 und 1920, aber dieses Mal vermied er die Fehler, die seine Kampagne damals zum Scheitern gebracht hatten.[28]

Kurz nachdem Hoover Justizminister Clark gedrängt hatte, eine gerichtliche Verfolgung der Führungsspitze der Kommunistischen Partei zu erwirken, »um ... eine gerichtliche Bestätigung der Ziele und Zwecke der Kommunistischen Partei zu erhalten«, forderte der HUAC im Februar 1948 von Clark eine Erklärung, warum er die gerichtliche Verfolgung aufgrund des Smith Act noch nicht eingeleitet habe. Der Ausschuß hatte seine eigenen Nachforschungen ausgesetzt, um nicht mit einer Anklagejury des Bundes in Konflikt zu geraten, die subversive Bestrebungen untersuchte. Um den HUAC bei Laune zu halten, mußte Clark ihm einige Ergebnisse aus New York vorlegen. Am 29. Juni befand die Anklagejury von New York die Anklage gegen die zwölf Mitglieder des National Board der Kommunisten für Rechtens, weil sie 1945 ein Komplott geschmiedet hatten, um die Partei neu zu organisieren. Damals habe die Partei die Maske der »Communist Political Association« fallenlassen und sich als stalinistische Partei reorganisiert. Der Zeitpunkt, zu dem Clark die Entscheidung für eine gerichtliche Verfolgung traf, war so offensichtlich aufgrund politischer Überlegungen gewählt, daß Hoover mit seinem ausgeprägten Sinn für Professionalität hochempört war. Um zu vermeiden, daß das Problem des Antikommunismus die Demokraten entzweite, ließ Clark die Anklageschriften bis zum 20. Juli versiegeln, um ihre Veröffentlichung bis nach dem Parteikonvent der Demokraten hinauszuschieben. (Es war allerdings eine vergebliche Mühe; der ehemalige Vizepräsident Henry Wallace und Senator Glenn Taylor aus Idaho und ihre kommunistischen Hintermänner ließen die demokratische Partei auch so im Stich und traten gegen Truman auf der Liste der Progressive Party an.) Erst als es der Administration in ihr politisches Konzept paßte, durfte Hoover am 20. Juli fünf Personen aus der Führungsspitze der Partei in ihrer New Yorker Zentrale verhaften; die restlichen sieben wurden im Laufe der folgenden zwei Wochen verhaftet.[29]

Die Entscheidung des Justizministeriums, die gerichtliche Verfolgung zunächst auf die zwölf Mitglieder des National Board der Kommunisten zu beschränken, enttäuschte Hoover, denn er hätte gerne *sämtliche* fünfundfünfzig Mitglieder des National Committee verhaftet, und zwar bevor sie Zeit hatten, ihre Parteibücher zu verstecken. Dann bräuchte bei Ausbruch von Feindseligkeiten nur noch das Fußvolk verhaftet zu werden. In einem internen Memo klagte Hoover, die Verhaftung von nur einem Dutzend Kommunisten beweise, daß die Administration es mit ihrem Antikommunismus »nicht ehrlich« meine. Der Zeitpunkt der Verhaftungen, sagte Hoover, gehöre »zu einem politischen Schachzug ... der so geplant war, daß er genau vor dem Zusammentreten des Parteitages heute in Philadelphia ausgeführt wurde, auf dem Wallace zum Präsidentschaftskandidaten ausgerufen wird«. Dann erinnerte Hoover an die Ermittlungen gegen die IWW-

Mitglieder während des ersten Weltkrieges und fügte hinzu, daß er selbst damals »eine führende Position in der Bundesverwaltung innegehabt und bei der Verfolgung der IWW eine wichtige Rolle gespielt [habe] ... Deshalb [weiß] ich aus Erfahrung, daß eine lokale Verfolgung einer nationalen Organisation nicht ausreicht, wenn die Verantwortlichen den aufrichtigen Wunsch haben, konspirative Aktivitäten, wie die der Kommunistischen Partei, zu unterbinden.«[30]

Tatsächlich hatte der Prozeß gegen die »Elf« (William Z. Forsters Fall mußte aus gesundheitlichen Gründen unabhängig von den anderen verhandelt werden) im Federal Court House am Foley Square in New York wahrscheinlich viel verheerendere Folgen für die Partei als die Großrazzia, die Hoover im Sinne hatte. Die Regierung holte zu einem vernichtenden Schlag gegen die Angeklagten aus, indem sie einen ihrer treuesten Genossen als Belastungszeugen präsentierte: Herbert Philbrick, einen Parteifunktionär in mittlerer Position, der bereits seit 1940 als Informant für das FBI arbeitete. Die sensationelle Enthüllung, daß das FBI in ihre innersten Kreise eingedrungen war und daß ihre am besten gehüteten Geheimnisse in der Hand der Regierung waren, verunsicherte die gesamte Partei. Nach Philbrick trat ein weiterer Informant des FBI in den Zeugenstand: Angela Calomaris, die bis kurz vor ihrer Zeugenaussage aktives Mitglied der Partei gewesen war. In den späteren Smith-Act-Prozessen gesellte sich mit John Lautner ein weiterer Zeuge der Regierung zu Philbrick und Calomaris. Lautner hatte einen großen Teil der Untergrundarbeit der Kommunistischen Partei in den Vereinigten Staaten organisiert. Er war zum FBI übergelaufen, nachdem man ihn in der Partei – fälschlicherweise – beschuldigt hatte, Doppelagent zu sein, und ihn im Januar 1950 aus der Partei ausgeschlossen hatte.

Die Aussagen von Philbrick und Calomaris desorientierten und demoralisierten die Parteiführer. Sie begannen sich gegenseitig zu verdächtigen, Informanten des FBI zu sein. Das FBI förderte diese Paranoia, indem es unter den Mitgliedern der Partei »falsche V-Männer« plazierte – das heißt falsche Informationen über einzelne Kommunisten verbreitete und behauptete, sie arbeiteten für das Bureau; eine erfolgreiche Praxis, die schon mindestens seit 1920 üblich war.[31]

Die Regierung bemühte sich beim Prozeß am Foley Square (der vom 17. Januar bis zum 14. Oktober 1949 dauerte) vor allem um den

Beweis, daß die Kommunistische Partei aufgrund des Smith Act schuldig sei. Dabei stützte sie sich auf Zitate aus kommunistischen Klassikern bis zurück zum *Manifest.* Da es nicht unmittelbar einsichtig war, was diese bereits klassischen Texte mit dem Sturz der Regierung der Vereinigten Staaten im Jahre 1949 zu tun hatten, präsentierte die Anklage Ex-Kommunisten als Sachverständige. Der wichtigste dieser Zeugen war Louis Francis Budenz, der ehemalige geschäftsführende Herausgeber des *Daily Worker,* der 1945 aus der Partei ausgetreten war.

Bundesrichter Harold Medina gewährte Budenz unglaublich großen Freiraum für den Nachweis, daß die amerikanischen Kommunisten diese Klassiker, unabhängig davon, was sie ihrem Wortlaut nach tatsächlich zu bedeuten schienen, dahingehend interpretierten, daß »die Kommunistische Partei der Vereinigten Staaten im wesentlichen dazu verpflichtet [sei], die Regierung der Vereinigten Staaten, wie sie nach der Verfassung der Vereinigten Staaten eingerichtet ist, zu stürzen«. Medina gestattete Budenz auch, die aufrührerischen Ideen und Überzeugungen darzulegen, die sich hinter den oft unschuldig klingenden Worten nicht nur der Angeklagten, sondern hinter den Worten von Marx, Engels, Lenin und Stalin verbargen. Budenz klärte die Geschworenen darüber auf, daß die Beteuerungen der Kommunisten, keinerlei gewalttätige Absichten zu hegen, und auch alle Dokumente, die sie vorlegten, um dem Vorwurf der Gewalttätigkeit entgegenzutreten, nur »Schönfärberei [seien], die ausschließlich dem Zweck der Verteidigung dient« und aus diesem Grund zurückzuweisen sei.

Hoover beglückwünschte Richter Medina, als die Geschworenen alle elf Angeklagten schuldig sprachen. Medina verurteilte außerdem ihre Anwälte aufgrund ihres ordnungswidrigen Verhaltens während des Prozesses wegen Mißachtung des Gerichts zu Gefängnisstrafen. Diese Maßnahme machte es zukünftigen Angeklagten, die aufgrund des Smith Act vor Gericht standen, schwer, manchmal sogar unmöglich, einen Rechtsbeistand zu bekommen. Alle Angeklagten, außer einem reich mit Orden geschmückten Veteranen, wurden zu fünf Jahren Haft verurteilt, der Höchststrafe, die im neuen Bundesgesetzbuch für Verschwörung vorgesehen war (der Veteran erhielt nur drei Jahre). Zu ihrem Unglück fielen die Berufungsgesuche gegen ihre Urteile gerade mit dem Beginn des Korea-Krieges zusammen. Dies hatte gewiß

Einfluß darauf, daß sowohl das Appellationsgericht der Vereinigten Staaten als auch das Oberste Bundesgericht ihre Berufung ablehnten. Sieben der kommunistischen Führer traten ihre Gefängnisstrafen an, die übrigen vier flohen und versuchten ihre Aktivitäten im Untergrund fortzusetzen.

In den folgenden paar Monaten gelang es Hoover, auch die restlichen führenden Mitglieder der Kommunistischen Partei zu verhaften und vor Gericht zu bringen. Damit begannen die sogenannten »Prozesse gegen die zweite Reihe«. Insgesamt wurden 126 kommunistische Führer angeklagt und 93 davon verurteilt. Nur zehn wurden freigesprochen, die anderen starben entweder, bevor es zur Verhandlung kam, oder wurden wegen Krankheit von der Verhandlung befreit; für einige endete der Prozeß auch damit, daß die Geschworenenjury sich nicht einigen konnte. Im Jahre 1954 ging die Smith-Act-Kampagne langsam zu Ende, denn die Enttarnung von Hoovers Informanten bei den Prozessen zerstörte »das unentbehrliche Geheimdienstnetz, das das Bureau für den Bereich der inneren Sicherheit unabdingbar benötigt«.[32] Hoover drängte deshalb das Justizministerium, nur die wichtigsten Führer gerichtlich zu verfolgen, und empfahl, sorgfältig zu erwägen, ob es vorteilhafter sei, einen Prozeß anzustrengen oder seine Spitzel weiterarbeiten zu lassen.

Am 5. August 1948, gerade zwei Wochen nach den Verhaftungen in der New Yorker Parteizentrale der Kommunisten, machte Harry Truman einen Fehler, der den Streit um die Frage der Loyalität in einen politischen Wettstreit zwischen der Administration und ihren Gegnern im FBI und im Kongreß verwandelte, bei dem alle mitmischen konnten. Es war der Tag, an dem Alger Hiss, ein ehemaliger Beamter des Außenministeriums, vor dem HUAC erschien, um sich zu Vorwürfen zu äußern, die Whittaker Chambers gegen ihn vorgebracht hatte. Trumans Fauxpas bestand darin, der Ansicht eines Reporters beizupflichten, der die »Spionagepsychose auf dem Capitol Hill« als »Ablenkungsmanöver« bezeichnet hatte, mit dem »die Aufmerksamkeit der Öffentlichkeit von der Inflation abgelenkt werden sollte«. Das war ein direkter Angriff auf den HUAC und auf Hoover, denn inzwischen war Hoover einer der wichtigsten Anhänger von Whittaker Chambers geworden.

Zunächst hatte Hoover, wie Truman, die Vorwürfe gegen Hiss nicht ernstnehmen können. Als Chambers dem FBI im Mai 1942 mitteilte, Alger Hiss und sein Bruder Donald hätten während ihrer Tätigkeit im Landwirtschaftsministerium als kommunistische Spitzel gearbeitet, hatte Hoover sein achtseitiges Memo mit der Bemerkung zurückgewiesen, die Sache sei »entweder verjährt, eine Hypothese oder eine falsche Schlußfolgerung«.[33]

Als sich das internationale Klima merklich verändert hatte und im Weißen Haus ein neuer Präsident regierte, hatte Chambers am 10. Mai 1945 seine zweite Unterredung mit dem FBI. Jetzt nahm auch Hoover den zweiundzwanzig Seiten langen Bericht über das Gespräch ernst und begann, Informationen daraus zu seinen Verbündeten in der antikommunistischen Bewegung durchsickern zu lassen. Im Oktober 1945 erhielt er Hinweise von Elizabeth Bentley und Informationen über das Verhör des sowjetischen Überläufers Igor Gouzenko durch die Canadian Royal Mounted Police, die Chambers' Bericht bestätigten. Aufgrund dieser neuen Verdachtsmomente erhielt er von Clark die Genehmigung, das Telefon von Hiss anzuzapfen. Der zukünftige Außenminister Dean Acheson befragte Hoover zu den Enthüllungen Gouzenkos, und Hoover sagte, »es [sei] seiner Ansicht nach mangels direkter Beweise noch nicht an der Zeit, irgendwelche Anschuldigungen vorzubringen«, doch er informierte Acheson vertraulich über die Vorwürfe gegen Hiss.[34]

Am 27. November 1945 ließ Hoover Präsident Truman erste warnende Hinweise über Hiss zukommen. Das Memo hatte den Titel »Sowjetische Spionage in den Vereinigten Staaten« und beruhte auf den Gesprächen mit Elizabeth Bentley. Im März 1946 riet er dem Außenministerium, Hiss ohne Aufhebens aus dem Ministerium zu entfernen, da offizielle Vorwürfe gegen ihn Hoovers geheime Quellen entlarven und Hiss »warnen würden, was die Ermittlungen behindern würde«. Hoover schlug vor, wichtige Kongreßmitglieder über die Anschuldigungen gegen Hiss zu informieren und den Kongreß als Quelle der Vorwürfe auftreten zu lassen, damit die Rolle des FBI bei den Ermittlungen im dunkeln bliebe. Das ganze Jahr 1946 über schickte Hoover weitere Berichte über Hiss an Truman, Außenminister James F. Byrnes und Justizminister Clark. Am Ende des Jahres wurde Hiss auf Anweisung Byrnes' hin im Außenministerium nicht weiter befördert, und Hiss hatte inzwischen von der Überprüfung seiner Loyalität erfahren. Vielleicht verließ er aus diesem Grund am 10. Dezember das Ministerium (möglicherweise war aber auch das Angebot, die Carnegie-Stiftung zu leiten, zu verlockend). Jedenfalls trat Hiss am 1. Februar 1947 seinen Posten bei der Stiftung an.[35]

Die Konfrontation von Alger Hiss und Whittaker Chambers und das »Ablenkungsmanöver« wurden am 3. August 1948 öffentlich bekannt, als Chambers, inzwischen Autor und Redakteur beim Magazin *Time,* vor dem HUAC aussagte. Er wiederholte seine Vorwürfe, daß Hiss zu einer geheimen kommunistischen Gruppe von Staatsbediensteten gehört habe, die von Harold Ware geleitet worden sei, dem Sohn von Ella Reeve Bloor, der berühmten »Mutter« der Kommunistischen Partei. Hiss war der bei weitem wichtigste Regierungsbeamte, der bislang beschuldigt worden war, Kommunist zu sein. Er hatte nicht nur die Konferenz in Dumbarton Oakes organisiert, auf der die Gründung der Vereinten Nationen geplant wurde, sondern auch die erste Versammlung der Vereinten Nationen in San Francisco. Überdies war er mit Roosevelt auf der Konferenz von Jalta gewesen, die für die Republikaner ohnehin ein rotes Tuch war. Chambers behauptete, das »Ziel der [Hiss-Ware]-Gruppe zu jener Zeit ist nicht in erster Linie Spionage gewesen. Ihr ursprüngliches Ziel war die kommunistische Unterwanderung der amerikanischen Regierung. Aber Spionage ergab sich gewiß ganz von selbst daraus.«[36]

Chambers' Bericht über seine Aktivitäten als Spion der Sowjetunion Mitte der dreißiger Jahre bestätigte die von Hoover bereits sanktionierten Informationen, die Elizabeth Bentley über die kommunistischen Aktivitäten im Untergrund geliefert hatte. Hoover war nach den Untersuchungen, die er 1947 über Chambers angestellt hatte, überzeugt, daß seine Aussagen, wie auch die Aussagen Elizabeth Bentleys, der Wahrheit entsprachen. Er hatte sich persönlich und organisatorisch ebenso intensiv darum bemüht, die Glaubwürdigkeit von Zeugen wie Chambers zu überprüfen, wie er dafür gesorgt hatte, daß ihre Vorwürfe von den Regierungsstellen und der Öffentlichkeit ernst genommen wurden. Mit seiner Behauptung, es handle sich dabei um ein »Ablenkungsmanöver«, zog Truman deshalb die Integrität der antikommunistischen Ermittler in Zweifel, was einem persönlichen Angriff gegen Hoover gleichkam.

Hiss widerlegte die Vorwürfe von Chambers am 5. August so überzeugend und wirkungsvoll, daß es ganz danach aussah, als wäre damit die Ermittlung gegen »Kommunisten im Staatsdienst« am Ende und als sollte Trumans Behauptung das letzte Wort zur Jagd auf Spione sein. Hiss bestritt sogar, Chambers überhaupt zu kennen. Richard Nixon sah jedoch einen Weg, wie die Sache noch zu retten war, und damit begann sein eigentlicher Aufstieg zu nationaler Macht. »Obwohl der Ausschuß nicht feststellen konnte, wer in der Frage, ob Hiss Kommunist war oder nicht, log, so können wir doch wenigstens feststellen, wer bei der Frage log, ob Chambers Hiss kannte oder nicht.« Nixons Vorschlag führte schließlich dazu, daß Hiss wegen Meineides angeklagt, vor Gericht gestellt und verurteilt wurde, weil er gelogen hatte, als er behauptete, Chambers nicht zu kennen, und weil er fälschlicherweise bestritten hatte, an Chambers geheime Dokumente weitergegeben zu haben.

Hoover bot alle seine Ressourcen auf, um Beweise für die Meineide von Hiss zu beschaffen, aber es störte und frustrierte ihn, immer einen oder zwei Schritte hinter Nixon und seinen tatkräftigen HUAC-Ermittlern hinterherzuhinken. Dreihundert Agenten Hoovers arbeiteten an dem Fall, bis der Prozeß am 31. Mai 1949 begann.

Am 7. Juli 1949 endete der erste Hiss-Prozeß in New York damit, daß die Geschworenen sich nicht einigen konnten (8 zu 4 für eine Verurteilung). Richard Nixon stellte einen Antrag auf Befangenheit des Richters Samuel H. Kaufman. Einige Wochen zuvor hatte Nixon, der absolut sichergehen wollte, daß er sich Hoover nicht zum Gegner gemacht hatte, im Repräsentantenhaus eine Resolution eingebracht, den Direktor aus Anlaß seines fünfundzwanzigjährigen Jubiläums als Chef des FBI zu ehren.[37]

Am 17. November 1949 begann der zweite Prozeß – mit einem neuen Richter, Henry W. Goddard, einer neuen Verteidigung unter der Leitung von Claude B. Cross und einer neuen Strategie der Anklage, die sich jetzt eher auf die greifbare Beweiskraft von Dokumenten stützte als auf Chambers' Glaubwürdigkeit. Am 21. Januar wurde Hiss in beiden Anklagepunkten des Meineides schuldig gesprochen.[38]

Nach all den Jahren hatte Hoover endlich den unbestreitbaren Beweis, den er schon 1919 benötigt hätte, daß der kommunistische Feind des Verrates nicht nur fähig war, sondern ihn tatsächlich auch beging. Endlich hatte sich einer der zahllosen und unpräzisen Vorwürfe der antikommunistischen Rechten bewahrheitet, daß es auch in den Reihen der Regierung Verräter gebe. Jetzt war es nicht mehr möglich, Theorien über Verrat in hohen Ämtern als paranoides Geschwätz abzutun, denn daß es gerade gegen Hiss zum Prozeß kommen würde, war angesichts seines Herkommens, seines Rufes und seiner Leistungen äußerst unwahrscheinlich gewesen. Die Verurteilung von Hiss verlieh all den Vorwürfen der Illoyalität, die vom HUAC und bald auch von Senator Joseph McCarthy aus Wisconsin vorgebracht wurden, »eine gewisse grundsätzliche Glaubwürdigkeit ... revolutionierte die öffentliche Meinung« über das Problem des Kommunismus und machte es zudem ungeheuer schwierig, jemals wieder von Ablenkungsmanövern zu reden. Der Fall Hiss hatte zur Folge, daß die Beweislast dem Angeklagten zugeschoben wurde, statt dem Ankläger. »Ohne diesen ... Fall wäre die sechs Jahre währende Kontroverse, die folgte, vielleicht eine viel friedlichere Angelegenheit gewesen«. Insgesamt gesehen war der Fall Hiss eine »Katastrophe für den amerikanischen Liberalismus«.[39]

Truman hatte sein Prestige als Präsident darauf verwettet, die Spionagepsychose sei völlig aus der Luft gegriffen, und er hatte verloren. Damit überließ er Hoover die Aufgabe, die innere Sicherheit zu verteidigen, eine Aufgabe, die er kraft seines Amtes eigentlich selbst hätte erfüllen sollen. Trumans Unfähigkeit, die Politik in dieser Streitfrage zu kontrollieren, schuf ein Machtvakuum in Washington, das ein ganzer Schwarm ehrgeiziger Politiker – vornehmlich Nixon und McCarthy – eiligst aufzufüllen suchte. Wie schon unter Palmer unterstützte Hoover sie von seiner gesicherten und teilweise abgeschirmten Position innerhalb des FBI aus und überließ dem HUAC und McCarthy einen Großteil des Lobes, allerdings auch der Kritik.

Trotz der vielen Vorteile, die es mit sich brachte, andere die politischen Kämpfe für das Bureau ausfechten zu lassen, war Hoover inzwischen so besorgt um seinen eigenen Ruf und den seines Bureau, daß er nicht ganz glücklich darüber sein konnte, übersehen zu werden, wenn das Lob für einen Erfolg wie im Fall Hiss verteilt wurde. In einer Notiz an Clyde Tolson und Louis Nichols schrieb er: »Ich mache mir langsam Sorgen um unsere Öffentlichkeitsarbeit. Es scheint mit uns bergab zu gehen ... Wenn das FBI über seine Erfolge weiterhin Stillschweigen bewahrt, werden die Öffentlichkeit wie der Kongreß jegliches Interesse an uns verlieren. Und wenn wir aufwachen, kann es bereits zu spät sein, unseren guten Ruf wiederzugewinnen.«[40]

Richard Nixon hatte den größten Gewinn aus dem Fall Hiss gezogen und war vermutlich ein wenig in Sorge, Hoover könnte sich zurückgesetzt fühlen. Deshalb zollte er ihm ein zweites Mal im Sitzungssaal des Repräsentantenhauses außergewöhnliche Anerkennung. Am 26. Januar 1950 legte Nixon seinen Bericht über den Hiss-Prozeß vor. Er strich das Verdienst des FBI am Erfolg in diesem Fall heraus und vermied es in diesem Zusammenhang ausdrücklich, Trumans Justizministerium zu erwähnen. Statt dessen warf er dem Ministerium vor, »es versäumt oder abgelehnt zu haben, eine Untersuchung einzuleiten, die zur gerichtlichen Verfolgung und Verurteilung der Beteiligten geführt hätte«. Der Fall Hiss bedeute, so Nixon, daß »wir dem FBI und J. Edgar Hoover, seinem Direktor, uneingeschränkte Unterstützung gewähren müssen. Mr. Hoover erkannte, welche Bedrohung von den Kommunisten ausgeht, lange bevor andere hohe Beamte merkten, daß sie überhaupt existiert. Das FBI arbeitete in diesem Prozeß erstaunlich effektiv. Es verfolgte über zehn Jahre alte Spuren und brachte Beweise bei, die zum Erfolg der Anklage führten.«[41]

Hoovers spektakulärster Spionagefall im Kalten Krieg war die Verurteilung von Ethel und Julius Rosenberg, die Geheimnisse über den Bau der Atombombe an die Sowjetunion weitergegeben hatten. Dieser Fall fiel in die Zeit einer typischen kriegsbedingten Spionagehysterie, als sich der Zorn der Heimatfront gegen Verräter richtete, von denen man glaubte, sie seien für all die Gefahren verantwortlich, denen die Truppen in Übersee ausgesetzt waren. Die Rosenbergs wurden im Sommer 1950 verhaftet, Julius am 17. Juli, seine Frau Ethel am 1. August. Ihr Prozeß begann am 6. März 1951, am 20. März wurden sie schuldig gesprochen und am 5. April zum Tode verurteilt. Während dieser Zeit kämpften amerikanische Truppen in Korea: Zunächst fielen sie beim Einmarsch in Nordkorea am 25. Juni 1950 zurück, drangen darauf bis an die Grenzen des kommunistischen China vor, wichen dann aber vor den vereinigten Truppen des kommunistischen China und Nordkoreas zurück. Zur gleichen Zeit waren die Vereinigten Staaten der Gefahr (einige hielten es für eine gute Chance) eines Krieges mit der Sowjetunion unter Stalin ausgesetzt, die seit September 1949 über die Atombombe verfügte (deren Kenntnis ihnen nach allgemeiner Annahme von westlichen Verrätern zugespielt worden war).

Hoovers antikommunistische Verbündete waren inzwischen sogar noch viel eher bereit als er selbst, Kommunismus mit Verrat gleichzusetzen und die Verantwortung für Katastrophen in Übersee Verrätern im eigenen Land anzulasten. Richter Irving R. Kaufman begründete sein Todesurteil für die Rosenbergs damit, daß »dieses Land in einen Kampf auf Leben oder Tod mit einem völlig anderen System verwickelt ist. Dieser Kampf manifestiert sich nicht nur äußerlich im Kampf zwischen den beiden Mächten, sondern, wie der vorliegende Fall recht deutlich zeigt, auch darin, daß der Feind sowohl insgeheim als auch ganz offen Truppen aus unserem eigenen Volk rekrutiert. Alle unsere großartigen demokratischen Institutionen sind deshalb direkt an diesem großen Kampf beteiligt.« Offenbar betrachtete Kaufman die Hinrichtung der Rosenbergs als eine Möglichkeit, zu demonstrieren, daß auch die Justiz sich an dieser Schlacht beteiligte. Das Verbrechen der Rosenbergs, sagte er in seiner Urteilsverkündung, sei »schlimmer als Mord ... Dadurch aber, daß Sie den Russen die Atombombe zugespielt haben, viele Jahre bevor Rußland nach den Berechnungen unserer Wissenschaftler imstande gewesen wäre, eine solche Bombe herzustellen, haben Sie meiner Meinung nach den kommunistischen Angriff auf Korea heraufbeschworen, der schon über 50 000 Opfer gefordert hat. Wer weiß, wie viele Millionen unschuldiger Menschen den Preis für Ihren Verrat noch werden bezahlen müssen.«[42]

Hoover war wesentlich vorsichtiger mit seinen Äußerungen über die letzte Konsequenz des Verbrechens der Rosenbergs, obwohl er keine Zweifel an der Schuld von Julius Rosenberg hegte, die durch die Zeugenaussage von David Greenglass und außerordentlich detaillierte Erkenntnisse klar erwiesen war. Hoovers Widerstreben, sich so geräuschvoll über die Bedeutung des Falles auszulassen wie viele andere Antikommunisten, ist vor allem deshalb so bemerkenswert, weil er für die Lösung des Falles besonders große Anerkennung geerntet hatte.

Hoovers uncharakteristische Bescheidenheit war darauf zurückzuführen, daß er wußte, daß die Geheimnisse, die Rosenberg von seinem Schwager David Greenglass erhalten und an die Sowjets weitergeleitet hatte, nicht, wie Kaufman glaubte, »die« Geheimnisse über die Atombombe gewesen waren. Zudem war die Hinrichtung des Ehepaars Rosenberg, die von Hoover (zwar mit entscheidenden, aber vorübergehenden Vorbehalten) gebilligt wurde, das Ergebnis eines strategischen

Fehlers auf seiten Hoovers. Dieser Fehler blieb der Öffentlichkeit allerdings bis lange nach Hoovers Tod verborgen.[43]

Als Hoover den Diebstahl der Geheimnisse über die Atombombe als »Verbrechen des Jahrhunderts« bezeichnete, bezog er sich nicht auf die Rosenbergs, sondern auf Klaus Fuchs, den deutschstämmigen englischen Wissenschaftler, der Harry Gold geheime Informationen über die Atomforschung im Labor von Los Alamos zuspielte. Die Ermittlungen, die zur Aufdeckung der Spionagetätigkeit von Fuchs und Gold führten, gehörten zu Hoovers stolzesten Leistungen. Dechiffreure des FBI in den Vereinigten Staaten entdeckten die Spuren, die die britische Spionageabwehr zu Klaus Fuchs führten. Durch sein Geständnis am 24. Januar 1950 erhielt das Bureau eine Beschreibung von »Raymond«, dem amerikanischen Kurier, an den Fuchs Informationen über den Bau der Bombe weitergegeben hatte. Nach komplizierten und kunstreichen Ermittlungen, von der Art, wie Hoover sie gerne als Beweis dafür anführte, daß sein Bureau wissenschaftliche Untersuchungsmethoden wirklich einzusetzen wußte, spürte das FBI »Raymond« alias Harry Gold auf. Aus dem Geständnis, das er am 22. März 1950 dem Bureau gegenüber ablegte, ging hervor, daß es in Los Alamos noch einen zweiten Spion gegeben hatte: David Greenglass. Dieser bezeichnete seinen Schwager Julius Rosenberg als die Person, die ihn für den Spionagering engagiert habe. An ihn habe er auch seine groben Skizzen von der Atombombe weitergegeben. Weiter kam das FBI jedoch nicht, denn Julius Rosenberg weigerte sich zu reden und stritt alle Vorwürfe ab, die Gold und Greenglass gegen ihn erhoben.

Das Strafverfolgungssystem endet oft, ja gewöhnlich damit, daß das letzte Mitglied einer Verschwörung, das ein Geständnis ablegt, oder das Mitglied, das sich weigert, ein Geständnis abzulegen, die Höchststrafe erhält, während seine Mitverschwörer, die mit der Regierung kooperieren, mit leichteren Strafen davonkommen. Die Ungerechtigkeit dieses Verfahrens wird angesichts der Todesstrafe um ein Vielfaches deutlicher. Harry Gold sagte gegen das Ehepaar Rosenberg aus (seine Aussage belastete vor allem Greenglass, da er keinen direkten Kontakt mit Rosenberg hatte). Seine Rolle im Spionagering war mit der Rolle Rosenbergs vergleichbar, und die Geheimnisse die er (Gold) von Fuchs erhalten hatte, waren wesentlich bedeutender als jene, die Rosenberg von Greenglass bekommen hatte. Dennoch erhielt er lediglich eine dreißigjährige Gefängnisstrafe für das gleiche Verbrechen, das Rosenberg und seine Frau am 19. Juni 1953 das Leben kostete. (Greenglass erhielt fünfzehn Jahre.) Das eigentliche Verbrechen von Julius Rosenberg, das Verbrechen, für das er und seine Frau mit dem Leben büßten, bestand in seiner Weigerung, dem FBI die Informationen zu geben, die Hoover brauchte, um die anderen Mitglieder der Spionagerings zu fassen. Einige dieser Leute waren dem FBI bereits bekannt, und ihre Häuser wurden am Tag der Hinrichtung observiert, falls Rosenberg doch noch reden und dem Bureau die Beweise in die Hand geben sollte, die zu ihrer Verhaftung erforderlich waren.[44]

Die Anklageschrift gegen Ethel Rosenberg war im wesentlichen ein strategischer Trick. Hoover hatte als erster den Vorschlag gemacht, eine Anklage gegen sie zu erwirken, und Justizminister J. Howard McGrath mitgeteilt, daß »es fraglos möglich wäre, gegen andere Personen vorzugehen, wenn Julius Rosenberg Detailinformationen über seine weitreichenden Spionagetätigkeiten zur Verfügung stellen würde ... Maßnahmen gegen seine Frau könnten in dieser Sache als Druckmittel dienen«. Hoover steckte mit seinen Ermittlungen gegen den Rosenberg-Spionagering in einer Sackgasse und benötigte Informationen, die er nur von Rosenberg bekommen konnte. Die Anklage gegen Ethel Rosenberg, ihr Prozeß und ihr Tod waren Teil eines fehlgeschlagenen Plans, Rosenberg zur Herausgabe von Informationen zu zwingen. Somit stellte der Fall Rosenberg in Hoovers eigener Sicht der Dinge keinen großen Erfolg dar, und obwohl er in der Öffentlichkeit gute Miene dazu machte, überließ er es deshalb anderen, den Fall als einen antikommunistischen Triumph zu verklären. Er selbst war nicht geneigt, die Bedeutung der Informationen zu überschätzen, die Rosenberg den Russen geliefert hatte. Ein Jahr vor der Hinrichtung schrieb Hoover an seine Agenten, daß die Sowjets »nicht allein durch den Einsatz des Spionagerings um Rosenberg in diesem Land« die Bombe bekommen hätten. Die Russen hätten, schrieb er weiter, »während dieser Zeit an Atomprojekten gearbeitet und zweifellos gewisse Stadien erreicht ... unabhängig von irgendwelchen Informationen, die sie durch Spionage erhalten haben«. In seiner eigenen Darstellung des Falles sagte Hoover, die »Vereinbarungen zwischen Harry Gold und Dr. Fuchs haben dazu geführt ... daß Sowjetrußland sich die Geheimnisse der Atombombe beschaffen konnte«.[45]

Als sein Plan, Rosenberg zum Reden zu bewegen, indem er seine Frau vor Gericht brachte, fehlschlug, war Hoover erst recht schockiert, als er erfuhr, daß Richter Kaufman entschlossen war, nicht nur Julius Rosenberg, sondern auch Ethel Rosenberg hinrichten zu lassen. Es fiel ihm auch schwer, sich mit der Vorstellung abzufinden, daß eine Frau hingerichtet werden sollte, noch dazu eine Mutter von zwei kleinen Kindern. Kaufman hatte Staatsanwalt Irving Saypol nach Washington gesandt, um Hoovers Meinung zum Urteil in Erfahrung zu bringen. Er war verwirrt, als er hörte, daß Hoover die Todesstrafe für Ethel Rosenberg nicht unterstützen wollte, ließ sich aber von Hoovers Warnung nicht beirren, daß die Öffentlichkeit über die Hinrichtung einer Frau und Mutter empört sein würde. Hoover schickte auch an den Bundesanwalt ein Memorandum, in dem er auf das Schicksal der beiden Kinder aufmerksam machte, die verwaist zurückbleiben würden, sollte das Todesurteil tatsächlich vollstreckt werden. Ronald Radosh und Joyce Milton bemerken in ihrer Studie über den Fall, daß Hoover der einzige Beamte gewesen sei, der gefordert habe, das Schicksal der Kinder bei der Beurteilung des Falles in Betracht zu ziehen. Kaufman jedoch war entschlossen, mit seinem Urteil ein warnendes Beispiel zu statuieren, und folgte seinen eigenen Neigungen.[46]

Hoover veröffentlichte seine persönliche Darstellung dieses Atom-Spionage-Falles, die er vermutlich direkt nach dem Schuldspruch der Rosenbergs verfaßt hatte, in der Mai-Ausgabe von *Reader's Digest* des Jahres 1951. Er konzentrierte sich darin auf Fuchs und Gold; die Rosenbergs erwähnte er nicht einmal.

Hinter einer Kriminalgeschichte von Hoover steckte immer eine bestimmte Absicht. Während Richter Kaufman Spionage als Verbrechen gegen den Staat (das heißt letztlich als Verrat) interpretierte, hob Hoover die moralische Bedeutung des Falles hervor. Er enthülle, schrieb er, »auf erschütternde Weise, wie eine ausländische Macht, die eine Lehre des Hasses, der Angst und der Sklaverei vertritt, freie Männer und Frauen ihrer Verpflichtungen entbinden und sie zu Verrätern machen kann ... An ihnen erkennen wir die grausame Tragik des Kommunismus. Er läßt die moralische Kraft des Menschen verfaulen und macht ihn zu einer Marionette, die beliebig gesteuert werden kann.« Hoover entsetzte sich viel mehr über den moralischen als über den politischen Schaden, den der Kommunismus anrichtete. Dies war der

Grund, weshalb von Kommunisten begangene Verbrechen für ihn von so großer Bedeutung waren: Sie waren die sichtbaren Symptome dieses unsichtbaren Fäulnisprozesses, und deshalb war jeglicher Kontakt mit dem Kommunismus, sogar die rein theoretische Auseinandersetzung damit, gefährlich und potentiell infizierend, wie der Fall Harry Gold bewies. Gold habe, so Hoover, schließlich »erkannt, daß der Kommunismus ihm das Gewissen eines freien Amerikaners geraubt und seine moralische Widerstandskraft gelähmt hat. In ihm war keine geistige Kraft mehr, die ihn von seinen verräterischen Taten abgehalten hätte.«[47]

Wenn Hoover im Laufe seiner Karriere irgendwann einmal zum Schluß gekommen war, daß er einem bestimmten Menschen nicht trauen konnte, dann war dieser für sein ganzes Leben abgestempelt. Verhielt er sich dem Bureau gegenüber weiterhin unfreundlich, fühlte Hoover sich in seinem Urteil bestätigt; verhielt er sich freundlich, bewies das nur seine Unaufrichtigkeit. So beurteilte Hoover auch Präsident Truman nach 1947. Die Unfähigkeit der Administration, insbesondere die rechtlichen Fehler, die 1949 während des Prozesses gegen Judith Coplon[48], eine Angestellte des Justizministeriums, die für die Russen Regierungspapiere gestohlen hatte, dazu geführt hatten, daß unbearbeitete FBI-Akten an die Öffentlichkeit gelangten, schadeten Hoover und dem FBI und bestärkten ihn in seiner Verachtung für Truman. Doch der Präsident war während seiner zweiten Amtsperiode politisch in einer so verzweifelten Lage, daß er einige Male bei Hoover Hilfe suchte.
Hoovers erfolgreiche Führung der Kampagne gegen die Kommunisten diskreditierte das Justizministerium so wirkungsvoll, daß er etwas wie ein Vetorecht über Trumans Entscheidungen hinsichtlich des Nachfolgers für den schwachen und gebeutelten Justizminister J. Howard McGrath hatte. Es gelang Hoover, die Ernennung Justin Millers zum Nachfolger McGraths zu verhindern. Miller war ihm seit den dreißiger Jahren ein Dorn im Auge. Damals hatte er für Homer Cummings die Pressearbeit erledigt und so de facto mit Hoovers eigener Öffentlichkeitsarbeit konkurriert. Während der Confirmation Hearings für James McGranery im Jahre 1952, der schließlich McGrath ablöste, rief ein Senator den Direktionsassistenten Louis Nichols an und teilte ihm mit, es werde gemunkelt, daß McGranery Hoover »nicht leiden kann«. Wenn das wahr sei, würde McGranery nicht in seinem Amt bestätigt. Nichols

entgegnete, das Bureau sei zwar nicht begeistert von McGranery, werde ihn aber akzeptieren, denn ein Einäugiger sei immer noch besser als ein Blinder.[49]

Nach 1947 war es politisch soweit, daß Truman keine Waffe mehr gegen Hoover in der Hand hatte. Der Präsident hatte sich in eine Situation manövriert, in der jede Kritik am Direktor nur das Gerücht bestätigt hätte, daß die Administration die Kampagne des FBI gegen die Kommunisten in Amerika behindere. Der Präsident mußte sich damit begnügen, ganz privat Genugtuung zu empfinden, als ein alter Freund ein Buch schrieb, das Hoover ein »Gutachten« gegen das FBI genannt haben würde: Max Lowenthals *Federal Bureau of Investigation* erschien im Herbst 1950. Trumans Mitarbeiter waren entsetzt, denn sie fürchteten, der Präsident werde für die Angriffe Lowenthals auf einen der beliebtesten Helden der Öffentlichkeit verantwortlich gemacht.[50]

Truman konnte allerdings wenig mehr tun, als sich in aller Stille an Lowenthals Angriffen freuen. Hoovers Ansehen war Ende 1950 so viel größer als das Trumans, daß der Präsident sich auf einer Pressekonferenz gezwungen sah, zu bestreiten, daß er das Buch gelesen hatte.

Hoover griff Lowenthal im Gegenzug so heftig an, daß man sich an die Schlachten erinnert fühlte, die er gegen die Kritiker der Palmer-Razzien geführt hatte. Lowenthal stellte für Hoover dieselbe potentielle Gefahr dar wie Louis Post und der *Lawyers' Report* von 1920: Hoovers Kampagne gegen die Kommunisten, und damit auch seine Karriere, war in Gefahr, sobald die Aufmerksamkeit der Öffentlichkeit vom Ziel der Kampagne des Bureau, nämlich mißliebige Gruppen und Ansichten auszuschalten, auf die Verstöße gegen die bürgerlichen Freiheitsrechte gelenkt würde, die bei solchen Verfahren praktisch nicht zu vermeiden waren. Hoover hatte aus jahrelanger Erfahrung gelernt, wie wichtig es war, solche Kritiker zu diskreditieren, und es zu einem Grundsatz des Bureau gemacht, jede Kritik sowie die Kritiker selbst sofort öffentlich zu diffamieren, sobald das FBI angegriffen wurde.

Lowenthal wurde bereits vor Erscheinen seines Buches von Hoovers Verteidigern unter Beschuß genommen. Am 1. September 1950 hielt der Kongreßabgeordnete George Dondero eine Rede vor dem Repräsentantenhaus, in der er Lowenthal quasi einen Verräter nannte, weil er versucht habe, das FBI zu vernichten, eine Institution, die »standhaft für die amerikanische Lebensart eintritt«. Dondero bezeichnete Lowenthal als einen Mann, der »sich an obskuren Dingen aufgeilt«, der es geschafft habe, überall in der Regierung seine »Strohmänner« zu plazieren, so daß »sie wirkungsvoller spionieren können«. Lowenthal sei »im Weißen Haus kein Unbekannter«. Dondero prophezeite, daß »die Nation den Überlebenskampf mit Rußland nicht gewinnen kann, wenn dieser Mann seinen cleveren, diabolischen Plan, unsere nationale Sicherheit zu untergraben, ungehindert ausführen darf.« Donderos Phantasie entzündete sich an den Unterlagen, die Louis Nichols ihm zur Verfügung gestellt hatte. Er behauptete, daß Lowenthal nahezu die Regierung kontrolliere. »Es gibt heute wenige Männer im offiziellen Washington, die gewagt haben, ihre Stimme gegen ihn zu erheben. Jedes gegenwärtige Mitglied der Regierung«, so Donderos Forderung, »das von Lowenthal unterstützt wird, sollte ausgemacht und auf seine Loyalität überprüft werden.«[51]

Untersuchungsbeamte des HUAC suchten Lowenthals Verleger William Sloane auf; sie besuchten Lowenthal zu Hause und luden ihn unter Strafandrohung vor den Ausschuß. Sie traten sogar an Lowenthals Anwalt, den ehemaligen Senator Burton Wheeler, heran und legten ihm nahe, seinen Mandanten bei dem Hearing am 15. September 1950 nicht zu vertreten. Dann legte der HUAC den Termin für die Freigabe der Aussage Lowenthals (der alle Zweifel an seiner Loyalität geschickt zerstreut hatte) so, daß sie genau einen Tag vor Erscheinen des Buches veröffentlicht wurde.[52]

Das zur Diskussion stehende Buch konnte aber schwerlich als der Versuch betrachtet werden, das Bureau mit Worten zu vernichten, wie Hoover und seine Freunde behaupteten. Allerdings hatte die Sammlung von Ausschnitten aus dem *Congressional Record* und aus Zeitungen auch nichts mit der Lobeshymne gemein, die Hoover seiner Ansicht nach zustand. Da Lowenthal etwa im Stil eines Rechtsanwaltes schrieb, las sich sein Buch wie ein juristischer Schriftsatz für einen Rechtsstreit; in diesem Sinne war es einseitig und verlangte nach einer Erwiderung im selben Geist. Doch statt einer sachlichen Gegendarstellung kam ein Schwall von Beleidigungen gegen Lowenthal als Person und als Autor. Die Reaktion des Bureau stand in keinem Verhältnis zum Angriff und schien nur darauf ausgerichtet, alle zukünftigen Kritiker einzuschüchtern, die mit dem Gedanken spielen könnten, gegen Hoover zu lästern. Vielleicht hatte sie sogar tatsächlich diesen Effekt: Es dauerte immerhin vierzehn Jahre, bis das nächste kritische Buch über das Bureau erschien. Es war Fred J. Cooks *The FBI Nobody Knows.*[53]

Der Bruch zwischen Hoover und Truman war das Symptom für eine größere Kluft, die sich in der politischen Entwicklung Amerikas während der ersten Jahre des Kalten Krieges aufgetan hatte. Die Frage der inneren Sicherheit zog wie ein Magnet die Aufmerksamkeit vieler Amerikaner auf sich, die über gewisse Tendenzen in der Gesellschaft, die sie mit dem New Deal und Roosevelt in Verbindung brachten, in ebenso großer Sorge waren wie Hoover. Zu den größten politischen Erfolgen des New Deal zählte die Tatsache, während der Depression ein starkes Gemeinschaftsgefühl geschaffen zu haben. Doch die Gemeinschaft, die dadurch entstanden war, war so bunt zusammengewürfelt und nach so vielen Seiten hin offen, daß sich auch viele ehemals ausgeschlossene Gruppen zur nationalen Familie zugehörig fühlten.
Für alteingesessene Amerikaner wie die Hoovers vom Seward Square war das beunruhigend, sogar empörend, denn sie hatten sich traditionsgemäß durch den negativen Vergleich mit Außenseitern wie Heiden, Juden, Kommunisten, Verbrechern, den Armen und den unmoralischen Reichen definiert. Für sie war das Gemeinschaftsgefühl des New Deal etwas total Unamerikanisches, und verglichen mit den alten Strukturen von Status und Exklusivität, war es das wirklich.
Truman und seine Berater erkannten erst zu spät, daß die Frage der inneren Sicherheit von entscheidender Bedeutung war – daß sie zum Maßstab der Loyalität gegenüber dem traditionellen Amerikanismus wurde, wie er in der Vorstellung der Konservativen lebte. Wenn konservative Antikommunisten die Politik mit ihrem Moralismus durchtränkten, überschritten sie nach Trumans Maßstäben die Grenzen des politischen Anstandes. Und da Truman es versäumte, die vorgeschobene Sorge der antikommunistischen Rechten – Subversion in der Regierung – ernst zu nehmen, weckte er den Eindruck, als fehle es ihm an Achtung vor ihren Werten, und damit auch an Achtung vor Millionen von traditionsbewußten Amerikanern, die sich mit diesen Werten identifizierten.
Die Motive Hoovers und der Antikommunisten waren so undurchsichtig, daß sie Truman irrational erschienen. Wie irritiert Truman war, läßt sich daran ablesen, daß er sich an die Analogie zwischen dem Antikom-

munismus und den sporadischen Ausbrüchen von »Hexenverfolgungen« in der Geschichte klammerte, um die Psychose während des Kalten Krieges zu erklären. Er gab in der Tat eine Studie in Auftrag, in der die »Hysterie und Hexenverfolgung« der Hexenprozesse in Salem, des Alien Act und des Agitationsgesetzes, der Bewegung gegen die Freimaurer (Truman war sehr stolz darauf, Freimaurer zu sein), der »Know-Nothings«, des Klu-Klux-Klan, der Palmer-Razzien, Huey Longs und Vater Coughlins untersucht werden sollten.[54] Als Joseph McCarthy mit seiner Ansprache zum Lincoln-Tag (»Hier in meiner Hand halte ich eine Liste von... «[55]) in Wheeling, West Virginia, die öffentliche Meinung erregte, verteilte Truman die Studie an den Sprecher des Repräsentantenhauses Sam Rayburn, die »Stimme Amerikas«, das National Committee der Demokraten, wichtige Kongreßabgeordnete und liberale Organisationen im ganzen Land. Er legte Kopien der Studie sogar seinen privaten Briefen bei und verwies in seinen spontanen Reden oft auf sie als seine persönliche Erklärung für die Ereignisse. Truman meinte, jeder ehrlich gesinnte Mensch müsse einfach erkennen, daß die Gemeinsamkeiten zwischen jenen historischen Ausbrüchen von Intoleranz und den gegenwärtigen die Rotenhatz diffamierten und sie als einen Anfall nationalen Wahnsinns entlarvten.[56]

Während der Truman-Administration versuchten Liberale, die emotionale Motivation von rechtsgerichteten Persönlichkeiten wie Hoover mit so abschätzigen Theorien wie Theodor W. Adornos *Die autoritäre Persönlichkeit,* Richard Hofstadters Begriff des »Pseudo-Konservatismus« (ein Terminus, den er von Adorno übernommen hatte) oder dem Begriff der Statuspolitik (Hofstadter, Daniel Bell und Seymour Martin Lipset) zu erklären. Aber sie taten die moralisch begründeten Sorgen, die sich unter dem konservativen Antikommunismus von Hoovers Anhängern verbargen, verächtlich ab und hielten es nicht für der Mühe wert, sich ernsthaft mit der Gedankenwelt der Konservativen auseinanderzusetzen (»projizierte Rationalisierungen, die sich aus Statusaspirationen und anderen persönlichen Motiven ergeben«). Dadurch mißachteten sie jedoch das Gefühl der Traditionalisten, einen emotionalen Verlust erlitten zu haben, der aus dem Niedergang von Institutionen wie dem familiären Zuhause, der Kirche und der Schule resultierte, ihren Groll über den Zusammenbruch traditioneller Werte sowie ihr Gefühl, von respektlosen und undurchschaubaren Eindringlingen an den Rand gedrängt zu werden, die anständige und vertraute Regeln umstießen. Gerade daraus aber entwickelten sich die brisantesten Probleme der amerikanischen Politik.[57]

Während die Theorien, in denen die irrationalen Komponenten des Antikommunismus während des Kalten Krieges betont wurden, liberalen Kreisen vielleicht plausibel erschienen, konnten sie die breite Öffentlichkeit nicht überzeugen, da sie so offensichtlich in Widerspruch zur ärgerlichen Tatsache standen, daß Alger Hiss und das Ehepaar Rosenberg für schuldig befunden worden waren. Blieben diese Urteile unangefochten, gehörte das Feld den Soldaten des Kalten Krieges. Die Liberalen konnten noch soviel von Ablenkungsmanövern, Hexenverfolgungen und Statuspolitik reden, Hoover und seine Verbündeten mußten nur auf den Prozeß der »Elf«, Alger Hiss und das Ehepaar Rosenberg verweisen, um zu beweisen, daß das Gespenst des Kommunismus durchaus real war.

Während die Liberalen Hoover und seine Verbündeten als »Pseudo-Konservative« abtaten, arbeitete Hoover seine eigene Theorie des »Pseudo-Liberalismus« aus. Er definierte ihn als Toleranz gegenüber dem Kommunismus, hinter der sich eine positive, vielleicht sogar begeisterte Einstellung zu anderen Verstößen gegen die Regeln der Achtbarkeit und die traditionellen gesellschaftlichen Standards verberge, die schließlich den sozialen Zusammenbruch herbeiführen würde. Kaum waren die Grenzen zwischen »Pseudo-Konservativen« und »Pseudo-Liberalen« (um die Ausdrücke zu benutzen, mit denen sie sich gegenseitig bezeichneten) abgesteckt, wurden die großen Prozesse, die das FBI während der Truman-Administration gegen die Kommunisten führte, zur Kraftprobe zwischen zwei gegensätzlichen Standpunkten.

Hoovers große Fälle aus dieser Zeit waren eine einzige Anklage gegen den Liberalismus und seine Anhänger, die es versäumt hatten, die elementarste Funktion einer Regierung zu erfüllen: für die allgemeine Sicherheit des Landes zu sorgen. So in Verruf gebracht, mußte sich der Liberalismus einen zweiten Vorwurf Hoovers gefallen lassen: die traditionellen Werte Amerikas preiszugeben. Für Hoover zeugten die Prozesse gegen die Kommunisten von neuem davon, daß der Kampf zwischen dem »Amerikanismus« und dem »Un-Amerikanismus« ein Kampf um die »Seele« der Nation war.

Unter Truman hatte Hoover das erreicht, wonach er während der

Palmer-Razzien vergeblich gestrebt hatte. Diesmal war er ganz anders gewappnet in den Kampf gezogen. Er hatte ein hohes Ansehen, das er im Laufe seiner langen Karriere erworben hatte, ein Agitationsgesetz für Friedenszeiten, das ihm 1920 gefehlt hatte, eine Reihe spektakulärer »Loyalitätsprozesse« und einen internationalen Notstand, der für das Bedürfnis und die Forderung nach Maßnahmen gegen Illoyalität sorgte. Er hatte sich auf eine Strategie festgelegt, die schließlich dazu führte, daß die Kommunistische Partei Amerikas Mitte der fünfziger Jahre keine lebensfähige politische Organisation mehr war.
Hoover hatte aktuelle Kontroversen immer in ihrer Beziehung zu höchsten moralischen Inhalten gesehen, gleichgültig ob er Emma Goldman, Ma Barker oder Ethel Rosenberg kritisierte. Der Beginn des Kalten Krieges zog Hoovers Aufmerksamkeit von leichteren Fällen moralischer Degeneration ab und konzentrierte sie ganz auf das Überleben der traditionellen amerikanischen Lebensart. Im Jahre 1947 hatte er auf einer Versammlung methodistischer Geistlicher gesagt, er habe »niemals daran gezweifelt, daß der Säkularismus ... die elementare Ursache des Verbrechens, und das Verbrechen eine Manifestation des Säkularismus« sei. Jetzt verkündete er, der Kommunismus sei die letzte, apokalyptische Form des Säkularismus.[58]
In Wahrheit war für Hoover der Kommunismus *das* Verbrechen des Jahrhunderts.
Das Problem der inneren Sicherheit, an dem die Regierung Trumans scheiterte und schließlich unterging, war symptomatisch für eine fundamentale Neuorientierung des politischen Bewußtseins in Amerika. Die Jagd auf Spione, die Suche nach illoyalen Regierungsbeamten und die Vernichtung der Kommunistischen Partei in den Gerichtsprozessen während der Anfangsjahre des Kalten Krieges waren Ausdruck der Bemühungen, die Grenzen der politischen Achtbarkeit neu zu definieren. Durch seine Position stand J. Edgar Hoover ganz von selbst im Zentrum der Ereignisse um Spione, Illoyale und Kommunisten. Durch sein Talent, Rechtsfälle als moralische Tragödien darzustellen, stand er auch im Zentrum des Kampfes darum, wo die Grenzen der politischen Orthodoxie anzusetzen seien. Endlich war es ihm gelungen, zu erreichen, daß die Autorität der Regierung hinter seinem Feldzug stand, die Werte des Seward Square zur offiziellen Moral der Nation zu erheben.

Kapitel 10

Unter Präsident Eisenhower

[Die Kommunistische Partei] ist ihrem gegenwärtigen Ziel schon sehr nahe, das darin besteht, uns glauben zu machen, sie sei zerschlagen, unwirksam und in Auflösung begriffen ... Wenn sie dieses Etappenziel erreicht hat ... wird sie beharrlich ihrem Endziel zustreben.

J. Edgar Hoover, 1958[1]

J. Edgar Hoovers Macht war während der Truman-Administration gewaltig angewachsen, aber der ständige Kampf mit einem Präsidenten lag Hoover nicht und war ihm unangenehm. Er war von seiner ganzen charakterlichen Disposition her ein Beifahrer und fühlte sich am wohlsten, wenn er einem mächtigen Führer zur Seite stand, dem er Vertrauen und Respekt entgegenbringen konnte und der im Gegenzug auch ihm Vertrauen und Respekt entgegenbrachte. Eisenhower war ein solcher Mann. Außerdem war es, wie er Hoover zu verstehen gab, sein Wunsch, daß der FBI-Direktor eine wichtige Rolle in der Administration spielte. Trumans Gerede von »Gestapo«, »Hexenverfolgungen« und »Ablenkungsmanöver« in den vergangenen sieben Jahren hatte Hoover verletzt. Der Mangel an persönlicher Wertschätzung allein wäre schon demütigend gewesen, aber Trumans Mißtrauen stellte auch seine berufliche Position als erster Kommunismusexperte des Landes in Frage, und Hoover war der Ansicht, er habe einen Anspruch auf das Recht, daß seine Autorität auf diesem Gebiet von keinem Menschen angezweifelt werde. Als Eisenhower ins Weiße Haus eingezogen war, arbeitete Hoover wieder für einen Präsidenten, der ihn, wie Roosevelt, um seine Meinung bat, seinen Rat annahm und auf seine Empfehlungen hin handelte. All die Justizminister, die Truman ernannt hatte, schienen ihm, was den Vollzug der Gesetze betraf, im Vergleich mit Roosevelts Ministern keine zusammenhängenden Grundsätze vertreten zu haben, doch mit den Justizministern Brownell und Rogers konnte Hoover wieder das Gefühl haben, für Männer zu arbeiten, die wirklich seriös waren.[2]

Eisenhowers erster Justizminister, Herbert Brownell, meinte, mit J. Edgar Hoover habe ein Mann für ihn gearbeitet, der auf dem Höhepunkt seiner Macht stand. William Rogers zufolge, der nach Brownell das Amt des Justizministers innehatte, sagte Hoover oft, die acht Jahre der Regierung Eisenhowers seien »die besten und glücklichsten Jahre gewesen, die ich je erlebt habe«. Eisenhower war, wie Hoover, der Ansicht, daß in jedem Konflikt der Sicherheit erste Priorität vor den bürgerlichen Freiheitsrechten eingeräumt werden müsse, und er teilte natürlich Hoovers Verachtung für Truman und seine Regierung. Er kam – und auch darin war er sich mit Hoover einig – mit der Überzeugung nach Washington, daß es dringend notwendig sei, alle »Sicherheitsrisiken« aus dem Staatsdienst zu entfernen, die außerdem als Symbole für zwanzig Jahre des »Verrats der Demokratischen Partei« besonders attraktive Ziele waren.[3]

Jetzt, da Hoover wieder in den Beraterkreisen des Weißen Hauses willkommen war, hatte er die absolute Kontrolle über alles, was ihn beruflich oder persönlich betraf, zurückgewonnen. Er hatte der Kommunistischen Partei durch die gerichtliche Verfolgung aufgrund des Smith Act und durch die Spionageprozesse schweren Schaden zugefügt. Im Laufe seiner Kämpfe mit der Truman-Administration hatte er seine Bündnisse mit den Konservativen im Kongreß gefestigt, so daß sein Budget inzwischen ebenso sakrosankt war wie seine Akten. Die »pädagogische« Kampagne, die er gestartet hatte, um die Öffentlichkeit auf die Sicherheitsverwahrung von Kommunisten vorzubereiten, hatte ihn und das Bureau zu Symbolfiguren des Amerikanismus im Kalten Krieg gemacht. Und jetzt arbeitete er mit einer neuen Administration zusammen, die seine Autorität im Bereich des Gesetzesvollzuges und der inneren Sicherheit respektierte. Das gab ihm auch die letzte Gewähr dafür, daß er vor allen politischen Herausforderungen sicher war.

Das Verlangen nach totaler Ordnung und perfekter Sicherheit, das Hoover während seiner beruflichen Laufbahn geleitet hatte, war jetzt auch ein ausgeprägtes Charakteristikum seines Privatlebens. Alles, was zu unvorhergesehenen Ereignissen führen konnte, wurde aus seinem komfortablen und zunehmend luxuriösen Leben verbannt. Die Besuche in New Yorker Nightclubs, die Spritztouren in die Nationalparks und die gelegentlichen Einsätze im Außendienst bei wichtigen Fällen gehörten der Vergangenheit an. Seine Tage, Wochen – ja sogar Jahre – wurden stets genauer geplant, und selbst die geringfügigste Abweichung vom Plan konnte ihn in Wut versetzen.

Jeden Morgen holte ihn sein schwarzer Chauffeur James Crawford, den er 1943 zum Spezialagenten ernannt hatte, vor seinem Haus am Thirtieth Place ab. (Crawford war seit 1935 Hoovers Fahrer und erledigte auch die anfallenden Arbeiten in seinem Garten.) Danach wurde Tolson abgeholt, der ganz in der Nähe wohnte, und man fuhr gemeinsam nach Washington hinein. Bei gutem Wetter ließ Crawford die beiden in der Nähe des Weißen Hauses aussteigen, so daß sie die letzten sieben Blocks zur FBI-Zentrale beim Justizministerium auf der Pennsylvania Avenue zwischen der Ninth und Tenth zu Fuß gehen konnten.

In der personellen Besetzung von Hoovers Büro hatte es seit Jahrzehnten keine Veränderungen gegeben. Das Büropersonal war Helen Gandy unterstellt, die, schon bevor Hoover Direktor wurde, seine Sekretärin gewesen war. Die Tür zur Hoovers Büro wurde von einem weiteren schwarzen Spezialagenten, Sam Noisette, bewacht, und auch sein Bote, der Agent Worthington Smith, war ein Schwarzer. Alle gehörten seit den dreißiger Jahren gleichsam zum Inventar.

Auch der tägliche Lunch mit Tolson in Harvey's Restaurant an der Connecticut Avenue war fest eingeplant. Der Besitzer des Restaurants war ein enger Freund Hoovers; seit zwanzig Jahren schon übernahm er die Rechnungen für Hoovers Mahlzeiten. Sogar ein spezieller Tisch war für Hoover und Tolson reserviert, und zwar in der Nähe des Kassenhäuschens, wo die beiden vor unerwünschten Besuchern geschützt werden konnten. Sie saßen mit dem Rücken zur Wand, die Tische zu beiden Seiten waren leer, und ein Servierwagen schirmte sie von anderen Gästen ab. Hoover mußte auf sein Gewicht achten und bestellte gewöhnlich jeden Tag das gleiche: Grapefruit, Hüttenkäse und schwarzen Kaffee.

Im Laufe einer Woche luden sich Hoover und Tolson jeweils einmal gegenseitig zum Abendessen ein, an einem dritten Abend aßen sie mit einem von Hoovers Nachbarn. An den anderen Abenden ließen sie sich von Crawford zu Harvey's Restaurant fahren, wo sie oft alte Freunde trafen. Da Hoover nicht wollte, daß man ihn in der Öffentlichkeit Alkohol trinken sah, gehörte es zu Tolsons Aufgaben, die Drinks unter seiner Serviette zu verbergen.[4]

Hoover machte immer noch viele Überstunden; er arbeitete bis zum frühen Abend und ging oft auch samstags oder sonntags in sein Büro. Bevor es abends dunkel wurde und am Wochenende arbeitete er gerne in seinem Garten und beaufsichtigte Crawford. Das Haus und das Grundstück mußten immer in perfekt gepflegtem Zustand sein. Crawford hatte sich unverzüglich um abblätternde Farbe oder herabgefallene Blätter zu kümmern. Das schwarze Hausmädchen Annie Fields, die in Hoovers Haus wohnte, bereitete alle Mahlzeiten zu, die Hoover zu Hause einnahm, und hielt das Haus, das inzwischen mit einer prachtvollen Sammlung von Antiquitäten angefüllt war (Geschenke, Erinnerungsgegenstände, kleine orientalische Artefakte, die Hoover sammelte), perfekt in Ordnung. Hoover sah nicht gerne Fremde in seinem Haus. Wenn Handwerker kamen, mußten Crawford oder Annie Fields sie beaufsichtigen und Hoover über ihre Arbeit Bericht erstatten. Außerdem mußten sie ihm erzählen, wie der Tag für seine beiden Hunde verlaufen war, an denen er inzwischen mehr denn je hing.

Auch sein gesellschaftliches Leben spielte sich in einem unveränderten Kreis von alten Freunden ab, der vornehmlich aus Männern seiner Generation bestand; nach den vierziger Jahren hatte er kaum neue Freundschaften geschlossen. Wenn Hoover in Washington war, ging er nahezu jedes Wochenende mit Tolson und George Allen auf die Rennbahn. Allen hatte unter Truman die Reconstruction Finance Corporation geleitet und war jetzt ein erfolgreicher Rechtsanwalt und Lobbyist. Er sammelte so viele Abschnitte von Wettscheinen, mit denen er verloren hatte, daß er eine spanische Wand für sein Schlafzimmer damit hätte tapezieren können.

Das Jahr wurde durch zwei längere Urlaubsaufenthalte mit Tolson gegliedert. Weihnachten und Neujahr verbrachten sie in Miami im »Gulf Stream Hotel«, das der Familie G. David Schines gehörte. (Schine war im Stab von McCarthy und stand bei den Armee-McCarthy-Hearings im Brennpunkt des Interesses.) Dort wurden sie dann von Washingtoner Freunden wie George Allen besucht. Auch William Rogers und Richard

Nixon kamen gelegentlich vorbei, wenn sie in Key Biscayne Urlaub machten.

Noch wichtiger war Hoover der jährliche Sommerurlaub im Hotel »Del Charro« in La Jolla, Kalifornien, wo er und Tolson Gäste des Besitzers Clint Murchison waren, eines Ölmagnaten aus Texas. (Hoover wollte nicht zugeben, daß er jemals nicht im Dienst war oder daß die Reisen nach Miami beziehungsweise La Jolla Urlaubsreisen waren. Seine Untergebenen mußten mit der Fiktion leben, daß die Reise nach Florida der Inspektion der Außendienststelle in Miami diene und der Aufenthalt in Kalifornien wegen einer gründlichen medizinischen Untersuchung in der Scripps Clinic erforderlich sei.) Als Murchison sein Hotel baute, ließ er speziell für Hoover und Tolson hinter dem Gebäude einen separaten Bungalow errichten.

Hoovers Leidenschaft für Ordnung und Kontrolle erstreckte sich auch auf die Planung seines Urlaubs. Jedes Detail mußte von der lokalen Außendienststelle genau geplant werden. So hatte das Gepäck exakt drei Minuten nach seiner Ankunft in seinem Hotelzimmer zu sein.[5]

Für einen achtundfünfzigjährigen Mann (im Jahre 1953) erfreute sich Hoover guter Gesundheit; allerdings wog er inzwischen über neunzig Kilogramm – und auch das wollte er jetzt unter Kontrolle bringen. Durch eine Diät und entsprechende Gymnastik nahm er fast fünfzehn Kilo ab und kam zum Schluß, daß seine Agenten das gleiche tun sollten. Das »Idealgewicht«, das nach der Größe/Gewicht-Tabelle von Metropolitan Life bestimmt wurde – Hoover ließ nur die niedrigere Zahl gelten –, wurde innerhalb des Bureau zu einer unanfechtbaren Bedingung, und ein Pfund zuviel konnte Hoffnungen auf Gehaltserhöhungen und Beförderungen zunichte machen.[6]

Hoovers Auffassung von Ordnung und Sicherheit während der fünfziger Jahre basierte auf einem nationalen Konsens, an dessen Zustandekommen er selbst maßgeblich beteiligt war: daß nichts wichtiger sei als die innere Sicherheit und daß die Kommunistische Partei die gefährlichste Bedrohung dieser Sicherheit darstelle. Der Sieg über die Kommunistische Partei gab Hoover absolutes Vertrauen zu seiner Fähigkeit, mit seinen Aufgaben fertigzuwerden – solange sie weiterhin um die Kommunistische Partei kreisten. Nichts kannte er so gut wie den amerikanischen Kommunismus und die verschiedenen Möglichkeiten, ihn im Zaum zu halten. Doch das Selbstvertrauen, das ihm dieser Erfolg gegeben hatte, war zugleich der Grund, warum er es persönlich übelnahm, daß an das FBI Forderungen herangetragen wurden, neue Aufgaben im Bereich des Gesetzesvollzugs auf Bundesebene zu übernehmen, denn solche Aufgaben brachten Unsicherheit in seinen straff organisierten Arbeitsablauf. Den Bereich der inneren Sicherheit kannte er; in anderen Bereichen war seine überragende Position nicht so unanfechtbar. Solange man im Land aber weiterhin glaubte, die größte Bedrohung gehe vom Kommunismus aus, war seine Position sicher.

Noch vor seiner Amtseinsetzung sorgte Eisenhower dafür, daß Hoover sich wieder als der begehrte Beifahrer fühlte.[7] Er fragte Hoover um Rat, sobald die Politik der Regierung an eine Frage der inneren Sicherheit rührte, gleichgülig ob er die Absicht hatte, Hoovers Empfehlungen Folge zu leisten oder nicht. Die unsichere Naivität Eisenhowers schmeichelte Hoover, stand sie doch in schroffem Gegensatz zum Hochmut Trumans und seiner Mitarbeiter (besonders Stephen Spingarns), die sich immer eingebildet hatten, über die Probleme der inneren Sicherheit mehr zu wissen als Hoover. Eisenhower mußte ohnehin die weitverbreitete Vorstellung aus der Welt schaffen, daß die Exekutive zu nachsichtig gegen den Kommunismus sei, und die offene Unterstützung Hoovers zu haben war die wirkungsvollste Methode, dieses Ziel zu erreichen.

Da Eisenhower seinen Stab nach einem streng hierarchischen System organisierte, hatte Hoover nicht den informellen Kontakt zu ihm, den er mit Roosevelt gepflegt hatte. Aber er hatte ein ausgezeichnetes Arbeitsverhältnis mit Herbert Brownell und war eng mit William Rogers, Brownells Stellvertreter, befreundet, der 1957 selbst Justizminister wurde. Rogers war Hoovers wichtigste Verbindung zur Administration, und obwohl sich die zwei Männer erst 1953 kennenlernten, kamen sie sofort glänzend miteinander aus. Innerhalb kurzer Zeit stand Hoover Rogers beruflich und privat näher als jedem anderen Vorgesetzten, den er im Justizministerium je gehabt hatte. Rogers nahm Hoover in den Kreis derjenigen auf, die im Justizministerium die politischen Richtlinien festlegten. Er »bezog [Hoover] immer ein« und schloß ihn auch von dem zweimal wöchentlich stattfindenden Lunch des Ministeriums nicht aus, an dem »alle wichtigen Leute, die höchsten Mitarbeiter ... teilnahmen und [wo] wir unsere Probleme beseitigten«.[8]

Rogers sorgte gleich für einen guten Anfang, indem er Hoover darüber informierte, daß die FBI-Berichte über die Loyalität von Angestellten, die von der Truman-Administration oft ignoriert worden waren, in Zukunft die Autorität eines Gesetzes hätten. Er ging sogar soweit, Hoover mitzuteilen, daß der Justizminister im ersten Jahr der Administration dreiunddreißig Personen nur aufgrund der Berichte, die das FBI über sie erstellt hatte, für eine Ernennung durch den Präsidenten abgelehnt habe. »Einen überzeugenderen Beweis für den Wert der FBI-Ermittlungen könnte es wohl kaum geben«, sagte er zu Hoover.[9]

Anfang des Jahres 1953 setzte Eisenhower Trumans »Loyality Program« außer Kraft und führte statt dessen für jedes Ministerium der Exekutive Sicherheitsbeamte ein. Angestellte, die einer Überprüfung unterzogen wurden, waren vom Dienst suspendiert, bis alle Vorwürfe völlig entkräftet waren. Die Beweislast wurde dem Angestellten aufgebürdet. Auch die Entlassungsgründe waren modifiziert worden. Ein Angestellter mußte jetzt beweisen, daß seine Anstellung »mit den Interessen der nationalen Sicherheit zu vereinbaren« war und daß er selbst »zuverlässig und vertrauenswürdig [war], ein solides Leben [führte], einen guten Charakter [hatte] und seine Loyalität ausschließlich und unerschütterlich den Vereinigten Staaten [galt]«. Inzwischen mußte einer Person nicht mehr nachgewiesen werden, daß sie illoyal war, sondern es genügte, daß sie ein »Sicherheitsrisiko« darstellte. Entlassenen Angestellten wurde der zweifelhafte Trost zuteil, daß sie nicht automatisch zu Kommunisten gestempelt wurden; sie konnten auch Alkoholiker, homosexuell, geisteskrank oder drogenabhängig sein.[10]

Im Außenministerium, dem die Kongreßabgeordneten besonders großen Argwohn entgegenbrachten, ging die Eisenhower-Administration am härtesten gegen »Sicherheitsrisiken« vor. Außenminister John Foster Dulles engagierte den ehemaligen FBI-Agenten Scott McLeod als Sicherheitsbeamten, und McLeod stellte aus früheren Kollegen einen Stab von Sicherheitskräften zusammen. Schon kurze Zeit später gab McLeod bekannt, daß er fünfhundert Angestellte des Außenministeriums ohne Anhörungen entlassen habe. Im Oktober 1953 behauptete Eisenhower, 1456 »Subversiven« gekündigt zu haben, obwohl die meisten nicht wegen Illoyalität, sondern aus anderen Gründen entlassen worden waren. Unter die neue Kategorie »Sicherheitsrisiko« fielen zum Beispiel auch J. Robert Oppenheimer, unter dessen Leitung in Los Alamos die erste Atombombe hergestellt worden war, und die Chinaexperten des Außenministeriums, John Carter Vincent und John Paton Davies, deren kontinuierliches Arbeitsverhältnis mit der Regierung den Zorn der radikalen Rechten erregt hatte, obwohl in keinem Fall der Beweis für eine illoyale Einstellung erbracht werden konnte.[11]

Aber auch Eisenhowers neues Programm zur Überprüfung der Loyalität reichte nicht aus, um die Kongreßabgeordneten zufriedenzustellen. Von den Senatoren und Kongreßabgeordneten, die nach nationaler Beachtung strebten, wollte jeder, das beeindruckende Beispiel der Karriere Richard Nixons vor Augen, seinen eigenen Spionagering aufdecken. Als der neue Kongreß unter republikanischer Führung zusammentrat, gab es drei Ausschüsse, die bereit waren, sofort Untersuchungen über die Exekutive anzustellen: der Ausschuß des Repräsentantenhauses für unamerikanische Aktivitäten (HUAC) mit seinem neuen Vorsitzenden Harold Velde, dem ehemaligen FBI-Agenten und jetzigen Kongreßabgeordneten aus Illinois; der Unterausschuß für innere Sicherheit des Rechtsausschusses des Senates unter dem Vorsitz von Senator William Jenner aus Indiana; sowie Senator Joseph McCarthys Untersuchungs-Unterausschuß des Senatsausschusses für die Regierungstätigkeit (der wichtigste Ermittler dieses Unterausschusses war zunächst der ehemalige Agent Don Surine, später Frank Carr, der früher die Außendienststelle des Bureau in New York geleitet hatte).

Einem ehemaligen FBI-Agenten die Leitung eines Sicherheitsprogramms zu übertragen war inzwischen die beste Methode, um zu zeigen, daß man das Problem ernsthaft anging. Dies vergrößerte Hoovers Einfluß in der ganzen Regierung, denn die ehemaligen Agenten nützten ihren Arbeitgebern wenig, wenn sie nicht weiterhin Einblick in die FBI-Berichte nehmen konnten, und das konnten sie nur, wenn sie sich mit dem Direktor gut stellten. Hoover war nun nicht mehr nur der führende Kommunistenjäger des Landes, sondern leitete auch die Ausbildung aller anderen Kommunistenjäger.

Für die Administration gehörte das Bündnis mit Hoover und die Bereitschaft, im Bereich der inneren Sicherheit der Führung des FBI-Direktors zu folgen, zum langfristigen Plan, die Ermittler im Kongreß unwirksam zu machen, die Trumans Regierung in solche Bedrängnis gebracht hatten. Eisenhower hatte nicht vor, die Kontrolle über die Loyalitätsfrage dadurch an sich zu reißen, daß er fanatische Antikommunisten im Kongreß wie McCarthy diffamierte oder desavouierte. Er benutzte einfach das FBI, um ihnen eine »eindrucksvolle Konkurrenz« zu verpassen.[12]

Bei seinem Auftritt vor dem HUAC im Jahre 1947 hatte Hoover seinen Bruch mit Truman angekündigt; im Jahre 1953 hatte er einen zweiten spektakulären Auftritt vor dem Kongreß, um, inzwischen noch ergebener als früher, seine Loyalität gegenüber der neuen Administration zu demonstrieren. Zur Diskussion stand die Reaktion der Truman-Administration auf den Spionagefall Harry Dexter White.

Im November 1953 beschloß Justizminister Brownell, den Unterschied zwischen dem Sicherheitsprogramm Eisenhowers und der Sorglosigkeit, mit der die Truman-Administration die Spionagefälle betrachtet hatte (»Ablenkungsmanöver«), deutlich herauszustellen. Vielleicht beunruhigten ihn die jüngsten Wahlsiege der Demokraten, ganz gewiß aber fühlte er sich von Senator McCarthys Vorwürfen unter Druck gesetzt, daß es in den Forschungslaboren der Armee zur Elektronenphysik in Fort Monmouth Spione gebe. Nachdem Brownell seine Pläne mit dem Präsidenten besprochen hatte, erhob er den Vorwurf, Truman habe den stellvertretenden Finanzminister Harry Dexter White durch die Beförderung zum geschäftsführenden Direktor des International Monetary Fund »in eine wichtigere Position« gebracht, obwohl Hoover ihm Berichte über Whites »Spionagetätigkeit für die Sowjetunion« gesandt habe.[13]

Die Demokratische Partei war empört, vor allem als der neue republikanische Vorsitzende des HUAC, Harold Velde, die Vorwürfe Brownells aufgriff und den ehemaligen Präsidenten unter Strafandrohung vor den Ausschuß lud. Truman lehnte die Vorladung aufgrund der Gewaltenteilung ab, dementierte jedoch Brownells Interpretation der Vorgänge in einer nationalen Fernsehübertragung. Er behauptete, er *habe* Hoovers Bericht über White gesehen, allerdings zu spät, um die Bestätigung der Ernennung durch den Senat noch verhindern zu können. Außerdem sagte er noch, er habe White überhaupt nur befördert, weil er mit Hoover übereingekommen sei, daß das den Ermittlungen des FBI förderlich sein würde.[14]

Damit setzte Truman sich einem vernichtenden Gegenangriff aus. Am 17. November sagten Brownell und Hoover vor dem Unterausschuß von Senator Jenner aus. Hoover gab später zu verstehen, er habe auf

Anordnung Brownells ausgesagt, doch Brownell erinnert sich genau daran, daß Hoover »sich aus eigenem Antrieb zur Verfügung gestellt hat«. Hoover brachte das häßliche politische Gezänk sogleich in Bezug zum »Konflikt mit den gottlosen Kräften des Kommunismus, [die] ... Tatsachen verdrehen, falsch darstellen oder vertuschen und lügen, um ihr Ziel zu erreichen. Verstellung ist ihr wahres Wesen. Für einen Kommunisten gibt es keine moralischen Gebote außer jenen, die der von Moskau gesteuerten Weltrevolution dienlich sind.«[15]

Hoover stritt ab, daß es irgendwelche Absprachen zwischen ihm und Truman gegeben habe; die Beförderung Whites habe seine Untersuchung eher behindert. Er widersprach auch Trumans Behauptung, White habe mit Personen zusammengearbeitet, deren Loyalität erwiesen war, und wies darauf hin, daß ein enger Mitarbeiter von White im IMF im Dezember 1952 aus Sicherheitsgründen entlassen worden sei. Obwohl Hoover sich später gegen den Vorwurf verwahrte, Trumans Loyalität in Zweifel gezogen zu haben, hatte er genau das getan.

Als Hoover von der Aufrichtigkeit der Eisenhower-Administration überzeugt war, wurde er Eisenhower ebenso nützlich, wie er es Roosevelt gewesen war, und aus nahezu denselben Gründen. Roosevelt und Eisenhower zeigten Hoover, daß sie seine Wertvorstellungen teilten und ihn respektierten. Sie übertrugen ihm wichtige und befriedigende Aufgaben und standen hinter ihm, wenn er Unterstützung brauchte. Truman und seine liberalen Anhänger fielen in die verhaßte Kategorie der »Pseudo-Liberalen«, der Anti-Antikommunisten, deren Toleranz gegenüber den Kommunisten die kommunistische Subversion überhaupt erst ermöglicht hatte.

Die Auseinandersetzungen der Eisenhower-Administration mit Senator Joseph McCarthy gaben Hoover eine weitere Chance, seine Loyalität unter Beweis zu stellen, obwohl Hoover mit McCarthy eine enge Freundschaft verband, die bis ins Jahr 1946 zurückreichte, als McCarthy erstmals in den Senat gewählt worden war. McCarthy engagierte auf Empfehlung Hoovers als ersten Ermittler Donald Surine, der zehn Jahre lang für das FBI gearbeitet hatte und jetzt als Verbindung zwischen Hoover und McCarthy fungierte. Als McCarthy 1953 den Vorsitz über den Untersuchungs-Unterausschuß übernahm, wurden weitere ehemalige FBI-Agenten in seinen Stab aufgenommen. Sein wichtigster Berater war Roy Cohn, der als Sonderbeauftragter im ganzen Justizministerium herumgekommen war und dabei enge berufliche Kontakte mit dem Direktionsassistenten Louis Nichols geknüpft hatte. Nachdem McCarthy den kampferprobten Kommunistenjäger J. B. Matthews aus seinem Amt als Stabsleiter entlassen hatte, weil er behauptete, die protestantische Geistlichkeit sei kommunistisch unterwandert, rekrutierte er mit Frank Carr einen weiteren ehemaligen FBI-Agenten. Später machte McCarthy den ehemaligen Agenten Jim Juliana zu seinem leitenden Ermittler.[16]

Über Nichols machte Hoover McCarthy und seinem Stab Informationen aus FBI-Akten zugänglich (wahrscheinlich gab er ihnen Berichte, die aufgrund der Akten erstellt worden waren, und nicht die unbearbeiteten Akten selbst). Dieser Informationstransfer war allerdings streng vertraulich. Hoover mußte sich bereits vor Vorwürfen in acht nehmen, Akten an Ausschüsse des Kongresses weitergegeben zu haben, dies besonders, da das FBI sich einen Großteil seiner Informationen über Abhöraktionen beschafft hatte. Auch nach der großzügigen Regelung des Justizministeriums, daß die Zirkulation von solchen Informationen innerhalb des Ministeriums nicht als »Weitergabe« zu betrachten sei, wäre es ein eklatanter Verstoß gegen das Gesetz gewesen, solche Informationen dem Kongreß zur Verfügung zu stellen. Hoover versorgte ihm wohlgesinnte Journalisten und Kongreßabgeordnete mit Informationen aus seinen Akten, machte dabei aber wie auch das Justizministerium einen genauen semantischen Unterschied, wenn er sagte, die »Akten« seien streng vertraulich. Wahrscheinlich stimmt es, daß Hoover Außenstehenden, abgesehen von ein paar Fällen, in denen es der Präsident ausdrücklich angeordnet hatte, niemals Einblick in »nicht bearbeitete« FBI-Akten gewährte. Dennoch waren Informationen, die aus Hoovers Akten stammten, eindeutig das Lebenselixier des antikommunistischen Establishments in Washington.[17]

Hoover und McCarthy standen sich nicht nur ideologisch nahe, sondern pflegten auch gesellschaftlichen Umgang. Sie besuchten gemeinsam die Rennbahn, und Hoover und Tolson waren oft bei McCarthy und seiner Assistentin und späteren Ehefrau Jean Kerr zu Gast.[18] Im August 1953 hielt sich McCarthy in demselben Hotel in La Jolla auf, in dem Hoover und Tolson ihren Sommerurlaub verbrachten.

McCarthy war auch ein nützlicher Verbündeter. Hoover konnte mit Hilfe des Senators verdächtige Personen entlarven, wenn er mangels ausreichender Beweise nicht gerichtlich gegen sie vorgehen konnte oder wenn eine gerichtliche Verfolgung wertvolle FBI-Quellen aufgedeckt hätte. Da das Bündnis zwischen Hoover und McCarthy jedoch während der Regierungszeit Trumans geschlossen worden war, barg es Zündstoff für potentielle Konflikte, als Eisenhower gewählt wurde. McCarthys Angriffe auf die Truman-Administration hatten Hoover nicht gestört, da er sich von Trumans Loyality Program distanziert hatte; unter Eisenhower jedoch war eine Kritik an der Kompetenz der Regierung in Fragen der inneren Sicherheit eine indirekte Kritik an Hoover und dem Bureau.

Trotz der freundschaftlichen Verpflichtungen mußte Hoover sich schließlich zwischen McCarthy und Eisenhower entscheiden, und gerade als McCarthy ihn am dringendsten benötigte, ließ Hoover seine ganze Unterstützung dem Präsidenten zukommen. Seine Kooperation mit dem HUAC zeigte zwar, daß er keine Bedenken gegen die Methoden hatte, die McCarthy gegen verdächtige Personen einsetzte: McCarthy und der HUAC waren für Hoovers Kampagne gegen den Kommunismus eine nützliche Ergänzung zum FBI. Eisenhower hatte jetzt aber dafür gesorgt, daß der Präsident wieder die legitime Symbolfigur der nationalen Autorität war, und deshalb konnte Hoover keine Angriffe auf ihn unterstützen, auch wenn sie im Namen des Antikommunismus geführt wurden. Für Hoover bestand eine der Sünden des Kommunismus darin, daß er sich gegen rechtmäßige Autorität richtete, also mußten die Antikommunisten, wenn sie glaubwürdig sein wollten, diese Autorität verteidigen und durften sie nicht angreifen.

Die Armee-McCarthy-Hearings, die am 22. April 1954 begannen, entwickelten sich zu einem nationalen Spektakel, das über alle drei Fernsehkanäle übertragen wurde. Als am neunten Tag der Hearings offensichtlich wurde, daß McCarthy an Boden verlor, versuchte er in die Offensive zu gehen. Er behauptete, »einen Durchschlag« von einem »persönlichen und vertraulichen Brief« zu besitzen, den J. Edgar Hoover an die Armee geschickt habe, um vor vierunddreißig »Sicherheitsrisiken« in Fort Monmouth zu warnen.

Der oberste Rechtsbeistand der Armee, Rechtsanwalt Joseph Welch aus Boston, legte Widerspruch dagegen ein, den Brief als Beweisstück zuzulassen, solange keine eidesstattliche Erklärung von Hoover vorliege, daß er ihn tatsächlich geschrieben habe. Hoover sagte in seiner

Entgegnung, der Brief McCarthys stamme nicht eigentlich aus dem Bureau. Allerdings *habe* das Bureau ein Memorandum an die Armee gesandt, das vom selben Tag datiere wie der »angebliche« Brief, und die Informationen und der Stil des Briefes seien in weiten Teilen identisch mit dem fünfzehnseitigen Memorandum. Welch gelang es daraufhin, McCarthys Stab zu dem vernichtenden Bekenntnis zu bewegen, daß der Brief im Grunde »ein Durchschlag von rein gar nichts sei«.[19]

Hoover hatte die Implikationen seiner Entgegnung genau kalkuliert. Statt sich darauf zu konzentrieren, was an McCarthys Aussage richtig war (daß der Inhalt des Briefes eine wahrheitsgemäße Zusammenfassung des FBI-Memos war), lenkte er die Aufmerksamkeit auf das, was daran nicht der Wahrheit entsprach – das Format des Briefes. Hoovers Entgegnung hinterließ den Eindruck, als habe McCarthy versucht, dem Senat ein gefälschtes Dokument unterzuschieben, und mit illoyalen Angestellten konspiriert, um sich ohne entsprechende Ermächtigung geheime Informationen zu beschaffen.

Die Kontroverse um den Brief verunsicherte McCarthy. Um sich zu rechtfertigen, lobte er öffentlich alle Beamten, die ihm trotz der Direktiven des Präsidenten Dokumente zur Verfügung gestellt hatten. Eisenhower war inzwischen zur Ansicht gelangt, McCarthy habe sich so diskreditiert, daß er endlich risikolos angegriffen werden könne. Eisenhower machte den ganzen Einfluß seines Präsidentenamtes im Kampf gegen McCarthy geltend und gab damit die entscheidende Unterstützung, die noch nötig war, um McCarthy schließlich durch eine öffentliche Rüge zu stürzen.

Genau wie bei seinem Auftritt vor dem HUAC im Jahre 1947 hatte Hoover auch diesmal das politische Machtverhältnis zwischen der Exekutive und dem Kongreß gewiß genau analysiert und seine Bündnispartner so gewählt, daß das FBI stärker denn je aus dem Kampf hervorgehen würde. Doch obwohl Hoover immer daran gelegen war, zu gewinnen, war der Sieg doch niemals sein einziges Interesse. Sowohl Eisenhower als auch McCarthy verkörperten patriotische Werte, doch solange Eisenhower Hoovers Vision von einem sicheren, antikommunistischen Amerika teilte, verdiente der Präsident als die höchste Autorität alle Unterstützung, und Hoover stand deshalb loyal auf seiner Seite. McCarthy hatte versäumt, diese Autorität anzuerkennen, und unermüdlich Konflikt und Uneinigkeit gefördert. Und dies hatte ihn schließlich Hoovers Unterstützung gekostet.

Eine der unlösbaren Kontroversen, die Hoover mit den amerikanischen Liberalen austrug, war die Kontroverse über die Bürgerrechte. Ihre Befürworter hielten die Bürgerrechtsbewegung ganz selbstverständlich für eine Sache der Gerechtigkeit, Hoover dagegen betrachtete sie in erster Linie als eine Bedrohung für die rechtmäßige Autorität – die Autorität der Polizei, der Regierung und oft auch des FBI –, deshalb war sie für ihn genauso beunruhigend und besorgniserregend wie jede andere Rebellion. Für ihn persönlich bedrohte sie zudem den privilegierten Lebensstil, den er sich geschaffen hatte, denn sein Komfort beruhte zum größten Teil auf persönlichen Dienstleistungen von Schwarzen.

Hoover hatte sich mit Schwarzen umgeben, die alle den geringen Rang von Dienstboten hatten: James Crawford, Sam Noisette und Worthington Smith. Er war so vollkommen auf sie angewiesen, daß er sie während des Krieges zu Spezialagenten ernannt hatte, damit sie nicht eingezogen wurden. Neben James Crawford hatte er einen zweiten schwarzen Fahrer, der zu seiner Außendienststelle in Miami gehörte und ihm während seines Winterurlaubes und im Sommer, wenn er in La Jolla, Kalifornien, war, zur Verfügung stehen mußte. Diese Männer waren bis in die späten fünfziger Jahre vermutlich die einzigen Schwarzen im Bureau. Die Haushälterin Annie Fields eingeschlossen, waren alle wichtigen Personen, die Hoover in seinem Privatleben bedienten und versorgten, schwarzer Hautfarbe.[20]

Hoover verlangte von diesen Bediensteten, daß sie ihm rund um die Uhr zur Verfügung standen. Crawford war von dem Augenblick an, da Hoover morgens erwachte, bis zu dem Zeitpunkt, da er abends nach Hause fuhr, im Dienst. Seine Frau erinnert sich bitter daran, daß Crawford sieben Tage in der Woche täglich fünfzehn Stunden arbeitete – auch in den Ferien! Wenn Hoover samstags oder sonntags ins Büro ging, hatten auch Crawford, Smith und Noisette dienstbereit dort zu sein. Wenn Annie Fields einmal nicht im Haus sein konnte, wurde von Crawford erwartet, daß er für sie einsprang.[21]

Offenbar vertrat Hoover die konservative Ansicht eines Südstaatlers, daß ein weißer Mann von einem anderen weißen Mann keine persönlichen Dienstleistungen verlangt. Und vielleicht hielt er immer noch die Standards vom Seward Square hoch, nach denen der Grad der Vornehmheit an der Zahl der schwarzen Dienstboten gemessen wurde. In der

Zeit, da er als Jugendlicher und junger Erwachsener am Seward Square gelebt hatte, *waren* tatsächlich alle Schwarzen, die es in der Nachbarschaft gab, Dienstboten gewesen. Und im Nordwesten von Washington, wo er inzwischen lebte, war das nicht anders – eine Bastion von Weißen, die vor der schwarzen Überfremdung geflohen waren. Durch restriktive Mietverträge herrschte Rassentrennung, und der Mittelschicht-Status war ebenso von der rassischen Herkunft wie vom Einkommen abhängig. Zudem war Hoover in einer Zeit aufgewachsen, als in einem respektablen Kreis zu leben in Washington immer gleichbedeutend damit war, daß Schwarze ausgeschlossen blieben. Eine Eliteorganisation mit schwarzen Mitgliedern war sozusagen ein Widerspruch in sich selbst. Jede Organisation, der er als Junge angehört hatte, hatte ihren Elitestatus durch den Ausschluß von Schwarzen definiert. Und was war das FBI anderes als eine Eliteorganisation? In den fünfziger Jahren glaubten Hoovers Agenten, er habe sich darauf festgelegt, daß es niemals einen schwarzen Agenten (das heißt einen *richtigen* schwarzen Agenten) geben würde, solange er Direktor war. An diesem Grundsatz konnte er festhalten, bis die Kennedy-Administration von ihm verlangte, daß er auch Schwarze einstellte. Obwohl Hoover scheinbar auf die Forderung einging, hielt er weiterhin daran fest, daß er die Ansprüche des Bureau nicht senken werde – und meinte damit, daß alle Ansprüche, die Schwarze je erfüllen könnten, ihm nicht genügen würden.

Es gab noch einen weiteren Grund für Hoovers tendenziell feindliche Einstellung zu Schwarzen. Seit seiner Zeit in der Radical Division hatte er mit den schwarzen Bürgerrechtsorganisationen fast ausschließlich deshalb zu tun, weil sie für ihn potentielle Zielgruppen kommunistischer Unterwanderung waren. Da er die Intelligenz und das Urteilsvermögen schwarzer Menschen als nicht sehr hoch einschätzte, neigte er dazu, in ihren Organisationen eine leichte Beute für die geschickten Propagandisten und Agitatoren der Kommunistischen Partei zu sehen. Je mehr Einfluß die Gruppierungen der Schwarzen hatten, desto verlockender waren sie seiner Ansicht nach für die Kommunisten. Dies heißt nichts anderes, als daß Hoover der Meinung war, dem Land wäre besser gedient, wenn es gar keine organisierte Bürgerrechtsbewegung der Schwarzen gäbe – und damit auch keine einflußreichen schwarzen Führungspersönlichkeiten.[22] Solange es sie gab, sah Hoover in ihnen nichts anderes als ein Potential für illoyale Aktivitäten, und alle Informationen, die er erhielt, schienen seine Ansicht von der Unseriosität und Illegitimität des schwarzen Protestes zu bestätigen.

Alle Memos, die Hoover über die Bewegung der Schwarzen verfaßte und an Eisenhower sandte, waren von diesem Vorurteil geprägt. Zu Beginn des Jahres 1953 präsentierte er dem Präsidenten eine Studie unter dem Titel »Die Kommunistische Partei und der Neger«, obwohl er darin lediglich berichten konnte, daß die Partei zwar »unverhältnismäßig« viel Zeit dafür aufwende, schwarze Mitglieder zu werben, mit ihren Bemühungen aber keinen Erfolg habe. Im Jahre 1956 lieferte Hoover dem Weißen Haus einen detaillierten Bericht über die nationale Konferenz der NAACP (National Association for the Advancement of Colored People), die vom 4. März bis zum 6. März in Washington stattfand. Darin wiederholte er sein früheres Ermittlungsergebnis, daß die NAACP antikommunistisch sei und nicht von Kommunisten dominiert werde, konzentrierte sich in seiner Darstellung aber dennoch fast ausschließlich auf die Bemühungen der Kommunistischen Partei, die NAACP zu unterwandern und zu beeinflussen. Er beschrieb die Aktivitäten der Kommunisten auf der Konferenz so detailliert, daß es den Anschein hatte, als sei die Konferenz kaum noch von der Versammlung einer kommunistischen Zelle zu unterscheiden.[23]

Eisenhower zeigte ebenso wie Hoover wenig Begeisterung für die Anliegen der Bürgerrechtler und teilte Hoovers paternalistische Haltung Schwarzen gegenüber. Keiner der beiden Männer versuchte, Vorurteile oder Rassendiskriminierung zu rechtfertigen, aber beide verstanden den Standpunkt, der in den Südstaaten zur Rassenfrage eingenommen wurde, und sympathisierten damit. Sie identifizierten sich instinktiv mit der rassischen Elite des Landes, und im Jahre 1954 war diese Elite ausschließlich weiß. Vor allem aber waren sie sich wohl bewußt, wie sehr ihre politische Existenz davon abhing, daß sie in Übereinstimmung mit der öffentlichen Meinung handelten, und wie sehr ihre Autorität darauf beruhte, daß sie dieselben moralischen Überzeugungen vertraten wie die Mehrheit der Amerikaner. Im Jahre 1954 war diese Mehrheit nicht bereit für eine drastische Veränderung der Richtlinien im Umgang von Angehörigen verschiedener Rassen miteinander, dies selbst wenn sie im Prinzip vielleicht gegen eine Diskriminierung der Schwarzen war. Eisenhower vertrat keinerlei feste Überzeugungen hinsichtlich der rassischen Gleichheit, aber er hatte einen ausgeprägten Sinn für Politik, der ihm sagte, wie brisant dieses Thema war. Sein höchster Wunsch war deshalb, die Kontroverse über die Integration der Schwarzen so lange hinauszuschieben, bis sie der Verantwortung seines Nachfolgers oblag.

Aus diesem Grund erkundigte sich Eisenhower eingehend bei Justizminister Brownell, ob er es nicht vermeiden könne, sich offen gegen die Rassentrennung auszusprechen, wenn er in dem Prozeß *Brown gegen Board of Education of Topek,* in dem es um die Integration der Schwarzen in öffentlichen Schulen ging, vor dem Obersten Bundesgericht seine Aussage machte. Brownell wußte, wie er mit Eisenhower umgehen mußte, und entgegnete, es sei seine Pflicht, alle Fragen zu beantworten, die ihm das Gericht stelle. Nachdem das Wort Pflicht gefallen war, war »der Fall, was Eisenhower betraf, erledigt«. Das Gericht fragte Brownell tatsächlich nach seiner Meinung, und er antwortete, seiner Ansicht nach sei »die Rassentrennung in öffentlichen Schulen verfassungswidrig«. In diesem Sinne entschied auch das Oberste Bundesgericht. Eisenhower lehnte es ab, sich öffentlich darüber zu äußern, ob er die Entscheidung billige oder nicht; er betonte nur, daß sie Gesetz sei und daß er sich danach richten werde.[24]

Brownell selbst war zwar, wenn es um das Problem der Loyalität ging, nicht unbedingt ein Verfechter der bürgerlichen Freiheitsrechte, setzte sich aber entschieden dafür ein, daß der Bund die Bürgerrechte schützte. Er förderte alle Prozesse gegen die Rassendiskriminierung, die auf Bundesebene geführt wurden, obwohl ihm Eisenhower niemals viel Rückhalt bot. Auch Hoover untergrub durch seine unverhohlene Opposition gegen die Bürgerrechtsinitiativen des Ministeriums die Bemühungen Brownells, das Justizministerium für die Unterstützung der Bürgerrechtsbewegung zu gewinnen. Wenn Hoover sich gegen den Vorwurf rechtfertigen mußte, warum er gegenüber Verstößen gegen die Bürgerrechte keinen aggressiveren Standpunkt vertrete, wies er darauf hin, daß es äußerst schwierig, ja geradezu unmöglich sei, Geschworene in den Südstaaten dazu zu bringen, Weiße für Verbrechen zu verurteilen, die sie gegen Schwarze begangen haben. Seiner Ansicht nach war es nutzlos, die Energien des Bureau in aussichtslosen Untersuchungen zu vergeuden, die doch nur die Kräfte vom Kampf gegen die innere Subversion abziehen würden. Das unüberwindliche Problem, meinte er, seien die »regionalen Vorurteile«, durch die es »auch unter günstigsten

Bedingungen und bei einer klaren Beweislage sehr schwer sei, eine Verurteilung zu erwirken«.[25]

Hoover wußte aus fünfundzwanzigjähriger Erfahrung, daß die Ankläger in den Südstaaten keine Anklage erhoben und die Geschworenen keine Schuldsprüche fällten. Seit Frank Murphy 1939 im Justizministerium die Unterabteilung für Bürgerrechte eingerichtet hatte, hatte Hoover immer wieder erlebt, wie nahezu alle seine Ermittlungen bei Verstößen gegen die Bürgerrechte entweder am südstaatlichen Kodex scheiterten, daß Weiße für Verbrechen gegen Schwarze nicht verurteilt werden, oder aber daran, daß seine Vorgesetzten in Washington politisch unter Druck gesetzt wurden und ihn im Stich ließen. (Im Jahre 1947 berichtete er, daß 1570 Untersuchungen im Laufe von zwanzig Jahren zu nur siebenundzwanzig Verurteilungen geführt haben.) In den späten vierziger Jahren war Hoover so entnervt, daß er Ermittlungen zu Verstößen gegen die Bürgerrechte mied, wo er nur konnte. In den fünfziger Jahren war diese Haltung zu einer festen Regel des Bureau geworden.[26]

Da Hoover den Forderungen, die Durchsetzung der Bürgerrechte zu beschleunigen, nicht nachgab, geriet er in einen Teufelskreis von Kontroversen mit den unterschiedlichsten Bürgerrechtlern. Sie kritisierten die Trägheit des FBI, und er reagierte darauf wie auf alle Kritik am Bureau: Er diffamierte die Motive, die dahinterstanden, und die Tatsache, daß diese Bürgerrechtler gegen eine Organisation auftraten, die für die nationale Sicherheit doch so bedeutend war. Zu Beginn der fünfziger Jahre umfaßte Hoovers Erfahrung mit der Bürgerrechtsbewegung hauptsächlich erbitterte Gefechte, auf die er sich mit ihren Führern wegen ihrer Kritik an seiner Handlungsweise eingelassen hatte, und deshalb reagierte er automatisch feindselig, wenn ihm ein Bürgerrechtler unter die Augen kam.

Hoovers Ressentiments gegen seine Kritiker waren genauso groß, ob er nun feststellte, daß ihre Vorwürfe der Wahrheit entsprachen oder nicht. Wenn möglich versuchte er die Sache im stillen ins reine zu bringen, in der Öffentlichkeit aber wies er die Vorwürfe energisch zurück und griff sofort die an, die sie erhoben hatten. Im Jahre 1955 behauptete Adam Clayton Powell, der schwarze Kongreßabgeordnete aus Harlem, in den Südstaaten wagten die Schwarzen das FBI nur zögernd um Hilfe zu bitten, da die Mehrzahl der Agenten dort rassistisch gesinnte Südstaatler seien. Das Executive Council des FBI untersuchte die aktuelle Situation und berichtete Hoover erleichtert, daß 37,4 Prozent der Agenten im Süden aus den Nordstaaten stammten. Zum Erstaunen seiner Berater sagte Hoover aber darauf, »der Prozentsatz von Südstaatlern, die auf solche Fälle angesetzt werden, ist viel zu hoch und muß ausgeglichen werden«. Im Jahre 1956 bildete das Bureau deshalb eiligst Agenten aus den Nordstaaten für ihren Einsatz im Süden aus. Ein Jahr später war der Anteil von Nordstaatlern in den FBI-Außendienststellen im Süden auf 68 Prozent angestiegen. Wenn es um Kritik am FBI ging, war also nicht einmal die Wahrheit für Hoover eine Rechtfertigung.[27]

Die Bürgerrechtsfälle schwächten auch die Moral von Hoovers Agenten. Sie ärgerten sich darüber, mit wenig Aussicht auf Erfolg, unpopuläre Ermittlungen durchführen zu müssen. Zudem waren die verdächtigen Personen oft dieselben lokalen Polizeibeamten, mit denen sie täglich zusammenarbeiteten. Manchmal entschuldigten sich die Agenten und erklärten, die ganze Sache sei eine politische Scharade, bei der sie dem Justizministerium zu Gefallen mitspielen müßten. Im Jahre 1952 teilte Hoover seinen Agenten mit, ein ihm gewogener Polizeichef habe zu ihm gesagt, daß »das FBI die unselige Pflicht hat, bei Verstößen gegen die Bürgerrechte ermitteln zu müssen. Das gefällt ihnen nicht, aber sie sind gute Polizisten und führen ihre Befehle aus.« Hoover bemerkte dazu, er sei »sehr besorgt darüber, daß sich Leute aus unserer Mannschaft offensichtlich dahingehend geäußert haben, daß das FBI Ermittlungen zu Verstößen gegen die Bürgerrechte nicht gern durchführt. Ich möchte hiermit klar zum Ausdruck bringen, daß alle Mitarbeiter des Bureau sorgsam darauf zu achten haben, keinerlei Andeutungen über irgendwelche Ansichten oder Meinungen zu Ermittlungen zu machen, die in den Zuständigkeitsbereich des Bureau fallen.«[28]

Als die Rassentrennung in den Schulen durch die Entscheidung, die das Oberste Bundesgericht am 17. Mai 1954 im Fall *Brown gegen Board of Education* traf, gesetzlich aufgehoben wurde, mußte Hoover schwer darum kämpfen, daß seine Agenten den »massiven Widerstand« der Südstaatler gegen das Gesetz nicht moralisch unterstützten. Die persönlichen Ansichten, die er als gebürtiger Washingtoner in der Rassenfrage vertrat, standen jetzt in scharfem Widerspruch zu seiner Einstellung zu fachlicher Kompetenz. Er bestand darauf, daß sich seine Agenten zumindest an die nationalen Richtlinien hielten, die das Oberste Bundesgericht hinsichtlich der Integration von Schwarzen festgesetzt hatte.

Nach der *Brown*-Entscheidung ersannen die Südstaaten eine Vielzahl von politischen und rechtlichen Tricks, um die Durchsetzung der neuen Richtlinen zu behindern, während ungeduldige Bürgerrechtsbewegungen den Widerstand der Südstaaten heftig kritisierten. Im Dezember 1955 löste Rosa Parks durch ihre Weigerung, ihren Platz in einem Bus einem Weißen zu überlassen, den Boykott der städtischen Busgesellschaft in Montgomery aus. Dieser Boykott machte Martin Luther King im ganzen Land bekannt und führte schließlich zur Entscheidung des Obersten Bundesgerichts, die städtischen Verfügungen zur Rassentrennung in Bussen seien verfassungswidrig. Am 14. März 1956 wurde Eisenhower ein Manifest vorgelegt, in dem hundert Kongreßabgeordnete aus dem Süden nachhaltig betonten, sie würden mit allen gesetzlichen Mitteln gegen die Aufhebung der Rassentrennung eintreten. Eisenhower betrachtete beide Seiten als Extremisten und Unruhestifter.

Nachdem Hoover jahrzehntelang hatte mit ansehen müssen, wie die Untersuchungen des FBI in den Südstaaten von weißen Geschworenen, die das Gesetz der weißen Vorherrschaft hochhielten, mißachtet wurden, versuchte er instinktiv, sich aus Fällen wie dem Mord an Emmett Till im Jahre 1955 herauszuhalten. Till, ein junger Schwarzer aus Chicago, war entführt und in Money, Mississippi, ermordet worden, weil er einem weißen Mädchen nachgepfiffen hatte. Hoover erklärte in einer Rundfunkansprache, die landesweit übertragen wurde:

> Wir waren zu Ermittlungen in diesem Fall nicht befugt, da kein Verstoß gegen ein Bundesgesetz vorlag. Drei Tage später erhielten wir die Nachricht, daß die Leiche des Jungen im Tallahatchie River gefunden worden sei ... Das Ministerium entschied aufgrund der Tatumstände, daß kein Verstoß gegen die Gesetzesbestimmungen des Bundes zu den Bürgerrechten vorliege und das FBI deshalb keine Ermittlungen durchführen dürfe.[29]

Hoovers Erklärung war alles andere als überzeugend. Da er das FBI erfolgreich zu einem Symbol für die Gerechtigkeit schlechthin gemacht hatte, wertete die Öffentlichkeit den Einsatz von FBI-Agenten inzwischen als Indikator für die Betroffenheit der Bundesregierung. Die Weigerung, das FBI an einem Fall zu beteiligen, wurde deshalb als Anzeichen dafür interpretiert, daß Washington einem Vorfall keine große Bedeutung zumaß. Man ahnte instinktiv – und die besser Informierten wußten es –, daß Hoover sonst immer einen Weg gefunden hatte, einen Fall so zu interpretieren, daß er einen Verstoß gegen ein Bundesgesetz darstellte und somit die Einmischung des FBI gerechtfertigt war. (Im Fall Dillinger war es der Transport eines gestohlenen Wagens über eine Staatsgrenze hinweg, bei den Ermittlungen gegen den Klu Klux Klan in den zwanziger Jahren der Verstoß gegen das Gesetz gegen den weißen Sklavenhandel und im Falle Marcus Garvey ein kleiner Betrug gewesen.) Nach Maßgabe der gesetzlichen Bestimmungen hatte Hoover recht; auch die praktische Erfahrung gab ihm recht; aber als politischer Führer begann er langsam, sein Publikum falsch einzuschätzen.

Der Mord an Till sowie die Unfähigkeit der Justizbehörden der Einzelstaaten und des Bundes, mit diesem Fall fertig zu werden, erzürnten Justizminister Brownell. Er war inzwischen zur Überzeugung gelangt, daß neue Bürgerrechtsgesetze notwendig seien. Die Gerichte hatten die Bürgerrechtsgesetze, die aus der Zeit der Rekonstruktion nach dem Sezessionskrieg stammten, so restriktiv angewandt, daß sie, insbesondere angesichts der lokalen Vorurteile, nicht durchgesetzt werden konnten. Brownell wollte sicherstellen, daß der Präsident und das Kabinett wußten, wie schlimm die Lage im Süden war; sie sollten sich keine Illusionen darüber machen, mit welchem Widerstand zu rechnen war, wenn die Administration die neue Gesetzgebung, die er empfehlen würde, im Kongreß einbrachte. Deshalb beauftragte er Hoover, die Einstellungen zur Rassenfrage in den Südstaaten zu untersuchen und dem Kabinett über seine Ergebnisse Bericht zu erstatten.[30]

Hoover legte seinen Bericht unter dem Titel »Rassische Spannungen und Bürgerrechte« am 9. März 1956 vor. Obwohl er einen objektiven Überblick über die Einstellung zur Rassenfrage in den Südstaaten geben wollte, enthüllte sein Bericht auch seinen eigenen Standpunkt in dieser Frage. Sein Bericht war deshalb nicht gerade eine flammende Verteidigung der Bürgerrechte, aber immerhin war er auch nicht, wie behauptet wurde, »bigott und beschränkt«. Größtenteils war er genau das, was Brownell verlangt hatte: eine unparteiische Darstellung der Ansichten von Anhängern der Rassentrennung und von Bürgerrechtlern, die wahrscheinlich zu gewaltsamen Ausschreitungen führen würden.[31]

Die Spannungen, berichtete Hoover dem Kabinett, seien seit der Entscheidung im Fall *Brown* vom 17. Mai 1954 »fast täglich« größer geworden. »In vielen Gebieten ist die Vernunft den Emotionen gewichen. In einer solchen Situation besteht immer die Gefahr, daß es zu gewaltsamen Ausschreitungen kommt. Sie können durch Vorfälle ausgelöst werden, die in ruhigen Zeiten unbemerkt bleiben.« Dem Widerstand gegen eine Veränderung der rassischen Situation lagen, wie Hoover entdeckte, zwei kulturelle Traditionen zugrunde: die Verteidigung der Rechte der Einzelstaaten gegen die Macht des Bundes (»ein Wiederaufleben Jeffersonscher Prinzipien«) und ein »kultureller Konflikt, da dort der Schutz der rassischen Reinheit eine Lebensregel und als fundamentale Wahrheit tief verwurzelt ist«. Hoover stützte sich ebenso auf seine intime Kenntnis der südstaatlichen Mentalität wie auf die Berichte seiner Agenten, als er über die paternalistische Grundeinstellung der weißen Südstaatler als von einem »Überbleibsel aus den Tagen der Sklaverei« sprach. Prinzipiell würden sie akzeptieren, daß es nötig war, den Schwarzen bessere Chancen einzuräumen, aber bestreiten, daß die Integration in Schulen der richtige Weg sei, dieses Ziel zu erreichen. Hinter der Angst der weißen Südstaatler vor der Integration stecke »die Schreckensvision einer rassischen Mischehe«.

Hoover wies darauf hin, daß in den Südstaaten »das Verhältnis Herr und Diener [zwischen den Rassen] immer noch die Regel ist« und den großen Unterschied zwischen der kulturellen Stellung beider Rassen schaffe, der die Weißen dazu veranlasse, auf die Schwarzen herabzusehen, »obwohl es unfair ist«. Hoover gab dem Kabinett Beispiele für die emotionalen Konflikte, die die Aufhebung der Rassentrennung in den Gemeinden der Südstaaten ausgelöst hatte. Die Vorstellung, ihre Kinder mit Schwarzen gemischt in Turnhallen und Waschräume zu schicken, erschrecke weiße Eltern, da »farbige Eltern nicht so sorgfältig auf die Gesundheit und Sauberkeit ihrer Kinder achten«. Hoover spielte auch sehr dezent auf das Problem der Unterschiede in der »Moral« an, das dazu führe, »daß der Vorteil der Ehe und die Möglichkeit der Scheidung [bei den Schwarzen] zugunsten von verantwortungsloser Bequemlichkeit und entsprechender Illegitimität nicht genutzt werden«. Die Südstaatler seien auch der Ansicht, die höhere Kriminalitätsrate bei den Schwarzen könnte, wenn die »rassischen Schranken« niedergerissen würden, zu »mehr Auseinandersetzungen zwischen den Rassen« führen. Schließlich »wird behauptet, das intellektuelle Niveau der Neger in den Südstaaten sei gewöhnlich niedriger als das weißer

Kinder, und daß es eine Generation dauern würde, um die Rassen auf dasselbe Niveau zu bringen.«

Hoover vermied es sorgsam, dem Kabinett gegenüber anzudeuten, daß er diese Ansichten durchaus teilte. Sein Bericht ließ sogar deutlich erkennen, wie sehr er sich bemühte, sich von all den Ansichten zu distanzieren, zu denen er eigentlich selbst tendierte. Im Kontext seines Berichtes konstatierte er diese Ansichten einfach als die fundamentalen Hindernisse der Rassenintegration, unabhängig davon, ob er sie teilte oder nicht.

Doch trotz aller guten Absichten konnte er nicht ganz verhindern, daß eine gewisse negative Einstellung zu den Bürgerrechten erkennbar wurde. Als er den Busboykott in Montgomery, Alabama, beschrieb, konzentrierte er sich ganz auf den Umstand, daß die Organisatoren des Boykotts gegen eine lokale Verfügung verstoßen hätten, die eine Beeinträchtigung des Geschäftwesens untersagte. Er beschrieb die Bemühungen der Schwarzen, »die Sache hochzuspielen«, ohne die Provokationen der Weißen zu erwähnen. Dadurch stellte er den schwarzen Protest als eine willentliche Aufwiegelung und eine Herausforderung der Autorität dar und nicht als eine Reaktion auf eine seit langer Zeit bestehende Ungerechtigkeit.

Den gewaltsamen Widerstand der Weißen gegen die Aufhebung der Rassentrennung in der Universität von Alabama im Februar 1956 bezeichnete Hoover als »schändlich«. Allerdings stellte er auch die Integrationsbestrebungen an der Universität nicht im besten Licht dar. Er erwähnte, die NAACP habe eine Forderungsklage, daß eine von zwei jungen schwarzen Frauen immatrikuliert werden müsse, »aufgrund der Behauptung, sie sei eine Dirne, das heißt, sie habe sechs Monate nach der Eheschließung ein Kind geboren«, zurückgezogen. Kommentarlos hielt er überdies fest, daß die einzige Frau, die zugelassen worden sei, wieder exmatrikuliert wurde, weil sie falsche Vorwürfe gegen die Universität erhoben habe. Auch zu diesem Vorwand der Schulbehörde machte er keinerlei kritische Bemerkungen.

Seine Erörterung, was für Interessen die Kommunistische Partei an den Bürgerrechten habe, hinterließ den Eindruck, als fördere jeder Verstoß gegen die Bürgerrechte das Ziel der Kommunisten, »Neger in ihre Reihen [aufzunehmen] und ... den Neger als Basis zu [benutzen], von der ausgehend sie ihr Ziel verfolgen können, die Vereinigten Staaten zu schwächen«. Der von der NAACP (auf März 1956) geplante Marsch auf Washington etwa stehe im Einklang mit kommunistischen Plänen und werde von Kommunisten angeführt.

Hoover teilte dem Kabinett mit, »eine der hoffnungsvollsten Entwicklungen« in der Rassenfrage zeichne sich bei den Polizeibehörden ab, deren Einstellung zu den Bürgerrechten deutlich besser geworden sei. Das Bureau unterstütze diese Entwicklung und biete den Polizeibehörden der Südstaaten spezielle Schulungen über den Vollzug der Bürgerrechtsgesetze an. Dennoch, klagte er, »stehen unsere Agenten zuweilen vor unbeschreiblichen Schwierigkeiten, wenn sie in den Südstaaten wegen ›gräßlicher Gewaltakte‹ ermitteln müssen. Die Neger haben Angst, zu reden, und wir mußten fast immer auf den Einbruch der Dunkelheit warten, um uns mit ihnen treffen zu können, wenn wir hofften, von ihnen Hinweise zu erhalten. In anderen Fällen begegneten uns einige lokale Polizeibehörden mit offener Feindschaft.«

Zum Abschluß seines Berichts verteilte er die Schuld an den Rassenkonflikten so gleichmäßig auf Weiße und Schwarze, daß seitens der Bundesregierung nichts anderes gerechtfertigt schien als strikte Neutralität.

Hoovers Bericht trug gewiß nicht dazu bei, daß Eisenhower Brownells Pläne, eine neue Bürgerrechtsgesetzgebung einzuführen, begeistert unterstützte. Er billigte sie widerstrebend, allerdings nur aufgrund der hohen Achtung, die er vor seinem Justizminister hatte. Hoover hatte Eisenhower in seiner Sorge über die Unruhen bestätigt, die zu erwarten wären, wenn der Druck auf die Durchsetzung der Bürgerrechte sich verstärkte. Zudem beunruhigten ihn Hoovers Warnungen, daß die Kommunistische Partei »bemüht ist, diese Bewegung für ihre eigenen Zwecke zu nutzen«, und versuche, »einen Keil zwischen die Administration und ihre Freunde in den Südstaaten zu treiben«.

Nachdem Hoover seinen Bericht vorgelegt hatte, schlug Brownell eine Gesetzgebung vor, die folgende Punkte umfaßte: die Einrichtung einer Kommission für Bürgerrechte, die sich mit Verstößen gegen das Wahlrecht befassen sollte; die Vergrößerung der Unterabteilung für Bürgerrechte im Justizministerium zu einer Abteilung mit einem eigenen stellvertretenden Justizminister; die Einführung einer Reihe von neuen Wahlrechtsgesetzen; und die Ausdehnung der Befugnisse des Justizministers, so daß er zivilrechtliche Verfügungen erwirken konnte, um das Wahlrecht zu sichern. Eisenhower nahm Brownells Vorschläge an und legte 1956 dem Kongreß das Programm vor. Es wurde vom Repräsentantenhaus verabschiedet, von einem Senatssausschuß jedoch abgelehnt. Nachdem Eisenhower und der Mehrheitsführer im Senat, Lyndon Johnson, sich stark für das Programm eingesetzt hatten, wurde der Civil Rights Act im September 1957 rechtskräftig. Nach Aussage von Brownell unterstützte Hoover diese Gesetzgebung und befürwortete sie auch Kongreßabgeordneten gegenüber.[32]

Nach dem Civil Rights Act von 1957 hatte Frank Murphys Unterabteilung für Bürgerrechte zwar den Status einer Abteilung mit einem eigenen stellvertretenden Justizminister, aber als Brownell im Oktober 1957 zurücktrat, setzte sich im Kabinett niemand mehr für die Bürgerrechte ein. Deshalb fielen sie trotz der neuen Abteilung in der Prioritätenliste des Ministeriums wieder auf eine niedrigere Stufe zurück. Im Jahre 1959 berichtete die Kommission für Bürgerrechte, die aufgrund des Civil Rights Act von 1957 eingerichtet worden war, daß die Leistungsbilanz der neuen Abteilung nicht viel besser sei als in der Zeit, da sie noch eine Unterabteilung gewesen sei.[33]

Obwohl der neue Civil Rights Act vom Kongreß verabschiedet worden war und die Bürgerrechtsbewegung immer mehr Kräfte mobilisierte, glaubte Hoover immer noch, daß weder die Unterstützung der Öffentlichkeit noch sein politischer Rückhalt ausreichten, um die Risiken aufzuwiegen, die eine aggressivere Verfolgung der Bürgerrechtsverletzungen in den Südstaaten mit sich brächte. Hoover hatte es während seiner gesamten Laufbahn stets abgelehnt, sich in eine ungeschützte, exponierte Position zu bringen, in der er nicht mit überwältigender politischer Mehrheit rechnen konnte, dies selbst dann, wenn er die Maßnahmen, zu denen er gedrängt wurde, im Prinzip billigte. Abgesehen von seinen persönlichen Ansichten zur Rassenfrage sprachen deshalb auch alle anderen Überlegungen, die Gewicht hatten, dagegen, im Bereich der Bürgerrechte irgendwelche Aktivitäten zu entfalten. Nur absoluter öffentlicher und politischer Druck sowie ein Präsident, der unverkennbar die Führung übernahm, konnten Hoover dazu bringen, diese Entscheidung zu revidieren. Und eine solche Konstellation sollte sich erst während der Johnson-Administration ergeben.[34]

Von den Bürgerrechten abgesehen, setzten die fünfziger Jahre Hoover einen weiteren unerwünschten Punkt auf die Tagesordnung: die organi-

sierte Kriminalität. Aber auch hier ließ er sich nicht dazu bewegen, den Schwerpunkt seines Interesses von der inneren Sicherheit abzuziehen. Hoover betrachtete die Forderungen, daß das Bureau diese Aufgabe anpacken müsse, als implizite Kritik an seiner Autorität und Kompetenz, denn er hatte jahrelang öffentlich bestritten, daß ein organisiertes Verbrechertum überhaupt existiere. Diese Ansicht brachte ihn in eine peinliche Situation, als der Polizeisergeant Edgar L. Croswell von der New York State Police am 14. November 1957 in der Stadt Apalachin im Norden des Staates New York eine Versammlung von über sechzig Mafia-Bossen aufspürte. Dies löste einen Sturm der Entrüstung aus, in dem auch die Frage gestellt wurde, warum Hoover mit seinen vielen geheimen Informationsquellen nichts über die Mafia gewußt habe, obwohl sie sich, wie die Zusammenkunft in Apalachin gezeigt habe, so stark vergrößert habe. Hoovers Kritiker gruben die Erklärungen aus, die er im Laufe der Jahre dazu abgegeben hatte (daß so etwas wie ein nationales Verbrechersyndikat nicht existiere), und bezichtigten ihn, entweder ein Narr zu sein oder sich absichtlich dumm gestellt zu haben. (Es wurde sogar gemunkelt, es habe korrupte Vereinbarungen zwischen Hoover und dem Verbrechersyndikat gegeben, den Operationsbereich der Gegenseite jeweils zu meiden.)[35]
Wie schon in anderen Fällen läßt sich auch hier Hoovers Handlungsweise mit dem »Widerhall« der Erfahrungen aus vergangenen Zeiten erklären. Seit 1933, als im *American Magazine* Courtney Ryley Coopers erste Artikel erschienen waren, hatte Hoover konsequent bestritten, daß es so etwas wie ein organisiertes Verbrechertum überhaupt gebe. Nach der Hoover-Cooper-Theorie konnte es, wie man sich erinnern wird, prominente Verbrechergestalten überhaupt nur deshalb geben, weil die lokalen Vollzugsbehörden versagten und dadurch »die Wurzeln des Verbrechens« nährten, aus denen dann prominente Verbrecher hervorgingen. Wenn es soweit kam, daß das FBI einen Dillinger tötete, geschah das nur, weil die lokalen Behörden nicht imstande gewesen waren, mit dem Verbecher fertigzuwerden, bevor er eine Tat beging, die in die Zuständigkeit des Bundes fiel. Hoover war ganz und gar nicht der Ansicht, der ganze Problemkomplex falle in den Verantwortungsbereich des Bundes. Für ihn war das nationale Verbrechertum ein Problem der lokalen Behörden; das FBI sollte höchstens unterstützend eingreifen, den lokalen Polizeibehörden technischen Beistand leisten oder

ihnen ein Beispiel für professionelles Arbeiten geben. Noch in den fünfziger Jahren spottete Hoover über die Vorstellung, es gebe ein organisiertes Verbrechersyndikat, und bezeichnete sie als »Unsinn«.
Hoover widerstrebte es noch aus einem anderen Grund, die Existenz von Verbrecherorganisationen zuzugeben. Um wirkungsvoll dagegen vorgehen zu können, hätte es einer »Task Forces«-Strategie bedurft, das heißt, Hoover hätte von allen möglichen Behörden Personal zuziehen müssen. Dies hätte es ihm jedoch verunmöglicht, die Autonomie des FBI zu erhalten oder die Aktivitäten seiner Agenten vollständig unter Kontrolle zu halten. Und wenn die Erfahrungen im Laufe der Jahre Hoover irgend etwas gelehrt hatten, dann war es die Erkenntnis, daß er die absolute und ausschließliche Kontrolle über alle Aktivitäten des Bureau haben mußte, weil es für sein berufliches Überleben unabdingbar war. Die Unabhängigkeit des FBI zu erhalten (und auszubauen) war ein absolutes Muß für Hoover, auch wenn dadurch das Wachstum und die Aufgabenbereiche des Bureau eingeschränkt wurden.[36]
Justizminister Rogers, der versuchte, das Justizministerium für die gerichtliche Verfolgung von organisierten Verbrecherbanden einzusetzen, mußte einräumen, daß Hoover sich »mit Händen und Füßen wehrte« und zu den Ermittlungen gegen Verbrecherorganisationen gleichsam gezwungen werden mußte.
Auch die Rechtslage hinsichtlich des Einsatzes von Abhöranlagen und Wanzen war ein Grund, warum Hoover entschlossen war, bei Ermittlungen gegen Verbrecherorganisationen die Unabhängigkeit des FBI von allen anderen Behörden zu wahren. Da es höchstwahrscheinlich unvermeidlich war, daß das Bureau Abhöreinrichtungen und Wanzen einsetzen müßte, um brauchbare Ergebnisse zu erzielen, und da diese illegalen Techniken zu einer Gefahr wurden, wenn sie bekannt wurden, legte Hoover besonders großen Wert darauf, gerade über Ermittlungen, in denen mit solchen Methoden operiert wurde, die absolute Kontrolle zu haben. Obwohl Hoover es in den späten fünfziger Jahren mit einem neuen Amerika zu tun hatte, orientierte er sich bei der Einschätzung des relativen Risikos seiner Operationen immer noch an der katastrophalen Erfahrung, die er während der Razzien in den Jahren 1919 und 1920 gemacht hatte, als die unkontrollierte Zusammenarbeit mit den lokalen Polizeibehörden und den zivilen Freiwilligenorganisationen zum Zusammenbruch seiner Kampagne gegen die Radikalen geführt und ihn

selbst einer demütigenden Untersuchung durch den Kongreß ausgesetzt hatte.
Hoovers Widerwille, gegen das organisierte Verbrechertum zu ermitteln, als es zu einem nationalen Problem geworden war, verunsicherte seine Anhänger, da seine Haltung seinem persönlichen Ruf und dem Ruf des Bureau doch so offensichtlich schadete. Wie im Zusammenhang mit den Bürgerrechten wird Hoovers Verhalten weniger rätselhaft, wenn man es im Licht seiner Erinnerungen an vergangene Erfahrungen betrachtet und berücksichtigt, wie heftig er immer darum kämpfte, einmal gemachte Fehler nicht zu wiederholen.
Im Jahre 1957 ließ der Ausschuß des Senats für das organisierte Verbrechertum unter dem Vorsitz von John McClellan aus Arkansas (mit John F. Kennedy als Mitglied und Robert F. Kennedy als Rechtsberater) den alten Plan einer Bundeskommission zur Untersuchung des nationalen Verbrechertums wiederaufleben. Das Justizministerium reagierte sofort und bildete ein entsprechendes Spezialkomitee mit der Bezeichnung Special Group on Organized Crime. Statt zu kooperieren, antwortete Hoover auf diesen Affront mit einem »Programm gegen die Verbrecherkönige« (Top Hoodlum Program), das von jeder Außendienststelle des FBI verlangte, eine Liste der zehn wichtigsten Personen aus der Unterwelt aufzustellen, auf die sich eine intensive Überwachung konzentrieren sollte. Durch Hoovers Widerstand war das Schicksal der Special Group besiegelt; nach zwei Jahren schon wurde sie aufgelöst. Im Jahre 1959 waren in der New Yorker Außendienststelle des FBI vierhundert Agenten mit Ermittlungen gegen Kommunisten befaßt; nur vier waren für die Untersuchung von Verbrecherorganisationen abgestellt.[37]
Gegen Ende des Jahrzehnts schien das FBI so weit hinter der wahren Situation das organisierte Verbrechertum betreffend herzuhinken und jeden Kontakt zur Wirklichkeit verloren zu haben, daß Hoover sich sehr anstrengen mußte, um die gewöhnlich ungemein fügsame IACP (International Association of Chiefs of Police) davon abzuhalten, eine zentrale Koordinations- und Informationsstelle des Bundes für diesen Bereich zu fordern. Damit hätte das FBI einen weiteren Konkurrenten gehabt, gegen den er die Führungsrolle hätte verteidigen müssen. Im Jahre 1960 wurde Hoover so sehr unter Druck gesetzt, Maßnahmen gegen das organisierte Verbrechertum zu ergreifen, daß er schließlich einlenkte.

Er akzeptierte die Beweise, die ihm seine Mitarbeiter, insbesondere William C. Sullivan von der Domestic Intelligence Division, dafür vorlegten, daß so etwas wie Verbrecherorganisationen tatsächlich existierte.[38]
Hoover begann nun auch bei Ermittlungen in Kriminalfällen (die nicht zum Bereich »Sicherheit« gehörten) Mikrophone einzusetzen, um den Zeitverlust wettzumachen und sein Wissen über die Mafia rasch auf den neuesten Stand zu bringen. Mitte des Jahres 1959 bat die Außendienststelle in Chicago um Erlaubnis, im Versammlungssaal einer Bande an der North Michigan Avenue in Chicago eine Wanze anbringen zu dürfen. Obwohl er damit deutlich von früheren Prinzipien abwich, erteilte Hoover die Genehmigung und begründete seine Entscheidung mit einem Memorandum von Brownell, in dem ihm die Genehmigung erteilt wurde, in Fällen, in denen die »innere Sicherheit und der Schutz der Nation« betroffen waren, Mikrophone einzusetzen. Später wurde vielfach die Ansicht vertreten, Hoover habe seine Befugnisse überschritten. Brownell erklärte jedoch später, daß er mit »Schutz der Nation« durchaus auch Verbrechen gegen Bundesgesetze gemeint habe. Die Mikrophonüberwachung in Chicago erwies sich als überaus ergebnisreich. Im Jahre 1960 besaß das Bureau bereits eine Liste mit den Namen aller Mitglieder des »Nationalkomitees« der Mafia.[39]

Hoovers Widerstand, das FBI bei der Durchsetzung der Bürgerrechte oder gegen Verbrecherorganisationen einzusetzen, war fest verwurzelt in verwaltungstechnischen Überlegungen, persönlichen Ansichten, harterkämpften Erfahrungen, besonders aber in der Weltanschauung, die er während seiner prägenden Jahre im Regierungsdienst in den zwanziger und dreißiger Jahren entwickelt hatte. Seine ersten beruflichen Erfolge und seinen nationalen Ruf hatte er errungen, weil er geschickt reagierte, als sich im nationalen Bewußtsein die Vorstellung entwickelte, der Bund müsse auch bei Schwierigkeiten auf lokaler Ebene eingreifen, weil diese nach und nach als nationale Probleme betrachtet wurden. Hoover war nicht nur darin immer fortschrittlich gewesen, daß er öffentliche Probleme mit wissenschaftlichen Methoden anging, sondern mehr noch auch darin, daß er auf neue Bedingungen innovativ reagierte. Mit zunehmendem Alter jedoch erlag er immer mehr der Versuchung, die Existenz neuer Herausforderungen zu leugnen – oder zumindest die

Bundesbehörden, und damit das FBI, als nicht zuständig zu betrachten. Und während er in den zwanziger und dreißiger Jahren erfolgreich innovative Techniken eingesetzt hatte, fürchtete er jetzt, die durch sie gewonnene Sicherheit zu verlieren, und lehnte es deshalb ab, sich mit Problemen herumzuschlagen, die den Einsatz neuer Methoden verlangen könnten.

Hoover hatte das FBI zum Symbol der Führungsrolle des Bundes gemacht, doch diese Art von Führung – die unter Herbert Hoover entwickelt und von Franklin D. Roosevelt ausgebaut worden war – zielte darauf ab, das Land dadurch zu leiten, daß lokale Gruppierungen und lokale Eliten mobilisiert und die lokalen Autoritätsstrukturen beibehalten wurden, die in den Südstaaten, in den Gewerkschaften und in den Städten bestanden. Als in den fünfziger Jahren Forderungen laut wurden, daß der Bund für die Durchsetzung der Bürgerrechte sorgen und Maßnahmen gegen das organisierte Verbrechertum ergreifen müsse, wurde damit eine Erweiterung dieser Führungsrolle notwendig. Doch diese neue Rolle konnte das FBI, das Hoover geschaffen hatte, nicht mehr übernehmen. Hoovers FBI hatte sich gerade deshalb zum Symbol für hohe Ideale und patriotische Empfindungen entwickeln können, weil es sich aus all den lokalen Problemen herausgehalten hatte, um die der Bund sich jetzt kümmern sollte. Weder das organisierte Verbrechertum noch die organisierte Rassentrennung konnten vermittels der lokalen Machtstrukturen *bekämpft* werden, da sie von jenen Strukturen *getragen* wurden. Mit ihrer Forderung nach Taten in diesen neuen Bereichen verlangten die FBI-Kritiker de facto von Hoover, die Elitegruppen zu hintergehen und zu vernichten, mit denen er sein ganzes Leben lang verbündet gewesen war.

Während Hoover sich mit Aktionen in den Bereichen Bürgerrechte und Verbrecherorganisationen zurückhielt, verdoppelte er seine Anstrengungen im Bereich der inneren Sicherheit. Er bombardierte Eisenhower mit einer überwältigenden Menge von Memos über die Kommunistische Partei, die gewöhnlich an den Sonderbeauftragten für Angelegenheiten der nationalen Sicherheit gerichtet waren. Dieses Amt hatte zunächst Robert Cutler inne, dem dann Dillon Anderson und Gordon Gray folgten. Als Eisenhower sein Amt als Präsident antrat, wartete bereits das neueste umfassende »Gutachten« über die Kommunistische Partei

Amerikas auf ihn: »Die Rolle der Kommunistischen Partei Amerikas im sowjetischen Nachrichtendienst«.[40]
Einmal pro Woche gab das FBI eine Zusammenfassung der aktuellen Nachrichten (»Current Intelligence Summary«) heraus, ein Kompendium von Propagandaschriften der Kommunistischen Partei und der Frontgruppen sowie Warnungen vor den Aktivitäten der Partei (nicht etwa vor Bombenattentaten, sondern vor Spendenaktionen, Protestmärschen und Petitionskampagnen), an die Hoover über Informanten oder durch seine Abhöranlagen (»zuverlässige Informanten«) gekommen war. Außerdem erstellte Hoover jährlich eine Analyse vom »Parteiprogramm der Kommunistischen Partei« und zusammenfassende Berichte über die »Aktivitäten der Kommunistischen Partei«. Obwohl die kommunistische Bewegung in den fünfziger Jahren völlig zusammengebrochen war, ließ Hoover niemals in seinen Bemühungen nach, den Präsidenten und die Öffentlichkeit davon zu überzeugen, daß die Bedrohung durch den Kommunismus, allem Anschein zum Trotz, größer sei als jemals zuvor.[41]
Während das Justizministerium aufgrund des Smith Act die kommunistischen Parteifunktionäre der »zweiten Reihe« gerichtlich verfolgte und die Führungsspitze der Kommunistischen Partei gewaltig ausdünnte (zweiundvierzig Anklageschriften zwischen 1953 und 1956), lösten sich einige der internationalen Spannungen, die während des Kalten Krieges die Kommunismushysterie ausgelöst hatten. Nach dem Tod Stalins und dem Waffenstillstand im Koreakrieg (beide 1953) zogen die Russen ihre Truppen aus Österreich ab (Mai 1955), und Eisenhower traf (im Juli 1955) in Genf mit den politischen Führern Großbritanniens, Frankreichs und der Sowjetunion zusammen. Nach 1956 schaffte die Regierung die Internierungslager ab, die unter dem Internal Security Act* von 1950 eingerichtet worden waren. Hoovers einzige Reaktion auf alle diese Entwicklungen war, daß er »eine zunehmende Gleichgültigkeit in der Öffentlichkeit gegenüber der Bedrohung durch die Subversion« beklagte.[42]

* Der Internal Security Act (McCarran-Gesetz), der gegen das Veto Trumans verabschiedet wurde, sah für den Fall eines nationalen Notstandes scharfe Maßnahmen zur Überwachung und Internierung von Kommunisten vor, führte die Meldepflicht für kommunistische Organisationen und Einzelpersonen ein und verbot ehemaligen Mitgliedern totalitärer Organisationen die Einreise in die Vereinigten Staaten. (A.d.Ü.)

Auch der Smith Act selbst, einer der Stützpfeiler von Hoovers Kampagne gegen den Kommunismus, fiel der nationalen und internationalen Entspannung zum Opfer. Am 17. Oktober 1955 bewilligte das Oberste Bundesgericht die Beiziehung von Akten und erklärte sich bereit, den Fall *Yates* zu überprüfen – eine Verurteilung aufgrund des Smith Act, die im Grunde identisch war mit dem Fall *Dennis gegen die Vereinigten Staaten*. Im Fall *Dennis* hatte das Gericht 1951 das Berufungsgesuch abgelehnt, das gegen die Verurteilung der »Elf« am Foley Square aufgrund des Smith Act eingelegt worden war. Ein solches Verhalten konnte nur bedeuten, daß das Oberste Bundesgericht in Erwägung zog, seine Ansicht über die Verfassungsmäßigkeit des Smith Act zu ändern. Am 15. März 1956 informierte das Justizministerium das Bureau, es werde bei Smith-Act-Fällen in Zukunft erst dann versuchen, eine gerichtliche Verfolgung einzuleiten, wenn Beweise für den »tatsächlichen Plan, eine gewaltsame Revolution durchzuführen«, vorlägen.[43]
Obwohl die Entscheidung im Fall *Yates* – die einer Aufhebung der Entscheidung im Fall *Dennis* gleichkam, da jetzt der Beweis erbracht werden mußte, daß zu revolutionären Handlungen und nicht nur zu revolutionären Überzeugungen angestiftet wurde – erst 1957 gefällt wurde, machten die restriktiven Anweisungen des Justizministeriums zu den neuen Smith-Act-Fällen Hoovers Programm zur inneren Sicherheit hinfällig.[44] Der Smith Act in Verbindung mit dem »Custodial Detention Program« hatte der Überwachung der Kommunistischen Partei durch das FBI nicht nur eine Richtung und ein Ziel gegeben, sondern auch ein Maß, an dem das Bureau die Effizienz seiner Operationen und die Qualität der Nachrichten, die es beschaffte, messen konnte.
Daß der Smith Act nun nicht mehr als Waffe eingesetzt werden konnte, war also vor allem deshalb ein harter Schlag für das FBI, weil er für die Aktivitäten des Bureau die Funktion eines Kompasses hatte, und nicht weil er eine wertvolle rechtliche Handhabe gewesen wäre. Bereits ein Jahr vor der Direktive des Ministeriums hatte das FBI die regelmäßige Anwendung des Smith Act gestoppt. Fast alle Ermittlungen, die das Bureau aufgrund des Smith Act anstellte, waren unmittelbar nach der Entscheidung des Obersten Bundesgerichts im Fall *Dennis* eingeleitet worden, durch die das Urteil gegen die »Elf« aufrechterhalten wurde. Nach November 1954 hatte Hoover neue gerichtliche Verfolgungen unterbunden, da er »wertvolle Informanten« verlor, wenn sie vor

Gericht aussagten. Bis zum Wahljahr 1956 erwirkte die Regierung keine weiteren Anklagen aufgrund des Smith Act, dann aber polierte sie ihr antikommunistisches Image mit zehn weiteren Anklageschriften auf. Das Bureau benutzte den Smith Act also schon im Jahre 1956 nur noch als Vorwand, um die weiterlaufenden Untersuchungen über die Kommunistische Partei zu rechtfertigen.[45]

Auch wenn Hoover noch so beunruhigt war: In Wirklichkeit war die Partei Ende 1955 führungslos und richtungslos. Auf 22 000 Mitglieder geschrumpft, wankte sie »als Krüppel dem Höhepunkt ihrer Krise [1956]« entgegen. Im Jahre 1956 kam dann die Nachricht von der Rede, die Chruschtschow im Februar auf dem XX. Parteitag der KPdSU gegen die Verbrechen Stalins gehalten hatte (das Außenministerium hatte sie besorgt und veröffentlicht), und darauf folgten autoritative Berichte über den Antisemitismus in der Sowjetunion. Im Juni 1956 wurden bei Zusammenstößen mit den kommunistischen Behörden im polnischen Posen mehr als hundert Protestanten getötet und mehrere hundert verletzt. Im Oktober schließlich rollten sowjetische Panzer nach Ungarn hinein und machten die letzten Hoffnungen der amerikanischen Kommunisten zunichte. Die Partei war praktisch am Ende. Dennoch rief Hoover 1956 alle FBI-Agenten, die mit nachrichtendienstlichen Tätigkeiten im Inland betraut waren, zu einer Besprechung zusammen, um jetzt, nachdem sie sich nicht mehr auf den Smith Act berufen konnten, eine neue Strategie gegen die Kommunistische Partei zu entwerfen. Die wachsende Demoralisierung der amerikanischen Kommunisten veranlaßte Hoover zu einer folgenschweren Veränderung seiner Strategie im Bereich der inneren Sicherheit. Da sie spürten, daß der historische Augenblick gekommen war, den konfusen Überresten der Partei den »coup de grâce« zu versetzen, beschlossen Hoover und seine Berater, daß ihre Informanten aktiv Unruhe stiften sollten, indem sie unbequeme Fragen über Ungarn stellten und Diskussionen über Chruschtschows Rede und den sowjetischen Antisemitismus provozierten.

Der Plan, der bei der Besprechung des Bureau im Jahre 1956 gefaßt wurde, wurde offiziell als Spionageabwehrprogramm, kurz COINTELPRO (Counter Intelligence Program), bekannt. Es war eine aggressive Kampagne, die darauf ausgerichtet war, die Kommunistische Partei durch Verunglimpfungen der Partei sowie einzelner Mitglieder zu zermürben und durch den Einsatz anderer »schmutziger Tricks« ihre Funktionsfähigkeit lahmzulegen.

Diese Art von »Programm« wurde in den sechziger Jahren auch auf andere Gruppen angewendet. Unter Eisenhower gab es jedoch erst eine einzige entsprechende Kampagne, und zwar die gegen die Kommunistische Partei der Vereinigten Staaten (bekannt als COINTELPRO-CPUSA). Diese Kampagne dauerte allerdings länger als alle anderen Aktionen (1956-1971), die im Rahmen des Programmes je durchgeführt wurden. Mehr als die Hälfte – 1388 von insgesamt 2370 – der bekannten COINTELPRO-Aktionen des Bureau bezog sich auf sie. (Es gibt gute Gründe, anzunehmen, daß nur ein Bruchteil der COINTELPRO-Operationen überhaupt bekannt ist.)[46]

Einige Praktiken, die im Rahmen des Programmes zur Anwendung kamen, lassen sich ohne weiteres vertreten. So zum Beispiel, daß Informanten auf Versammlungen der Kommunistischen Partei Chruschtschows Kritik an Stalin zur Sprache brachten. Andere waren empörend. Als das FBI von der Homosexualität eines Funktionärs der Partei erfuhr, sorgte es für seine Verhaftung, allein um die »Partei in eine peinliche Situation zu bringen«. Andere Methoden waren einfach nur grausam und skrupellos; dazu gehörten etwa die »falschen V-Männer«: loyale Parteimitglieder wurden als FBI-Informanten verleumdet, um sie bei ihren Genossen in Verruf zu bringen.[47]

Der Schock der internationalen Ereignisse im Jahre 1956 hätte wahrscheinlich ausgereicht, die Kommunistische Partei Amerikas auch ohne die aktive Beteiligung des Bureau zu vernichten. Aus der Perspektive des Bureau jedoch war das Spionageabwehrprogramm ein enormer Erfolg. Gegen Ende das Jahres war die Partei mit vier- bis sechstausend Mitgliedern, von denen viele Informanten des FBI waren, nur noch ein Schatten ihrer selbst. Im Dezember war die Zahl der beitragzahlenden Mitglieder auf einen Tiefstand von 3474 gesunken. Die amerikanischen Kommunisten hatten dasselbe Schicksal erlitten wie der Büffel rund hundert Jahre zuvor. Jetzt mußten Hoover und seine Agenten aus dem Bereich innere Sicherheit Sorge tragen, daß es ihnen nicht so erging wie den Büffeljägern.[48]

Als rechtliche Grundlage des COINTELPRO diente Hoover eine überspitzte Auslegung des Communist Control Act aus dem Jahre 1954. Dieses Gesetz, über das das Oberste Bundesgericht nie einen Entscheid traf, besagte, daß die Kommunistische Partei »keinen Anspruch auf die Rechte, Sonderrechte und Begünstigungen der legalen Körperschaften hat, die unter der Jurisdiktion der Gesetze der Vereinigten Staaten ausgeformt wurden«. Die Kommunistische Partei sollte also aus taktischen Gründen als ungesetzlich betrachtet werden, obwohl die Mitgliedschaft in der Partei nicht strafbar war. (Damit hatte die Partei keine Rechtfertigung dafür, daß sie ihrer Meldepflicht nach dem McCarran Internal Security Act von 1950 nicht nachkam, der von der Partei verlangte, daß sie die Listen ihrer Funktionäre und ihre Mitgliederkarteien vor dem Subversive Activities Control Board vorlegte.) Als *Organisation* konnte die Partei deshalb als Freiwild gelten, auch wenn die *einzelnen* Kommunisten angeblich immer noch gewisse Rechte besaßen.[49]

Obwohl Hoovers Vorgesetzte, die alle offiziellen Dokumente sorgfältig studierten, und natürlich auch die Kommunisten selbst von der Existenz dieses Spionageabwehrprogrammes wußten, war sich Hoover durchaus im klaren darüber, welche Kontroversen es auslösen würde, sollte es jemals einer breiten Öffentlichkeit bekannt werden. Aus diesem Grund mußten alle Aktionen, die im Rahmen des COINTELPRO in die Wege geleitet wurden, von der FBI-Zentrale in Washington genehmigt werden. Der Rangniedrigste, der eine solche Genehmigung erteilen konnte, war der zuständige Direktionsassistent für geheimdienstliche Operationen im Inland, meist traf jedoch Hoover persönlich die Entscheidung.[50] Durch das Programm hatte Hoovers FBI viel mehr von einer konspirativen Organisation an sich als die »subversive« kommunistische Zielgruppe des Bureau, denn die Kommunistische Partei operierte größtenteils offen und brauchte sich nicht zu rechtfertigen. Viel schlimmer aber war, daß der Erfolg des Spionageabwehrprogrammes das Bureau dazu ermunterte, die Methoden auch auf andere Zielgruppen anzuwenden, als die politischen Umstände es, wie in den späten sechziger Jahren, diktierten.

Im März 1960 wurde das COINTELPRO gegen die Kommunistische Partei um COINFIL (Communist Infiltration) erweitert, ein Programm gegen die kommunistische Unterwanderung. Frühere Aktionen dieser Art hatten das Ziel gehabt, kommunistische Unterwanderung zu *entdekken;* die neue Aktion zielte darauf ab, die kommunistische Unterwanderung von Massenorganisationen zu *verhindern.* Die Standardmethode dieses Programmes bestand darin, Informationen über Kommunisten zu verbreiten, die an Demonstrationen oder Massenversammlungen teilnahmen – selbstverständlich ohne das FBI als Quelle zu nennen. Damit sollten Organisationen, die solche Protestaktionen unterstützten, die Aktionen selbst und die Ziele der Aktionen diffamiert werden, was auch oft gelang. Die Ausweitung des COINTELPRO war eine drastische Einmischung einer Polizeibehörde in den politischen Prozeß Amerikas. In früheren Jahren waren solche Operationen des Bureau seltene Einzelfälle gewesen; jetzt waren sie sozusagen eine ständige Einrichtung und wurden als solche offiziell gebilligt.[51]

Während das Programm gegen die Kommunistische Unterwanderung Hoover einen Vorwand lieferte, Gruppen wie die NAACP zu überwachen, obwohl keinerlei Beweise für illegale Bestrebungen vorlagen, schien er sich manchmal über die selbstauferlegten Beschränkungen zu ärgern, die die Einsatzmöglichkeiten des Programmes bei kommunistisch unterwanderten Organisationen stark begrenzten. Dennoch dehnte Hoover während der Eisenhower-Administration COINTELPRO nicht auf andere Zielgruppen aus, sondern beschränkte sich auf die Kommunistische Partei.[52]

Das Programm gegen die Kommunistische Partei Amerikas (COINTELPRO-CPUSA) war Hoovers pragmatische Reaktion auf die neue Situation Mitte der fünfziger Jahre: die Zurücknahme des Smith Act, der bislang als Grundlage für die antikommunistischen Aktivitäten des Bureau gedient hatte, und der neue Status der Kommunistischen Partei, die nach dem Communist Control Act für ungesetzlich erklärt worden war. Und es war eine geniale Strategie, die sich die Demoralisierung der amerikanischen Kommunisten im Jahre 1956 zunutze machte. Doch obwohl das Programm 1956 ein rationeller, effizienter Weg war, einen einzigartigen Moment in der Geschichte der kommunistischen Bewegung auszunutzen, ist es nicht ganz verständlich, was Hoover dazu bewog, das Programm nach 1956 nicht nur beizubehalten, sondern auch noch auszuweiten. Brownell, zum Beispiel, war so völlig davon überzeugt, daß die Kommunistische Partei endgültig zerschlagen war, daß er sich Ende 1957 mit dem zufriedenen Gefühl an die Wall Street zurückzog, seine zwei Ziele als Justizminister erreicht zu haben: die Kommunistische Partei unschädlich zu machen und die ersten Bürgerrechte seit der Rekonstruktion durchzusetzen.[53]

Doch Hoover hatte schon einmal fest geglaubt, die Kommunistische Partei vernichtet zu haben. Die Palmer-Razzien, die Razzia bei der

Tagung der Kommunisten in Bridgman und die Agitationsprozesse gegen die Führungsspitze der Kommunistischen Partei hatten die Zahl der Mitglieder in den frühen zwanziger Jahren auf fünftausend reduziert. Damals war die Partei genauso schwach gewesen wie 1957, und doch hatte sie sich wieder erholt und war während des Zweiten Weltkrieges auf 80 000 Mitglieder angewachsen. Während im Jahre 1956 viele nur sahen, daß die Partei in der Auflösung begriffen war, hatte sie für Hoover lediglich den niedrigsten Punkt in ihrem Zyklus von Aufstieg und Niedergang erreicht; keinesfalls durfte das Land sich wärend dieser Phase einlullen lassen und seine antiradikalen Einrichtungen abschaffen, wie es 1924 geschehen war.

Für Hoover war das Schreckgespenst des Kommunismus mehr als der Schatten des lebendigen Kommunisten. Der Kommunismus war nichts anderes als »die letzte Form der ewigen Auflehnung gegen die Autorität«, eine Neigung, die in der verderbten Natur des Menschen wurzelte. Niemals würde daher für einen ernsthaften Antikommunisten der Augenblick kommen, an dem er seine Schwerter zu Pflugscharen oder seine Akten zu Pappmaché würde machen können. Die Funktion des Antikommunismus lag in der Verteidigung der amerikanischen Werte, selbst dann, wenn es keine Kommunisten mehr gab.

Hoover hatte immer ein ungetrübtes Selbstbewußtsein besessen, und sein Erfolg und seine Macht veranlaßten ihn jetzt, ein wirkungsvolleres Forum zu suchen, um der Öffentlichkeit moralische Belehrungen zu erteilen. Seine Domestic Intelligence Division begann deshalb mit der Arbeit an einer Studie über den Kommunismus, die sich an ein breites Publikum richtete. Das Buch, das schließlich nach vielen Überarbeitungen auf den Markt kam, hieß *Masters of Deceit* und war Hoovers Fibel für die Amerikaner: eine Einführung in die »harte Realität« der Welt.

Die erste Fassung wurde in der Unterabteilung für Recherche und Analyse der Domestic Intelligence Division unter Aufsicht des Abteilungsleiters William C. Sullivan erstellt. Obwohl *Masters of Deceit* (wie Hoovers früheres Buch *Persons in Hiding*) von Ghostwritern verfaßt wurde, reflektierte es seine Gedanken und Vorstellungen, als hätte er es selbst geschrieben. Seine Art, zu denken und sich auszudrücken, hatte das Bureau so geprägt, daß die FBI-Autoren einen Stil institutionalisiert hatten, der von Hoovers charakteristischen Sprach- und Denkmustern nicht zu unterscheiden war. Außerdem war Hoover ein energischer und strenger Redakteur; keine Zeile verließ das Bureau, wenn seine Assistenten nicht absolut sicher waren, daß sie von ihm gebilligt würde. Die Zornausbrüche, die zu gewärtigen waren, wenn der Direktor entdeckte, daß »J. Edgar Hoover« etwas gesagt oder geschrieben hatte, das ihm nicht in den Kram paßte, hatten bei allen seinen Mitarbeitern, insbesondere bei Louis Nichols, Spuren hinterlassen.

Masters of Deceit wurde 1958 bei Henry Holt veröffentlicht. Das Verlagshaus gehörte Clint Murchison, dem Ölmagnaten aus Texas, der Hoover und Tolson jeden Sommer in seinem Hotel in La Jolla beherbergte. Urteilt man nach den finanziellen Vereinbarungen, die für das Buch getroffen wurden, hatte Hoover endgültig den Punkt erreicht, an dem er das Bureau als eine Ausdehnung seiner selbst betrachtete. Obwohl das Buch von Angestellten der Regierung während ihrer von der Regierung bezahlten Arbeitszeit geschrieben worden war, teilten Hoover und seine Kollegen das Geld unter sich auf. *Masters of Deceit* wurde 250 000mal in einer gebundenen Ausgabe und zwei Millionen mal als Taschenbuch verkauft (bis 1970 gab es neunundzwanzig Auflagen). Der Erlös wurde gleichmäßig auf Hoover, Tolson, Louis Nichols, William I. Nichols, den Herausgeber des Magazins *The Week,* sowie den FBI Recreation Fund verteilt.[54]

Die eigentlichen Verfasser des Buches bekamen überhaupt nichts, und ihr Chef William C. Sullivan, der sich darüber empörte, sagte später: »Im Bureau zirkulierten Witze in der Art, *Masters of Deceit* sei zwar vom Meister der Verstellung geschrieben, aber niemals von ihm gelesen worden.«

Im Jahre 1919 hatte Hoover die amerikanischen Kommunisten mit der Revolution in Verbindung bringen können, die sich über Europa ausbreitete, 1950 mit dem Diebstahl der Atomgeheimnisse und der Unterwanderung der Regierung. Doch 1958 wurde es immer schwieriger, die theoretische Bedrohung durch eine Revolution mit aktuellen Ereignissen zu verknüpfen oder eine in der Öffentlichkeit vorherrschende Überzeugung auszunutzen, die Erhebung der amerikanischen Kommunisten sei eine realistische Möglichkeit. *Masters of Deceit* erschien, kurz nachdem die Kommunistische Partei für jedermann deutlich erkennbar zerschlagen war und die ersten Spannungen des Kalten Krieges sich lösten. Da die Zeitungen Hoover nicht mehr mit den

Schlagzeilen dienten, die er benötigte, um die Gefahr des Kommunismus zu dramatisieren, suchte er in der Mythologie und der populären Unterhaltung nach schreckenerregenden Metaphern. In *Masters of Deceit* nahm die Aufnahme eines jungen Mannes (Eric) in die Kommunistische Partei den Charakter eines Pakts mit dem Teufel an: »In Gegenwart eines achtzehnjährigen Mädchens [die obligatorische Jungfrau der Schwarzen Messe?] und eines dunkelhaarigen gebeugten alten Mannes [der Priester?] unterzeichnete Eric das Aufnahmeformular für die Mitgliedschaft in der Partei.« Oder: »Im Alter von sechzehn Jahren gab Lenin, wie er später sagte, seinen Glauben an Gott auf. Man sagt, er habe das Kreuz von seiner Brust gerissen, diesen heiligen Gegenstand auf den Boden geworfen und darauf gespuckt.«

Andere Bilder stammten aus Horror-Filmen: »Die Kommunistische Partei Amerikas ist eine Mißgeburt, die sich zu einem uns alle bedrohenden mächtigen Monster entwickelt hat.« Oder: »Die W. E. B. DuBois-Clubs* sind neues Blut für die Vampire des internationalen Kommunismus.« Weiter wurde der Leser darüber informiert, der »Kommunismus [sei] kannibalistisch. Seine Diener werden regelmäßig am Altar des Kommunismus geopfert.« Er erfuhr, daß der Kommunismus ein »Kind Gottes in ein seelenloses Rädchen im Getriebe der Gesellschaft« verwandelt. (Vielleicht war das eine Anspielung auf den Science-Fiction-Film *Die Dämonischen* aus den fünfziger Jahren, in der »fremde Lebewesen« [»fremde Lebensart«] die Amerikaner in willenlose Zombies ohne menschliche Gefühle verwandelten.) *Masters of Deceit* machte aus dem Kommunisten ein Monster Frankensteins, das »nicht einfach wächst; es muß geschaffen werden«.

Wie Hoover in den vierziger Jahren aufgrund der Zunahme der Kriminalität bewiesen hatte, daß in Amerika ein Mangel an Führung herrschte, so versuchte er in *Masters of Deceit* die Amerikaner anhand des Kommunismus davon zu überzeugen, daß ihr Überleben von einer »Wiederbelebung des amerikanischen Glaubens [abhängt], der auf unserem unschätzbaren Erbe von Freiheit, Gerechtigkeit und religiöser Gesinnung beruht«. Ohne die These völlig aufzugeben, daß die von den Sowjets unterstützte Fünfte Kolonne die Regierung der Vereinigten

* William Edward Burghardt Du Bois trat für die Bürgerrechte der Schwarzen ein. (A.d.Ü.)

Staaten stürzen könnte, behauptete Hoover jetzt, die eigentliche Gefahr sei »die Zerstörung der amerikanischen Lebensart«. Diese Zerstörung vollziehe sich durch die Verbreitung einer »kommunistischen Mentalität, die nichts anderes ist als ein systematischer, zielstrebiger und bewußter Versuch, die westliche Zivilisation zu zerstören und das Rad der Geschichte im Namen der Fortschritts in die Zeit barbarischer Grausamkeit und barbarischen Despotismus zurückzudrehen«. Der Kommunismus war somit als falsche Religion gebrandmarkt, und der einzige Schutz davor war die Rückkehr zur wahren Religion.

Hoovers Verwandlung in den ernsten christlichen Soldaten, der Kirche, Schule und Familie verteidigt, wird nirgends deutlicher als in der Verfilmung (1959) von Don Whiteheads autorisierter Geschichte des Bureau *Die FBI-Story*. Das Bureau im Film ist eine idealisierte Darstellung von Hoovers Zuhause am Seward Square, ein Ersatz für die Familie, die ihm als Erwachsenem versagt blieb.

Whitehead, der zweimal den Pulitzer-Preis erhielt, leitete das Washingtoner Büro des *New York Herald Tribune*. Im Jahre 1955 begann er in enger Zusammenarbeit mit Louis Nichols und der Crime Records Division mit der Arbeit an seinem Buch *Die FBI-Story*.[55] Das Buch erschien 1956, war achtunddreißig Wochen auf der Bestsellerliste und wurde in 170 Zeitungen als Serie abgedruckt.

Die FBI-Story ist in weiten Teilen eine gut lesbare, fesselnde Geschichte des Bureau, voller Anekdoten, mit menschlichem Interesse geschrieben, und vielen, vorher nicht bekannten Informationen über die Arbeitsmethoden des Bureau, insbesondere den Einsatz von Spitzeln. Doch Whitehead schließt sein Buch mit der Behauptung, die eigentliche Bedeutung des FBI in der Geschichte Amerikas bestehe nicht in den Verbrechen, die es aufgeklärt, und dem Gesetz, das es geschützt hatte, sondern in den Werten, für die es stand:

> Die Geschichte des FBI ist eigentlich identisch mit der Geschichte Amerikas und dem Kampf um ein demokratisches Ideal ... [In dem ganzen Kampf] repräsentiert das FBI ... die Wünsche und Bemühungen des amerikanischen Volkes, einen Rechtsstaat zu schaffen ... [Das FBI] wird in künftigen Zeiten genauso stark oder so schwach sein, wie das amerikanische Volk es wünscht. Nicht mehr. Nicht weniger.[56]

Die Verwandlung des FBI in einen Mikrokosmos des traditionellen Amerika wurde in der Filmversion von Warner Bros. zu ihrem logischen Ende geführt. Der Film machte aus dem Buch, wie der *Saturday Review* es bezeichnete, etwas wie »die Familie eines G-Man«. Die Dramatik entwickelte sich weniger aus Schußwechseln mit Verbrechern als aus den Konflikten zwischen dem FBI-Helden und seiner Frau (James Stewart und Vera Miles), weil Stewarts Karriere beim FBI immer wieder ihr häusliches Glück störte.
Hoovers Bewunderer, die sich *The FBI Story* anschauten und einen der alten G-Man-Filme erwarteten, waren wahrscheinlich verblüfft über den neuen Typus des familienorientierten G-Man, den Warner Bros. geschaffen hatte. Die *New York Times* bemängelte, daß es dem Film »mehr um die Freuden und Sorgen der amerikanischen Familie und den Segen häuslicher Sicherheit [gehe] als um die historische Darstellung des Verbrechertums«.[57]
Hoover hatte das FBI zu einem Ersatz für seine Familie gemacht, und Hollywood hatte ihm jetzt eine dramatisierte Bearbeitung dieser Fantasie beschert. Dadurch wurde die Premiere des Filmes für ihn zu einem bewegenden Erlebnis (und zu einer Nervenprobe für seine Assistenten und für Mervyn LeRoy, den Regisseur). LeRoy erinnerte sich, daß er »nie im Leben aufgeregter war ... und deshalb lachten sie auch nicht an den richtigen Stellen ... auch nicht Mr. Hoover und Mr. Tolson und [Cartha] Deke DeLoach und alle, die dabei waren. [Aber dann] ... stand Edgar auf und winkte mich zu sich. Er legte mir den Arm um die Schulter und sagte: ›Mervyn, das ist eine der besten Leistungen, die ich je gesehen habe.‹ Und dann fingen alle an zu klatschen. Vermutlich hatten sie abgewartet, um zu sehen, wie er reagieren würde ... Es geht schließlich um das Leben eines Mannes ... Tja, es war eine wunderschöne Geschichte, es war die Geschichte des FBI.«[58]

Als dieses Jahrzehnt des Triumphes zu Ende ging, zeigten sich jedoch erste beunruhigende Anzeichen dafür, daß der antikommunistische Konsens, für den Hoover sich so hart und erfolgreich eingesetzt hatte, langsam brüchig wurde. Im Mai 1960, zwei Monate bevor die Demokraten in Los Angeles zusammentraten, um John F. Kennedy zum Präsidentschaftskandidaten zu nominieren, wurde Hoover durch eine aufrührerische Studentendemonstration in San Francisco in Alarm ver-

setzt, die sich gegen seinen historischen Verbündeten, den Ausschuß für unamerikanische Aktivitäten (HUAC), richtete.
Die neue Welle von Angriffen gegen den HUAC hatte im Mai 1958 begonnen, als der Industrielle Cyrus S. Eaton den HUAC heftig kritisiert und behauptet hatte, daß es in Amerika »außer in den Köpfen derjenigen, die auf der Gehaltsliste des FBI stehen«, kaum noch Kommunisten gebe. Innerhalb von drei Tagen gelang es der antikommunistischen Bewegung eintausend HUAC-Unterstützer zusammenzutrommeln, die sich im Hunter College von New York City versammelten, um den Ausschuß gegen Eaton zu verteidigen. Im Jahre 1959 löste der HUAC einen weiteren Sturm der Entrüstung aus, als er den lokalen Schulbehörden in Kalifornien eine Liste von Lehrern vorlegte, die verdächtigt wurden, Kommunisten zu sein, was zu einigen Entlassungen führte. Der kalifornische Kongreßabgeordnete James Roosevelt brachte im Repräsentantenhaus eine Resolution ein, den HUAC abzuschaffen und seine Aufgaben dem Rechtsausschuß zu übertragen. Harry Truman stimmte in den Angriff ein und nannte den HUAC das »Unamerikanischste, was es heute in diesem Land gibt«. Im April 1960 führte Roosevelt den bislang schärfsten Angriff gegen den Ausschuß: Er sei »auf eine scheinheilige Art und Weise grausam« und eine »Behörde für die Verletzung der Menschenwürde und der verfassungsmäßigen Rechte«.[59]
Hoover verteidigte den HUAC, denn er war der festen Überzeugung, daß der Ausschuß der antikommunistischen Bewegung einen wesentlichen, ja sogar unersetzlichen Dienst erwies. Mit Hilfe von Informationen aus FBI-Akten brachte der Ausschuß Mitglieder von Organisationen in Verruf, die verdächtigt wurden, unter kommunistischem Einfluß zu stehen, und hielt damit die Amerikaner von Gruppierungen fern, die Hoover kommunistischer Verbindungen verdächtigte. Wenn der Ausschuß seine Glaubwürdigkeit verlor, mußte das Bureau diese riskante und schmutzige Aufgabe selbst ausführen, da diese »pädagogische« Fundierung der Kampagne gegen den Kommunismus wesentlich zum Erfolg des Bureau und zu Hoovers persönlicher Sicherheit beitrug.
Die Demonstrationen gegen den HUAC am 12. Mai 1960 in San Francisco versetzten Hoover einen solchen Schock, daß er seine Rechercheure unverzüglich eine Studie erstellen ließ, in der behauptet wurde, die Demonstrationen seien der größte »kommunistische Coup« seit

fünfundzwanzig Jahren. Der Ausschuß hakte mit einem fünfundvierzigminütigen Film gegen die Demonstranten nach; der Sprecher war Fulton Lewis III, Stabsmitglied des HUAC. Viele hundert Kopien des Films wurden im ganzen Land verteilt, und oft waren bei den Vorführungen HUAC-Zeugen anwesend, die den Projektor bedienten, Fragen beantworteten und dafür sorgten, daß auch alle verstanden, worauf es ankam. »Angesichts des Aufruhrs und des Chaos, das die Kommunisten in anderen Ländern ausgelöst haben«, sagte Hoover, »weisen viele Amerikaner auf die Kraft unserer Nation und sagen: ›Bei uns kann so etwas nicht passieren.‹ Doch der kommunistische Erfolg im Mai 1960 in San Francisco beweist, daß es auch hier passieren kann.«[60]

Es *waren* Kommunisten in San Francisco. Auch Frank Wilkinson war anwesend, der Vertreter des nationalen Ausschusses zur Abschaffung des Ausschusses für unamerikanische Aktivitäten des Repräsentantenhauses. Er war wegen seiner Tätigkeit gegen den Ausschuß das Ziel einer heftigen Angriffskampagne durch das FBI. Da Hoover sich im Zusammenhang mit den Demonstrationen in San Francisco ausschließlich auf die beteiligten Kommunisten konzentrierte, verschloß er sich der Tatsache, daß hier eine neue Art von Radikalismus und politischer Protestbewegung entstand, daß eine neue Generation von politischen Aktivisten herangewachsen war, die anders war als alles, was Hoover je zuvor erlebt hatte. Walter Goodman schrieb, daß die »Unzufriedenheit [der Demonstranten] allgemein und universell [war]. Nach acht Jahren unter Dwight Eisenhower erkannten sie, wie das junge Generationen zu tun pflegen, daß ihr Schicksal in den Händen alter, vorsichtiger, phantasie- und gefühlloser Männer lag, und mußten einfach dagegen aufbegehren. Das Universitätsgelände von Berkeley wurde zum Versuchsgelände für diese verblüffend un-ideologische, geradezu anti-ideologische Bewegung.«[61]

Vor den Demonstrationen in San Francisco hatte Hoover der älteren Generation von Amerikanern Moralpredigten gehalten, sie für die moralischen und politischen Abweichungen der Jugend verantwortlich gemacht und Eltern gewarnt, der Rattenfänger des Kommunismus werde ihre Kinder vom rechten Weg abbringen, wenn sie nicht dafür sorgten, daß sie sich fest an den Schürzenzipfel der traditionellen Werte klammerten. Jetzt, im Jahre 1960, war John F. Kennedy, dreiundzwanzig Jahre jünger als Hoover, Präsidentschaftskandidat, und noch viel jüngere Amerikaner schienen den Glauben an die geradezu rituelle

Abwehrhaltung gegen den Kommunismus zu verlieren, wann auch immer antikommunistische Profis wie der HUAC oder Hoover selbst seine bedrohliche Gegenwart behaupteten.
Hoover hatte immer geglaubt, die Jugend sei ihm gewogen. In den dreißiger Jahren war er ihr Held gewesen. Jetzt hatte er Schwierigkeiten, sie oder ihre Wertvorstellungen überhaupt zu verstehen. Er war sich nicht einmal ganz sicher, ob sie überhaupt Werte hatten, die mit seinen Werten zu vereinbaren waren. Aus dem Bureau verbannte er mit fanatischem Eifer alles, was ihn an die entstehende Jugendkultur und Rebellion der Jugend erinnerte: lange Haare, lässige Kleidung, lockere Umgangsformen.
Hoovers größter öffentlicher Auftritt im Jahre 1960 war seine Rede vor der Versammlung der American Legion am 18. Oktober in Miami, Florida. Nie zuvor hatte er die moderne Welt so umfassend kritisiert wie in dieser Rede. Es machte den Eindruck, als wären er und seine Generation dem Angriff einer neuen Rasse von Fremden, »pseudoliberalen« Internationalisten, ausgesetzt, für die »Patriotismus ein schmutziges Wort geworden ist und der Glaube an Gott altmodisch, wenn nicht sogar lächerlich«. Hoover leitete eine der mächtigsten Behörden der Regierung, er war politisch unverwundbar und sprach vor einer Versammlung wohlhabender und sorgenfreier Amerikaner, dennoch schien er sich fast zu fürchten und forderte sein patriotisches Publikum besorgt auf, sich zu Wehr zu setzen, bevor es zu spät war: »Sie und Ihre Organisation haben sich als loyale Amerikaner erwiesen, und doch waren Sie die Opfer von Schmähungen, Lügen und vulgären Anschuldigungen, den einzigen Waffen der Feiglinge und Schuldigen.«
Vielleicht fühlte er sich unbehaglich, weil der HUAC in jüngster Zeit als antikommunistisches Forum unwirksam geworden war. Er beklagte sich, daß er gezwungen werde, seine Feinde unter unfairen Bedingungen zu bekämpfen, denn »Amerika muß die Gesetze Gottes und des Menschen achten. Aus diesem Grund ist unser Kampf doppelt schwer, denn die Kommunisten mißachten unbekümmert das Gebot der Moralität.«
Zum ersten Mal wurde Hoover nun auch von seiten der politisch Gemäßigten widersprochen, wenn er sich über die Gefahr kommunistischer Unterwanderung ausließ. Es hatte immer Kritiker gegeben, die gegen ihn und das Bureau opponierten, aber sie hatten sich immer

Nach der langen, sicheren Partnerschaft mit Franklin Delano Roosevelt verlor Hoover rasch das Vertrauen zum neuen Präsidenten Harry S. Truman (oben mit Justizminister J. Howard McGrath) und seiner Fähigkeit, das Problem der kommunistischen Unterwanderung der Regierung effektiv anzugehen. Hoover verbündete sich mit dem Ausschuß des Repräsentantenhauses für unamerikanische Aktivitäten (HUAC). Im Jahre 1947 hatte er einen sensationellen Auftritt vor dem HUAC (links), bei dem er die Kommunistenfrage in einen heftigen Angriff gegen die Truman-Administration verwandelte.

Hoover wurde mit der Zeit zum prominentesten Mitglied der antikommunistischen Rechten. Zunächst unterstützte er Richard Nixon (oben) bei seiner erfolgreichen Untersuchung gegen Alger Hiss im Jahre 1948, dann führte er im Atomspionagefall Rosenberg selbst Ermittlungen durch und unterstützte die Verfolgung der Führungsspitze der Kommunistischen Partei, und schließlich half er Joseph McCarthy, einem engen persönlichen Freund (links mit Hoover, Tolson und einem Gast im Hotel »Del Charro«).

Eisenhower und Justizminister Brownell gewannen Hoovers Loyalität rasch und machten ihn zu einem wichtigen Mitglied ihrer Administration. Und Hoover reagierte entsprechend darauf: Er richtete seine FBI-Politik an ihrer Politik aus, stellte seine Loyalität unter Beweis, indem er 1953 vor den Unterausschuß des Senats für innere Sicherheit trat und Harry Truman wegen seines Verhaltens im Spionagefall Harry Dexter White angriff, und brach mit Joseph McCarthy, als dieser die Armee und die Administration angriff.

Hoover und die Kennedys mißtrauten einander von Anfang an, und Hoover verbündete sich mit den Konservativen, die die Kennedy-Administration als Symbol für die verhaßten und gefürchteten sozialen Veränderungen betrachteten. Erst unter Lyndon Baines Johnson, mit dem er schon über zwanzig Jahre befreundet war, begann Hoover, die Bürgerrechte in den Südstaaten energisch durchzusetzen.

UNITED STATES GOVERNMENT

Memorandum ROUTE IN ENVELOPE

TO : Mr. A. H. Belmont

DATE: January 27, 1964

FROM : Mr. W. C. Sullivan

J U N E

SUBJECT: COMMUNIST PARTY, USA
NEGRO QUESTION
COMMUNIST INFLUENCE IN RACIAL MATTERS
INTERNAL SECURITY - COMMUNIST

Memorandum 1/23/64 from Mr. F. J. Baumgardner to myself ...ised of authority given to the Milwaukee Office for a microphone ...veillance (misur) to cover the activities of Martin Luther King, ..., and his associates while in Milwaukee, Wisconsin, where he is ...eduled to appear for a talk tonight (1/27/64). [redacted]

SAC Baker of the Milwaukee Office phoned me this morning ...advise that King had arrived in Milwaukee and checked into the ...oeder Hotel as scheduled and that the misur was activated at ...30 a.m. today. Symbol numbers assigned are [redacted] and [redacted]

Baker also advised that the local police have taken a room ...se to the suite of rooms engaged by King so that protection might ...afforded King. In view of this, it was the conjecture of Baker ...t the likelihood of King's going ahead with any [redacted] ...ns is greatly minimized. I agree with this observation.

Milwaukee is to keep the Bureau promptly advised of all ...elopments and upon receipt of additional information you will be ...ther informed.

...ION:

None. For information.

I don't share the conjecture. King is a "tom cat" with obsessive degenerate sexual urges.

...3-116
100-106670 (Martin Luther King, Jr.) (JUNE)

Mr. Belmont
Mr. Sullivan
Mr. Baumgardner
Mr. Bland
Mr. Forsyth
Mr. Ryan
Mr. Donohue
Mr. Phillips

...kmj

REC-53 EX-115

100-3-116-792 #15

22 FEB 8 1964

REC. MAIL RM

UNRECORDED COPY FILED IN

Unter Johnson weitete Hoover das geheime Programm, mit dem die Kommunistische Partei Amerikas zerschlagen werden sollte (COINTELPRO), auf den Ku Klux Klan, die Antikriegsbewegung und schwarze Aktivisten aus. Seine intensive Abneigung gegen Martin Luther King kommt in diesem FBI-Memorandum zum Ausdruck, in dem es um die Installation von Abhörmikrophonen in Kings Hotelzimmer geht.

Nixon hielt Hoover zwar für einen wertvollen politischen Bundesgenossen, hatte aber genausowenig wie seine Mitarbeiter Verständnis für Hoovers wachsenden Widerwillen, den Einsatz illegaler geheimer Überwachungstechniken zuzulassen. Obwohl Nixon seit 1947 mit Hoover befreundet war, wurde Hoovers Stellung als FBI-Direktor vom Weißen Haus unter Nixon wiederholt aufs schwerste bedroht.

Hoover, in heiterer Stimmung, kurz vor seinem Tod. Er hatte alle Versuche des Weißen Hauses unter Nixon überlebt, seine Autonomie und die Unabhängigkeit des Bureau zu schwächen.

Der Tod ereilte Hoover in den frühen Morgenstunden des 2. Mai 1972. Sein Leichnam wurde in der Rotunde des Capitols aufgebahrt. Der Trauerzug führte die Pennsylvania Avenue entlang, durch das Regierungsviertel Washingtons, in dem Hoover sein ganzes Leben verbracht hatte, vorbei am Weißen Haus und am Justizministerium, vorbei an der noch nicht fertiggestellten, neuen FBI-Zentrale, die jetzt seinen Namen trägt, und vorbei an der Stelle des inzwischen verschwundenen Hauses, in dem er seine Kindheit verbracht hatte. Hoovers Grab liegt im alten Kongreß-Friedhof in der Nähe des Seward Square, nur wenige Meter vom Grab Clyde Tolsons entfernt, der am 14. April 1975 starb.

außerhalb des politischen Konsenses befunden. Jetzt wurde Hoover von einer neuen Gruppe in der amerikanischen Gesellschaft – der politisch engagierten Jugend – angegriffen, die sich nicht, wie die Alte Linke, von der allgemeinen Politik isolierte. Es gab viele junge Amerikaner, für die Hoover nicht der Held der Dillinger-Tage war, sondern »ein Symbol und Werkzeug des Establishment, eine betäubende Hand, die sich von Washington ausstreckte, um alle Regungen abweichender Meinungen niederzudrücken, wo im Land sie sich auch zeigen mochten«.[62]
Vielleicht ließ Hoover von seinen Bemühungen ab, das FBI im Kampf gegen die Jugendkriminalität in eine Führungsposition zu bringen, weil er sich bewußt wurde, daß er die Werte der neuen Generation einfach nicht mehr verstehen konnte. Nach Hoovers Vorstellung sollte Jugendarbeit mit Hilfe von Schule und Kirche die Familienbande stärken, durch die der Jugend die moralischen Werte der Mittelschicht vermittelt wurden. Das solide Familienleben der Hardestys in *The FBI Story* oder der respektablen Agenten Hoovers, die aus der Mittelschicht kamen, war per se eine Waffe gegen das Verbrechen. Da die Jugendkultur alles, was in der amerikanischen Mittelschicht als Ideal galt, ablehnte, sah Hoover keinen Weg, wie er das Problem der Jugendkriminalität in Übereinstimmung mit seinen persönlichen Überzeugungen lösen konnte, denn Autorität und Achtbarkeit der Mittelschicht bildeten den Kern seiner Verteidigung gegen die Verbreitung der Gesetzlosigkeit.[63]

Hoover war in den fünfziger Jahren sparsam mit seiner Macht und seinem Einfluß umgegangen und hatte seine Aufgaben strikt auf die innere Sicherheit beschränkt, das Gebiet, auf dem er am kompetentesten war. Sein Ruf erreichte unter Eisenhower einen Höhepunkt, doch sein Erfolg litt daran, daß er es vermied, sich mit einigen der dringlichsten politischen Themen jener Zeit auseinanderzusetzen.
Hoover hatte das Jahrzehnt in dem sicheren Gefühl begonnen, in einem Amerika zu leben, das er liebte und verstand, und er beendete es mit dem Gefühl der Beklemmung: Er war wohlhabend, lebte komfortabel, hatte eine absolut sichere Position und wurde in jeder Hinsicht von einem FBI verwöhnt, das er dazu ausgebildet hatte, ihm jeden vorstellbaren persönlichen Dienst zu erweisen, doch wuchsen jetzt um ihn herum neue Kräfte heran, die jung und fremd waren und diese Sicherheit bedrohten.
Eine merkwürdige Vermischung zweier Metaphern, die Hoover 1960

benutzte, mag als Ausdruck seiner kulturellen Desorientierung gewertet werden. »Die trojanische Schlange [sic] des Kommunismus«, verkündete er der Legion, »hat die Haut abgestreift, unter der sich brutale Gewalt und Grausamkeit verbargen. Des falschen Lächelns ledig, geht der Kommunismus wieder seinen blutigen Weg.« In einer Zeit, in der das Land sich einer neuen Führung zuwandte, die mutig genug war, gegen die historischen Ungerechtigkeiten des Landes anzugehen, beharrte Hoover darauf, daß die Zeiten zu gefährlich seien, um an der bestehenden Ordnung zu rütteln. »Wir führen Krieg gegen den Kommunismus«, sagte er am Ende der Ära Eisenhower, »und je früher jeder einzelne rote Amerikaner das weiß, desto besser und sicherer wird es sein!«

Hoover hatte sich in seinem Bureau und in den geschützten Enklaven seiner wohlhabenden Freunde ein so behagliches und sicheres Leben eingerichtet, daß ihm das neue Amerika, das außerhalb des FBI entstanden war, aufrührerisch und fremd vorkam und die Regeln der Wohlanständigkeit zu verachten schien. Als der schwarze Protest und der kulturelle Aufruhr sich gegen Ende des Jahrzehnts verstärkten, wurde der Kontrast zwischen der Respektabilität der Mittelschicht, die Hoover innerhalb des FBI gewahrt hatte, und dem restlichen Amerika auf dramatische Weise deutlich. Die Vorstellung, sich im Jahre 1960 mit fünfundsechzig Jahren in einer solchen Gesellschaft zur Ruhe zu setzen, schien ihm erschreckend und abstoßend. Das Amerika, das er am Seward Square kennengelernt hatte, existierte nur noch im übertragenen Sinn, innerhalb des FBI.

Kapitel 11

Konfrontation mit Kennedy

»They call him ›Bobby‹!«

Hoover zu einem Mitarbeiter

Die drei Männer, die Hoover, wie er einmal sagte, »auf der ganzen Welt« am meisten haßte, waren Martin Luther King, Quinn Tamm (der auf Unabhängigkeit bedachte Direktor der International Association of Chiefs of Police) und – Robert Kennedy. Ein Konflikt war vermutlich unvermeidlich, wenn zwei Männer wie J. Edgar Hoover und Robert Kennedy aufeinandertrafen: der Meister im bürokratischen Überleben und der einsatzfreudige »Justizminister ersten Ranges«. Doch in diesem Fall war es mehr als nur berufliche Reibung. Ihre Feindschaft ging über politische Differenzen und persönliche Konflikte hinaus. Robert Kennedy hatte etwas an sich, das Hoover bedrohte, das die Werte bedrohte, für die er einstand.[1]

Hoover war sechsundsechzig Jahre alt, als John F. Kennedy in seiner Antrittsrede verkündete: »Eine neue Generation von Amerikanern, [die] in diesem Jahrhundert geboren wurde, [hat] die Fackel übernommen.« Hoover gehörte nicht zu Kennedys »neuer« Generation von Amerikanern, er war nicht in diesem Jahrhundert geboren, und er hatte vor allem nicht die Absicht, die Fackel weiterzugeben. Nach dem Gesetz brauchte er nicht vor seinem siebzigsten Geburtstag am 1. Januar 1965 in den Ruhestand zu treten. Und da der neue Präsident trotz all der kühnen Worte über die New Frontier* ohne eine gewisse Toleranz vom rechten

* Wörtl.: Neue Grenze. Mit diesem Schlagwort spielte John F. Kennedy auf die Siedler im Westen Amerikas an. Wie ihre Vorfahren standen die Amerikaner vor

Flügel, der Hoover abgöttisch verehrte, das Land nicht regieren konnte, beschloß Kennedy am Tag nach seiner Wahl, den FBI-Direktor zu bitten, im Amt zu bleiben.[2]

Die Wahl Kennedys zum Präsidenten und die Ernennung seines Bruders Robert zum Justizminister machten deutlich, wie alt Hoover auf dem Posten geworden war, den er nun seit sechsunddreißig Jahren innehatte. John F. Kennedy war der erste Präsident, der jünger war als Hoover, und er war sogar wesentlich jünger – dreiundzwanzig Jahre. In seinem Geburtsjahr (1917) war Hoover ins Justizministerium eingetreten. Truman war elf, Eisenhower fünf Jahre älter als Hoover gewesen. Auch die Männer, die Kennedy in sein Kabinett brachte, waren jünger als alle Kollegen, mit denen Hoover je zuvor zu tun gehabt hatte. Das Durchschnittsalter betrug siebenundvierzig Jahre, zehn Jahre weniger als das Durchschnittsalter in Eisenhowers Kabinett. Justizminister Robert Kennedy, der Kennedy, mit dem Hoover sich herumschlagen mußte, war dreißig Jahre jünger. Bis Robert Kennedy davon erfuhr und dem ein Ende machte, wiesen Führer bei der Besichtigung der FBI-Zentrale jeweils darauf hin, daß der Justizminister ein Jahr, nachdem Hoover das Bureau übernommen hatte, geboren wurde.[3]

Angesichts dieses Altersunterschiedes war es nicht ungewöhnlich, daß sich in Hoover die Ressentiments des Alters gegenüber der Jugend zeigten. Doch 1962 war Jugend an sich darüber hinaus ein politisch bedeutsamer Faktor. John F. Kennedy nannte sein Programm die *New* Frontier, und seine Vorwürfe gegen Eisenhower liefen oft einfach darauf hinaus, daß Eisenhower alt und daß auch seine Administration alt sei. Kennedy war ein Symbol für Jugend und Energie, und sein Programm trug dazu bei, die Spaltung zwischen Jugend und Alter, den vieldiskutierten Generationenkonflikt, zu politisieren. Jugendlichkeit, und wie man sich dazu verhielt, wurde zum Merkmal einer Kluft, die sich nahezu unbemerkt zwischen den Traditionalisten und Modernisten der amerikanischen Gesellschaft auftat.

Hoover war das exponierteste und älteste Überbleibsel der Eisenhower-Administration und damit im Gegensatz zu den Kennedys das Symbol der Generation, die sie verdrängten. Für die Medien gab Hoover

einer neuen Grenze, »der Grenze der sechziger Jahre, einer Grenze der unbekannten Möglichkeiten und Wege, einer Grenze der unerfüllten Hoffnungen und Drohungen«. (Arthur M. Schlesinger, *Die Tausend Tage Kennedys* [Bern, München, Wien: Scherz, 1965, S. 65 – A.d.Ü.)

deshalb einen idealen Hintergrund ab, gegen den sie Kennedy abheben konnten. Norman Mailer polierte das »ansprechende« Image des jungen Präsidenten auf, indem er über Hoovers »Mangel an Persönlichkeit« herzog. Hoover sei, sagte er, ein unheroischer Führer, »ein Mann, der seine Zeit verkörpert, aber nicht über ihr steht – er ist historisch gesehen gesichtslos«. Das FBI habe »gegenwärtig zwar einen Führer, aber es hat keinen Helden. Deshalb hat es in der Geschichte kein Gesicht, und weil es kein Gesicht hat, ist es heimtückisch, eine Plage, eine böse Kraft«. Kennedy dagegen habe ein Gesicht, das »Gesicht eines potentiellen Helden«.[4] Da das Bureau darauf getrimmt war, ein wachsames Auge auf »Verunglimpfungen« zu haben, ist es unwahrscheinlich, daß Mailers Hieb Hoover nicht zur Kenntnis gebracht wurde. Zudem hätte Hoover denselben Gedanken ohnehin in den verschiedensten Variationen lesen können, die alle nur auf eines hinausliefen: die Kennedys waren jung und dynamisch, Hoover dagegen geradezu prähistorisch und in alten Vorurteilen verwurzelt. Diese Kritik wäre schon für einen Mann mit einem bescheidenen und zurückhaltenden Selbstbewußtsein ärgerlich gewesen, und ein solcher Mann war Hoover nun gewiß nicht.

Was Hoover an dem Mann, den der Präsident zu seinem Justizminister machte, am meisten aufbrachte, waren die Merkmale, die Robert Kennedy als einen Vertreter der Jugend charakterisierten, Umgangsformen, die ihn geradezu zum Symbol jener jugendlichen Respektlosigkeit machten, die Hoover während der Demonstrationen gegen den HUAC im Frühjahr 1960 in San Francisco so erschreckt hatte. Hoover erzählte seinen Mitarbeitern empört, daß Kennedy während des Gesprächs mit Darts um sich werfe, daß dabei etliche Pfeile ihr Ziel verfehlten und sich in die Holzvertäfelung bohrten – »reine Entweihung, Entweihung öffentlichen Eigentums«. Er hatte auch etwas dagegen, daß Kennedy den Familienhund mit in sein Büro brachte. Hoover liebte *seine* Hunde auch, aber da es eine Bestimmung gab, die besagte, daß das Mitbringen von Tieren in Gebäude der Bundesverwaltung verboten sei... Nach einem Besuch des Justizministers im FBI-Bereich des Justizministeriums, bei dem Kennedy ohne Jackett im Hemd erschien, ermahnte Hoover seine Leute, immer im Jackett zu erscheinen. Diese Reaktion war wohl nichts anderes als der Versuch, Kennedys lässiges Auftreten zu tadeln.[5]

Die Kennedy-Jahre waren das Vorspiel zur Alternativkultur nach 1965, die sich als Teil der Antikriegsbewegung entwickelte. »Jugendkultur« war das Schlagwort der Kennedy-Ära, ihr Höhepunkt vielleicht der Auftritt der Beatles im amerikanischen Fernsehen am 9. Februar 1962. Das wichtigste Charakteristikum der Zeit war weniger Rebellion als eine Lockerung der Disziplin: die Gerichtsentscheidung, die den Druck von Henry Millers *Wendekreis des Krebses* erlaubte, der respektlose Ausbruch der Pop Art im Jahre 1962, Ken Kenseys *Einer flog über das Kuckucksnest,* die Entscheidung von 1962, das tägliche Gebet in den Schulen abzuschaffen.

Im lockeren und lässigen Geist der Zeit erschienen Hoovers konservative Vorschriften über eine gepflegte Erscheinung – kurze Haare, dunkler Anzug, Hut – wie ein schlecht plazierter Seitenhieb gegen die Kennedys und die Jugendkultur. Agenten wurden gerügt, weil sie sportliche Jacketts trugen, zu lange Haare hatten oder ihre Schuhe nicht blank waren.

Robert Kennedy genoß bei seinen Anhängern die gleiche intensive persönliche Loyalität, die Hoover bei seinen Agenten schon vor langer Zeit ebenfalls hervorgerufen und auch immer erwartet hatte, an der er jedoch jetzt, da er älter wurde, zu zweifeln begann. Die Geschichten, die Kennedys Mitarbeiter über ihre Zusammenarbeit mit ihm erzählen, bezeugen die gegenseitige Loyalität, die stolz an den überwältigenden Anforderungen gemessen wird, die Kennedy an sie stellte, und der Bereitschaft, ja der Begeisterung, mit der sie darauf reagierten. Zur gleichen Zeit erzwang Hoover Überstunden von seinen Leuten und benutzte dann die Statistik als Maß für ihre Ergebenheit.

Die Geschichten, die um 1960 im Bureau über Hoover erzählt wurden, kreisten alle um seine Forderung, seine Leute hätten ihm ihre persönliche Loyalität zu demonstrieren. »Wenn der Direktor keine schmeichlerischen Briefe erhält«, wurde einem Agenten mitgeteilt, »faßt er das als Hinweis auf eine gewisse Interesselosigkeit gegenüber dem Bureau auf und als Zeichen von Illoyalität und mangelnder Ergebenheit.« Hoover schien durch Bob Kennedy dazu herausgefordert zu werden, seine Leute zu ähnlich begeisterten Reaktionen zu veranlassen, um so sich selbst, seinen Leuten und den Kennedys zu beweisen, daß er sein Charisma nicht verloren habe.[6]

Hoover und Robert Kennedy strebten beide danach, die Anführer von jungen, aktiven und harten Männern zu sein, aber während Kennedy 80-

Kilometer-Wanderungen durchstehen konnte, erhielt Hoover, nach Aussage eines seiner Top-Mitarbeiter, im Büro täglich Vitaminspritzen. Es gab politische, verwaltungstechnische und ideologische Gründe für den Konflikt zwischen den beiden Männern, aber ihr Konflikt war auch der uralte Kampf zwischen dem jungen Bullen und dem alten Bullen um die Leitposition in der Herde, ein Kampf, in dem, wie Hoover sich wohl bewußt war, die Zeit auf seiten des jüngeren war.

Hoover wußte, daß die Mitarbeiter des Präsidenten von seiner Wiederernennung nicht gerade begeistert waren, und erfuhr durch Gerüchte, daß Robert Kennedy, wenn die Sprache darauf kam, wie man ihn loswerden könnte, nur zu sagen pflegte: »Abwarten.« Als Bruder des Präsidenten war der Justizminister nicht nur Hoovers Vorgesetzter in der Verwaltungshierarchie, sondern er verhielt sich ihm gegenüber auch tatsächlich so, viel mehr als je ein Justizminister vor ihm. Angesichts des Altersunterschiedes erschienen die äußeren Kennzeichen seines höheren Ranges, auf denen Kennedy bestand – zum Beispiel eine direkte Verbindung zu einem Telefon auf Hoovers Schreibtisch oder einen Summer, um Hoover in sein Büro zu rufen –, Hoover wie absichtliche Erniedrigungen und persönliche Affronts. Obwohl die zwei Männer zunächst versuchten, höflich miteinander umzugehen, sagte jemand, der beide kannte: »Hoover hatte eine Latte von Beschwerden, und man muß davon ausgehen, daß er Bob schließlich sehr feindlich gesinnt war.«[7]

In Hoovers Abneigung gegen Robert Kennedy lag mehr als nur eine Spur von Verachtung. Robert Kennedy hatte zwar zusammen mit seinem Bruder die Wahlen von 1960 gewonnen, doch beide besaßen nicht die politische Macht, um von Hoover die Unterwürfigkeit und den Gehorsam zu erzwingen, den sie von ihm glaubten verlangen zu können. Allein die Tatsache, daß John Kennedy Hoover im Amt belassen hatte, war ein Zeichen seiner politischen Schwäche. Kennedy wurde 1960 bei 68 Millionen abgegebenen Stimmen mit einer Mehrheit von weniger als 120 000 Stimmen gewählt. Zählt man die Stimmen für Kandidaten von Minderheitsparteien mit, gewann er mit weniger als der Mehrheit. Hoover in seinem Amt zu bestätigen war eine wichtige Geste, um den Konservativen, die gegen ihn gestimmt hatten, zu zeigen, daß mit der neuen Administration die vertrauten Verhältnisse der Vergangenheit nicht völlig beseitigt werden sollten. »Was uns betraf«, sagte Robert

Kennedy, »war es wichtig, daß [Hoover] zufrieden war und im Amt blieb. Er war ein Symbol. Der Präsident hatte mit einer so knappen Mehrheit gewonnen, und da war schon ein so verdammt großer Ermittlungsapparat, außerdem konnte er eine ganze Menge tun. Für all das, was wir im Süden vorhatten oder was wir gegen Verbrecherorganisationen unternehmen wollten, war es viel besser, ihn auf unserer Seite zu haben.«[8]

Eine etwas persönlichere Verbindung zwischen den Kennedys und Hoover bestand über Botschafter Joseph P. Kennedy, den Vater von Jack und Bob, der ein alter Freund des Direktors war. Der alte Kennedy war ein extrem konservativer Demokrat. Er hatte mit Hoover lange Zeit freundlich korrespondiert und immer darauf geachtet, viele schmeichelhafte Anspielungen auf das Bureau oder seinen Direktor einfließen zu lassen. Joseph Kennedy war auch ein Freund und Bewunderer von Joseph McCarthy und hatte ihn oft in Hyannis Port empfangen. Er hatte ihn sogar gebeten, seinen Sohn Robert 1953 in seinen Stab aufzunehmen, als McCarthy den Vorsitz im Untersuchungs-Unterausschuß des Senatsausschusses für die Regierungstätigkeit übernahm. McCarthy engagierte Robert Kennedy als Assistenten von Roy Cohn, den Rechtsberater des Unterausschusses, den Kennedy bald geradezu haßte. Kennedy trat im Juli 1953 aus dem Stab aus und kehrte im Januar 1954 als Minderheitsberater der demokratischen Senatoren wieder zurück, eine Position, die ihn zum Gegner von Cohn (und McCarthy) machte. Bald schon kam es zu einem Konflikt zwischen Kennedy und Cohn. Während der McCarthy-Untersuchungen über die Zentrale der Fernmeldetruppe in Fort Monmouth, New Jersey, kam Kennedy zur Überzeugung, daß Cohn und das FBI Beweise falsch dargestellt und so eine schwarze Frau, die als Fernschreiber-Vermittlerin bei der Fernmeldetruppe arbeitete, mit der Kommunistischen Partei in Verbindung gebracht hatten. Nach Aussage Cohns stürmte Kennedy in das Bureau und verlangte von Louis Nichols, die fraglichen Akten vorzulegen. Kennedys Forderung wurde abgewiesen, und Hoover schrieb, daß das »Verhalten Kennedys in dieser Angelegenheit deutlich zeigt, daß in jeder Unterhaltung mit ihm äußerste Vorsicht geboten ist«. Cohn sagte später, Hoover sei in jener Zeit zur Ansicht gelangt, daß Robert Kennedy nichts anderes als ein »arroganter Wichtigtuer« sei.[9]

Als die Demokraten 1954 die Mehrheit im Kongreß errangen, wurde

Kennedy erster Berater des Unterausschusses, der sich unter dem Vorsitzenden John McClellan der Untersuchung des organisierten Verbrechertums zuwandte, doch nahm Kennedy selbst weiterhin auch die Kommunisten unter die Lupe. Außenstehende mögen geglaubt haben, daß die Erfahrungen, die Kennedy in McClellans Unterausschuß sammelte, ihn Hoover empfehlen würden. Doch angesichts der tiefverwurzelten Feindseligkeit, die Hoover gegenüber Rivalen auf dem Gebiet des Gesetzesvollzugs an den Tag legte, sowie seiner (damaligen) Weigerung, die Existenz eines Verbrechersyndikates zuzugeben, das Kennedy und McClellan aufgedeckt hatten, machte die Ermittlungstätigkeit für den Senat Robert Kennedy bei dem FBI-Direktor nur noch unbeliebter.

Nachdem John F. Kennedy die Wahl gewonnen hatte, mischte sich Joseph Kennedy ein und bestand darauf, daß John Kennedy seinen Bruder Robert zum Justizminister ernannte. Robert Kennedy entschloß sich zu einer erstaunlichen Geste und suchte Hoover im Justizministerium auf, um sich von ihm beraten zu lassen, ob er das Amt annehmen solle oder nicht. Hoover drängte Kennedy, anzunehmen, vermutlich weil er glaubte, daß er es sich nicht leisten könne, Kennedy Hindernisse in den Weg zu stellen, wenn die Pläne schon so weit gediehen waren, daß man ihn um seine Meinung bat. Kennedy selbst sagte einem Mitarbeiter gegenüber, er glaube nicht, daß Hoover wirklich gemeint habe, was er sagte.[10]

Für Hoover war Robert Kennedy ein Mann, der sich eine Autorität anmaßte, die weit über das Maß hinausging, das durch die politische Macht der Administration gerechtfertigt war. Und John Kennedy war für Hoover aufgrund seiner vertraulichen Informationsquellen ein Mann, dem es an sexueller Selbstdisziplin fehlte, was Hoover ohnehin als Charakterschwäche auslegte. Hoover initiierte zwar eine höfliche Korrespondenz (die Kennedy ebenso höflich beantwortete), als Kennedy seine politische Laufbahn begann, aber er wußte auch um sehr sorgsam gehütete Geheimnisse aus Kennedys Vergangenheit. (Das Geheimnis, das besonders sorgsam gehütet wurde und von höchster Brisanz war, war Kennedys Gesundheitszustand – Addisonsche Krankheit, schwere Allergien und lähmende Rückenschmerzen, wegen derer er während der ersten Monate im Weißen Haus von schmerzstillenden Medikamenten abhängig war.) Als John Kennedy im Zweiten Weltkrieg als Leutnant zur See beim Nachrichtendienst der Marine tätig war, hatte er eine Affäre mit einer Frau namens Inga Arvad, die schon mehrfach verheiratet und bereits eine Menge erlebt hatte. Inga Arvad, die auch eine Zeitlang im Deutschen Reich gelebt hatte und dort Göring und Hitler kennengelernt hatte, wurde (fälschlicherweise) verdächtigt, eine deutsche Spionin zu sein. Deshalb ließ Hoover in ihrem Zimmer im Hotel »Fort Sumter« in Charleston, South Carolina, wo sie mit Kennedy abgestiegen war, Wanzen anbringen. Kurze Zeit später wurde Kennedy in den Pazifik abkommandiert, wo es auf dem Torpedoboot PT-109 zu seiner Begegnung mit den Japanern kam. Hoover aber, für den Selbstdisziplin alles war, hatte in seinen Archiven Tonbandaufnahmen des jungen Kennedy, der mit einer Frau im Bett lag, die verdächtigt wurde, eine feindliche Agentin zu sein, und mit ihr militärische Probleme und Angelegenheiten der Regierung diskutierte. Vielleicht veranlaßte Hoover in erster Linie dieser Vorfall, die Führungsqualitäten des Präsidenten so niedrig einzuschätzen.[11]

Schon bald bestätigten die Ereignisse Hoovers Ahnung von den Unzulänglichkeiten der Kennedys. Nur drei Monate nach Amtsantritt kam es zur Schweinebucht-Katastrophe. Nichts hätte für Hoover den Kompetenzunterschied zwischen Eisenhowers erfahrenen Veteranen und den jugendlichen, unerprobten Amateuren Kennedys deutlicher machen können. Die Katastrophe bestätigte auch Hoovers lebenslanges Mißtrauen gegenüber der OSS/CIA und bestärkte ihn in seiner Absicht, seinen Posten niemals durch eine Zusammenarbeit mit dieser Geheimdienstbehörde aufs Spiel zu setzen.

Es sollte noch schlimmer kommen. Nach der Katastrophe in der Schweinebucht verdoppelte die CIA ihre Bemühungen (die 1960 unter Eisenhower begonnen worden waren), Castro ermorden zu lassen. Ob die Kennedys diese Pläne persönlich billigten, ist unklar, jedenfalls übte die Sonderkommission unter dem Vorsitz des Justizministers, die der Präsident gebildet hatte, unablässig Druck auf die CIA aus, »Castro und sein Regime zu beseitigen«. Im Jahre 1960 hatte die CIA für einen Plan, Castro zu ermorden, John Rosselli und Sam Giancana aus der Verbrecherwelt Chicagos angeworben. Die CIA ging von der Annahme aus, daß die Mafia ein Interesse daran haben könnte, Castro auszuschalten, um ihre vorrevolutionäre Kontrolle über die Spielhöllen und Bordelle in Havanna wiederzugewinnen. Ob die Mafia jemals versuchte, irgend etwas für Geld von der CIA zu tun, ist unklar; immerhin gab es Hinweise darauf, daß die Mafia die ganze Aktion dazu benutzte, um die CIA zu rupfen. Im April 1962 beschloß die CIA, ihre Mafia-Verbindungen wiederaufleben zu lassen, und versorgte John Rosselli mit Mordwaffen, einschließlich Gewehren und Giftpillen.[12]

Hoover hatte mittlerweile erfahren, daß der Präsident eine Affäre hatte, die viel ernstere Probleme implizierte als die Affäre mit Inga Arvad. Seine Geliebte Judith Campbell war eine fünfundzwanzigjährige geschiedene Frau, die Frank Sinatra ihm vorgestellt hatte. In den Jahren 1961 und 1962 machte sie regelmäßig Besuche im Weißen Haus und telefonierte oft mit Kennedy. Hoover war ohnehin schon beunruhigt, daß die Unterwelt möglicherweise versuchte, ihre Verbindungen mit Sinatra und seinen Freunden auszunutzen, um Zutritt zum Präsidenten zu erhalten. Jetzt erfuhr er, daß Judith Campbell nicht nur die Geliebte von Kennedy war, sondern auch ein Verhältnis mit den Mafiosi Sam Giancana und John Rosselli hatte. Am 22. März 1962 suchte Hoover den Präsidenten auf, um ihm darzulegen, wie gefährlich es war, sich eine Frau mit der Mafia zu teilen. Wenige Stunden nach dem Gespräch mit Hoover telefonierte Kennedy ein letztes Mal mit Judith Campbell und mied in Zukunft auch die Gesellschaft Sinatras.[13]

Unabhängig davon, ob Hoover während des Gesprächs am 22. März über die Mordpläne von CIA-Rosselli-Giancana informiert wurde, erfuhr er kurze Zeit später doch, daß Kennedy sich, möglicherweise ohne es zu wissen, am Rande eines Skandals bewegt hatte, der den Präsidenten mit der Unterwelt sowie mit einigen äußerst widerlichen und unverantwortlichen Machenschaften der CIA in Verbindung gebracht hätte. Am 10. April informierte Hoover Robert Kennedy über die Verbindungen zwischen der CIA und der Mafia. Kennedys Reaktion (er forderte einen Bericht von der CIA und untersagte ihr, Pläne solcher Art ohne seine Billigung weiterzuverfolgen) scheint darauf hinzuweisen, daß er *nicht* wußte, was die CIA tat.

Als Robert Kennedy den FBI-Direktor über seine Diskussionen mit der CIA und die Maßnahmen informierte, die er getroffen hatte, teilte Hoover ihm mit, daß »in der ›Skandalpresse‹ Gerüchte kursierten, gegen Giancana sei nur deshalb nichts unternommen worden, weil Giancana enge Verbindungen zu Sinatra habe, der wiederum behauptete, ein enger Freund der Familie Kennedy zu sein«. Ob Hoover diese

Äußerung machte, um Salz in die Wunden Kennedys zu streuen, oder ob er den Justizminister und den Präsidenten vor Peinlichkeiten bewahren wollte, läßt sich nicht sagen; jedenfalls muß dieses Gespräch für Robert Kennedy ungemein schwierig gewesen sein. Obwohl auf diese Warnung hin Maßnahmen getroffen wurden, neigten die Kennedys dazu, andere Warnungen von Hoover als Versuche abzutun, ihnen zu zeigen, daß er auf dem Posten sei. Tatsache ist, daß Hoover wirklich auf dem Posten war.[14]

In den sechziger Jahren versuchte das Bureau seinen Agenten eine Einstellung einzutrichtern, die man als »anti-New Frontier« bezeichnen könnte. Unter anderem bezeichnete ein Ausbilder die NAACP (National Association for the Advancement of Colored People) als eine »kommunistische Frontgruppe, [die] ... zu unbegründeten Beschwerden gegen Polizeibeamte, die in Bürgerrechtsfällen eingesetzt waren, aufgerufen hat, um den Gesetzesvollzug zu behindern«. Ein anderer Ausbilder behauptete, die ACLU (American Civil Liberties Union) sei eine kommunistische Frontorganisation und führende Zeitungen »sind Feinde des Bureau und greifen den Direktor und das Bureau oft wegen unseres Sicherheitsprogramms an«. Außerdem wurde den Agenten gegenüber immer wieder betont, das Justizministerium sei ein Feind und seinen Vertretern deshalb nicht zu trauen.[15]

Seit Hoover Direktor war, hatte das FBI in Amerika besonders geachtete Werte wie Wissenschaft und Fortschritt, Patriotismus und Sicherheit sowie Gerechtigkeit hochgehalten. Jetzt, in den sechziger Jahren, distanzierte sich das FBI bewußt von den kulturellen Zielvorstellungen eines großen Teils der Nation. Die dabei entstehende Kluft erschien einem Teil der Öffentlichkeit und sogar einigen Agenten mit der Zeit einfach unsinnig. Hoover weigerte sich hartnäckig, die konservative Kleiderordnung des FBI zu ändern, und er beharrte auf Regelungen, zu denen unter anderem gehörte, daß das Bureau die Heiratspläne von Agenten genehmigte (und Untersuchungen über die jeweiligen Verlobten anstellte) oder daß verheirateten Agenten untersagt war, Nightclubs ohne Begleitung ihrer Ehefrauen zu besuchen. All das zeigte seine Entschlossenheit, das Bureau von der allgemeinen Liberalisierung der sozialen Konventionen in der amerikanischen Gesellschaft zu isolieren. Zum ersten Mal wurde Kritikern wie Verteidigern des Bureau bewußt,

wie weit sich die Normen des FBI von den Normen der Welt außerhalb des Bureau entfernt hatten.
Hoover und das Bureau waren selbstverständlich nicht die einzigen, die durch die Woge der Veränderungen, die Amerika überrollte, der Zeit entfremdet wurden. Eine zornige radikale Rechte hatte in den sechziger Jahren eine wahre Blütezeit. Zu ihren Vertretern gehörten unter vielen anderen H. L. Hunt, Fred Schwarz' Christlicher Antikommunistischer Kreuzzug und der aufsässige General Edwin A. Walker. Für diese Leute war die Kennedy-Administration repräsentativ für all jene Veränderungen, die sie fürchteten und verachteten. Hoovers Abneigung gegen das Programm der New Frontier machte ihn mehr denn je zum Idol des rechten Flügels. Er war zwar bei der Administration und ihrer Wählerschaft in Ungnade gefallen, verkörperte aber weiterhin die Werte, die von älteren Mitgliedern aus dem mittleren Amerika, von weißen Südstaatlern, reichen konservativen Texanern und Traditionalisten vertreten wurden, die jede Veränderung fürchteten.[16]
Aber auch andere Faktoren trugen dazu bei, daß die Attraktivität des FBI sank. In den späten fünfziger und frühen sechziger Jahren wurde eine Karriere beim FBI für einen jungen Anwalt immer weniger verlockend. Zwar zahlte das Bureau immer noch sehr gut: Angestellte verdienten im Bureau wesentlich mehr als beim staatlichen Geheimdienst, deutlich mehr, als Anwälte mit gleichem Dienstalter im Justizministerium erhielten, und auch das Gehalt, das Angestellte mit Hochschulabschluß einschließlich des Titels Ph.D bei der CIA bekamen, lag noch eine Gehaltsstufe unter dem des Bureau. (All das zeugt von Hoovers gutem Draht zum Kongreß.) Aber die Verdienstmöglichkeiten in einer privaten Anwaltskanzlei waren doch noch um einiges höher. Die größte finanzielle Attraktion war die Pensionsregelung des Bureau, die als die großzügigste im gesamten Regierungsdienst galt. Agenten konnten nach zwanzig Jahren mit einer Rente, die ein Drittel ihres Gehalts betrug, in den Ruhestand gehen; nach dreißig Dienstjahren erhielten sie zwei Drittel ihres Gehaltes. Diese Regelung sorgte wesentlich dafür, daß die Agenten sich absolut konform verhielten und sich jeder Laune Hoovers gehorsam fügten, um ihre Rente nicht zu gefährden, denn Hoover konnte noch immer Agenten entlassen, ohne daß sie gegen die Kündigung Berufung einlegen konnten. (Das Bureau war von den Regeln für den Staatsdienst befreit; allerdings konnten sich Veteranen an einen Beschwerdeausschuß außerhalb des Bureau wenden.)[17]

Das nach außen abgeschlossene, hochdisziplinierte Bureau, in dem Hoovers Sturheit überall zu spüren war, entsprach ganz und gar nicht den Erwartungen und dem gewohnten Arbeitsstil der meisten College-absolventen in den sechziger Jahren. Deshalb wurde es für das FBI immer schwieriger, neue Agenten zu rekrutieren. Im Herbst 1960 mußten drei Ausbildungskurse für neue Agenten verschoben werden, weil sich nicht genügend Bewerber gemeldet hatten. In aller Stille begann das Bureau, sich auch unter Nichtjuristen nach neuen Agenten umzusehen. Anfang der sechziger Jahre stammten einundsechzig von 349 auszubildenden Agenten aus dem Büropersonal des FBI. Diese Leute hatten oft direkt nach der Highschool angefangen, im Bureau zu arbeiten, und waren deshalb bereits hinlänglich indoktriniert und für die Sitten und Bräuche des Bureau eingenommen; kritische Stimmen prägten dafür das Wort »Bureau-Gehirnwäsche«.[18]

Ungefähr zur selben Zeit begannen auch alte Führungskräfte des FBI zurückzutreten, die noch miterlebt hatten, wie das Bureau unter Hoover gewachsen war. Der wichtigste von ihnen war Louis B. Nichols; er schied 1959 aus dem Bureau aus, um eine lukrative Führungsposition bei Schenley Distillers anzutreten. Viele Medienvertreter hielten Nichols für den Mann, auf den die Erfolge des Bureau im Bereich der Öffentlichkeitsarbeit über die Jahre hinweg zurückzuführen waren. Er hatte sich seit Mitte der dreißiger Jahre um die »Sorgenkinder« des Bureau gekümmert und war zum Zeitpunkt seines Ausscheidens einer der beiden Direktionsassistenten mit besonderer Verantwortung für die Crime Records Division, das Werbe- und Pressebüro des Bureau.[19]

Nichols wurde durch Cartha DeLoach ersetzt, der sich ruhig und umgänglich verhielt, wo Nichols herrisch und eindrucksvoll agiert hatte. Nichols hatte viele Fehler – unter anderem war er völlig unfähig, die tägliche Routinearbeit zu organisieren –, die dafür sorgten, daß in seiner Akte nie Mangel an ärgerlichen Rügen von Hoover herrschte. Aber er war direkt und offen; entweder antwortete er auf eine Anfrage oder er verweigerte die Auskunft, ohne viele Erklärungen abzugeben. Auch seine Loyalität war unbestreitbar; er war in jeder Stunde seines Lebens Hoovers Mann gewesen.

Weil das Bureau sich immer mehr vom Justizministerium absonderte, mußten Hoovers Mitarbeiter gleichzeitig versuchen, die notwendigen Beziehungen des FBI zum Ministerium aufrechtzuerhalten, und sich

gegen Verdächtigungen von Hoover zu rechtfertigen, der in jedem Kontakt zum Ministerium ein Zeichen für Illoyalität ihm gegenüber witterte. Courtney Evans hatte als Hoovers Verbindungsmann zum Ministerium und zum Weißen Haus die fast unlösbare Aufgabe, Hoovers Verhalten gegenüber Robert Kennedy zu rechtfertigen und umgekehrt, und dies, ohne einem der beiden Männer zu nahe zu treten.
Aufgrund seines Alters hatte Hoover inzwischen nur noch Kontakt zu den ältesten politischen Persönlichkeiten in Washington, und das waren in der Regel konservative Kongreßabgeordnete und Senatoren aus dem einparteiischen Süden. Gleichzeitig erforderte der Nahkampf mit den Kennedys immer mehr Energie und Konzentration, weshalb er seine ehrenamtlichen Tätigkeiten einschränken mußte. Auch das Alter begann nun seinen Tribut von ihm und denen, die ihm nahestanden, zu fordern und vergrößerte seine allgemeine soziale Isolation noch zusätzlich. Im Jahre 1962 mußte Hoover sich einer Operation unterziehen; Tolson hatte ein Jahr später eine schwere Herzoperation, auf die in den darauffolgenden Jahren eine Reihe von Herzanfällen folgten, und viele von Hoovers älteren Freunden starben. All das hatte zur Folge, daß er sich noch mehr ins Bureau und damit in den Schutz zurückzog, den es ihm vor der rasanten Veränderung der Welt draußen gewährte.[20]
Da Hoover so sehr mit dem Kampf gegen die Kräfte der Veränderung beschäftigt war, vergab er weiterhin Chancen, eine führende Rolle im Gesetzesvollzug zu spielen. Während die Kriminalitätsrate in den Vereinigten Staaten drastisch anstieg – es handelte sich de facto um die erste echte Kriminalitätswelle in seiner Laufbahn –, wetterte Hoover zwar gegen die »viehischen Nichtsnutze«, die von »wirrköpfigen Sentimentalisten« mit Samthandschuhen angefaßt würden, doch es blieb dem Präsidenten überlassen, wirklich etwas gegen die ansteigende Kriminalität zu unternehmen. John F. Kennedy gründete im Mai 1961 den Ausschuß des Präsidenten für Delikte Heranwachsender und für Jugendkriminalität und ernannte seinen Bruder Bob zum Vorsitzenden. Die Haltung, mit der die Vertreter der New Frontier an das Problem der Kriminalität herangingen, war, wie vorauszusehen, weit entfernt von den Anschauungen, die Hoover im Laufe der Jahre im Bereich des Gesetzesvollzugs gefördert hatte. Robert Kennedy und David Hackett, der Leiter des Ausschusses, der sich mit der Kriminalität im allgemeinen befaßte, waren sehr beeindruckt von der »Gelegenheitstheorie« von

Lloyd Ohlin und Richard A. Cloward. In ihrer Studie *Delinquency and Opportunity* (1961) erklärten Ohlin und Cloward das Verbrechen als eine Folge von sozialen Barrieren, die den Armen den angestrebten Aufstieg in die Mittelschicht verwehrten. Hackett und Robert Kennedy waren überzeugt, daß Kriminalität nur ein »Deckname« für Armut sei, und diese wiederum ein Deckname für Rassendiskriminierung. Der Juvenile Delinquency Act vom September 1961 beruhte auf den Theorien von Ohlin und Cloward, und Ohlin wurde zum Leiter des Büros für Jugendkriminalität ernannt, das nach diesem neuen Gesetz geführt wurde.[21]

In der Kennedy-Administration suchte man nach neuen Wegen, um die Ursachen der Kriminalität in den Griff zu bekommen, Ursachen, die für die Anhänger der New Frontier nur behoben werden konnten, wenn die willkürlichen sozialen Einschränkungen, denen die Schwarzen unterworfen waren, abgeschafft wurden, die weitere Ausbreitung der Armut selbst verhindert sowie, möglicherweise, die Anzeige von Verbrechen (eine der ersten Neuerungen, die Hoover einführte) insbesondere in den schwarzen Gemeinden, wo Verbrechen gegen Schwarze oft ignoriert wurden, verbessert wurde. Sie lehnten Hoovers Theorie ab, die Kriminalität auf ein moralisches Versagen der Armen zurückzuführen, und tendierten dazu, das Verbrechen als fehlgelenkten, aber verständlichen Versuch der Armen (oft der nicht-weißen Armen) zu interpretieren, sich Zugang zur Mittelschicht zu verschaffen oder wenigstens materiell mit der Mittelschicht gleichzuziehen. Für Hoover dagegen war das Verbrechen ein Angriff auf die Mittelschicht und ihre Werte, und die Bestrafung von Verbrechen war eine unabdingbar notwendige Verteidigung dieser Lebensart.

Hoover und die Kennedys waren von unterschiedlichen Erfahrungen und unterschiedlichen Erwartungen geprägt und sahen die Welt deshalb mit völlig verschiedenen Augen. Nach Hoovers Ansicht bestimmten die Werte der Mittelschicht die moralischen Schranken des Verhaltens, und er meinte deshalb, das Problem der Kriminalität könne dadurch gelöst werden, daß man der Jugend den Lebensstil der Mittelschicht vermittle: intaktes Zuhause, Schule, Kirche. Für die Kennedys mit ihrem aristokratischen Familienhintergrund und ihrer weltbürgerlichen Erfahrung waren es aber gerade die rassischen Vorurteile und Statussymbole der Mittelschicht, die für die Not sorgten, die zum Verbrechen führte.

Hoover interpretierte wie Millionen andere Menschen die Theorie von Ohlin und Cloward – nach der es wichtiger war, den Armen soziale Hilfe zu leisten, als die Repressionen zu verstärken – als einen Angriff auf die Achtbarkeit und Würde der Mittelschicht. Er hatte die Moral der Mittelschicht immer als die Norm betrachtet, von der jugendliche Kriminelle abwichen. Robert Kennedy und seine Mitarbeiter im Justizministerium aber hatten die Existenz einer – hauptsächlich schwarzen – Unterschicht entdeckt, und diese Unterschicht war überhaupt niemals mit den Werten der Mittelschicht in Berührung gekommen, die Hoover verteidigte (abgesehen davon, daß sie sie als fremd und bedeutungslos empfand). Anfang der sechziger Jahre waren Hoovers Vorstellungen so weit von der aktivistischen Vorgehensweise des Justizministeriums unter Kennedy entfernt, daß es vermutlich sowohl für Hoover als auch für die Kennedys unvorstellbar war, das FBI könnte bei der Formulierung einer Strategie zur Verhinderung von Verbrechen seine frühere Rolle weiterspielen.[22]

Hoover hatte immer versucht, den Informationsstand des Bureau über Verbrecherbanden zu verbessern, ohne die Autonomie des FBI dadurch zu gefährden, daß er sich »Stoßtrupps« gegen Kriminelle anschloß, in denen verschiedene Behörden zusammengefaßt waren. Als Robert Kennedy, der als Experte für den Bereich des organisierten Verbrechens galt, in das Justizministerium einzog, war er fest entschlossen, eine National Crime Commission einzurichten, um Verbrecherorganisationen zu bekämpfen. Angesichts des hartnäckigen Widerstandes, den Hoover einem solchen Projekt entgegensetzte, mußte Kennedy seinen Plan fallenlassen. Ohne Hoovers Unterstützung war er politisch und praktisch nicht durchführbar.
Ende des Jahres 1961 hatte Hoover seinen Widerstand jedoch aufgegeben und den Kampf gegen Verbrecherorganisationen zu einer vorrangigen Aufgabe des FBI gemacht; Courtney Evans und seine Special Investigations Division führten den Angriff an. Hoover erklärte seinen Gesinnungswandel damit, daß das FBI, bis im September 1961 die Gesetze gegen organisierte Verbrechen verabschiedet worden seien (die Robert Kennedy durch den Kongreß gebracht hatte), »im Bereich des organisierten Verbrechens wenig Handlungsspielraum hatte«. Arthur Schlesinger nennt diese Entschuldigung eine »transparente Lüge«, doch

Hoover wies damit tatsächlich auf den wahren Grund für seinen neuen Standpunkt hin. Selbstverständlich hätte Hoover, wenn er das gewollt hätte, eine entsprechende rechtliche Handhabe auch vorher finden können, aber bis September 1961 war er sich nicht sicher, ob er die überwältigende öffentliche und politische Unterstützung hatte, die er in diesem heiklen und oft nicht sehr ergebnisreichen Bereich benötigte. Kennedys Erfolg mit den neuen Strafgesetzen bedeutete, daß Hoover nicht nur von der politisch schwachen Administration ein Mandat hatte, sondern auch von den Leuten, die er zufriedenstellen mußte: nämlich von seinen Anhängern im Kongreß.[23]

Mit Hoovers Eintritt in den Kampf gegen die Kriminalität mehrten sich allerdings auch die Möglichkeiten, mit Kennedy in Konflikt zu geraten. Nachdem der New Yorker Mafioso Joseph Valachi dem FBI seine Geschichte erzählt hatte, stellten Kennedys Mitarbeiter im Bureau vorsichtig Nachforschungen an, um herauszufinden, ob Hoover etwas dagegen hätte, wenn Valachi vor dem McClellan-Ausschuß aussagte. Es schien, als sei man im Bureau damit einverstanden. Doch kurz bevor Valachi im September 1963 seine Aussage machen sollte, versuchte Hoover, offensichtlich in Sorge, daß die Öffentlichkeit von Valachi etwas erfahren könnte, das sie vom Bureau noch nicht gehört hatte, eine Bemerkung zu »La Cosa Nostra« in einen namentlich gekennzeichneten Artikel in *Reader's Digest* einfließen zu lassen. Kennedys Pressesprecher Edwin Guthman strich den Artikel, und Hoover rächte sich mit einem Leitartikel im *FBI Law Enforcement Bulletin,* in dem er schrieb, die Aussage Valachis diene »im weiteren Sinne dazu, die enorme Aufgabe zu vergrößern, die auf dem Plan steht«. In den Medien wurde das Verb *vergrößern* so interpretiert, als habe Hoover damit sagen wollen, daß das Justizministerium und der McClellan-Ausschuß dem FBI die Arbeit erschwert habe. Innerhalb des Ministeriums jedoch, so behauptete das Bureau, bedeute »vergrößern« soviel wie »deutlicher sichtbar machen« oder »die Aufmerksamkeit lenken auf«. Hoover weigerte sich, in der Öffentlichkeit eine klärende Stellungnahme dazu abzugeben.[24]

Der verstärkte Einsatz von illegalen Abhöreinrichtungen machte Hoover nervös; er wußte, daß er nicht mit Kennedys Unterstützung rechnen konnte, wenn er erwischt wurde. Wanzen, bei deren Installation Hausfriedensbruch begangen wurde, *waren* illegal, und hätte Hoover von

Robert Kennedy formell eine Genehmigung verlangt, sie einsetzen zu dürfen, hätte er durchaus mit einem negativen Bescheid rechnen müssen. Deshalb suchte er einen anderen Weg, um die Verantwortung mit dem Justizminister zu teilen: Er sorgte dafür, daß Kennedy die Ergebnisse solcher Abhöraktionen bei mehreren Gelegenheiten, die sorgfältig dokumentiert wurden (zwei Zusammenkünfte von FBI-Agenten mit dem Justizminister in Chicago und New York), klar präsentiert wurden. In beiden Fällen wurden Kennedy Tonbänder mit Gesprächen zwischen Personen aus dem Verbrechermilieu vorgespielt. Hoover meinte später, es sei »unbegreiflich«, daß Kennedy behaupten könne, nicht gewußt zu haben, daß die Tonbandaufzeichnungen bei Mikrophonüberwachungen gemacht worden seien, und legte ein Dutzend eidesstattlicher Erklärungen von Agenten vor, die bei den Zusammenkünften anwesend gewesen waren, um seine Position zu untermauern. Edwin Guthman, der ebenfalls daran teilgenommen hatte, meinte jedoch, daß »wir ganz klar den Eindruck hatten, das FBI habe sich die Aufzeichnungen aus Quellen im lokalen Gesetzesvollzug beschafft«. Es blieb schließlich an dem armen Courtney Evans hängen, die ganze Angelegenheit in Ordnung zu bringen. Es ist möglich, daß beide, sowohl Kennedy wie Hoover, glaubten, im Recht zu sein. Wahrscheinlich hat Evans, während die Angelegenheit lief, keinen von beiden daran gehindert, sich die seinen Zwecken dienliche Meinung darüber zu bilden. Mit Sicherheit hat Hoover Kennedy nie ausdrücklich darum gebeten, Abhöraktionen zu autorisieren. Als Kennedy offiziell davon erfuhr, daß das FBI mit Wanzen arbeitete (im Mai 1963 bei einer Untersuchung von illegalen Machenschaften in Casinos von Las Vegas), gab er über Katzenbach Anweisung, solche Aktionen einzustellen. Später behauptete er überzeugend, daß er nur in diesem einen Fall davon erfahren habe, daß das FBI illegale elektronische Abhöreinrichtungen einsetzte.[25]

Trotz aller Auseinandersetzungen bleibt die Tatsache bestehen, daß es Kennedy gelang, Hoover schließlich dazu zu bewegen, das Bureau engagiert bei Ermittlungen gegen Verbrecherorganisationen einzusetzen. Robert Kennedy betrachtete es denn auch als eines seiner Verdienste, daß das »FBI erstmals seine gesamte Vorstellung von der Kriminalität in den Vereinigten Staaten änderte«.[26]

Als Robert Kennedy die Leitung des Justizministeriums übernahm, hatte das FBI (abgesehen von Hoovers Bediensteten) nicht nur ausschließlich weiße Angestellte, sondern man verteidigte diese Personalpolitik auch noch dreist. Einige Agenten parodierten Kennedy: »Jungs, wenn ihr euch nicht ranhaltet, ersetzen euch die Nigger!« und meinten damit die Flut von Schwarzen, die über sie hereinbrechen würde, wenn sie die Bürgerrechtsbewegung nicht als eine kommunistische Frontgruppe entlarvten. Andere erkannten jedoch, daß solche Empfindungen nicht mehr zeitgemäß waren. Ein Agent erinnert sich, daß einige rassistische Bemerkungen, die er während seiner Ausbildung zu hören bekam , »irgendwie hohl klangen«, ein anderer berichtet jedoch, das Bureau sei Anfang der sechziger Jahre von starken »Vorurteilen gegenüber Negern« geprägt gewesen. Er schätzte, daß in ungefähr 90 Prozent der Fälle, in denen sich Angestellte des Bureau auf Schwarze bezogen, das Wort »Nigger« gebraucht wurde, und zwar immer in einem sehr abfälligen Ton.[27]

Hoover war erzürnt, daß Robert Kennedy ihn drängte, schwarze Agenten einzustellen. Auf Kennedys unablässige Erkundigungen, wie viele er beschäftige, entgegnete Hoover schließlich, es seien fünf. Allerdings fügte er nicht hinzu, daß sie alle in verschiedensten Positionen persönliche Arbeiten für ihn erledigten. Dann, sagte Hoover, »verlangte [Kennedy] von mir, unsere Ansprüche zu senken und mehr schwarze Agenten einzustellen ... Ich sagte: ›Das, Bobby, wird nicht geschehen, solange ich Direktor des Bureau bin.‹« Dennoch lenkte Hoover ein und willigte ein, die Zahl der schwarzen Agenten zu verdoppeln, so daß Ende 1962 die beachtliche Gesamtzahl von zehn schwarzen Angestellten erreicht war.

Hoovers Streit mit Robert Kennedy über die Bürgerrechte begann 1961, als Kennedy die sogenannten Freedom Riders (Busreisende für die Freiheit) gegen den gewalttätigen Mob schützen mußte. Die weißen und schwarzen Studenten wurden angegriffen, weil sie versuchten, die Aufhebung der Rassentrennung in den Überlandbussen und Busbahnhöfen im Süden durchzusetzen. Am 4. Mai 1961 mußte Robert Kennedy sechshundert der Bundesregierung unterstehende Polizisten nach Montgomery entsenden, um die Freedom Riders zu schützen. Im September 1962 mußten dreitausend Soldaten nach Oxford, Mississippi, geschickt werden, um dem schwarzen Studenten James Meredith den

Zugang zur »Old Miss«, der Universität von Mississippi, zu ermöglichen. Im Jahre 1963 brach in Alabama der Aufruhr los: Die Nationalgarde mußte dem Befehl des Bundes unterstellt werden, um Gouverneur George Wallace dazu zwingen zu können, sich den Gerichtsentscheidungen zu fügen und Schwarze an die Universität von Alabama zuzulassen. Im September desselben Jahres starben vier Mädchen bei einem Bombenanschlag auf eine schwarze Kirche in Birmingham.

Als das FBI aufgefordert wurde, sich aktiv an den Bemühungen des Justizministeriums zu beteiligen und die Demonstranten zu schützen, beharrte Hoover darauf, das FBI sei eine reine Ermittlungsbehörde und keine Polizeitruppe, die auch für Sicherheit und Ordnung zu sorgen habe. Er vertrat den Standpunkt, das Bureau könne erst dann bei Verbrechen ermitteln, wenn sie begangen worden seien. Der Anblick von FBI-Agenten, die unbeteiligt herumstanden und Notizen und Fotos machten, die für zukünftige Ermittlungen nützlich sein könnten, während Demonstranten und Bundesbeamte (Sheriffs und Angestellte des Justizministeriums) gewalttätigen Angriffen ausgesetzt waren, brachte Kennedys Mitarbeiter in Rage. Doch dem Justizminister war klar, daß der Direktor nicht von seinem Standpunkt abgebracht werden konnte. Hoover widerstrebte es auch, das Bureau zum Schutz der Wahlrechte einzusetzen, die den Schwarzen mit den Civil Rights Acts von 1957 und 1960 zugestanden worden waren. Um das Bureau zur Mithilfe zu zwingen, entwarf die Abteilung für Bürgerrechte unter Burke Marshall und John Doar eine sogenannte »Zwangsjacke« für das Bureau. Dies war eine Liste mit so detaillierten und spezifischen Anweisungen, daß das Bureau gar nicht anders konnte, als die Informationen zu beschaffen, die das Ministerium für seine Rechtsfälle benötigte. Solange John F. Kennedy Präsident war, reagierte Hoover nur widerwillig auf die Forderungen des Ministeriums, die Bürgerrechte aggressiver durchzusetzen, und tat genau soviel, wie nötig war, um nicht den Eindruck einer offenen Meuterei zu erwecken. Kennedy und seine Mitarbeiter überließen es Hoover, die Spielregeln im Umgang mit ihnen festzusetzen, um sich wenigstens das Minimum an Kooperation zu erhalten, zu dem er bereit war.

Die Kennedy-Administration selbst kann sich nicht aller Verantwortung für die mangelhafte Leistung des Bureau im Bereich der Bürgerrechte entziehen. John F. Kennedy griff in diesem Bereich nicht so energisch durch, wie man aufgrund seiner Wahlkampfreden hätte erwarten können. Dort hatte er davon gesprochen, die diskriminierende Wohnsituation mit einem »Federstrich« zu beenden. Doch erst im November 1962 erließ er die Verfügung, die er versprochen hatte. Er weigerte sich auch, die große moralische Geste zu machen, die die Bürgerrechtsbewegung von ihm forderte, denn er brauchte die Unterstützung der Südstaatler, um seine Vorlagen zur Förderung des Bildungswesens und andere Gesetzgebungen durchsetzen zu können. Er glaubte – zu Recht –, daß diese Gesetze den Schwarzen spürbarer zugute kämen als jede Proklamation.

Die Ereignisse zeigten, daß nur ein politisch mächtiger Präsident, der seinen ganzen Einfluß geltend machte, Hoover dazu veranlassen konnte, seine konservative und südstaatlerische Basis dadurch aufs Spiel zu setzen, daß er seinen Grundsatz der wohlüberlegten Indifferenz gegenüber schwarzen und weißen Aktivisten aufgab. Präsident Kennedy war politisch zu schwach, um sich ein solches totales Engagement leisten zu können. Als die Administration das FBI bat, im Kampf um die Bürgerrechte in den Südstaaten die Führung zu übernehmen, bat sie das Bureau um nichts weniger, als beim Sturz eines Kastensystems behilflich zu sein, als einen Bürgerkrieg zu führen. Um das zu riskieren, brauchte Hoover aber weit mehr politischen Rückhalt, als Kennedy ihm bieten konnte. Die Administration war politisch einfach nicht so stark, daß Hoover irgendwelche Risiken für sie eingegangen wäre, selbst wenn er gewollt hätte.[28]

Zwischen 1919 und 1923 hatte J. Edgar Hoover die Kampagne koordiniert, die Marcus Garvey ruinierte und seine schwarze nationalistische Bewegung zerstörte. In den sechziger Jahren führte Hoover eine Kampagne, um Martin Luther King zu vernichten. Die zwei Episoden spielten sich in völlig verschiedenen zeitlichen Umständen ab und hatten verschiedene Motive und Methoden zum Inhalt, doch Hoovers Reaktion war in beiden Fällen die gleiche. Zwei schwarze Männer, die mit außergewöhnlichen Fähigkeiten begabt waren, die schwarzen Massen dazu zu mobilisieren, daß sie ihre Rechte forderten, waren auf der politischen Bühne Amerikas erschienen, und in beiden Fällen kam Hoover, wenn auch aus verschiedenen Gründen, zum Schluß, daß sie gefährlich seien und unschädlich gemacht werden müßten. Garvey brachte er ins Gefängnis und ließ ihn dann deportieren, und King versuchte er noch immer zu zerstören, als James Earl Ray ihn 1968 in Memphis, Tennessee, erschoß.

King hatte erstmals im Dezember 1955 als Anführer des Busboykotts in Montgomery, Alabama, nationale Beachtung gefunden. Im September 1958 wurde das FBI auf ihn aufmerksam, weil es erfuhr, daß er mit Benjamin Davis bekannt war, einem schwarzen Führer der Kommunistischen Partei. Als King auch bei der Kampagne gegen die Freedom Rider im Mai 1961 eine führende Rolle spielte, ordnete Hoover eine Untersuchung an. Wie Hoover am 8. Januar 1962 Justizminister Robert Kennedy berichtete, ergab sich im Laufe dieser Untersuchung, daß einer der vertrautesten Berater Kings Anfang der fünfziger Jahre als wichtiger Geldgeber und Berater der Kommunistischen Partei identifiziert worden war. Es handelte sich um Stanley Levison, einen New Yorker Anwalt, dessen Freundschaft mit Martin Luther King Hoover in den kommenden sieben Jahren als Vorwand für die gnadenlose Verfolgung Kings durch das Bureau diente, eine Verfolgung, die selbst nach seiner Ermordung noch fortgesetzt wurde.[29]

Bis Levison als Kings Berater wieder auftauchte, hatte das FBI vermutet, er sei Ende 1955 aus der Kommunistischen Partei ausgetreten. Das Bureau hatte im Februar 1960, allerdings erfolglos, versucht, Levison als Informanten für das Bureau zu gewinnen. Die Verbindung mit King veranlaßte das Bureau, seine Position neu zu bestimmen. Man gelangte zum Schluß, Levison müsse ein »Schläfer« (ein passiver, heimlicher Kommunist) gewesen sein, der das Ziel verfolgte, über seinen Einfluß auf King die Bürgerrechtsbewegung zu steuern. Von 1961 an ließ das Bureau Levison nahezu ununterbrochen überwachen, und zwar sowohl durch Abhörgeräte und Wanzen als auch durch Einbruchaktionen und Beschattung, aber man entdeckte nicht den geringsten Hinweis darauf, daß Levison irgend etwas anderes war als das, was er öffentlich vorgab: ein glühender Anhänger der Bürgerrechtsbewegung und Anhänger von Martin Luther King, dem wirkungsvollsten Führer dieser Bewegung. Dennoch schränkte Hoover weder in seinen vielen Berichten an das Weiße Haus, den Justizminister und den Kongreß noch in den FBI-Informationen an die Medien die Beschuldigungen, Levison sei ein Kommunist, dadurch ein, daß er sie als Hypothesen bezeichnete, die lediglich auf Indizienbeweisen beruhten. Hoover und das Bureau betrachteten es als unbestreitbare Tatsache, daß Levison ein aktiver kommunistischer Agent war, und rechtfertigten damit alle anderen Angriffe auf King.

Der Justizminister, der Präsident und ihre Berater erkannten sofort, in was für einer gefährlichen Position sie nach Hoovers Bericht vom 8. Januar über Levison und King waren. Nachdem Hoover sie offiziell darüber in Kenntnis gesetzt hatte, daß Martin Luther King, mit dem die Administration im öffentlichen Bewußtsein eng verknüpft war, Umgang mit Kommunisten pflegte, waren sie in derselben Position wie Harry Truman, als er Hoovers warnenden Bericht über Harry Dexter White erhalten hatte. Wenn sie Hoovers Berichte ignorierten, konnten sie irgendwann in der Zukunft auf ähnliche Weise an den Pranger gestellt werden wie Truman im Jahre 1953, als Hoover und Herbert Brownell den ehemaligen Präsidenten heftig kritisiert hatten.[30]

Robert Kennedy reagierte auf die Warnung Hoovers spontan mit dem Gedanken, King selbst sei sich über die kommunistischen Verbindungen Levisons wohl nicht im klaren. Deshalb ließ er King über John Seigenthaler, einen seiner Mitarbeiter, eine Warnung zukommen, allerdings ohne den Namen des angeblich kommunistischen Verbündeten zu nennen. Ein anderer Mitarbeiter, der Sonderbeauftragte des Weißen Hauses für Bürgerrechte, Harris Wofford, handelte auf eigene Faust und ließ King eine Warnung zukommen, in der Levison namentlich erwähnt wurde. Der stellvertretende Justizminister General Byron White hielt sich an die Spielregeln und fragte erst beim FBI nach, ob King über Levison informiert werden solle. Hoover entgegnete, das würde »definitiv unseren Informanten sowie die nationale Sicherheit gefährden«. In einer internen Bureau-Notiz fügte Hoover hinzu: »King bedeutet ohnehin nichts Gutes. Unter keinen Umständen darf unser Informant gefährdet werden.«[31]

Im Februar 1962 erfuhr das Bureau, daß Kings Bürgerrechtsorganisation, die Southern Christian Leadership Conference (SCLC), auf Levisons Empfehlung hin, Jack O'Dell für ihr Büro in New York angestellt habe. Das FBI hielt O'Dell wie Levison für ein Mitglied des Nationalkomitees der Kommunistischen Partei. Das bestätigte das Bureau nur noch in seiner Ansicht, daß Levison ein Kommunist sei, und Ende März wurde mit Genehmigung Robert Kennedys eine Abhörvorrichtung an Levisons Telefon angebracht. Hoover hatte bereits, wie es damals im

Ministerium üblich war, auf eigene Verantwortung ein Mikrophon in Levisons Büro installieren lassen. Am 11. Mai 1962 wurde Martin Luther King auf die Sicherheitsverwahrungs-Liste des Bureau gesetzt und gehörte damit zum Kreis der Personen, die verhaftet würden, falls es zum Ausbruch von Feindseligkeiten kommen sollte. Aufgrund der Verbindung von Levison und O'Dell konnte das Bureau am 23. Oktober 1962 eine umfassende Untersuchung über die SCLC rechtfertigen, um das Ausmaß der kommunistischen Unterwanderung (COMINFIL) festzustellen. Das ermöglichte dem Bureau, um die Genehmigung nachzusuchen, in Kings Büro bei der SCLC Mikrophone zu installieren und sein Telefon abzuhören. Am 18. November 1962 wurde die Überwachung noch intensiviert, da King geäußert hatte, das Bureau sollte seine Außendienststellen in den Südstaaten, besonders in Albany, Georgia, mit mehr Personal aus den Nordstaaten besetzen.[32]

Jeder Angriff auf das Bureau brachte Hoover in Rage, aber dieser ganz besonders, denn im Jahre 1955 hatte Hoover genau das getan, was King jetzt vorschlug. Als Hoover über die tatsächliche Situation in Albany Erkundigungen einzog, überraschte es ihn deshalb nicht, daß von den fünf Agenten vier aus dem Norden stammten. (Den offenen Rassismus des fünften und »dominierenden« Agenten, der aus dem Süden stammte, nahm das Bureau offiziell nicht zur Kenntnis.) DeLoach erhielt den Auftrag, Martin Luther King über diese Tatsachen zu informieren, beziehungsweise ihn »zurechtzubiegen«, wie das Bureau zu sagen pflegte, wenn es seine Kritiker verfolgte.[33]

Doch als DeLoach in Atlanta anrief, war King nicht da, und DeLoach hinterließ die Nachricht, King solle ihn zurückrufen. King war in solchen Angelegenheiten notorisch nachlässig und meldete sich nicht bei DeLoach. Der FBI-Mann faßte Kings Schweigen als bewußten Affront gegen seine Person und das Bureau auf und interpretierte es zugleich als Hinweis darauf, daß King seine Vorwürfe wider besseres Wissen erhoben habe. Er informierte seinen Vorgesetzten im Bureau, John Mohr, und sagte, King »wünscht offensichtlich nicht, die Wahrheit zu erfahren. Die Tatsache, daß er mit Stanley Levison, einem heimlichen Mitglied der Kommunistischen Partei, verkehrt und Ratschläge von ihm annimmt, beweist hinlänglich, was für ein bösartiger Lügner er ist.« Von diesem Augenblick an wurde Martin Luther King von Hoover als persönlicher Feind und als Kommunist betrachtet.[34]

Im Juni 1963 versuchte die Kennedy-Administration aber gerade beim Kongreß ein neues Bürgerrechtsgesetz durchzubringen und konnte sich deshalb einen Skandal solcher Art nicht leisten. Robert Kennedy und Burke Marshall drängten Martin Luther King, seine Beziehung zu Levison abzubrechen. Am 22. Juni lud der Präsident persönlich King zu einem Gespräch in den Rosengarten. Er verglich die Situation mit dem Profumo-Sexskandal, der die Regierung von Premierminister Harold Macmillan erschütterte, und sagte, wenn King nicht mit Levison brechen werde, könnte das zum Untergang der Kennedy-Administration, Kings und der ganzen Bürgerrechtsbewegung führen. Das Bureau ließ inzwischen Informationen über die Verbindungen zwischen der SCLC, King und O'Dell an Zeitungen in den Südstaaten durchsickern, die an allem Interesse hatten, was die Bürgerrechtsbewegung in Verruf bringen konnte.

Mittlerweile waren die Gerüchte über Kings kommunistische Verbindungen zu einem nicht unbedeutenden Faktor in der politischen Debatte über die Bürgerrechte geworden. Die Gouverneure von Alabama und Mississippi, George Wallace und Ross Barnett, sagten bei Hearings über die Gesetzesvorlage zu den Bürgerrechten aus, King sei ein Kommunist und die ganze Bewegung werde von Kommunisten gesteuert. Auch die liberalen Mitglieder des Kongresses waren in Aufregung. Sie baten die Administration um Rat, um sicherzugehen, ob King noch unterstützt werden könne. Die Kennedys stellten eine sorgfältig formulierte Erwiderung zusammen, in der sie bestritten, daß King ein Kommunist sei oder von Kommunisten gesteuert werde, fügten aber eine mündliche Erklärung bei, in der die Verbindung zu Levison dargestellt wurde.

Robert Kennedy war wegen der Anschuldigungen inzwischen so nervös, daß er am 16. Juli 1963 ernsthaft in Erwägung zog, Kings Privattelefon abhören zu lassen. Er entschied sich dagegen, als die Administration am 23. Juli von King schließlich das Versprechen bekam, er werde mit Levison und O'Dell brechen. Als Hoover jedoch berichtete, King habe sein Versprechen nicht gehalten, erteilte Robert Kennedy Hoover die Erlaubnis, die Telefone in Kings Wohnung in Atlanta und in seinem Büro bei der SCLC abzuhören. Die Abhöreinrichtungen und die Mikrophone, die das Bureau ab Dezember 1963 in Kings Hotelzimmern installieren ließ, brachten bald eine Masse belastenden Materials – nicht etwa, weil sie in irgendeiner Weise die Theorie vom kommunistischen

Einfluß auf King bestätigt hätten, sondern weil sie Hoover intime Informationen über Kings Sexualleben lieferten, das sich nur schwer mit der Rolle eines religiösen und moralischen Führers vereinbaren ließ. Diese Enthüllungen veranlaßten Hoover, während der Johnson-Administration noch aggressivere Angriffe auf King zu sanktionieren.
Für Hoover waren die Implikationen des Falles King klar. Die Kennedys hatten nicht mit Martin Luther King gebrochen, und sie hatten ihn nicht preisgegeben. Auch wenn sie sich nicht in eine so angreifbare Position gebracht hatten wie Truman im Fall Harry Dexter White, hatten sie sich in Hoovers Augen dennoch als die »Pseudo-Liberalen« erwiesen, deren Achtung der Rechte auch von Kommunisten seine Kampagnen gegen die Kommunisten immer wieder zum Scheitern verurteilt hatte. Ein weiterer Vorfall aus jener Zeit mag Hoover zu demselben Schluß veranlaßt haben. Im Jahre 1962 hatten die Kennedys zu Weihnachten Junius Scales begnadigt, den einzigen Kommunisten, der aufgrund der Mitgliedschaftsbestimmungen des Smith Act verurteilt worden war. (Die »Elf« von Foley Square und andere waren verurteilt worden, weil sie den gewaltsamen Sturz der Regierung befürworteten.) Die Begnadigung empörte Hoover. Obwohl sich Scales von der Partei losgesagt hatte, hatte er sich geweigert, Namen von kommunistischen Genossen preiszugeben. »Namen nennen« war jedoch die Bedingung, die Hoover stellte, bevor er einen Ex-Kommunisten offiziell rehabilitierte, und er fürchtete, der Präzedenzfall Scales werde es unmöglich machen, in Zukunft auf diesem Test zu bestehen. »Namen nennen« gehörte seit langem zum Repertoire der Antikommunisten. Kennedys hatten durch ihr Verhalten der Sache geschadet. Hoover war immer der Ansicht gewesen, die Beschützer der Kommunisten seien ebenso gefährlich wie die Kommunisten selbst. Früher hatte ihn diese Überzeugung gegen die Truman-Administration eingenommen; jetzt gab sie ihm einen Grund mehr, die Kennedys zu hassen.

Hoover hatte seine Laufbahn damit begonnen, daß er A. Mitchell Palmer mit Informationen, Analysen und strategischen Überlegungen für die Kampagne gegen die Radikalen in den Jahren 1919 und 1920 versorgte. In den sechziger Jahren stützte sich Hoover nun selbst auf einen ehrgeizigen jungen Mitarbeiter, der Informationen über Entwicklungen in der radikalen Bewegung beschaffte, Pläne vorlegte, wie gegen sie vorzugehen sei, und Analysen der Berichte seiner Agenten erstellte. Es war William C. Sullivan, der im Jahre 1949 als Neunundzwanzigjähriger in das Bureau eingetreten war. Vom Jahre 1961, als Hoover Sullivan zum Leiter der Domestic Intelligence Division des Bureau beförderte, bis 1971, als er unter Beschuß geriet und das Bureau verließ, sah Hoover den radikalen Teil von Amerika so, wie er ihm von Sullivan vermittelt wurde.[35]

Sullivan hatte als Leiter der Research Section der Domestic Intelligence Division die Studie erstellt, die dem Spionageabwehrprogramm COINTELPRO gegen die Kommunistische Partei im Jahre 1956 zugrunde lag, und war dafür verantwortlich, daß das Programm 1961 auf die Sozialistische Arbeiterpartei, 1964 auf den Klu Klux Klan, 1967 auf die schwarzen Nationalisten und 1968 schließlich auf die Neue Linke ausgedehnt wurde. Er war auch der FBI-Beamte, auf den es in erster Linie zurückzuführen war, daß das Bureau nach 1963 seine Strategie änderte und seinen Schwerpunkt von den Vorbereitungsmaßnahmen für einen »Notstand im Bereich der inneren Sicherheit« (vornehmlich auf Grundlage des Emergency Detention Act von 1950) auf den Kampf gegen innere Unruhen verschob.

Hoovers straffe Disziplin und seine Forderung nach absoluter Loyalität und Konformität in den sechziger Jahren lassen es als unwahrscheinlich erscheinen, daß jemand, der selbständig denken konnte, in die höheren Ränge des Bureau aufstieg. Mit William Sullivan glaubte Hoover einen Mann gewählt und ausgebildet zu haben, auf dessen Urteil er sich verlassen konnte, einen integren und intelligenten Mann, der das Bureau durch die Untiefen der amerikanischen Radikalenpolitik steuern konnte. Doch Hoover hatte sich gewaltig getäuscht. Was er für Initiative und Selbständigkeit hielt, war in Wirklichkeit Sullivans überragende Fähigkeit, Hoover zu schmeicheln, indem er ihn in seinen Vorurteilen bestärkte.

William C. Sullivan war ganz und gar kein typischer FBI-Mann. Obwohl allen FBI-Angestellten die Regel eingebleut wurde, daß ein »Agent niemals freiwillig Informationen zum besten gibt«, spielte er die Ausnahme und teilte seine Ideen ebenso eigensinnig wie bereitwillig mit einem erstaunlichen Kreis von Bekannten: Professoren, Schriftstellern, Journalisten und Intellektuellen.

Wie Hoover hatte Sullivan ein Talent dafür, Gesetze und Programme für

Zwecke einzusetzen, die ihre Schöpfer nicht vorhergesehen hatten. Wo Hoover die Deportationsregelungen benutzt hatte, um den amerikanischen Radikalismus zu schwächen, adaptierte Sullivan die Methoden, die im Zweiten Weltkrieg und zu Beginn des Kalten Krieges gegen nationalsozialistische und sowjetische Agenten entwickelt wurden, und setzte sie gegen einheimische Radikale ein. Indem Sullivan COINTELPRO-CPUSA in Washington koordinierte, avancierte er zum besten Kommunismusexperten, den das Bureau – selbstverständlich abgesehen von Hoover – je hervorgebracht hatte. Durch die lückenlose Überwachung der Kommunistischen Partei durch das Bureau konnte Sullivan jede Versammlung, jedes Telefongespräch und jede Unterhaltung analysieren, die in der Parteispitze geführt wurde. Vermutlich wußte er mehr über den Kommunismus in Amerika als die Kommunisten selbst.[36]

Hoover scheint in Sullivan eine jüngere Version seiner selbst erblickt zu haben. Er ermunterte Sullivan, Taktiken gegen die Kommunisten zu entwickeln, die so innovativ waren, daß sie an Hoovers eigene kreative Zeit, vier Jahrzehnte zuvor, erinnern. Wie der junge Hoover erkannte auch Sullivan, wie wertvoll Wissenschaftlichkeit war, und er suchte nach neuen Wegen, die Ergebnisse seiner Recherchen gegen seine Feinde nutzbar zu machen. Oft verließ er sein Büro, um mit unabhängigen Wissenschaftlern oder kommunistischen Intellektuellen zu reden. So stellte er mit der Zeit Kontakte zu zahlreichen Akademikern her und hielt Anfang der sechziger Jahre eine Reihe von Vorlesungen an der Harvard Graduate School of Business Administration. Seine Privatbibliothek umfaßte dreitausend Bände über den Kommunismus.

Hoover redete seine Agenten gewöhnlich mit »Mister« an. Wenn sie eine Führungsposition erreicht hatten, ließ er den »Mister« weg und rief sie nur noch bei ihrem Nachnamen. Tolson allerdings nannte er Clyde, und Louis Nichols war Nick. Nachdem Nichols das Bureau 1959 verlassen hatte, war der einzige weitere Mann, den Hoover je mit dem Vornamen oder einem Spitznamen anredete, Bill Sullivan.[37]

Als die Untersuchungen über die Beziehungen zwischen Martin Luther King, Stanley Levison und Jack O'Dell auf Hochtouren liefen, überreichte Sullivan Hoover am 23. August 1963 ein siebenundsechzigseitiges Gutachten über die Bemühungen der Kommunistischen Partei, die Bürgerrechtsbewegung zu unterwandern. Sullivans Bericht schloß mit dem Satz: »Der Kommunistischen Partei Amerikas ist es offensichtlich nicht gelungen, eine größere Anzahl amerikanischer Neger in diesem Land nennenswert zu infiltrieren, zu beeinflussen oder zu steuern.« Allerdings enthielt der Bericht die vorsichtige Einschränkung, daß »allein die Zeit erweisen wird«, ob die künftigen Bemühungen der Partei, Schwarze auszunutzen, ebenso erfolglos sein würden wie ihre Bemühungen in der Vergangenheit. Dennoch war Sullivans Ansicht unmißverständlich die, daß die kommunistische Unterwanderung der Bürgerrechtsbewegung für das Bureau oder das Land in Zukunft kein Anlaß zur Beunruhigung mehr zu sein brauche.[38]

Hoover war wie vor den Kopf gestoßen. Sullivans neuestes Memo stand nicht nur im Widerspruch zum stetigen Strom von Berichten, die er dem Direktor über den kommunistischen Einfluß auf Martin Luther King hatte zukommen lassen, sondern auch zu allem, was das Bureau seit Jahrzehnten über den Kommunismus und die Bürgerrechte predigte. Hoover gab Sullivan seinen Bericht umgehend zurück, nicht ohne vorher handschriftlich darauf vermerkt zu haben, daß »mich dieses Memo lebhaft an jene Berichte erinnert, die ich erhalten habe, als Castro in Kuba die Macht ergriff. Sie behaupteten damals, Castro und seine Truppen seien keine Kommunisten und nicht von Kommunisten beeinflußt. Allein die Zeit hat sie widerlegt. Ich jedenfalls kann die Memos über [Streichung, vermutlich Levison und O'Dell] nicht ignorieren, weil sie angeblich nur einen unendlich kleinen Effekt auf die Bemühungen haben, den amerikanischen Neger durch die Kommunisten auszubeuten.«[39]

Hoovers Ablehnung des Memos versetzte Sullivan in Panik. Seine eigene Version dieser Kontroverse ist selbstgefällig und muß sorgfältig abgewogen werden, da Sullivan seine Geschichte erst erzählte, nachdem er 1971 aus dem Bureau ausgeschieden war und mit Hoover gebrochen hatte. Es gibt allerdings keinen Grund, an seiner Behauptung zu zweifeln, daß der Bericht vom 23. August eine Krise heraufbeschwor: »Dieses [Memorandum] brachte Hoover gegen mich auf ... Einige Monate verstrichen, ehe er wieder mit mir sprach. Alles lief über schriftliche Mitteilungen. Es war offensichtlich, daß wir unser Verhalten ändern mußten, da wir sonst alle miteinander auf der Straße sitzen würden«.[40]

In den Wochen unmittelbar nach Sullivans Memo versah Hoover alle

Berichte, die er von der Domestic Intelligence Division über King oder Levison erhielt, mit spöttischen Kommentaren. Sullivan saß in einer Falle, die er selbst gebaut hatte. Er hatte seine Abteilung darauf gedrillt, eine endlose Flut von Berichten über kommunistische Aktivitäten zu erstellen, die nun angesichts seines Gutachtens vom 23. August wenig Sinn ergaben. Umgekehrt wurde sein Gutachten nun von den Berichten, die seine eigene Abteilung über die andauernden Machenschaften der Kommunisten erstellte, widerlegt.[41]

Statt an seiner Einschätzung vom abnehmenden Erfolg der Kommunisten in Amerika, die er für richtig hielt, festzuhalten, schickte Sullivan am 30. August ein Memo an Hoover, in dem er alles zurücknahm, was er am 23. August gesagt hatte, und versuchte, den Streit durch Schmeichelei zu schlichten.[42]

Am 16. September 1963 ließ Sullivan ein Memo folgen, in dem er empfahl, »den kommunistischen Einfluß auf Neger intensiver zu überwachen«. Jetzt machte er auch einen neuen Vorschlag: »Wir betonen, daß es dringend notwendig ist, mit Hilfe unseres Spionageabwehrprogramms phantasievolle und aggressive Methoden einzusetzen. Diese Methoden sollten darauf ausgerichtet sein, die Aktivitäten der Kommunistischen Partei im Zusammenhang mit den Negern zu neutralisieren oder zu stören.«[43]

Hoover reagierte auf diesen schwindelerregenden Meinungsumschwung, indem er Sullivan dazu aufforderte, seinen Bericht vom 23. August zu verteidigen. Er weigerte sich, Sullivans jüngsten Meinungsumschwung für voll zu nehmen, und lehnte auch seine Empfehlung ab, die Bemühungen gegen die Partei zu intensivieren.

Nachdem Sullivan aus dem Bureau ausgeschieden war, versuchte er, seinen Wankelmut zu rechtfertigen. Er stützte sich auf die Behauptung, Hoovers Einwände gegen sein Memo seien nicht ehrlich gewesen; Hoover habe seine Untergebenen heimtückisch manipuliert, damit sie ihm die Schlußfolgerungen lieferten, die er wünschte.

Sullivans Rechtfertigung klingt ganz und gar nicht überzeugend. In der Zeit vor der Anwendung des Freedom of Information Act (nach dem die Behörden ihre Akten zugänglich machen mußten) konnte Hoover nicht geahnt haben, daß seine Memos außer ihm selbst, Sullivan und einigen weiteren hochrangigen Bureau-Angestellten sonst noch jemand lesen würde. Er hatte deshalb auch keinerlei Veranlassung, sich in seinen

Äußerungen zurückzuhalten. Wenn Hoover tatsächlich gewünscht hätte, daß Sullivan ihm eine andere Schlußfolgerung präsentierte, hätte er Sullivan dies einfach sagen können. Was Hoover sicher geärgert hat, war, daß Sullivan ihn aufforderte, aufgrund eines einzigen siebenundsechzigseitigen Gutachtens eine Position zu ändern, die er seit vierzig Jahren vertrat, eine Position, die von vielen Millionen Sätzen in Zeugenaussagen und vielen hunderttausend Seiten Recherche gestützt wurde. Nicht Sullivan, sondern Hoover hätte vor den Kongreß, den Justizminister und den Präsidenten treten und den neuen Standpunkt vertreten müssen, den das Bureau gegenüber der Bedrohung durch den Kommunismus im Inland nun plötzlich einnahm. Solange er nicht absolut sicher war und schlagende Beweise hatte, würde er sich nicht dem Tumult aussetzen, den eine Erklärung J. Edgar Hoovers auslösen würde, man dürfe im Lande beruhigt sein, die kommunistische Gefahr sei gebannt.
Überdies war Hoover, im Gegensatz zu Sullivan, Jurist. Er war mit der Methode vertraut, eine Position dadurch zu festigen, daß man ihren Befürwortern Einwände entgegenschleudert, um zu sehen, wie sie reagieren. Das hatte er sein Leben lang getan, und es ist sehr wahrscheinlich, daß er sich auch jetzt dieser Methode bediente. Monatelang hatte Sullivan ihm Berichte über die Gefahr des kommunistischen Einflusses auf die Bürgerrechtsbewegung, insbesondere auf ihren wichtigsten schwarzen Führer, Martin Luther King, geliefert, und jetzt sandte er ihm eine Grundsatzanalyse, die seiner gegenwärtigen Position diametral entgegengesetzt war. Es war nur logisch, daß Hoover Sullivan dazu aufforderte, weitere Beweise für seine neue Position zu liefern.
Sullivan behauptete zwar, Hoover habe versucht, ihn zu unaufrichtigen Aussagen über den kommunistischen Einfluß auf die Bürgerrechtsbewegung zu veranlassen, doch scheint Hoover viel eher versucht zu haben, sich ein Bild von der tatsächlichen Situation zu verschaffen. Während seiner gesamten Karriere hatte Hoover sich immer vergewissert, daß er die Tatsachen auf seiner Seite hatte, bevor er sich in eine politische Kontroverse stürzte. Das Bureau hatte immer die Position vertreten, daß die Kommunisten zwar permanent versuchten, sich Einfluß auf die amerikanischen Schwarzen zu verschaffen, dabei aber keinen Erfolg hatten. Auf der Grundlage dieser Position hatte Hoover die Verbindungen zwischen dem Bereich der Bürgerrechte und dem

Kommunismus interpretiert, wo immer welche entdeckt wurden. Jetzt aber, da es für Hoover in einem entscheidenden Augenblick in der Geschichte der Bürgerrechtsbewegung unbedingt notwendig gewesen wäre, die Wahrheit zu erfahren, ließ Sullivan ihn im Stich. Sullivan gab später sogar bereitwillig zu, er sei bewußt unehrlich gewesen: »Auch hier mußten wir uns mit einer Menge Unsinn befassen, an den wir persönlich wirklich nicht glaubten. Aber wir mußten es tun, sonst wären wir erledigt gewesen.«[44] Doch Hoovers gesamte Karriere zeigt, daß er ein ernsthafter Mann war. Er wollte keinen Unsinn haben oder hören; er wollte die Tatsachen.

Sullivans Unehrlichkeit entschuldigt Hoovers Verhalten selbstverständlich nicht. Hoover hatte ein System geschaffen, in dem letztlich nur Opportunisten befördert wurden, die gelernt hatten, Hoover seine eigenen Vorurteile und Meinungen überzeugend als unabhängige, objektive und affirmative Gedanken zu präsentieren.

Am 15. Oktober 1963 legte die Intelligence Division Hoover eine ausführlichere Darstellung ihrer überarbeiteten Position zum Einfluß der Kommunisten auf die Bürgerrechtsbewegung vor. Dabei handelte es sich um eine Monographie mit dem Titel »Kommunismus und die Negerbewegung – eine aktuelle Analyse«, die Sullivan verfaßt hatte. In diesem Versuch, sich von seinem August-Memorandum zu distanzieren, machte Sullivan so extreme Aussagen über Martin Luther King, daß sein Vorgesetzter Alan Belmont das Memo vom 15. Oktober als »persönlichen Angriff« auf den Bürgerrechtsführer bezeichnete und voraussagte, daß Robert Kennedy »angesichts seiner früheren Verbindung zu King unangenehm überrascht« sein werde. Dennoch, so Belmont, »werden wir unsere Aufgabe erfüllen und [es] außerhalb des Bureau verbreiten«. Hoover genehmigte die Verbreitung und schrieb auf den Rand: »Wir müssen unsere Pflicht tun.« Und: »Ich freue mich, daß Sie die Existenz eines solchen Einflusses endlich anerkennen.« Robert Kennedy ärgerte sich tatsächlich über den Bericht vom 15. Oktober, vor allem als er erfuhr, daß das Pentagon ihn dazu benutzte, seine Opposition gegen die Bürgerrechte zu rechtfertigen. Er gab Hoover die Anweisung, alle Kopien wieder zurückzufordern.[45]

Dieser Versuch, King zu diffamieren, war nur der Anfang der brutalen Kampagne gegen Martin Luther King, die Sullivan (mit Hoovers Billigung) bis zu Kings Ermordung im Jahre 1968 führte. Der Fall King offenbarte, in welchem Ausmaß Hoovers eiserne Disziplin das Bureau in einen abgeschlossenen Raum verwandelt hatte, in dem nur noch die Echos seiner mit Besessenheit vertretenen Vorstellungen und Phobien widerhallten. Die Assistenten, auf deren Informationen über die Welt er sich verließ, versorgten ihn mit Berichten, die darauf ausgerichtet waren, seine immer rigideren Anschauungen und Obsessionen zu antizipieren und zu bestätigen. Das lag einerseits daran, daß Hoover immer weniger bereit war, Informationen zu akzeptieren, die seine Prioritäten oder die Grundsätze seines Bureau in Frage stellten, andererseits aber auch an der Struktur, nach der das Bureau organisiert war. Alles hing von Hoover ab; seine Untergebenen waren viel zu eingeschüchtert, um Fehleinschätzungen seinerseits zu korrigieren. Und das hatte letztlich kein anderer als Hoover selbst zu verantworten.

Sullivans Verhalten, sein demütigender Kniefall vor Hoover war im Bureau nichts Ungewöhnliches; es war die Regel. FBI-Agenten schienen zugleich stolz und beschämt über Vorkommnisse, die zeigten, wie sehr Hoover sie dominierte. Hoover hatte in den zwanziger Jahren ein diziplinarisches System entwickelt, das ihn vor den Fehlern seiner Agenten schützen sollte; jetzt zeigte sich, daß dieses System nicht geeignet war, Agenten hervorzubringen, die Hoover vor seinen eigenen Fehlern bewahren konnten.[46]

Zwei junge Agenten, die im Jahre 1960 in das Bureau eintraten, beschrieben das FBI in erstaunlicher Übereinstimmung als eine Organisation, die der Willkür eines einzelnen Mannes absolut hörig war. Neue Agenten wurden im Rahmen ihrer Ausbildung mit einer idealisierten Legende von Hoovers Leben indoktriniert und lernten, »wie er dieses Bureau von Grund auf aufbaute«. Von einem Unterrichtenden wurde ihnen vorgetragen, daß der »Direktor den Weg des Opfers wählte. Indem er beschloß, auf privaten Reichtum und das, was geringere Menschen für die Freuden des Daseins halten, zu verzichten, widmete er sich ganz dem Aufbau der Organisation, der wir heute voller Stolz dienen dürfen. Gegen alle Widerstände hielt unser Direktor beharrlich an seinem Ziel fest; heute noch ist er der Leitstern des F.B.I. – trotz der Anstrengungen liberaler Linker, ihn aus seinem Amt zu entfernen.« Obwohl »unser Direktor dreizehn Justizministern gedient und sieben Präsidenten unterstützt hat ... arbeitet er immer noch viele Stunden mehr als jeder einzelne von uns, jeden Tag, das ganze Jahr ... ja, Jungs, J. Edgar Hoover ist uns allen ein Beispiel. Und wie man mit Recht sagte – ›der Glanz seiner Gegenwart erleuchtet unser Leben‹.«[47]

Die Indoktrination der neuen Agenten kulminierte in einer Begegnung mit Hoover; tagelang wurde für diesen großen Augenblick geprobt. Die neuen Agenten erhielten die Anweisung, nicht über den Teppich zu schlurfen und oder auf den Boden zu schauen, denn »gelegentlich gefällt es unserem Direktor, auf einem kleinen Podest zu stehen, wenn er Leute in seinem Büro empfängt. Es ist selbstverständlich nur ein kleines, gerade fünfzehn Zentimeter hoch. Tun Sie so, als würden Sie es überhaupt nicht bemerken! Erst kürzlich hatten wir einen neuen Agenten, der aus irgendeinem Grund die Augen einfach nicht davon abwenden konnte. Er wurde sofort entlassen.« Ein Auszubildender erinnerte sich sein Leben lang an den Augenblick, da er Hoover vorgestellt wurde.

Im Januar 1962 schickte Jack Levine, ein verärgerter Ex-Agent, ein achtunddreißigseitiges Memo an Herbert J. Miller, der für die Criminal Division des Justizministeriums zuständig war, und beschwerte sich darüber, wie Hoover das Bureau leitete. Levines Vorwürfe reichten von Antisemitismus über Rassenvorurteile bis zur politischen Beeinflussung mit »rechtem« Gedankengut, aber fast alle berührten Hoovers unbegrenzte Macht über das Leben und die Laufbahn von Agenten.[48]

Einen Grund für die Demoralisierung, die sich im Bureau zeigte, sah Levine in Hoovers Praxis, die Einhaltung von Regeln durch Strafversetzungen durchzusetzen. Levine wies darauf hin, welche schwerwiegenden finanziellen Folgen eine solche Versetzung für die Agenten haben konnte. Dies mag tatsächlich beträchtlich mitgeholfen haben, aus dem Bureau eine Organisation von lauter Jasagern zu machen. Als Hoover sein disziplinarisches System aufbaute, hatten die meisten Agenten ihre Häuser gemietet oder lebten in Pensionen oder Hotels. In den Jahren nach dem Zweiten Weltkrieg war Amerika jedoch zu einer Nation von Hausbesitzern geworden, und auch Agenten besaßen ihre eigenen Häuser. Damit wurde eine Versetzung – die Anweisung, sich unverzüglich auf einem Posten zu melden, der aller Wahrscheinlichkeit nach am anderen Ende des Kontinents lag – zu einer Katastrophe, die einen Agenten durch einen Zwangsverkauf viele tausend Dollar kosten konnte. Die Agenten waren zu fast allem bereit, um den Zorn des Direktors nicht auf sich zu ziehen, wenn sie mit dieser Art von Strafe rechnen mußten.

Levine vertrat auch die Ansicht, die strengen Regeln und Dienstvorschriften seien so erdrückend und die Leistungsansprüche so hoch geworden, daß viele Agenten einen Ausweg nur noch darin sahen, Regeln zu umgehen, Leistungsbilanzen zu fälschen oder auf andere Weise ihren guten Ruf aufs Spiel zu setzen. Das hatte zur Folge, daß eine moralische Zersetzung das Bureau durchdrang, die, so will es die Ironie, gerade durch das System verursacht wurde, das Hoover eingeführt hatte, um unehrliches und unprofessionelles Verhalten zu eliminieren. Als extremes Beispiel nannte Levine das System der »freiwilligen« Überstunden und die Forderung, daß das Bureau in diesem Bereich jedes Jahr Fortschritte zeigen müsse. Zur Zeit, als Levine sein Memo verfaßte, hatte die Zahl der Überstunden, die ein Agent pro Tag durchschnittlich leistete, die unglaubliche Quote von dreieinhalb Stunden erreicht. Um das zu erreichen, mußte viel geschummelt werden, und da jeder es tat, herrschte Chaos in der Verwaltung, was wiederum vielen erlaubte, sich jeglicher Kontrolle zu entziehen. Außerdem berichtete Levine, daß die Agenten unter dem Druck standen, möglichst viele Verurteilungen vorzuweisen, und deshalb viele illegale heimliche Mikrophonüberwachungen, Abhöraktionen und Postöffnungen durchgeführt wurden.
William C. Sullivans Entscheidung, seine Prinzipien über Bord zu werfen und seine Einschätzung der Gefahr, die für Amerika 1963 vom Kommunismus ausging, falsch darzustellen, hatte drastische Konsequenzen für die amerikanische Gesellschaft. Die Leichtigkeit, mit der er seine Überzeugungen in dieser entscheidenden Angelegenheit aufgab, mag eine Folge der zahllosen kleineren Kompromisse gewesen sein, die er ihm Laufe der Jahre eingehen mußte, um in Hoovers FBI überleben zu können. Hoover hatte durch seinen Führungsstil aus seinen Leuten Lügner gemacht, und so mußte er sich schließlich auch auf den Rat von Lügnern verlassen.

Am 22. November 1963 gab Robert Kennedy in Hickory Hill, seinem Haus in McLean, Virginia, ein Arbeitsessen. Zur Diskussion stand das organisierte Verbrechertum. In Washington saß Angie Novello, seine Sekretärin, in ihrem Büro im Justizministerium und war von der Nachricht, die sie aus Dallas erhalten hatte, so verstört, daß sie nicht imstande war, ihren Chef anzurufen. Hoover erledigte das Telefonat für sie. Kennedy erinnerte sich später, daß der Direktor gesagt hatte:

»Ich habe eine Nachricht für Sie. Der Präsident ist erschossen worden.« Oder vielleicht sagte er: »Ich habe eine Nachricht für Sie«, und ich sagte »Was?«, und er sagte darauf: »Der Präsident ist erschossen worden.« Und ich – ach, ich weiß nicht, was ich sagte – wahrscheinlich »Oh« oder etwas Ähnliches – und ich weiß nicht, ob er dann – oder ob ich ihn genauer fragte, ob es ernst sei. Ich glaube, er sagte: »Ja, ich glaube, es ist ernst.« Er sagte: »Ich rufe Sie zurück ... wenn ich mehr herausgefunden habe.« An mehr kann ich mich nicht erinnern.

Bei seinem Rückruf zeigte Hoover, wie Kennedy sich erinnerte, »nicht sehr viel Wärme oder Mitgefühl«. Hoover schien nicht sehr erregt zu sein. »Wenn er mich über die Tatsache unterrichtet hätte, daß er einen Kommunisten in der Professorenschaft der Howard-Universität gefunden hätte, wäre er aufgeregter gewesen.«[49]

In einer solchen Situation hinterläßt das Versäumnis, Trost und Mitgefühl unmißverständlich auszudrücken, einen tiefen Eindruck. Daß Hoover, ob willentlich oder nicht, so wenig Emotion zeigte, wurde von Robert Kennedy und seinen Freunden mit der Zeit als gewollte Grausamkeit interpretiert. Viel wahrscheinlicher ist allerdings, daß er andere Dinge im Kopf hatte, denn wieder einmal hatte der amerikanische Geheimdienst auf katastrophale Weise versagt. Hoover hatte das Fiasko in der Schweinebucht nicht tangiert, aber es hatte CIA-Chef Allen Dulles das Amt gekostet, und Dulles arbeitete schon länger bei der Regierung als Hoover: Er war 1916 in den Staatsdienst eingetreten. Wie nach Pearl Harbor konnte niemand sagen, wen die Schuld an der Ermordung des Präsidenten treffen würde, und Hoover mußte herausfinden, ob er möglicherweise zur Verantwortung gezogen werden konnte.

Kaum hatte die Nachricht von Kennedys Ermordung Washington erreicht, stellte Hoover einen vorläufigen Bericht zusammen, den er am folgenden Tag Lyndon Johnson übersandte. Alle Beteiligten – Hoover, das FBI, die CIA und dann auch die Warren-Kommission – standen schon zu Beginn der Ermittlungen unter dem Druck, einen Bericht herauszugeben, der die Öffentlichkeit überzeugen würde, daß Oswald der alleinige Mörder war. In einem Telefongespräch mit Johnson-Mitarbeiter Walter Jenkins sagte Hoover: »Mir und auch Mr. Katzenbach geht es vor allem darum, etwas herauszugeben, das die Öffentlichkeit davon überzeugt, daß Oswald der wahre Mörder ist.« Katzenbach

wurde noch deutlicher: »Den Spekulationen über Oswalds Hintermänner muß ein Ende gesetzt werden. Wir sollten irgendeine Grundlage haben, um die Vorstellung aus der Welt zu schaffen, daß es sich um eine kommunistische Verschwörung handelte oder (wie die Presse hinter dem Eisernen Vorhang behauptet) eine Verschwörung des rechten Flügels, die den Kommunisten in die Schuhe geschoben werden soll.«
Kurz nachdem die Kommission ernannt war, bat Katzenbach am 9. Dezember jedes einzelne Mitglied schriftlich darum, eine Pressemitteilung herauszugeben, in der festgehalten wurde, der FBI-Bericht bezeichne Oswald als den alleinigen Mörder.[50]

Hinter dieser Eile, Belege dafür zu beschaffen, daß das Attentat das Werk eines einzelnen Mannes gewesen war, steckte die Angst des Weißen Hauses vor der Reaktion der Öffentlichkeit, wenn auch nur einer der Indizienbeweise bekannt werden sollte, der Castro mit dem Mord in Verbindung brachte. Nicht daß irgendwer von der Verantwortlichkeit Castros überzeugt gewesen wäre, aber die Kette von Ereignissen, die Havanna mit Dallas verband, enthielt so viele vordergründig plausible Elemente, daß das Weiße Haus unkontrollierbare Forderungen nach Vergeltungsmaßnahmen gegen den kubanischen Führer befürchtete. Angesichts der Übereinkunft, die im Oktober 1962 die Kuba-Krise beendet hatte – die Vereinigten Staaten hatten auf eine Invasion Kubas verzichtet, unter der Bedingung, daß die Russen ihre Raketenbasen abbauten –, würde ein Konflikt mit Kuba mit ziemlicher Sicherheit zu einer neuen Konfrontation mit der Sowjetunion führen, deren Ausgang nicht vorhersehbar war.

Hoover war soweit informiert, daß er der Meinung war, die CIA-Pläne, Castro zu ermorden, seien im Jahre 1962 gestoppt worden. Das war jedoch nicht der Fall. Die CIA hatte mit Roland Cubela (Kodename AMLASH) einen hochrangigen Kontaktmann in der kubanischen Regierung. Gemeinsam mit ihm hatte die CIA bereits das ganze Jahr 1963 über die Beseitigung des kubanischen Führers geplant. Am 7. September gab Castro einem Journalisten von der Associated Press ein ungewöhnliches Interview, in dem er behauptete, von den geplanten Anschlägen auf sein Leben zu wissen, und sagte: »Wir sind bereit, zu kämpfen und mit den gleichen Methoden zurückzuschlagen. Die Führer der Vereinigten Staaten sollten bedenken, daß sie selbst nicht sicher sind, wenn sie terroristische Pläne unterstützen, kubanische Führer zu beseitigen.« Am 12. September 1963 kam der Koordinationsausschuß für kubanische Angelegenheiten, der für die Mordkomplotte zuständig war, zum Schluß, Castro könnte tatsächlich auf irgendeine Weise Vergeltung üben. Dennoch informierte ein Beamter der CIA an dem Tag, als Präsident Kennedy ermordet wurde – sogar genau zu dem Zeitpunkt, als die Schüsse fielen –, AMLASH darüber, daß er ein Gewehr und andere Mordwaffen erhalten werde, um sie gegen Castro einzusetzen. »Als AMLASH und der Beamte ihr Gespräch beendet hatten, erhielten sie die Nachricht, der Präsident sei erschossen worden.«[51]

Hoover trieb seine Agenten hart an, ihre Ermittlungen schnell abzuschließen, weil das Repräsentantenhaus, der Senat und der Bundesstaat Texas ihre eigenen Studien planten. Der FBI-Bericht wurde Johnson am 5. Dezember zugestellt. Nach Aussage von William Sullivan versuchte Hoover jede andere Untersuchung über den Mord zu verhindern, indem er der Presse ein Vorabexemplar des Berichtes zuspielte. Doch Johnson wußte, daß auch Hoovers Prestige nicht so groß war, daß er sich erlauben konnte, die Angelegenheit aufgrund der FBI-Ergebnisse als erledigt zu betrachten. Um Hoover zu besänftigen, sagte Johnson zu ihm, er habe beabsichtigt, nur mit dem FBI-Bericht »durchzukommen«, aber wegen all der Gerüchte eine höhere Kommission zur Untersuchung einsetzen müssen. Hoover betrachtete die Warren-Kommission als einen potentiellen Gegner und ihre bloße Existenz als Bedrohung. Deshalb achtete das Bureau bei den Ermittlungen, die es für die Warren-Kommission durchführte, vor allem darauf, seinen Ruf zu schützen und Kritik zu vermeiden.[52]

Die Ermordung von John F. Kennedy schien Hoover wieder in die Situation zu bringen, die Rolle zu spielen, die er in der Vergangenheit schon so oft gespielt hatte, nämlich, der Öffentlichkeit zu versichern, daß die Regierung eine gefährliche Situation unter Kontrolle hatte. Doch während Hoovers Agenten für die Warren-Kommission ermittelten, stellte Hoover seine eigenen Nachforschungen darüber an, wie das Bureau den Fall Oswald behandelt hatte. Und was er fand, erschütterte sein Vertrauen in die Fähigkeiten des FBI.

Im Bureau war am 31. Oktober 1959 eine erste Sicherheitsakte über Oswald angelegt worden, als man erfahren hatte, daß Oswald in die Sowjetunion übergelaufen war. FBI-Ermittlungen zu jener Zeit ergaben, daß er kein Sicherheitsrisiko darstellte, obwohl er durch seine Tätigkeit bei der Marineinfanterie in Japan mit den Operationen des Spionageflugzeugs U-2 in Berührung gekommen war. Allerdings wies Hoover das Außenministerium darauf hin, daß die Russen Oswalds Identität dazu benutzen könnten, um einen Betrüger in die Vereinigten Staaten einzuschleusen.

Im Juni 1962 kehrte Oswald aus der Sowjetunion zurück und wurde vom FBI verhört. Sein Fall wurde am 20. August 1962 nach einem zweiten Verhör abgeschlossen, obwohl die Agenten von der Außendienststelle in Fort Worth, Texas, ihn als feindselig und ausweichend charakterisierten und es viele verdächtige Umstände gab, die eine Untersuchung wert gewesen wären. Das Bureau vertrat die Ansicht, daß Oswalds Hochzeit in der Sowjetunion wahrscheinlich von den Behörden nicht genehmigt worden wäre, wenn sie ihn als Agenten hätten einsetzen wollen. Der staatliche Geheimdienst dagegen meinte, daß die Sowjets in Oswalds Hochzeit mit einer Russin eine Möglichkeit sahen, ihn auch in Zukunft unter Kontrolle zu haben.

Kurz vor dem Höhepunkt der Kuba-Krise im Oktober erfuhr das Bureau im September 1962, daß Oswald die kommunistische Zeitung *The Worker* abonniert hatte. Das widersprach seinen Aussagen, in denen er festgehalten hatte, der Kommunismus habe ihn enttäuscht. In Verbindung mit anderen verdächtigen Aktivitäten hätte dieses Abonnement ausgereicht, um Oswald nach den damals gültigen Bestimmungen auf die Sicherheitsverwahrungs-Liste zu setzen, doch die Agenten versäumten es, dem Fall auf der Spur zu bleiben.[53]

Spezialagent James Hosty von der Außendienststelle in Dallas, der mit der Akte Marina Oswald betraut worden war, fiel schließlich Oswalds Abonnement auf, und er empfahl, den Fall noch einmal aufzurollen. Am 26. März 1963 wurde die Genehmigung dazu erteilt. Im April brachte die Außendienststelle in New York in Erfahrung, daß Oswald dem »Fair Play for Cuba Committee« beigetreten war und in Dallas castrofreundliche Flugschriften verteilt hatte. Diese Information wurde erst Ende Juni an die Außendienststelle in Dallas, und erst im September an die Zentrale in Washington weitergeleitet.

Im August zog Oswald nach New Orleans, das zu jener Zeit eine regelrechte Brutstätte für Aktivitäten gegen Castro war. Am 1. August 1963 beschlagnahmte das FBI eine Tonne Dynamit und andere Waffen, die Castro-Gegner in der Nähe von New Orleans gelagert hatten. Während seines Aufenthaltes in New Orleans versuchte Oswald, sich am 7. August einer Anti-Castro-Gruppe anzuschließen, wurde aber verhaftet, als es zu einer Rauferei mit einem Mitglied dieser Gruppe kam, das ihn dabei ertappte, wie er castrofreundliche Flugschriften verteilte. Oswald hatte offenbar versucht, entweder auf eigene Faust oder auf Anweisung hin, die Gruppe zu infiltrieren. Bei dieser Gelegenheit verlangte Oswald ein weiteres Gespräch mit dem FBI. Wieder stellte er seine politischen Anschauungen und politischen Aktivitäten falsch dar. Gegen Ende August nahm er an einer Rundfunkdiskussion teil, während derer er Castro verteidigte und sich selbst als einen Marxisten bezeichnete.

Im September entging dem Bureau ein ganz offensichtliches Gefahrensignal: Oswald verließ New Orleans und fuhr nach Mexico City, wo er mit einem Diplomaten der sowjetischen Botschaft zusammentraf, der zugleich ein Offizier des KGB war. Das Bureau hielt ihn sogar für einen Angehörigen einer Abteilung des KGB, die für Mord- und Sabotageaufträge zuständig war. Außerdem versuchte Oswald in Mexico City, kubanische Beamte zu treffen, um die Erlaubnis für eine Reise nach Havanna zu bekommen. Der Bericht über Oswalds Aktivitäten in Mexico City lag am 22. November auf einem Schreibtisch in Washington.[54]

Anfang November erfuhr die Außendienststelle in Dallas, daß Oswald zurückgekehrt sei und im Texas Book Depository* arbeite. Agent Hosty befragte Oswalds Frau Marina; sie schien Angst zu haben. Zwei Wochen vor der Ermordung Kennedys kam Oswald in die FBI-Außendienststelle in Dallas und hinterließ eine Notiz für Hosty, in der er drohte, das FBI und die Polizeibehörde in Dallas in die Luft zu jagen, wenn Hosty nicht unverzüglich aufhöre, Marina zu belästigen. Hosty berichtete später, daß er diese Notiz zwei Tage nach dem Attentat auf Anweisung seines Vorgesetzten vernichtet habe.

Die interne Bureau-Untersuchung, die sofort nach dem Attentat eingeleitet wurde, machte Hoover klar, daß die Leistung des FBI in diesem Fall so mangelhaft gewesen war, daß es nur einen Weg gab, die Kritik, der das Bureau wahrscheinlich ohnehin nicht ganz würde entgehen

* Die Schüsse auf John F. Kennedy wurden aus einem Fenster im sechsten Stock des Texas School Book Depository abgegeben. (Vgl. Anthony Summers, *Die Wahrheit über den Kennedy-Mord,* München, Berlin: F. A. Herbig Verlagsbuchhandlung, 1983. – A.d.Ü.)

können, im Rahmen zu halten: Lee Harvey Oswald mußte als der einzig Schuldige und alleinige Mörder dargestellt werden. Es durfte keine Hintermänner geben, die, erstens, das Attentat mit früheren CIA-Plänen in Verbindung bringen könnten, oder zweitens, die Frage aufwerfen könnten, warum das FBI von einer umfassenden Verschwörung nichts gewußt hatte.

Alle, die an der Untersuchung beteiligt waren, hatten gute Gründe, sie ausschließlich auf Oswald zu konzentrieren. Deshalb übertrug Hoover die Ermittlungstätigkeit für die Warren-Kommission seiner Criminal Investigations Division und nicht der Intelligence Division, die für die Sicherheitsakte Oswald zuständig gewesen war. Obwohl im FBI bekannt war, daß die CIA in Mordversuche verwickelt war, wurde nicht überprüft, ob die kubanische Regierung möglicherweise beteiligt war, und man führte auch keine Gespräche mit kubanischen Informanten. Als das FBI im Juli 1964 (zwei Monate bevor der Warren-Bericht herauskam) schließlich vom AMLASH-Komplott erfuhr, wurden die Agenten, die für die Warren-Kommission ermittelten, darüber nicht informiert.

Die interne FBI-Untersuchung, die angeordnet wurde, als die Ermittlungen für die Warren-Kommission noch im Gang waren, brachte eine verheerende Liste von Versäumnissen des FBI zutage: »Oswald hätte auf den Sicherheitsindex gehört; seine Frau hätte vor dem Attentat befragt werden müssen; die Untersuchung hätte intensiviert, nicht in der Schwebe gehalten werden müssen, nachdem Oswald die sowjetische Botschaft in Mexiko kontaktiert hatte.« Hoovers spontane Reaktion darauf war, jeden zu bestrafen, der mit der Akte Oswald zu tun gehabt hatte. Die Inspection Division warnte ihn, daß solche disziplinarischen Maßnahmen peinlich werden könnten. Die Warren-Kommission könnte Agenten vorladen, die dann zugeben müßten, daß sie für die schlechte Durchführung der Ermittlungen in diesem Fall bestraft worden seien. Die Bestrafung würde gewiß als Eingeständnis des FBI interpretiert, daß in diesem Fall Fehler gemacht worden seien. Hoover aber wünschte keinen Aufschub und sagte: »Weder kann so ungeheuerliche Inkompetenz übersehen, noch können administrative Maßnahmen auf einen späteren Zeitpunkt verschoben werden.« Selbst nachdem DeLoach ein langes Memo verfaßt hatte, in dem er warnend darauf hinwies, wie gefährlich es für das öffentliche Image sei, wenn das Bureau durch die Bestrafung von FBI-Angestellten zugebe, im Unrecht zu sein, schrieb Hoover: »Ich bin nicht dieser Meinung.« Am 10. Dezember versandte er siebzehn Rügen (unter anderen auch an William C. Sullivan) »wegen Versäumnissen im Zusammenhang mit der Ermittlung gegen Oswald vor dem Attentat«.[55] Besonders wütend war Hoover darüber, daß Oswald nicht auf der Liste der Personen war, die für so gefährlich erachtet wurden, daß sie in Kriegszeiten verhaftet werden sollten.

Als der Warren-Bericht am 24. September 1964 veröffentlicht wurde, ließ Hoover genau überprüfen, was darin über das Bureau gesagt wurde. »In Kapitel 8 werden wir völlig auseinandergenommen«, sagte er. Er wurde darüber informiert, daß »die Warren-Kommission jetzt in vernichtender Weise einige der krassesten Fehler darlegt, für die wir unsere Leute bereits bestraft haben; so zum Beispiel das Versäumnis, eingehende Untersuchungen anzustellen, nachdem wir festgestellt hatten, daß Oswald die sowjetische Botschaft in Mexiko aufgesucht hatte«. Außerdem erfuhr Hoover, daß die Aussagen einiger Agenten das Bureau »lächerlich machen und seinem öffentlichen Image schaden«.[56]

Hoovers Wut auf die schuldigen Agenten schäumte noch einmal über, denn der Warren-Bericht enthüllte nun der Öffentlichkeit einige Versäumnisse des Bureau, die er bereits aufgedeckt hatte. Vier Tage nach Erscheinen des Warren-Berichtes wurden von den ursprünglich siebzehn Agenten acht noch einmal bestraft. Wieder wies Belmont Tolson auf das Risiko hin, daß dies unweigerlich als Schuldbekenntnis aufgefaßt werden würde: »Seht, die Kommission hat recht. Mr. Hoover hat strenge Maßnahmen gegen alle Angestellten ergriffen, die in diesen Fall verwickelt sind, und gibt damit zu, daß das Bureau Fehler gemacht hat.« Hoover entgegnete darauf: »Wir haben Fehler gemacht. Die administrativen Maßnahmen, die ich gebilligt habe, bleiben bestehen.« Dann folgte eine überraschende Erklärung: »Ich habe nicht die Absicht, Handlungen zu entschuldigen, die im Ergebnis den Ruf des Bureau, eine erstklassige Ermittlungsbehörde zu sein, für immer ruiniert haben.«[57]

Wie immer, wenn er von Außenstehenden kritisiert wurde, verteidigte Hoover das Bureau auch gegen den Warren-Bericht energisch, obwohl er innerhalb des Bureau zugab, er »hege keinerlei Zweifel, daß wir in den Ermittlungen gegen Oswald versäumt haben, einigen sehr auffälligen Aspekten nachzugehen. Das sollte uns allen eine Lehre sein, obwohl ich den Eindruck habe, daß einige das selbst jetzt noch nicht begriffen haben«. Er befahl seinen Leuten, die Warren-Kommission zu widerlegen, obwohl sie nur wenige kritische Äußerungen gegen das Bureau vorgebracht hatte, und bestand darauf, daß mit dem Gegenangriff des FBI unverzüglich begonnen wurde. Seine Mitarbeiter regten an, der Presse die Bureau-Kritik an der Warren-Kommission zukommen zu lassen und erst einige Tage später eine Kopie an die Kommission zu schicken, damit eine eventuelle Entgegnung weniger Wirkung hätte. Hoover billigte den Vorschlag und sagte, das Bureau sei der Kommission in keiner Weise zur Höflichkeit verpflichtet. Wenn das Bureau nicht hart zurückschlage, »können wir uns ebensogut hinlegen und uns von allen und jedem treten lassen, ohne uns zu verteidigen oder zu wehren«.[58] Hoovers Topmitarbeiter schienen von der armseligen Leistung des FBI, die das Attentat an den Tag gebracht hatte, nicht so schockiert zu sein wie der Direktor. Sie behandelten die ganze Angelegenheit als ein Problem der Öffentlichkeitsarbeit.

Im Zusammenhang mit dem Attentat gab es noch ein Versäumnis des FBI, eines, das Hoover niemals erwähnte und niemals zugab. Wie Hoover wußte, hatte Kennedy während seiner gesamten dreijährigen Amtszeit Unmengen von haßerfüllten Drohbriefen erhalten, die voller gewalttätiger Anspielungen und sexueller Verleumdungen waren. Hoover hätte den Präsidenten darauf aufmerksam machen müssen, daß er permanent der Gefahr eines Attentats ausgesetzt war. Auch wenn das Jahrzehnt der politischen Morde, das mit Jack Kennedys Ermordung eröffnet wurde, in Amerika noch nicht begonnen hatte, hätte der Direktor des Bureau, das als die wichtigste Verteidigungswaffe des Präsidenten gegen Verbrechen eingerichtet worden war, größeres Interesse für die Bedrohung zeigen müssen, die diese Verleumdungen für die Sicherheit des Präsidenten darstellten. Vielleicht war Hoover weniger wachsam, weil auch er die Kennedys nicht mochte. Aber nicht einmal Robert Kennedy hatte das Ausmaß des Hasses, der sich 1963 auf seinen Bruder konzentrierte, richtig eingeschätzt, den Haß »der Gewerkschaft der Lastwagenfahrer, der Gangster, der Kubaner, die für Castro waren, der Kubaner, die gegen Castro waren, der Rassisten, der rechten Fanatiker, der einsamen, irregeleiteten Verrückten, die in der Nacht mit sich selbst sprechen«. Das größte Versäumnis, das sich Hoover unter

Kennedy zuschulden kommen ließ, war vermutlich seine Blindheit gegen die möglichen Folgen des leidenschaftlichen Widerstandes, den der Präsident erregte. Deshalb versäumte er auch, dem Weißen Haus deutliche Hinweise und Informationen über das Ausmaß der Bedrohung zukommen zu lassen, der Kennedy ausgesetzt war.[59]
Hoover wußte, wie angreifbar das FBI durch seine Versäumnisse im Fall Oswald geworden war, und das hatte möglicherweise Einfluß darauf, wie er sich unter Kennedys Nachfolger verhielt. Hoover kannte und mochte Lyndon Johnson und zog ihn den Kennedys bei weitem vor. Der Fall Oswald gab ihm einen Grund mehr, seine Loyalität gegenüber Johnson deutlich zu machen: Hoover war klar, daß er nur dann sicher sein konnte, wenn er sich Lyndon Baines Johnson absolut unterwarf, denn er war der Mann, der die letzte Entscheidung darüber fällte, ob irgendwelche Köpfe rollen würden.

Die Abneigung gegen Kennedy, gegen Kennedys Leute und gegen die Wertvorstellungen der New Frontier veranlaßten Hoover, vor der aufrührerischen, wandelbaren Welt außerhalb des Bureau Schutz zu suchen. Wenn er das Bureau überhaupt verließ, dann nur, um die geschützte Abgeschlossenheit exklusiver Hotels in Florida oder Südkalifornien und die Häuser seiner reichen Freunde aus Texas oder Hollywood aufzusuchen. Er hatte alle sozialen Kontakte zu lebenden Verwandten abgebrochen, sogar zu den Kindern seiner Geschwister, Dicks Tochter und Lillians Sohn Fred, einem FBI-Agenten, der 1952 ausschied. Die einzige persönliche Beziehung, die er unterhielt, war die Freundschaft mit Tolson.
Das Bureau war jetzt Hoovers Zuhause. Es hatte sozusagen das Wesen des viktorianischen Seward Square in sich aufgesogen. Der Seward Square der sechziger Jahre – ein schwarzes Viertel, in dem sich nach Sonnenuntergang Angst ausbreitete – muß Hoover wie eine alte abgestreifte (und ein wenig peinliche) Haut vorgekommen sein. Er gehörte jetzt zu der aufgewühlten Gesellschaft, deren Wellen gegen den sicheren Hafen schlugen, den Hoover sich innerhalb des FBI geschaffen hatte.

Nach dem Attentat brach Hoovers kaum verhohlener Haß gegen Robert Kennedy offen hervor, geschürt vom Bedürfnis, seine bedingungslose Loyalität gegenüber Lyndon Johnson unter Beweis zu stellen. So erzählte man sich, daß Kennedy versucht habe, Hoover über das Telefon, das auf seinem Schreibtisch stand, direkt zu erreichen. Hoover ließ es klingeln, und als es aufgehört hatte, sagte er: »Stellt das verdammte Ding zurück auf Miss Gandys Schreibtisch, wo es hingehört.« Da er meinte, Courtney Evans, der Verbindungsmann zum Ministerium und zum Weißen Haus, stehe Kennedy zu nahe, ersetzte er ihn durch Cartha DeLoach, der Johnson kennengelernt hatte, als er Verbindungsmann des Bureau zum Kongreß gewesen war; außerdem war DeLoach ein Südstaatler (aus Georgia).[60]

Kennedy versuchte, wenigstens einen höflichen Umgang zu wahren, und ging mit Freundlichkeiten auf Hoover zu. Im Dezember schenkte er seinem Stab, einschließlich Hoover, gravierte Manschettenknöpfe als Andenken an die gemeinsam verbrachten Jahre, und Hoover – das muß man ihm zugute halten – antwortete mit einer handschriftlichen Notiz, in der er sich für »das Erinnerungsstück an eine Freundschaft, die ich immer in Ehren halten werde«, bedankte. Im Mai 1964 machte Kennedy ein weiteres Friedensangebot und gratulierte Hoover zu seinem Vierzigsten Jubiläum als Direktor des FBI. Danach glaubte er, fälschlicherweise, die Dinge seien wieder im Lot.

Hoover aber erzählte, während er seine Beziehungen zu Johnson pflegte, nicht ohne eine gewisse Befriedigung herum, er habe »die letzten sechs Monate, die Bobby Kennedy im Amt war, nicht mit ihm gesprochen«. (Robert Kennedy schied im September 1964 aus seinem Amt, um für den Senat in New York zu kandidieren.)

Robert Kennedys Freunde nahmen Hoover sein, wie sie es interpretierten, mangelndes Mitgefühl für Bob und seine Eile, sich bei Johnson einzuschmeicheln, sehr übel. (Doch da Johnson Robert Kennedy ebenso haßte und fürchtete, hätte er wohl auch darauf bestanden, daß Hoover ihn gegen Kennedy unterstützte, wenn dieser keine so große Abneigung gegen ihn gehabt hätte.) Was denselben Vorwurf an Johnson betrifft, waren ihre Emotionen so groß, daß einige McGeorge Bundy, den Sonderbeauftragten für Angelegenheiten der nationalen Sicherheit, als Verräter betrachteten, weil er unter Lyndon Johnson im Amt blieb.

Es fiel Hoover nicht schwer, im Jahre 1964 Johnsons Angst davor auszunutzen, die Kennedys könnten ein Komplott schmieden, um ihn zu stürzen. Hoover wußte, daß alle dahingehenden Spekulationen bei

Johnson ein offenes Ohr finden würden, denn Johnson war geradezu begierig, von Robert Kennedy das Allerschlechteste zu glauben.
Unter Präsident Kennedy war es eine ausgemachte Sache gewesen, daß Hoover aus seinem Amt würde ausscheiden müssen, wenn er am Neujahrstag 1965 das vorgeschriebene Pensionsalter erreichte. Das Attentat hatte alles verändert. Es hatte einen von Hoovers ältesten und engsten Freunden im Weißen Haus an die Macht gebracht, einen Präsidenten, der die Art von loyalen Dienstleistungen zu schätzen wußte, die allein Hoover zu leisten imstande war. Als das Jahr 1964 anbrach, hatte Hoover allen Grund zu hoffen, daß Kennedys Ende das Ende seiner eigenen Karriere auf unbestimmte Zeit verschoben hatte.

Kapitel 12

Johnsons FBI

Es ist mir lieber, er pinkelt vom Zelt nach draußen als von draußen ins Zelt.

Nicht sicher verbürgte Erklärung Johnsons, warum er Hoover als FBI-Direktor weiterbeschäftigte[1]

Als Lyndon Johnson Präsident wurde, war er von Kennedy-Loyalisten umgeben. Einige nahmen es Johnson übel, daß er die Führung so schnell an sich riß. Andere grollten ihm wegen wirklicher oder eingebildeter Verletzungen von Privilegien der Familie Kennedy. Gemeinsam waren sie der Ansicht, das Schicksal habe ihnen in der Person von Johnson die Macht weggeschnappt, die sie 1960 errungen hatten und die ihnen eigentlich bis mindestens 1968 zugestanden hätte. Daß Johnson der Erinnerung an den verlorenen Führer regelmäßig seinen Tribut zollte und sein Regierungsprogramm zu einem Denkmal des toten Präsidenten machte, konnte daran nichts ändern; der Unmut gegen Johnson als Usurpator blieb bestehen – ein Usurpator ohne Benehmen und Stil zudem, wie einige meinten. Und nie wurde Johnson den Gedanken an Robert, den Bruder des ermordeten Präsidenten, los, den von Johnson meistgehaßten und -gefürchteten Politiker. Und ausgerechnet Robert Kennedy hatte das strategisch wichtigste innenpolitische Amt der Regierung inne und konnte ihm so den größten Schaden zufügen: Er war Justizminister.

Im November 1963 sah Lyndon Johnson sich deshalb verzweifelt nach Männern um, auf deren Loyalität er zählen konnte. J. Edgar Hoover kannte er bereits, er kannte ihn sogar sehr gut, da er ihm seit rund zwanzig Jahren in freundschaftlicher und gutnachbarlicher Weise verbunden war. Hoover hatte Johnson seine Loyalität und Anerkennung auf vielfältigste Weise bezeugt. Er hatte Johnson verteidigt und seine Feinde angegriffen und damit bewiesen, daß er ein Mann war, dem Johnson vertrauen konnte.[2]

Hoovers enge Beziehung zu Johnson hatte rund zwanzig Jahre früher begonnen, als Lyndon und Lady Bird 1945 ihr erstes Haus in Washington gekauft hatten. Das Haus lag im Nordwesten Washingtons (Thirtieth Place), einer vorstädtischen Siedlung freistehender zweistöckiger Häuser, wo auch Hoover 1939 hingezogen war. Hoover pflegte später viele Geschichten über die Zeit als Nachbar Johnsons zu erzählen.

Nach Meinung von Ramsey Clark, dem letzten Justizminister unter Johnson, war Johnson durch die fast zwanzigjährige Nachbarschaft mit Hoover für die Aufgabe, Hoover zu kontrollieren, »eigentlich disqualifiziert«. Denn für den jüngeren Johnson, der »zur Zeit der Jagd auf Dillinger aufgewachsen war und an solchen Taten Gefallen gefunden hatte«, war Hoover immer noch Amerikas G-Man Nummer eins.[3]

Hoover bewunderte Johnson seinerseits. Einige seiner besten Freunde, wie Clint Murchison und Sid Richardson, waren ebenfalls Texaner. Von Johnson sagte er: »Man kann ihn nicht bremsen. Er tut, was er will, egal, ob es den Sicherheitsvorschriften entspricht oder nicht. Texaner mögen es nicht, wenn man ihnen vorschreibt, was sie zu tun haben. So sind Texaner. Sie sind ein eigener Menschenschlag. Ich bewundere die Intelligenz und Furchtlosigkeit dieser Männer.«[4]

Die Anwesenheit Hoovers in der Johnson-Administration wirkte beruhigend auf die Gemüter, die durch Johnsons Politik der Great Society* und seine Bürgerrechtsgesetze in Aufregung versetzt worden waren. Als Johnson beschloß, Hoover als FBI-Direktor zu übernehmen, erhielt er Hunderte von Briefen, in denen ihm zu seiner Entscheidung gratuliert wurde. In einigen der Briefe wurde ihm sogar empfohlen, Hoover für ein höheres Amt vorzusehen, etwa als Generalsekretär der Vereinten Nationen. Ein Verfasser schlug vor, Johnson solle den Sitz des vor kurzem aus dem Amt geschiedenen Arthur Goldberg am Obersten Bundesgericht zwischen Hoover und Tolson teilen, damit die beiden das Amt gemeinsam versehen könnten. Der konservative Kolumnist Rus-

* Von Johnson 1965 geprägtes Schlagwort für das Programm, mit dem er die Sozialpolitik Kennedys fortsetzte. (A.d.Ü.)

sell Kirk wollte Hoover als Justizminister sehen. Viele Amerikaner vertrauten Hoover und wollten von seiner Ablösung nichts hören. Im Dezember 1964 behauptete Art Buchwald in einem harmlosen Seitenhieb auf Hoover, er sei »eine mythische Gestalt, die auf eine Erfindung von *Reader's Digest* zurückgeht«. Einer der texanischen Freunde Johnsons schrieb Johnson daraufhin, er kenne viele Leute, die diese Geschichte glaubten, und bat um eine schriftliche eidesstattliche Erklärung, die er »gewissen Leuten in Dallas« als Beweis vorlegen wolle, daß Hoover »eine lebendige Person aus Fleisch und Blut« sei. Hoovers Anhänger waren vielleicht nicht alle so exzentrisch, aber sie waren auf fanatische und humorlose Weise loyal.[5]

Angesichts von Hoovers Prestige und der politischen Unterstützung, die er im ganzen Land genoß, konnte sein Verbleiben in der politischen Landschaft als zusätzlicher Beweis dafür dienen, daß die Bürgerrechtsgesetze nicht gleichbedeutend mit einer kommunistischen Verschwörung waren (zumindest nicht ausschließlich); nur mit Hoover an der Spitze konnte das FBI der Empörung der Regierung über die rassistische Gewalt im Süden den nötigen Nachdruck verleihen. Und eingedenk des früheren Widerstands des FBI gegen die aktive Durchsetzung der Bürgerrechte glaubte man, nur Hoovers unumstrittene Autorität im FBI könne garantieren, daß die Agenten auch tatsächlich beim drastischen Kurswechsel in der Bürgerrechtspolitik des Bureau mitziehen würden. Hoover erwies sich in einer weiteren Hinsicht als nützlich für Johnson, als der laute Ruf nach Ruhe und Ordnung, der auf Demonstrationen gegen den Rassismus und Gettoaufstände folgte, die Kriminalität zu einem politischen Problem werden ließ, das gleichgewichtig neben der Frage Vietnam stand. Johnson konnte sich 1966 auf Hoovers Prestige stützen, um die Glaubwürdigkeit seines gegen das Verbrechertum gerichteten Programms zu untermauern. Um der Sorge Ausdruck zu verleihen, mit der die Administration das Anwachsen der Verbrechensrate beobachtete, schlug Johnson dem Kongreß eine sechsfache Erhöhung der Neuaufnahmen in die National Police Academy des FBI vor, um damit die Ausbildung der Beamten der örtlichen Polizei zu verbessern.

Eine Freundschaft mit Lyndon Johnson beruhte selten auf gegenseitiger Gleichberechtigung. Im Umgang mit seinen engsten Vertrauten war Johnson despotisch und brutal; er stürzte sie in Wechselbäder aus

Verzweiflung und Enthusiasmus, je nachdem, ob er ihnen seine Gunst gewährte oder vorenthielt. Die Beziehung zwischen Hoover und Johnson hatte, im Vergleich zu den typischen, gleichsam sadomasochistischen Beziehungen Johnsons zu seinen anderen Vertrauten, mehr von einer echten Freundschaft. Johnson war manchmal über Eigenheiten Hoovers aufgebracht (er beklagte sich etwa, Hoover rede so schnell, daß er ihn nicht verstehen könne), führte aber trotzdem regelmäßige Gespräche über die verschiedensten Themen der Tagespolitik mit ihm. Johnson fand Gefallen am Gespräch mit einem alten Freund, der an seinen Problemen Anteil nahm. (Sein Tagebuch listet für die Zeit seiner Regierung rund sechzig Telefongespräche mit Hoover auf.)[6]

Johnson begegnete Hoover mit großem Respekt. Beide wußten freilich, wie verwundbar Hoover infolge der fragwürdigen Vorstellung war, die das Bureau im Fall Oswald gegeben hatte; Hoover stand seitdem in einem gespannten Verhältnis zur Warren Commission. Noch anfälliger war Hoover aufgrund seines Alters. Das vorgeschriebene Pensionsalter von siebzig Jahren würde er am 1. Januar 1965 erreichen. Nachdem Johnson beschlossen hatte, daß Hoover ihm bei der Konsolidierung der Macht von Nutzen sein konnte, versuchte er deshalb, die Aufhebung der Altersgrenze für Hoover so rasch wie möglich über die Bühne zu bringen. Das übliche Verfahren sah vor, daß Beamte, die das vorgeschriebene Alter überschritten hatten, pensioniert und als Rentner wieder eingestellt wurden, eine Prozedur, die jährlich wiederholt werden mußte. (Hoover war 1970 mit Tolson so verfahren.) Indem Johnson die Grenze im Fall Hoovers formell aufhob, stellte er sicher, daß ein zukünftiger Präsident eine ausdrückliche Verfügung erlassen mußte, um Hoover wieder loszuwerden; wäre Hoover dagegen Rentner geworden, hätte sein Vorgesetzter, der Justizminister, dem Präsidenten jedes Jahr aufs neue seine Wiederernennung vorschlagen müssen. Als Johnson aber die Aufhebung der Altersgrenze in die Wege leitete, war Robert Kennedy Justizminister. Da keiner die Zukunft kannte, ging man von der Annahme aus, daß es Kennedy gewesen wäre, der Hoovers Wiederernennung hätte vorschlagen müssen. (Kennedy verließ dann freilich 1964 das Justizministerium.)[7] Mit viel Taktgefühl und auf für Hoover ehrenvolle Weise gab Johnson daher in einer im Rosengarten des Weißen Hauses abgehaltenen Zeremonie die Aussetzung seiner Pensionierung bekannt.[8]

Eine wirkungsvolle Art, sich dafür zu revanchieren und zugleich Loyalität zu Johnson zu demonstrieren, war, Robert Kennedy unter Beschuß zu nehmen. Bis zum Tod Robert Kennedys stand Hoover mit ihm in Dauerfehde, für Johnson sicher ein Grund zur Genugtuung. Die größte Sensation war 1966 die Auseinandersetzung darüber, ob Robert Kennedy in seiner Zeit als Justizminister das FBI zum (teilweise illegalen) Einsatz von Mikrophonen bei Ermittlungen gegen das organisierte Verbrechertum ermächtigt habe. Nachrichtenkommentator Robert Spivack meinte dazu: »Es besteht kein Zweifel, daß J. Edgar Hoover den Ruf Robert F. Kennedys nachhaltig geschädigt hat, insbesondere bei den jungen Leuten, an deren Idealismus Kennedy immer appelliert hat. Indem er ihn der Mittäterschaft im schmutzigen Geschäft der Schnüffelei bezichtigt hat, stellte er ihn nicht als unschuldigen, sondern als nüchternen und skrupellosen jungen Mann dar, der nichts als Karriere machen will.« Der Kongreßabgeordnete Wayne Hays aus Ohio setzte sich eigens mit Johnson in Verbindung, um ihn wissen zu lassen, wie sehr er das ganze Geschrei genossen habe. Er schlug vor, »J. Edgar Hoover aufgrund der Aussagen Bobby Kennedys zu feuern und Kennedy dann zur Zielscheibe des Protests gegen Hoovers Entlassung zu machen ... Das ist die sicherste Methode, beide loszuwerden.«[9]

Unmittelbar nach der Ermordung John F. Kennedys begann Hoover, unter Umgehung Robert Kennedys direkt mit dem Weißen Haus zu verkehren. Robert Kennedy war früher der Auffassung gewesen, die Zusammenarbeit mit Hoover sei zwar schwierig, aber auch wieder »nicht aussichtslos«; im April 1964 dagegen sagte er in einem Interview, Hoover sei »gefährlich« und »ein hochgradiger Psychopath«. Das FBI hielt Kennedy für »eine äußerst gefährliche Organisation ... und ich glaube, [Hoover] ist ... senil und ein Mann, der einem angst machen kann«. Es war Ausdruck der Feindschaft mit Robert Kennedy, daß Hoover Courtney Evans, seinen Verbindungsmann zum Weißen Haus, aus seinem Amt entfernte und durch Cartha DeLoach ersetzte, einen alten Freund Johnsons aus der Senatszeit und Leiter der Crime Records Division. Es gelang DeLoach, ein ungewöhnlich enges Verhältnis zu Johnson aufzubauen. Hoover tolerierte es, obwohl er Gerüchten zufolge auf das intime Verhältnis DeLoachs zu Johnson eifersüchtig war. Hoover kannte Johnsons Charakter sowie das Ausmaß, in dem er die Zeit seiner Untergebenen beanspruchte, und sein Bedürfnis, sich ständig ihrer Loyalität zu versichern, und er war deshalb für DeLoach als Puffer zwischen ihm und dem Präsidenten dankbar. DeLoach fürchtete allerdings, daß Hoover tatsächlich eifersüchtig werden könnte, und bat Johnson, jeweils mit Hoover Rücksprache zu halten, bevor er sich wegen eines persönlichen Gefallens an ihn wende.[10]

DeLoach war unter anderem deshalb so nützlich für Johnson, weil er auch eigenes politisches Gewicht hatte: Er hatte das umfangreiche Netz von Medienkontakten geerbt, das Louis Nichols aufgebaut hatte, und setzte Nichols' Arbeit fort, indem er auf einem noch breiteren Spektrum Anhänger für das FBI warb. DeLoach konnte Johnson in Medienfragen beraten und die entsprechenden Kontakte zur Presse herstellen, wenn es darum ging, die öffentliche Meinung mittels gezielt eingesetzter undichter Stellen zu manipulieren. Auch DeLoachs Einfluß in der American Legion machte ihn zu einem nützlichen Verbündeten für das Weiße Haus. Beim FBI war man ständig in Sorge über die Neigung der American Legion, auf der Jagd nach Spionen und Umstürzlern Amok zu laufen. Hoover hatte deshalb DeLoach 1953 die Verantwortung dafür übertragen, die Legion wieder auf den rechten Kurs zu lenken. DeLoach hatte sich die Kontrolle über das Amerikanismus-Komitee der Legion verschafft; dadurch war er in der Lage, bei den politischen Diskussionen der Legion Regie zu führen, was einen Reporter dazu veranlaßte, die Jahresversammlungen der Legion als »Inszenierungen des FBI« zu bezeichnen. Als der Vietnamkrieg eskalierte, brachte DeLoach die Legion dazu, den Kriegskurs Johnsons zu unterstützen, und er organisierte Delegationen der Legion, die in kritischen Momenten im Weißen Haus auftauchten und dort demonstrativ ihre Unterstützung zur Schau stellten.[11]

Das Verhältnis zwischen Hoover und Johnson war so eng, daß Hoover Johnson keinen Dienst abschlug, ganz gleich, wie weit er sich auch damit von seinen eigentlichen Aufgaben entfernte, die Einhaltung der Gesetze zu überwachen und Nachrichten im Inland zu beschaffen. Seit der Beziehung zwischen Roosevelt und Hoover hatte es nichts gegeben, was der Einspannung des FBI in politische Dienste durch die Johnson-Administration auch nur annähernd gleichgekommen wäre.

Als die Demokraten 1964 ihren Parteitag in Atlanta City, New Jersey, abhielten, schickte Hoover ein Agententeam unter der Führung von DeLoach dorthin. Das Team sollte Informationen über die innerparteiliche Opposition sammeln und die Möglichkeit einer durch einen plötzlichen Stimmungsumschwung der Delegierten verursachten Nominierung Robert Kennedys als Vizepräsident gegen den Willen Johnsons auskundschaften. Das Bureau versorgte Johnsons Berater mit einem Strom politischer Daten. Das Ganze ging natürlich ohne Wissen Kennedys vor sich, der zu dieser Zeit noch Justizminister war. Hoovers Loyalität gegenüber Johnson hatte ihn in die Lage versetzt, gegen seinen unmittelbaren Vorgesetzten spionieren zu müssen. Weiteres Ziel des FBI-Teams war es, Demonstranten gegen Johnsons Politik Schwierigkeiten zu machen. Johnson gratulierte Hoover später zu den Informationen, die das FBI während des Parteitages beschafft hatte, und nannte das Unternehmen »eine der großartigsten [Leistungen], die dem Präsidenten je vor Augen gekommen sind«.[12]

Johnson setzte das Bureau auch für andere politische Aufgaben ein. Er wies DeLoach an, ein Auge auf die heiklen Ermittlungen gegen Walter Jenkins zu haben, der im Oktober 1964 unter dem Vorwurf homosexueller Annäherungsversuche in einer Toilette des YMCA verhaftet worden war. DeLoach sollte zunächst, als noch nicht klar war, daß die Affäre sich nicht würde unter Kontrolle halten lassen, im Auftrag des Weißen Hauses nach Wegen suchen, um den Schaden zu begrenzen, ohne dabei die Karriere von Jenkins, einem der vertrautesten und geschätztesten Mitarbeiter Johnsons, zu vernichten. Zu weiteren Diensten des FBI gehörte die Überprüfung der Wahlkampfhelfer von Barry Goldwater. Im Wahlkampf 1968 verdächtigte Johnson die Republikaner einer heimlichen Abmachung mit Südvietnam in der Absicht, die Verhandlungen in Paris bis nach der Wahl hinauszuzögern. Hoover ging den angeblichen Kontakten zwischen Spiro Agnew und Anna Chennault, einem Mitglied der China-Lobby, nach, konnte Johnson die gewünschten Beweise aber nicht liefern.[13]

Hoover versorgte Johnson auch mit Nachrichten aus dem Ausland. Es ist möglich, daß Johnson nach der Operation Schweinebucht und der Ermordung Kennedys kein Vertrauen mehr in die CIA hatte. Nach der Invasion in der Dominikanischen Republik 1964 jedenfalls beauftragte er Hoover mit der Errichtung eines Spionagepostens, und er maß der Tätigkeit des FBI in diesem Land so viel Gewicht bei, daß er Hoover darum bat, ihm Kandidaten zu nennen, die für die Berufung zum dortigen US-Botschafter in Frage kamen.[14]

Die Beziehung zwischen Hoover und Johnson war so eng, daß sich beide dazu ermutigt fühlten, das Bureau für die verschiedensten politischen Projekte einzusetzen. Das wäre nicht möglich gewesen, wenn sie sich an die normalerweise üblichen Formalitäten gebunden gefühlt hätten, die das Protokoll des Justizministeriums vorsah. Die Freundschaft mit Johnson hatte Hoover selbstbewußt gemacht. Er begegnete seinen Vorgesetzten im Justizministerium herausfordernd und mit Verachtung und fühlte sich in seiner Überzeugung bestärkt, daß das Bureau ausschließlich seinem Willen zu gehorchen habe, da er im Auftrag des Präsidenten und damit zum Besten der Nation handle.

Die ganze Energie des Justizministeriums war bei Amtsantritt von Lyndon Johnson darauf ausgerichtet, den amerikanischen Gesetzesvollzug an neuen Prinzipien zu orientieren. Statt Verbrechen nur anzuprangern und zu unterdrücken, wollte man ihre Ursachen verstehen und sie dadurch verhindern. Robert Kennedys Committee on Poverty and the Federal Administration of Federal Criminal Justice unter dem Vorsitz von Francis A. Allen hatte die Empfehlung ausgesprochen, dem Gesetzesvollzug auf Bundesebene die Erkenntnis zugrunde zu legen, daß das Verbrechen in der Armut wurzle; weiter sollte eine Behörde für Strafrechtspflege geschaffen werden, mit deren Hilfe man diese neue Philosophie durchsetzen wollte. Durch den neuen Criminal Justice Act von 1964 wurde das Office of Criminal Justice eingerichtet und dem stellvertretenden Justizminister Nicholas Katzenbach unterstellt. Die Behörde sollte sich, nach den Worten Robert Kennedys, »mit den sozialen Problemen befassen, die in einem Strafverfahren berücksichtigt werden müssen, mit Drogen, Jugendkriminalität und dem Persönlichkeitsrecht. Wir wollen, daß die Stimme dieser Behörde im Ministerium gehört wird und daß die Behörde außerhalb des Ministeriums ein Forum für Diskussionen ist«. Ein weiteres, von Kennedy gefördertes Programm, das implizit die tonangebende Stellung Hoovers als Hüter des Gesetzes herausforderte, war der Community Relations Service, der durch den Civil Rights Act von 1964 ins Leben gerufen worden war und von Roger W. Wilkins geleitet wurde; sein Ziel war, Unruhen durch Verhandlungen und Kompromisse in den Griff zu bekommen und auf Gewaltanwendung zu verzichten. Als Johnson Präsident wurde, sprach das Justizministerium also mit zwei Stimmen, mit der Hoovers und der

Robert Kennedys, und beide Stimmen vertraten jeweils diametral entgegengesetzte Ansichten über Gesetzesvollzug und strebten innerhalb der Vollstreckungsbehörden nach der Führung.[15]

Das Office of Criminal Justice ging von der Vorstellung einer liberalen Strafrechtspflege aus und forderte damit Hoovers »MG«-Schule der Kriminologie heraus. Auch als Institution war die Behörde eine Alternative zum FBI als dem Symbol der obersten Autorität im Gesetzesvollzug auf Bundesebene. Als im September 1964 Katzenbach Justizminister wurde, übernahm sein Stellvertreter Ramsey Clark die Leitung des Office of Criminal Justice. Clark wurde im Ministerium und landesweit zum führenden Verfechter der Verbrechensbekämpfung durch die Bekämpfung der Armut. Das machte Clark und den Warren Court zu den Hauptzielscheiben der Angriffe Hoovers auf eine liberale Auslegung der Gesetze.

Das Justizministerium reagierte auf eine durch die steigende Kriminalität beunruhigte Nation mit neuen und ehrgeizigen Programmen, die die Unterstützung der regionalen Rechtspflege durch den Bund vorsahen. In dieser Situation hatte der für Hoover typische Widerwillen, die eigene Autorität zu teilen, zur Folge, daß das FBI sich an den neuen Initiativen nicht beteiligte. Je mehr die Bedeutung rivalisierender Einrichtungen wie etwa der Law Enforcement Assistance Administration zunahm, desto kleiner wurde der Einfluß des Bureau im Gesetzesvollzug. Das FBI hatte keinen Anteil an den großen, der Bekämpfung des Verbrechens dienenden Initiativen auf Bundesebene. Genausowenig spielte das FBI in den Bemühungen des Justizministeriums um eine Senkung der Jugendkriminalität und in der Bekämpfung von Verbrechen im Bereich des Kleinunternehmertums eine führende Rolle.[16]

Die langen, unruhigen Sommer der sechziger Jahre mit den Krawallen in städtischen Gettos und der Parole »Burn, Baby, Burn« machten die Aufrechterhaltung von Ruhe und Ordnung zu einem vorrangigen politischen Problem. Mit größtem Interesse verfolgte die Öffentlichkeit deshalb die Auseinandersetzung zwischen Hoover und dem Justizministerium – zwischen dem Programm des Justizministers, Verbrechen durch den Kampf gegen die Armut zu bekämpfen, und J. Edgar Hoovers Verurteilung der Liberalisierung als der Ursache des Verbrechens. Den Rufen der Öffentlichkeit nach strengstem Vorgehen gegen Kriminelle – gemeint waren schwarze Kriminelle in den Städten –

begegnete das Justizministerium mit den zutreffenden, aber, wie sich herausstellen sollte, nicht schlagkräftigen Argumenten, daß man Verbrechensstatistiken nicht vertrauen dürfe, daß die Häufigkeit von Totschlag gegenwärtig sehr gering sei und daß das von der Öffentlichkeit meistgefürchtete Verbrechen, nämlich gewalttätige Handlungen von Schwarzen gegenüber Weißen, eines der seltensten überhaupt sei. Hoovers Argument war überzeugender, weil er der Öffentlichkeit sagte, was sie glauben wollte: Die Regierung habe die Macht, der Kriminalität durch einen harten Kurs Zügel anzulegen, während die vom Obersten Bundesgericht verfügte und vom Justizministerium unterstützte Liberalisierung der eigentliche Grund der Welle von Ausschreitungen sei.[17]
Für Hoover machte das Justizministerium unter Kennedy und Johnson sowie Justizminister Ramsey Clark auf perfekte Weise deutlich, wo der Fehler im Gesetzesvollzug lag, und er wurde in seiner Meinung nur noch bestärkt, als Clark im März 1967 auf einer nationalen Konferenz zur Verbrechensbekämpfung sagte, von einer Welle von Verbrechen könne man nicht sprechen. (Clark wurde völlig falsch zitiert: Er hatte nicht bestritten, daß die Kriminalität zunehme, sondern sich lediglich gegen das Bild der »Welle« gewehrt, das die Vorstellung steigender und fallender Quoten impliziert. Clark vertrat die Meinung, die Häufigkeit der Verbrechen nehme stetig zu.) Hoover dachte darüber ganz anders als Clark. Er sah »auf allen Ebenen unserer Gesellschaft gleichermaßen ... die Verachtung von Gesetz und Ordnung ... Die in die Höhe geschnellte Verbrechensquote und die weit verbreitete, offene Herausforderung der staatlichen Autorität drohen unsere Nation in einen Abgrund der Gewalt und Anarchie zu stürzen, wenn hier kein Riegel vorgeschoben wird«. Das Zerwürfnis zwischen Justizminister und FBI-Direktor spiegelte die tiefe politische Kluft im Land zwischen denjenigen, die versuchten, Verbrechen und Aufruhr als Symptome von Ungerechtigkeiten in der amerikanischen Gesellschaftsstruktur zu begreifen, und denen, die darin einen Angriff auf die Gesellschaft sahen, den es mit repressiven Maßnahmen und Strafen abzuwehren galt.[18]
Zu bedeutenden Auseinandersetzungen zwischen Hoover und den Justizministern Johnsons führte immer wieder die Frage, wie man auf die Unruhen in den Städten reagieren sollte: Hoover wollte sie mit verdeckten Strategien bekämpfen; im Justizministerium setzte man auf Verhandlungen und offene Kontakte mit den Demonstranten. Hoover

behandelte die Randalierer und ihre Anführer wie Umstürzler, die die Regierung stürzen und die Gesellschaft zerstören wollten. Im Justizministerium sah man in ihnen die Folgeerscheinung ungerechter sozialer Verhältnisse und hielt politische Reformen und soziale Veränderungen für die wirkungsvollste Antwort darauf. Das FBI ließ geheime Programme anlaufen, durch die Protestbewegungen mürbe gemacht und auseinandergesprengt werden sollten; außerdem wurden Listen der für die geheimen Aktionen auserkorenen Opfer angelegt – so der Rabble-Rouser-Index und der Agitator-Index. Das Justizministerium aber richtete den Community Relations Service ein.[19]

Der Präsident versuchte sowohl Hoover als auch seine Justizminister Katzenbach und Clark zufriedenzustellen. Mit dem Justizministerium teilte er die Philosophie der Verbrechensbekämpfung durch den Kampf gegen die Armut, der ein wesentlicher Teil seines Programms der Great Society war. Als er sich allerdings mit einer um sich greifenden Revolte gegen das Konzept der sozialen Wohlfahrt konfrontiert sah, konnte er es nicht riskieren, sich die Massen zum Feind zu machen, die nach Ruhe und Ordnung verlangten und deren Sprecher und Symbol Hoover war. Die Isolation innerhalb des Justizministeriums machte Hoover auf der anderen Seite dazu bereit, sich dem Druck des Ministeriums zu beugen, als es um die Einschränkung von Abhörtechniken wie der elektronischen Überwachung ging. Am 30. März 1965 ordnete Justizminister Katzenbach an, daß Hoover für jegliche Überwachung über angezapfte Leitungen und Mikrophone seine Genehmigung einzuholen habe, und verlangte, daß eine weitere Genehmigung eingeholt würde, wenn die Überwachung länger als sechs Monate dauerte. Zur gleichen Zeit sah es so aus, als ob die Unterstützung des Kongresses für geheime Nachrichtentechniken langsam abbröckele. Der Kongreß war beunruhigt und gab unmißverständlich zu verstehen, daß er das seit langem nicht ausgeübte Recht der Aufsicht über das FBI endlich wieder wahrnehmen wolle. Es sollte Hoover 1966 harte Arbeit kosten, den Versuch Eugene McCarthys abzuwehren, dem Aufsichtsausschuß über die CIA auch die Aufsicht über das FBI zu übertragen. Die Crime Bill von 1968 sollte dann festlegen, daß Hoovers Nachfolger vom Präsidenten ernannt und vom Senat bestätigt werden mußten. Vielleicht in Vorahnung dieser Maßnahmen kam Hoover zum Schluß, daß es an der Zeit sei, sich von Techniken zu trennen, die für die Zukunft nur ein immer größer werdendes Risiko darstellten. Am 14. September teilte er Katzenbach mit, er werde den Einsatz einer großen Zahl geheimer Überwachungstechniken aufs strengste einschränken und die Überwachung mit Hilfe von Mikrophonen (Wanzen) ganz untersagen. Ungefähr zur selben Zeit beendete Hoover auch die Müllüberwachung (die Durchsuchung von Müll), die Postüberwachung (die Adressaten und Empfänger erfaßte) und die Informationsbeschaffung durch Einbrüche.[20]

Mit der Einschränkung elektronischer Abhörtechniken machte Hoover eine Kehrtwendung. Er ging jetzt fast so weit wie Ramsey Clark, der, wenn die nationale Sicherheit nicht im Spiel war, solche Techniken kategorisch ablehnte und sich später sogar weigerte, von dem durch den Crime Control Act von 1968 ermöglichten legalen Verfahren Gebrauch zu machen, um sich eine gerichtliche Genehmigung für das Anzapfen von Leitungen zu verschaffen. Hoover vollzog die Kehrtwendung nicht, um seinen Vorgesetzten zu gefallen; aber er wußte, daß er, wenn er sich beim Einsatz geheimer Abhörtechniken erwischen ließ, von keinem seiner Vorgesetzten die unerschütterliche Unterstützung erwarten konnte, die er einst von Männern wie Biddle und Brownell erhalten hatte. Genausowenig konnte er in dieser Hinsicht mit der Unterstützung durch seinen Patron im Weißen Haus rechnen. Lyndon Johnson war selbst ein Gegner von Abhöraktionen. Am 1. Juli 1965 hatte er eine Verordnung erlassen, die den Bundesbehörden diese Praxis untersagte, wenn es sich nicht um Fälle der nationalen Sicherheit handelte, und ihnen zur Auflage machte, ihre bisherige Praxis im Umgang mit Wanzen zu revidieren.

Hoover war deshalb eher als mancher andere FBI-Beamte bereit, sich von diesen Abhörtechniken zu trennen, weil er ihren Wert schon immer für eher symbolisch als wesentlich gehalten hatte. Forderte die Öffentlichkeit geheime Abhöraktionen als Beweis dafür, daß Vollzugsbehörden und Spionageabwehr ihre Arbeit engagiert verrichteten, so war er bereit, dem nachzukommen. Wenn die Öffentlichkeit aber vor solchen Aktionen zurückschreckte und darin Zeichen eines tyrannischen Regimes sah, so würde er sich dem ebenfalls fügen.

Ironischerweise stellten Hoovers hohes Ansehen im Kongreß und in der Öffentlichkeit eine ständige Bedrohung seiner Autonomie dar. Der Ruf des FBI bewog den Kongreß nämlich, seinem Engagement im Gesetzesvollzug dadurch Ausdruck zu geben, daß er ungeachtet Hoovers Proteste schwierige Aufgaben dem FBI übertrug. So wollte der Kongreß dem FBI die Drug Enforcement Agency (DEA) eingliedern, ein Vorhaben, das an 1933 erinnert, als das Bureau mit der Prohibition Unit verschmolzen werden sollte. Mit Drogen hatte Hoover nie etwas zu tun haben wollen, weil sie für seine Agenten eine Versuchung darstellten. Auch hätte die DEA schon aufgrund ihrer Größe das FBI in sich aufgesogen, und die daraus entstandene Behörde wäre der Kontrolle eines einzigen Mannes entglitten, auch wenn dieser Mann Hoover hieß. Hoover meinte 1964: »Ich bin seit Jahren gegen ein Wachstum des FBI. Ich glaube, wir sind schon heute viel zu groß, größer jedenfalls, als wir sein sollten. Ich hätte mir gewünscht, daß das FBI klein bleibt; aber das war unmöglich, weil der Kongreß die Zuständigkeit des Bureau jedes Jahr durch neue gesetzliche Verordnungen erweitert hat«. Hoover war entschlossen, das FBI vollständig unter seiner Kontrolle zu behalten, und um das zu erreichen, war ihm jedes strategische Opfer recht.[21]

Wenn Hoover sich dem Bemühen der Johnson-Administration um eine Reform des Gesetzesvollzugs widersetzte, so stellte er sich damit in der Debatte über Recht und Ordnung instinktiv auf die Seite der Öffentlichkeit. Die Politik Johnsons war von oben aufgesetzt. Anders als Roosevelt und Homer Cummings in ihrem erfolgreichen Kampf gegen Verbrechen reagierte die Johnson-Administration mit ihren Reformen auf den Druck einer intellektuellen Elite aus Juristen und Sozialwissenschaftlern und nicht auf den Druck der politischen Basis. Für kurze Zeit konnte das Ansehen der Administration (besonders das Ansehen Johnsons selbst und Robert Kennedys) Kongreß und Öffentlichkeit dazu bewegen, ihre progressiven und innovativen Ideen zur Verhinderung von Verbrechen zu unterstützen. Als aber die Unruhen in den Städten um sich griffen und Johnsons Popularität unter dem Eindruck des Vietnamkriegs zunehmend verfiel, kehrte die Öffentlichkeit wieder zu ihrer alten Ansicht vom Gesetzesvollzug als moralischem Drama zurück, das in der physischen Ausrottung von geächteten Symbolen des moralischen Verfalls seinen Höhepunkt fand. Das FBI war in diesem Ritual verwurzelt, seine Blüte in der Vergangenheit verdankte es der Schaffung von Ordnungsritualen, die das von den Massenmedien geschaffene Bedürfnis befriedigten. Es war also nur natürlich, daß Hoover sich den Reformvorstellungen des Justizministeriums widersetzte, die jenen

Vorstellungen, die das Bureau groß gemacht hatten, so zuwiderliefen. Und wenn immer die Öffentlichkeit nach einer Alternative zu Ramsey Clark Ausschau hielt, fiel ihr Blick auf J. Edgar Hoover, der stets treu zu seinen Idealen gehalten hatte und dessen Ansichten und Überzeugungen jedermann so vertraut waren wie alte Turnschuhe.

Nach Hoovers Beurteilung hatte der Zusammenbruch der Ordnung in den sechziger Jahren hauptsächlich zwei Gründe: Anstachelung zu zivilem Ungehorsam und laxe Anwendung der Gesetze. Hoover ließ natürlich kein Argument zur Verteidigung des zivilen Ungehorsams gelten; der zivile Ungehorsam war für ihn, ungeachtet seiner Ziele, eine mutwillige Herausforderung der Gesetze, ein Generalangriff auf die Gesellschaft. Man brauchte nur zivilen Ungehorsam und Freizügigkeit zu verbinden und schon hatte man Verhältnisse wie in New York City, Hoovers Musterbeispiel für den schrecklichen Ruin, auf den der Rest der Nation seiner Ansicht nach zusteuerte, sofern man sich nicht schleunigst auf den Weg der Besserung begab.

Die Antwort auf die Zunahme von Verbrechen lag für Hoover nicht in Reformen, sondern in der Rückkehr zur Tradition: »Die Gesetze Mose müssen Richtschnur bleiben nicht nur für die mit der Vollstreckung der Gesetze beauftragten Beamten, sondern für alle Bestimmungen des Zivil- und Strafrechts.«[22]

Für Hoover verschleierte der Kampf des Justizministeriums gegen die sozialen und wirtschaftlichen Wurzeln des Verbrechens dessen vorab moralische Ursache. Während das Justizministerium eine Verbindung zwischen Armut und Verbrechen sah, lag für Hoover der Grund für die steigende Zahl von Verbrechen und den allgemeinen Verfall der Moral weiterhin in mangelnder Disziplin. »Die Armut ist doch nicht der einzige Faktor, der zur Entstehung von Verbrechen beiträgt«, klagte er, »aber die Soziologen sprechen immer nur von der Rolle der Armut und verlangen unentwegt große Geldsummen für Programme, die die Abwehrkräfte unserer Gesellschaft gegen das Verbrechen gar nicht stärken.« Hoover verlangte, man solle die Namen junger Straftäter veröffentlichen. »Wir müssen uns die Jugend vorknöpfen, dem Verbrecher den Glanz des ›Helden‹ nehmen und die Eltern zur Verhandlung vorladen, damit sie gebührend gedemütigt werden, wenn die mangelhaften und chaotischen Zustände im Elternhaus der jugendlichen Kriminellen aufgedeckt werden.«[23]

Wenn Hoover den schwindenden Respekt der Gesellschaft vor der Autorität, besonders der Autorität der Polizei, anprangerte, machte ihn das von selbst zum Sprecher der Polizisten, die sich in den sechziger Jahren immer mehr als hinter Barrikaden verschanzte und verratene Minderheit »Neuer Zenturionen« fühlten, die eine prinzipienlose und undankbare Öffentlichkeit beschützen sollte. Hoovers Doktrin vom Aufbau einer Berufspolizei hatte stets die Freiheit der Polizei von politischer Kontrolle betont. Auf die Situation der sechziger Jahre angewandt, bedeutete das, daß die Polizei freie Hand für strenges Durchgreifen bei Krawallen und Rassenunruhen in den Städten brauchte; daß sie nicht durch politische Hintergedanken derer behindert werden sollte, die mit den Demonstranten verhandeln wollten, weil sie in ihnen Bürger (und Wähler) mit berechtigten Anliegen und nicht Kriminelle sahen, die nur Gefängnis und Strafe verdienten. Hoover war mit anderen der Meinung, daß die Urteile des Obersten Bundesgerichts zum Schutz der Rechte der Angeklagten einem frontalen Angriff auf die Polizei gleichkamen.[24]

Hoover hatte immer den Verdacht gehabt, daß es mit der Loyalität der Nation traditionellen Werten gegenüber, von der überall geredet wurde, in Wirklichkeit nicht weit her war. Nur aufgrund willensstarker Persönlichkeiten wie ihm selbst konnten seiner Meinung nach Ordnung und Anstand in der amerikanischen Gesellschaft aufrechterhalten werden, da die Gesellschaft von fremden Elementen unterwandert war, die nicht den herkömmlichen christlichen Werten des Mittelstands verpflichtet waren. In den sechziger Jahren sah er seine schlimmsten Befürchtungen bestätigt. Seine flammenden Reden gegen die Gruppen, die für ihn die Ursachen des moralischen Niedergangs verkörperten – gegen schwarze Aktivisten, Antikriegsdemonstranten und Hippies –, fanden in großen Teilen der Bevölkerung Widerhall. Hoovers schonungslose Angriffe auf alles, was neu und anders war, auf alles Rebellische und auf alle möglichen die Einheit und Ordnung zersetzenden Elemente machten ihn zu einer Persönlichkeit von geradezu symbolischer Bedeutung, von den einen glühend verteidigt, von den anderen heftig angegriffen, zu einem Sinnbild der weitverbreiteten Empörung über die Auflösung der bisherigen Rassenhierarchie und den Zusammenbruch des Glaubens an Gott, an Vaterland und an die Familie. Hoover galt als altmodisch, und er wußte es.

Der soziologisch fundierten Methode des Justizministeriums im Umgang mit der Kriminalität stellte Hoover sein eigenes Programm entgegen: professionelle Standards und wissenschaftliche Methoden. Der Ausbau der Quantico National Police Academy war Hoovers Beitrag zur Verbesserung des Gesetzesvollzugs. Zu Tom Clark, Richter am Obersten Bundesgericht, meinte Hoover selbstbewußt, seine Akademie werde das West Point der Polizei sein; er wolle die acht Männer des zukünftigen Lehrkörpers an verschiedene Graduiertenschulen des Landes schicken, damit sie dort ihren Magister machen könnten: »Wir werden auf diesem Gebiet die besten Dozenten haben.«[25] Hoover prahlte mit den neuen Technologien des Bureau, allen voran dem Computer des National Crime Information Center, der im Januar 1967 in Dienst genommen wurde.

Hinter dem verdeckten Krieg, den Hoover in den sechziger Jahren gegen Abweichler führte, standen seine Empörung über den moralischen Verfall und über Organisationen, die er als Symbole und Urheber dieses Verfalls betrachtete – schwarze Aktivisten und Kriegsgegner –, sowie die frustrierende Feststellung, daß die traditionellen Werte von den Führern der Nation nicht mehr hochgehalten wurden. Hoover zitierte dabei gern Herbert Hoover: »Wir können auch von innen heraus Selbstmord begehen, wenn wir uns in das Böse ergeben, skandalöses Benehmen in der Öffentlichkeit dulden und aus Zynismus vor der Schande kapitulieren. Diese Übel haben in der Vergangenheit schon viele Nationen in die Knie gezwungen.«[26]

Demonstranten waren für Hoover nichts als »Massen von anmaßenden und verantwortungslosen Jugendlichen mit hochgestochenen Ansprüchen«, die andere Gruppierungen unterwanderten, »was besonders im Fall gewisser Bürgerrechtsinitiativen zutrifft, unter deren Anführern sich zunehmend Verachtung gegenüber den Vereinigten Staaten und gehässige Opposition zur tapferen Verteidigung der Freiheit durch unser Land in Vietnam breitmacht«. In Martin Luther King sah Hoover den Urheber des Gedankens, daß »man das Gesetz übertreten darf, wenn es falsch ist«.[27]

Als Krieg und Protest gegen den Krieg in den späten sechziger Jahren allmählich außer Kontrolle gerieten, kamen die zornigen Tiraden Hoovers gegen Demonstranten und Rebellen der Stimmung im Weißen

Haus entgegen. Johnson hatte 1964 lautstark zum Krieg gegen die Armut aufgerufen, gegen den »inneren Feind, der die Stärke unserer Nation bedroht«; 1968 war daraus ein Aufruf zum Krieg gegen Gesetzesbrecher geworden. Johnson setzte seine Unterschrift unter ein drakonisches neues Strafrecht für den District of Columbia und unter ein Gesetzespaket zur Bekämpfung des nationalen Verbrechertums. Der Historiker Eric Goldman, der im Stab Johnsons diente, schreibt, daß bis zum »Sommer und Herbst 1966 aus dem innenpolitischen Reformer der Zeit der Great Society ein Feldherr geworden war ... Er zweifelte am gesunden Menschenverstand und an der Aufrichtigkeit all derer, die den Vietnamkrieg nicht guthießen. Dieser Lyndon Johnson bot nicht nur ein deprimierendes Bild, er konnte einem zeitweise geradezu Angst einjagen«.[28]

Während so die Stimmung im Weißen Haus umschlug, konnte sich die Öffentlichkeit ein letztes und diesmal endgültiges Bild des greisen und verbitterten Hoover machen, wie er erbarmungslos das für ihn unverständliche und schändliche Tun der jungen Demonstranten geißelte. Der wetternde Tyrann Hoover wurde zur Stimme der Reaktion des amerikanischen Mittelstands auf den Protest gegen Rassismus und Krieg, auf das Anwachsen der Kriminalität sowie auf die verfassungsmäßigen Skrupel, die die Polizei daran hinderten, auf einfache und handfeste Art mit dem Maschinengewehr Recht zu sprechen, wie es in den glorreichen Tagen des Bureau Brauch gewesen und jetzt Gegenstand nostalgischer Erinnerungen war.

Lyndon Johnsons bedeutendster Erfolg als Präsident war es, dem von den Hütern des Gesetzes tolerierten Terrorismus gegen die Schwarzen in den Südstaaten den Rücken zu brechen. Johnson verwandte seine gesamten, beträchtlichen politischen Fähigkeiten darauf, Regierung und Nation auf ein Programm einzuschwören, mit dem neue und bereits bestehende Bürgerrechtsgesetze energisch durchgesetzt werden sollten. Das unerschrockene Vorgehen des FBI Hoovers spielte dabei eine wesentliche Rolle. Hoover ließ umfassende Ermittlungen gegen die rassistische Gewalt im Süden anstellen und verhinderte weitere Gewaltakte, indem er das mörderische Netz des Ku Klux Klan zerriß und vernichtete.

Hoovers energisches Handeln unter Johnson steht in scharfem Kontrast zu seinem widerstrebenden Agieren unter Truman, Eisenhower und Kennedy. Aus dem dramatischen Wandel in der Bürgerrechtspolitik des Bureau unter der Johnson-Administration darf man allerdings nicht folgern, Hoover habe auch seine Einstellung zu dem Bürgerrecht geändert. Die Ursachen für Hoovers Angriff auf den Ku Klux Klan haben mit einem Gesinnungswandel bezüglich der Gleichheit der Rassen und des den Schwarzen in der amerikanischen Gesellschaft gebührenden Platzes wenig zu tun.

Die Beamten der Civil Rights Division im Justizministerium stimmen darin überein, es sei Lyndon Johnson schließlich irgendwie gelungen, J. Edgar Hoover davon zu überzeugen, daß das FBI mit aggressiven, aber wirkungsvollen Methoden die Durchsetzung der Bürgerrechtsgesetze im Süden in Angriff zu nehmen habe. Ausschlaggebend waren dabei die Entschlossenheit und die Führungsqualitäten des Präsidenten. Johnson schuf für Hoover eine Rolle in einem moralischen und politischen Drama der Art, wie es Roosevelt und Cummings in den dreißiger Jahren inszeniert hatten. Johnson folgte sogar demselben Drehbuch. Zuerst wählte er besonders brutale Verbrechen aus und stellte sie als Angriff auf die Gesellschaft dar. Dann entwarf er neue Gesetze, um das FBI mit den für einen Kreuzzug gegen die Rebellen nötigen Waffen zu versehen. Zuletzt schickte er das FBI aus, um die zu vernichten, die die Autorität der Regierung herausgefordert hatten.

Kein früherer Präsident hat Johnsons zielstrebiges, bedingungsloses und leidenschaftliches Engagement für die Bürgerrechte gehabt. Hoover hatte sich immer von der Maxime leiten lassen, fruchtlose Ermittlungen abzubrechen, sobald er das Gefühl hatte, daß seine Vorgesetzten ihn nicht mehr unterstützten – besonders bei Ermittlungen gegen den weißen Terror im Süden. Jetzt erst, gedeckt von der aggressiven Politik des Präsidenten, war er bereit, sich auf dieses trügerische und heftig umstrittene Gebiet vorzuwagen.

Der Krieg der Johnson-Administration gegen den Ku Klux Klan folgte einem Muster, das mehr oder weniger identisch war mit der klassischen Reaktion Homer Cummings auf das Massaker von Kansas City 1933. Man schrieb den 22. Juni 1964. Zwei Tage nachdem die Vorlage für das Bürgerrechtsgesetz – für Johnson ein Teil des Vermächtnisses John F. Kennedys – den Senat passiert hatte, verschwanden bei Philadelphia in Mississippi die drei jungen Sozialarbeiter Michael Schwerner, James

Chaney und Andrew Goodman. Justizminister Robert Kennedy beauftragte Hoover, das Verschwinden als Kidnapping zu behandeln und seine Agenten an den Tatort zu schicken. Einen Tag später trafen Agenten aus New Orleans in Philadelphia ein (im Staat Mississippi gab es keine Außendienststelle des FBI; das Bureau war nur durch »ortsansässige Agenten« vertreten: ein bis zwei Mann starke Dienststellen, die als eine Art Verbindung zur lokalen Polizei fungierten). Am selben Tag schickte Johnson auch eine Untersuchungskommission unter Leitung des ehemaligen CIA-Direktors Allan Dulles nach Mississippi. Vor seiner Abfahrt hatte Dulles sich mit Hoover und Kennedy beraten; vor Ort eingetroffen, führte er ein Gespräch mit Paul Johnson, dem Gouverneur von Mississippi, und dem Chef der dortigen Verkehrspolizei. Er kehrte mit der Empfehlung nach Washington zurück, die Präsenz des FBI in Mississippi drastisch zu verstärken. Die Krise war noch nicht gemeistert, als Präsident Johnson am 2. Juli das neue Bürgerrechtsgesetz unterzeichnete, das die Diskriminierung auf dem Arbeitsmarkt und in öffentlichen Einrichtungen aufgrund der Rasse, der Religion oder des Geschlechts untersagte. Das Gesetz erteilte dem Justizminister die Vollmacht, die Aufhebung der Rassentrennung notfalls durch private Anklageerhebungen zu erzwingen; es hob die finanzielle Unterstützung diskriminierender staatlicher oder lokaler Einrichtungen durch den Bund auf und bestätigte die Civil Rights Commission.

Am 19. Juli flog Hoover selbst nach Jackson, Mississippi, um dort das neue FBI-Büro zu eröffnen. Er kündigte an, er werde 153 Agenten nach Mississippi schicken, ein dramatisches Signal dafür, daß das FBI den Kampf gegen den Rassenterror mit voller Kraft aufgenommen hatte. Zur Durchführung der neuen Initiative veranstaltete das FBI im Juli 1964 eine nationale Konferenz zum Umgang mit dem Bürgerrechtsgesetz. Im selben Monat schickte die Zentrale den Agenten im Außendienst Richtlinien für Vorträge zum Bürgerrecht mit der Auflage, die Agenten sollten davon Gebrauch machen, wenn sie vor Vollzugsbeamten und bürgerlichen Vereinen sprachen.[29]

Um Hoover wissen zu lassen, wie sehr er seine Bemühungen schätzte, übermittelte Johnson ihm brieflich seine besten Glückwünsche. Als im folgenden März ein weiterer rassistischer Mord das Land in Angst und Schrecken versetzte, griff Johnson wieder auf Hoover und das FBI zurück, um mit dieser dramatischen Geste die Entschlossenheit der

Regierung im Kampf gegen den Terror zu unterstreichen und den Kongreß für weitere Bürgerrechtsgesetze zu mobilisieren. Diesmal ging es um den Mord an Mrs. Viola Liuzzo, einer weißen Freiwilligen, die Martin Luther King bei seinem Protestmarsch von Selma nach Montgomery geholfen hatte. Der Mord ereignete sich am Ende eines Monats heftiger Rassenunruhen in Alabama. Am 7. März 1965 hatte Sheriff Jim Clark von Selma, Alabama, eine mit Schlagstöcken bewaffnete berittene Einheit der Staatspolizei in einem Tränengasangriff gegen Teilnehmer am Bürgerrechtsmarsch geführt. Am 15. März hatte Johnson auf einer Sitzung beider Kammern des Kongresses das Wahlrechtsgesetz von 1965 vorgestellt und seine Rede mit dem berühmt gewordenen Zitat Martin Luther Kings beendet: »We shall overcome.« Am 21. März begannen Martin Luther King und Ralph Bunche ihren viertägigen Marsch von Selma, Alabama, nach Montgomery, der alten Hauptstadt der Konföderierten. Dort hielt King am 25. März eine Rede. In der Nacht desselben Tages erschossen Mitglieder des Ku Klux Klan Mrs. Liuzzo, die Teilnehmer des Marsches nach Selma zurückfuhr. Acht Stunden später hatte das FBI das Verbrechen aufgeklärt. (Eines der vier Mitglieder des Mordkommandos des Ku Klux Klan, das Mrs. Liuzzo ermordet hatte, war ein Informant des FBI.) Seite an Seite mit Hoover trat Präsident Johnson im amerikanischen Fernsehen auf und gab bekannt, daß »der von allen verehrte Diener unseres Staates« Hoover die Mörder geschnappt habe. »Ich kann gar nicht genug betonen, wie sehr wir Mr. Hoover und den Männern vom FBI zu Dank verpflichtet sind für die prompte und zügige Weise, in der sie die Ermittlungen durchgeführt haben. Wir haben hier ein weiteres Beispiel für das Engagement, mit dem diese Organisation während der turbulenten Zeit der Kontroversen um das Bürgerrecht immer wieder hervorgetreten ist.« Johnson versprach weitere Gesetze und verstärkte Anstrengungen, um den Ku Klux Klan zu Fall zu bringen. »Wir lassen uns von den Terroristen des Ku Klux Klan so wenig einschüchtern wie von den Terroristen in Nordvietnam.« Trotz dieses triumphalen Augenblicks war die Anwesenheit des FBI-Informanten Gary Thomas Rowe im Wagen der Mörder Anlaß zu einer hitzigen Debatte über die eigentlichen Pflichten eines Informanten, nämlich geplante Verbrechen zu verhindern und Informationen darüber zu melden.[30]

Die privaten Äußerungen Hoovers Johnson gegenüber am Abend nach dem gemeinsamen Fernsehauftritt belegen, daß sein Mißtrauen gegenüber der Bürgerrechtsbewegung so stark war wie eh und je. Als Johnson Hoover fragte, ob er den Ehemann von Viola Liuzzo anrufen und ihm kondolieren solle, riet Hoover ihm, zunächst einen Assistenten damit zu beauftragen. »Wenn der Mann sich korrekt verhält, kann der Präsident ja einen späteren Anruf erwägen. Ich hielt auch fest, der Hintergrund des Mannes sei wenig erfreulich; außerdem habe man an den Armen der Frau Nadeleinstiche gefunden, sie habe Rauschgift genommen. Im Auto sei die Frau dicht neben dem Neger gesessen; es sehe aus, als hätten die beiden miteinander geknutscht.«[31]

Johnsons Rede vom 26. März war vielleicht sein wirkungsvollster Schachzug in der Mobilisierung der Öffentlichkeit gegen den Ku Klux Klan und den Rassenterror. Die Rede wäre sicherlich weniger wirkungsvoll gewesen, hätte er nicht Hoover neben sich gehabt. Grund dafür war nicht nur der (in diesem Fall vollkommen gerechtfertigte) Ruf des FBI, schwierige Fälle zu lösen, sondern auch Hoovers eigenes enormes Prestige als Arm des Gesetzes. Johnson setzte das FBI für den Zweck ein, für den Theodore Roosevelt es geschaffen hatte: um der Empörung des Präsidenten in einer moralischen Grundsatzfrage Nachdruck zu verleihen und um die Bedeutung neuer Gesetze, in diesem Fall des am 6. August unterzeichneten Wahlrechtsgesetzes, mehr Wirkung zu verleihen.

Für Hoover lag der moralische Aspekt des Falles Liuzzo und der Morde von Philadelphia, Mississippi, vom Jahr zuvor nicht in der Frage der Rassengleichheit, sondern in der Herausforderung der legalen Autorität, seiner eigenen wie der der Bundesregierung, durch die Gewalt des Ku Klux Klan. Hoover hatte den Ku Klux Klan immer gehaßt. Er bekämpfte ihn nicht, um die Rechte der Schwarzen zu schützen, sondern um die Revolte der Weißen gegen das Gesetz und die Autorität der Regierung niederzuschlagen. Als alteingesessener Washingtoner konservativer Prägung verachtete Hoover den Ku Klux Klan außerdem, weil er ihn als Fleck in der Ehre der weißen Rasse betrachtete.

An Hoovers Einstellung zu den Rechten der Schwarzen hatte sich nichts geändert; sie war im besten Fall bevormundend, konnte aber auch von einem niederträchtigen Rassismus bestimmt werden. »Die Farbigen«, teilte Hoover einem aus Journalisten bestehenden Publikum 1965 mit, »sind ignorant und in der Mehrzahl ungebildet. Ich bezweifle, daß sie auf

Bildung Wert legen würden, wenn sie dazu Gelegenheit hätten. Obwohl viele Schwarze das Recht haben, sich in die Wahllisten eintragen zu lassen, machen sie selten davon Gebrauch. Sie mögen zur gegebenen Zeit die nötige Anerkennung und gleiche Rechte wie die weißen Bürger ihrer Gemeinden erhalten.« Hoover bedachte die Betonung der Würde der Schwarzen in den neuen Richtlinien für Polizeieinsätze mit Spott und machte das Oberste Bundesgericht dafür verantwortlich. Das Gericht sei so weit gegangen, daß »Polizeibeamte die Bevölkerung jetzt höflich anreden müssen, vor allem Neger, die neuerdings statt mit ›Komm her, Boy‹ mit ›Mr.‹ angesprochen werden wollen.«[32]

Aufmerksamkeit forderten die schwarzen Bürgerrechtsorganisationen für Hoover in erster Linie deshalb, weil sie den Kommunisten Gelegenheit zur Unterwanderung und Umfunktionierung boten. Selbst dann, wenn Hoover den Patriotismus der Bürgerrechtsbewegung verteidigte, erinnerte er sein Publikum daran, daß sie suspekt sei, weil die Kommunisten mit aller Macht versuchten, sie zu beherrschen: »Lassen Sie mich betonen, daß die amerikanische Bürgerrechtsbewegung zu keiner Zeit dem kommunistischen Einfluß erlegen ist – weil die überwältigende Mehrheit der Führer dieser Bewegung, Neger wie Weiße, den Kommunismus zurückgewiesen haben in der Erkenntnis, daß er eine Bedrohung für die Freiheit aller darstellt. Es gibt allerdings gewichtige Ausnahmen – gefährliche Opportunisten und moralisch korrupte Scharlatane, die sich wahllos allen möglichen Gruppierungen anschließen, nur um die eigene Macht und das eigene Ansehen zu steigern.« Da Hoover sich nicht genauer darüber ausließ, wen er damit meinte, ließen seine vagen Anschuldigungen alle schwarzen Führer in einem zweifelhaften Licht erscheinen.[33]

Das FBI konnte im Fall von Viola Liuzzo 1965 deshalb so schnell reagieren, weil es während des Aufruhrs, durch den Hoover nach Jackson gerufen wurde, den Ku Klux Klan erstmals mit einer neuen Strategie bekämpfte.

Hoovers Angriff auf den Ku Klux Klan war die erste einer Reihe neuartiger Aktionen, die, in den Worten eines Senatsausschusses, dazu führten, daß das FBI bis zum Ende der Johnson-Administration »das Recht in die eigenen Hände genommen hatte und mit raffinierten Methoden Selbstschutzaktionen gegen innere Feinde durchführte«.

Innere Feinde waren nicht nur die Kommunisten und Mitglieder des Ku Klux Klan, sondern auch schwarze Radikale und Antikriegsaktivisten. Im Kampf gegen den Ku Klux Klan ermittelte das FBI nicht nur gegen Übertretungen der Bundesgesetze; Ziel war, ein Programm verdeckter Operationen durchzuführen, durch die die Organisation selbst gespalten, diskreditiert und vernichtet werden sollte.[34]

Die neue Strategie Hoovers hatte im Juni 1964 ihren Anfang genommen. Eine Gruppe von Anwälten aus dem Justizministerium, die von Justizminister Robert Kennedy in den Süden geschickt worden war, um sich dort mit dem Problem des Ku Klux Klan zu befassen, kehrte mit der Empfehlung zurück, gegen den Ku Klux Klan mit denselben Methoden vorzugehen, die schon im Kampf gegen die Kommunistische Partei erfolgreich gewesen waren. Kennedy fand an der Idee Gefallen und schrieb Johnson: »Das Federal Bureau of Investigation sollte neue Methoden in Erwägung ziehen ... Die Techniken, mit denen speziell ausgebildete Agenten sich in kommunistische Gruppen einschleusen, dürften dabei von Nutzen sein. Ihre Zustimmung vorausgesetzt, wäre es unter Umständen wünschenswert, gemeinsam mit dem FBI über die Möglichkeit ähnlich gerichteter Versuche zur Bewältigung unseres Problems nachzudenken.«[35]

Ende Juli 1964 entzog das FBI der General Investigative Division die Zuständigkeit für den Ku Klux Klan und andere Gruppen militanter Fanatiker – sogenannte *hate groups* – und schlug sie dem Ressort der Domestic Intelligence Division von William Sullivan zu, wo sie bereits bis 1958 gelegen hatte. Ein Jahr später hatte das FBI über zweitausend Informanten im Ku Klux Klan. Mit anderen Worten: 20 Prozent aller Mitglieder des Ku Klux Klan arbeiteten für das FBI. FBI-Informanten waren in sieben der vierzehn Unterabteilungen des Klan vertreten, leiteten den Klan in einem Staat und bildeten sogar eine eigene Splittergruppe unter Führung des FBI. Innerhalb kürzester Zeit versorgte Sullivans Abteilung das Justizministerium mit allen für den legalen Kampf gegen den weißen Terror nötigen Informationen.

Sullivan begnügte sich allerdings keineswegs mit der Beschaffung von Informationen. Er empfahl Hoover die Erstellung eines speziellen Spionageabwehrprogramms durch das Bureau, das er »White Hate« COINTELPRO nannte. Am 2. September 1964 schickte Hoover eine Direktive an seine Außendienststellen, in der das neue Programm zur Vernichtung des militanten Fanatismus verkündet wurde:

Ziel des Programms ist, die Aktivitäten der verschiedenen Zweige des Ku Klux Klan und anderer gewalttätiger Organisationen aufzudecken, zu vereiteln oder sonstwie zu neutralisieren sowie deren Führer und Anhänger auszuschalten ... Die Intrigen und die Doppelzüngigkeit dieser Gruppen müssen aufgedeckt werden ... durch die Zusammenarbeit mit verläßlichen Nachrichtenmedien ... Wir müssen die Bemühungen dieser Gruppen vereiteln, ihre Kräfte zu konsolidieren und neue Anhänger in der Jugend zu rekrutieren ... wir dürfen keine Gelegenheit versäumen, organisatorische und persönliche Querelen innerhalb der Führung für uns auszunützen.[36]

Hoover konnte sich für sein Abwehrprogramm gegen den Ku Klux Klan auf Vorläuferprogramme beziehen. Am nächsten lag natürlich das COINTELPRO (Counterintelligence Program), das die Domestic Intelligence Division für den Kampf gegen die Kommunistische Partei 1956 und gegen die Sozialistische Arbeiterpartei 1961 geschaffen hatte. Jetzt waren die Zermürbungs- und Vernichtungsstrategien des Bureau allerdings erstmals auf Gruppen gerichtet, die nicht einmal mehr entfernt oder rein theoretisch Verbindung zur Spionage des Auslands oder zu einer internationalen revolutionären Bewegung hatten.
Ein weiterer Vorläufer des neuen COINTELPRO und in ihrer ausschließlich innenpolitischen Orientierung vielleicht noch relevanter waren die von Hoover seit langem geführten Attacken gegen seine Kritiker, wie etwa Martin Luther King. Da Hoover in jeder gegen ihn gerichteten kritischen Äußerung eine Verschwörung mit dem Ziel sah, das FBI unschädlich zu machen und zu vernichten (er nannte dies »Verleumdungskampagnen«), schlug er mit den gleichen Mitteln zurück. Er spielte seine Kontakte zur Presse aus, um seine Kritiker bloßzustellen und zu diffamieren, ehe sie ihre angeblich subversiven Ziele erreichen konnten.
Hoover hatte gewichtige Gründe, dem Ku Klux Klan mit Spionage auf den Leib zu rücken und sich nicht auf den Arm des Gesetzes zu verlassen. Seine Erfahrungen vom Umgang weißer Geschworenengerichte des Südens mit Verstößen gegen die Bürgerrechte waren niederschmetternd; seinen größten Erfolg auf diesem Gebiet hatte er in den späten zwanziger Jahren errungen, als er das Haupt des Ku Klux Klan mit moralischen Vorwürfen in Mißkredit gebracht hatte – Grund genug zu glauben, daß die indirekte Methode mehr Erfolg versprach als die direkte.

Das vertraute Verhältnis zu Johnson und die gespannte Beziehung zum Justizministerium waren weitere Gründe, warum Hoover Operationen bevorzugte, dic cr in völliger Unabhängigkeit vom Ministerium führen konnte. Da sein neues Programm nicht zum Ziel hatte, Verbrecher vor Gericht zu bringen, wo die Regierung sie strafrechtlich verfolgen konnte, ließ sich die Zusammenarbeit mit dem Justizministerium umgehen. Hoover brauchte also von dieser Seite keine Einmischung zu fürchten. Auch auf die Unterstützung durch Vollzugsbeamte der Südstaaten war man nicht angewiesen. Das Bureau konnte damit vermeiden, daß diese für gewöhnliche strafrechtliche Ermittlungen so wertvollen Kontakte unnötig strapaziert wurden.

Da der Ku Klux Klan zu gewalttätigen Aktionen neigte – genaugenommen war die Gewalt sein einziges Ziel –, konnte seine Vernichtung als Programm zur Verhinderung von Gewalt gerechtfertigt werden, während das Recht auf Meinungsfreiheit und das Recht auf Versammlungsfreiheit dadurch unangetastet blieben. Justizminister Nicholas Katzenbach gab sein Plazet und erklärte später: »Es ging im wesentlichen darum ... daß einige Klan-Mitglieder den Ku Klux Klan in diesen Staaten als Vehikel dazu benützten, sich wiederholt durch Akte der Gewalt strafbar zu machen. Die Propagierung bestimmter sozialer Ziele spielte dabei keine Rolle mehr. Es ging nur noch um erwiesene Gewaltakte. Die Ermittlungen des FBI waren hart und unnachgiebig und außergewöhnlich erfolgreich ... Ich habe sie genehmigt. Unter denselben Umständen würde ich es heute wieder tun.«[37]

Trotzdem begab das Bureau sich mit diesem Programm auf einen abschüssigen Pfad, der keine der klaren Markierungen aufwies, die Hoover in der Vergangenheit für die Auseinandersetzung mit der Kommunistischen Partei abgesteckt hatte. Einige FBI-Beamte haben die späteren Schwierigkeiten des Bureau auf die »beträchtliche Ausdehnung« des Ressorts der Domestic Intelligence Division zurückgeführt. Zum ersten Mal bewegte sich eine Behörde der amerikanischen Regierung beim Kampf gegen das Verbrechen offiziell außerhalb der Legalität und bediente sich der Methoden aus der zwielichtigen Welt von Spionage und Gegenspionage.

Hoover schickte sich an, ein Gebiet zu betreten, auf dem es keine klaren Vorgaben der Legislative oder des Präsidenten gab. Er war bisher gezwungen gewesen, seiner aus tiefstem Herzen kommenden Entrüstung über die Verbrechen seiner Feinde auf dem regulären Rechtsweg Genüge zu tun, indem er seine Feinde stellte und vor Gericht brachte. Jetzt konnte er seine Gefühle direkt, ohne den disziplinierenden Zwang eines legalen Verfahrens, ausleben. Hoover und das FBI agierten auf einem Gebiet, auf dem nur ihre eigenen Vorstellungen von richtig und falsch ausschlaggebend für die Operationen des Bureau waren.

Zu Beginn des neuen COINTELPRO forderte Hoover seine Agenten auf, ihm Vorschläge zu schicken, welche Operationen sie für sinnvoll hielten; zugleich ermahnte er sie, das Programm vor Außenstehenden geheimzuhalten. Die Agenten sollten sich bei ihrem Einsatz auf gewalttätige »Aktionsgruppen« mit Schlägermethoden konzentrieren, und die Dienststellenleiter sollten bei der Aufgabenverteilung dafür auf einsatzfreudige Agenten mit Initiative und Phantasie zurückgreifen.[38] Die Operationen des Programms zielten darauf ab, Versammlungen des Ku Klux Klan zu stören, Zwietracht in lokalen Abteilungen des Klans zu säen und wahre und falsche Gerüchte über die Korruption der Anführer auszustreuen; die Medien wurden mit Material über Aktivitäten und über einzelne Mitglieder des Klans versorgt, die Mitglieder der Klans wurden durch »offene« Überwachung zermürbt, das heißt durch die Beschattung rund um die Uhr durch Agententeams, deren Ziel es war, ihre Opfer zu verunsichern und durch Störaktionen zu reizen.

Strategien der Spionageabwehr vom Typ COINTELPRO waren schon vor 1964 in der fortgesetzten Zermürbungskampagne des FBI gegen Martin Luther King zum Einsatz gekommen. Als Grundlage dafür hatten die Bestimmungen des ursprünglichen COINTELPRO-CPUSA gedient, des Programms gegen die Kommunistische Partei Amerikas. Unter dem Vorwand, King, der immer noch mit O'Dell und Levison Kontakt hatte, sei von Kommunisten programmiert und damit ein legitimes Ziel der Spionageabwehr, hatte Hoover William Sullivan dazu ermächtigt, gegen King mit einer »konstruktiven und aggressiven Taktik« vorzugehen, »zugeschnitten auf unser Programm der Spionageabwehr mit dem Ziel, die Aktivitäten der Kommunistischen Partei bei den Negern zu unterbinden oder in ihren Auswirkungen unschädlich zu machen«. Am 23. Dezember 1963 leitete Sullivan in Washington ein neunstündiges Brainstorming, in dessen Verlauf einundzwanzig verschiedene Operationsmöglichkeiten gegen King genannt wurden. Sul-

livan referierte Hoover, die Konferenz habe Methoden diskutiert, wie man an »Informationen über Kings Privatleben« kommen könne, »im Hinblick auf die mögliche Verwendung solcher Informationen durch die Spionageabwehr zu einem geeigneten Zeitpunkt zum Zweck der Denunziation Kings«. In einem Brief vom April an seine Dienststellenleiter verwendet Hoover dieselben Worte, um seine Agenten zu fortgesetztem Einsatz gegen King anzuhalten und zum Nachdenken darüber anzuregen, wie sie ihre Medienkontakte gegen ihn verwenden konnten.[39]
Sullivan und Hoover arbeiteten einander zu. Sullivan brannte darauf, seine Zuverlässigkeit unter Beweis zu stellen. Er hatte die ganze Organisation der Domestic Intelligence Division darauf programmiert, Hoover mit Informationen über dreierlei Arten von Aktivitäten zu versorgen, gegen die der Direktor allergisch war: kritische Äußerungen Kings über Hoover und das FBI, Kings Kontakte zu Kommunisten (immer noch Levison und O'Dell) sowie das einem Pfarrer und verheirateten Mann nicht angemessene Sexleben. Die Enttäuschung, daß sich Administration, Bürgerrechtsbewegung und Medien von diesem Material nicht dazu bewegen ließen, King fallenzulassen, machte Hoover nur dankbarer dem Mann gegenüber, der zu gezielten Aktionen bereit war: William C. Sullivan. Sullivan schmeichelte Hoover nicht nur durch seine ständigen Schikanen gegenüber King, er demonstrierte Hoover zugleich überzeugend, daß er, Sullivan, fest an die Richtigkeit und den Wert des von der Domestic Intelligence Division gesammelten Materials glaubte. Die Verschwörung gegen King war der Kitt, der die unheilvolle Verbindung zwischen Hoover und Sullivan zusammenhielt.
Eine Woche nach der Besprechung von Sullivan im Dezember kürte das Magazin *Time* King zum Mann des Jahres 1963. Hoover schäumte vor Wut: »Da mußten sie aber lang im Abfall wühlen, bis sie den gefunden haben.« Sullivan hatte die Antwort parat: Das Bureau würde einen Nachfolger für King aufbauen. Wenn das Bureau die Nation erst überzeugt habe, daß King »ein Betrüger, Demagoge und ehrloser Gauner« sei, schrieb Sullivan an Hoover, »wird das totale Verwirrung stiften, besonders unter der Negerbevölkerung«. Das Bureau solle einen anderen schwarzen Führer aufbauen (die Wahl fiel auf den New Yorker Anwalt Samuel R. Pierce jun.), der Kings Platz dann einnehmen könne. Hoover billigte den Plan und fügte hinzu: »Ich freue mich, daß jetzt endlich auch in der Domestic Intelligence Division der Groschen

gefallen ist, wenn auch mit bedauerlicher Verspätung. Monatelang habe ich mit allen Mitteln versucht, darauf aufmerksam zu machen, daß die Kommunisten die Rassenbewegung immer mehr an sich reißen, aber unsere Spezialisten hier konnten oder wollten das nicht einsehen.« Sullivan wußte, daß es nicht reichte, Hoover nur mit Worten zuzustimmen. Mit Taten mußte er beweisen, daß er auch glaubte, was er sagte.[40]
Unermüdlich schärften Hoover und Sullivan ihren Agenten im Verlauf des Jahres 1964 ein, jede Gelegenheit zur Diffamierung Kings und der SCLC (Southern Christian Leadership Conference) zu nützen. Da der Vorwand für die Operation gegen King dessen Kontakte zu Kommunisten waren, versuchte das Bureau, den eigenen Standpunkt zu stärken, indem es den Begriff Kommunist neu definierte: »[Das Wort] muß im weitesten Sinn ausgelegt werden und schließt dann nicht nur die Anhänger der Kommunistischen Partei Amerikas ein, sondern auch die Anhänger anderer Splittergruppen und Ableger wie der Sozialistischen Arbeiterpartei, der Progressive-Labor-Partei und ähnlicher Vereinigungen.« In der für die innere Sicherheit zuständigen Sektion in Sullivans Domestic Intelligence Division wurde eine Spezialeinheit eingerichtet, die sich mit »dem globalen Problem der kommunistischen Unterwanderung der Rassenbewegung« befassen sollte. Sie ging bei ihrer Arbeit von der Theorie Hoovers aus, daß die Bürgerrechtsbewegung eine Zielscheibe kommunistischer Subversion sei und daher im Auge behalten werden müsse.[41]
Die in Kings Hotelzimmern installierten Wanzen lieferten Informationen, die im Bureau als »pikante Unterhaltung« bezeichnet wurden. Man hörte King feiern, zechen und sexuelle Aktivitäten genießen. Für Hoover ein Grund mehr, King zu hassen. Auf einem Band war zu hören, wie King in ausgelassener Stimmung die sexuellen Vorzüge seiner Freundinnen pries, dabei sexuelle mit religiösen Anspielungen vermischte und schließlich noch einen Witz über das Liebesleben von John F. Kennedy erzählte, in dem auch Mrs. Kennedy und das Begräbnis des Präsidenten eine Rolle spielten. Überzeugt, daß er damit Präsident Johnson und Justizminister Robert Kennedy endgültig auf seine Seite bringen konnte, gab Hoover beiden eine Kopie des Bandes.[42]
Im Januar 1964 war Hoover vor dem Appropriationsausschuß des Repräsentantenhauses erschienen. Als die Aussage, die er dort gemacht hatte, im März freigegeben wurde, kam der Konflikt zwischen Hoover

und King an die Öffentlichkeit. Die Presse berichtete, Hoover habe vor dem Ausschuß ausgesagt, daß es »nachweisbar einen kommunistischen Einfluß in der Negerbewegung gibt«. King forderte das FBI auf, Beweise vorzulegen. Er sagte: »Ich halte es für äußerst bedauerlich, daß ein so bedeutender Mann wie Hoover sich dazu herabläßt, den Rassisten und Rechtsextremisten unseres Landes mit der Behauptung in die Hände zu arbeiten, unsere Bewegung sei von Kommunisten unterwandert.«[43]

Die Verleumdungskampagne des FBI gegen King dauerte das ganze Jahr 1964 über an. Berichte, in denen King verunglimpft wurde, wurden an das Weiße Haus, an Universitäten, die King einen Ehrengrad verleihen wollten, und an religiöse Organisationen verschickt. Als King zu einer Audienz beim Papst eingeladen wurde, kontaktierte das Bureau den New Yorker Kardinal Spellman, einen engen Bundesgenossen Hoovers, mit der Bitte, sich darum zu kümmern, daß »der Papst nicht durch Kontakte irgendwelcher Art mit King kompromittiert wird«. Als der Papst King trotzdem empfing, zeigte Hoover sich über das Treffen »bestürzt«.[44]

Trotz der Aktivitäten Hoovers wuchs Kings Ansehen im In- und Ausland. Hoover hielt die Informationen, die er gesammelt hatte, für ausreichend, um ein Dutzend Kings zu vernichten, aber er konnte keinen der Mächtigen dazu überreden, sie zu diesem Zweck zu verwenden. Als King am 14. Oktober 1964 der Friedensnobelpreis verliehen wurde, verschickte das Bureau detaillierte Berichte über King an Ralph Bunche, Adlai Stevenson, Vizepräsident Hubert Humphrey, Nelson Rockefeller und die amerikanischen Botschafter in England und Norwegen – an jeden, der Gelegenheit hatte, mit King persönlich zusammenzutreffen. An Humphrey schickte Hoover, begleitet von einem persönlichen Schreiben, ein Exemplar des vom FBI zusammengestellten Katalogs mit Verunglimpfungen Kings. Hoover schien wie von Sinnen. Auf einem Memorandum merkte er an, King hätte statt des Nobelpreises einen Preis als »Straßenkater der Nation« bekommen sollen.

Hoover hatte als Vorkämpfer für die Angriffe auf seine Feinde bisher immer ohne Mühe einflußreiche Verbündete gewinnen können. Diesmal hatten die führenden Kreise des Landes jedoch bereits zuviel in King als Symbol des gewaltlosen sozialen Wandels investiert, um noch auf die Linie Hoovers einschwenken zu können. Hoovers Verbitterung darüber, King nicht zu Fall bringen zu können, stand allmählich in keinem

Verhältnis mehr zu Kings wirklichen oder angeblichen Vergehen. Die Führer der Bürgerrechtsbewegung verkörperten in Hoovers Augen nunmehr den ganzen gesellschaftlichen Wandel, gegen den er in den sechziger Jahren zu Feld zog. Daß er King nicht »kaltstellen« konnte, machte ihm seine Unfähigkeit bewußt, dem Abfall der Nation von den Werten des Seward Square Einhalt zu gebieten. Schließlich konnte er sich nicht mehr zurückhalten und griff King in aller Öffentlichkeit an. Schauplatz war eine ungewöhnliche Pressekonferenz am 18. November 1964 für eine Gruppe von Journalistinnen, die von Sarah McLendon angeführt wurden. Hoover ließ keinen seiner Vorwürfe gegen King aus. Besonders verbittert war er über die Behauptung Kings, das Bureau zeige deshalb kein Verständnis für die Schwarzen, weil die meisten seiner Agenten im Süden selbst Südstaatler seien. In Wirklichkeit kämen 70 Prozent dieser Agenten aus dem Norden. Hoovers Beschimpfungen gipfelten in der denkwürdigen Behauptung, King sei ein »notorischer Lügner« und »einer der niedrigsten Charaktere im ganzen Land«. Hoovers Berater für Öffentlichkeitsarbeit, Direktionsassistent Cartha DeLoach, der neben Hoover saß, sah Unheil im Verzug. Er steckte Hoover sofort einen Zettel zu mit der Bitte, »Lügner« wieder streichen zu lassen. Hoover ignorierte die Bitte. Auch ein zweiter Zettel DeLoachs blieb unbeachtet. Beim dritten Mal sagte Hoover zu den Journalistinnen: »DeLoach bittet mich, diese Bemerkungen über King aus dem offiziellen Teil meiner Erklärung zu streichen, aber das geht ihn nichts an. Sie sind für die Veröffentlichung bestimmt, und Sie können sie zu diesem Zweck verwenden.«[45]

DeLoach war überzeugt, daß diese Pressekonferenz für Hoovers bisher unantastbares Ansehen in der Öffentlichkeit den Anfang vom Ende bedeutete. Doch zunächst sah es so aus, als sei die Panik, die Hoovers Rundumschlag in der Bürgerrechtsbewegung auslöste, ein Zeichen seiner politischen Stärke. Aus einer anderen Perspektive betrachtet, offenbarte der Vorfall freilich, wie schwach die alte rechtsgerichtete Koalition Hoovers gegen den Kommunismus war. Zu einer früheren Zeit hätten Hoovers Anklagen Kongreßausschüsse und Sicherheitsbeamte des Ministeriums in fieberhafte Aktivität versetzt und zu Schritten gegen King geführt. Jetzt konnte er nur hoffen, daß er von den zersprengten Gruppen rechter Radikaler in der Provinz gehört wurde, für die Hoovers Wort immer noch das Evangelium war. Bei der

Regierung und den nationalen Medien schädigte Hoovers plumpes und taktloses Auftreten seinen eigenen Ruf mehr als den Kings. In den fünfziger Jahren hatte er direkt an die mächtigsten Institutionen der amerikanischen Gesellschaft appellieren können, jetzt mußte er sich zunehmend in den Randzonen der amerikanischen Gesellschaft nach Verbündeten umsehen.[46]

Hoovers »notorischer Lügner« machte im ganzen Land Schlagzeilen. King erklärte in einer öffentlichen Stellungnahme, Hoover habe »unter der enormen Bürde und Verantwortung seines Amtes versagt«. Er schrieb Hoover, er sei »entsetzt und überrascht über die in den Zeitungen veröffentlichte Behauptung, mit denen Sie meine Redlichkeit in den Schmutz ziehen. Es ist mir unergründlich, was zu solch unverantwortlichen Beschuldigungen Anlaß gegeben haben könnte«. King forderte Hoover zu einem persönlichen Treffen auf.[47]

Hoovers Berater waren gegen ein solches Treffen, und Hoover stimmte ihnen zunächst zu. William Sullivan stellte ein Tonband mit kompromittierendem Material zu Kings Liebesleben zusammen und verfaßte dazu ein Begleitschreiben:

King, geh in Dich. Du bist ein Betrüger und für uns Neger nur eine Belastung. Auch unter den Weißen dieses Landes gibt es viele Betrüger, aber ich weiß mit Sicherheit, daß es dort zur Zeit keinen gibt, der sich auch nur annähernd mit Dir vergleichen könnte. Du bist kein Mann der Kirche, und Du weißt es. Ich sage es noch einmal: Du bist ein elender Betrüger, schmutzig und verkommen...

King, Du wirst wie alle Betrüger bald enden. Dabei hättest Du unser größter Führer sein können ... Aber jetzt bist Du verloren. Keine akademischen Würden, kein Nobelpreis (welch bittere Ironie) und keine anderen Preise können Dich jetzt noch retten. King, ich sage es noch einmal: Du bist verloren...

Das amerikanische Volk, die kirchlichen Organisationen, die Dir geholfen haben, Protestanten, Katholiken und Juden, alle werden erkennen, wer Du wirklich bist – ein bösartiges Ungeheuer. Alle, die Dir geholfen haben, werden das erkennen. Du bist verloren.

King, Du kannst nur noch eins tun. Du weißt, was es ist. Du hast 34 Tage Zeit (diese Zahl hat einen bestimmten Grund und eine bestimmte praktische Bedeutung). Du bist verloren. Es gibt nur noch einen Ausweg für Dich. Entscheide Dich dafür, ehe dein schmutziger, betrügerischer Charakter vor der ganzen Nation bloßgelegt wird.[48]

Sullivan gab Band und Brief einem bewährten Agenten, der sie nach Miami schaffte und von dort mit der Post an King schickte. Als das Päckchen allerdings in Atlanta ankam, wurde es zunächst auf die Seite gelegt und erst am 5. Januar, nach der Rückkehr Kings von der Nobelpreisverleihung in Norwegen, geöffnet.
In der Zwischenzeit wurde, Nicholas Katzenbach zufolge, das FBI in Washington aktiv und bot verschiedenen Regierungsstellen und Journalisten an, die Bänder für sie abzuspielen. Ben Bradlee von *Newsweek* war darüber so aufgebracht, daß er Burke Marshall und Katzenbach verständigte, die nach Texas flogen, um den Präsidenten über Hoovers Umtriebe zu informieren. Für Johnson scheint das Ganze nur ein politischer Zank zwischen einem alten Freund, Hoover, und dem politischen Bundesgenossen eines seiner Feinde gewesen zu sein (King und Robert Kennedy gehörten nach Meinung der Öffentlichkeit zusammen). Er dachte nicht daran, Hoovers Aktivitäten zu beenden, sondern ermahnte ihn nur, vorsichtig zu sein, da man Bradlee nicht trauen dürfe.[49]
King war über die Tätigkeit des FBI im Bild. Als Hoover sich am 24. November in einer Rede an der Loyola University in Chicago in dunklen Anspielungen über die »moralische Verkommenheit« der Bürgerrechtsbewegung erging, ließ King wissen, er wünsche ein Treffen mit Hoover, um den Streit beizulegen, um sich wieder »den wichtigeren Aufgaben der Bürgerrechte und des Gesetzesvollzugs widmen« zu können.
Diesmal war Hoover einverstanden. Das Treffen fand am 1. Dezember 1964 in Hoovers Büro statt. Mit von der Partie waren DeLoach und Kings Mitarbeiter von der SCLC, Ralph Abernathy, Andrew Young und Walter Fauntroy. Beide Seiten legten später unterschiedliche Versionen vom Verlauf des Treffens vor: DeLoach behauptete, King habe das fünfundfünfzigminütige Gespräch dazu benützt, den FBI-Direktor mit überschwenglichen Worten zu loben und seine Kritik am Bureau zu widerrufen; Andrew Young erinnert sich an eine kurze und förmliche Begrüßung, gefolgt von einem fünfundfünfzigminütigen Monolog Hoovers über die Triumphe des FBI. Young meinte, Hoover sei »entwaffnend« gewesen und habe King zur Verleihung des Nobelpreises gratuliert. Hoover seinerseits verkündete, er habe King eine Standpauke gehalten und ihn »kein einziges Mal mit Reverend oder Doktor angeredet«. Nach dem Treffen verschwand der Streit aus der Öffentlichkeit.

Andrew Young sagte, die Verhaftung der Mörder der drei Sozialarbeiter in Philadelphia, Mississippi, habe King und seine Berater davon überzeugt, daß das FBI ernsthaft bemüht sei, den Gesetzen gegen den Terror Geltung zu verschaffen.[50]

Nach der Zusammenkunft mit Hoover reiste King nach Norwegen, um den Nobelpreis entgegenzunehmen. Erst nach seiner Rückkehr, am 5. Januar 1965, hörten er und seine Mitarbeiter endlich die Bänder Sullivans ab. Sie wußten sofort, daß Tonband und Begleitschreiben vom FBI kamen, zumal keiner ihrer anderen Gegner technisch in der Lage war, so etwas herzustellen. Einige Freunde Kings meinten, das FBI habe King erpressen wollen, den Nobelpreis abzulehnen. Andere glaubten, Ziel sei gewesen, Kings Frau gegen ihn aufzuhetzen und dazu zu bringen, sich von ihm scheiden zu lassen. Nach einer dritten Theorie sollte King der Gedanke an Selbstmord nahegelegt werden. Wie auch immer, das FBI Hoovers griff in der Auseinandersetzung mit King auf die schmutzigen Tricks zurück, die es im Kampf gegen die Kommunistische Partei und den Ku Klux Klan perfektioniert hatte. Nicht in der Lage, Regierung oder Öffentlichkeit die von King drohende Gefahr plausibel zu machen, und ermutigt durch die vertrauliche Beziehung zu Johnson, glaubte Hoover, jetzt ganz auf die rechtliche Grundlage verzichten zu können, auf die er bei bisherigen Einsätzen des FBI so großen Wert gelegt hatte. Die ersten COINTELPROs hatten sich immerhin noch andeutungsweise auf eine rechtliche Grundlage berufen können; man war vom ungesetzlichen Status der Kommunistischen Partei und der Sozialistischen Arbeiterpartei und vom Ku Klux Klan als einer im wesentlichen gewalttätigen Organisation ausgegangen. Jetzt aber hatte Hoover in eigener Regie begonnen, Gefahren, die die amerikanische Moral bedrohten, zu identifizieren und zu »neutralisieren«.

Hoovers Wüten gegen Martin Luther King war für Johnson nicht immer angenehm, hat ihm politisch aber wohl kaum geschadet. Meinungsumfragen ergaben, daß die meisten Amerikaner Hoover gegen King unterstützten (im Februar 1965 standen 50 Prozent hinter Hoover, 16 Prozent hinter King). Berücksichtigt man, daß es für die Parteigänger Kings sowieso keine Alternative zu Johnson als Präsidenten gab, so mag Hoovers Rhetorik mit ihren Hetzparolen Johnson insgesamt sogar genützt haben, indem sie konservative Weiße, die Johnson durch die Bürgerrechtsbewegung entfremdet worden waren, beruhigte. Gemessen an den Briefen allerdings, die das Weiße Haus zur Kontroverse Hoover gegen King erhielt, war die öffentliche Meinung mit 518 zu 234 gegen Hoover.[51]

Als Martin Luther King am 4. April 1968 ermordet wurde, nahm Hoover die Jagd auf seinen Mörder noch einmal auf befremdliche Weise zum Anlaß, seine Verachtung gegenüber King und Robert Kennedy zu zeigen. Hoover weigerte sich zunächst, das Bureau einzuschalten, da es sich bei diesem Mord seiner Meinung nach nicht um ein Vergehen handelte, das unter die Zuständigkeit des Bundes fiel. Er konnte sich damit jedoch nicht gegen Ramsey Clark durchsetzen. Trotz seines anfänglichen Widerstrebens wurde die Fahndung, an der 3075 Agenten beteiligt waren, zu einer der größten in der Geschichte des FBI. Am Tag der Beisetzung Robert Kennedys (Kennedy war am 5. Juni 1968 ermordet worden) konnte das FBI den Mörder James Earl Ray schließlich in London stellen. Die Bekanntgabe der Verhaftung wurde um einige Stunden hinausgezögert, sie sollte mitten in den Begräbnisgottesdienst hineinplatzen. DeLoach teilte Ramsey Clark mit, er habe versucht, die Bekanntgabe zu verhindern, es sei ihm jedoch nicht möglich gewesen. Als Clark dann erfuhr, daß die Mitteilung des Bureau schon Stunden vor der Beisetzung getippt worden war, entließ er DeLoach als seinen Verbindungsmann zum FBI. Clark sagte, er habe nie verstehen können, warum das FBI die ganze Posse inszenierte: »Es ist einfach so grotesk, daß ich es nicht verstehen kann, aber aus irgendeinem Grund hatte man den Beschluß gefaßt, jedermann daran zu erinnern, daß das FBI immer noch an dem Fall arbeitete, und diesen Beschluß setzte man dann in die Tat um.« Hoover ging es vor allem darum, Lyndon Johnson, den einen Mann, der zählte, daran zu erinnern, daß er unermüdlich für ihn im Einsatz war und daß das FBI Johnson bis zum Ende und darüber hinaus gegen seinen Rivalen Robert Kennedy unterstützt hatte.[52]

Den nächsten Schritt außerhalb der Gesetze tat Hoover, als er die Vernichtungsstrategie des COINTELPRO für einen Angriff gegen den schwarzen Radikalismus einsetzte. Die Entscheidung, eine Spionagekampagne gegen die Bewegung der »schwarzen Nationalisten« durchzuführen, erfolgte nach zweijährigem Bitten Johnsons, etwas gegen die schwarzen Aufrührer zu tun. Seit den ersten Unruhen in Schwarzen-Gettos hatte Johnson Hoover gedrängt, Informationen über die Krawalle in den Städten zu sammeln, damit er gezielt gegen sie vorgehen konnte und Beweise dafür in die Hand bekam, daß sie Folge eines von Kommunisten gesteuerten Komplotts waren. Johnsons Ziel war natürlich, die Aufrührer mit diesen Informationen zu diffamieren.

Je mehr die Unruhen, die 1964 eingesetzt hatten, in den darauffolgenden Sommern zunahmen (im August 1965 war Watts an der Reihe, es folgten Unruhen in Newark, Chicago, Cleveland, Brooklyn, Omaha, Baltimore, San Francisco, Jacksonville und schließlich, im Juli 1967, die verheerenden Aufstände in Detroit), desto dringender wurden Johnsons Forderungen nach Informationen und sein Appell an die Hilfe des Bureau. Hoover stand unter einem enormen Druck, große Mengen an aktueller Information zu liefern, und das FBI mußte ein umfassendes Spionagenetz aufbauen, um nationale und lokale Behörden im voraus vor Unruhen warnen zu können.

Hoover, der die Randalierer und ihre Anführer öffentlich anprangerte und von der kommunistischen Beteiligung an den Krawallen sprach, ging freilich nie so weit wie andere, die die Unruhen als Teil eines zentral gesteuerten Komplotts betrachteten, hinter dem ein einziger Kopf steckte. Nach der ersten Serie von Unruhen in Harlem, Brooklyn, Newark, Chicago und Philadelphia erklärte Hoover Journalisten gegenüber, er sehe dahinter keine einheitliche Planung oder Organisation; in einigen Fällen seien allerdings Leute beteiligt, in deren Vergangenheit es Kontakte zu Kommunisten gegeben habe.[53]

Hoover konnte die Verschwörung, nach der Johnson suchte, nie aufdekken. Aber seine umfangreicher werdenden Berichte bestärkten Johnson im Gefühl, er sei auf feindlichem Territorium umzingelt und schwarze Guerillas beherrschten die Städte. Die Beschreibung, die Hoover von seinem Besuch im Weißen Haus am 25. Juli 1967, zur Zeit der Aufstände in Detroit, gab, zeigt, welche Angst die Hauptstadt erfaßt hatte. Im Lauf der Nacht, erinnerte Hoover sich, »kam ein Fernschreiben nach dem anderen über den Ticker. Überall waren Unruhen ausgebrochen – in Pontiac, Michigan, Michigan City, Flint/Michigan, Cambridge/Maryland, Philadelphia, Rochester und unter den Puertorikanern in Harlem in New York City. Der Präsident erklärte, die Unruhen seien seiner Meinung nach zentral gesteuert und liefen nach einem gemeinsamen Schema ab. Er forderte mich auf, auf der Stelle ein Memorandum für ihn auszuarbeiten, das ausführliches Material zu den bisherigen Aufständen enthielt und außerdem jeden Hinweis, der vermuten ließ, daß hinter den Unruhen eine zentrale Planung stehe... «

Doch Hoover konnte dem Präsidenten wenig Hoffnung machen, daß eine Untersuchung Beweise für eine Verschwörung erbringen würde:

Ich sagte dem Präsidenten ... daß die bisherigen Unruhen nicht zentral organisiert worden seien ... Praktisch alle Unruhen seien durch ein zufälliges Ereignis in dem betreffenden Stadtteil ausgelöst worden... [54]

Was Hoover tun *konnte*, war, Johnson mit einer Liste von Missetätern zu versorgen, die der nationalen Empörung als Zielscheiben dienen konnten. Die stärksten Gründe hatte man gegen H. Rap Brown vom Student Non-Violent Coordinating Committee (SNCC), den das FBI unter der Anklage, er habe in Cambridge, Maryland, Krawalle anzetteln wollen, verhaftet hatte. Außerdem konnte Hoover mit weiteren verbalen Attacken gegen King dienen. So warf er ihm neuerdings vor, zur Mißachtung der Gesetze aufzufordern.

Die Unruhen von 1967 und Johnsons Hilferufe überzeugten Hoover und Sullivan, daß es an der Zeit war, das Vorgehen des FBI gegen die Black Power zu intensivieren. Im September 1967 wies Justizminister Ramsey Clark Hoover an, »unter Einsatz sämtlicher Ressourcen der Ermittlung und Informationsbeschaffung alle für die Frage relevanten Daten zu sammeln und weiterzuleiten, ob ein Komplott oder eine Verschwörung mit dem Ziel der Planung, Förderung oder Verschärfung umstürzlerischer Aktivitäten existiert oder existiert hat, und herauszufinden, welche Gruppe dahintersteht, unbesehen ihrer Größe, Effektivität und Zugehörigkeit«. Hoover reagierte darauf im Oktober desselben Jahres mit einem Programm »zum Aufbau eines Informantennetzes in Rassengettos«. Im Verlauf des folgenden Jahres legte das FBI mit seinem Ghetto Informant Program ein Netz von über viertausend Informanten aus, die das Bureau und das Weiße Haus mit einem ständigen Strom von Nachrichten über Absichten und Aktivitäten der schwarzen Gemeinden Amerikas versorgten.[55]

Die Reaktion Hoovers auf die Rassenunruhen in den späten sechziger Jahren beschränkten sich nicht auf das Sammeln von Daten und Informationen. Für die Kampagne gegen King hatten Sullivan und Hoover ein organisatorisches Fundament entwickelt, das ihnen jetzt ermöglichte, COINTELPRO in die Bürgerrechtsbewegung hineinzutragen. Mitte des Jahres 1967 führte die Domestic Intelligence Division bereits zwei solche Programme durch: das unter die Rubrik der Aktivitäten gegen die Kommunistische Partei Amerikas subsumierte Programm gegen King, den prominentesten schwarzen Führer der Nation (als Vorwand dienten Kings kommunistische Verbindungen), und das Programm gegen den Ku Klux Klan (kommunistische Beziehungen brauchten dabei nicht nachgewiesen zu werden). Von hier aus war es ein kleiner Schritt, ein drittes Programm zu schaffen, das explizit gegen den radikalen Flügel der Bürgerrechtsbewegung gerichtet war. Sullivan hatte Hoover hinlänglich bewiesen, daß er solche Kampagnen inszenieren konnte, ohne dabei erwischt zu werden, und er konnte auf echte Erfolge gegen die Kommunisten, den Ku Klux Klan und Martin Luther King verweisen. Sie hatten Hoover mit Genugtuung erfüllt, ohne ihn peinlichen Anschuldigungen auszusetzen.[56]

Die Weißen Amerikas waren durch die Unruhen in den Städten und die Parolen der Black Power in Angst und Schrecken versetzt worden – von Stokely Carmichael hatte man hören können: »Es ist Zeit, daß wir uns erheben und die Macht ergreifen. An die Macht. Macht Platz, oder wir walzen euch nieder.« H. Rap Brown hatte gesagt: »Die Gewalt gehört zu Amerika wie der Apple-pie!« Das FBI war es gewohnt, in Krisenzeiten eine aktive Rolle zu spielen, und so sollte es auch diesmal sein. Statt der aufsehenerregenden FBI-Kampagnen der Vergangenheit billigte Hoover allerdings am 25. August 1967 Sullivans Vorschlag eines gegen »militante Organisationen schwarzer Nationalisten« gerichteten geheimen Spionageprogramms.

Für die Bekanntgabe des neuen COINTELPRO an die Außendienststellen griff Hoover auf die Form und sogar die Worte der entsprechenden Anordnung zum Programm gegen den Ku Klux Klan zurück. Die Dienststellen wurden angewiesen, »sicherzustellen, daß die Zielgruppe auseinandergesprengt, der Lächerlichkeit preisgegeben und durch Veröffentlichung ihrer Machenschaften auch wirklich diffamiert und nicht etwa nur populär gemacht wird. Besonderes Augenmerk hat Maßnahmen zu gelten, durch die zu Gewalttätigkeit neigende und aufwieglerische Führer dieser Gruppierungen an der öffentlichen Verbreitung ihrer Philosophie durch die verschiedenen Medien der Massenkommunikation gehindert werden sollen.« Aus Hoovers Anweisungen ging klar hervor, daß militante Schwarze diffamiert, nicht aber strafrechtlich verfolgt werden sollten. Seinen Agenten teilte Hoover mit, daß »viele der Personen, die gegenwärtig in nationalistischen Organisationen der Schwarzen aktiv sind, in ihrer Vergangenheit unmoralischen und subversiven Tätigkeiten nachgegangen und daher vorbestraft sind«. Die Agenten sollten diesbezüglich alle zugänglichen Informationen sammeln, die dann für Operationen der Gegenspionage verwendet werden konnten. Wenig später wurden die Aktionen gegen King und die SCLC in das neue Programm eingegliedert.[57]

Im Frühjahr 1968 verkündete Hoover seinen Agenten, daß er »zur Optimierung der Effektivität ... und um vergebliche Anstrengungen zu vermeiden«, für das gegen schwarze Nationalisten gerichtete COINTELPRO »langfristige Ziele« entwickelt habe:

1. Verhinderung des Zusammenschlusses militanter nationalistischer Gruppen von Schwarzen. Einigkeit macht stark: eine banale Erkenntnis, die deshalb aber nicht weniger wahr ist. Eine schlagkräftige Koalition schwarzer nationalistischer Gruppen könnte der erste Schritt zum Terror in Amerika sein, der Anfang einer ernst zu nehmenden Revolution der Schwarzen.
2. Verhinderung des Aufstiegs eines »Messias«, der die militanten nationalistischen Gruppen der Schwarzen einigt und mit sich reißt. Vielleicht wäre Malcolm X ein solcher »Messias« geworden; jetzt ist er der Märtyrer der Bewegung. Auch Martin Luther King, Stokely Carmichael und Elijah Muhammed [*sic*] streben nach dieser Position. Elijah Muhammed ist aufgrund seines Alters eine geringere Bedrohung. King könnte ein sehr ernst zu nehmender Anwärter sein ... sobald er von seinem vorgeblichen »Gehorsam« gegenüber »liberalen Doktrinen der Weißen« abrückt. Carmichael hat Charisma genug, um auf seine Art eine ernsthafte Bedrohung darzustellen.

Neben der Verhinderung von Gewalt, so ließ Hoover seine Agenten wissen, sei es Ziel der Operationen, zu verhindern, daß »militante nationalistische Gruppen der Schwarzen und ihre Führer gesellschaftlich anerkannt werden« und schwarze nationalistische Organisationen sich langfristig ausbreiten könnten, besonders unter der schwarzen Jugend.[58]

Im Rahmen des Programms gegen die militanten Schwarzen ließ das FBI 360 verschiedene Störaktionen anlaufen. Der Presse wurden Gerüchte über Elijah Muhammeds Liebesleben zugespielt; das Bundesfinanzamt

IRS wurde über einen möglichen Steuerbetrug schwarzer Organisationen informiert; Geschichten wurden ausgestreut, denen zufolge die Drahtzieher hinter dem Marsch der armen Leute auf Washington 1968 gewalttätige Radikale waren. Im November 1968 konzentrierte sich die Spionagetätigkeit auf die Partei der Black Panther, eine von Bobby Seale, Fred Hampton und Eldridge Cleaver geführte schwarze Radikalenorganisation, die einiges von Aufmachung und Gehabe der Eliteeinheit der Green Berets übernommen hatte. Das FBI versuchte gezielt, Unfrieden zwischen dieser Gruppe und rivalisierenden militanten Gruppen innerhalb der schwarzen Radikalenbewegung zu stiften. Es hat sich als unmöglich herausgestellt, definitive Beweise dafür zu erbringen, daß das Bureau Urheber bestimmter Gewaltakte war. Ein Untersuchungsausschuß des Senats kam allerdings zum Schluß, daß »die wichtigste Ermittlungsbehörde der Bundesregierung, vom Gesetz mit der Ermittlung gegen das Verbrechen und der Verhinderung krimineller Aktivitäten beauftragt, selbst mit ungesetzlichen Strategien arbeitete und tiefverwurzelten sozialen Problemen dadurch begegnete, daß sie Gewalt und Unruhe schürte.«[59]

Gegen Ende der Regierungszeit von Lyndon Johnson führte das FBI somit einen von den Medien ausführlich diskutierten Krieg gegen den Ku Klux Klan und einen geheimen Krieg gegen den schwarzen Radikalismus. Je umfangreicher COINTELPRO wurde, desto eher war Hoover bereit, sich über die für seine Aktionen nötigen legalen Absicherungen hinwegzusetzen. Hoover hatte seine Kriege bisher in aller Offenheit führen können, getragen von der Zustimmung einer breiten Basis und gestützt von mächtigen politischen Verbündeten. Jetzt bestand über die Unangreifbarkeit der Werte, für die Hoover immer eingetreten war, keine klare Übereinstimmung mehr. Der Zement des Antikommunismus hielt die Koalition seiner Verbündeten, die in der Vergangenheit seine Kämpfe für ihn ausgefochten hatten, nicht mehr zusammen. Wenn er mit Sanktionen gegen Personen vorgehen wollte, die sich erdreistet hatten, den Status quo herauszufordern, konnte er nicht mehr mit der Unterstützung des Justizministeriums rechnen.

Einmal auf dem Kurs geheimer Aktionen, war es kaum noch möglich, das Steuer herumzuwerfen. Hoover hatte Sullivan dazu ermutigt, Spionage zur Basis der FBI-Politik zu machen, und keiner der beiden konnte jetzt wieder zurück. Ein Rückzieher hätte die eigene Loyalität und Verläßlichkeit Zweifeln ausgesetzt. Hoovers Fall nahm unaufhaltsam seinen Weg.

Das letzte Stadium in Hoovers immer umfangreicher werdenden Spionagetätigkeit war erreicht, als er den verdeckten Krieg gegen die Neue Linke eröffnete. Für dieses COINTELPRO hat Hoover schließlich einen Grundsatz aufgegeben, an dem er seine gegen die Subversion gerichteten Kampagnen seit 1919 ausgerichtet hatte: daß der Einsatz des FBI nur dann erfolgen konnte, wenn eine auch noch so vage Verbindung zwischen der amerikanischen Zielgruppe und der internationalen revolutionären Bewegung existierte. Hoover verfolgte weiterhin aufmerksam die Versuche der Alten Linken, ein Bündnis mit der Neuen Linken zustande zu bringen (vielleicht hoffte er genauso wie die alten Kommunisten, daß der Versuch gelingen würde; es hätte ihm seine Arbeit um einiges erleichtert), er mußte aber einsehen, daß sein neues Angriffsziel eine »Verschwörung ganz neuen Stils« war.[60]

Parallel zur Tonking-Resolution vom 7. August 1964, zur Bombardierung Nordvietnams im Februar 1965 und zur Entsendung der ersten Kampfeinheiten nach Vietnam am 3. März 1965 wuchs auch die Opposition gegen Lyndon Johnsons Asienpolitik. Es entstand eine mächtige Antikriegsbewegung. Der Präsident sah darin das Haupthindernis für den Kriegsgewinn. Für Hoover war die Friedensbewegung ein weiterer überheblicher Angriff auf Ideale und Würde Amerikas, geführt von jenem falsch und unmoralisch denkenden Teil der Jugend, dessen Wachstum er seit 1960 mit steigender Unruhe verfolgt hatte. Hoover war seit den ersten Friedensdemonstrationen Anfang 1965 aktiv; er versorgte den Präsidenten mit Vorausinformationen zu Antikriegsdemonstrationen und versuchte, die Antikriegsbewegung als kommunistisch beeinflußt und gegen Amerika gerichtet zu diffamieren und durch geheime Aktionen aufzubrechen wie den Ku Klux Klan und die Black-Power-Bewegung.

Am 27. April 1965 bat McGeorge Bundy, der Berater des Präsidenten, Hoover um Informationen über die Rolle, die Kommunisten bei den Antikriegsdemonstrationen spielten. Am folgenden Tag kam der FBI-Direktor zu einem Gespräch mit Johnson ins Weiße Haus. Johnson dankte Hoover für das am Vortag erhaltene Material und sagte, er sei tief beunruhigt über die gegen Vietnam gerichtete Agitation in Amerika, die nach Informationen der CIA von China und Nordvietnam geschürt werde.[61]

Hoover wußte, daß er Johnson genauso wenig beweisen konnte, daß eine Verschwörung im Ausland für die Antikriegsbewegung verantwortlich war, wie er ihm hatte beweisen können, daß eine Verschwörung der Grund für die Unruhen in den Gettos war. Er wollte freilich tun, was in seiner Macht stand, und das war, Johnson die Studentenorganisation Students for a Democratic Society (SDS) als Sündenbock ans Messer zu liefern.

Die SDS sollte statt der Kommunistischen Partei Zielscheibe der Angriffe Hoovers auf die radikale Antikriegsbewegung sein. Er konnte allerdings nicht beweisen, daß die SDS mit dem internationalen Kommunismus in Zusammenhang stand; er konnte nur immer wieder die Aussage des Chefs der Kommunistischen Partei, Gus Hall, zitieren, der gesagt hatte, die SDS sei eine Organisation, die die Partei »für uns eingerichtet« habe. (Hoover machte sich zur Regel, die SDS nie ohne dieses Zitat Gus Halls zu erwähnen.) Das rapide Wachstum der SDS (von 10 000 Mitgliedern im Oktober 1965 auf 80 000 im November 1968) und die militanten Parolen der Organisation machten sie zu einer provokanten Zielscheibe für Hoovers Angriffe. Auf die politischen Überzeugungen der SDS sah Hoover mit Verachtung herab. Zusätzlich mißfiel ihm, daß »die Mitglieder sich im Stil der Beatniks kleiden«. Er witterte dahinter Verachtung von Autorität.[62]

Der Hagel von Berichten des FBI über die Rolle der Kommunisten in der Antikriegsbewegung, mit dem Hoover Präsident Johnson eindeckte, bestärkte den Präsidenten in seiner Tendenz, Proteste gegen den Krieg von vornherein als von Kommunisten angezettelt abzulehnen. Obwohl ein späterer Senatsausschuß zum Schluß kam, es sei »unmöglich, die Wirkung abzuschätzen, die die verzerrte Wahrnehmung der Wirklichkeit auf der höchsten Ebene der Politik auf die Geschicke der Nation hatte«, gibt es unabhängige Zeugnisse über den Eindruck, den Hoovers Berichte machten. Eric Goldman schreibt, daß Johnson im Weißen Haus »FBI und CIA mit Lob überhäufte. Sie waren es, die ihn darüber auf dem laufenden hielten, was ›in Wirklichkeit vorging‹: Die Russen hatten die Agitation für die Beendigung der Bombardierung Nordvietnams entfacht ... Die Russen hielten ständig Kontakt zu Senatoren, die gegen den Krieg waren – und [Johnson] nannte Namen... ›Die Russen

denken sich aus, was die Senatoren sagen sollen. Ich weiß oft noch vor den Senatoren, was sie in ihren Reden sagen werden.‹«[63]
Mit seinen unaufhörlich wiederholten Warnungen vor dem kommunistischen Einfluß in der Friedensbewegung wollte Hoover die vaterländische Gesinnung der Kriegsgegner vor der Öffentlichkeit in Zweifel ziehen.[64]
Weil Hoover nicht in der Lage war, Johnson Beweise dafür zu verschaffen, daß die Demonstrationen von Kommunisten beherrscht und vom Ausland unterstützt wurden, beauftragte Johnson die CIA, herauszufinden, welchen Einfluß das Ausland in der Antikriegsbewegung habe. 1966 schlossen FBI und CIA ein informelles Abkommen, die Ergebnisse der jeweiligen Ermittlungen auszutauschen. Die Suche der CIA nach Verbindungen im Ausland lief unter dem Namen Operation Chaos und dauerte von 1966 bis 1974. Zwei Jahre nach Beginn der Operation richtete die Armee zum selben Zweck eine Sektion für Inlandsspionage ein.[65]
Johnson bat Hoover nicht nur, die protestierenden Studenten im Auge zu behalten. Im März 1966 beauftragte er ihn, sich ständig über Kontakte von »Senatoren, Mitgliedern des Kongresses und prominenten Bürgern« zu ausländischen Funktionären »auf dem laufenden« zu halten. 1967 informierte Hoover das Weiße Haus über Antikriegsreden von sieben Senatoren. Ebenfalls unter dem Druck Johnsons richtete Ramsey Clark im Dezember 1967 eine die verschiedenen Abteilungen übergreifende Informationsstelle unter Leitung Cartha DeLoachs ein, die die Flut von Informationen über die Antikriegsbewegung koordinieren sollte.[66]
Bis 1968 sollte die Überwachung der Antikriegsbewegung durch Hoover dazu dienen, die Regierung im voraus vor Demonstrationen zu warnen. Ist die darin liegende Aggressivität schon bedrückend genug, ging Hoover 1968 zur Offensive über; er beteiligte sich jetzt aktiv an dem Versuch, die Opposition gegen den Krieg aufzubrechen und zu diffamieren.
Als die Zahl der Demonstrationen an den Universitäten zunahm (von 400 im akademischen Jahr 1966/67 auf 3400 im Jahr 1967/68), verstärkte das Bureau seine Überwachung. Die Besetzung der Columbia University im Frühjahr 1968 durch Studenten unter Führung der SDS veranlaßte Sullivan und Hoover zu massiverem Vorgehen gegen den Radikalismus

auf dem Campus. Das FBI reagierte damit auch auf Druck von oben. Ein an der Abfassung des COINTELPRO gegen die Neue Linke beteiligter FBI-Beamter meinte dazu, das Programm sei eine Reaktion auf »den enormen Druck des Weißen Hauses« gewesen, angesichts der »kritischen Gesamtsituation« und »Tausender von Bombenanschlägen und Brandstiftungen und von Zerstörung und Chaos« tätig zu werden.[67]
Im Bureau wurde immer noch die Erinnerung an den Aufbau kommunistischer Zellen an den Universitäten in den dreißiger Jahren wachgehalten und an den Kampf um die Entfernung kommunistischer Parteimitglieder aus Regierungsämtern in den vierziger Jahren. Sullivans erster Stellvertreter sagte dazu später: »Ich wollte keine Wiederholung dieser Zustände erleben.« Wie 1919 und 1947 hoffte man im FBI außerdem, daß der Kongreß, womöglich durch die Berichte des Bureau veranlaßt, das FBI mit entsprechenden »neuartigen gesetzlichen Regelungen« für den Kampf gegen die radikale Bewegung ausrüsten werde.[68]
Der wichtigste Grund für das Programm gegen die Neue Linke war freilich Hoovers persönliche Entrüstung über die Rebellion gegen die Autorität auf dem Campus: gegen die Autorität des Präsidenten, gegen die Autorität der Universitätsdekane und nicht zuletzt gegen seine eigene Autorität. Seinen Agenten gegenüber rechtfertigte Hoover dieses neue Programm einfach, indem er es als Programm zur Verteidigung der gesamten gesellschaftlichen Ordnung deklarierte, das sich nicht auf die Durchsetzung einzelner Statuten beschränke. Entsprechend allgemein und umfassend wurde die Zielgruppe definiert. Die Neue Linke sei eine »subversive Kraft«, die auf die Zerstörung »unserer traditionellen Werte« ziele. Sie habe »keine klar definierte Ideologie«, aus ihren Parolen ließen sich allerdings »starke marxistische, existentialistische, nihilistische und anarchistische Untertöne« heraushören. Der Senatsausschuß, der später gegen COINTELPRO ermittelte, kam zum Schluß, daß als Folge dieser vagen Definition fast alle Antikriegsgruppen vom FBI unter Beschuß genommen wurden und auch Studenten zur Zielgruppe gerechnet wurden, die gegen etwas ganz anderes demonstrierten.[69]
Hoovers Feldzug gegen die Neue Linke machte mit letzter Klarheit deutlich, daß es nicht mehr um die strafrechtliche Verfolgung von Verbrechern oder um die Verhinderung von Gewalt ging. Ziel war schlicht und einfach, politische Meinungen, die in den Augen des FBI-

Direktors anstößig waren, dadurch zu bekämpfen, daß man Personen, die diese Meinungen vertraten, diffamierte. Im Juli 1968 schlug Hoover vor, anonyme Briefe über den Lebenswandel der Studenten an Eltern, Nachbarn und Arbeitgeber zu versenden; seine Agenten erhielten außerdem den Auftrag, den Eltern Artikel aus Studentenzeitungen zu schicken, aus denen die »Verkommenheit« der Neuen Linken hervorging (»Einnahme von Drogen und freier Sex«).[70]

Zwischen 1968 und 1971 (in diesem Jahr wurden die Programme eingestellt) wurden im Rahmen des COINTELPRO gegen die Neue Linke 291 Aktionen durchgeführt. Ziel war überwiegend, einzelne Personen daran zu hindern, öffentlich gegen den Krieg Stellung zu nehmen. Durch eine Reihe weiterer Operationen wurde versucht, Antikriegsorganisationen und Demonstranten mit gezielt falschen Informationen in die Knie zu zwingen. Als das Bureau von der Praxis abging, die Listen »gefährlicher« Individuen nach den Bestimmungen des Notstands-Schutzhaftgesetzes zusammenzustellen, wurden die Listen der für verdeckte Aktionen ausgewählten Opfer so groß, daß man die Übersicht über die Zahlen verlor. Die erste Liste war der Rabble Rouser Index vom August 1967, es folgten der Agitator Index und, im Januar 1968, der Key Activist Index. Als Rechtfertigung wurde jeweils vorgebracht, es handle sich um Modifikationen des alten Security Index. Für eine rasche Identifikation wurde sogar ein Fotoindex angelegt.[71]

Das Programm gegen die Neue Linke ermöglichte Hoover, den Krieg, den er seit Beginn seiner Laufbahn geführt hatte, auf breiter Front fortzusetzen. Seine Empörung über schwarze Radikale und die Neue Linke sowie deren Aktionen und Glaubenssätze war nicht geringer als seine Empörung über die Kommunisten im Ausland 1919 und die Kommunistische Partei in der Zeit des Kalten Krieges. Diesmal konnte er allerdings im Unterschied zu früher nicht mit legalen Waffen gegen seine Gegner vorgehen. 1919 hatte er den quasi-legalen Mechanismus der Ausweisungsgesetze dazu benützt, die radikale Bewegung zu sprengen – mit Erfolg. 1964 hatte er – darin von seinen Vorgesetzten bestärkt – von außergesetzlichen Strategien Gebrauch gemacht, um den Ku Klux Klan aufzureiben. Jetzt sah er sich dem Drängen eines von ihm bewunderten und respektierten Präsidenten ausgesetzt, ihm gegen schwarze Aktivisten und Kriegsgegner zu helfen, die dabei waren, die Administration in Stücke zu reißen. Unter anderen Umständen hätte

Hoover vielleicht nur seine Anstrengungen verdoppelt, um die Öffentlichkeit durch Reden und über Artikel zu beeinflussen; so aber gaben ihm dic geheimen Strategien William Sullivans, die schon gegen die Kommunistische Partei und den Ku Klux Klan so erfolgreich gewesen waren, ein viel befriedigenderes Mittel in die Hand, seiner Entrüstung über den Angriff Ausdruck zu verleihen, dem die von ihm so hochgehaltenen, überlieferten Werte in den sechziger Jahren ausgesetzt waren.[72]
Hoovers letztes COINTELPRO hat das FBI auf den Kampf gegen eine Rebellion ungeheuren Ausmaßes verpflichtet; das ganze wehrpflichtige Amerika demonstrierte gegen einen Krieg, in dessen Verlauf bis 1968 bereits eine halbe Million Amerikaner in die Schlacht auf der anderen Seite des Globus geschickt worden war. Das Schauspiel des damals dreiundsiebzigjährigen Hoover, der mit 6590 Agenten versuchte, eine Massenbewegung aufzuhalten, die auf dem Höhepunkt Hunderttausende um ihre Fahnen scharen konnte, entbehrt nicht einer gewissen grotesken Komik. Nur das durch frühere Erfolge gegen die Alte Linke und den Ku Klux Klan genährte Selbstbewußtsein Hoovers, durch William Sullivans Fanatismus ins Gigantische gesteigert, kann ihn dazu ermutigt haben, sich auf ein so verwegenes, verantwortungsloses und letzten Endes hoffnungsloses Unternehmen einzulassen.

Von Tolson abgesehen, empfand Hoover wohl für keinen Menschen außerhalb seiner Familie so viel Zuneigung wie für Johnson. Die Loyalität zu diesem Präsidenten zieht sich wie ein roter Faden durch Hoovers Aktionen während der späten sechziger Jahre. Als Johnson am 31. März 1968 unter dem überwältigenden Eindruck seines politischen Scheiterns auf die Präsidentschaftskandidatur verzichtete (ein weiterer Grund war das perverse Verlangen, die Nation dafür zu bestrafen, daß sie ihm ihre Liebe vorenthalten hatte), äußerte Hoover sein Bedauern über diesen Entschluß in einem sehr persönlich gehaltenen Brief.
Im letzten Jahr der Johnson-Administration, als sich weitherum Niedergeschlagenheit breitmachte, scheint Hoover mit aller Kraft versucht zu haben, die eigene Moral und die Moral seiner Vorgesetzten aufrechtzuerhalten. Zu Ramsey Clark sagte er, er sei »kein Freund der Ansicht, das Land sei verkommen oder irgendwas in der Richtung ... Ich glaube, es gibt in diesem Land eine Menge großartiger Menschen; es mag einzelne sittenlose Bürger geben, aber die Gesellschaft insgesamt ist wirklich nicht verkommen.«[73]

Auf Clarks Drängen schrieb Hoover den Leitartikel für die August-Nummer des *FBI Law Enforcement Bulletin.* Dort wiederholte er, Amerika sei »KEINE kranke Gesellschaft ... Man spricht zuviel von systemkritischen Elementen ... die über Zustände klagen, zu denen sie selbst beigetragen haben. Jetzt verlangen sie, daß die ganze Gesellschaft sich schuldig bekennt und ihre Unfähigkeit eingesteht.« Für Hoover waren die Demonstranten nicht Teil des wirklichen Amerika und »der hart arbeitenden, Steuern zahlenden und die Gesetze achtenden Bevölkerung unseres Landes ... Es ist falsch, immer dann diese große Gruppe zu beschimpfen und anzuklagen, wenn sich eine Krise anbahnt«.[74]

Tolsons sich verschlechternder Gesundheitszustand war mittlerweile sowohl in beruflicher wie in privater Hinsicht zu einer Belastung für Hoover geworden. Tolson erlitt 1966 und 1967 Schlaganfälle und konnte nur noch unter großen Schwierigkeiten gehen oder lesen. War er sonst auf dem Weg zur Arbeit immer einen Schritt hinter Hoover gegangen, wurden daraus jetzt fünf oder sechs Meter – Hoover sagte, er gehe manchmal absichtlich schnell, um Tolson zu zwingen, sich zu verausgaben.

Tolsons schlechter Gesundheitszustand bedeutete für Hoover, daß er nicht mehr durch die Umsicht und Überkorrektheit seines Freundes geschützt war (Tolsons Kritiker hatten diese Eigenschaft Tolsons Negativismus genannt). Immer war es Tolson gewesen, der zu verhindern gewußt hatte, daß die Abteilungsleiter des Bureau auf eigene Faust handelten, was in Hoovers FBI als eine Todsünde galt. Es ist zweifelhaft, ob Sullivan den Bewegungsspielraum gehabt hätte, den er in den sechziger Jahren genoß, wenn Tolson noch so wachsam gewesen wäre wie früher. Tolson war in mancher Hinsicht der für die internen Angelegenheiten des FBI zuständige Mann gewesen und hatte dadurch Hoovers Kräfte freigemacht, die er brauchte, um sich auf die äußeren Angelegenheiten des Bureau zu konzentrieren. Als Tolsons Kräfte nachließen, mußte Hoover Tolsons Arbeit noch zusätzlich übernehmen. Angesichts der umfangreichen Operationen des FBI zu jener Zeit wäre das wahrscheinlich für jeden Mann zuviel gewesen, selbst für Hoover auf dem Höhepunkt seiner Kraft. Jetzt, da der Direktor in den Siebzigern war, ging die Arbeit entschieden über seine Kräfte. Seine Auftritte in der Öffentlichkeit wurden von Mal zu Mal unberechenbarer, und Sullivan entzog sich zunehmend seinem lockerer werdenden Griff.

Tolsons Kränklichkeit weckte in Hoover Beschützerinstinkte. Bekannten und Vorgesetzten gegenüber ließ er keine Gelegenheit aus, demonstrativ darauf hinzuweisen, wie eng seine Beziehung zu Tolson war. Seine Chefberater beauftragte er, sich dafür einzusetzen, daß Tolson dieselbe Medaille des Präsidenten für hervorragende Verdienste im Staatsdienst verliehen wurde, die er selbst 1958 erhalten hatte, im ersten Jahr, in dem die Medaille überhaupt vergeben wurde. Tolson war der ganze Rummel peinlich, aber Hoover war fest entschlossen, dem Freund die gebührende Anerkennung für die vierzigjährige Tätigkeit im Dienst Hoovers und des FBI zu verschaffen. Für die Nominierung Tolsons im Januar 1963 stellten Hoovers Berater eine umfangreiche Präsentation zusammen, die das Justizministerium allerdings nicht an das Weiße Haus weiterleitete. Kurz nach dem Rücktritt Robert Kennedys als Justizminister unternahm Hoover einen zweiten Versuch. Tolson sagte ihm zwar, er wäre »dankbar, wenn weitere Versuche unterblieben«, aber Hoover ließ sich nicht bremsen. Dank den Bemühungen DeLoachs im Weißen Haus und in der Civil Service Commission, die eigentlich für die Auswahl der Kandidaten zuständig war, war Tolson unter den Preisträgern des Jahres 1965 – er lag freilich im Krankenhaus und konnte an der Preisverleihung nicht teilnehmen.[75]

Verlor das FBI auch immer mehr die Kontrolle über das Geschehen und Hoover die Kontrolle über das FBI, so gab es doch zumindest ein Gebiet, das Hoover nach wie vor fest im Griff hatte: das FBI der Fiktion, das jeden Sonntagabend mit Efrem Zimbalist als dem von Tatort zu Tatort eilenden Inspektor Erskine im Fernsehprogramm der ABC zu sehen war. Die Sendung hatte im September 1965 Premiere und lief neun Jahre lang. Die Einschaltquoten waren fast durchweg hoch; hier waren bis nach dem Tod Hoovers keine ernsthaften Einbußen zu verzeichnen. Auf dem Gipfel ihrer Popularität wurde die Sendung wöchentlich von 40 Millionen Amerikanern gesehen, dazu kamen weitere Millionen im Ausland von Kanada bis Singapur.

Hoover profitierte von der Sendung. Er hatte der ABC die Dreherlaubnis unter der Bedingung erteilt, daß die Gesellschaft die Fernsehrechte an *Masters of Deceit* für 75 000 Dollar kaufte. Bevor er den Vertrag unterschrieb, hatte Hoover mit Johnson Rücksprache gehalten. Johnson hatte seine Zustimmung erteilt; er dachte dabei an den Präzedenzfall

des günstigen Steuerbescheids, den Eisenhower für die Einnahmen aus seinen Memoiren erhalten hatte. Hoover bekam außerdem für jede Folge der Serie 500 Dollar, die er im April 1966 dem Recreation Fund des FBI überwies.
Hoover wachte über das Fernseh-FBI so genau wie über das wirkliche FBI. Das FBI hatte einen Agenten in Hollywood, der bei den Dreharbeiten dabei war, und Hoover und Tolson überprüften die Drehbücher in jedem Stadium ihres Entstehens. Hoover trat nie selbst als Darsteller in der Sendung auf, aber Erskines Büro lag im Film gleich neben dem des FBI-Direktors, und einmal jährlich erschien Hoover im Fernsehen, um den Beginn einer neuen Serie anzukündigen.
Hoover überprüfte die Drehbücher nicht nur auf ihre Stimmigkeit. Er war auch stets auf der Suche nach Details, die nicht zu seiner Vision eines idealen Amerika und des idealen FBI paßten. Erskine-Darsteller Zimbalist erinnert sich, daß Hoover, als Gewalt im Fernsehen ein Diskussionsthema wurde, zur Vorschrift machte, es dürfe »keine Toten mehr geben – Unsterblichkeit! Soviel ich weiß, haben wir in den letzten drei oder vier Jahren keinen mehr umgebracht«. DeLoach erinnert sich, daß Hoover jedesmal befahl, die Sendung einzustellen, wenn eine Klage darüber eintraf. Das geschah insgesamt siebenmal, und jedesmal mußte DeLoach zur Verteidigung der Sendung ein Memorandum verfassen. Die Handlung der Sendung war Hoover allerdings weniger wichtig als die Schöpfung eines FBI, das dem FBI seiner Träume entsprach: weiße, männliche, dem Mittelstand entstammende Agenten von nie versagender Höflichkeit, deren Familie das FBI war und die eine Öffentlichkeit beschützten, die darauf mit Dankbarkeit und Respekt reagierte.[76]

Das wirkliche FBI wuchs in den Jahren unter Johnson von sechstausend auf siebentausend Agenten. Hoovers Alter schaffte allerdings einen Abstand zwischen ihm und seinen Abteilungsleitern. DeLoach, der Hoover während der Johnson-Administration am nächsten stand, war erst achtundvierzig, als Johnson aus dem Amt ausschied; Hoover war dreiundsiebzig. Er war, wie Ramsey Clark einmal sagte, damals »ein sehr einsamer Mann. Es war eigentlich traurig. Er hatte keine engen Freunde. Seine sozialen Kontakte waren unglaublich beschränkt.« Tolson, der einzige Vertraute Hoovers, tat wenig dazu, um diese Kontakte zu beleben.[77]

Als die Johnson-Administration zu Ende ging, war Hoovers Bureau in einen verdeckten Krieg gegen das radikale Amerika verwickelt, einen Krieg, bei dem es keineswegs nur um die Bekämpfung von Gewalt ging. Das FBI versuchte, indem es politisch Andersdenkende am Reden hinderte, sie gegeneinander aufhetzte und sie und ihre Ziele durch Gerüchte und Verleumdungen diffamierte, das Spektrum der politischen Meinungen in Amerika zu beschränken. Das Bureau schürte den Konflikt zwischen so kurzlebigen militanten Gruppen von schwarzen Extremisten wie der Black Panther und den Blackstone Rangers und förderte dadurch die Gewalt, statt sie zu verhindern. Hoover heizte die Reaktion an, die sich gegen Black Power und Kriegsgegner richtete und im ganzen Land ihren Ruf nach Ruhe und Ordnung erhob. Er manövrierte sich dadurch in eine politisch widersprüchliche Position: Obwohl aus der Loyalität zu Lyndon Johnson geboren, spielten Hoovers Ordnungsparolen ungewollt der Opposition Johnsons in die Hände, die sie dazu benutzte, in der Öffentlichkeit den Eindruck zu erwecken, Justizministerium und Oberstes Bundesgericht seien für die Zunahme von Verbrechen und für die städtischen Krawalle verantwortlich.

Hoovers geheimes COINTELPRO stellt einen bedenklichen Angriff auf die Rechte amerikanischer Bürger dar. Wäre Hoovers Programm zum Vorbild einer koordinierten Offensive sämtlicher Behörden für innere Sicherheit des Bundes und der Region geworden, so hätte das katastrophale Folgen für die politische Freiheit gehabt. Gemessen an Hoovers früheren Anstrengungen im Kampf gegen den Radikalismus nehmen sich seine Aktivitäten in den sechziger Jahren allerdings kümmerlich aus. Das Land lag zwar mit Vietnam im Krieg, aber es gab weder die internationale Krise noch die Hysterie im Inland, die für frühere Kampagnen so wesentlich gewesen waren. Weil Hoover den von Johnson verlangten Beweis für die Unterstützung des schwarzen Radikalismus und der Kriegsgegner durch das Ausland nicht zu seiner Zufriedenheit erbringen konnte, war er auch nicht in der Lage – und gar nicht willens –, die Unruhen der sechziger Jahre so ernst zu nehmen wie die Gefahren der Vergangenheit, auch wenn Demonstranten und Unruhestifter ihn in helle Wut versetzten und er noch so sehr wünschte, daß sie dafür bestraft würden.

Der Meinungsumschwung, der sich in den Rechtsbehörden und in der Öffentlichkeit vollzog, machte den weiteren Einsatz einer Reihe von

Methoden der Nachrichtenbeschaffung für das FBI zu einem Risiko. Hoover übte deshalb größere Zurückhaltung, wenn es darum ging, in der Öffentlichkeit und mit aller Entschiedenheit zum Generalangriff auf den Radikalismus zu blasen. Die Vorsicht der Öffentlichkeit gegenüber war ein wichtiger Faktor in Hoovers unbekümmertem Einsatz von verdeckten Strategien. Hoover war über die Entscheidungen des Obersten Bundesgerichts zum Schutz der Persönlichkeitsrechte verärgert, und er opponierte gegen den Versuch des Justizministeriums, Verbrechen mit sozialen Reformen zu bekämpfen. Er paßte sich aber auch den neuen Zeiten an, indem er stillschweigend eine ganze Reihe der umstritteneren Methoden der Nachrichtenbeschaffung des FBI fallenließ.

Die sechziger Jahre waren eine Zeit des Konflikts zwischen neuen, nationalen Rechtsvorstellungen und alten, regionalen Traditionen in bezug auf das Verhältnis der Rassen zueinander, auf Recht und Ordnung und auf die private Moral. Die Revolution der Rechtsprechung, die diesen Konflikt nährte, erfolgte von oben nach unten. Sie war vom Obersten Bundesgericht und von politischen Aktivisten, die an die Unterstützung der Bundesgerichte appellierten, in die Wege geleitet worden. Sie wurde nicht von einer landesweiten Zustimmung getragen und stieß dort auf Widerstand und Empörung, wo lokale Traditionen emotional oder materiell eine Rolle spielten.

Hoover war nicht der einzige, der in der politischen Situation der mittleren und späten sechziger Jahre zu keinem klaren Kurs fand. Auch die Johnson-Administration, gebunden durch einen außer Kontrolle geratenen Krieg, in dessen Verlauf 500 000 Soldaten in den Kampf auf der anderen Seite des Erdballs geschickt wurden, hatte Schwierigkeiten, die Ereignisse der Innen- und Außenpolitik zu verstehen. Johnsons freizügige Tolerierung von Pluralismus und Protest brachte ihn mit seiner Überzeugung in Konflikt, daß der Widerstand gegen die Außenpolitik eines Präsidenten dem Landesverrat gefährlich nahe kam. Hoover antwortete auf die Herausforderungen der Gegenwart wie gewohnt mit den Antworten der Vergangenheit, aber selbst ein so flexibler Mann wie Johnson konnte sich nicht vom lähmenden Einfluß alter Mythen befreien, als er sich mit den Realitäten konfrontiert sah, die sich in den Jahren des Vietnamkriegs gewaltsam Zugang zum Weißen Haus und zum Kongreß verschafften.

Weder Johnson noch Hoover zweifelten an der Richtigkeit ihrer Politik. Beide hatten allerdings genügend politisches Gespür, um zu wissen, daß die geteilte Nation eine landesweite totale Mobilisierung gegen die Kommunisten Südostasiens oder die schwarzen Demonstranten und Kriegsgegner nicht mit der nötigen Mehrheit mittragen würde. Beide suchten durch halbherzige, unvollständige Maßnahmen Abhilfe zu schaffen, die zum Widerstand reizten, statt ihn zu ersticken. Hoover wagte es deshalb nicht, die zu seiner Verfügung stehenden Strategien voll auszunützen und seiner Entrüstung über Abweichler freien Lauf zu lassen, weil er glaubte, bei Politikern und in der Öffentlichkeit nicht die erforderliche Unterstützung zu haben. Auf ähnliche Weise war Johnson unsicher, wie weit das Inland den vollen Einsatz der von ihm befehligten militärischen Macht mittragen würde (und wie der kommunistische Block darauf reagieren würde).

Hätte Hoover sich damit begnügt, auf Johnsons Forderungen hin Informationen über die Antikriegsdemonstrationen zu beschaffen, so hätte er sich weiter auf einigermaßen solidem legalem Boden bewegt, und die lange Liste seiner Erfolge wäre nicht später von den bedenklichen Aspekten der COINTELPROs überschattet worden. Hoover war in Zeiten, in denen regelmäßig Truppen entsandt werden mußten, um Aufstände niederzuschlagen, unzweifelhaft dazu verpflichtet, alle diesbezüglich wichtigen Informationen zu beschaffen, und das erst recht, wenn der Präsident persönlich ihn damit beauftragt hatte. Als er aber beschloß, durch geheime Aktivitäten in die politische und soziale Gärung der Zeit einzugreifen, als er sich im verborgenen daranmachte, politische Organisationen aufzuspalten und zu zerstören, hatte er sich damit der gewaltsamen Lösung von Problemen verschrieben, die in einem freien Land auf politischem Weg gelöst werden müssen. Die Anstrengungen des Bureau blieben letzten Endes wirkungslos; sie schadeten im Gegenteil der eigenen Sache, weil sie die Opposition gegen den Krieg radikalisierten und die Entfremdung der Schwarzen von der Gesellschaft der Weißen verstärkten. Und obwohl sie ohne Wirkung blieben, darf nicht übersehen werden, daß Hoovers COINTELPROs erste zögernde Schritte auf eine Regierungsform hin waren, die Macht durch die geheime Manipulation des politischen Prozesses zu behaupten statt durch den Konsens derer, die regiert werden.

Kapitel 13

Nixon und Hoover

> Sie werden sich auf Edgar verlassen müssen, Dick – er ist eine Säule der Stärke in einer Stadt von schwachen Männern. Sie werden sich immer wieder auf ihn verlassen, um die Sicherheit aufrechtzuerhalten. Er ist der einzige, dem man vollkommen vertrauen kann.[1]
>
> Lyndon Johnson zu Richard Nixon,
> 12. Dezember 1968

Als Nixon ins Weiße Haus einzog, setzte er große Erwartungen in Hoover. Schließlich hatte Hoover ihm geholfen, im Fall Alger Hiss den »größten Coup« seiner Karriere zu landen. (Nixon empfahl seinen Mitarbeitern immer wieder, das Kapitel über Hiss in seinem Buch *Six Crises* zu lesen und daraus für ihre eigenen Tricks und Kniffe zu lernen.) Nixon sah sich bei seinem Regierungsantritt mit bedrohlichen Problemen konfrontiert: Er hatte einen verheerenden Krieg zu führen, gegen den ein großer Teil des Landes rebellierte, und mußte sich gegen die Opposition zahlreicher Regierungsmitglieder behaupten, die seine Außen- und Innenpolitik ablehnten. Nixon zählte auf Hoover. Hoover sollte ihm helfen, einige neue »Coups« zu landen.

Vor der Amtseinführung des neuen Präsidenten suchte Hoover Nixon in seinem Hauptquartier im New Yorker Hotel Pierre auf. Der künftige Präsident sagte zu ihm: »Edgar, Sie sind einer der wenigen Leute, die sich jederzeit direkt an mich wenden können. Ich habe darüber mit [John] Mitchell gesprochen, er hat dafür Verständnis.« Der FBI-Direktor hatte, angesichts seiner langen Bekanntschaft mit Nixon, nicht weniger erwartet.[2]

Hoover war bei der Karriere von Richard Milhous Nixon als Bundespolitiker von Anfang an dabeigewesen. Als einer der ersten war er auf die Kapazitäten des jungen Nixon aufmerksam geworden, der damals Mitglied des Ausschusses für unamerikanische Aktivitäten war. Während des Falles Hiss hatte Hoover zeitweise befürchtet, der energische und kompetente Nixon könnte zu einer Konkurrenz für ihn und das Bureau werden, aber die überschwengliche Anerkennung Nixons für Hoover nach Beendigung des Falls hatte ein historisches Bündnis besiegelt, das Nixon zu einer Persönlichkeit der Bundespolitik machte und Hoover als Garanten der nationalen Sicherheit mit eigener politischer Basis institutionalisierte. Das Bündnis hatte zu beider Erfolg entscheidend beigetragen.[3]

Nach Nixons Schätzung waren er und Hoover im Lauf der Jahre bei mehr als hundert gesellschaftlichen Ereignissen gemeinsam anwesend. Hoover erinnerte sich gern an diese Anlässe, besonders an die gemeinsamen Nachmittage im Griffith Stadium, wo sie die Spiele der Senatoren besuchten (er war immer von Nixons Sachkenntnis über Baseball beeindruckt gewesen). Hoover und die Nixons luden sich gegenseitig zum Essen ein, und Nixon legte manchmal auf dem Weg in sein Feriendomizil in Key Biscayne einen Zwischenhalt in Miami ein, um Hoover zu besuchen. In der Zeit, als Nixon kein politisches Amt bekleidete, ließ Hoover Nixons Sekretärin Rose Mary Woods durch Nichols oder DeLoach jede gewünschte Information zukommen, insbesondere zu kommunistischen Umtrieben. John Ehrlichman, der innenpolitische Berater Nixons, meint, daß Hoover für Nixon »mehr als nur eine Informationsquelle war – er war ein politischer Ratgeber, auf den Nixon hörte«. Nixon glaubte von seiner engen Verbindung mit Hoover politisch zu profitieren, weil er sich dadurch vor konservativen Angriffen von rechts schützen konnte.[4]

Hoover und Nixon waren 1969 altgediente Veteranen, die zwei Jahrzehnte politischer Kämpfe überstanden hatten. Die Welt war für sie ein Schlachtfeld, auf dem tatsächliche und potentielle Feinde ihren Aktivitäten nachgingen, darunter die »Pseudoliberalen« und die »Hyänen von der Presse«.[5] Als Nixon Präsident wurde, trug er die Narben seiner knappen Niederlage von 1960 gegen Kennedy und seiner katastrophalen Niederlage bei den Gouverneurswahlen in Kalifornien von 1962. Er hatte gelernt, in der Wachsamkeit gegenüber seinen politischen Gegnern nie nachzulassen, auch wenn seine Position noch so sicher schien. Eine Wahl war für ihn erst dann gewonnen, wenn die Stimmen ausgezählt waren, und manchmal, zu dieser bitteren Erkenntnis war er 1960 in Texas und Illinois gekommen, nicht einmal dann. Nixon fühlte sich als Opfer, gezwungen, sich in einem fort gegen unbarmherzige und skrupellose Feinde zu verteidigen.

Für Hoover hatte die Präsidentschaft Nixons zwei widersprüchliche Aspekte. Er hatte seit 1947 eine enge persönliche Beziehung zum Präsidenten; andererseits hatten die Beamten des Weißen Hauses nie entschlossener versucht, ihm ihren Willen aufzuzwingen. Nixons Berater standen Hoover kühl abschätzend, ja zynisch gegenüber. Seine vergangenen Triumphe interessierten sie nicht – sie wußten kaum davon. Sie schwelgten in der eigenen Macht und ließen sich durch die jahrelange Erfahrung Hoovers und das gewaltige Ansehen, das er genoß, nicht einschüchtern. Sie interessierten sich dafür, wie Hoover ihnen nützen konnte, ließen sich aber nicht davon beeindrucken; sie wollten wissen, ob er ihnen schaden konnte, aber sie fürchteten ihn nicht. Theodore White meint, die Mannschaft Nixons habe sich auf die Gegenwart und die Zukunft verstanden, mit der Vergangenheit habe sie nichts anfangen können. Besuchte ein Mitarbeiter der Regierung Hoover zu Hause oder in seinem Büro, erlag er nicht dem Zauber der dort zur Schau gestellten Reliquien aus den Tagen Dillingers. Für die neuen Führer war Hoover schlicht altmodisch, das archaische Überbleibsel einer unwichtig gewordenen Zeit.[6]

Da zunächst John Ehrlichman Hoovers Anlaufstelle im Weißen Haus war, gingen Hoovers Berichte an ihn (Anfang 1970. Nach Ehrlichmans Beförderung vom Berater des Präsidenten in den Stab für innere Angelegenheiten, wurde der neue Berater John Dean Verbindungsmann des FBI). »Die Arbeit des FBI, die mir vor Augen kam«, so Ehrlichman, »war meist von dürftiger Qualität. Es ging fast nur um Gerüchte, Klatsch und Vermutungen; manchmal beruhte ein Bericht auf einer ›vertraulichen Quelle‹ – ein Euphemismus des FBI für angezapfte Leitungen oder Wanzen. Selbst dann bestand die Information oft nur aus Gerüchten ... War die Arbeit besonders schlecht, schickte ich sie Hoover zurück, aber was zurückkam, war selten eine Verbesserung.« Ehrlichman fand bald heraus, daß er besser fuhr, wenn er einen New Yorker Ex-Polizisten anheuerte, der gute Kontakte zur nachrichtendienstlichen Abteilung der New Yorker Polizei hatte (es handelte sich um Jack Caulfield, der später in den Watergate-Hearings eine Rolle spielen sollte).[7]

Ehrlichman begegnete Hoover mit kühler Herablassung. Als er Hoover in seinem Büro aufsuchte, war er nur belustigt über die Trophäen, Bilder, Flaggen und Urkunden, mit denen der Raum vollgestopft war. Für den langen Marsch durch die Vorzimmer, den Hoover sich für seine Besucher ausgedacht hatte, bis sie endlich im Innern des Tempels dem großen Meister persönlich gegenüberstanden, hatte Ehrlichman nur ein verächtliches Schulterzucken übrig. Für Ehrlichman gehörte Hoover zum alten Eisen.

Im September 1969 tat Nixon etwas Außerordentliches: Er ließ sich von Hoover zum Essen einladen. Ehrlichman und Justizminister John Mitchell, die Nixon begleiteten, waren überrascht, daß der Präsident die Einladung angenommen hatte. Einladungen zu gesellschaftlichen Ereignissen pflegte Nixon meist abzulehnen, selbst wenn sie von Kabinettsmitgliedern kamen.

Hoovers Bemühungen, seinen Gästen zu gefallen, waren in Ehrlichmans Augen lächerlich, ja mitleiderregend. Hoover begrüßte sie an der Tür. Die Getränke wurden von einem großen schwarzen Agenten serviert, der die Jacke eines Stewards trug. Das Wohnzimmer, Hoovers Stätte der Erinnerungen, wirkte auf Ehrlichman »heruntergekommen, geradezu schäbig«. Hunderte von Bildern, auf denen Hoover mit prominenten Persönlichkeiten zu sehen war, bedeckten jeden Zentimeter der Wände.

»Als der Präsident Platz genommen hatte«, erinnert sich Ehrlichman, »kam Hoovers langjähriger Freund und Wohnpartner Clyde Tolson die enge Treppe im Flur herunter ins Wohnzimmer geschlurft. Er sah blaß und verquollen aus. Nachdem er jedem von uns die Hand geschüttelt und mit jedem einige Worte gewechselt hatte, entschuldigte er sich wieder. Als er draußen war, erzählte Hoover uns haarklein die ganze Leidensgeschichte Tolsons.« Das Essen hatte Hoovers Hausmädchen zubereitet, der Agent servierte es. Es gab Steaks, eingeflogen von Clint Murchinsons Ranch, und Chili von Chasen's in Los Angeles.[8]

Während des Essens kam Hoover auf geschäftliche Dinge zu sprechen. Er klagte über Schwierigkeiten, Agenten unter die Bauarbeiter einzuschleusen, die die neue russische Botschaft bauten. Nixon versprach, sich um die »kleinen Arschlöcher« im Außenministerium zu kümmern. Als Hoover anfing, von Einbruchaktionen und anderen verwegenen Taten des FBI zu erzählen, glaubte Ehrlichman zuerst, er wolle testen, wie seine Gäste auf solche illegalen Aktivitäten reagierten. »Erst später, als mir dieses Essen wieder einfiel, wurde mir klar, daß Hoover mit Recht angenommen hatte, daß seine Vorgesetzten Nixon und Mitchell den Einsatz von Wanzen und ähnlichem und Einbruchaktionen billigen würden. Hoover berichtete uns von den Operationen des FBI gegen inländische Radikale und Ausländer, und wir reagierten darauf mit begeisterter Zustimmung.«[9]

Der Besuch Nixons und Mitchells bei Hoover war eine bedeutsame Geste; offenbar war Hoovers Ansehen so groß, daß der Präsident vom Umgang mit ihm nur profitieren konnte. Ehrlichman freilich war nicht beeindruckt, und er sollte während der Nixon-Administration für Hoover wichtiger sein als Nixon oder Mitchell. Für Ehrlichman war Hoover ein Trottel, den man mit Geduld ertragen mußte, solange es nötig war, und loswerden mußte, sobald man konnte.

Trotz der herzlichen Freundschaft folgte Nixons Beziehung zu Hoover einem Muster, das man auch in seiner Beziehung zu anderen alten Männern wie Eisenhower oder De Gaulle beobachten konnte. Nixon verehrte diese Männer, er dürstete geradezu nach ihrem Beifall, und er bewunderte ihre Fähigkeit, sich andere Menschen ergeben zu machen und sich Respekt zu verschaffen (einschließlich seines eigenen). Andererseits hatte er wenig Geduld mit ihrer schwerfälligen Art, ihrer Vorsicht und mangelnden Bereitschaft, günstige Gelegenheiten beim Schopf zu packen. Nixons Ungeduld mit Hoover, nicht aber seine Verehrung Hoovers, färbte auf Stabschef H. R. Haldemann, den innenpolitischen Berater John Ehrlichman und ihren Stab junger Mitarbeiter ab. Hoover, der nie der Mann gewesen war, politisch sympathischen Präsidenten eine Bitte abzuschlagen, mußte jetzt wiederholt Bitten des Weißen Hauses abwehren, die er für unklug und gefährlich hielt. Er hatte schnell gelernt, daß er Nixons Stab nicht trauen durfte, und weil Nixon durch seinen Stab nach außen abgeschirmt wurde, mußte Hoover Aufträgen aus dem Weißen Haus gegenüber grundsätzlich wachsam sein. Als er sich weigerte, dringenden Direktiven der Administration zur inneren Sicherheit Folge zu leisten, stellte der Stab sich gegen ihn.[10]

Später gaben Mitarbeiter Nixons Hoover die Schuld an Watergate und dem darauf folgenden Bankrott der Nixon-Administration, obwohl der FBI-Direktor schon sechs Wochen vor dem Einbruch vom 17. Juni gestorben war. Ihrer Theorie nach waren Nixon und sein Stab 1971 gezwungen, die »Klempner« des Weißen Hauses loszuschicken, um neue undichte Stellen abzudichten, weil Hoover dieser Aufgabe nicht gewachsen war. Weil Hoover die Pläne der Administration, das offizielle Netz des inländischen Nachrichtendienstes neu zu organisieren, blokkierte, habe das Weiße Haus ein eigenes Ermittlungsteam organisieren müssen. So sei G. Gordon Liddy dazu gekommen, John Mitchell und dem Komitee für die Wiederwahl des Präsidenten (Committee to Re-Elect the President, CREEP) den Plan schmackhaft zu machen, Wanzen in den Büros des Nationalen Komitees der Demokraten zu installieren. Hätte Hoover damals mitgespielt, wäre es nicht nötig gewesen, daß die Nixon-Administration Männer anheuerte, die sich nichts daraus machten, in fremde Räume einzudringen und dort Abhörgeräte zu installieren.[11]

Undichte Stellen und Demonstrationen waren die drückendsten Sorgen, die Hoover und Nixon gemeinsam betrafen. Kein Regierungschef kann es sich leisten, daß seine politischen Gegner und die Öffentlichkeit von seinen Plänen erfahren, ehe er sie bekanntgeben will. Kein Regierungschef möchte außerdem im Zeitalter der von den Massenmedien beherrschten Politik mit fotogenen aufrührerischen und gewalttätigen Massen zu tun haben, in deren Reihen seine Feinde mitmarschieren. Im Dezember 1968 hatte Johnson Nixon gewarnt: »Die durchsickernden Nachrichten könnten Sie umbringen ... Wenn Edgar Hoover nicht gewesen wäre, hätte ich meinen Verpflichtungen als Oberkommandierender nicht nachkommen können. Punkt.« Undichte Stellen und Demonstrationen waren aber für Nixon noch mehr als für Johnson tödliche Bedrohungen seiner Regierungsfähigkeit. Um ihnen begegnen zu können, war er auf Hoovers Hilfe angewiesen. Nixon mußte wie Johnson einen aufwendigen, nie offen erklärten Krieg in Asien führen und zugleich versuchen, mit Nordvietnam zu verhandeln; er war deshalb wie dieser auf die Geheimhaltung seiner Schritte angewiesen. Beide mußten ihre Verhandlungspositionen vor ihren Gegnern geheimhalten und zugleich die Opposition gegen den Krieg daran hindern, daß sie die

Massen gegen ihre Kriegspläne mobilisierte. Wie sein Vorgänger wandte sich Nixon schließlich an Hoover um Rat.[12]

Nixon haßte und fürchtete die Gewalt aufgebrachter Massen. »Nixon, der vor allem nach Kontrolle und Ordnung strebte«, schreibt Theodore White, »hatte mit den entfesselten Massen immer wieder schlimme Erfahrungen gemacht ... Er war inmitten johlender, spuckender und Steine werfender Massen körperlichen Gefahren ausgesetzt gewesen ... Er hatte einen instinktiven Haß auf Straßenkrawalle.« Sich massenhaft Informationen zu beschaffen, mit deren Hilfe die Demonstranten ausmanövriert werden konnten, war für Nixon nicht nur eine politische Notwendigkeit. Es steckte eine Art emotionaler Selbsterhaltungstrieb dahinter, der von den johlenden Scharen von Demonstranten immer aufs neue geweckt wurde, die auf die Parade zum Amtsantritt des Präsidenten einen Hagel von Steinen und Rauchbomben niedergehen ließen.[13]

Nixon hatte allerdings herausgefunden, daß er diese Bedrohung gleichzeitig in eine Gelegenheit ummünzen konnte, *seine* Anhänger um sich zu sammeln. Er brauchte im wesentlichen nur seine aggressive Wahlkampfstrategie, die den Gegner persönlich angriff, zu einem allgemeinen Regierungsprinzip zu machen, und schon waren mit dem »kleinen Häuflein der Namenlosen« die Kriegsgegner gemeint. Nixon machte ihr öffentliches Auftreten und Benehmen, nicht ihr eigentliches Anliegen, zum in der Öffentlichkeit meistdiskutierten Thema. Was er dafür brauchte, waren detaillierte Informationen über die Pläne der Antikriegsbewegung und darüber, wann diese Pläne zur Ausführung kommen sollten.[14]

Nixon machte in seiner Rede vom 8. August 1968, in der er die Nominierung als Kandidat der Republikaner annahm, Ramsey Clark zu einem Wahlkampfthema: »Wenn wir die Ordnung und die Achtung der Gesetze in diesem Land wieder aufrichten wollen, müssen wir an einer Stelle anfangen: Wir brauchen einen neuen Justizminister der Vereinigten Staaten.« Seinen »vergessenen Amerikanern« gab er das Versprechen, Richter in das Oberste Bundesgericht zu berufen, die »für Recht und Ordnung sorgen werden«. Er versprach, den Kampf gegen das Chaos persönlich zu leiten. »Auf diesem Gebiet bin ich Experte«, meinte er selbstbewußt.[15]

Nicht lange nach seinem Regierungsantritt begannen Nixon die ersten

Sorgen über undichte Stellen ernsthaft zu schaffen zu machen; vertrauliche Informationen über seine Kriegspläne waren durchgesickert. Johnson hatte ihm erzählt, er habe sich zuerst geärgert und sei dann »zunehmend von der Notwendigkeit besessen [gewesen], diese Indiskretionen zu beenden«. Nixon konnte schnell feststellen, wie berechtigt Johnsons Sorgen gewesen waren, und die undichten Stellen verfolgten und erbitterten ihn bald genauso wie seinen Vorgänger. In den ersten fünf Monaten seiner Amtszeit gab es, Nixons eigenen Worten zufolge, einundzwanzig solcher Indiskretionen, insgesamt waren es im ersten Jahr fünfundvierzig.[16]

Um das Problem zu lösen, wandte Nixon sich an Hoover. Von Hoover erfuhr er, daß man undichten Stellen auf drei Arten zu Leibe rücken könne: Man könne verdächtige Personen überprüfen, sie beschatten lassen oder ihre Telefonanschlüsse anzapfen. Nixon behauptet, Hoover habe ihm mitgeteilt, daß das Anzapfen das »einzige« wirklich effektive Mittel sei, um undichte Stellen aufzudecken, und daß er von jedem Präsidenten seit Roosevelt damit beauftragt worden sei. Nixon schlug dann ein Verfahren vor, nach dem Henry Kissinger Namen von Personen, die der Indiskretion verdächtigt wurden, sofort an Hoover weiterleiten sollte. »Ich autorisierte Hoover, die notwendigen Schritte zu unternehmen – einschließlich der Anzapfung von Telefonanschlüssen –, um die undichten Stellen sowie die entsprechenden Verbreiter von Nachrichten ausfindig zu machen.«[17]

Am 17. März hatte Nixon den Befehl zur Bombardierung nordvietnamesischer Truppen in Kambodscha gegeben. Geheimhaltung war dabei von größter Wichtigkeit, nicht nur um Proteste in Amerika zu vermeiden: Prinz Sihanouk hatte der Bombardierung zugestimmt, aufgrund der Neutralität seines Landes würde er das aber bestreiten müssen, wenn die Öffentlichkeit davon erfuhr. Am 9. Mai brachte die *New York Times* auf der ersten Seite einen Bericht von William Beecher über die Bombardierung und die stillschweigende Zustimmung Sihanouks. Nixon und Kissinger glaubten, daß ihre Strategie von Kritikern innerhalb der Regierung sabotiert worden sei, wahrscheinlich von Mitarbeitern Kissingers im Nationalen Sicherheitsrat. Nixon glaubte, daß durch die Luftangriffe in Kambodscha das Leben von Amerikanern gerettet worden und Nordvietnam unter Verhandlungsdruck gesetzt worden sei. »Die undichte Stelle zur *New York Times* drohte jetzt all dies kaputtzumachen.«[18]

An dem Morgen, an dem der Artikel erschien, rief Kissinger Hoover an und beauftragte ihn, »alle Hebel in Bewegung zu setzen, um herauszufinden, wo [die undichte Stelle] ist« und zugleich mit aller Diskretion vorzugehen, damit »kein Wort davon an die Öffentlichkeit dringt«. Nixon wünschte »höchste Geheimhaltung« für diesen Schritt, er fürchtete, es würde die Moral seiner Mitarbeiter im Weißen Haus anschlagen, wenn herauskam, daß er sie mit Abhöranlagen überwachen ließ; er fürchtete außerdem, daß im Fall einer Entdeckung der Abhöranlagen die Antikriegsbewegung dieses »zugkräftige Thema« ausschlachten würde. Im Verlauf der Untersuchungen wurden siebzehn Abhöranlagen installiert. Betroffen waren vier Journalisten (Marvin Kalb vom CBS, Henry Brandon von der *London Times,* Hedrick Smith von der *New York Times* und Beecher) sowie dreizehn Mitarbeiter des Weißen Hauses, des Außenministeriums und des Pentagon. Hoover hielt Morton Halperin vom NSC für die undichte Stelle. In seinem Bericht an Kissinger spricht er von der »deutlich zutage tretenden Kennedy-Philosophie« vieler Mitarbeiter Kissingers und schließt mit der Feststellung, daß ein großer Teil des Personals der Systems Analysis Agency des Pentagon aus Anhängern McNamaras bestehe. Obwohl Hoover überzeugt war, daß der Schuldige im »arroganten Kennedy-Klüngel aus Harvard« zu finden sei, ließ sich die Identität der undichten Stelle nie eindeutig klären. Vielleicht lagen dem Artikel in Wirklichkeit die Augenzeugenberichte eines englischen Reporters zugrunde, der die Bombenkrater in Kambodscha vom Flugzeug aus gesehen hatte und dessen Bericht bereits in der englischen Presse abgedruckt worden war.[19]

Hoover konnte sich für seine Untersuchungen, um die undichte Stelle zu ermitteln, die die Informationen über die Luftangriffe in Kambodscha hatte durchsickern lassen, auf einen klaren Auftrag des Präsidenten berufen. Der Präsident hatte überdies, nach dem Rechtsverständnis von Justizminister John Mitchell, das verfassungsmäßige Recht, in Fällen, in denen die nationale Sicherheit betroffen war, das Abhören von Leitungen anzuordnen, ohne eigens eine gerichtliche Ermächtigung dafür einzuholen. Trotzdem war Hoover nicht mehr bereit, ohne Rückendeckung als Vollstrecker der Befehle des Präsidenten zu agieren, wie er es in der Vergangenheit so oft getan hatte. Obwohl er die Überwachung Halperins als des größten Verdächtigen sofort in die Wege leitete, verlangte er drei Tage später von Mitchell schriftliche Vollmachten für diese und die anderen Abhöranlagen, die ihm dann auch ausgestellt wurden.[20]

Die schriftlichen Vollmachten waren Hoover aber noch nicht genug. Zusätzlich trennte er die Abhöraktionen von den anderen Operationen des Bureau ab und beauftragte mit ihrer Durchführung William Sullivan persönlich. Er ordnete an, daß keine Kopien von den laufenden Eintragungen zu dieser Aktion angefertigt wurden, und bewahrte alle Unterlagen und Berichte getrennt von den regulären FBI-Akten auf (zunächst in seinem eigenen Büro, später in dem Sullivans). Die Abhörberichte wurden nicht karteimäßig erfaßt und abgelegt, die Namen der überwachten Personen nicht in den ELSUR-Index der Abteilung eingetragen (ELSUR = ELectronic SURveillance, elektronische Überwachung), anhand dessen festgestellt werden konnte, ob es Fälle von Überschneidungen gab, ob man also zufällig bereits aus anderen Gründen unter Überwachung stehende verdächtige Personen abgehört hatte. (Sullivan behauptete später, man sei auf Ersuchen von Kissingers Mitarbeiter General Alexander Haig so verfahren, der bei dieser Aktion für den Kontakt zwischen Kissinger und dem FBI sorgte. Haig bestritt das und sagte, er habe nur betont, daß die Angelegenheit vertraulich behandelt werden müsse.) Gedient war durch die getrennte Buchführung sowohl den Interessen des Weißen Hauses als auch denen Hoovers. Wenn die Abhöranlagen nicht in den FBI-Akten auftauchten, konnten sie, falls es zu einer diesbezüglichen Anfrage kommen sollte, durch ein entsprechendes Privileg der Exekutive gedeckt werden.[21]

Hoover hielt die Abhöraktion gegen Kissingers Mitarbeiter nicht für eine Operation des FBI; für ihn trug das Weiße Haus die Verantwortung dafür, und das FBI stellte lediglich die Technik zur Verfügung. Trotzdem war er nervös. Kurz nach Installation der Anlagen suchte er Justizminister John Mitchell auf und bat ihn besorgt, im Weißen Haus vorstellig zu werden und die Entfernung der Abhöranlagen zu verlangen. Mitchell sprach im Weißen Haus mit Haig oder Kissinger, und man war übereinstimmend der Meinung, daß angezapfte Leitungen eine »gewagte Sache« seien, die »brenzlig« werden könnte. Entfernt wurden die Abhöranlagen jedoch nicht.[22]

Hoover sträubte sich immer mehr gegen die Beteiligung des FBI an den zunehmend skrupelloseren Versuchen des Weißen Hauses, das Durch-

sickern geheimer Informationen zu verhindern. Deutlich wird das an Hoovers Reaktion auf den Befehl Nixons, den für verschiedene Zeitungen arbeitenden Kolumnisten Joseph Kraft unter Überwachung zu stellen. Nixon ließ das FBI im Juni 1969 durch Haldeman bitten, in Krafts Wohnung Abhöranlagen zu installieren, nachdem Kraft in einem Artikel geschrieben hatte, Nixons kurz vorher erfolgte Friedensvorschläge hätten wenig Aussicht auf Erfolg. Nixon hatte den Verdacht, daß Kraft von den Feinden der Administration beeinflußt werde, vielleicht sogar direkt von Nordvietnam. Hoover weigerte sich, der Bitte nachzukommen, und Nixon beauftragte über Haldeman dessen Privatdetektiv Jack Caulfield, der früher bei der New Yorker Polizei tätig gewesen war, die Mikrophone zu installieren. Hoover konnte er lediglich dazu bringen, Kraft beschatten zu lassen, als dieser in Paris mit nordvietnamesischen Funktionären zusammentraf. Auch mit dieser Aufgabe betraute Hoover William Sullivan persönlich. (Sullivan seinerseits ließ durch die französische Polizei eine Abhöranlage in Krafts Hotelzimmer installieren. Offensichtlich hatte Hoover so das Gefühl, das Bureau ausreichend gegen eventuelle Vorwürfe gesichert zu haben.) Im November 1969 bat Hoover, wahrscheinlich auf einen entsprechenden Wunsch des Weißen Hauses hin, um eine Vollmacht für die Überwachung von Krafts Wohnung in Washington. Die Vollmacht wurde nie ausgestellt, die Abhöranlage aber auch nicht installiert.[23]
Hoover war überzeugt, daß in der gespannten Atmosphäre von 1969 nichts katastrophalere Folgen haben konnte als die Entdeckung, daß das Telefon eines Journalisten oder Politikers der Opposition angezapft war. Es muß Hoover verwundert haben, daß Nixon diese Gefahr nicht sah oder sich nicht darum kümmerte. Auf der anderen Seite ärgerte sich der Stab des Weißen Hauses zunehmend über Hoovers Vorsicht. Nixons Mitarbeiter waren dessen starkem Druck ausgesetzt, das Problem der undichten Stellen zu lösen, und sie nahmen bei ihrem Tun keine Rücksicht auf gesetzliche Vorschriften und das Risiko der Aufdeckung. Diese Sorglosigkeit bestärktc aber Hoover in seiner Absicht, eine offizielle Beteiligung des FBI an solchen Unternehmungen zu verhindern.

Als die durch den Vietnamkrieg ausgelöste Krise sich im Jahre 1970 verschärfte, verschlechterten sich auch die Beziehungen zwischen Hoover und dem Weißen Haus. Aus der Sicht Washingtons stand das Land kurz vor dem Ausbruch einer Revolte. Im Lauf des Jahres kam es zu dreitausend Bombenattentaten und 50 000 Bombendrohungen. Besonders bekannt wurde die Explosion der Bombenfabrik in West 11th Street im New Yorker Stadtteil Greenwich Village. Auch an den Universitäten von Wisconsin und Harvard kam es zu Sprengstoffanschlägen und Brandstiftungen. Schwarze und weiße Radikale protestierten gegen den Mordprozeß gegen den Black-Panther-Führer Bobby Seale in New Haven. Die Armee stand in Bereitschaft, um notfalls einen Protestmarsch zu verhindern, mit Hilfe dessen Studenten Seale befreien wollten.

Als Nixon am 30. April die Invasion Kambodschas anordnete, brach auf dem Campus die Hölle los. Am 4. Mai feuerten Männer der Nationalgarde auf dem Campus der Kent State University in Ohio in eine Menge von Studenten und töteten vier (neun weitere wurden verwundet). In der darauffolgenden Woche machten vierhundert Colleges aus Protest ihre Pforten dicht. Nixon antwortete mit Verwünschungen des »elenden Lumpenpacks«, das »Universitäten in die Luft sprengt ... und Bücher verbrennt«. Am frühen Morgen des 9. Mai erschien ein aufgewühlter Präsident auf der Capitol Mall, um mit demonstrierenden Studenten, die beim Lincoln Memorial ihre Zelte aufgeschlagen hatten, über seine Politik zu diskutieren.[24]

Für Hoover gehörte es von jeher zu den Aufgaben eines nationalen Führers, der Nation die Sünden ihrer Jugend ins Stammbuch zu schreiben. Er selbst hatte seit 1968 insgeheim noch mehr getan als das. Sein gegen die Neue Linke gerichtetes COINTELPRO hatte den studentischen Protest durch Strategien aufzubrechen versucht, die die jungen Radikalen der Verachtung preisgaben und Eltern und Lehrer zu energischen Gegenmaßnahmen anstacheln sollten. In seinen Schimpfkanonaden gegen die Demonstranten war Hoover noch heftiger gewesen als Nixon.

Hoover hatte sich allerdings selbst den Wind aus den Segeln genommen, als er zugegeben hatte, die Situation werde sich erst dann gefährlich zuspitzen, wenn »es der Alten Linken gelingt, an den Parteigeist der Neuen Linken zu appellieren und einen großen Teil der entfremdeten Studenten, die Amerika und seinem demokratischen System so feindselig gegenüberstehen, für sich zu rekrutieren«. Dann allerdings drohe der

Nation »eine wahrhaft düstere Zukunft«. Innerlich teilte Hoover die Verachtung der Alten Linken für die Neue Linke als »vulgarisierter, oberflächlicher Version der Lehren des historischen Marxismus«. Es sei »kein Wunder, daß die Alte Linke immer wieder über den ideologischen Mischmasch entsetzt ist, den die militanten jungen Leute zusammenbrauen«. Die neue Linke sei eine Mixtur aus den Vorbildern der Alten Linken (Sowjetkommunismus, Maoismus, Trotzkismus) und einigen weniger üblichen Zutaten neueren Datums (Castro, Anarchismus, Che Guevara, Dritte Welt, Studentenbewegung und mystische Lehren), versetzt mit »Drogen, Astrologie und Hippies«. Anders als die alten Kommunisten, die sich durch das Studium der marxistischen Klassiker weiterbildeten, habe die Neue Linke »keine praktizierbare Ideologie und keinerlei praktizierbare intellektuelle Programme entwickelt, die Denken und Aktion miteinander verbinden. Die neue Linke weiß deshalb nicht, wohin sie geht und was sie will. Sie gleicht einem halbblinden Boxer, der seine mangelnde Sicht dadurch wettmachen will, daß er wie verrückt wahllos um sich schlägt.« Hoover schien mit der Alten Linken der Ansicht, daß die von der Neuen Linken verherrlichte »spontane Aktion« in Wirklichkeit nichts anderes als eine marxistische Häresie des »Abenteurertums« sei.[25]

Hoover reagierte auf die inneren Unruhen der siebziger Jahre mit Entrüstung, die aber, im Vergleich zu seinen vergangenen Feldzügen, fast ausschließlich auf Rhetorik beschränkt blieb. In Gesprächen mit Mitarbeitern des Weißen Hauses wetterte er gegen eingeschlagene Fenster und die rote Farbe, die die Demonstranten im Mai 1970 an die Wände des Justizministeriums gespritzt hatten; er klatschte den Bauarbeitern, die Antikriegsdemonstranten über den Broadway in New York jagten, Beifall, und er vergoß für die in der Kent State University erschossenen Studenten keine Träne (»die Studenten haben das herausgefordert, sie haben bekommen, was sie verdienten«). Als die Nixon-Administration aber versuchte, Hoover in einen umfassenden Aktionsplan gegen die Antikriegsbewegung hineinzuziehen, stellte er sich quer und machte nicht mit. Zwischen Hoovers privaten Gefühlen (die ganz dem Präsidenten gehörten) und seinem beruflichen Urteil bestand eine tiefe Kluft. Sein Urteil als FBI-Direktor sagte ihm, daß massive Spionageoperationen, die erstens Techniken einsetzten, die vor Gericht und dem überwiegenden Teil der Öffentlichkeit keine Gnade mehr fanden, und die sich zweitens gegen eine Bewegung richteten, die von so vielen Amerikanern unterstützt wurde, für den Präsidenten, das FBI und nicht zuletzt ihn selbst in einer Katastrophe enden mußten, wenn sie bekannt wurden.[26]

Hoover war fest davon überzeugt, daß die Tage, in denen das FBI Abhöranlagen nach Belieben eingesetzt hatte, längst vorbei waren. Richard Helms von der CIA gegenüber erklärte er: »Sorgen über den möglichen Mißbrauch dieser Techniken sind im amerikanischen Volk heute weit verbreitet. Darüber hinaus müssen juristische Implikationen im Auge behalten werden, unter anderem die Wirkung, die eine solche Überwachung auf unsere zahlreichen strafrechtlichen Verpflichtungen haben kann. Der Erfolg des FBI war immer in hohem Maß davon abhängig, daß wir das volle Vertrauen des amerikanischen Volkes hatten. Der Einsatz von Ermittlungstechniken auf Kosten der traditionellen Rechte der Persönlichkeit muß deshalb mit größter Sorgfalt geprüft werden.«[27]

Angesichts der doppelten Belastung, einen Krieg und geheime diplomatische Verhandlungen führen zu müssen, während im eigenen Land tumultartige Zustände herrschten, suchte Nixon im Mai 1970 energisch nach neuen Wegen, um mit der »beispiellosen Epidemie des inneren Terrorismus« fertig zu werden. Die Administration reagierte auf das von Nixon so genannte »neue Phänomen hervorragend ausgebildeter und organisierter Revolutionäre, die sich der gewaltsamen Zerstörung unseres demokratischen Systems verschrieben haben«, mit dem Vorschlag, die amerikanischen Geheimdienste neu zu organisieren. Hoover kam dadurch einem Bruch mit dem Präsidenten näher als je zuvor seit den spannungsgeladenen Tagen des Jahres 1947 unter der Truman-Administration.[28]

Nixon und seine nachrichtendienstlichen Berater waren enttäuscht, daß Hoover geheime Einbruchaktionen und Postüberwachungen einstellte, die Auflagen für das Anzapfen von Leitungen und die Verwendung von Wanzen verschärfte und die Anwerbung von Informanten auf dem Campus einschränkte (die Studenten mußten jetzt einundzwanzig Jahre alt sein). Man grollte Hoover, weil frühere Präsidenten von solchen Quellen und Techniken profitiert hatten, während man jetzt, angesichts einer weitaus kritischeren Situation, praktisch blind handeln mußte. Hoover hatte sogar die regulären Beziehungen zur CIA abgebrochen, weil die CIA sich geweigert hatte, ihm den Namen eines FBI-Agenten zu nennen, der ohne Hoovers Erlaubnis Informationen an die CIA weitergegeben hatte. Als Hoover dafür kritisiert wurde, brach er auch die Verbindung zu allen anderen für das Ausland zuständigen Nachrichtendiensten ab und blieb lediglich mit dem Weißen Haus in Kontakt. Den anderen Geheimdiensten teilte Hoover mit, er werde ihnen nicht mehr wie bisher selbst Vollmachten für den Einsatz elektronischer Abhöranlagen erteilen, sondern dementsprechende Anfragen zur Genehmigung an den Justizminister weiterleiten. Damit war die Unterstützung der anderen Nachrichtendienste durch das FBI endgültig zum Erliegen gekommen, da keiner sich dadurch hervortun wollte, daß er um Erlaubnis für illegale Aktionen nachsuchte.[29]

Am 5. Juni 1970 bestellte Nixon die Direktoren seiner Nachrichtendienste zu sich ins Weiße Haus – Hoover, Richard Helms von der CIA, General Donald V. Bennett vom Pentagon und Admiral Noel Gayler von der Nationalen Sicherheitsbehörde – und hielt ihnen eine Standpauke. Sie seien schlecht organisiert, ihre Arbeit sei ineffizient und unproduktiv. Sie sollten sich zu einer einzigen, rational durchorganisierten Einheit zusammenschließen, die ihn über die inneren Unruhen informieren könne. Hoover sollte Vorsitzender werden, als Direktor des Mitarbeiterstabs war Tom Charles Huston aus dem Weißen Haus vorgesehen. Huston hatte schon bisher die Aufgabe gehabt, Informationen zur Beteiligung ausländischer Kräfte an den Ausschreitungen auf dem Campus zu sammeln; er hatte dafür eng mit dem stellvertretenden Direktor des FBI und Leiter der Domestic Intelligence Division, William C. Sullivan, zusammengearbeitet.[30]

Ziel der geplanten Aktion war offensichtlich in erster Linie, den Informationsstand zur Antikriegsbewegung zu verbessern, insbesondere zu deren gewalttätigeren Vertretern wie SDS und Black Panther. Aber Nixon deutete noch einen weiteren Grund an, warum er die geheimdienstliche Tätigkeit intensivieren wollte: »Wir brauchen einen Plan, mit dem wir die illegalen Umtriebe der zur Zerstörung unserer Gesellschaft entschlossenen Elemente stoppen können.« Mit anderen Worten: Die Administration hat möglicherweise bereits damals über das Beschaffen von Nachrichten hinaus den Einsatz des neuen Materials zur Zerschlagung der Antikriegbewegung ins Auge gefaßt. Was allen Anwesenden des Treffens vom 5. Juni klargeworden war, war die Unzufriedenheit des Präsidenten mit ihrer gegenwärtigen Arbeit.[31]

Zur Einberufung dieser Gipfelkonferenz der amerikanischen Geheimdienste hatte ein diffuses Durcheinander bürokratischer Konstellationen und Manöver geführt: Die Nixon-Administration war überzeugt, daß man gegen die Antikriegsbewegung und den Radikalismus im Inland eine neue Waffe brauche. Allgemein herrschte Übereinstimmung, daß Hoover in der Wahl seiner Mittel übervorsichtig geworden war. Daneben verfolgten eine Reihe von Behörden und einzelnen Personen eigene ehrgeizige Ziele. Die anderen Nachrichtendienste wollten die Auflagen für den Einsatz geheimer Abhörtechniken gemildert sehen und sich im Bedarfsfall wieder an das FBI wenden können, das dann in ihrem Namen das Risiko übernehmen würde. Tom Charles Huston hatte für sich selbst an eine Rolle im inländischen Nachrichtendienst gedacht ähnlich der Henry Kissingers in der Außenpolitik, und er hatte sich in seinem Plan zur Neuorganisation entsprechend berücksichtigt. Der größte Intrigant war aber wohl William C. Sullivan, Hoovers eigener Direktionsassistent, ein wahrer Jago des FBI. Zu Beginn der Verhandlungen um den Huston-Plan war Sullivan einer von zehn Direktionsassistenten der Zentrale; an dessen Ende war er Cartha DeLoachs Nachfolger als stellvertretender Direktor und damit, in Anbetracht der nachlassenden Kräfte Tolsons, die Nummer zwei im Bureau.

Weil Sullivan die Domestic Intelligence Division leitete und damit der von organisatorischen Änderungen im inländischen Nachrichtendienst am meisten betroffene Abteilungsleiter des FBI war, hatte er eine enge Zusammenarbeit mit Huston entwickelt; auch zu Robert Mardian, dem stellvertretenden Justizminister und Leiter der Abteilung für innere Sicherheit des Justizministeriums, hatte er eine stabile Beziehung aufgebaut. Sullivan und Mardian hatten ihre Büros im selben Haus, einen Block vom Gebäude des Justizministeriums entfernt, und tauschten sich oft über ihre Unzufriedenheit mit Hoovers Nachrichtenpolitik aus. Sullivan war der Ansicht, daß die Einschränkung geheimer Abhörtechniken durch Hoover die von ihm geleitete Abteilung praktisch auf ein Abstellgleis abgeschoben habe.[32]

Drei Tage nach Nixons Strafpredigt versammelten sich die Chefs der Nachrichtendienste ein zweites Mal, um eine mit der Ausarbeitung eines Berichts beauftragte Arbeitsguppe zu instruieren. In seinen einleitenden Worten als Vorsitzender hielt Hoover fest, der Präsident wünsche

»eine historische Studie über die nachrichtendienstlichen Operationen der Vereinigten Staaten und über die gegenwärtigen Sicherheitsprobleme des Landes«. Auf seine Worte folgte tiefes Schweigen, bis Huston schließlich sagte: »Ich habe nicht gehört, daß der Präsident gesagt hat, wir sollten eine historische Dokumentation zusammenstellen ... Wie ich Präsident Nixon verstand, hat er gesagt, er sei mit den gegenwärtigen Zuständen in den Bereichen der Sicherheit und des Nachrichtendienstes unzufrieden. Der Präsident will wissen, was zur Lösung der anstehenden Probleme getan wird und was wir tun können, um das Niveau unserer nachrichtendienstlichen Operationen zu verbessern.« Sullivan, der ebenfalls anwesend war, sagte später: »Man hätte eine Stecknadel fallen hören können.« Nach kurzem Schweigen sprang Admiral Gayler Huston bei: »Jawohl, Mr. Hoover, so habe ich den Präsidenten auch verstanden.« Nach Sullivan »herrschte wieder Schweigen, während Hoover puterrot anlief ... Hoovers Haß auf Huston war nach dieser Sitzung noch stärker geworden.«[33]
Hoover hatte eine »historische Studie« vorgeschlagen, weil die gegenwärtigen Unruhen für ihn nur im Zusammenhang mit der bisherigen Entwicklung des Radikalismus verständlich waren und weil man Vorteile und Risiken möglicher Gegenmaßnahmen aus der Vergangenheit ablesen konnte. Hoovers Meinung wurde nicht einmal anstandshalber angehört. »Wir reden hier nicht über die Vergangenheit, sie ist tot«, sagte Huston. »Wir reden von der lebendigen Gegenwart.« Doch für Hoover war die Vergangenheit sehr lebendig. Ein Mitarbeiter Hoovers meinte, Hoover sei »immer noch von der Kritik an den Palmer-Razzien gezeichnet gewesen. Und er hatte nichts vergessen.«[34]
In den folgenden zwei Wochen arbeitete die Arbeitsgruppe einen Bericht aus, der die Einrichtung eines ständigen Ausschusses zur Koordination der Nachrichtendienste empfahl. Aufgabe des Ausschusses sollte sein, »Nachrichtenmaterial auszuwerten, Operationen zu koordinieren, laufend Analysen zur Gefahr durch die inländische Protestbewegung zu erstellen und neue Strategien zu entwickeln«. Sowohl für Huston als auch für Sullivan war das der wichtigste Teil des Plans. Der Plan bot ferner dem Präsidenten in der Frage der Überwachungstechniken (Postüberwachung, Einbruchaktionen, elektronische Überwachung und der Einsatz von Studenten als Informanten) eine Reihe von Auswahlmöglichkeiten an. Sie reichten von der Aufhebung

sämtlicher Einschränkungen bis zu ihrer Beibehaltung in der gegenwärtigen, auf Hoover zurückgehenden Form. Sollte der Präsident den Vorschlägen Sullivans und Hustons folgen, würde es eine neue geheime Organisation geben mit Huston als dem entscheidenden, für den inländischen Nachrichtendienst zuständigen Beamten des Weißen Hauses.

Als der Entwurf des Berichts Hoover kurz vor dem Abschlußtreffen der Arbeitsgruppe am 23. Juni vorgelegt wurde, weigerte er sich, ihn zu unterzeichnen, falls er nicht dahingehend umgearbeitet werde, daß die extremste Möglichkeit (die Aufhebung sämtlicher Einschränkungen) sowie die Empfehlung, einen Koordinationsausschuß einzurichten, gestrichen würden. Zu Sullivan sagte Hoover, er sei nicht länger bereit, die »alleinige Verantwortung zu übernehmen«. Wenn eine Überwachungsaktion von »einer mir übergeordneten Stelle« genehmigt werde, sei er bereit, »deren Entscheidung auszuführen ... Aber ich werde nicht mehr selbst die Verantwortung übernehmen, auch wenn ich das jahrelang getan habe.« Sullivan schlug vor, Hoover solle, statt die anderen Nachrichtendienste, die dem Bericht bereits zugestimmt hatten, dazu zu zwingen, den Bericht umzuschreiben, seine Einwände dem Bericht lieber als Anmerkungen beifügen. Hoover folgte diesem Rat.[35]

Der endgültige Bericht, der im wesentlichen Sullivans Stempel trug, begann mit einem Überblick über den Radikalismus. Schwerpunktmäßig berücksichtigt wurden dabei die Antikriegsbewegung (die SDS) und die schwarze Radikalenbewegung (die Partei der Black Panther); die kommunistische Bedrohung wurde heruntergespielt. Der Bericht ging dann auf eine Reihe von Vorschlägen ein, wie die Abwehr der radikalen Gefahr verstärkt werden konnte.[36]

Hoover hatte sich in seinen Anmerkungen von praktisch allen Empfehlungen des Plans distanziert. So von der elektronischen Überwachung mit den folgenden Worten: »Das FBI sieht keine Veranlassung, in Fällen der Bedrohung der inneren Sicherheit von seiner gegenwärtigen Praxis der selektiven Beschattung abzugehen; wir glauben, daß diese Art der Überwachung zum gegenwärtigen Zeitpunkt hinreichend ist. Das FBI wird sich aber dem Bemühen anderer Behörden nicht entgegenstellen, die Genehmigung des Justizministers für die von ihnen benötigte Überwachung einzuholen und eine solche Überwachung dann selbständig durchzuführen.« Zur Postüberwachung hatte Hoover angemerkt:

»Das FBI lehnt die Durchführung einer geheimen Postüberwachung in jeglicher Form ab, da eine solche Überwachung ganz offensichtlich illegal ist und dabei außerdem mit dem Durchsickern von Informationen von der Post an die Presse gerechnet werden muß, was einer ernsthaften Schädigung des Nachrichtenwesens gleichkäme.« Zu geheimen Einbruchaktionen hieß es: »Das FBI lehnt geheime Einbruchaktionen ab.« Nicht besser erging es den übrigen Überwachungstechniken: »Das FBI lehnt die Aufhebung der gegenwärtigen Kontrollen und Einschränkungen für den Aufbau von Informanten auf dem Campus ab. Eine Aufhebung würde die Arbeit des FBI ernsthaft gefährden und könnte zu Indiskretionen der Presse gegenüber führen; die Folgen wären verheerend, eine Anklage gegen die Ermittlungsbehörden aufgrund von Beeinträchtigung der akademischen Freiheit wäre nicht auszuschließen.« Auch den Einsatz von Undercover-Agenten der Militärs im inländischen Nachrichtendienst lehnte Hoover ab.

Die bei weitem wichtigste Empfehlung des Berichts war die Einrichtung eines Kontrollorgans, das die Operationen der Nachrichtendienste koordinieren sollte. Der Bericht beklagte, daß keine »Abstimmung der im Inland durchgeführten Operationen« erfolge, was vielleicht eine versteckte Anspielung auf die verschiedenen aggressiven Spionageabwehroperationen des FBI war. Der geplante Koordinationsausschuß sollte sich aus Mitgliedern der verschiedenen Nachrichtendienste zusammensetzen und einem vom Präsidenten ernannten Leiter unterstehen, der die »nachrichtendienstliche Tätigkeit dieses Ausschusses in derselben Weise koordinieren [soll], wie der Berater des Präsidenten Dr. Henry Kissinger die Nachrichten aus dem Ausland im Auftrag des Präsidenten koordiniert«. Hoover lehnte auch diesen Plan entschieden ab. Er war nur zum bedeutungslosen Zugeständnis bereit, »in regelmäßigen Abständen Analysen zur Arbeit des Nachrichtendienstes im Inland« erstellen zu lassen, was kaum mehr bedeutete als die Berichte, die er ohnehin jedes Jahr dem Appropriationsausschuß des Repräsentantenhauses vorlegte.

Die Vertreter der anderen Nachrichtendienste bekamen die Anmerkungen Hoovers erst am 23. Juni zu sehen. Die Unterzeichnung des Dokuments durch die jeweiligen Chefs der Nachrichtendienste war für den 25. Juni vorgesehen. Es blieb also keine Zeit zu reagieren. Als die Vertreter der NSA und des Pentagon Huston aufforderten, dagegen

Protest einzulegen, beruhigte Huston sie mit der Versicherung, der Bericht werde trotz Hoovers Einwände durchgehen. Einer der damals Beteiligten erinnerte sich später, daß weder Huston noch Sullivan übermäßig besorgt schienen. Als sich die Chefs der Nachrichtendienste aber am 25. Juni versammelten, um den Bericht zu unterzeichnen, bestand Hoover auf einer erneuten Lesung des gesamten dreiundvierzig Seiten starken Berichts inklusive seiner Anmerkungen. Nach jeder Seite fragte er: »Hat jemand etwas zu dieser Seite zu sagen?« Dann wiederholte er die Frage gegenüber jedem der Anwesenden. Immer wenn er zu Huston kam, irrte er sich im Namen: »Haben Sie etwas dazu zu sagen, Mr. Hoffman? Was meinen Sie dazu, Mr. Hutchinson?« und so weiter. Hoovers Gedächtnis ließ an Schärfe nichts zu wünschen übrig, und es handelte sich hier auch nicht um einen plötzlichen Anfall von Vergeßlichkeit. Hoover hatte sich einfach fest vorgenommen, dieses neunundzwanzigjährige Bürschchen, das ausgeschickt worden war, die alten Herren des amerikanischen Geheimdienstes Mores zu lehren, zu demütigen, wo immer es möglich war.[37]

Zu guter Letzt unterzeichneten die vier Chefs das Dokument. Huston war zornentbrannt, glaubte aber immer noch, sein Ziel als Henry Kissinger der Innenpolitik, dem auch Hoover zu gehorchen haben würde, erreichen zu können. Er fügte dem Bericht an den Präsidenten eigene Empfehlungen bei, in denen er Nixon drängte, allen radikalen Optionen zuzustimmen. In einem Begleitschreiben an Haldeman beklagte er sich bitter über Hoover: »Der einzige Stolperstein war Mr. Hoover. Er ... weigerte sich, auch nur einer einzigen der Schlußfolgerungen des Berichts zuzustimmen oder eine einzige der dort gemachten Empfehlungen zu unterstützen ... Wie Sie aus dem Bericht ersehen werden, sind seine Einwände durchgehend inkonsequent und unüberlegt.«[38]

Huston betonte, daß »von allen an der Vorbereitung und Ausarbeitung dieses Berichts beteiligten Personen allein Mr. Hoover mit den gegenwärtigen Zuständen zufrieden ist«. Er versicherte dem Weißen Haus, daß Hoover nicht einmal seine eigenen Leute hinter sich habe, daß »diejenigen Beamten des FBI, die täglich in verantwortlicher Stellung mit Nachrichtenoperationen zu tun haben, insgeheim anderer Meinung sind als Mr. Hoover und die sofortige Inangriffnahme operationeller Veränderungen für vordringlich halten«. Huston drängte den Präsidenten, Hoovers Einwänden keine Beachtung zu schenken, ihn vielmehr mit »Streicheleinheiten« und einem »eigenhändig signierten Foto« der ganzen Gruppe doch noch umzustimmen. »Mein bisheriger Eindruck vom Umgang des Präsidenten mit Mr. Hoover bestärkt mich in meiner Zuversicht, daß es ihm gelingen wird, die Situation dahingehend zu entschärfen, daß wir bekommen, was wir wollen, und Edgar sich nicht vor den Kopf gestoßen fühlt.«

Am 14. Juli stimmte Nixon fast allen Vorschlägen Hustons zu. Er hatte Hoovers Einwände unberücksichtigt gelassen, weil er glaubte, Hoover habe seinen »natürlichen Widerwillen« gegen die Zusammenarbeit mit der CIA nicht überwinden können. Nixon vermutete außerdem, daß Hoover deshalb nicht als Befürworter der Vorschläge hervortreten wollte, weil er fürchtete, die anderen Nachrichtendienste könnten ihm daraus einen Strick drehen, indem sie an die Öffentlichkeit durchsickern ließen, Hoover sei wieder zu seinen alten illegalen Tricks zurückgekehrt. Da es Zweck der ganzen Übung war, die Nachrichtendienste auf die Fährte der Radikalen zu setzen, ohne daß der Präsident formal damit zu tun hatte, ließ Nixon Huston durch Haldeman wissen, er selbst solle den Plan durch seine Unterschrift in Kraft setzen.[39]

Die fehlende Unterschrift des Präsidenten auf dem Bericht war ein Vorbote seines Scheiterns. Die Chefs der militärischen Geheimdienste sahen, daß der Plan »bei den niedersten Chargen gelandet« war, und schlossen daraus, daß Präsident Nixon und Haldeman selbst »›nicht den Mumm hatten‹, zu unterschreiben. Für die Direktoren der anderen Nachrichtendienste war die Tatsache, daß Huston als möglicher Sündenbock vorgeschoben wurde, ein Hinweis darauf, ›wie heiß der Brei war‹.«[40]

Als Hoover das Memorandum las, in dem Huston bekanntgab, der Präsident habe die radikalsten Empfehlungen des Plans gebilligt, Hoover sei Ausschußvorsitzender und Huston »persönlicher Vertreter des Präsidenten für den inländischen Nachrichtendienst«, meuterte er. Er sah, daß er verpflichtet werden sollte, enorme Risiken einzugehen, indem er die illegalen Aktionen anderer Nachrichtendienste autorisierte. »Dieser vorläufige Ausschuß wird seine Tätigkeit einstellen, sobald der Bericht fertiggestellt ist«, erklärte er. »Auf wen kann ich mich dann berufen, wenn wir anfangen, die Bestimmungen des Plans in die Praxis umzusetzen? Wer erteilt mir die Genehmigung? Damit bleibt alles wieder an mir hängen.«[41]

Hoover schnappte sich DeLoach und eilte mit ihm in Mitchells Büro. Dort erklärte er, die neuen Bestimmungen seien zu gefährlich und erweckten den Anschein, der Präsident habe, wenn auch indirekt, illegalen Aktivitäten zugestimmt. Mitchell, der bei der Planung vollkommen übergangen worden war, war überrascht, als er den Plan sah, und wies Hoover an, »sich nicht vom Fleck zu rühren«, bis er den Präsidenten gesprochen habe. Hoover ließ Nixon und Mitchell wissen, sie könnten ihn mit so viel Vollmachten ausstatten, wie sie wollten, er werde trotzdem, wenn er Gefahr für sich oder das Bureau im Verzug sehe, darauf bestehen, daß sie das entsprechende Vorhaben absegneten. Da der Kern des Plans war, den Präsidenten aus jeder Mittäterschaft herauszuhalten, machte ein solches Verlangen ihn praktisch wertlos.
Mitchell teilte dem Präsidenten Hoovers Bedenken mit und sagte, er schließe sich Hoovers Meinung an. Nixon erkannte, wie er später schrieb, daß »Hoovers Weigerung zur Mitarbeit meine Anordnungen ohnehin wertlos machen würde. Selbst wenn ich ihm einen direkten Befehl erteilte, würde er diesen zwar ausführen, mir aber bald einen Grund geben, meine Anordnung wieder rückgängig zu machen. Es bestand sogar die Möglichkeit, daß Hoover die Flinte ins Korn warf und einfach seinen Rücktritt anbot.« Am 28. Juli, kurz bevor der Plan am 1. August in Kraft treten sollte, zog Nixon deshalb seine Zustimmung zurück, und alle Exemplare des Berichts wurden wieder eingesammelt. Die Öffentlichkeit erfuhr davon erst durch John Deans Aussage während der Watergate-Affäre.[42]
Huston versuchte, sein Werk zu retten. Er arbeitete eine Stellungnahme für das Weiße Haus aus, in der er Punkt für Punkt die Einwände widerlegte, die Hoover gegen seinen Plan erhoben hatte. Zu Hoovers Feststellung, die gegenwärtige Arbeit des FBI sei hinreichend, sagte er nur: »Das ist vollkommener Quatsch!« Zu Hoovers Einwand, die Risiken seien zu groß und der Plan werde den Präsidenten in Schwierigkeiten bringen, stellte Huston fest: »Der Direktor des FBI wird dafür bezahlt, Risiken einzugehen, wenn die Sicherheit des Landes in Gefahr ist.« Huston spottete über Hoovers Angst vor undichten Stellen; gegen undichte Stellen könne man etwas tun, was doch auch geschehe. Besonders sarkastisch reagierte er auf Hoovers beharrlich geäußerte Absicht, vor jedem Einsatz illegaler Methoden die Genehmigung des Justizministers einzuholen: »Da möchte ich Mr. Hoover einfach sagen,

daß er vom Präsidenten damit beauftragt worden ist und sie auf dessen Geheiß einsetzen soll. Er braucht gar nicht nach einem Sündenbock Ausschau zu halten. Er hat die Vollmacht des Präsidenten und braucht deshalb kein schriftliches Memorandum vom Justizminister. Im Interesse der Sicherheit sollte aller Schriftverkehr in diesem Bereich unterbleiben. Und zuletzt sei noch dies gesagt ... Mit dem, was Hoover hier tut, versucht er sich über den Präsidenten zu stellen.«

Doch es half alles nichts. Hustons Plan war gestorben.[43]

Daß Hoover ihn offensichtlich für gefährlich hielt und außerdem nicht daran glaubte, daß er funktionieren würde, waren zwei gewichtige Gründe, die dafür sprachen, sich nicht daran zu beteiligen. Hoovers Ablehnung macht einmal mehr die Vorsicht deutlich, die einer seiner beständigsten Charakterzüge war. Hoover hatte über die Jahre gelernt, daß im normalen Auf und Ab der politischen Geschicke seine Opfer eines Tages seine Jäger sein konnten. Es zahlte sich nicht aus, mit dem FBI an der vordersten Front der politischen Kämpfe mitzumischen. Die Kandidaturen Eugene McCarthys und später Robert Kennedys hatten gezeigt, daß die Protestbewegung in der breiten Politik Fuß gefaßt hatte und bereits viel zu groß war, als daß man sie noch *offen* hätte der Subversion bezichtigen können. Die Demonstranten von heute konnten die Machthaber von morgen sein.

Aber Hoovers Zurückweisung des Huston-Plans darf nicht davon ablenken, genau zu betrachten, was er gegen die Radikalen der späten sechziger und frühen siebziger Jahre zu tun *bereit* war, solange er die totale und alleinige Kontrolle über die Operationen des FBI ausübte. Tatsache ist, daß er die Antikriegsbewegung hart bedrängte, daß er gegen militante Schwarze kämpfte und daß seine Programme gegen die schwarzen Nationalisten und die Neue Linke auf eben die Organisationen zielten, gegen die auch Hustons Plan gerichtet war.

Wenn irgend etwas, dann war Hoovers schmutziger Krieg gegen den schwarzen Radikalismus unter Nixon noch schmutziger geworden. Hoover scheute nach wie vor keine Mühe, Martin Luther King »bloßzustellen«, obwohl King seit einem Jahr tot war. Er versorgte Konservative mit Munition für ihre Versuche, Kings Ruf nachträglich noch in den Schmutz zu ziehen und versuchte Ehrungen des ermordeten Führers zu verhindern. Inzwischen war die Partei der Black Panther zum Hauptan-

griffsziel des FBI-Programms gegen die militanten schwarzen Nationalisten geworden. Mit den »Panther-Direktiven« verschärfte das Bureau seinen Krieg gegen die Black Panther; die Operationen dieses Programms gehörten zu den gefährlichsten des FBI überhaupt.[44]
Zwar wurde in den Operationen des FBI selbst keine Gewalt angewendet, sehr wohl aber wurden durch sie andere zur Anwendung von Gewalt ermutigt. Im Zuge der Vernichtungskampagne gegen die dreitausend Mitglieder starke Partei stachelte das FBI in den Jahren von 1969 bis 1971 die lokale Polizei zu Einsätzen gegen die Panther an. Am 4. Dezember 1969 stürmten Polizisten in Chicago ein von den Black Panther benütztes Haus und töteten Fred Hampton, den Vorsitzenden der Black Panther in Illinois, und Mark Clark, den Vorsitzenden von Peoria. Hamptons Leibwächter war ein Spitzel des FBI und hatte dem Bureau entsprechende Tips gegeben und ihm einen Plan des Hauses verschafft, der für die Razzia verwendet werden konnte.[45]
Hoover wütete nicht nur gegen die Black Panther, sondern auch gegen Personen, in denen er eine Neuauflage der »Salonbolschewisten« von 1919 sah. Gemeint waren prominente Persönlichkeiten, die mit dem Anliegen der Black Panther sympathisierten und sie unterstützten. Anfang 1970 sprach Hoover bei Nixon vor und verkündete ihm stolz, er werde Leonard Bernstein und Peter Duchin wegen aktiver Unterstützung der Black Panther unter Anklage stellen. Im Zuge der Aktionen gegen die Sympathisanten der Black Panther in Hollywood fing das Bureau auch die junge Filmschauspielerin Jean Seberg in seinem Netz. Die Folgen waren tragisch.
Jean Sebergs Interesse am schwarzen Radikalismus war erwacht, als sie für Filmaufnahmen in Paris war. Ihr Freund, ein Nordafrikaner, war mit den Black Panther aus Los Angeles befreundet, und über ihn lernte sie Bobby Seale, den Anführer der Partei, kennen. Sie wurde Anhängerin der Partei, unterstützte sie auch finanziell, und wurde damit auch für Hoover und das FBI interessant.[46]
Im April 1970 – Jean Seberg war im vierten Monat schwanger – suchte das Bureau nach einer Möglichkeit, zur Abschreckung für alle anderen »Salonbolschewisten«, die sich mit dem Gedanken trugen, die Black Panther zu unterstützen, an ihr ein Beispiel zu statuieren. Einem ehemaligen FBI-Agenten zufolge, der damals in Los Angeles arbeitete, waren das Bureau und die Außendienststellen von rassistischem Gedan-

kengut so durchsetzt, daß die Agenten vor Wut auf die Panther und die weißen Frauen, die sich mit ihnen einließen, geradezu schäumten. »In den Augen des Bureau«, so der Agent, »leistete Jean Feindhilfe, wenn sie die Black Panther unterstützte ... Daß sie ihren weißen Körper einem Schwarzen hingab, war für viele der weißen Agenten ein unerträglicher Gedanke.«[47]

Agent Richard Wallace Held telegrafierte daher nach Washington:

Bitte Bureau um Genehmigung, die Schwangerschaft der bekannten weißen Filmschauspielerin Jean Seberg an die Öffentlichkeit zu bringen ... durch entsprechende Hinweise an Hollywood-Klatschkolumnisten im Gebiet von Los Angeles. Habe Eindruck, daß Veröffentlichung von Sebergs »Zustand« ihr Ungelegenheiten verursachen und ihrem Image beim Publikum schaden könnte. Schlage vor, folgenden von fiktiver Person verfaßten Brief an lokale Kolumnisten zu schicken:

Gerade habe ich an Sie gedacht und mich daran erinnert, daß ich Ihnen noch einen Gefallen schulde. Also – ich war letzte Woche in Paris und traf dort zufällig Jean Seberg. Sie ist schwanger. Zuerst dachte ich, sie sei wieder mit Romain [Romain Gary, Sebergs von ihr getrennt lebender Mann] zusammen. Aber sie hat mir anvertraut, daß das Kind von [ausgestrichen] von den Black Panther ist, ein [ausgestrichen]. Das Mädchen kommt, wie man sieht, ganz schön herum.[48]

Washington erteilte die Genehmigung, befahl aber, die Veröffentlichung noch zwei Monate hinauszuzögern: Die Abhöranlage, die das FBI in der Zentrale der Black Panther in Los Angeles installiert hatte, sollte nicht kompromittiert werden. Außerdem wollte man warten, bis die Schwangerschaft auch äußerlich sichtbar war. Am 19. Mai 1970 erschien ein Artikel der Klatschkolumnistin Joyce Haber über die Schwangerschaft Jean Sebergs in der *Los Angeles Times*. Der Name von Jean Seberg wurde im Artikel nicht genannt, aus den Details ging ihre Identität allerdings eindeutig hervor. Haber hatte den Tip nicht vom FBI direkt bekommen, das Bureau war aber wahrscheinlich über einen Mittelsmann die ursprüngliche Quelle. In Washington ging zur selben Zeit ein Memorandum über Jean Sebergs Unterstützung der Black Panther an Ehrlichman, Mitchell und Kleindienst.[49]

Andere Blätter begannen die Story abzudrucken und wiesen darauf hin, daß Jean Seberg wahrscheinlich ein schwarzes Baby bekommen werde. Kurz vor der Geburt des Kindes versuchte Jean Seberg sich mit einer Überdosis Schlaftabletten umzubringen. *Newsweek* berichtete darüber, und als Folge der Aufregung kam es zu einer Frühgeburt. Zwei Tage später starb das Baby. Jean Seberg erholte sich nie von diesem Verlust und von der gnadenlosen Hetzjagd der Presse. 1976 wurde ihr vom Justizministerium mitgeteilt, sie habe zur Zielgruppe des FBI-Programms gehört. Damit war ihr psychischer Ruin besiegelt. Drei Jahre später nahm sie sich das Leben. Ihr Ex-Mann, der versucht hatte, ihr über die Krise hinwegzuhelfen, indem er behauptete, er sei der Vater des toten Kindes, brachte sich wenig später um.

Jean Seberg gehörte zur Prominenz. Ihr Leiden und ihr Tod gingen deshalb in die Klatschgeschichte Hollywoods ein. Die Angriffe des FBI auf sie unterschieden sich allerdings in nichts von Hunderten weiterer dokumentierter Angriffe auf unbekannte Radikale und ihre Freunde, deren Geschichte nie erzählt wurde, weil die Opfer nicht schön und berühmt und, in vielen der schlimmsten Fälle, nicht weiß waren.

Die heimtückische, illegale Kampagne gegen Jean Seberg zeigt, daß Hoover vor nichts zurückschreckte, wenn es um die Vernichtung des schwarzen Radikalismus ging. Nach der Vernichtung Marcus Garveys und dem Versuch, auch King zu vernichten, brauchte es dafür kaum noch Beweise. Warum aber sträubte Hoover sich dann, als sich ihm durch Sullivan und Huston die verlockende Aussicht eröffnete, mit der vereinten Macht der Nachrichtendienste des Bundes gegen die Black Panther und andere militante Schwarze ins Feld zu ziehen?[50]

Die Antwort darauf ist, daß die Geheimhaltung ein so wesentlicher Faktor des Programms gegen die Black Panther war, daß eine Ausweitung der Operationen nicht in Frage kam. Die bisherigen Aktivitäten des Bureau waren bereits so fragwürdig, daß ihr Bekanntwerden den Black Panther wahrscheinlich die Sympathie der Öffentlichkeit gesichert, Hoover und das Bureau dagegen geschädigt, wenn nicht vernichtet hätte. Es war daher viel zu gefährlich, neue Leute in das Programm einzuweihen oder daran zu beteiligen, die nicht unter der strengen Beaufsichtigung des FBI standen. Selbst innerhalb des FBI mußte die Zahl der beteiligten Agenten und der Operationen kleingehalten werden, damit Hoover sämtliche Aktionen in allen Phasen überwachen konnte. Andere Nachrichtendienste in Verbindung mit den Operationen des FBI gegen die Black Panther zu bringen hätte mit fast hundertprozentiger Sicherheit deren Auffliegen bedeutet. Paradoxerweise war

Hoover also gerade wegen der Brisanz seines Tuns nicht in der Lage, seine Operationen auszuweiten oder mit anderen Nachrichtendiensten zu kooperieren, wollte er sie unter Kontrolle behalten. Schon indem er die begrenzten und überschaubaren Operationen gegen die Black Panther bewilligte, ging Hoover ein Risiko ein. Seine Macht über das Büro war allerdings so absolut und Aufsässigkeit seiner Untergebenen so selten, daß die Gefahr in seinen Augen minimal erscheinen mußte.
Als zweite große Zielgruppe des Huston-Plans war die Studentenvereinigung SDS vorgesehen gewesen, die ja auch das Hauptangriffsziel von Hoovers Programm gegen die Neue Linke war. Doch wie im Fall der Black Panther, hätte auch in diesem Fall eine Ausweitung des Programms ein unannehmbares Risiko für Hoover und das FBI bedeutet. Hoovers Mitarbeiter erinnern sich, daß Sullivan Hoover unermüdlich drängte, das Programm gegen die Neue Linke auszubauen, Hoover sich aber konsequent dagegen wehrte.
Vergleicht man die Operationen gegen die Black Panther und die Neue Linke mit Hoovers großen Feldzügen gegen die Kommunisten von 1919 und 1947 sowie gegen die Verbrecher der dreißiger Jahre, so wird ein weiterer Unterschied deutlich. Auch die damaligen Kampagnen hatten ihre der Öffentlichkeit abgewandte Seiten, die, bei Licht besehen, einen wenig erfreulichen Anblick geboten hätten. Geheimhaltung war dabei aber trotzdem kein wesentlicher Faktor gewesen. Geheime Aktionen waren nur ein Teil der ansonsten im Rampenlicht der Öffentlichkeit ablaufenden Kampagnen, deren Ziele von einer überwältigenden Mehrheit der Öffentlichkeit, der Justiz und der Regierungsspitze getragen wurden. Wurden geheime Operationen aufgedeckt, wie es manchmal der Fall war, bedeutete das in keinem Fall einen Schaden für das FBI. Über die Ziele des FBI gab es ja keinerlei Geheimnisse. Man könnte solche verdeckten Operationen, deren Entdeckung für das Bureau keine tödliche Gefahr darstellte, mit einem Wort wie »vertraulich« bezeichnen (weil sie von einer übergeordneten Stelle abgesegnet und von der Öffentlichkeit unterstützt wurden), um sie von den wirklich »geheimen« zu unterscheiden, die so brisant waren, daß sie im Fall ihrer Aufdeckung die Existenz des Bureau bedroht hätten.
Die Operationen der späten sechziger und der siebziger Jahre waren wirklich »geheim« und stellten angesichts der sonstigen Gepflogenheiten Hoovers als FBI-Direktor eine Ausnahme dar. Sie unterstreichen

die Tatsache, daß Hoovers Antipathie gegen den Radikalismus der sechziger Jahre trotz seines grundsätzlichen Strebens nach legaler Absicherung so groß war, daß er sogar willens war, die Zurückhaltung über Bord zu werfen, die er bisher immer geübt hatte.

Natürlich war Hoover schon immer zu spektakulären Einsätzen gegen Schwarze bereit gewesen, die imstande waren, die Massen der Schwarzen aufzuwiegeln. Sein rassistisches Vorurteil drohte immer dann stärker als sein Legalismus zu werden, wenn er sich einem (von ihm so genannten) potentiellen schwarzen »Messias« gegenübersah, ob das nun Marcus Garvey, Martin Luther King oder die Partei der Black Panther war.

Andererseits stand hinter dem Programm gegen die Neue Linke Hoovers etwas pathetisches Bild von sich selbst als Ersatzvater der amerikanischen Jugend, der *in loco parentis* handelte zu einer Zeit, in der die Eltern die Zügel ihrer Verantwortung schleifen ließen. Während ein Teil der Operationen gegen die Neue Linke das Ziel hatte, Versammlungen und Demonstrationen zu verhindern, auf denen die radikalen Lehren verkündet wurden, stand hinter anderen die naive Absicht, die jungen Radikalen wieder unter die elterlichen Fittiche oder wenigstens die Aufsicht der Colleges zurückzuführen; man stellte ihr Benehmen bloß, um Eltern und Collegeverwaltungen so zu beschämen, daß sie gegen ihre widerspenstigen Zöglinge aktiv wurden.[51]

Auch ihr festumrissener, autonomer Charakter unterscheidet diese Programme von entsprechenden früheren Unternehmungen Hoovers. Kennzeichen der großen Kampagnen von 1919 und 1947 war deren Umfang und Breite gewesen. Sullivan dürstete nach ähnlichen Großtaten für die späten sechziger und die siebziger Jahre. Hoover sah darin nur Gefahren. Nie hätte er sich in den Kreuzzug eines anderen hineinziehen lassen, schon gar nicht in einen, der dem Verlangen der Öffentlichkeit nach Taten vorauseilte, statt darauf zu reagieren.

Hoovers Ablehnung des Huston-Plans entsprang einer Einstellung zu Aufgabe und Funktion des inländischen Nachrichtendienstes, die ihn sein ganzes Leben lang begleitet hatte. Die wirkliche Bedrohung des Landes lag für ihn im Aufstand radikaler, von der Sowjetunion unterstützter Elemente. Gemeint war damit die vom internationalen Kommunismus unterstützte Kommunistische Partei Amerikas. In der Vergangenheit hatte Hoover seine heftigsten (und damit riskantesten)

Angriffe auf den Radikalismus immer in Zeiten der Spannungen zwischen den Supermächten gemacht. Jetzt, in den sechziger und siebziger Jahren, betrieb Nixon Entspannungspolitik mit Rußland und öffnete Amerika gegenüber China. Für Hoover war der Einsatz bestimmter Überwachungstechniken immer größeren operationellen, bürokratischen und politischen Zielen untergeordnet gewesen. Besonders wichtig war ihm, auf Kriegshysterie in Zeiten einer weltweiten Krise vorbereitet zu sein, um das amerikanische Volk auf die notwendigen Razzien vorbereiten und die traditionellen Werte Amerikas gegen die Angriffe verteidigen zu können, die er mit dem Kommunismus assoziierte.

Hoover war nicht bereit, sich auf die brisanten und gefährlichen Operationen einzulassen, zu denen ihn die Nixon-Administration drängte, wenn er sie nicht in einen umfassenden, als Antwort auf eine wirkliche internationale Krise entwickelten Plan einbeziehen konnte. Er war nicht bereit, in Aktion zu treten, wenn er nicht mit der massiven, überwältigenden Unterstützung des amerikanischen Volkes rechnen konnte.

Die Nixon-Administration war fürs erste nur daran interessiert, Kriegsgegner zu verleumden und aufzureiben. Langfristig sollten die Angriffe auf aufrührerische Elemente dazu dienen, die »schweigende Mehrheit« zur stabilen Basis einer republikanischen Herrschaft zu machen. Hoover dagegen sah den inländischen Nachrichtendienst als dauerhaftes Bollwerk gegen die Spionage des Auslands und gegen die langfristige Bedrohung durch eine wiedererwachende internationale kommunistische Bewegung sowie als Bastion zum Schutz der Heimatfront im Kriegsfall. Der Nachrichtendienst sollte nicht zum bloßen Instrument der Innenpolitik verkommen. Hoover hatte in den zwanziger Jahren gelernt, wie leicht es dem FBI das Leben kosten konnte, wenn es mißbraucht wurde, und er würde nichts tun, was sein Lebenswerk zerstören konnte.

Das Ende von Hustons Plan war gleichzeitig auch das Ende seiner Karriere im Weißen Haus (zum Glück für ihn – so konnte er sich aus Watergate heraushalten); William Sullivan dagegen stand aus der Asche des Fiaskos als der starke Mann des FBI auf. Man kann die ganze Affäre geradezu als Sullivans Poker um die Macht sehen, ein Spiel, das er gewinnen mußte, ganz gleich, was aus Huston und seinem Plan wurde.

Es war Sullivan, der Huston zusetzte, den Präsidenten zur Annahme der radikalsten Empfehlungen seines Plans zu drängen; es war auch Sullivan, der Huston versicherte, Hoovers Einwände brauchten nicht ernst genommen zu werden. Hoover gegenüber trat Sullivan jedoch als Hüter der Interessen des Bureau auf, als der, der das Bureau gegen die skrupellosen Pläne der anderen verteidigte. In Memoranden an Hoover distanzierte Sullivan sich von Hustons Plan; er meldete gewichtige Vorbehalte an. Wie immer das Ergebnis auch sein würde, Sullivan mußte gewinnen. Unmittelbarer Anlaß seines Aufstiegs war das Ausscheiden DeLoachs aus dem Bureau im Juli 1970. DeLoach hatte bereits früher seine Absicht angekündigt, vom FBI zu Pepsico zu gehen. Hoover berief Sullivan auf die von DeLoach geräumte Stelle eines stellvertretenden Direktors, den Platz Nummer drei nach Tolson und Hoover.[52] Sowohl DeLoach als auch Mohr warnten Hoover vor der Berufung Sullivans, aber Hoover teilte Mohr mit, er könne sich »keinen Mitarbeiter denken, der loyaler sei als Sullivan«. (Zu Sullivan sagte Hoover, er habe Mohr nicht berufen, weil er von Tolson, dem Mohr unterstellt war, erfahren habe, Mohr trinke.) Vielleicht hat Hoover aber auch gesehen, daß Sullivan auf seinen Sturz hinarbeitete und nach dem höchsten Posten angelte, war zugleich aber besorgt über Sullivans Einfluß in der Administration und hoffte, Administration und Sullivan so besänftigen zu können. Hoover hat nie einen so rebellischen Untergebenen wie Sullivan gehabt, allerdings auch selten jemanden, der Sullivans Talent und Führungsqualitäten gehabt hätte. Sullivans Beförderung zum Spitzenmann Hoovers im Juli 1970 bedeutete, daß Hoover Sullivan als möglichen Kandidaten für den Posten des Direktors unterstützte, vorausgesetzt, Sullivan besserte sich und konnte warten. Daß Hoover sich auf dieses gewagte Spiel einließ, sagt viel über seinen Respekt vor Sullivans Fähigkeiten. Es sagt vielleicht auch einiges über seine Meinung von den Führungsqualitäten der anderen so zuverlässigen, loyalen und berechenbaren Abteilungsleiter: Er überging sie, als er den Mann wählte, der das Bureau leiten sollte, wenn er einmal nicht mehr da war.[53]

Hoover konnte geheime Operationen wie die gegen die Black Panther und die SDS durchführen, weil es ihm gelungen war, jegliche äußere Kontrolle über die internen Operationen des Bureau abzuwehren. Seit den Ermittlungen in den Palmer-Razzien 1920 war der Blick der

Öffentlichkeit nicht mehr auf die Memoranden und internen Geschäfte des FBI gefallen. Abgesehen von bemerkenswert wenigen Sicherheitslecks hatte Hoover immer selbst bestimmen können, was die Öffentlichkeit über das FBI erfahren sollte. Nie hat er die Demütigung über sich ergehen lassen müssen, sich von einem außenstehenden und neutralen Ermittler in die Karten sehen zu lassen und ihn darüber zu informieren, was aus dem FBI inzwischen geworden war und wie das FBI von innen aussah. Dieses Übermaß an Freiheit hat Hoover dazu verführt, seine Macht zu mißbrauchen. Die Folge waren seine Jagd auf King, die späten COINTELPROs und die Hetze gegen die Kritiker des Bureau.

Am 8. März 1971 sollte sich das für immer ändern. In dieser Nacht brach eine Gruppe, die sich Ermittlungsausschuß der Bürger gegen das FBI (Citizens' Commission to Investigate the FBI) nannte, in die FBI-Dienststelle in Media, Pennsylvania, ein. Die Einbrecher wurden nie geschnappt. Im FBI war man überzeugt, daß der Einbruch ein Werk von Anhängern der Katholischen Konspirativen Vereinigung der Ostküste zur Rettung von Leben (Catholic East Coast Conspiracy to Save Lives) war, ein Vergeltungsschlag für die kurz vorher erfolgte Anklage ihrer Führer wegen eines Komplotts mit dem Ziel, die Macht des Kapitals zu brechen und Henry Kissinger zu entführen.

Ironischerweise hatte das Bureau etwas Ähnliches wie den Diebstahl in Media erwartet und deshalb kurz vorher damit angefangen, seine Büros mit einem neuen Sicherheitssystem auszurüsten. Das Büro in Media hatte seine geheimen Akten allerdings noch nicht in den neuen Safe überführt. Als sich die Agenten am Morgen des 9. März zur Arbeit meldeten, mußten sie feststellen, daß die Akten im Bereich innere Sicherheit fehlten. Im Bureau war man sich darüber im klaren, daß ein Aufschrei der Entrüstung durchs Land gehen würde, wenn die aus den Ordnern gestohlenen Akten an die Öffentlichkeit gelangten.

Der Skandal ließ nicht lange auf sich warten. Am 22. März erhielten Senator George McGovern und der Abgeordnete des Repräsentantenhauses Parren Mitchell aus Maryland Fotokopien der Akten. Beide wollten nichts mit dem gestohlenen Material zu tun haben und leiteten die Dokumente an das FBI weiter. Am Ende des Monats allerdings erschien ein zweiundachtzig Seiten starker Auszug aus den Dokumenten in der Zeitschrift *Win* der Neuen Linken.[54]

Die Dokumente gaben Einblick in ein breites Spektrum von Abhöroperationen des FBI im Inland. So wurde bekannt, daß die Leitung im Büro der Black Panther in Philadelphia angezapft war. Es gab eine Akte über sämtliche Colleges im Gebiet Philadelphia sowie eine Sammlung von Akten über die SDS und andere Gruppierungen innerhalb der Neuen Linken. Das Bureau hatte von der Polizei in Philadelphia Berichte über Demonstrationen erhalten, weiter fand sich ein Memorandum des Registrars des Swartmore College mit Informationen über die Tochter von Henry Reuss, einem Mitglied des Repräsentantenhauses, die in der Antikriegsbewegung aktiv war. Die Akten deckten außerdem die Überwachung der Jüdischen Verteidigungsliga, des Ku Klux Klan und der Nationalen Schwarzen Konferenz für Wirtschaftliche Entwicklung auf.[55]

Hoovers Mitarbeiter Mark Felt sprach von einem »Wendepunkt für das Image des FBI«; die Veröffentlichung der Akten habe der Neuen Linken handfeste Gründe geliefert für ihre »paranoide Angst vor dem FBI, die zu hysterischen Vergleichen mit der sowjetischen Geheimpolizei geführt hat«. Diese Einschätzung des FBI sei »von der Presse aufgenommen worden« und habe »unter dafür empfänglichen Meinungsmachern zunehmend Verbreitung gefunden«. Hätte die Presse »zu einem früheren Zeitpunkt von den Media-Dokumenten erfahren«, so Felt, »man hätte sie als das akzeptiert, was sie waren. Angesichts der unruhigen Zeiten wurde aus den Enthüllungen ein Instrument, mit dem die Effektivität des FBI und des Gesetzesvollzugs allgemein untergraben werden sollte.«[56]

Hoover reagierte in großem Zorn. Er ließ die besten Ermittlungsbeamten des Bureau monatelang an dem Fall arbeiten und schloß 100 von 536 lokalen Agenturen, weil er sie für einen Angriff als zu verwundbar betrachtete. Vielleicht hätte das FBI den ganzen Sturm heil und ohne die Notwendigkeit grundsätzlicher Änderungen überstanden, hätte nicht eines der Dokumente die Überschrift »COINTELPRO-New Left« getragen. (Das Dokument empfahl, Studenten zu befragen und zu bespitzeln, um »die in diesen Kreisen herrschende Paranoia zu verstärken ... und den Eindruck zu erwecken, hinter jedem Briefkasten lauere ein FBI-Agent«.) Auch wenn man dem Hinweis in der Überschrift erst ein Jahr später nachging, war das Programm damit doch aufgeflogen. (Am 20. März 1972 verlangte Carl Stern, der Korrespondent der NBC, unter Berufung auf den Freedom of Information Act die Herausgabe von Aktenmaterial zum Programm gegen die Neue Linke. Als sein Verlangen abgelehnt wurde, ging Stern vor Gericht. Die Akten wurden ihm am 6. Dezember 1973 ausgehändigt.)[57]

Die geheimen Aktionen des Bureau gerieten auch von anderer Seite her unter Beschuß. Am 24. April klagte Hale Boggs vom Repräsentantenhaus Hoover an, das Telefon mehrerer Kongreßmitglieder angezapft und Agenten in Universitäten eingeschleust zu haben. Boggs forderte Mitchell auf, den Direktor zu feuern: »Wenn das FBI sich der Taktiken der Sowjetunion und der Gestapo Hitlers bedient, dann ist es Zeit für seinen Direktor, zu gehen.« Hoover rief Mitchell an, um ihm mitzuteilen, daß seit 1924 keine Abhöranlagen mehr im Kongreß installiert worden seien und daß das FBI die Beschattung von Kongreßmitgliedern gewissenhaft zu vermeiden suche und die Überwachung einer Person einstelle, sobald sie den Bereich des Kapitols betrete. Hoover war in heller Aufregung und ruhte nicht eher, als bis er alle wichtigen Abgeordneten des Kongresses angerufen und ihnen versichert hatte, die Anklagen seien falsch.

Weitere Sorgen bereitete Hoover der Vorschlag des traditionell kritischen Magazins *Nation* vom 8. Februar 1971, eine Untersuchung des FBI anzuordnen. Im April trat ein Komitee zusammen, dem Hoover-Gegner wie Norman Dorsen, Burke Marshall, Roger Wilkins und andere angehörten. Ziel des Komitees war, eine Konferenz zur Untersuchung des FBI einzuberufen. In einem ausführlichen Schreiben lehnte Hoover das Angebot des Komitees ab, einen Vertreter des FBI dazu zu entsenden, und bezichtigte das Komitee der Vorurteile gegenüber dem FBI. In anklagendem Ton fuhr er fort, er hoffe, seine Kritiker vergäßen bei ihren Vorwürfen gegen ihn nicht, wie schwierig es für Angestellte des öffentlichen Dienstes sei, gegen Verleumdungen gerichtlich vorzugehen. »Wenn ich kritisiert werde, ist meine einzige Entschädigung oft die persönliche Genugtuung, zu wissen, daß die Kritiker in den dicken Bänden ihrer Kritik nichts anderes bewiesen haben, als daß einer ihrer Hauptvorwürfe – daß ich nämlich jenseits der Kritik stehe – vollkommen falsch ist.«[58]

Auch wenn der Schleier des Geheimnisses um Hoovers COINTELPRO noch nicht gehoben war, so war die Warnung doch deutlich gewesen. Hoover konnte sich nicht mehr darauf verlassen, daß die Kenntnis dieser

Operationen auf die Kreise des FBI beschränkt blieb. Es war an der Zeit, den Schaden zu begrenzen. Charles Brennan, der neue Leiter der Domestic Intelligence Division, meinte zu Hoover: »Trotz des jahrelangen Erfolgs der Programme sind wir jetzt der Ansicht, daß sie wegen ihrer Brisanz aus Gründen der Sicherheit eingestellt werden sollten.« Am 28. April 1971 beendete Hoover in aller Form sämtliche Spionageabwehrprogramme, die seit 1956 die Grundlage der Sicherheitspolitik des Bureau gebildet hatten. Es sollte »in außergewöhnlichen Fällen« zwar weiterhin entsprechende Operationen geben, Hoover ordnete aber an, daß dann für jeden Fall einzeln eine Genehmigung eingeholt werden müsse. Die Beendigung der eigentlichen COINTELPROs bedeutete also nicht das endgültige Ende *aller* Spionageabwehroperationen. Ermittlungen ergaben später, daß einzelne Operationen auch noch nach April 1971 durchgeführt wurden. Trotzdem hatte die Domestic Intelligence Division mit Hoovers Entscheidung einen wesentlichen Bereich ihrer Tätigkeit verloren. Zugleich hatte Hoover damit die Axt an die Wurzel der Macht von William Sullivan gelegt.[59]

Hoovers Versuch, Sullivan zur Loyalität gegenüber dem FBI zu verpflichten, indem er ihn zu seinem rechtmäßigen Erben machte, hatte sich in der Zwischenzeit als Fehlschlag erwiesen. Anlaß der erneuten Reibereien war eine Rede, die Sullivan im Oktober 1970 vor Pressevertretern hielt. Seine dort geäußerte Geringschätzung der kommunistischen Gefahr fand weite Verbreitung. In der an die Rede anschließenden Fragestunde sagte Sullivan, die Kommunistische Partei habe sich in den letzten Jahren dermaßen zurückgehalten, daß er die gegenwärtige Bedrohung durch sie nicht für ernst halte. Wenn ein hoher FBI-Funktionär solche Häresien äußerte, war das ein gefundenes Fressen für die Schlagzeilen. Hoover tobte.[60]
Auch Sullivan hatte Anlaß, mit Hoover zu hadern. Er warf ihm vor, vor dem Appropriationsausschuß des Repräsentantenhauses am 19. November 1970 die angeblichen Pläne der Konspirativen Vereinigung der Ostküste zur Rettung von Leben verraten zu haben. Hoover hatte ausgesagt, die Konspirative Vereinigung plane, »die den Bezirk Washington D. C. versorgenden unterirdischen Stromleitungen und Heizungsrohre in die Luft zu sprengen, um die Tätigkeit der Bundesregierung lahmzulegen«, und einen nicht namentlich genannten Mitarbeiter

des Weißen Hauses (Henry Kissinger) zu entführen. »Im Fall eines Erfolgs wollten die Verschwörer [es handelte sich um die katholischen Priester Philip und Daniel Berrigan] die Einstellung der Luftangriffe der USA in Südostasien fordern.« Acht Tage später, am 27. November, machte Hoover dieselbe Aussage auf einer geschlossenen Sitzung des Appropriationsunterausschusses des Senats. Diesmal bekam die Öffentlichkeit davon Wind, und die Sache wurde am Thanksgiving-Wochenende von den Medien ausgeschlachtet. Das FBI erhob sofort Anklage gegen die Berrigans und ihre Helfer und verhaftete sie am 12. Januar 1971.[61]

Der Fall Berrigan endete für Hoover mit einer Katastrophe. Er sah sich mit einemmal dem Vorwurf ausgesetzt, über die Angeklagten eines verwickelten Falls ein vorschnelles Urteil gefällt zu haben und zur Rettung seines Rufes überstürzt ein unvollständiges Verfahren eingeleitet und nicht ausreichend belegte Schlüsse gezogen zu haben. (Der Prozeß fand von Februar bis April 1972 statt und endete mit Freisprüchen vom Vorwurf der Verschwörung; Philip Berrigan und Schwester Elizabeth McAlister wurden nur für schuldig befunden, Briefe in das Bundesgefängnis in Lewisburg, Pennsylvania, geschmuggelt zu haben. Einer der Anwälte der Verteidigung war Ramsey Clark.) Hoover schob die Schuld Sullivan zu, der ihn mit Informationen zum Fall Berrigan versorgt hatte. Sullivan dagegen sagte, er habe Hoover davor gewarnt, von diesen Informationen Gebrauch zu machen: »Ich glaube nicht, daß sie für eine Klage ausreichen. Dagegen ist gut möglich, daß sie gegen uns klagen.«[62]

Hoovers Zusammenstöße mit Sullivan erreichten ihren Höhepunkt im Sommer 1971 während der hektischen Ermittlungen gegen Daniel Ellsberg. Ellsberg hatte der *New York Times* am 13. Juni 1971 die »Pentagon-Papiere« zukommen lassen, eine von Robert McNamara in Auftrag gegebene Studie über die einzelnen Schritte, in denen sich das Engagement der Vereinigten Staaten in Vietnam vollzogen hatte. Das Weiße Haus ordnete eine umfassende Untersuchung an, um festzustellen, wie viele Personen an der Indiskretion beteiligt waren. Für Nixon war das Bekanntwerden der Pentagon-Papiere »die größte Indiskretion über geheime Dokumente in der Geschichte Amerikas«. Es gelte, mit allen Mitteln der Frage nachzugehen: »Was hatte Ellsberg außerdem in Händen, und was plante er noch damit anzustellen?«[63]

Die Agenten schwärmten aus, um die Bekannten Ellsbergs zu befragen und Informationen über Ellsbergs Motive zu sammeln. Die Domestic Intelligence Division, die mit dem Fall beauftragt war, fragte bei Hoover nach, ob auch ein Interview mit Ellsbergs Schwiegervater, dem New Yorker Spielzeugfabrikanten Louis Marx, möglich sei. Da Hoover mit Marx gut befreundet war, wies er Charles Brennan, den Leiter der Abteilung, persönlich an, Marx nicht zu interviewen. Brennan las statt »NO H« »H OK« und genehmigte das Interview. Als Hoover das Mißverständnis zu Ohren kam, schäumte er und ordnete die Degradierung und Versetzung Brennans an. Brennan war Sullivans Protegé, und Sullivan setzte sich über Hoovers Kopf weg mit dem Weißen Haus in Verbindung und veranlaßte Mitchell, Hoover zu befehlen, die Bestrafung Brennans wieder rückgängig zu machen. Die im Bureau bereits gärenden Gerüchte über die Untreue Sullivans fanden dadurch neue Nahrung.[64]

Das FBI kam schnell zum Schluß, daß Ellsberg allein für die Sache verantwortlich sei, aber das Weiße Haus war damit nicht zufrieden. Nixon hatte Hoover sehr klar gemacht, wie besorgt er über den Fall Ellsberg war, und war nun der Meinung, Hoover bearbeite den Fall »nur zögernd«. Nixon vermutete, Hoover befürchte, daß eine großangelegte Untersuchung des FBI Ellsberg zum Märtyrer machen könnte. Von Mitchell erfuhr Nixon außerdem, daß Hoover sich zurückhalte, weil er mit Ellsbergs Schwiegervater befreundet sei. Den letzten Grund der Weigerung Hoovers aber glaubte Nixon in dessen seit je vorhandenem Unbehagen zu erkennen, sein Territorium mit anderen Behörden zu teilen, die gleichfalls gegen Ellsberg ermittelten.[65]

Die Unzufriedenheit des Weißen Hauses über die Ermittlungen Hoovers im Fall Ellsberg veranlaßte Nixon, ein eigenes Team mit der Suche nach undichten Stellen in der Regierung zu beauftragen. Die Aktion begann am 17. Juli 1971, als Ehrlichman Egil »Bud« Krogh, einen Anwalt im Mitarbeiterstab des Domestic Council, damit beauftragte, für die Beseitigung der undichten Stellen zu sorgen. Zu Kroghs Team gehörten David Young, ein Anwalt aus dem Stab Kissingers, Howard Hunt, vormals bei der CIA, und G. Gordon Liddy, ein früherer FBI-Agent. Da sie den Auftrag hatten, undichte Stellen abzudichten, gab David Young der Gruppe den Namen »Klempner«. Liddy war später der führende Kopf des Komplotts, das die Installation von Abhörgeräten in den Büros des Nationalkomitees der Demokraten in den Watergate Apartments zum Ziel hatte. Hunt wurde verhaftet, weil einer der Einbrecher von Watergate einen von ihm ausgestellten Scheck bei sich trug.[66]

Der Grund für die Einsetzung dieses Teams war zweifellos Nixons Enttäuschung über Hoover. »Ich wollte dem FBI bei dessen Untersuchungen im Fall Ellsberg einheizen und die Ministerien sowie die Geheimdienste zu aktiverem Handeln in der Verfolgung von Leuten veranlassen, die solche Indiskretionen begehen. Wenn es eine Verschwörung gab, wollte ich das wissen, und ich wollte alle Möglichkeiten der Regierung ausschöpfen, den Fall aufzuklären. Und wenn das FBI den Fall nicht verfolgen wollte, dann würden wir es eben selbst tun ... Was ich jetzt brauchte, war ein tüchtiger politischer Kopf, der die Pentagon-Papiere ... sichten konnte ... Ich brauchte Munition gegen die kriegsgegnerischen Kritiker.« Die Klempner waren bald mit all den Aufgaben beschäftigt, gegen die Hoover sich gesträubt hatte.[67]

Sullivans eigenmächtiges Handeln in der Affäre Brennan und seine privaten Beziehungen zum Weißen Haus überzeugten Hoover schließlich davon, daß er Sullivan nicht mehr trauen konnte. Am 1. Juli 1971 rief Hoover Abteilungsleiter Mark Felt, Chef der Inspection Division, in sein Büro und teilte ihm mit, er sei hiermit auf eine neu geschaffene Stelle als dritter Mann und Mitarbeiter von Tolson berufen, mit dem Titel eines stellvertretenden zweiten Direktors. Zweck seiner Ernennung sei, Sullivan stärker an die Kandare zu nehmen und auch Brennans Domestic Intelligence Division strenger zu beaufsichtigen.[68]

Sullivan war Hoover nicht wehrlos ausgeliefert. Er hatte einen Verbündeten in Kissinger-Berater General Alexander Haig, einem engen Freund und früheren Nachbarn. Nach Aussagen von Mark Felt hatte Sullivan im Weißen Haus außerdem noch andere Freunde und »verbrachte die Hälfte seiner Zeit dort«. Sullivans stärkste Waffe war seine enge Beziehung zu Robert Mardian, dem für innere Sicherheit zuständigen stellvertretenden Justizminister. Hoover betrachtete Sullivans Beziehung zu Mardian mit solchem Argwohn, daß er am 2. Juni anordnete, die leitenden Beamten des FBI dürften ohne Gegenwart eines Rechtsbeistandes des FBI keine Kontakte mit Außenstehenden mehr aufnehmen.[69]

Als Hoover Felt beförderte, fühlte Sullivan sein Verhängnis nahen. Er heckte deshalb einen letzten verzweifelten Plan aus, um Hoover zu stürzen. Er suchte Mardian auf und sagte ihm, er sei in Schwierigkeiten. Er müsse damit rechnen, von Hoover gefeuert zu werden, glaube aber, es sei gefährlich, die Unterlagen zu den siebzehn von Kissinger in Auftrag gegebenen angezapften Leitungen in Hoovers Obhut zurückzulassen. Sullivan wußte, wie heiß diese Unterlagen waren. Am 1. Juli hatte das Justizministerium im Zuge seiner Vorbereitungen des Ellsberg-Prozesses den Wunsch angemeldet, in den ELSUR-Index Einblick zu nehmen, um festzustellen, ob Ellsberg abgehört worden sei. Ellsbergs Name tauchte nicht in diesem Index auf, und Sullivan wußte, warum. Die von Kissinger angeordneten Anzapfungen waren nicht in den ELSUR-Index eingetragen worden, Ellsberg war aber über eine dieser Leitungen abgehört worden. Am 12. Juli 1971 flog Mardian nach San Clemente, um Nixon zu informieren: Sullivan habe von der Möglichkeit gesprochen, daß Hoover, so die Formulierung Nixons, »die Regierung mit den siebzehn Abhörgeräten, die wir 1969 zur Überwachung von Journalisten und Mitgliedern der Administration installierten, dazu erpressen könnte, ihn in seiner Position im FBI zu belassen«. Nixon sagte, schon früher ähnliche Gerüchte gehört zu haben. Hoover habe sich, so die Gerüchte, nur deshalb so lange halten können, weil er frühere Präsidenten auf »subtile Weise« erpreßt habe. Er, Nixon, habe diesen Gerüchten aber nie Glauben geschenkt. Nixon glaubte im übrigen auch nicht, daß Hoover Enthüllungen machen würde, die der nationalen Sicherheit schaden könnten. Trotzdem beauftragte er Mardian, sich von Sullivan die Unterlagen geben zu lassen. »Das war das letzte, was ich von dieser angeblichen Bedrohung durch Hoover hörte«, fährt Nixon fort. »Hoover gegenüber sagte ich davon nichts.«[70]

Sullivan hoffte, durch die Aushändigung der Unterlagen an das Weiße Haus seine Loyalität zur Administration unter Beweis gestellt zu haben. Der nächste Schritt war, sich so aufsässig und provozierend zu verhalten, daß Hoover keine andere Wahl hatte, als ihn zu feuern. Dann würde man sich in der Administration zwischen Sullivan, dem loyalen Anhänger der Administration, und Hoover, der die Nixon-Administration fast von Anfang an herausgefordert hatte, entscheiden müssen. Am 28. August schrieb Sullivan einen Brief an Hoover (eine Kopie davon ging an Mitchell), in dem er ihn beschuldigte, das FBI einen den guten Absichten des Präsidenten entgegengesetzten Kurs zu steuern. Außerdem listete er in dem Brief seine persönlichen Beschwerden gegen Hoover auf.

Hoover suchte Mitchell auf und erhielt von ihm die Vollmacht, Sullivan zu feuern. Dann rief Hoover DeLoach bei Pepsico an, offensichtlich, um sich über ihn der Unterstützung von Donald Kendall, dem Präsidenten von Pepsico und Freund von Nixon, zu versichern. Sogar Mardian konnte er auf seine Seite ziehen. Sullivan hatte seinen Rückhalt in der Administration falsch eingeschätzt. Am 3. September wies Hoover Sullivan an, sein »Rücktrittsgesuch einzureichen, nachdem Sie den Jahresurlaub genommen haben, der Ihnen zusteht«. Sullivan sträubte sich zunächst, nahm dann aber seinen Urlaub, als er sah, daß Hoover bereits Alex Rosen auf seinen Platz gesetzt hatte. In Sullivans Abwesenheit ging die Säuberungsaktion weiter. Sullivans Protegé Charles Brennan wurde aus seinem Posten entfernt und in eine unbedeutende Stellung abgeschoben, in der er die Ermittlungen gegen Ellsberg zu beaufsichtigen hatte.[71]

Als Sullivan in der letzten Septemberwoche in der Hoffnung aus seinem Zwangsurlaub zurückkehrte, in einer anderen Stellung im FBI verbleiben zu können, mußte er feststellen, daß man das Schloß an seiner Tür ausgewechselt hatte, daß Rosen in sein Büro eingezogen war und daß eine Suchaktion nach den vermißten Unterlagen in Gang war. Am 6. Oktober gab er schließlich auf und reichte seinen Rücktritt ein. Seine persönlichen Habseligkeiten nahm er mit, das signierte Bild von J. Edgar Hoover ließ er zurück. Felt erinnert sich, daß Sullivan einen nervösen Eindruck gemacht habe, als man ihm den Zutritt zum Raum, in dem er seine Akten aufbewahrte, verwehrte. Dort befand sich die einzige Kopie des berüchtigten Briefes vom Dezember 1964 an Martin Luther King, die später dann auch gefunden wurde.[72]

Hoovers Auseinandersetzung mit Sullivan war nicht nur ein Kampf um die Macht. Es ging um die Zukunft des FBI. Hoover war bestrebt, die geheimen Aktivitäten, für die sich Sullivan während der letzten zehn Jahre so stark gemacht hatte, einzuschränken, während Sullivan sie, von der Administration dazu gedrängt, hatte ausdehnen wollen. Hoovers politisches Gespür sagte ihm, daß das FBI von nun an viel offener operieren mußte als bisher. Ob er wollte oder nicht, Öffentlichkeit und Kongreß würden dem FBI in Zukunft über die Schulter sehen. Wollte das Bureau sich das traditionelle Vertrauen der Öffentlichkeit erhalten, mußte es seine Tätigkeit der Kontrolle zugänglich machen. Aber genau dies hatte Sullivan nicht akzeptieren wollen.

Sullivans Strategie wäre aber doch beinahe aufgegangen, wenigstens insofern, als sie die Administration dazu provozieren sollte, Hoover zu entlassen. Nixon mußte Hoover 1971 wiederholt vor Angriffen in Schutz nehmen und dementieren, daß er an seine Ablösung denke. Einmal sagte er auf einer Pressekonferenz: »Ich bin nicht bereit, darüber zu diskutieren, wie lange Hoover noch im Amt bleiben wird, solange sich diese Frage weder für mich noch für meine Umgebung stellt.« Nixon ging sogar so weit zu sagen, daß jegliche Kritik an Hoover ihn nur in seiner Haltung bestärke.[73]

Im Herbst 1971 hatte Nixon seine Meinung allerdings geändert. Ehrlichman, der auf den Sitzungen im Weißen Haus Wortführer der Opposition gegen Hoover war, sagte später: »Hoover kam mir wie ein alter Boxer vor, der schon zu viele Schläge eingesteckt hatte. Er war über seine Zeit im Ring geblieben und erwiderte die Schläge nur noch schwach. Das scharfe Urteil und die Energie früherer Tage hatte er eingebüßt. Für uns war das nur noch peinlich.« An Nixon schickte Ehrlichman ein, wie der Präsident fand, »brillant argumentierendes Memorandum, in dem die komplexe Situation analysiert wurde, die durch Hoovers lange Amtszeit entstanden war. Es schloß mit der betonten Empfehlung, daß Hoover zurücktreten sollte. Dieses Memo hatte G. Gordon Liddy, ein ehemaliger FBI-Agent, der jetzt im Weißen Haus arbeitete, für Ehrlichman geschrieben.« Die Rebellion Sullivans hatte bei Nixon den Eindruck erweckt, die Moral des FBI habe nachgelassen und »die Charakteristika, die einst Hoovers Stärke waren – seine Disziplin und sein selbstbewußter Stolz –, wurden nun als Launenhaftigkeit und Egoismus betrachtet«. Nixon hatte außerdem noch Sullivans Anschuldigung im Gedächtnis, Hoover sei »immer noch veralteten Vorstellungen von einer kommunistischen Bedrohung verhaftet«, er gehe deshalb »nicht flexibel genug gegen die neuen gewalttätigen Radikalen vor«. Mitchell war gegen eine Entlassung Hoovers. Er meinte, daß sie den Widerstand der Öffentlichkeit herausfordern könnte. Hoover sei, trotz aller Kritik, immer noch populär: »Hoover hatte immer noch einen starken Rückhalt im Land und im Kongreß. Für Millionen Amerikaner war Hoover noch immer ein Volksheld.«[74]

Nixon sagte später, er habe die Entscheidung, Hoover zu entlassen, nur mit großem Widerwillen getroffen. Seiner Ansicht nach wurde Hoover von derselben Koalition von alten Feinden angegriffen, die ihn »als

Symbol der von ihnen abgelehnten Anschauungen und Werte« haßten und besonders »seinen Kreuzzug gegen den Kommunismus und die Subversion im Inland« und »seine Ablehnung einer Liberalisierung des Gesetzesvollzugs« verurteilten. Nixon wollte Hoover ungern im Stich lassen, wenn er von seinen Feinden angegriffen wurde, dennoch meinte er zu Mitchell: »Edgar ist sich nicht einmal bewußt, daß ... er zuviel an sich denkt und zuwenig an die Sache, der er dienen möchte.« Nixon wollte aber auch einen Mann seiner Wahl auf den Posten des FBI-Direktors berufen, um zu verhindern, daß die Demokraten, sollte er die Wahl verlieren, einen Mann ernannten, der Nixon und den Republikanern Schwierigkeiten machte.[75]

Der Beschluß, Hoover zu entlassen, wurde etwa im Oktober 1971 gefaßt. Da es Nixon schwerfiel, Mitarbeiter von Angesicht zu Angesicht um ihren Rücktritt zu bitten, rief er Ehrlichman zu Hilfe, der ihm dieses Martyrium erleichtern sollte. Ehrlichman ersann eine List, wie man Hoover die Entlassung am geschicktesten beibringen konnte, und Hoover wurde zu einem Frühstück mit dem Präsidenten ins Weiße Haus eingeladen.[76]

Als Hoover zu der für ihn arrangierten Hinrichtung erschien, erlebte Nixon ihn so »aufmerksam, geistesgegenwärtig und entschlossen« wie in seinen besten Tagen. Es sah so aus, als wolle Hoover einen bewußt tatkräftigen Eindruck erwecken, um zu demonstrieren, daß er in geistiger und körperlicher Hinsicht noch voll da war. Nixon beruhigte ihn über die Folgen der Princeton Conference, die in Sachen FBI ermittelte, deutete dann aber »so vorsichtig und freundlich wie möglich« an, daß die Angriffe auf das FBI in Zukunft immer schlimmer werden würden. Nixon meinte, es wäre tragisch, wenn Hoover seine Karriere unter schweren Angriffen seiner Kritiker beenden müßte statt mit dem Beifall und der Dankbarkeit, für die er, Nixon, zum jetzigen Zeitpunkt sorgen könnte. Hoover wollte davon nichts hören. Er gab Nixon einen Beweis seiner unbedingten Loyalität, als er sagte: »Ich habe keinen größeren Wunsch als Ihre Wiederwahl 1972. Wenn Sie glauben, daß meine fortgesetzte Tätigkeit als Leiter des FBI die Chancen Ihrer Wiederwahl verringert, lassen Sie mich das bitte wissen. Was gegenwärtige und für die Zukunft geplante Angriffe betrifft, so läßt mich das kalt. Je schärfer die Angriffe werden, desto schärfer schlage ich zurück; ich glaube, das wissen Sie.« Aber Hoover gab Nixon auch deutlich zu

verstehen, daß er seinen Rücktritt nicht von sich aus anbieten würde. Wenn Nixon wollte, daß er zurücktrat, mußte er ihn schon persönlich darum bitten.
Nixon war sich der Ironie der Situation bewußt – er hatte sich 1952 Eisenhower gegenüber genau gleich verhalten, als er unter Druck gesetzt wurde, seine Kandidatur als Vizepräsident der Republikaner zurückzuziehen, weil man aufgedeckt hatte, daß er seine Ausgaben durch einen privaten »Schmiergelderfonds« reicher Freunde bestritt. Über die Situation, die ihn zwang, Hoover gegenüber selbst die Initiative zu ergreifen, sagte Nixon später: »Ich beschloß, es nicht zu tun.« Grund dafür seien seine »persönlichen Empfindungen« gewesen, aber »ebenso wichtig« sei seine Überlegung gewesen, daß die Bitte um Hoovers Rücktritt »mehr politische Probleme aufwerfen als lösen würde«.[77]
Nixons Mitarbeiter warteten gespannt darauf, das Ergebnis des Gesprächs zu erfahren, aber Haldeman sagte zu Ehrlichman nur: »Fragen Sie ihn nicht. Er will nicht darüber sprechen.« Ehrlichman »sollte vergessen, daß es je ein Frühstück Nixons mit Hoover gegeben hatte«. Später fand Ehrlichman heraus, daß Hoover nicht nur seine Stellung als Direktor gehalten hatte, sondern von Nixon gar zu einer Erhöhung seines Kontingents an offiziellen Attachés in Übersee um 20 Prozent verpflichtet worden war. Nixon nannte das Treffen später »eine totale Pleite« und gab zu verstehen, er sei von Hoovers Hartnäckigkeit überrumpelt worden; Mitchell habe ihn glauben gemacht, Hoover sei bereit zu gehen.[78]

Das Jahr 1971 ging zu Ende, und Hoover hatte erfolgreich alle Angriffe innerer und äußerer Feinde auf seine Position abgewehrt. Mit Mark Felt als rechter Hand hatte er das FBI erneut fest im Griff. Er hatte die COINTELPROs beendet, die für ihn selbst und das Bureau die größte Gefahr gewesen waren, und er hatte allen Bestrebungen widerstanden, das FBI in neue, riskante Abenteuer hineinzuziehen. Zwar rief Nixon gelegentlich noch an, um freundschaftlich zu plaudern, insgesamt aber hatte Hoover seine Beziehungen zum Weißen Haus auf eine korrekte und förmliche Basis gestellt.
Noch ein letztes Mal versuchte das Weiße Haus, Hoover für ein Projekt zu gewinnen, aber auch diesmal war er rechtzeitig auf der Hut. Im März 1972 war das Weiße Haus durch einen Skandal in schwere Bedrängnis

geraten. Es ging um Bestechungsgelder, die die ITT gezahlt haben sollte, um ein Verfahren wegen Verletzung der Antitrustgesetze niederzuschlagen. Im Weißen Haus versuchte man nun, das Labor des FBI dafür einzuspannen, das die Regierung am stärksten belastende Beweisstück für gefälscht zu erklären. Es handelte sich dabei um eine kurze schriftliche Mitteilung der ITT-Lobbyistin Dita Beard an ihre Arbeitgeber, in der sie siegessicher verkündete, nach Justizminister Mitchell könne der Fall gegen Zahlung eines Betrags in Höhe von 400 000 Dollar an die Republikaner zur Durchführung ihres Nationalkonvents 1972 erledigt werden. Kolumnist Jack Anderson hatte die Mitteilung in die Hände bekommen und am 19. Februar veröffentlicht, und jetzt fürchtete man, der Skandal könnte die Wiederwahl des Präsidenten in Frage stellen.
Die Strategie des Weißen Hauses lief darauf hinaus, Anderson unglaubwürdig zu machen, indem man die Echtheit der Mitteilung anzweifelte. Dita Beard mußte schwören, die Mitteilung sei eine Fälschung. Dann wurde John Dean mit der Bitte zu Hoover geschickt, durch eine Laboruntersuchung zu beweisen, daß das Schreiben tatsächlich eine Fälschung war. Hoover zeigte sich zunächst entgegenkommend, vor allem, als Dean ihm erklärt hatte, der künftige Justizminister Richard Kleindienst werde von der »Hyäne« Jack Anderson angegriffen. Als Dean ins Weiße Haus zurückkehrte, war er deshalb zuversichtlich, Hoover für seine Seite gewonnen zu haben. Hoover bot sogar an, seine »Akten« über Jack Anderson ins Weiße Haus zu schicken.[79]
Kaum hatte das FBI-Labor seine Tests beendet, rief Hoover Dean an, teilte ihm kurzangebunden mit, er solle Felt aufsuchen, und hängte abrupt wieder ein. Felt zeigte Dean den Bericht, den Hoover noch nicht unterschrieben hatte, und Dean »las das Schreiben mit Bestürzung ... Hoover sagte im Jargon des FBI nichts anderes, als daß die Mitteilung Dita Beards echt war.«[80]
Dean war wütend und versuchte zuerst Felt, dann Hoover dazu zu überreden, den FBI-Bericht so zu modifizieren, daß er nicht mit den Statements der ITT in Konflikt stand. »Rufen Sie Dean gleich wieder an«, beauftragte Hoover Felt, »und sagen Sie ihm, ich hätte gesagt, er soll sich lieber gleich umbringen! Ich bin zu Kooperation bereit, wo es geht, aber was er jetzt verlangt, ist völlig unmöglich!« Am 24. Februar versuchte Dean noch einmal, das Bureau dazu zu bringen, den Bericht zu ändern. Diesmal wollte er, daß Hoover den Experten der ITT mit dem

Leiter des FBI-Labors verhandeln lasse. Felt sagte zu Hoover: »Ich glaube kaum, daß unser Labor seine Meinung ändern wird.« Hoover lachte und erwiderte: »Nein, das glaube ich auch nicht.« Als Felt Dean telefonisch ausrichten ließ, das Bureau halte an seinem Bericht fest, erwiderte Dean den Anruf nicht mehr. Felt: »Ich bin froh, daß das FBI dem Druck des Weißen Hauses widerstehen konnte, an einer Vertuschungsaktion teilzunehmen, die in mancher Hinsicht ein Vorspiel zu Watergate war.«[81]

Das Weiße Haus sagte der ITT nichts vom Laborbericht des FBI und drängte das Unternehmen, den Befund seines eigenen Experten zu veröffentlichen, demzufolge die Mitteilung eine Fälschung war. Am 23. März demütigte Hoover die republikanischen Senatoren, die Dita Beards Aussage und den Befund der ITT stützten, indem er den Laborbericht des FBI veröffentlichte. Wieder einmal war man im Weißen Haus auf Hoover sauer, und wieder war die Rede davon, ihn als »Director Emeritus« die Treppe hinauffallen zu lassen. Colson drängte Nixon, Hoover zu feuern, aber Meinungsumfragen der Administration ergaben, daß Hoover dafür immer noch zu populär war.[82]

Hoover hatte nun bald den achtundvierzigsten Jahrestag seiner Zeit als FBI-Direktor erreicht; er war seit fast fünfundfünfzig Jahren im Justizministerium. Von den Männern, die mit ihm im Justizministerium angefangen hatten, waren fast alle tot: Gregory, Flynn, Burke und Garvan; am 8. September 1971 war Baughman gestorben, Hoover war zur Beerdigung nach Florida gereist. Tolson war schwach und gebrechlich, er schaffte kaum noch den Weg ins Büro. Der alte John Lord O'Brien schien ewig leben zu wollen, er verteidigte immer noch als Direktor des Fund for the Republic die Bürgerrechte gegen Hoover. Auch die ersten Erinnerungen begannen zu verblassen. Die Namen Emma Goldman, Alexander Berkman, Dillinger, Floyd, Nelson, Hiss, Rosenberg und Hoovers eigener Name waren bereits amerikanische Legende geworden; aber wer konnte sich noch daran erinnern, was die großen Schlachten für das Land bedeutet hatten, die Hoover und das FBI mit Kugeln, Akten und Mikrophonen geschlagen hatten?

Das alte Haus am Seward Square war verschwunden, der Platz selber vergrößert worden, die Bäume gefällt, Seward Square war ein Stadtteil geworden, den man nachts besser nicht betrat. Auch die Old First

Church war nicht mehr da; dasselbe Schicksal hatte die Brent School und die alte Central High School ereilt. Im Haus, das jetzt an der Stelle der Schule stand, wohnten Schwarze, die nie den Fuß über die Schwelle einer jener Institutionen gesetzt hatten, die den jungen Hoover geformt hatten. Die Juristische Fakultät der George Washington University, in der Hoover nach einem harten Arbeitstag in der Kongreßbibliothek noch nachts gearbeitet hatte, war auf ein anderes Gelände umgezogen. Die Gebäude des Justizministeriums, von denen aus Hoover die Jagd auf die Kommunisten dirigiert hatte, waren längst verschwunden.

Der Geist jener längst vergangenen Institutionen aber lebte in Hoover weiter und stählte noch immer auf eine jüngeren Mitarbeitern und Rivalen Hoovers unerklärliche Weise seinen Willen. Vor über einem halben Jahrhundert hatte er in der Central High School, von Dr. Donald Campbell MacLeod und von Politikern wie Theodore Roosevelt und Woodrow Wilson gelernt, was einen Führer ausmachte: Ein Führer war der Prediger einer Gemeinde, er mußte ihr die Werte verkünden, die das Fundament der Gesellschaft bilden sollten, es aber so oft nicht waren. Ein Führer hatte die Pflicht, die von der Gesellschaft mit Autorität ausgestatteten Institutionen wie Schule, Kirche und Familie sowie Gesetz und Regierung zu unterstützen, um das Prinzip der Autorität als solches zu stärken und gegen alle Herausforderungen zu verteidigen. In den fortschrittlichen zwanziger Jahren hatte Hoover sich zudem den Glauben an Wissenschaft und Professionalismus zu eigen gemacht, und er wußte beides dafür einzusetzen, den Arm des Gesetzes von der Einmischung und Aufsicht der Politik vollkommen zu befreien.

Hoover hatte im Verlauf seiner langen Karriere oft Kompromisse eingehen müssen. Sein unerschütterliches Selbstvertrauen und sein unbeirrbarer Mut beruhten auf einem formalistischen Rechtsverständnis, dem Glauben an das Ideal eines apolitischen Professionalismus und der Überzeugung, daß wissenschaftliche Methoden in der Führung loyaler Mitarbeiter und im Kampf gegen die Subversion gleichermaßen von Nutzen waren. Im Lauf seines Lebens war er freilich zu verschiedenen Zeiten von allen diesen Prinzipien auch schon mal abgewichen. Seine persönliche Moral wies dieselben dunklen Stellen auf, die der amerikanischen Gesellschaft seiner Jugend eigen waren. Damals hatten Rassismus und Rassentrennung die Gesellschaft Washingtons geprägt. Beides war, trotz einiger weniger Alibi-Schwarzer, im FBI immer noch

die Regel. Das Amerika, in dem Hoover aufgewachsen war, hatte sich nur zu leicht von Gerechtigkeit und Fairneß entfernt, wenn es die Herrschaft der Weißen von Schwarzen bedroht sah, und Hoover fiel immer wieder in dieses Vorurteil zurück, wenn die Schwarzen nicht so entgegenkommend waren, mit ihrem Schicksal zufrieden zu sein. Das Amerika seiner Jugend hatte keine Skrupel gekannt, Radikale und ihm fremde Elemente mit illegalen Mitteln zu unterdrücken. Hoover hatte darauf zurückgegriffen, wann immer seriösere Methoden keinen Erfolg hatten.
Diese eigenartige Mischung aus Patriotismus und Intoleranz, aus bürokratischer Schläue und selbstgesponnener Moral, aus professionellem Stolz und bedingungslosem persönlichen Einsatz für das Bureau produzierten in Hoover jene Art von Tapferkeit, die zu jeder Zeit selten ist, im Washington Richard Nixons sonst aber so gut wie nicht vorkam. Zweimal hatte Hoover die Courage, einen Präsidenten der Vereinigten Staaten auf dessen eigenem Gebiet, der nationalen Sicherheit, herauszufordern, und beide Male ging er daraus als Sieger hervor. Als er Truman besiegte, war er im besten Alter. Aber noch als alter Mann, mit geschwächten Kräften, hatte er die Energie und den Willen, die Revolte des stärksten Rivalen niederzuschlagen, der ihm je aus den Reihen des FBI erwachsen war. Er hatte immer noch den Mut, auch der Macht des Weißen Hauses zu trotzen, wenn er glaubte, daß dessen Politik das Bureau zerstören könnte. Beruhigt konnte er seinem fünfundfünfzigjährigen Jubiläum entgegensehen im Bewußtsein, sein Bureau aus den Intrigen des Weißen Hauses unter Nixon herausgehalten zu haben und das FBI weiterhin nach seinen eigenen Vorstellungen und Maßstäben zu führen. Hoover war nach wie vor sein eigener Herr, und es gab 1972 nur wenige Menschen in Washington, die das gleiche von sich behaupten konnten.

Am 1. Mai 1972 fuhr Tom Moton, schwarzer Agent und Chauffeur Hoovers, gegen 7.45 Uhr vor Hoovers Wohnung, Thirtieth Place Nr. 4936, vor. Moton war seit drei Monaten Hoovers Fahrer, er hatte seinen Schwager James Crawford abgelöst, der diese Tätigkeit lange Jahre ausgeübt hatte und jetzt in Pension gegangen war. Jahrelang hatte Hoover pünktlich um 7.30 Uhr das Haus verlassen, erst in letzter Zeit war es etwas später geworden. Er ging jetzt oft erst um 8.30 Uhr weg.

Wenn Tolson sich stark genug fühlte, zur Arbeit zu gehen, fuhr Moton Hoover bei ihm vorbei, und sie holten ihn ab. An jenem 1. Mai blieb Tolson zu Hause, Moton und Hoover fuhren deshalb direkt ins Justizministerium Ecke Tenth Street und Pennsylvania Avenue. Moton fuhr Hoover in den Hof des Ministeriums und ließ ihn bei einer Tür in der Nähe des Aufzugs aussteigen, der Hoover fast direkt in sein Büro brachte. An diesem Morgen traf Hoover um drei Minuten nach neun im Büro ein.[83]

Hoover bewältigte am 1. Mai einen vollen Arbeitstag. Er hatte eine Reihe von Dingen mit seinem stellvertretenden Direktor Mark Felt zu besprechen, der dazu zu ihm ins Büro kam oder die Sprechanlage benutzte. Wie immer bat Hoover Felt um eine Zusammenfassung der aktuellen Tagesnachrichten und stellte einige Routinefragen zum Berg von Schreibarbeiten, der täglich erledigt werden mußte. Hoover zu informieren war bisher Tolsons Aufgabe gewesen, aber Felt hatte jetzt diese und die meisten anderen Pflichten Tolsons übernommen. Felt erinnert sich, daß Hoover »konzentriert, energisch und angriffslustig wie immer war, also, soweit ich sagen kann, in jeder Beziehung völlig normal«.

Wie üblich verbrachte Hoover den ganzen Tag am Schreibtisch. Er verließ das Büro kurz vor sechs, für die anderen Abteilungsleiter das Zeichen, daß auch sie gehen konnten.

Moton wartete unten im Hof auf Hoover. Er fuhr Hoover zu Tolson, bei dem Hoover zu Abend aß. Um 22.15 Uhr fuhr Moton Hoover nach Hause. Wie sonst auch ließ Hoover noch seine beiden Cairn-Terrier G-Boy und Cindy eine Weile in den Garten hinter dem Haus und holte sie dann wieder herein. Ehe er zu Bett ging, telefonierte er noch mit James Crawford, der weiterhin Gartenarbeiten für ihn erledigte. Eine Gärtnerei hatte einige neue Rosenstöcke geliefert; Crawford sollte am nächsten Morgen vorbeikommen, damit er mit ihm besprechen konnte, wo die Büsche gepflanzt werden sollten. Dann ging er zu Bett. Wieder war ein erster Mai vorübergegangen, ohne daß die Revolution ausgebrochen war, die Hoover für den ersten Mai 1920, vor zweiundfünfzig Jahren, angekündigt hatte. Damals war er fünfundzwanzig gewesen; jetzt war er siebenundsiebzig.

Am nächsten Morgen machte Annie Fields, Hoovers Haushälterin, das Frühstück, das wie immer aus Toast, weichen Eiern und Kaffee bestand

– die Eier wurden mit den Hunden geteilt. Es war dasselbe Frühstück, das Annie für Hoover gemacht hatte, als er anfing, im Justizministerium zu arbeiten. Die Eier waren um 7.30 Uhr fertig, aber Hoover erschien nicht. Einige Minuten später fuhr Tom Moton in Hoovers Wagen vor. Von Hoover war nichts zu hören. Gegen 8.00 Uhr traf James Crawford ein, um die Anordnungen wegen der Rosen entgegenzunehmen. Immer noch kein Hoover. Die drei schwarzen Bediensteten wurden unruhig. Nach einer kurzen Beratung stieg Annie die Treppe hinauf und klopfte an Hoovers Tür. Keine Antwort. Annie öffnete die Tür. Hoover lag im Schlafanzug auf dem Boden. In Panik rannte sie die Treppe hinunter. Crawford ging hinauf und fühlte Hoovers Puls. Hoover war tot.

Annie rief zuerst Tolson an, und Moton wurde geschickt, ihn abzuholen. Dann rief sie das Bureau an. Die Krankenschwester der Zentrale verständigte Hoovers Hausarzt, der Hoover an Ort und Stelle für tot erklärte. Seine erste Vermutung, die Todesursache sei ein Herzinfarkt gewesen, wurde später bestätigt. Um 9.45 Uhr trat John Mohr ins Büro des stellvertretenden Direktors Mark Felt und sagte kurz: »Er ist tot.« Felt verstand zuerst nicht und glaubte, Tolson sei gemeint. Dann dämmerte es ihm. Der einzige Führer, den sie im FBI je gekannt hatten, war nicht mehr da. J. Edgar Hoover war tot.[84]

Tolson war jetzt nominell geschäftsführender Direktor des FBI. In Wirklichkeit war er wie betäubt und vollkommen durcheinander und hilflos. Vom Schock gelähmt, mußte er wie ein Kind durch die Ereignisse der nächsten Tage geführt werden. Auf John Mohr und Helen Gandy entfiel die Aufgabe, die Begräbnisvorbereitungen zu treffen. Sie dachten zuerst an ein Begräbnis durch die Freimaurerloge, aber dann ergriff Präsident Nixon die Initiative und ordnete ein Staatsbegräbnis mit militärischen Ehren an.

In aller Eile bemühten sich die Kongreßmitglieder, ihre Gedächtnisreden im *Congressional Record* unterzubringen, damit sie von dort in die Zeitungen der heimischen Wahlbezirke gelangen konnten. Die Reden, die Ansprachen während des Begräbnisses und die Leitartikel der amerikanischen Presse wurden später in einem 328 Seiten starken, in schwarze Seide gebundenen Buch gesammelt.

Die meisten Zeitungen begnügten sich damit, alte Berichte über Hoovers Erfolge aufzubereiten. Einige versuchten allerdings auch, die vertrauten alten Fakten mit neuem Blick zu sehen. Am weitesten gingen dabei die Zeitungen der Südstaaten; dort stieß Hoovers Führungsstil noch immer auf Bewunderung. Anderswo gehörte er einfach zum festen Inventar der Nation, er war jemand, den man entweder liebte oder haßte. Eine Zeitung des Südens berichtete: »Es war nicht einfach Macht, der Hoover verdankte, daß er sich so lange Jahre im Amt halten konnte. Selbst der schwächste Präsident hätte ihn stürzen können. Hoover stand vielmehr für die bedingungslose Hingabe an die Wohlfahrt unseres Landes und das unerschütterliche Vertrauen auf dessen Fähigkeiten; er hatte einen sechsten Sinn, mit dem er die der Demokratie drohenden Gefahren witterte.« Eine andere Zeitung sah die Ursache der Macht Hoovers in seinem außerordentlich engen Verhältnis zur Öffentlichkeit: »Hoover war vielleicht mehr als jede andere Person der Öffentlichkeit ein Sprecher des Durchschnittsmannes und der Durchschnittsfrau Amerikas – jener großen Masse, die auch ›schweigende Mehrheit‹ genannt wird. Er äußerte sich unmißverständlich und geradeheraus, wenn er die nationale Sicherheit und den inneren Frieden der amerikanischen Familie bedroht sah. Er kämpfte gegen die Selbstzufriedenheit, die den Triumph des Bösen herausfordert. Wie ein Fels stand er für den Gehorsam gegenüber den Gesetzen als den Garanten von Leben und von Sicherheit ein.«[85]

Am 3. Mai wurde Hoover durch Beschluß beider Kammern des Kongresses auf dem für Lincoln geschaffenen Katafalk in der Rotunde des Kapitols aufgebahrt. Es war das zweiundzwanzigste Mal, daß ein Sarg auf diesem Katafalk lag, und das erste Mal, daß diese Ehre einem Beamten zuteil wurde. Vor Hoover waren es nur Präsidenten, besonders verdiente Mitglieder des Kongresses, zwei unbekannte Soldaten und ein General gewesen. Ein großer Teil des offiziellen Washington war anwesend, als der Vorsitzende des Obersten Bundesgerichtes, Warren Burger, seine Rede auf Hoover hielt. Hoover war für Burger »ein Mann, der den amerikanischen Traum von Vaterlandsliebe, Pflichterfüllung und Erfolg beispielhaft verkörperte«. Einige Zuhörer mögen ihre Zweifel gehabt haben, als Burger prophezeite: »Spätere Zeiten werden in ihm einen Mann sehen, der, von Haus aus Rechtsanwalt, stets um die labile und schwer zu erreichende Balance bemüht war, den Gesetzen Geltung zu verschaffen, ohne dabei die Gesetze und die von der Verfassung gezogenen Grenzen zu überschreiten.«

Nach der Trauerfeier ernannte Justizminister Kleindienst L. Patrick

Gray zum geschäftsführenden Direktor. Gray hatte im Justizministerium die Civil Division geleitet und war zum stellvertretenden Justizminister ernannt worden, als Kleindienst das Ministerium von Mitchell übernahm. (Nixon wollte die vom Crime Control Act von 1968 vorgeschriebene Anhörung Grays bis nach den Wahlen im November hinausschieben und wartete deshalb mit der formellen Nominierung Grays als FBI-Direktor noch zu.) Eine halbe Stunde später rief Tolson Felt an und bat ihn, für ihn ein Rücktrittsgesuch aufzusetzen, das seine Sekretärin unterzeichnen sollte. Gray hatte den Rücktritt Tolsons erwartet und ließ Felt dessen Annahme in die Wege leiten.[86]

Hoovers Leichnam verblieb über Nacht in der Rotunde. Am 4. Mai wurde er zu Hoovers Kirche gefahren, der National Presbyterian Church im äußersten Nordwesten Washingtons, der Nachfolgerin der Old First Church aus Hoovers Jugend. Die Trauerfeier sollte zu einem Fernsehauftritt des Präsidenten werden, der die Trauerrede halten wollte. In der ersten Reihe saßen der Präsident und seine Frau, die Abteilungsleiter des FBI, Gray mit Frau und Justizminister Kleindienst. Hinter ihnen saßen Vizepräsident Agnew und weitere Honoratioren.

Nixons Ansprache vier Wochen vor dem Einbruch in die Watergate Apartments, dem Beginn der Katastrophe, die zu seinem Sturz führen sollte, war, wie nicht anders zu erwarten, über weite Strecken hinweg ein Versuch, Hoovers Ruhm für die Administration auszunützen. Trotzdem zeugt sie von der Einsicht Nixons in die facettenreiche Rolle, die Hoover in der amerikanischen Geschichte über eine so lange Zeit hinweg gespielt hatte. Nachdem Nixon pflichtbewußt seinen Tribut an Hoovers »langes Leben« entrichtet hatte, fuhr er fort, Hoover sei »schon als junger Mann zu einer lebenden Legende geworden« und »dieser Legende im Lauf der Jahrzehnte treu geblieben« – fast aufs Wort die Formulierung Tom Charles Hustons, als er sich über Hoovers Weigerung beklagt hatte, Plänen zur Ausdehnung der Tätigkeit des inländischen Nachrichtendienstes zuzustimmen. Nixon stellte weiter fest, daß »die Bedeutung Hoovers auf ewig mit der Bedeutung jener von ihm geschaffenen Organisation verknüpft bleiben wird, deren Aufbau er sein ganzes Leben widmete: des Federal Bureau of Investigation. Hoover machte das FBI zur besten Vollzugsbehörde der Welt, die unbesiegbar und unbestechlich das kostbare Recht jedes Amerikaners verteidigt, frei von Angst zu sein.« Nixon war sich freilich auch bewußt,

daß es nicht nur Hoovers Leistungen waren, die ihm über eine so lange Zeit so viele Ehrungen eingebracht hatten; Hoover hatte für viele Amerikaner die Werte und Traditionen verkörpert, die in einer Massengesellschaft oft als hinderlich und irrelevant abgetan werden. »Amerika hat diesen Mann nicht nur als den Direktor einer Institution verehrt, sondern als eine Institution von eigenem Recht. Fast ein halbes Jahrhundert, fast ein Viertel der geschichtlichen Zeit unserer Republik, hat J. Edgar Hoover seinen großen Einfluß zum Vorteil der Geschicke unserer Nation geltend gemacht.« Amerika habe immer gewußt, wen es in Hoover hatte, und Hoover sei sich immer gleich geblieben: »Acht Präsidenten kamen und gingen, die Führer verschiedener moralischer und weltanschaulicher Bewegungen stiegen auf und sanken wieder in Vergessenheit zurück, der Direktor des FBI aber hielt die Stellung.«
Dann nützte Nixon die Gunst der Stunde, seinen (und Hoovers) Feinden noch einen letzten Hieb zu versetzen: »Wenn ein so überragender Mann, ein Mann, der auf seinem Gebiet so lange und mit solcher Ausschließlichkeit den Ton angegeben hat, uns verläßt, meint man manchmal sagen zu müssen: ›Ja, eine Ära ist zu Ende gegangen.‹« Nixon gelobte, Hoovers Kampf fortzusetzen: »Das Gute, das Hoover getan hat, wird nicht mit ihm sterben. Die elementaren Prinzipien der Achtung vor Gesetz, Recht und Ordnung werden das Leben unserer Nation mehr bestimmen denn je zuvor. Die Tendenz zu Freizügigkeit in diesem Land, eine Tendenz, die Hoover immer bekämpft hat und die unser nationales Erbe als Volk, das die Gesetze achtet, gefährlich untergraben hat, ist dabei, sich umzukehren. Die Menschen Amerikas sind der Unordnung, der Zerstörung und der Mißachtung der Gesetze heute überdrüssig. Amerika will wieder auf den Weg des Gesetzes zurückkehren, und wenn wir wieder zum Gesetz zurückkehren, wird dem Gedächtnis dieses großen Mannes, der nie vom Weg des Gesetzes abkam, noch größere Ehre widerfahren als heute.«
Nach dem Gottsdienst formierte sich ein Konvoi aus zehn Wagen und einer Motorradeskorte; dann machte sich eine lange Prozession auf den Weg von der Kirche durch die ganze Stadt zum Kongreß-Friedhof. »Als wir aus der Kirche kamen und in die Nebraska Avenue einbogen«, erinnert sich Felt, »bot sich uns ein überwältigender Anblick. Soweit das Auge reichte, hatten sich auf beiden Seiten der Straße in dichtgedrängten Reihen uniformierte Polizeibeamte aufgestellt. Viele kamen von der

Metropolitan Police aus Washington, andere waren aus den umliegenden Regionen gekommen. Es war ein unvergeßlicher Anblick, und ich erfuhr später, daß das Schauspiel von den militärischen Behörden inszeniert worden war.« Die Prozession kam am Mayflower Hotel vorbei, in dem Hoover so oft hofgehalten und mit Tolson gespeist hatte. Man passierte nur wenige Blocks entfernt die Stelle, wo an der Kreuzung von Vermont Avenue und K-Street das alte Justizministerium gestanden hatte, und kam dann in zwei Block Entfernung an der Stelle vorbei, an der früher die Juristische Fakultät der alten George Washington University gewesen war. Vorbei am Weißen Haus ging es die Pennsylvania Avenue entlang, vorbei an dem noch nicht fertiggestellten neuen FBI-Gebäude, das Hoovers Namen tragen sollte. Nach dem Justizministerium bog die Prozession an der Stelle der Old First Church von der Pennsylvania Avenue in die Constitution Avenue ein. Man umrundete das Capitol, gelangte wieder zur Pennsylvania Avenue zurück und überquerte den Seward Square, vorbei an der Methodistenkirche, die jetzt an der Stelle des alten Hauses Nr. 413 stand – den Seward Square, der jetzt ungepflegt und vernachlässigt, fast baumlos war, das Pflaster asphaltiert. Zuletzt bogen die Autos am Potomac nach links in den Kongreß-Friedhof ein, wo neben den Gräbern von Hoovers Vater, seiner Mutter und seiner Schwester Sadie Marguerite, die siebzehn Monate vor der Geburt J. Edgars gestorben war, ein frisch ausgehobenes Grab wartete. Von der Menschenmenge angezogen, kamen schwarze Kinder aus der Nachbarschaft angelaufen und kletterten auf die Grabsteine, um besser sehen zu können. Elson warf die zeremonielle Handvoll Erde auf den Sarg. Die Militäreskorte faltete die Fahne zusammen und übergab sie Tolson, der »völlig verwirrt war, sich kaum auf den Beinen halten konnte und im hellen Licht der Frühlingssonne unaufhörlich mit den Augen blinzelte«. Die Menge strömte zu den Autos zurück. Die Friedhofswärter warteten, bis sie allein waren. Dann senkten sie den Sarg ins Grab, während die Kinder sich über die unbewachten Blumenkörbe hermachten. Die Geschichte J. Edgar Hoovers war zu Ende.[87]

Epilog

Der Schleier wird gehoben

Als Hoover am 2. Mai 1972 starb, ging das Bureau, das er aufgebaut hatte, mit ihm dahin. Die Organisation blieb bestehen, aber die Aura, die sie schützend umgeben hatte, war verflogen. Mit dem Tod des Direktors hatte das FBI die Macht, sich unbedingten Gehorsam zu verschaffen und die Menschen in Angst und Schrecken zu versetzen, verloren. Die Stimme, die mit fester Gewißheit verkündet hatte, welchen Idealen die Nation treu zu bleiben hatte und vor welchen Übeln sie beschützt werden mußte, war verstummt. Durch die Kritik nach Watergate übel zugerichtet, zog das FBI sich auf eine wertneutrale, unverbindliche Position zu den aktuellen Fragen der Tagespolitik zurück. Ebensowenig wie das Finanzamt oder das Wirtschaftsministerium war man nun erpicht darauf, in den Schlagzeilen Furore zu machen als die Institution, die die Werte und Ideale der Nation beispielhaft verkörperte.

Bereits wenige Monate nach Hoovers Tod steckte das Bureau mitten in der Krise. Im Verlauf der Hearings, die den geschäftsführenden Direktor L. Patrick Gray im Amt bestätigen sollten, stellte sich heraus, daß Justizminister John Dean und die Nixon-Administration Gray dazu benützt hatten, sich laufend über den Fortschritt der Ermittlungen des FBI in der Watergate-Affäre zu informieren. Gray wurde gezwungen, den Präsidenten um die Rücknahme seiner Nominierung als ständiger Direktor zu bitten. Am 27. April 1973 mußte er, immer noch als geschäftsführender Direktor, unter unehrenvollen Umständen zurücktreten. Er hatte zugeben müssen, Telegramme des Außenministeriums vernichtet zu haben, die Howard Hunt, einer der »Klempner« vom Weißen Haus, gefälscht hatte, um Präsident Kennedy in die Ermordung des südvietnamesischen Präsidenten Diem hineinzuziehen.

Es sollte noch schlimmer kommen. Im Dezember 1973 und März 1974 mußten Carl Stern, dem Korrespondenten der NBC, der unter Berufung auf den Freedom of Information Act prozessiert hatte, Dokumente zugänglich gemacht werden, die Hoovers Spionageabwehrprogramme (COINTELPRO) kompromittierten. 1975 mußte das Bureau sämtliche Unterlagen zu den geheimen Operationen gegen die Sozialistische Arbeiterpartei herausgeben. Der Druck der Öffentlichkeit zwang Justizminister Saxbe, eine interne Untersuchung einzuleiten. In den Jahren 1975 und 1976 mußte das Bureau sein Spionageabwehrprogramm und die anderen illegalen Aktivitäten auf Anhörungen vor den nachrichtendienstlichen Sonderausschüssen von Senat und Repräsentantenhaus unter dem Vorsitz von Senator Frank Church und Otis Pike vom Repräsentantenhaus lückenlos offenlegen. Als der umfangreiche Bericht des Senatsausschusses am 28. April 1976 veröffentlicht wurde (den Bericht des Repräsentantenhauses hatten konservative Mitglieder am 29. Januar 1976 unterdrücken können), war das ganze Spektrum der geheimen Aktivitäten des FBI unter Hoover dem Blick der Öffentlichkeit preisgegeben. Aus den Akten ging, so der Senatsausschuß, hervor, daß »immer wieder in aller Unbekümmertheit Aktivitäten toleriert wurden, die die Prinzipien unserer Verfassung bedrohten«. Angesichts der öffentlichen Prügel, die das FBI bezog, scheint es nur folgerichtig, daß auch das »FBI« des Fernsehens seine Beliebtheit beim Publikum verlor und im September 1974 nach neunjähriger Laufzeit während der besten Sendezeit abgesetzt wurde.
Mit Hoovers Tod fand auch die Angst ein Ende, die einst seinen Kritikern den Mund verschlossen hatte. Durch den im November 1974 noch verschärften Freedom of Information Act in die Lage versetzt, die Akten des FBI einer gründlichen Prüfung zu unterziehen, machten Hoovers frühere Gegner nun ein Spiel daraus, herauszufinden, wer am häufigsten in den Akten des FBI genannt wurde. Männer wie Robert F. Drinan, Mitglied des Repräsentantenhauses, waren nachgerade stolz, als herauskam, daß ihre Kritik offenbar für so gefährlich erachtet worden war, daß sie Hoovers Aufmerksamkeit auf sich gezogen hatte. Andere waren am Boden zerstört, als sie feststellen mußten, daß das FBI sie mit keiner Aktennotiz gewürdigt hatte. Es gab Kritiker, die spotteten, das Bureau habe seine Zeit auf Nebensächliches verschwendet; viele Skeptiker waren allerdings überrascht und nicht wenig enttäuscht,

als klar wurde, daß die Veröffentlichung der Dossiers über Hiss, die Rosenbergs und andere die Integrität der wichtigsten Ermittlungsverfahren Hoovers bestätigte.

Sechs Jahre nach Hoovers Tod strengte die Regierung posthum ein strafrechtliches Verfahren gegen die Ausführenden der geheimen Operationen Hoovers an. Am 10. April erhob die Carter-Administration Anklage gegen drei frühere FBI-Beamte, die laut Anklage Einbruchaktionen bei Verwandten und Freunden flüchtiger Mitglieder der radikalen Jugendorganisation Weather Underground genehmigt hatten. Angeklagt waren der geschäftsführende Direktor L. Patrick Gray, der geschäftsführende stellvertretende Direktor Mark Felt und Direktionsassistent Edward S. Miller. (Unmittelbar nach Hoovers Tod hatte das Bureau, vom Weißen Haus dazu gedrängt, die flüchtigen Mitglieder von Weather Underground aufzuspüren, die Einbruchaktionen wieder aufgenommen, die Hoover im Juli 1966 verboten hatte. Die in der Anklageschrift aufgeführten Einbrüche fanden von Mai 1972 bis Mai 1973 statt.) Die Anklage gegen Gray wurde schließlich fallengelassen, Felt und Miller wurden im November beziehungsweise Dezember 1980 zu Geldstrafen von 5000 beziehungsweise 3500 Dollar verurteilt. Das Strafmaß ist gering, aber die Strafen waren eine deutliche Warnung an die Adresse der künftigen Leiter des Bureau. Der Hauptangeklagte des Prozesses war der Geist J. Edgar Hoovers gewesen.

Hätte Hoover damals noch gelebt, hätte er mit Sicherheit alles darangesetzt, die Untersuchungen der beiden Ausschüsse zu verhindern und sich der Flut von unter den Freedom of Information Act fallenden Anfragen entgegenzustemmen. Vielleicht wäre aber sogar er, der im Umgang mit der Bürokratie mit allen Wassern gewaschen war und gegenüber Feinden keine Rücksicht kannte, bei allem Ansehen in der Öffentlichkeit und allem Einfluß im Justizministerium im veränderten Klima nach Watergate nicht in der Lage gewesen, die Ermittlungen gegen das FBI ganz zu verhindern. Watergate hatte die ganze Regierung in Mißkredit gebracht. Das FBI als streitbarste und in der Öffentlichkeit bekannteste Bundesbehörde hatte deshalb einen großen Teil der Strafe zu tragen. Endlich war für die liberale Opposition Hoovers der Tag der Rache für die Unterdrückung gekommen, die sie so lange hatte ertragen müssen; die Öffentlichkeit wollte die Regierung für Watergate und für das erbärmliche Ende des Abenteuers in Vietnam bestraft sehen.

Die verbreitete Annahme, Hoovers Macht habe allein auf der Geheimhaltung seiner Aktionen beruht, kann einer objektiven Einschätzung seiner Karriere nicht standhalten. Hoovers Erfolg beruhte zuallererst darauf, daß er nachweislich dazu befähigt war, wichtige, schwierige und brisante Aufgaben auf höchster Ebene durchzuführen. Dabei handelte es sich oft um Dinge, die aus Gründen der Staatssicherheit vertraulich behandelt werden mußten. Andere Operationen mußten geheimgehalten werden, weil sie eindeutig illegal und unmoralisch waren. Trotzdem hatte Hoover aber seine entscheidenden Erfolge, die ihn unentbehrlich machten, nicht der Geheimhaltung zu verdanken. Auch wenn sie dem Blick der Öffentlichkeit nicht vollständig ausgesetzt waren, waren seine Operationen doch notgedrungen weiten Kreisen innerhalb der Regierung bekannt, und der größere Teil davon vollzog sich vor den Augen der gesamten Nation: die Neuorganisation des Bureau in den zwanziger Jahren nach den neuesten Erkenntnissen der Wissenschaft; die Vorkämpferrolle in der dramatischen und durchschlagenden Machtdemontration der Regierung gegen die wachsende Kriminalität zu Beginn des New Deal; die Beruhigung der Öffentlichkeit während des Zweiten Weltkrieges über den ausreichenden Schutz vor nationalsozialistischer Spionage und Sabotage; die Versicherung einer gespannten und unruhigen Nation während der großen, auf die beiden Weltkriege folgenden Expansionswellen des internationalen Kommunismus, der kommunistischen Subversion nicht ausgeliefert zu sein; und schließlich, Mitte der sechziger Jahre, das FBI als Sprachrohr einer Nation, deren Geduld mit dem weißen Terror gegen die Schwarzen zu Ende war. Auch daß Hoover von allen verfügbaren Mitteln Gebrauch machte, Informationen über die Kommunistische Partei zu beschaffen, war nie ein Geheimnis; die Regierung und der größte Teil der Nation klatschten begeistert Beifall, als deutlich wurde, daß das Ergebnis seiner Überwachung nichts Geringeres war als die Vernichtung des Kommunismus in Amerika.

Hoovers Karriere wäre nicht möglich gewesen ohne seine bemerkenswerte Ausdauer und Hartnäckigkeit. Für die Männer, die unter ihm arbeiteten, war selbstverständlich, daß er wußte, was er tat und was *sie* taten, und daß er alles, was sein Bureau betraf, mit größter Aufmerksamkeit verfolgte. Hoovers leidenschaftlicher Wille war wie ein Feuer, das seine Feinde vernichtete und seine Bundesgenossen, die einer solchen Unbedingtheit nichts entgegenzusetzen hatten, zu einer loyalen

Gemeinschaft zusammenschmiedete. Es waren Hoovers Glaube an sich und sein Bureau und seine überragenden Führungsqualitäten, die ihm dort, wo sich der Korruption und der politischen Intrige auf Kosten der Allgemeinheit täglich neue Gelegenheiten eröffneten, die Oberhand über ehrgeizige Männer verschafften und ihm ermöglichten, sie für seine Zwecke zu gewinnen. Allen Hindernissen zum Trotz hat Hoover eine der diszipliniertesten und erfolgreichsten Behörden der amerikanischen Geschichte aufgebaut. Seine Führungsmethoden – er unterwarf das Bureau durch ein ausgeklügeltes Netz von Vorschriften, Regulierungen, Rechenschaftsberichten und Inspektionen seinem Willen und schuf sich in Regierung und Öffentlichkeit eine Machtbasis, gegen die kaum einer ankam – erforderten Intelligenz, Hingabe bis zur Selbstaufopferung und einen sechsten Sinn für Öffentlichkeitsarbeit. Die Männer, die den wahren Hoover besser kannten als alle anderen, die Agenten und Spitzenfunktionäre des FBI, standen mit wenigen Ausnahmen ihr ganzes Leben loyal zu ihm. Sie waren stolz darauf, dem FBI Hoovers angehört zu haben, und dankbar für die Gelegenheiten, ihre Fähigkeiten unter Beweis zu stellen, die Hoover ihnen verschafft hatte. Hinter dem sorgfältig aufgebauten öffentlichen Image des Direktors stand der eigentliche Mensch Hoover, der seine von Natur aus mißtrauischen und zynischen Beamten davon zu überzeugen vermochte, daß er meinte, was er sagte, daß er glaubte, was er lehrte, und daß er bereit war, seine Überzeugungen mit Geschick und Energie und, falls notwendig, Skrupellosigkeit in die Tat umzusetzen. Hoovers Agenten konnten amüsante Geschichten über seine Launen und Grillen erzählen, aber sie waren zugleich fest davon überzeugt, daß sie einer besonderen Elite angehörten, weil J. Edgar Hoover sie in sein FBI aufgenommen hatte. In jedem FBI-Büro hing ein Bild Hoovers mit seinem Lieblingszitat über Loyalität an der Wand, und solange er lebte, war die Loyalität des FBI zu J. Edgar Hoover der Lebensnerv einer der erfolgreichsten Behörden, die es im Land je gegeben hat.

Hoovers Ansehen in der Regierung beruhte auf seiner Popularität im Volk, die so groß war, daß ein Angriff auf ihn einem Angriff auf die vom größten Teil der Nation hochgehaltenen moralischen Werte gleichkam. Die Ideale, die Hoover vom Seward Square, von der Central High School und von der Old First Church mitbekommen hatte, waren der Grundstock der Weltanschauung der amerikanischen Mittelschicht, und

Hoover hat nie daran gedacht, diese Werte gegen andere auszutauschen oder von ihnen abzuweichen. Sein Glaube an die Tradition erwies sich als Anziehungskraft für Millionen von Amerikanern, die durch die wachsende Relativierung und immer weniger ausgeprägte Eindeutigkeit der alten moralischen Wertvorstellungen als Folge des rapiden gesellschaftlichen Wandels im Amerika des 20. Jahrhunderts verunsichert waren.
Hoover war der Überzeugung, die Werte, die er in jungen Jahren eingesogen hatte, seien in allen Situationen gleichermaßen wahr und gültig. Dieser Glaube lag seinem unerschütterlichen Vertrauen in sein berufliches und politisches Urteilsvermögen zugrunde. Hoover war sich sicher, daß die von Vaterlandsliebe und Christentum geprägten Ideale, die am Seward Square verehrt worden waren, den unvergänglichen Kern des amerikanischen Wesens ausmachten. Er zweifelte nicht daran, daß alles, was er selbst instinktiv guthieß, auch den Interessen des Bureau und der Nation am besten entsprach. Wie sehr Hoover dem eigenen Urteil vertraute, wird aus jeder Phase seiner langen Laufbahn ersichtlich. Er besaß deshalb in Zeiten der Krise und Not, in denen Selbstvertrauen und Entschlossenheit überlebensnotwendig sind, die innere Sicherheit, die konsequentes und zielbewußtes Handeln ermöglichte, und konnte seinen Vorgesetzten umfassende Programme anbieten, die in fast jede Richtung nach Bedarf zu erweitern waren. Er konnte Mitstreiter und Widersacher gleichermaßen davon überzeugen, daß er genau wußte, was er wollte und wie er sein Ziel erreichen konnte.
Hoovers Vorstellung von einer Führerpersönlichkeit geht auf Eindrücke zurück, die er als Kind im Washington der Jahrhundertwende empfing; das Konzept war zu der Zeit selbstverständlich, wirkte in der zweiten Hälfte des 20. Jahrhunderts aber seltsam deplaziert. Damals hatte man von einer Persönlichkeit des öffentlichen Lebens erwartet, daß sie nicht nur ihr Amt effizient verwaltete, sondern auch Führer und Sprecher in Fragen der Moral war. Von einem Führer erwartete man moralische Stärkung und Mahnung zur Besonnenheit in allen Fragen des öffentlichen und privaten Lebens. Hoover war, ob er das wollte oder nicht, auf dem Höhepunkt seiner Laufbahn einer der letzten noch lebenden Vertreter dieses Führungsstils einer vergangenen Zeit, und er war damit einer der letzten, der die rituelle Bestätigung eines als unvergänglich betrachteten moralischen Kodex noch zu vollziehen bereit war. Das

machte Hoover sein Leben lang zum entschiedenen Fürsprecher derjenigen Bevölkerungsschichten, die, traditionalistisch gesinnt, aus der Mittelschicht stammend, protestantisch und angelsächsisch, den gesellschaftlichen Wandel fürchteten, weil sie glaubten, daß durch ihn in einer zunehmend pluralistischen Gesellschaft die eigene privilegierte Stellung untergraben würde.

Der charismatische Führer ist das unwiederholbare Ergebnis einer Wechselwirkung zwischen Person und Zeit. Ein Führer existiert in einem Netz »nicht rationaler Beziehungen«, wie Malraux es nennt. Er muß »etwas vom Zauberer« haben, um die Begeisterung und Disziplin zu erzeugen, die große Leistungen ermöglichen. Hoover hat davon zweifellos etwas gehabt. Das Milieu, aus dem er kam, trug dazu ebenso bei wie sein persönlicher Werdegang, sein Zuhause, die Schule, die Kirche, seine wache Reaktion auf die großen Krisen der Zeit und sein frühzeitiges Eintreten für die aufregende neue Idee einer wissenschaftlich ausgerichteten und fortschrittlich organisierten Vollzugsbehörde.

Hoovers größte Erfolge erwuchsen aus seiner aggressiven Antwort auf die Forderung der Öffentlichkeit nach Taten in Zeiten des nationalen Notstands. Man mag darüber streiten, wie real diese Gefahren waren; daß die Öffentlichkeit alarmiert war, steht außer Frage. Die Menschen waren verunsichert durch die Ausbreitung des Kommunismus in Europa und die Konstituierung der Komintern 1919, die wirtschaftliche Depression der dreißiger Jahre und den damit einhergehenden Zusammenbruch des nationalen Stolzes und Selbstbewußtseins, dic Angst vor nationalsozialistischen Spionen in den späten dreißiger Jahren und während des Krieges und schließlich den Ausbruch von Spannungen 1947, durch die ein dritter Weltkrieg in greifbare Nähe rückte. Das Land lebte in Angst und Sorge, und Hoover beruhigte es. Dies sicherte ihm den ewigen Dank der Nation.

Hoover kam an die Macht, weil er instinktiv wußte, daß man handeln mußte, wenn in der Öffentlichkeit in Zeiten der Panik der Ruf nach Taten laut wurde. Seine Fähigkeit, immer wieder überzeugend zu demonstrieren, daß die Regierung die Situation in der Hand hatte, war unerschöpflich. Hoover ging von der Voraussetzung aus, daß es in kritischen Zeiten letztlich nicht darauf ankam, ob einschneidende Maßnahmen getroffen wurden oder nicht, sondern darauf, wer diese Maßnahmen durchführte, ob es die Bundesbehörden waren oder selbsternannte Ordnungshüter wie die Antikommunisten in Texas 1954, die versucht hatten, in eigener Regie die Todesstrafe über Mitglieder der Kommunistischen Partei zu verhängen. Hoover hat immer wieder davor gewarnt, in Notzeiten zu Selbstschutzaktionen als einer Alternative zum FBI zu greifen. Es heißt noch lange nicht, die unentschuldbaren Fehler Hoovers zu entschuldigen, wenn man erkennt, daß die Gefahr von gewalttätigen Aktionen der Basis einer demokratischen Gesellschaft sehr konkret ist und ihre Verhinderung das energische Eingreifen der Regierung erfordert.

Dieselben Qualitäten, die Hoover zu Erfolg und Popularität führten, waren aber auch ausschlaggebend für seine Übergriffe auf die politische Freiheit. Die Angriffe, die offen und geheim geführt wurden, werden seinem Ruf in der amerikanischen Geschichte für immer als Makel anhaften. Zu Lebzeiten machten sie ihn bei der Linken ebenso verhaßt, wie er von der Rechten geliebt wurde. Hoovers Instinkt, im richtigen Augenblick zu handeln, seine Fähigkeit, auf breiter Front und mit durchschlagendem Erfolg zu operieren, und seine Ungeduld, wenn er sich einer unentschiedenen Situation gegenübersah, erhöhten seine Bereitschaft, zu Mitteln zu greifen, die außerhalb der Legalität lagen, wenn die legalen Waffen im Kampf gegen die Feinde der Nation – oder die, die er dafür hielt –, versagte, egal, ob der legale Weg durch Gerichtsurteile verstellt wurde (wie im Fall der Kampagne gegen die Kommunisten), durch lokale Vorurteile (Kampagne gegen den Ku Klux Klan) oder den fehlenden politischen Konsens (die Programme gegen die schwarzen Nationalisten und die Neue Linke).

In einer Zeit, in der erbittert um die Toleranz gegenüber kultureller Vielfalt und um das Recht des Individuums auf freie Entfaltung gekämpft wurde, war es unausweichlich, daß Hoover sich nicht nur Freunde machte, sondern auch viele abstieß, wenn er die alten Wahrheiten predigte. Viele der ihm so am Herzen liegenden Werte und Traditionen waren Waffen, mit denen die alten Eliten ihre gesellschaftlichen Privilegien verteidigten. Die Ablehnung dieser Werte war Teil der Selbstbehauptung jener Gruppen, die von ihrem Status als Bürger zweiter Klasse aufsteigen wollten. In Zeiten heftiger politischer Diskussionen waren Hoovers traditionelle Werte das mächtige Bollwerk des Status quo und der Rechte der staatlichen Autorität. Hoovers Rolle als Wortführer der Moral sicherte ihn einerseits gegen Versuche, ihn aus seinem Amt zu drängen, andererseits machte sie ihn zum exponierten Ziel der Angriffe jener, die durch die Hierarchie und die Werte der amerikanischen Gesellschaft unterdrückt wurden.

Hoovers Vermächtnis an die Geschichte ist zutiefst zwiespältig. Er erreichte sein Lebensziel, als er den Kommunismus in Amerika vernichtete, und er war eine mächtige Stütze der Tradition. Andererseits waren es gerade die Werte dieser Tradition, die den Rassismus und andere Vorurteile förderten, und mit seinen verdeckten Angriffen auf persönliche und öffentliche Feinde verstieß Hoover gegen Grenzen, die der Regierungsgewalt durch die Verfassung auferlegt wurden. Diese Verstöße schärften, als sie endlich aufgedeckt wurden, das Bewußtsein der Öffentlichkeit dafür, wie wichtig es ist, sicherzustellen, daß die Regierung sich auch in Notzeiten an das Gesetz hält und ihre Tätigkeit einer unabhängigen Kontrollinstanz offenlegt.

Hoovers unbestrittenste Leistung ist die Schöpfung einer der großen Institutionen der amerikanischen Regierung. Nach Hoovers Tod hat man versucht, im FBI wieder zu jener ursprünglichen Vision im Geist des Fortschritts zurückzufinden, die Hoover in den zwanziger Jahren unter Harlan Stone verkündet hatte. Seit über zehn Jahren ist man beim FBI bemüht, an all das anzuknüpfen, was an Hoovers Traum einer professionell ausgerichteten, der Wissenschaftlichkeit verpflichteten Vollzugsbehörde von dauerhaftem Wert war.

Was Hoover für Amerika ganz real bedeutete, war dazu verurteilt, mit ihm zu sterben: Tag für Tag und Jahr für Jahr diente er dem Bureau, den Vollzugsbehörden und der Nation mit seiner überragenden Begabung als Führer. Die lange Liste seiner Erfolge als nationaler Führer beruht auf seinem persönlichen Charisma; Charisma überträgt sich nach dem Tod ihres Trägers nicht auf eine Behörde, auch wenn sie wie das FBI so bewußt nach dem Vorbild ihres Direktors geformt ist.

Ein politisches System, eine Nation, kann nur dann überleben, wenn die durch den gesellschaftlichen Wandel verunsicherten und gefährdeten Bevölkerungsschichten das Gefühl haben, daß ihre Interessen wahrgenommen und geschützt werden. Die Regierung muß sowohl mit den sich ändernden Zeiten gehen als auch ein Bollwerk gegen das Chaos und eine Stütze der Stabilität und Kontinuität sein. Dieses Bollwerk und diese Stütze war J. Edgar Hoover im zwanzigsten Jahrhundert über Jahrzehnte hinweg für Millionen von Amerikanern. Solange Hoover über die

Moral wachte, konnten all diese Menschen daran glauben, daß die vertraute, von altehrwürdigen Traditionen gelenkte Gemeinschaft, jenes Amerika, das sie kannten und liebten, immer noch weiterlebte. Hoover jedoch hat sich selbst überlebt. Es war seine persönliche und eine nationale Tragödie, daß Hoovers überragende Führungsqualitäten und sein einzigartiges Organisationstalent zuletzt nicht mehr den zentralen Interessen der Nation dienten, sondern Hoovers eigenen und denen des FBI. Hoovers Leben endete in Verbitterung und Isolation, sein Bureau war zu einem Monument der Vergangenheit geworden – und seiner eigenen Erinnerungen an ein Amerika, das außerhalb des FBI kaum mehr existierte.

Anmerkungen

Abkürzungen

CCP	Calvin Coolidge Papers (Mikrofilm)
DDEB	Bibliothek des Präsidenten Dwight D. Eisenhower, Abilene, Kansas
FDRB	Bibliothek des Präsidenten Franklin D. Roosevelt, Hyde Park, New York
FOIA	Freedom of Information Act
HHB	Bibliothek des Präsidenten Herbert Hoover, West Branch, Iowa
HSTB	Bibliothek des Präsidenten Harry S. Truman, Independence, Missouri
JEHS	Hoover Memorabilia Collection der J. Edgar Hoover Stiftung, derzeit in der J. Edgar Hoover Bibliothek, Freedoms Foundation, Valley Forge, Pennsylvania
JFKB	Bibliothek des Präsidenten John F. Kennedy, Boston, Massachusetts
JM	Justizminister
JMin	Justizministerium
LBJB	Bibliothek des Präsidenten Lyndon B. Johnson, Austin, Texas
NA	Nationalarchiv, Washington D.C.
O&V	Offiziell und Vertraulich
OCPA	Office of Congressional and Public Affairs des FBI
OA	Offizielle Akte
MB	Mündlicher Bericht
RG	Registriergruppe
SBANS	Sonderbeauftragter für Angelegenheiten der nationalen Sicherheit
WGHP	Warren G. Harding Papers (Mikrofilm)
WWP	Woodrow Wilson Papers (Mikrofilm)
ZAWH	Zentralablage des Weißen Hauses

Kurzformen für die Rechenschaftsberichte der Regierung

Justizminister A. Mitchell Palmer über Anklagen
US-Repräsentantenhaus, Lenkungsausschuß, *Justizminister A. Mitchell Palmer über die Anklagen gegen das Justizministerium, erhoben von Louis F. Post und anderen,* 65. Kongr., 2.Sitz., 1. Juni 1920

Ermittlungen des Justizministeriums
US-Senat, *Ermittlungen des Justizministeriums, Brief des Justizministers, übersandt als Antwort auf eine Resolution des Senates vom 17. Oktober 1919, ein Bericht über die Aktivitäten des Bureau of Investigation des Justizministeriums gegen Personen, die zu Anarchie, Agitation und zum gewaltsamen Sturz der Regierung aufrufen,* 66. Kongr., 1. Sitz, 15. November 1919

Sonderausschuß des Senats, *Abschlußbericht,* Buch III
US-Senat, Sonderausschuß zur Untersuchung von Aktionen der Regierung im Hinblick auf geheimdienstliche Tätigkeiten, *Abschlußbericht,* Detaillierte Nachtragsberichte des Personals über Geheimdienstaktivitäten und die Rechte amerikanischer Staatsbürger, Buch III, 94. Kongr., 2. Sitz., Bericht Nr. 94-755, Serie 13133-5

Sonderausschuß des Senats, *Abschlußbericht,* Buch V, Ermordung JFK
US-Senat, Sonderausschuß zur Untersuchung von Aktionen der Regierung im Hinblick auf geheimdienstliche Tätigkeiten, *Abschlußbericht,* Die Untersuchung der Ermordung des Präsidenten John F. Kennedy: Funktion der Geheimdienstbehörden, Buch V, 94. Kongr., 2. Sitz., Bericht Nr. 94-755, Serie 13133-5

Sonderausschuß des Senats, *Hearings,* Bd. 2, Huston-Plan
US-Senat, Sonderausschuß zur Untersuchung von Aktionen der Regierung im Hinblick auf geheimdienstliche Tätigkeiten, *Hearings,* Huston-Plan, Bd. 2, 94. Kongr., 1. Sitz., 23., 24., 25. September 1975

Sonderausschuß des Senats, *Hearings,* Bd. 6, FBI
US-Senat, Sonderausschuß zur Untersuchung von Aktionen der Regierung im Hinblick auf geheimdienstliche Tätigkeiten, *Hearings,*, Bd. 6, FBI, 94. Kongr., 1. Sitz.

Kapitel 1: Die Hoovers vom Seward Square

1 Hoovers Haus mit der Hausnummer 413 und das Haus seines Bruders mit der Nummer 411 wurden abgerissen, um der Capitol Hill Methodist Church Platz zu machen. Ein Fenster der Kirche mit Glasmalereien ist Hoover gewidmet. Eine Nachbildung des Fensters befindet sich in der Hoover Memorabilia Collection, JEHS.
2 Fotografie in der Hoover Memorabilia Collection, JEHS; Telefoninterview mit Margaret Hoover Fennell, 30. Januar 1985.
3 Die Genealogie findet sich in einem kleinen, nicht paginierten Notizbuch in Box 53 der Hoover Memorabilia Collection, JEHS. Im folgenden wird sie kurz *Genealogy* genannt. Die Kirche (sie steht noch), die damals als Metropolitan Presbyterian Church bekannt war, heißt heute Capitol Hill Presbyterian Church.
4 Hester O'Neill, »J. Edgar Hoover's School Days (Teil 3)«, *American Boy and Open Road,* Juli 1954, S. 34; Ovid Demaris, *The Director: An Oral Biography of J. Edgar Hoover,* S. 3; Ralph de Toledano, *J. Edgar Hoover: The Man in His Time,* S. 36, 39.
5 Rev. John Chester, D.D., *Discourse Delivered at the Funeral Services of Mrs. Anna Hitz in the Metropolitan Presbyterian Church of Washington, D.C., on March 8, 1883;* Edward L. R. Elson, *The J. Edgar Hoover You Ought to Know, by his pastor* (New Church: The General Commission on Chaplains, 1950; Nachdruck aus *The Chaplain*), S. 4; O'Neill, »School Days (Teil 3)«, S. 8; de Toledano, *J. Edgar Hoover,* S. 42.
6 *Genealogy,* JEHS.
7 C. Vann Woodward, *The Strange Career of Jim Crow;* Constance McLaughlin Green, *Washington: Capital City, 1879-1950,* S. 326.
8 Green, *Washington: Capital City,* S. 139.
9 Ibid., S. 216-217.
10 Für eine ausführliche Darstellung über das Wachstum von Washington in Hoovers Kindheit siehe Green, *Washington: Capital City,* S. 132-146.
11 Brief, Annie M. Hoover an Hoover, 6. Oktober 1906 [?], JEHS.
12 Ibid., 9. September 1912.
13 Hoover führte in den Jahren 1908, 1909 und 1910 Tagebuch. Die Tagebücher, im folgenden kurz *Diary* genannt, befinden sich in der Hoover Memorabilia Collection, JEHS. *Diary,* 11. September 1910.
14 O'Neill, »School Days (Teil 3)«, S. 8; *Diary,* 12. Januar 1908 und 15. Februar 1909; Telefoninterview mit Margaret Hoover Fennell, 30. Januar 1985.
15 *Diary,* 27. Dezember 1907 und 8. Januar 1909; Telefoninterview mit Margaret Hoover Fennell, 29. Januar 1985; *Genealogy.*
16 Demaris, *The Director,* S. 7; Briefe, Annie M. Hoover an Hoover, 9., 19. und 16. September 1912; Telefoninterview mit Margaret Hoover Fennell, 26. Januar 1985.
17 *Diary,* 8. Januar 1909; 18. April 1909.
18 Telefoninterview mit Edward L. R. Elson, 16. Januar 1985.
19 Elson, *The J. Edgar Hoover You Ought to Know,* S. 4.
20 *Diary,* 19. September 1910.
21 Robert W. Lynn und Elliot Wright, *The Big Little School: Two Hundred Years of the Sunday School,* S. 15, 14.
22 Ibid., S. 17, 33.
23 Ibid., S. 25, 82.
24 Henry Seidel Canby, *An American Memoir* (Boston: Houghton Mifflin, 1947), S. 68; zitiert in Lynn und Wright, *The Big Little School,* S. 80.
25 H. Wayne Morgan, »Toward National Unity«, *The Gilded Age,* (Syracuse, N. Y.: Syracuse University Press, 1970), S. 2; zitiert in Lynn und Wright, *The Big Little School,* S. 58.

26 Telefoninterview mit Ervin N. Chapman, Historiker des National Presbyterian Center, Washington, D.C., 28. Januar 1985.
27 Lynn und Wright, *The Big Little School,* S. 59.
28 Ibid., S. 40, 48, 49. Um die Jahrhundertwende wurden die langsamen, sentimentalen von kämpferischeren Liedern verdrängt:

Hear the tramp, tramp, tramp of the Sunday-School Brigade,
Whether rain or shine we are always on parade
By our Savior led, in the sunshine of His love
We are marching on to the land of joy above.

Hear the tramp, tramp, tramp of the Sunday-School Brigade,
We would win that crown which will never, never fade;
We will trust our King, wheresoever be the way,
We will follow Him to the realm of endless day.

Andere militaristische Lieder hatten Titel wie »We Are in the Saviour's Army«, »I Am a Little Soldier« und »Hold the Fort«. Außerdem waren zu Hoovers Zeiten in der Sonntagsschule noch die sogenannten »Sonnenstrahl-Lieder« sehr beliebt. Sie stellten die Kinder als die »Sonnenstrahlen« dar, die Licht in das Leben ihrer Eltern bringen (Lynn und Wright, *The Big Little School,* passim).
29 Edward L. R. Elson, »J. Edgar Hoover – Churchman«, zitiert in Lynn und Wright, *The Big Little School,* S. 97.
30 Dickerson jun. wurde Oberinspektor und war während der späten zwanziger und dreißiger Jahre eine recht prominente Persönlichkeit in Washington. Er starb 1944. Fünf Ausgaben der »Wochenschau« sind in der Hoover Memorabilia Collection, JEHS, erhalten.
31 Memo an den Autor vom School Attendance Office des District of Columbia.
32 Telefoninterview mit Richard Hurlbert, Schulbehörde des District of Columbia, 13. Januar 1985.
33 *Report* des Board of Education, District of Columbia, 1908, S. 35; Telefoninterview mit Richard Hurlbert, 13. Januar 1985.
34 Als Beispiel, wie Hoover in einem vorgegebenen System arbeitete, siehe seine Gliederung für das Plädoyer über die Todesstrafe in dem schmalen Band *Debate Memorandum Book,* o.J., in der Hoover Memorabilia Collection, JEHS. Das Plädoyer wird später analysiert, vgl. Anm. 50 in diesem Kapitel.
35 de Toledano, *J. Edgar Hoover,* S. 8, 37.
36 *Diary,* 18. Februar 1909.
37 Brief von Annie M. Hoover an Hoover, 16. September 1912, JEHS.
38 *Diary,* 29. und 30. August 1909; 1. und 24. August 1910.
39 *Diary,* August 1910.
40 O'Neill, »School Days (Teil 3)«, S. 34.
41 *Here's to Old Central,* S. 18-19.
42 *Central High Alumni Record,* Februar 1941; Lawrence J. Heller, zitiert im *Washington Star,* 7. Mai 1962.
43 Eine Schulanekdote berichtet von einer der ersten Abschlußfeiern. In der von der Vereinigung der Ehemaligen herausgegebenen Chronik der Schule heißt es, der Gastredner sei während seiner Ansprache »durch Lärm draußen auf der Allee unterbrochen worden. Der farbige Abfallsammler sammelte sein Schweinefutter und schrie mit lauter Stimme ›Abfälle! Abfälle!‹ Die Fenster waren selbstverständlich offen, und der General [der Festredner] schrie hinaus, er habe jetzt das Wort. Die Jungen kicherten. Der General sagte: ›Es redet immer nur einer, mein Freund.‹ Dann wandte er sich an die Klasse: ›Dieser Mann ist ein Zauberer! Er ist ein *Negro man, sir* (necromancer, dt.: Schwarzkünstler).‹ Die Jungen lachten zwar, aber innerlich stöhnten sie auf.« (*Centennial History of Central High School, 1976,* S. 2).
Eine andere Episode aus der Schulchronik handelt vom Tod eines der Direktoren im Jahre 1888, der von einem Schwarzen umgeritten wurde. Dem Zeitungsbericht zufolge fuhr der Direktor auf seinem Fahrrad, als der berittene Mann die Kontrolle über sein Pferd verlor. In der Schulchronik wird das rassische Stereotyp betont: Der Tod des Direktors sei von einem »betrunkenen« Neger verursacht worden. (*Here's to Old Central,* S. 8; *Centennial History,* S. 16).
44 Telefoninterview mit Richard Hurlbert, 13. Januar 1985.
45 *Centennial History,* S. 90.
46 *Diary,* 29. September 1909.

47 *Diary,* 18. Januar 1910; *Centennial History,* S. 90.
48 Hester O'Neill, »J. Edgar Hoover's School Days (Teil 4)«, *American Boy and Open Road* (September 1954), S. 22.
49 Ibid., S. 23.
50 *Debate Memorandum Book,* JEHS.
51 *Diary,* 27. September 1909.
52 Interview mit Walter Shipley, Central High School, 17. Dezember 1984.
53 *Centennial History,* S. 93.
54 Ein Programm, in dem Hoovers Eltern aufgeführt sind, findet sich in der Hoover Memorabilia Collection, JEHS. Siehe auch *Centennial History,* S. 92; O'Neill, »School Days (Teil 4)«, S. 22.
55 O'Neill, »School Days (Teil 4)«, S. 23.
56 John Higham, *Strangers in the Land: Patterns of American Nativism, 1860-1925,* S. 110, 159.
57 Robert T. Handy, *A Christian America: Protestant Hopes and Historical Realities,* S. 74, 78-79, 89; Higham, *Strangers in the Land,* S. 62, 77-86.
58 William Preston jun., *Aliens and Dissenters,* S. 25.
59 Ibid., S. 26.
60 Higham, *Strangers in the Land,* S. 55, 138, 200.
61 Walter Lippmann, *A Preface to Politics* (New York, Kennerly: 1913), S. 200, 301.

Kapitel 2: Der fremde Feind

1 Hitz überredete Wilson, sich gegen antisemitischen Widerstand für die Aufnahme Brandeis' in den Cosmos Club einzusetzen (E. Digby Baltzell, *The Protestant Establishment: Aristocracy and Caste in America,* S. 187).
2 Elmer Louis Kayser, *Bricks Without Straw: The Evolution of George Washington University,* S. 218.
3 Eine vergleichende Analyse der Karrieren dieser drei Männer findet sich in Eugene Lewis, *Public Entrepreneurship: Toward a Theory of Bureaucratic Political Power.*
4 Hester O'Neill, »Thirty Years on the Job«, *American Boy and Open Road* (Mai 1954), S. 32; Notizblöcke in der Hoover Memorabilia Collection, JEHS; Interview mit Hugh Y. Bernard, 22. Januar 1985 (Chronist der juristischen Fakultät der GWU). Siehe dazu auch den Zeitungsausschnitt vom 2. April 1921 (keine Quelle) in der Hoover Memorabilia Collection, RG 65, NA, in dem es heißt, Hoover habe als Präsident der Kappa Alpha einen Empfang für den Präsidenten der George Washington University gegeben.
5 In den Jahrbüchern der GWU von 1916 und 1917 sind die Namen aller Studenten mit ihren Auszeichnungen aufgeführt, und Hoovers Name wird ohne Auszeichnungen genannt.
6 Ovid Demaris, *The Director: An Oral Biography of J. Edgar Hoover,* S. 8; »Acceptance of Resignation«, 6. April 1917, in der Hoover Memorabilia Collection, JEHS.
7 *JM Report 1917,* S. 70. Siehe auch Burton an Mulcahy, 2. Oktober 1939, Public Affairs des Justizministeriums (Allgemeine Korrespondenz des FBI), August bis September 1939, RG 60, NA.
8 Stanley Coben, *A. Mitchell Palmer, Politician,* S. 116; Kidd an den Ernennungsbeamten, 20. Juli 1917, Justizministerium, Büro des Chief Clerk, RG 60, NA.
9 *JMin Register, 1918,* S. 24.
10 John Lord O'Brian, »New Encroachments on Individual Freedom«, S. 94, und Charles A. Horsky, »Remarks«, S. 3, in: *Buffalo Law Review, John Lord O'Brian Commemorative Issue* (Buffalo, N.Y.: University of Buffalo, N.Y., 1974). Im folgenden zitiert als *Law Review.*
11 Zitiert von John G. Laylin in »Memorable International Cases and Friendships with John Lord O'Brian«, *Law Review,* S. 40. Später war O'Brian, einem couragierten »Libertarian« (der zu den Direktoren des Fund for the Republic gehörte, die in den fünfziger Jahren den Angriffen des, von Hoover unterstützten, Un-American Activities Committee des Repräsentantenhauses ausgesetzt waren), seine Rolle bei der »Rekrutierung« Hoovers für das Justizministerium ein wenig peinlich, *Law Review,*S. 4.
12 Memo von O'Brian an Gregory, 14. Dezember 1917, JMin Akte 190470, Gregory Papers, Box 2735, RG 60, NA.
13 Joan M. Jensen, *The Price of Vigilance,* S. 15.
14 Ibid., S. 16.

15 Eine Darstellung der geschichtlichen Entwicklung der APL und ihrer Verbindung zum Justizministerium findet sich in Jensen, *The Price of Vigilance.*
16 Higham, *Strangers in the Land,* S. 102.
17 Jensen, *Price of Vigilance,* S. 27.
18 Ibid., S. 26, 27.
19 Ibid., S. 29.
20 Cummings und McFarland, *Federal Justice,* S. 414. Jensen, *Price of Vigilance,* S. 107. John Lord O'Brian, »New Encroachments on Individual Freedom«, *66 Harv. L. Rev.*I(1952), zitiert in *Law Review,*, S. 92.
21 O'Brian an den Justizminister, 7. Oktober 1918, JMin Akte 190470, Gregory Papers, Box 2735, RG 60, NA. Warren hatte den Trading with the Enemy Act, der am 6. Oktober Gesetz wurde, entworfen und durch den Kongreß gebracht. Dadurch entstand das Amt des Alien Property Custodian, das der zukünftige Justizminister A. Mitchell Palmer innehatte. Außerdem leitete Warren die Verfolgung der IWW-Führer in Chicago (Cummings und McFarland, *Federal Justice,* S. 423; Jensen, *Price of Vigilance,* S. 107). O'Brian an Gregory: »Ich habe Ihnen gegenüber bereits meine Ansicht geäußert, daß eine solche Gesetzgebung nicht nur nicht verfassungsgemäß ist, sondern Politik in ihrer schlechtesten Form.« 18. April 1918, JMin Akte 189083, RG 60, NA, zitiert in Jensen, *Price of Vigilance,* S. 106-107, 121.
22 *JM Report 1917,* S. 56; Jensen, *Price of Vigilance,* S. 161.
23 *JM Report 1917,* S. 57.
24 Ibid., S. 58.
25 Ibid., S. 67, 70, 71.
26 Ibid., S. 57-59, 74.
27 *JM Report 1918,* S. 9, 28.
28 Gregory an O'Brian, 5. Dezember 1917, JMin Akte 190470, Gregory Papers, Box 2735, RG 60, NA. O'Brian trat am 1. Oktober 1917 in das Justizministerium ein.
29 O'Brian an Gregory, 14. Dezember 1917, JMin Akte 190470, Gregory Papers, Box 2735, RG 60, NA.
30 Hoover an O'Brian, 17. Dezember 1917, JMin Akte 9-16-12-1384, RG 60, NA.
31 Hoover an O'Brian, 28. Dezember 1917, Akte 9-16-9-414, JMin Personalakten, Geheimakten, Korrespondenz, RG 60, NA.
32 Hoover an O'Brian, 28. Dezember 1917, Akte 9-16-12-1549, und Hoover an O'Brian, 28. Dezember 1917, Akte 9-16-12-1726, JMin Personalakten, Geheimakten, Korrespondenz, RG 60, NA.
33 Hoover an O'Brian, 18. Dezember 1917, Akte 9-16-12-1400, JMin Personalakten, Geheimakten, Korrespondenz, RG 60, NA.
34 Hoover an O'Brian, 29. Dezember 1917, Akte 9-16-12-1689, JMin Personalakten, Geheimakten, Korrespondenz, RG 60, NA.
35 Vgl. Hoover an O'Brian, 3. Juli 1918, Akte 9-16-19-51-269, Sektion 2, JMin Personalakten, Geheimakten, Korrespondenz, RG 60, NA.
36 Vgl. O'Brian an Sprague, 15. August 1918, Akte 9-16-19-51-290 (entworfen von JEH), die handschriftlichen Berechnungen im Anschluß an diesen Brief, Akte 9-16-19-51-291, und das Antwortschreiben, Sprague an O'Brian, 19. August 1918, Akte 9-16-19-51-292, JMin Personalakten, Geheimakten, Korrespondenz, RG 60, NA.
37 Demaris, *The Director,* S. 53; *JM Report 1919,* S. 28.
38 Jensen, *Price of Vigilance,* S. 267.

Kapitel 3: Die »rote Gefahr«: Jahre des Erfolgs

1 John Dos Passos, im Juni 1932 in der Einleitung zu einer Neuauflage von *Drei Soldaten,* (1921), zitiert in Alfred Kazin, *An American Procession,* (New York: Knopf, 1984), S. 375.
2 Jensen, *Price of Vigilance,* S. 262.
3 Robert K. Murray, *Red Scare: A Study in National Hysteria, 1919-1920,*S. 63, 65.
4 Hoover hatte während seiner ganzen Laufbahn immer wieder Mühe, die Legion in Schach zu halten. Seine Bedenken, die Mitglieder der Legion als Vigilanten einzusetzen, gründeten vermutlich ebensosehr auf dem Beispiel des *Freikorps* wie auf der Lynchjustiz in Centralia.
5 Clemenceau (Frankreich) wurde am 20. Februar 1919 durch einen »bolschewistischen Agenten« verwundet (Julian F. Jaffe, *Crusade Against Radicalism,* S. 171). Als Präsident der Baseball-Liga entzog Landis dem Spieler »Shoeless« Joe Jackson wegen seiner Rolle bei der Manipulation der World Series von 1919 die Spielkonzession auf Lebenszeit, obwohl Jackson von einer Jury freigesprochen worden war (Murray, *Red Scare,* S. 71).

6 So die Anklage des Arbeitsministers Louis Post. Er begründete seine Meinung damit, daß Hoover es trotz der vielen hunderttausend Akten, die über sogenannte Radikale angelegt worden waren, nie gelang, die Bombenleger ausfindig zu machen. Der Grund dafür sei, sagte Post, daß die Schuldigen wohl gar keine Radikalen gewesen seien. (Louis F. Post, *The Deportations Delirium of Nineteen-Twenty: A Personal Narrative of an Historic Official Experience,* S. 47).

7 Im April 1917, direkt nach dem Kriegseintritt Amerikas, gab die sozialistische Partei offiziell ihren Widerstand gegen die Kriegsanstrengungen bekannt. Prominente amerikanische Sozialistenführer wie Victor Berger und Eugene Debs wurden angeklagt, weil sie gegen die Verordnungen zur Wehrpflicht und Spionage verstoßen hatten. Auch die IWW nahm gegen den Krieg Stellung und ließ viele befürchten, sie würde politische Streiks dazu benutzen, die Rüstungsindustrie lahmzulegen. Führende Anarchisten – Emma Goldman und Alexander Berkman zum Beispiel – kritisierten den Kriegseintritt und verletzten absichtlich die Gesetze zur allgemeinen Wehrpflicht, um eine Konfrontation mit der Regierung zu provozieren.

8 Max Lowenthal, *The Federal Bureau of Investigation,* S. 36.

9 Ibid., S. 49; US-Senat, Rechtsausschuß, *Bolshevik Propaganda, Hearings Before a Subcommittee of the Committee on the Judiciary,* Sen. Res. 439 und 469, 65. Kongr., 3. Sitz. (11. Februar bis 10. März 1919), S. 14, 16, 249.

10 Zitiert in Lowenthal, *Federal Bureau of Investigation,* S. 56, 57.

11 *The Liberator* (Mai, 1919), zitiert in Theodore Draper, *The Roots of American Communism,* S. 110.

12 Murray, *Red Scare,* S. 25.

13 Jaffe, *Crusade Against Radicalism,* S. 119, 120. Der Bericht des Lusk-Ausschusses wurde (in vier Bänden) vom Senat des Staates New York veröffentlicht, Joint Legislative Committee Investigating Radical Activities, *Revolutionary Radicalism,* (Albany, N.Y.: J. Lyons, 1920).

14 Stanley Coben, *A. Mitchell Palmer: Politician,* S. 206. Hoovers General Intelligence Division veröffentlichte später einen detaillierten Bericht über dieses Bombenattentat, für das sie italienische Anarchisten aus Brooklyn verantwortlich machte. Vgl. *JM A. Mitchell Palmer über Anklagen,* S. 157-165.

15 »Bielaski war am 10. Februar zurückgetreten. William Elby Allen, der Absolvent der Universität von Texas, der United States Attorney und Sonderbeauftragter O'Brians gewesen war, übernahm sein Amt als Diensttuender Direktor des Bureau of Investigation.« (Jensen, *The Price of Vigilance,* S. 262)

16 Coben, *A. Mitchell Palmer,* S. 207, 211; Murray, *Red Scare,* S. 80; *New York Times,* 4. Juni 1919; *Washington Post,* 19. Juni 1919.

17 Coben, *A. Mitchell Palmer,* S. 207; *JMin Register, 1919,* S. 34.

18 Coben, *A. Mitchell Palmer,* S. 143; John G. Laylin, »Memorable International Cases and Friendships With John Lord O'Brian«, *Buffalo Law Review, John Lord O'Brian Commemorative Issue* (Buffalo, N.Y.: University of Buffalo, 1974), S. 40.

19 John Lord O'Brian, Interview von Peter C. Andrews, *Buffalo Courier Register* (3. Mai 1972), zitiert in *Memorial Tributes to J. Edgar Hoover* (Washington D.C.: U.S. Government Printing Office, 1974), S. 155; *Biographical Data on Honorable J. Edgar Hoover,* ein Nachruf der Freimaurer, Hoover Memorabilia Collection, JEHS; Lynn Dumenil, *Freemasonry and American Culture,* und eine Rezension Dumenils von Angus Paul, *Chronicle of Higher Education,* (13. März 1985), S. 10; Telefoninterview mit Margaret Hoover Fennell, 30. Januar 1985.

20 Coben, *A. Mitchell Palmer,* S. 197.

21 Nach Coben brach Palmer am 21. November zusammen und war am 6. Dezember wieder in Washington (Coben, *A. Mitchell Palmer,* S. 222).

22 Zwischen 1924 und 1936 waren Geheimdienstoperationen offiziell ausgesetzt; allerdings sollte daraus nicht gefolgert werden, daß während dieser Zeit überhaupt keine geheimdienstlichen Aktionen im Inland durchgeführt wurden. Die Radical Division gehörte, nach dem *JMin Register,* zum Bureau of Investigation, wie auch Hoover, sein Direktor, obwohl er innerhalb des Justizministeriums seinen Rang als Sonderbeauftragter des Justizministers beibehielt.

23 Eine Kartei mit den Publikationen, die in Hoovers Abteilung gelesen wurden, befindet sich in den Nationalarchiven. Die Publikationen selbst sind in einer Sammlung der Kongreßbibliothek enthalten. *Ermittlungen des JMin,* S. 10; *JM Report, 1920,* S. 179.

24 Datiert auf den 8. Dezember 1919, aber vermutlich einige Monate früher verfaßt. (*JM Report 1919,* S. 15-16)

25 Arbeitsminister Wilson wurde in Schottland geboren (William Preston jun., *Aliens and Dissenters,* S. 206).

26 *JM Report, 1920,* S. 177.

27 Ralph de Toledano, *J. Edgar Hoover: The Man in His Time,* S. 59.
28 Hoover an Burke. 21. Februar 1920, JMin Akte 186701-14-82 1/2, RG 60, NA. Hoover und Palmer konnten allerdings auf Absichten des Kongresses verweisen, die sich 1919 der Debatte über die Bewilligung zusätzlicher Gelder für das Justizministerium und das Immigration Bureau entnehmen ließen. Einige Kongreßabgeordnete machten deutlich, daß sie eine Kooperation von Justizministerium und Arbeitsministerium (zu dem das Immigration Bureau gehörte) bei der Deportation radikaler Ausländer erwarteten und wünschten. (Preston, *Aliens and Dissenters,* S. 211; Post, *Deportations Delirium,*S. 54).
29 Was sie damals wollten, entsprach ungefähr dem 1940 vom Kongreß erlassenen Smith Act. (Der Smith Act verbot regierungsfeindliche Propaganda. A. d. Übers.)
30 *JM A. Mitchell Palmer über Anklagen,* S. 14, 29; Preston, *Aliens and Dissenters,* S. 194.
31 Coben, *A. Mitchell Palmer,* S. 211; Murray, *Red Scare,* S. 202.
32 *Ermittlungen des JMin,* S. 14.
33 Ibid. S. 30, 31.
34 Abschnitt 6, Bundesstrafgesetz von 1910; Coben, *A. Mitchell Palmer,* S. 217; *JM A. Mitchell Palmer über Anklagen,* S. 166 ff.
35 Lowenthal folgt in *Federal Bureau of Investigation,* S. 190, dem Bureau, indem er die niedrigere Zahl akzeptiert, während Post in *Deportations Delirium,* S. 22, mit der höheren Zahl arbeitet. Coben zitiert in *A. Mitchell Palmer,* S. 219, das Committee on Immigration and Naturalization des US-Repräsentantenhauses, *IWW Deportation Cases* (66. Kongr., 2. Sitz., 1920, S. 79) und sagt, diese Versammlung habe vor Oktober 1918 stattgefunden. Siehe auch Murray, *Red Scare,* S. 206; *Ermittlungen des JMin,* S. 32; Coben, S. 218, zitiert *Charges of Illegal Practices of the Department of Justice,* S. 7, 409; Coben zitiert auch Wilson an Duncan, 22. April 1920, W. B. Wilson Papers, Pennsylvania Historical Society.
36 Post, *Deportations Delirium,* S. 23. Die Union of Russian Workers wurde 1907 gegründet und hatte ihre nationale Zentrale im Russian People's House in New York, 133 East 15. Street (Murray, *Red Scare,* S. 196). Die erste nationale Versammlung fand 1914 in Detroit statt (Post, *Deportations Delirium,* S. 22). Nach Posts Informationen hatte die Union 7000 Mitglieder und wurde im Jahre 1911 gegründet. In Hoovers Radical Division wurde behauptet, die Union sei in Rußland von William Szaton gegründet worden, dem späteren sowjetischen Polizeichef in Petrograd. Nach Aussage eines Geheimagenten, der für James M. Cox, den Gouverneur von Ohio (und zukünftigen Präsidentschaftskandidaten) arbeitete (siehe Anlage zu Cox an Palmer, 13. November 1919, JMin Akte 203557-3 1/2, RG 60, NA), hatte Trotzki die Gruppe 1906 gegründet, als er in der Lower East Side von New York lebte.
37 Creighton an Caminetti (gezeichnet JEH), 30. Juli 1919, JMin Akte 203557-1, RG 60, NA.
38 Hoover an Caminetti, 7. August 1919, JMin Akte 203557-2, und 20. August 1919, JMin Akte 203557-3, RG 60, NA.
39 Zitiert in Coben, *A. Mitchell Palmer,* S. 214.
40 Ibid., S. 221; Hoover an Burke, 21. Februar 1920, Anlage zu Hoover an Burke, 16. März 1920, JMin Akte 186701-14-824, RG 60, NA.
41 Coben, *A. Mitchell Palmer,* S. 220, 221; Coben zitiert die *New York Times* und die *New York World* vom 8. November 1919.
42 Murray, *Red Scare,* S. 197.
43 Vgl. Sowers an Palmer, 14. November 1919, JMin Akte 203557-8, RG 60, NA; Palmers Erwiderung darauf waren die *Ermittlungen des JMin;* Shorr an Palmer, 13. November 1919, zitiert in Coben, *A. Mitchell Palmer,* S. 221.
44 Post, *Deportations Delirium,* S. 79.
45 Vernehmung von Pete Mironovich, 18. November 1919, JMin Akte 203557-14, RG 60, NA.
46 Murray, *Red Scare,*S. 205, 206.
47 Reaktionen der Medien auf Emma Goldman, siehe Candace Falk, *Liebe und Anarchie & Emma Goldman,* S. 58-59, 68 (51, 58-59 der engl Ausgabe). Zu Emma Goldmans Bewunderern zählte damals auch Louis Post, der widerstrebend ihren Deportationsbefehl unterzeichnen mußte. Jahre zuvor hatte er in seiner Zeitschrift *The Public* geschrieben: »Ich kenne keinen Menschen, der gütiger, selbstloser oder weitherziger ist als sie, und dabei beweist sie in Wort und Tat unbezwingbaren Mut.« A. Mitchell Palmer meinte für seinen Teil: »Ich muß Ihnen nicht sagen, daß es in diesem Land wahrscheinlich noch nie eine Frau gegeben hat, die der amerikanischen Moral und dem amerikanischen Bürgerrecht, besonders im Hinblick auf junge Menschen, soviel Schaden zugefügt hat wie Emma Goldman, die lange Jahre Gefährtin des perversen Alexander Berkman war, mit dem sie vor kurzem deportiert wurde.« (*JM A. Mitchell Palmer über Anklagen,* S. 8; Falk, *Emma Goldman,* S. 47 der engl. Ausgabe). Weil sie sich der Meinungsfreiheit verschrieben hatte, wandte sie sich vom Bolschewismus ab, als sie die Repressionen dieses Regimes – nachdem Hoover sie nach Rußland deportiert hatte – am eigenen Leibe erfahren hatte. Als sie *My Disillusionment in*

Russia *(New York: Doubleday, 1920) und My Further Disillusionment in Russia* (New York: Doubleday, 1920) veröffentlichte, beschuldigte William Z. Forster sie, eine amerikanische Agentin zu sein; der große Bill Haywood warf ihr Opportunismus vor. Ihr Agent machte ihr sogar den Vorschlag – den sie ablehnte –, ihr erstes Buch über Rußland mit einem Vorwort von Hoover herauszugeben. (Falk, *Emma Goldman,* S. 326-327 der engl. Ausgabe).

48 Hoover an Creighton, 23. August 1919. JMin Akte 186233-13 sec. 3, und Hoover an Caminetti, 15. September 1919, JMin Akte 186233-13-200, RG 60, NA.

49 Der Artikel stammt aus dem *National Magazine*(März 1925) und befindet sich in einem Album in der Hoover Memorabilia Collection, RG 65, NA, sowie in einem Album des OCPA.

50 Es gibt noch andere Ungereimtheiten in diesem Artikel, die Zweifel an der Verläßlichkeit des anonymen Verfassers wecken.

51 Emma Goldman weigerte sich, bei den Verhandlungen irgendwelche Fragen zu beantworten, da sie, so ihre Begründung, im Besitz der amerikanischen Staatsbürgerschaft sei und deshalb nicht unter die Zuständigkeit der Einwanderungsbehörden falle (*New York Times,* 19. September 1919, S. 11; 26. September, S. 11, 28. September; 28. Oktober, S. 32). In einem Brief an Francis G. Caffrey, den Staatsanwalt für New York, deutete Hoover an, er habe bei der Verhandlung auf Grundlage neuer Beweise Argumente präsentiert, die »ich anführte, ohne sie in mein Gutachten einzufügen« (Hoover an Caffrey, 5. Dezember 1919, JMin Akte 186233-13-224, RG 60, NA).

52 *Ermittlungen des JMin,* S. 35-38.

53 Ibid., S. 39.

54 Ibid., S. 41.

55 Ibid., S. 42.

56 Ibid., S. 43.

57 Ibid., S. 48, 57.

58 Ibid., S. 48, 50, 56-57.

59 Ibid., S. 50.

60 *New York Times,* 30. November 1919, S. 30, und 9. Dezember 1919, S. 19; Hoover an Caffrey, 5. Dezember 1919. JMin Akte 186233-13-224, RG 60, NA; Post, *Deportations Delirium,* S. 18; nicht identifizierte New Yorker Zeitung vom 9. Dezember 1919, Hoover Memorabilia Collection, RG 65, NA. Hinweise darauf, daß Hoover bei der Verhandlung am 9. Dezember anwesend war, finden sich in Hoover an Carter, 13. Dezember 1919, JMin Akte 186233-13-239, RG 60, NA.

61 Abercrombie an den Kriegsminister, 25. November 1919, JMin Akte 203557, nach 38; Hoover an Coxe, 17. Dezember 1919, JMin Akte 205492-5 zwischen 2 und 3; Hoover an Poole, 24. Dezember 1919, JMin Akte 202600-65-2, RG 60, NA.

62 Post, *Deportations Delirium,* S. 27.

63 *Washington Post,* 22. Dezember 1919.

64 William N. Vaile aus Colorado, »Deportation of Anarchist Aliens«, *Congressional Record,* 5. Januar 1920.

65 Die *New York Tribune* würdigte Hoover für die Leitung der Aktion und schrieb: »Er leitete, gemeinsam mit Anthony Caminetti, dem Leiter der Einwanderungsbehörde, und Direktor Wiliam A. Flynn vom Geheimdienst, die große Aktion, die 249 Anarchisten aus verschiedenen Teilen des Landes, wo sie festgenommen worden waren, nach Ellis Island zu bringen und sie dort an Bord der *Buford* zu versammeln hatte, die gestern morgen um 6 Uhr von Sandy Hook aus zu irgendeinem Hafen im bolschewistischen Rußland fuhr.«

66 Palmer an Grouitch (gezeichnet JEH), 30. April 1920, JMin Akte 202600-59-37, RG 60, NA.

67 Vgl. Hoover an Caminetti, 7., 21., 22., 25., 26. und 28. November 1919; 1., 2., 4., 5., 12., und 18. Dezember 1919, JMin Akte 203557, RG 60, NA. Meist ging mehr als nur ein Brief pro Tag zwischen den beiden Beamten hin und her.

68 Nach Ansicht von Louis Post sprach aus einem solchen Vokabular eine Geringschätzung der verfassungsmäßigen Rechte sowie die Überzeugung, daß in der Politik der Zweck die Mittel heilige (Post, *Deportations Delirium,* S. 308). Siehe auch Hoover an Caminetti, 17. Dezember 1919, JMin Akte 203557-37, RG 60, NA.

69 Eine originelle und kenntnisreiche Analyse der »Red Scare« unter diesem Aspekt findet sich in Stanley Coben, »A Study in Nativism: The American Red Scare of 1919-1920«, *Political Science Quarterly* 79 (März 1964), S. 52-75. Eine klassische Analyse solcher Rituale der Solidarität, besonders im Hinblick auf Verbrechen und Bestrafung, findet sich in Emile Durkheim, *Über die Teilung der sozialen Arbeit.*

70 *JMin Register, 1924,* S. 12; Nachruf auf Baughman im Informationsblatt der Gesellschaft für ehemalige FBI-Agenten, *The Grapevine,* April 1972; Fred J. Cook, *The FBI Nobody*

Knows, S. 75, zitiert Jack Alexander, »The Director«, *The New Yorker,* 25. September 1937; 2. und 9. Oktober 1937. Alumni Affairs Office, George Washington University, Juristische Fakultät, und *The Grapevine,* April 1972.

71 Spellacy an Slater, 22. Dezember 1919, JMin Akte 203557-57, RG 60, NA.

72 Telefoninterview mit Margaret Hoover Fennell, 30. Januar 1985; Hoover Memorabilia Collection, JEHS.

Kapitel 4: Die »rote Gefahr«: Jahre des Mißerfolgs

1 Theodore Draper, *The Roots of American Communism,* S. 137.

2 *JM A. Mitchell Palmer über Anklagen,* S. 312, 322.

3 Ibid., S. 364; Don Whitehead, *Die FBI-Story,* S. 59; Draper, *American Communism,* S. 158.

4 *JM A. Mitchell Palmer über Anklagen,* S. 323.

5 Das Gutachten über die Kommunistische Partei ist vollständig abgedruckt in *J. Edgar Hoover Speaks Concerning Communism,* ed. James D. Bales (Washington, D. C.: Capitol Hill Press, 1970), S. 266-288. Außerdem ist es in den Akten der Research Unit, External Affairs Division, FBI, vorhanden.

6 *JM A. Mitchell Palmer über Anklagen,* S. 321.

7 Ibid., S. 329-330.

8 Ibid., S. 327.

9 Foster war der Partei noch nicht beigetreten (Murray, *Red Scare,* S. 142, 165; Draper, *American Communism,* S. 199).

10 Draper, *American Communism,* S. 152.

11 Die Zahl 60 000 basiert auf den eigenen Schätzungen der Partei. Glaubt man anderen Quellen, waren es nur 27 000 Mitglieder. Theodore Draper tendiert eher dazu, die niedrigere Zahl als zutreffend anzunehmen, Robert K. Murray eher die höhere (Draper, *American Communism,* S. 189-190; Murray, *Red Scare,* S. 53). Wahrscheinlich konnten nur 10 Prozent aller Mitglieder beider komunistischen Parteien Englisch sprechen; die tatsächliche Zahl könnte noch weit niedriger liegen (Draper, *American Communism,* S. 190).

12 *JM A. Mitchell Palmer über Anklagen,* S. 377.

13 Draper, *American Communism,* S. 162; *JM A. Mitchell Palmer über Anklagen,* S. 449.

14 *JM A. Mitchell Palmer über Anklagen,* S. 452.

15 Harold Lasswell analysierte den internationalen Konflikt später als Kampf zwischen den Ideologien des »Nationalismus« und des »Proletariertums« (Harold D. Lasswell, *World Politics and Personal Insecurity,*[New York: Free Press, 1965]); *JM A. Mitchell Palmer über Anklagen,* S. 452.

16 Hoover an Caminetti, 22. Dezember 1919, JMin Akte 205492-6; 24. Dezember 1919, JMin Akte 205492-9; 24. Dezember 1919, JMin Akte 205492-10, alle RG 60, NA.

17 Caminetti an Hoover, 24. Dezember 1919, JMin Akte 205492-15, RG 60, NA.

18 William Preston jun., *Aliens and Dissenters,* S. 212; Hoover an Caminetti, 17. Dezember 1919, JMin Akte 203557-38, RG 60, NA. Nach den Razzien wurde Hoover und dem Justizministerium vorgeworfen, diese grobe Beschneidung der Rechte der Ausländer auf einen Rechtsbeistand herbeigeführt zu haben. Hoover verteidigte sich – zur Zufriedenheit der Senatoren, die den Fall untersuchten –, indem er Zeugenaussagen und Beweise dafür vorlegte, daß Abercrombie die Bestimmung auf Bitte des eigenen Rechtsberaters im Arbeitsministerium veränderte (Ralph de Toledano, *J. Edgar Hoover: The Man in His Time,* S. 59). Hoover wollte mit seinen Briefen an Caminetti zu diesem Thema vor den Razzien das Immigration Bureau ohne Zweifel dazu veranlassen, die alte Bestimmung wieder einzusetzen; es ist jedoch kein Brief erhalten, in dem Hoover ausdrücklich darum bittet. Daß er sich seiner Position in dieser Sache bei den Hearings des Senats im Dezember 1920 so sicher war, ist wahrscheinlich darauf zurückzuführen, daß er, rein formalistisch gesehen, tatsächlich niemals eine solche Forderung gestellt hatte. (Hoovers detaillierte Ausführung, daß er niemals ein Gesuch um die Veränderung der Bestimmung 22 initiiert habe, findet sich in Palmer an Sterling [gezeichnet JEH], 3. März 1921, JMin Akte 209115-38, RG 60, NA.)

19 Post zufolge billigte Wilson die Verhaftung von Mitgliedern der Kommunistischen Partei und der Kommunistischen Arbeiterpartei, sofern ausreichende Verdachtsgründe für eine Mitgliedschaft vorlagen. Wilson war gewiß im Besitze von Hoovers Gutachten über die Kommunistische Partei, als er diese Entscheidung traf, aber es läßt sich nicht sicher nachweisen, ob er auch Hoovers Gutachten über die Kommunistische Arbeiterpartei besaß

(das Hoover am selben Tag an Caminetti geschickt hatte). Allerdings ist es unwahrscheinlich, daß Wilson eine Entscheidung über die Kommunistische Arbeiterpartei gefällt hätte, wenn er keine Anfragen nach Haftbefehlen für Mitglieder dieser Partei erhalten hätte. Außerdem schrieb Hoover in seinem Begleitschreiben zu den Anfragen, das Gutachten über die Kommunistische Arbeiterpartei werde mit den Haftbefehlen geschickt. Deshalb ist es wahrscheinlich, daß Hoover seine Pläne, die Mitglieder beider Parteien zu verhaften, erst dann weiter vorantrieb, nachdem er wußte, daß Wilson bei der Besprechung am 24. Dezember beide Gutachten bestätigt hatte (Louis B. Post, *Deportations Delirium,* S. 85). Siehe auch Hoover an Caminetti, 24. Dezember 1919, JMin Akte 205492-10, RG 60, NA. Auf der Grundlage desselben, zugegebenermaßen unklaren Materials, konstruiert Stanley Coben einen völlig anderen chronologischen Ablauf: Da Caminetti in seinem Brief an Hoover vom 24. Dezember nur eine Entscheidung bezüglich eines einzigen Mitglieds der Kommunistischen Partei (Marion Bieznuk) erwähnt, schließt Coben, daß es sich dabei um die Besprechung vom 24. Dezember handelte und daß nur in bezug auf die Mitglieder der Kommunistischen Partei eine Entscheidung gefällt worden sei. Er behauptet, Hoover habe, in der »Annahme«, daß auch die Mitglieder der Kommunistischen Arbeiterpartei deportiert werden könnten, »übereilt« selbständig entschieden, die Razzien auch bei Mitgliedern der Kommunistischen Arbeiterpartei durchzuführen (Stanley Coben, *A. Mitchell Palmer: Politician,* S. 224). Er nimmt an, Hoover habe seinen Brief vom 24. Dezember (oben zitiert) als Antwort auf das Schreiben Caminettis vom selben Tag verfaßt. Ich meine jedoch, daß Hoover seinen Brief wahrscheinlich zuerst schrieb und daß die Botschaften schnell über Boten ausgetauscht wurden. Außerdem fanden persönliche Gespräche der Art statt, wie Caminetti sie in seinem Brief vom 24. Dezember erwähnt. Meiner Ansicht nach besteht kein Grund, an Posts Behauptung zu zweifeln, daß Wilson im Laufe der Besprechung an Heiligabend ausdrücklich die Haftbefehle für die Kommunistische Arbeiterpartei und für die Kommunistische Partei bewilligte, dies vor allem auch deshalb, da sich Posts Behauptung in einem Dokument befindet, in dem er sonst jede Möglichkeit nutzte, Fakten zu erwähnen, die Hoover und Palmer diskreditieren konnten.

20 Murray, *Red Scare,* S. 213; Hoover an Caminetti, 27. Dezember 1919, JMin Akte 205492-14, und 31. Dezember 1919, JMin Akte 205492 nach 14, RG 60, NA; Coben, *A. Mitchell Palmer,* S. 226.

21 Hoover an Wilson (gezeichnet JEH), 2. Januar 1920, JMin Akte 205492-243, RG 60, NA; Baker an Autor, 11. April 1985, Liste mit Personalstand des FBI; Joan M. Jensen, *The Price of Vigilance,* S. 283.

22 Hoover an ersten Sekretär, 2. Januar 1920, JMin Akte 205492, RG 60, NA.

23 Murray, *Red Scare,* S. 213. Siehe auch Richter George Andersons Verhör Skeffingtons, des Leiters der Einwanderungsbehörde von Boston, in *Colyer vs. Skeffington,* nachgedruckt in R. G. Brown et al., *Report Upon the Illegal Practices of the United States Department of Justice,* S. 46. Zu Hoovers und Baughams Gesuchen nach Haftbefehlen, siehe JMin Akte 205492, passim, RG 60, NA.

24 Richter George Anderson, zitiert in Max Lowenthal, *The Federal Bureau of Investigation,* S. 207.

25 Dieses Ergebnis hatten der Hauptanwalt der Ausländer, George Vanderveer, und Beamte des Justizministeriums und des Arbeitsministeriums wie Byron Uhl und Franklin K. Lane vorhergesehen.

26 Murray, *Red Scare,* S. 218.

27 *New York Times,* 4. Januar 1920, in *Scrapbook,* Hoover Memorabilia Collection, RG 65, NA.

28 Hoover an Bowen, 24. Dezember 1919, JMin Akte 205492-8; Hoover an (George F.) Lamb, 6. Februar 1920, JMin Akte 205492-21, beide RG 60, NA. Es gibt keinen Hinweis darauf, daß er diese Liste »seidenbestrumpfter Männer und Frauen« jemals erhielt oder daß eine solche Liste überhaupt existierte.

29 Post, *Deportations Delirium,* S. 285; Hoover an (A. J.) Carter, (Außenministerium), 7. Januar 1920, JMin Akte 205492-41, RG 60, NA.

30 *JM A. Mitchell Palmer über Anklagen,* S. 283, 287, 288. Hoover an Schell, 26. Januar 1920, JMin Akte 205492-326, RG 60, NA, zufolge, nahm Hoover an den Hearings des Senats über Martens' Aktivitäten Ende Januar und Anfang Februar teil.

31 Während des Nachspiels zu den Razzien wurde Hoover angegriffen, weil er hohe Kautionen dazu benutzt hatte, um Ausländer entgegen den verfassungsmäßigen Bestimmungen im Gefängnis festzuhalten. Er verteidigte sich mit der Behauptung, es sei ihm nur darum gegangen, einen Betrag festzulegen, der ausreiche, »um die Anwesenheit der betreffenden Person sicherzustellen« (*JM A. Mitchell Palmer über Anklagen,* S. 37). Briefe in den Akten des Justizministeriums widersprechen dieser Behauptung ganz offensichtlich. In einer

Beschwerde an Caminetti, weil ein Radikaler namens A. Dimitrishin nach der Hinterlegung einer Kaution von 1000 Dollar freigelassen worden war, schrieb Hoover, Dimitrishin habe nach seiner Entlassung auf einer Versammlung von Radikalen gesagt, daß »es nicht mehr lange dauern wird, bis wir in der Lage sind, die derzeitige Regierungsform in diesem Land zu überwinden«. Hoover forderte daraufhin, die Kaution auf 5000 Dollar zu erhöhen, da diese Person »den regionalen Beamten des Bureau of Investigation beträchtliche Schwierigkeiten« gemacht habe. In diesem Fall ist es offensichtlich, daß er Caminetti darum ersuchte, die Kaution zu erhöhen, um Dimitrishins politische Überzeugungen zu unterdrücken und sein Recht auf Versammlungsfreiheit zu schmälern, und nicht einfach, um seine Anwesenheit bei zukünftigen Verhandlungsterminen sicherzustellen (Hoover an Caminetti, 15. Januar 1920, JMin Akte 205492-20, RG 60, NA).

32 Auf Spule 16-18 der *U.S. Military Intelligence Reports: Surveillance of Radicals in the United States, 1917-1941,* im folgenden zitiert als *General Intelligence Bulletin.*

33 *General Intelligence Bulletin,* 15.-21. Februar 1920, S. 44; 21.-27. Februar, 1920, S. 39. (Die Information über den zweiminütigen Kurs in Patriotismus erschien in einem Teil, in dem es um »Konterradikale Aktivitäten« ging.)

34 Hoover an Kenyon, 22. Januar 1920, JMin Akte 205492-281; Hoover an A. Johnson, 22. Januar 1920, JMin Akte 205492-280; und Hoover an W. H. King, 22. Januar 1920, JMin Akte 205492-279, alle RG 60, NA.

35 Siehe auch Palmer an Abbott, 27. Januar 1920, JMin Akte 205492-338 1/2, RG 60, NA, Nachdruck in Brown, *Illegal Practices of the Department of Justice,* S. 64-65. Zu den Publikationen, die dem Brief beigelegt waren, zählten Louis Frainas Beschreibung des Programms und der Grundsätze der Kommunistischen Partei, das Manifest der Dritten Internationale, das Manifest der Kommunistischen Partei Amerikas und ein Beispiel für die »russisch-bolschewistische Propaganda bei unseren Soldaten in Sibirien«. Das Justizministerium wies hilfsbereit darauf hin, daß »bemerkenswerte Passagen in diesen Beweisstücken der besseren Übersicht halber gekennzeichnet wurden«.

36 *JM A. Mitchell Palmer über Anklagen,* S. 221.

37 Ibid., S. 244.

38 Coben, *A. Mitchell Palmer,* S. 241, 242, 244; Palmer an Gagnier, 29. Januar 1920, JMin Akte 202600-59-20, entworfen von JEH, und Hoover an Justizminister, 28. Januar 1920, JMin Akte 202600-59, beide RG 60, NA.

39 Hoover an Carter, 28. Januar 1920, JMin Akte 205492-364; Hoover an Hurley, 5. Mai 1920, JMin Akte 202600-59-38; Hoover an A. Rorke, 11. Februar 1920, JMin Personalakten, Geheimakten, Korrespondenz, 9-12-770-2, RG 60, NA.

40 Hoover an die Russische Abteilung, Außenministerium, 7. September 1920, JMin Akte 202600-70; Hoover an Hurley, 22. Juli 1920, JMin Akte 205492-685; Hoover an Marlborough Churchill, 22. Juli 1920, JMin Akte 205492-686, alle RG 60, NA.

41 Hoover an Burke, 21. Februar 1920, JMin Akte 186701-14, RG 60, NA.

42 Palmer an Wilson, 2. Januar 1920 (gezeichnet JEH), JMin Akte 205492-243, RG 60, NA.

43 *New York Times,* 27. Januar 1920, in *Scrapbook,* Hoover Memorabilia Collection, RG 65, NA.

44 Hoover an Churchill, 23. Januar 1920, JMin Akte 205492-294, RG 60, NA. Vgl. auch David Williams, »The Bureau of Investigation and Its Critics, 1919-1921: The Origins of Federal Political Surveillance«, *Journal of American History 68* (Dezember 1981), S. 570-571. Hale erzürnte Hoover ein zweites Mal während der Hearings des Arbeitsministeriums über die Kommunistische Arbeiterpartei. Er gehörte zu den zwölf Anwälten, die ein Pamphlet über die illegalen Aktivitäten des Justizministeriums während der Razzien herausgaben.

45 Hoover an Caminetti, 2. Februar 1920, JMin Akte 205492-391, RG 60, NA; Preston, *Aliens and Dissenters,* S. 222.

46 Post übernahm Abercrombies Posten, weil dieser zurückgetreten war, um für den Senatssitz des Staates Alabama zu kandidieren (Post, *Deportations Delirium,* S. 79, 148-149).

47 Emma Goldman, *Gelebtes Leben,* Bd. III, S. 824.

48 Post, *Deportations Delirium,* S. 152.

49 Ibid., S. 155.

50 Ibid., S. 167.

51 Ibid., S. 170.

52 *Boston Globe,* 7. April 1920; *Boston Transcript,* 7. April 1920; *Boston Record American,* 7. April 1920, alle in *Scrapbook,* Hoover Memorabilia Collection, RG 65, NA, das auch einen Artikel über Präsident Wilsons Tochter enthält, die mit einem Juraprofessor von Harvard verheiratet war. Sie nahm als Beobachterin an der Verhandlung teil und bekundete Sympathie für die Angeklagten.

53 Siehe Draper, *American Communism,* S. 226-232; *New York Tribune,* 25. April 1920, in *Scrapbook,* Hoover Memorabilia Collection, RG 65, NA.
54 *Washington Post,* 25. April 1920, in *Scrapbook,* Hoover Memorabilia Collection, RG 65, NA.
55 Murray, *Red Scare,* S. 249.
56 Hoover an Caminetti, 14. Juni 1920, JMin Akte 205492-676 und 205492-677, RG 60, NA.
57 Coben, *A. Mitchell Palmer,* S. 235.
58 Post, *Deportations Delirium,* S. 168.
59 Zitiert in Coben, *A. Mitchell Palmer,* S. 233; Preston, *Aliens and Dissenters,* S. 225.
60 Coben, *A. Mitchell Palmer,* S. 238.
61 Brown, *Illegal Practices of the Department of Justice,* S. 3, 6, 8.
62 Hoover an Palmer, 5. Mai 1920, JMin Akte 209264-3(?) und 27. Mai 1920, JMin Akte 209264, RG 60, NA.
63 *Scrapbook,* Hoover Memorabilia Collection, RG 65, NA.
64 Coben, *A. Mitchell Palmer,* S. 251.
65 US-Senat, Rechtsausschuß, *Anklagen gegen das Justizministerium wegen illegaler Praktiken,* 66. Kongr., 3. Sitz., 16. Januar bis 3. Mai 1921, S. 19. In diesem Hearing wurden die Anklagen geprüft, die das Komittee der Rechtsanwälte in dem Bericht erhoben hatte, der von der National Popular Government League veröffentlicht worden war (zitiert in Lowenthal, *Federal Bureau of Investigation,* S. 191). Erst am 5. Februar 1923 wurden die Berichte über diese Untersuchungen veröffentlicht, und auch dies erst, nachdem der Unterausschuß dafür gestimmt hatte, keinen offiziellen Bericht herauszugeben. Die Berichte, die von einzelnen Senatoren veröffentlicht wurden (Walsh und Sterling, und Walshs Antwort auf Sterling), befinden sich in *Congressional Record,* für den 5. Februar 1923, S. 3051-3073.
66 Murray, *Red Scare,* S. 241.
67 Albert S. Lindemann, *The Red Years: European Socialism versus Bolshevism, 1919-1921,* S. 132.
68 Draper, *American Communism,* S. 275.
69 Irving Howe und Lewis Coser, *The American Communist Party,* S. 91, 92. Das Problem besteht darin, daß es schwierig ist, festzustellen, wie viele Kommunisten es genau gab, als die radikalen Splittergruppen in der Sozialistischen Partei am stärksten waren. Schätzungen der gesamten Mitgliederzahl beider Parteien zur Zeit ihrer Gründung im August und September 1919 schwanken zwischen 88 000 und 60 000, doch viele dieser Mitglieder, möglicherweise sogar die Mehrzahl, gehörten zu den verschiedenen sprachlichen Gruppen der Sozialistischen Partei und wurden nach der Gründung der kommunistischen Parteien »automatisch« in deren Mitgliederkarteien übernommen. Den Daten der Parteien zufolge war die Mitgliederzahl im Dezember auf 38 623 gesunken. Der linke Flügel hatte schon vor den Palmer-Razzien, als er sich offiziell in den kommunistischen Parteien organisierte, drei Fünftel seiner Mitglieder verloren. Hoovers Kampagne richtete sich gegen eine kommunistische Bewegung, die bereits ihre Basis in der Masse verloren hatte (Howe und Coser, *The American Communist Party,* S. 91-93).
70 Howe und Coser, *The American Communist Party,* S. 60, 92.
71 »The Radical Division of the Department of Justice«, in *JM A. Mitchell Palmer über Anklagen,* S. 177.
72 Murray, *Red Scare,* S. 259.
73 Sanders an Fuller, 30. Juli 1927, Akte über die Kommunistische Partei, Serie 1, CCP; O. K. Fraenkel, *The Sacco-Vanzetti Case,* S. 5, zitiert in Lowenthal, *Federal Bureau of Investigation,* S. 280.
74 *JMin A. Mitchell Palmer über Anklagen,* S. 328.
75 Hoover an Ridgely, 11. Oktober 1919, JMin Akte 198940, RG 60, NA, aufgenommen in *Marcus Garvey and Universal Negro Improvement Association Papers,* Bd. 2, ed. Robert A. Hill, S. 72. Eine vorzüglich recherchierte Erörterung dieses Falles findet sich in Robert A. Hill, »›The Foremost Radical Among His Race‹: Marcus Garvey and the Black Scare, 1918-1921«, *Prologue* 16 (Winter 1984), S. 215-231.
76 In JMin Akte 202600-63, RG 60, NA, findet sich Korrespondenz, die das Interesse des Bureau an Radikalismus unter Schwarzen belegt.

Kapitel 5: Stellvertretender Direktor

1 Burns an Hoover, 22. Mai 1922, J. Edgar Hoover Personalakte 67-561, Abteilung Nr. 2, FBI. Hoovers Personalakte ist keine Personalakte im gewöhnlichen Sinn (eine Dokumentation von Empfehlungen, Kritiken und Beurteilungen); sie enthält eine merkwürdige Sammlung von Artikeln, vermutlich aus verschiedenen Zeiten, die Biographen und Verfassern von Features zur Verfügung gestellt werden sollten.

2 *Biographical Data on Honorable J. Edgar Hoover,* ein Nachruf der Freimaurer, Hoover Memorabilia Collection, JEHS; *Washington Herald,* 23. Dezember 1924, und *National Magazine,* März 1925, in *Scrapbook,* Hoover Memorabilia Collection, RG 60, NA.

3 Telefoninterview mit Margaret Hoover Fennell, 15. April 1986.

4 Diese Formulierung datierte vom 3. März 1871 und wurde jährlich wiederholt. Das Justizministerium selbst war nur acht Monate zuvor, im Jahre 1870, gegründet worden, obwohl das Amt des Justizministers neben dem des Außen-, Kriegs- und Finanzministers einer der vier ersten Kabinettsposten von 1789 war. Vgl. FBI, *Abridged History of the Federal Bureau of Investigation,* 1983, Research Unit, OCPA. Die beste Informationsquelle für die ersten Jahre der Geschichte des Bureau ist ein internes Dokument des Bureau, *History of the Bureau of Investigation,* vorbereitet vom Spezialagenten Charles Appel, 18. November 1930, OCPA. Die detaillierteste Darstellung der Gründung des Bureau findet sich in Willard B. Gatewood, *Theodore Roosevelt and the Art of Controversy,* S. 236-287. Vgl. auch Harry Overstreet und Bonaro Overstreet, *The FBI in Our Open Society.* Ebenfalls maßgebend ist Homer S. Cummings und Carl McFarland, *Federal Justice: Chapters in the History of Justice in the Federal Executive.* Don Whiteheads *Die FBI-Story* ist eine autorisierte Darstellung, die unter Aufsicht Hoovers und seines PR-Leiters Louis Nichols entstand. Das Buch enthält einige wertvolle Informationen über die Anfangszeit des Bureau, aber da nach Hoovers Ansicht die Geschichte des Bureau in ein altes und ein neues (nach dem 10. Mai 1924) Testament zerfiel, war für seine FBI-Story nur die neue Ordnung relevant. Max Lowenthal dagegen verfolgt in seinem Buch *The Federal Bureau of Investigation* die weniger rühmlichen Aktivitäten von Hoovers Bureau bis zu seiner Gründung zurück. Sein Buch wurde, wie Fred J. Cooks *The FBI Nobody Knows,* von Hoover und dem Bureau scharf kritisiert, was Harry und Bonaro Overstreet dazu anregte, ihr eigenes Buch zu schreiben und Lowenthal und Cook zu widerlegen. Die meisten übrigen Bücher über das Bureau konzentrieren sich auf die Zeit unter Hoover, abgesehen von Sanford J. Ungars *FBI,* das sich mit der Zeit nach Hoover befaßt. Die Quellen für die frühe Geschichte des Bureau finden sich in den Akten des Justizministeriums und des FBI in den Nationalarchiven (RG 60 und RG 65) und auf den Mikrofilmakten des Bureau of Investigation von 1908 bis 1922, die sich ebenfalls in den Nationalarchiven (RG 65) befinden.

5 Genaueres zu TRs Vorwürfen findet sich in Overstreet und Overstreet, *The FBI in Our Open Society,* S. 28; Appel, *History of the Bureau of Investigation,* S. 4; Cook, *The FBI Nobody Knows,* S. 51.

6 Diese beiden Funktionen könnte man »elite discipline« und »symbolic politics« nennen: »Das inszenierte Schattenboxen des Führers mit öffentlichen Problemen macht die Welt verstehbar und vermittelt einer verunsicherten und vereinzelten Masse das Versprechen: Gemeinsam werden wir es schaffen.« (Murray Edelman, *Politik als Ritual,* S. 68).

7 Das Hoover-Zitat über das Laster findet sich in Lowenthal, *Federal Bureau of Investigation,* S. 19; Appel, *History of the Bureau of Investigation,* S. 7.

8 Über Flynn, Lowenthal, *Federal Bureau of Investigation,* S. 72; über Burns, Gene Cesar, *Incredible Detective,* S. 179, 188.

9 Durkheim: »Sobald ein Verbrechen bekannt wird, schließen sich die Menschen zusammen.« Durkheim vertrat die Ansicht, das Verbrechen kränke das kollektive Gewissen (»Die Gesamtheit der gemeinsamen religiösen Überzeugungen und Gefühle im Durchschnitt der Mitglieder einer gleichen Gesellschaft bildet ein System, das sein eigenes Leben hat; man könnte es das *gemeinsame oder Kollektivbewußtsein* nennen.«) und erinnere dadurch die Bürger, daß sie ein kollektives Gewissen haben und eine moralische Gemeinschaft bilden. Seiner Ansicht nach lösen Verbrechen, Verbrecher und Strafe ein machtvolles Ritual kultureller Solidarität aus, das auf die Öffentlichkeit eine geradezu magische Anziehungskraft ausübt (Emile Durkheim, S.121).

10 Lowenthal, *Federal Bureau of Investigation,* S. 269-271; Baker an Power, 11. April 1985, Memo über Personalstand und Budgethöhe des FBI, 1908-1985.

11 Senat Sonderausschuß, *Abschlußbericht,* Buch III, S. 387.

12 David Williams, »The Bureau of Investigation and Its Critics, 1919-1921: The Origins of Federal Political Surveillance«, *Journal of American History* 68 (Dezember 1981), S. 577, in

dem Lamb an Hoover zitiert wird, 24. Dezember 1920, Bureau Section Akte 204048; Hale Dossier, Old German Akte 379228; Bureau Section Akte 209115, alle auf Mikrofilm, RG 65, NA; Peter Irons, »›Fighting Fair‹: Zechariah Chafee jun., the Department of Justice, and the ›Trial at the Harvard Club‹«, *Harvard Law Review* 94 (April 1981), S. 1205-1236. Siehe auch Dominic Candeloro, »Louis F. Post and the Red Scare of 1920«, *Prologue* 11 (Frühjahr 1979), S. 40-55, besonders S. 52; Hoover an Kenan, 4. Mai 1934, JMin Akte 133149, RG 60, NA.

13 Vgl. die Geschichte in *New York Times*, 8. April 1923; George F. Ruch, der aus dem Bureau ausschied, um bei der Frick Coal Company als Sicherheitsbeauftragter zu arbeiten, war Hoovers »wichtigster Mitarbeiter« bei seiner Studie über den Kommunismus (Whitehead, *Die FBI-Story*, S. 331 der engl. Ausgabe). Ruch und Hoover hatten sich an der George Washington University kennengelernt, und Ruch blieb bis zu seinem Tod im Jahre 1938 einer von »Hoovers engsten Freunden« (Richard Whitney, *Reds in America)*. Siehe auch Jacob Spolansky, *The Communist Trail in America*, S. 23-30.

14 Irving Howe und Lewis Coser, *The American Communist Party*, S. 419; Theodore Draper, *The Roots of American Communism*, S. 373.

15 Francis Russell, *The Shadow of Blooming Grove: Warren G. Harding and His Times*, S. 547.

16 Vgl. Brief des Präsidenten der B&O (Baltimore and Ohio Railroad) an Clark, 7. August 1922, Akte über die Kommunistische Partei, Serie 1, CCP; Lowenthal, *Federal Bureau of Investigation*, S. 283, 288 (auf S. 283 führt Lowenthal Belege an für Hoovers Rolle bei der Koordinierung der Ermittlungen zu den Streiks).

17 Whitehead, *Die FBI-Story*, S. 78.

18 Cook, *The FBI Nobody Knows*, S. 141.

19 Ibid., S. 144; Hoover an Donovan, 4. April 1928, zitiert in Whitehead, *Die FBI-Story*, S. 332 der engl. Ausgabe.

20 J. Edgar Hoover, *Persons in Hiding*, S. 255.

21 Im Jahre 1925 gelang es dem Bureau of Investigation, Means wegen des Verstoßes gegen das Prohibition Amendment ins Gefängnis zu bringen. Nach seiner Entlassung im Jahre 1928 schrieb er einen erstaunlichen Bericht über Hardings Tod, in dem er behauptete, der Präsident sei von seiner Frau ermordet worden (Gaston B. Means, *The Strange Death of President Harding* [New York: Gould, 1930]). Als Means seine Tantiemen erhalten hatte, dementierte er den Inhalt des Buches. Nach vielen weiteren Abenteuern, die allesamt Zeugnis von seiner Unverfrorenheit und der grenzenlosen Einfalt seiner Opfer ablegten, gelang es ihm, Evalyn McLean aus der *Washington Post* -Familie um 100 000 Dollar zu erleichtern, indem er behauptete, er könne die Lindbergh-Entführung aufdecken.

22 Hoover erzählte die Geschichte von Gaston Means in einem Artikel in der Dezembernummer des *American Magazine* aus dem Jahre 1936, die im März 1937 in *Reader's Digest* nachgedruckt wurde und dann als ein Kapitel in *Persons in Hiding* erschien. Ohne es direkt zu sagen, implizierte Hoover, daß Means das gesamte Bureau vor 1924 repräsentierte: »Abgesehen davon, daß es als abschreckendes Beispiel dient, bietet das Leben von Gaston Means wenig Erhebendes.« (Hoover, *Persons in Hiding*, S. 267).

23 Whitehead, *Die FBI-Story*, S. 84. Mehr Informationen über Richey finden sich in den Larry Richey Papers, HHB.

24 Mason, *Harlan F. Stone: Pillar of the Law*, S. 150, 159. Irey wird erwähnt in *Washington Post*, 13. Mai 1924.

Kapitel 6: Die Jahre des Progressivismus

1 Don Whitehead, *Die FBI-Story*, S. 87, 88.

2 Vgl. Nathan Douthit, »Police Professionalism and the War Against Crime in the United States, 1920s-1930s«, in *Police Forces in History*, ed. G. L. Mosse (Beverly Hills, Kalifornien: Sage, 1974).

3 Richard Hofstadter, *The Age of Reform: From Bryan to F.D.R.* (New York: Knopf, 1968), S. 5. Hofstadter betonte auch, daß sie »überwiegend in der Stadt aufgewachsen waren und der Mittelschicht entstammten. Unter den in Amerika geborenen Protestanten hatten sie eine außerordentlich hohe Quote von Fachleuten und Collegeabsolventen« (S. 144). J. Edgar Hoovers Ähnlichkeit mit Hofstadters progressivem Idealtypus ist ungeheuer – bis in das Detail der Mitgliedschaft bei den Freimaurern (S. 145).

4 Im Grunde aber war Burns ein ehrlicher Mann. Er war entlassen worden, weil er die Wahrheit gesagt hatte – daß er Agenten nach Montana entsandt hatte, um Nachforschungen

über Burton Wheeler anzustellen. Burns hatte keine Veranlassung, Daughertys Anweisung, gegen Wheeler zu ermitteln, in Frage zu stellen. Die Vorwürfe gegen Wheeler waren nicht völlig aus der Luft gegriffen, und die Frage seiner Schuld oder Unschuld konnte nur durch eine hochkomplizierte Auslegung der Tatsachen und des Gesetzes gelöst werden. Als Harlan Stone das Justizministerium übernahm, überprüfte er das Beweismaterial gegen Wheeler und ordnete an, daß der Fall vor Gericht gebracht wurde. Burns hatte den Fehler gemacht, zu schweigen, als Daugherty die unwahre Aussage machte, das Justizministerium habe mit den Untersuchungen in Montana nichts zu tun. Als der Senat von Burns die Wahrheit erfuhr, schien es, als habe Burns dazu beigetragen, Daughertys Unehrlichkeit zu decken. (Und das hatte er!) Allerdings würde sich kaum ein politischer Amtsträger vordrängen und seinen Vorgesetzten bloßstellen, wenn keine klare Gesetzwidrigkeit vorlag und die Vorwürfe von seinen politischen Gegnern kamen. Doch Burns' Rücktritt (unter dem Druck Stones) wurde in Anbetracht dieser Umstände als Eingeständnis eines Fehlverhaltens interpretiert, und Burns verließ Washington – seine Integrität war fragwürdig geworden und sein Ruf ruiniert.

5 Aussage des stellvertretenden Justizministers John W. H. Crim, in US-Senat, Sonderausschuß für Ermittlungen gegen den Justizminister, *Ermittlungen gegen den Honorable Harry M. Daugherty, ehemals Justizminister der Vereinigten Staaten,* 68. Kongr., 1. Sitz., Sen. Res., 157, 1924, Bd. III, S. 2570, 2584-85, zitiert in Max Lowenthal, *The Federal Bureau of Investigation,* S. 299-300; Alpheus Thomas Mason, *Harlan Fiske Stone: Pillar of the Law,* S. 113; US-Senat, Rechtsausschuß, *Anklagen gegen das Justizministerium wegen illegaler Praktiken,* 66. Kongr., 3. Sitz., 1921, zitiert in Senat Sonderausschuß, *Abschlußbericht,* Buch III, S. 389; Fred J. Cook, *The FBI Nobody Knows,* S. 138.

6 Nach Hoovers Version der Vorgänge, war *er* es, der diese Richtlinien Stone vorschlug (Whitehead, *Die FBI-Story,* S. 85). Ralph de Toledano behauptet, Hoover habe die Regeln entworfen und Stone zur Unterschrift vorgelegt (Ralph de Toledano, *J. Edgar Hoover: The Man in His Time,* S. 72). Wer tatsächlich für die Richtlinien verantwortlich war, läßt sich nicht definitiv sagen. Eine der Bedingungen lautete, daß das Personal so weit reduziert werden sollte, »wie mit der ordnungsgemäßen Erfüllung seiner Pflichten zu vereinbaren ist«. Es ist unwahrscheinlich, daß *irgendein* Bürokrat von sich aus einen solchen Preis für einen Posten anbieten würde. Die Richtlinien finden sich in Stone an Hoover, 13. Mai 1924, zitiert in Alpheus Thomas Mason, *Harlan Fiske Stone, Pillar of the Law,* S. 151.

7 Cook, *The FBI Nobody Knows,* S. 138; Hoover an Ridgely, 14. Mai 1925, zitiert in Senat Sonderausschuß, *Abschlußbericht,* Buch III, S. 390; *Pittsburgh Press,* 27. Januar 1925.

8 Baldwin an Stone, 6. August 1924, JEH Personalakte, FBI Akte 67-561, FOIA Lesesaal, FBI.

9 Stone an Hoover, 7. August 1924, JEH Personalakte, FBI Akte 67-561, FOIA Lesesaal, FBI. Siehe auch Harrison E. Salisbury, »The Strange Correspondence of Morris Ernst and John Edgar Hoover, 1939-1964«, *The Nation,* 1. Dezember 1984, S. 575-589.

10 Rede von Matthew Woll, 15. Dezember 1926; Stevenson an Easley 30. April 1927; Easley an Clark, 28. Mai 1927, Akte über die Kommunistische Partei, Serie 1, CCP.

11 Joan Hoff Wilson, *Herbert Hoover: Forgotten Progressive,* S. 49, 57.

12 Hofstadter, *The Age of Reform,* S. 204.

13 Hoover, Rede vor der IACP (International Association of Chiefs of Police), 14. Juli 1925, OCPA.

14 Details in den jährlichen *Reports* der Justizminister. Teile daraus zitiert de Toledano, *J. Edgar Hoover,* S. 89-91. Siehe auch Baker an Power, 11. April 1985, Memo über Personalstatistik des Bureau; Hoover an Justizminister, 6. Februar 1933, »Justice Department Accomplishments«, Taylor-Gates Collection, HHB.

15 Rex Collier, »Crime Detection Is Taught to Prospective U.S. Agents«, *Washington Post,* 8. Juli 1930, OCPA; Charles Appel, *History of the Bureau of Investigation,* 18. November 1930 S. 16, OCPA.

16 *Fellowship Forum,* 3. Januar 1925, in *Scrapbook,* Hoover Memorabilia Collection, RG 65, NA. Entgegen anderslautenden gegnerischen Aussagen gibt es kaum überzeugende Beweise, daß Hoover antisemitisch oder antikatholisch eingestellt war. Überhaupt waren die Katholiken im Bureau eher überrepräsentiert, obwohl es vermutlich in jeder Polizeibehörde überdurchschnittlich viele Katholiken gab und immer noch gibt. Verglichen mit anderen Polizeibehörden war im FBI wahrscheinlich mehr als die voraussagbare Zahl von Juden beschäftigt (die dennoch sehr klein war). Im Laufe der Jahre waren einige der Spitzenleute des Bureau jüdischer Abstammung, und in der Identification Division war lange Zeit ein besonders hoher Prozentsatz jüdischer Beamter beschäftigt. Nach Aussage eines jüdischen Agenten (der später für das American Jewish Committee arbeitete, also wohl kaum irgendwelche Beweise für eine antisemitische Einstellung ignoriert hätte) unternahm das Bureau, als er dort angestellt war (in den dreißiger und vierziger Jahren), besondere

Anstrengungen, um den Juden entgegenzukommen, die religiöse Feiertage einhalten wollten. Die dreißiger Jahre waren auch für jüdische Athleten eine gute Zeit. Derselbe Agent erinnert sich, daß das Basketballteam des Bureau in der Bundesangestelltenliga in Washington fast ausschließlich aus Juden bestand und daß das Bureau aktiv jüdische Ballspieler zu rekrutieren schien (Telefoninterview des Autors mit Milton Ellerin, 30. April 1985).

17 Appel, *History of the Bureau of Investigation,* passim.

18 Ibid.; Hoover an Justizminister, 6. Februar 1933, »Justice Department Accomplishments«, Taylor-Gates Collection, HHB.

19 Bayliss an Mapes, 26. März 1929, »Justice-FBI, 1929«, Presidential Papers, Cabinet Officers Series, HHB.

20 Ibid.

21 Mitchell an Newton, 11. April 1929, »Justice-FBI, 1929«, Presidential Papers, Cabinet Officers Series, HHB; IACP an Justizminister, 27. Juni 1929, JEH Personalakte, FBI Akte 67-561, FOIA Lesesaal, FBI.

22 *Washington Brevities,* 8. Oktober 1932, OCPA.

23 Justizminister an Harding, 28. November 1921, »Bureau of Investigation« (Spule 139), WGHP; Appel, *History of the Bureau of Investigation,* S. 13-14.

24 Hoover, Rede vor der IACP, 14. Juli 1925, S. 6, OCPA.

25 Whitehead, *Die FBI-Story,* S. 135 der engl. Ausgabe; *Washington Post,* 24. Mai 1925, OCPA; Uthai Vincent Wilcox in unbekannter Zeitung, um 1927, OCPA.

26 Appel, *History of the Bureau of Investigation.*

27 Newton an Hoover, 15. Februar 1930; Hoover an Newton, 18. Februar 1930, »American Citizens Political Awakening, 1929-1930«; Hoover an Richey, Abstract, 11. Dezember 1929, »American Civil Liberties Union«; Hoover an Sisson, 9. April 1930, »Colored Question«, alle in Presidential Papers Subject File, HHB. Hoover an Carusi, 23. Mai 1930, »Countries, Italy, Correspondence«, Presidential Papers, Ausländische Angelegenheiten, HHB. Hoover an Justizminister, 12. September 1931, »Moorhead, H–Moos, A.«, Presidential Papers, President's Secretary's File, HHB.

28 Hoover an Justizminister, 10. Oktober 1931, »Menh.–Menl.«, Presidential Papers, President's Secretary's File, HHB.

29 Hughes an Coolidge, 23., 24. Mai 1924 und 24. Januar 1925, Akte über die Kommunistische Partei, Serie 1, CCP. Als Hughes das Außenministerium verließ, um ans Oberste Bundesgericht zu gehen, wurde sein Nachfolger Frank Kellogg zum antikommunistischen Wachhund des Weißen Hauses (Kellogg an Coolidge, 7. Mai 1925, Akte über die Kommunistische Partei, Serie 1, CCP).

30 Don Whitehead zufolge »saß Hoover neben Minister Hughes im Zeugenstand ... Der Unterausschuß des Senates für Auswärtige Angelegenheiten sah davon ab, sich nach der Resolution des Senates zu richten und Sowjetrußland anzuerkennen« (Whitehead, *Die FBI-Story,* S. 350 der engl. Ausgabe). Hoover hatte offensichtlich seinen Ruf gewahrt, der Mann in der Bundesregierung zu sein, der für den Kommunismus zuständig war. Im veröffentlichten Protokoll – US-Senat, Unterausschuß des Ausschusses für Auswärtige Angelegenheiten, *Hearings Regarding the Recognition of Russia,* 68. Kongr., 1. Sitz., 1924 – wird nicht erwähnt, daß Hughes oder Hoover aussagten. Hughes wird nur durch einen Brief und die Aussage der Experten aus seiner Russian Division repräsentiert. Anscheinend wurden Geheimsitzungen abgehalten, und vermutlich sagten Hoover und Hughes auf diesen Sitzungen aus.

31 Genaueres über die relevante Passage in Hughes Aussage' vgl. Charles Chesney Hyde, »Charles Evans Hughes«, in *The American Secretaries of State and their Diplomacy,* ed. S. F. Bemis (New York: Knopf, 1928), Bd. X, S. 287. Hughes machte seine Aussage am 1. Juli 1924.

32 Hoover an den Appropriationsausschuß des Weißen Hauses, Etat des Justizministeriums für den Haushalt 1926, 16. Dezember 1924, S. 74, OCPA. Siehe auch Senat Sonderausschuß, *Abschlußbericht,* Buch III, S. 388, in dem *FBI Digested History,* 1. Februar 1940, zitiert wird.

33 Hoover an Stone, 13. Dezember 1924, in Senat Sonderausschuß, *Abschlußbericht,* Buch III, S. 390.

34 Ralph Easley vertrat, wie Hoover, einen Antikommunismus, der auf kulturellen, nicht auf wirtschaftlichen Überzeugungen basiert. Easley war ein Progressivist im Stil Herbert Hoovers. Er widmete sein Leben dem Ideal der Kooperation zwischen Arbeit, Kapital und Öffentlichkeit und der Beseitigung der Konflikte in der amerikanischen Gesellschaft. Als der Traum vom nationalen Konsens sich nicht verwirklichen ließ, suchte er nach einem Schuldigen. Die Kommunisten wurden zum Symbol für alle Konflikte und die Tendenz der

Geschichte, in verschiedene Richtungen auseinanderzubrechen (Marguerite Green, *The National Civic Federation and the American Labor Movement, 1900-1925* [Westport, Conn.: Greenwood, 1973]). Näheres über das Pamphlet vgl. Hunter an Saunders, 24. Januar 1927, Akte über die Kommunistische Partei, Serie 1, CCP. Die Rede hielt Matthew Woll, »Subversive Forces in Our Country«, Handelskammer New York, 15. Dezember 1926, Akte über die Kommunistische Partei, Serie 1, CCP.

35 Easley an Herbert Hoover, 26. September 1929; 11., 19. April 1930; 10., 20. Mai 1930; 24. Februar 1931; 13. April 1931; 30. Oktober 1931; 4. Dezember 1931. Means wird erwähnt in Easley an Herbert Hoover, Mai 1930, »Communist – Correspondence«, Presidential Papers Subject Files, HHB.

36 US-Repräsentantenhaus, Spezialausschuß für die Untersuchung kommunistischer Aktivitäten in den Vereinigten Staaten, *Untersuchung kommunistischer Propaganda,* 71. Kongr., 2. Sitz., 1930, Teil 2, Bd. 1, S. 36, passim; Frank J. Donner, *The Age of Surveillance,* S. 49.

37 Mitchell an Dodds, 2. Dezember 1931, JMin Akte 202600-59, RG 60, NA.

38 Später hieß es, die Behauptungen des Weißen Hauses, daß der Protestmarsch kommunistisch beeinflußt gewesen sei, stammten vom Bureau; in Wirklichkeit war der Heeresnachrichtendienst die Informationsquelle (Donald J. Lisio, *The President and Protest: Hoover, Conspiracy, and the Bonus Riot).* Siehe auch Joan M. Jensen, *Military Surveillance of Civilians in America,* S. 23-24, zitiert in Senat Sonderausschuß, *Abschlußbericht,* Buch III, S. 390; »Bonus March Conditions«, 1. August 1932, und »World War Veterans – Bonus Reports, Depositions, Statements«, Presidential Papers Subject Files, HHB. Am 1. September 1932 sandte Hoover Richey eine Zusammenfassung der Analyse der Untersuchungsergebnisse. Von den 5091 verhafteten Veteranen hatte das Bureau die Fingerabdrücke von 4364 identifiziert, 24,4 Prozent davon waren polizeilich bekannt – Hoover rechnete 187 »Anklagen abgewiesen« zu dieser Gruppe (Hoover an Richey, 1. September 1932, und Hoover an Dodds, 10. September 1932, »World War Veterans–Bonus, Reports, Depositions, Statements«, Presidential Papers Subject File, HHB).

39 Senat Sonderausschuß *Abschlußbericht,* Buch III, S. 391.

40 *JMin Register, 1927,* S. 8.

41 »Vocation Record«, 12. April 1945, Personalakte Tolson, FBI Akte 67-9524, FOIA Lesesaal, FBI.

42 Whitehead, *Die FBI-Story,* S. 120 der engl. Ausgabe.

43 »Assignment History«, ungefähr 1. Juli 1956, Personalakte Tolson, FBI Akte 67-9524, FOIA Lesesaal, FBI.

44 Ibid.; *Cedar Rapids Gazette,* 7. Juni 1931.

45 Appel, *History of the Bureau of Investigation,* S. 22.

46 »Assignment History«, ungefähr 1. Juli 1956, Personalakte Tolson, FBI Akte 67-9524, FOIA Lesesaal, FBI.

47 Siehe Beleg für Flug vom 2. September 1937 bis 26. September 1937, Hoover an McClure, 6. Oktober 1937, FBI Akte 66-801-229, Memo von Tolson, 1. Juli 1938, FBI Akte 67-9524-266, FOIA Lesesaal, FBI, und Fotos der drei im September 1937 in Portland, Oregon, Hoover Memorabilia Collection, JEHS. Eine Vorstellung von Baughmans Rolle unter Tolson vermittelt Hoover an Tolson und Clegg, 12. November 1935, FBI Akte 67-9524-214, FOIA Lesesaal, FBI. Baughman war von 1935 an in Quantico.

48 Näheres über den Urlaub in Summit siehe *Herald of Westchester,* 24. November 1944. Unbekannte Zeitung in Uniontown, Pennsylvania, 26. Juli 1930, OCPA. Über den Unfall, siehe mehrere Zeitungsausschnitte vom 16. Mai 1931 in *Scrapbook,* Hoover Memorabilia Collection, RG 65, NA.

49 Fotos in Hoover Memorabilia Collection, JEHS.

50 Hoover O&V-Akte No. 33, Conroy an Tolson, 5. Juli 1944, gekennzeichnet »merkwürdig und abfällig«. Siehe auch Tolson an Hoover, 30. Juni 1943, Hoover O&V-Akte No. 75. In einem Eintrag vom 20. Juni 1951, Hoover O&V-Akte No. 113, wird die Ermittlung über eine(n) Kosmetiker(in) beschrieben, die (der) Gerüchte verbreitet hatte, Hoover sei »schwul«. »Joseph Bryant III«, Louis B. Nichols O&V-Akte.

51 Im Jahre 1930 war Capone eine nationale Berühmtheit, und eine Journalistenschule in Chicago wählte ihn zu »einer der zehn prominentesten Persönlichkeiten der Welt – die Persönlichkeiten, die tatsächlich Geschichte gemacht haben« (John Cobler, *Capone,* S. 313). Capones Name stand auf der Liste neben Namen wie Charles Lindbergh, Admiral Richard Byrd, George Bernard Shaw, dem Golfspieler Bobby Jones, Ghandi, Herbert Hoover, Albert Einstein und Henry Ford.

52 Vgl. *The Challenge of Crime in a Free Society: A Report by the Presidents Commission on Law Enforcement and Administration of Justice,* S. 101-105.

53 *Literary Digest* 111 (31. Oktober 1931): 6. Siehe auch Cobler, *Capone;* Geoffrey Perret, *America in the Twenties,* S. 393.

54 Herbert Hoover hatte außer dem Bureau of Investigation auch andere Behörden benutzt, um den Gesetzesvollzug zu verbessern, und sie alle hielten sich an das progressivistische Prinzip. Im Jahre 1929 hatte der Präsident Sanford Bates zum ersten Leiter des Federal Bureau of Prisons (mit Sitz im Justizministerium) ernannt, damit Bates – der Mann, der im bekannten Gefängnis Deer Island von Massachusetts Reformen durchgeführt hatte – »für die Kriminalstrafkunde einen Standard setzen [konnte], nach dem alle anderen amerikanischen Gefängnisse beurteilt werden würden«. Er hatte George W. Wickersham, Tafts Justizminister, eingesetzt, die Probleme des Gesetzesvollzugs zu studieren, besonders im Hinblick auf die Prohibition. Der monumentale Bericht der Wickersham-Kommission, der Ende 1930 herauskam, war eine der wichtigsten Leistungen der Hoover-Administration, ein Meilenstein in der Entwicklung des Professionalismus im Bereich des Gesetzesvollzugs (Perret, *America in the Twenties,* S. 320, 405-406). J. Edgar Hoover lag beständig in Fehde mit Bates und war immer auf der Lauer nach einer Gelegenheit, ihm eins auszuwischen. Im Jahre 1931 entdeckten Hoovers Agenten, daß in den Bundesgefängnissen von Atlanta und Leavenworth lockere Verhältnisse herrschten, und über die Untersuchung wurde in den Medien groß berichtet (*New York Daily News,* 10. Juli 1931, in *Scrapbook,* Hoover Memorabilia Collection, RG 65, NA). *New York Times,* 5. März 1932, S. 1.

55 *New York Times,* 5.März 1932.

56 Ibid.

57 Eine scharfsinnige Analyse der kulturellen Bedeutung dieser und der folgenden Filme in Andrew Bergman, *We're in the Money.*

58 *New York Times,* 28. Februar 1930, S. 2; 23. März 1930, Sek. 2, S. 9; 19. Dezember 1930, S. 18; 13. März 1931, S. 2; 25. August 1931, S. 1; 15. September 1931, S. 3; 10. April 1932, S. 22; 15. August 1933, S. 1; 10. Oktober 1933, S. 29. Reaktionen auf die lebenslängliche Verurteilung eines Ladendiebs nach dem Baumes Law siehe *New York Times,* 7. Februar 1930, S. 1; 15. August 1933, S. 1.

59 Im Jahre 1933 steuerte Hollywood einen Zyklus von Filmen bei, in denen Volksaktionen gegen das Verbrechertum glorifiziert wurden. *This Day and Age,* (1933), *Gabriel Over the White House* (1933) und *The President Vanishes* (1934) sind Fantasien über eine direkte, außergesetzliche Bestrafung von Verbrechern. Vgl. Bergman, *We're in the Money,* Kap. 9; dort findet sich eine Analyse dieses Zyklus von »Pöbel«-Filmen. Über Dick Tracy, siehe Ron Goulart, *Line Up, Tough Guys,* S. 73.

Kapitel 7: Das FBI des New Deal

1 Hoover, »Police Problems«, *St. John's Law Review,* Dezember 1932, S. 55; er schrieb in diesem Essay auch, daß »ein Leben nicht lang genug ist, um jenes umfassende Verständnis für die Situation zu erwerben, das nötig ist, um die Pflichten dieser Position wirklich effektiv und konstruktiv zu erfüllen«. Einen Überblick über das FBI unter FDR gibt Kenneth O'Reilly, »A New Deal for the FBI: The Roosevelt Administration, Crime Control and National Security«, *Journal of American History* 69 (Dezember 1982), S. 638-658.

2 Hoover wandte sich ungefähr zu dieser Zeit an Walshs Kollegen Burton Wheeler und teilte ihm mit, daß »er [Hoover] sich an den Repressalien gegen mich [Wheeler] nicht beteiligt [habe]«, sondern machte den stellvertretenden Justizminister William J. Donovan verantwortlich, später Chef des OSS (Office of Strategic Services) und Hoovers lebenslanger Rivale (Fred J. Cook, *The FBI Nobody Knows,* S. 144). Es spricht einiges dafür, daß Walsh seine Meinung über Hoover tatsächlich geändert hatte.

3 Cummings hatte den Staat Connecticut von 1900 bis 1925 im Nationalkomitee der Demokratischen Partei vertreten und war auf dem Nominierungsparteitag von 1932 einer der Fraktionsführer Roosevelts gewesen (Paul W. Ward, »Hacking to Justice with Cummings«, *Nation* 141 [3. Juli 1935], S. 14-16).

4 FDR drohte in seiner Antrittsrede: »Falls der Kongreß versagen sollte oder falls die nationale Krise immer noch in einem kritischen Stadium ist, werde ich nicht zögern, den Weg der Pflicht zu gehen, der dann klar vor mir liegt. Ich werde mich an den Kongreß wenden und um das letzte Mittel bitten, um mit der Krise fertig zu werden – eine weitreichende Exekutivmacht, um den Krieg gegen die Not führen zu können, eine Macht, die mir gegeben würde, wenn tatsächlich ein Feind bei uns einfiele.«

5 Leo C. Rosten, »Men like War«, *Harpers* 171 (Juni 1935), S. 192, 195. FDR teilte dem Land mit, er werde »unsere Gesellschaft, Arme und Reiche, körperlich Arbeitende und Geistesarbeiter, in einer freiwilligen Bruderschaft freier Menschen zusammenschweißen, die zusammenhält und gemeinsam nach dem gemeinsamen Vorteil aller strebt«. Er wolle für »das eine Ziel [sorgen], das für die Nation als ganze ... neben vielen disharmonischen Elementen ... am besten ist«. Seine Regierung werde »der sichtbare Ausdruck der Einheit und Führung aller Gruppen sein«.

6 Cummings nannte den New Deal eine politische Bewegung, die von einer »handelnden Regierung« angeführt wird (Homer S. Cummings, »Modern Tendencies and the Law«, Rede vor der American Bar Association, August 1933, in *New York Times,* 1. September 1933).

7 *New York Times,* 6. Juni 1933, S. 6. Ein Beispiel für Cummings' antikriminelle Rhetorik war sein Telegramm an eine Versammlung, die am 2. Juni 1933 unter dem Motto »Jugend gegen Kriminalität« in der New Yorker Carnegie Hall stattfand. In diesem Telegramm schrieb er, daß »jede öffentliche Versammlung, die den Zielen von Recht und Ordnung förderlich ist und die die garantierten Rechte des Bürgers unter einer verfassungsmäßigen Regierung verteidigen hilft, für alle ehrwürdigen Bürger eine Bedeutung und eine Botschaft hat« (*New York Times,* 17. Juni 1933, S. 28).

8 Am 18. März bat eine Wohltätigkeitsorganisation für behinderte Kinder Roosevelt um einen ermunternden Brief. Roosevelt wartete Hoovers Bericht über die Redlichkeit dieser Gruppe ab, bevor er antwortete. Von da an riß der Strom von Bitten um persönliche Gefälligkeiten, die FDR an Hoover richtete, nicht mehr ab (Eckstein an FDR, 18. März 1933, Offizielle Akte 10-B [Justizministerium – FBI], FDRB).

9 FDR an Frankfurter, 22. April 1933, mit Antwort Frankfurter an FDR, 26. April 1933, in *Roosevelt and Frankfurter, Their Correspondence, 1925-1945,* ed. Max Freedman, S. 129; siehe auch Arthur M. Schlesinger jun., *Robert Kennedy and His Time,* S. 246; Garvan an FDR, 16. Juni 1933, Persönliche Akten des Präsidenten, 1985, FDRB.

10 Die Verfügung des Präsidenten trug die Nummer 6610, Organization of Executive Agencies. Gerüchten zufolge intrigierten sowohl Jim Farley als auch Louis Howe gegen Hoover. Jahre später tauchten Berichte auf, in denen es hieß, Hoover habe sich wegen Farley so beunruhigt, daß er ihn von seinen Agenten beschatten ließ und sein Telefon abhörte. Das mag wahr sein oder auch nicht. Später (beginnend um 1940) ließ Hoover auf Bitte FDRs Farleys Telefon abhören, und vielleicht haben diese späteren Vorfälle den Verdacht erregt, daß Hoover bereits früher über Farley Nachforschungen angestellt haben könnte (Ray Tucker, *World Telegram,* 14. Juni 1940; Ralph de Toledano, *J. Edgar Hoover: The Man in His Time,* S. 99; Ted Morgan, *FDR: A Biography,* S. 532). Zu Hoovers Berichten über Farley an FDR siehe Hoover an Watson, Offizielle Akten 10-B, FBI Numerierter Bericht 1171A, und Hoover an Hopkins, 9. August 1942, Offizielle Akten 10-B, FBI Numerierter Bericht 2231A, FDRB.

11 De Toledano, *J. Edgar Hoover,* S. 101; Don Whitehead, *Die FBI-Story,* S. 117, 118.

12 *New York Times,* 18. Juni 1933, S. 1, 18.

13 Ibid., 3. Juli 1933, S. 1.

14 Ibid., 30. Juli 1933, S. 2; *JMin Report, 1934,* S. 133.

15 Courtney Ryley Cooper, »Getting the Jump on Crime«, *American Magazine* 116 (August 1933), S. 24, 25. Die Augustnummer war ungefähr Mitte Juli an den Kiosken erhältlich, der Artikel muß also spätestens am 1. Juli geschrieben worden sein.

16 Details über den Fall siehe John Toland, *The Dillinger Days,* S. 82-102.

17 Ibid., S. 86.

18 In *Persons in Hiding,* das Cooper für Hoover schrieb, wird zum Beispiel gar nie erwähnt, daß die Detektive aus Fort Worth mit dem Bureau Kontakt aufgenommen haben; der Fall wurde ausschließlich durch die Hinweise Urschels gelöst (J. Edgar Hoover, *Persons in Hiding,* S. 157).

19 *New York Times,* 12. September 1933, S. 3. In frühen Berichten über diesen Fall rechnete die AP (Associated Press) den Detektiven aus Memphis die Verhaftung zum Verdienst an. In den bearbeiteten Presseberichten des *Washington Star* wurde Hoovers Dienststellenleiter (SAC) William Rorer zum Helden der Szene gemacht (*New York Journal,* 26. September 1933, S. 1, und *Washington Star,* 26. September 1933, S. 1). In dem vom *Star* bearbeiteten Pressebericht der AP wird hinzugefügt, daß SAC Rorer Hoover sofort telefonisch von der Verhaftung informierte. In der eigenen Reportage des *Star* hieß es, Rorer habe »Hoovers Plan« ausgeführt. Entscheidend für die Verhaftung sei ein Flugzeug voller Agenten aus dem ganzen Land gewesen, die in Memphis zusammenkamen, nachdem das Bureau den Aufenthaltsort der Kellys in Erfahrung gebracht hatte.

20 Cummings an Keenan, 1. August 1933, zitiert in *Homer Cummings, Selected Papers,* ed. Carl Brent Swisher, S. 29; *New York Times,* 13. Oktober 1933, S. 1. Ende 1933, Anfang 1934

erschienen viele Artikel über Alcatraz. Vgl. zum Beispiel »›America's Devil's Island‹ – and some Others«, *Real Detective,* Januar 1934, S. 26.

21 *New York Times,* 20. März 1934, S. 46.

22 Robert Cromie und Joseph Pinkson, *Dillinger: A Short and Violent Life,* S. 223.

23 Ibid., S. 169.

24 *New York Times,* 24. April 1934, S. 1; 25. April 1935, S. 3; 24. Mai 1934, S. 2.

25 Toland, *The Dillinger Days,* S. 307; *Washington Star,* 29. Juni 1934, S. 1; 9. Juli 1934, S. 1; 21. Juli 1934, S. 1; *Time,* 7. Mai 1934, S. 18-21.

26 Die Beschreibung Hoovers basierte auf Interviews, die Toland mit Agenten aus der Zentrale führte. Siehe Toland, *The Dillinger Days,* S. 322; Hoover an Tolson, 25. Juli 1934, FBI-Akte 67-9524-167, weckt Zweifel an der Effektivität des Kommunikation zwischen Chicago und Washington.

27 Colliers Serie erschien im *Washington Star* vom 26. Juli bis zum 31. Juli 1934.

28 Alle Angaben aus Artikeln im *Washington Star,* 23. September 1934, S. 1, 2.

29 *New York Evening Journal,* 23. Oktober 1934, S. 10; *Washington Star,* 23. Oktober 1934, S. 1, 3.

30 *New York Evening Journal,* 28. November 1934, S. 1, 2.

31 Ibid., S. 1; *New York American,* 29. November 1934, S. 1.

32 Ende 1934 nahm Cummings den Vorschlag Hoovers an, die Abteilung Federal Bureau of Investigation, FBI, zu nennen. Am 1. Juli 1935 wurde diese Bezeichnung offiziell.

33 Cummings an Dean, 8. November 1934, in Swisher, *Cummings, Selected Papers,* S. 50.

34 Soziologisch ausgedrückt, war sein Status erworben und nicht zugeschrieben.

35 Im Dezember 1934 hatte Cummings beschlossen, dem Bureau seinen endgültigen Namen zu geben (Hoover an den Appropriationsausschuß des Hauses, 18. Dezember 1934, S. 76); am 1. Juli 1935 wurde die Umbenennung offiziell (*Significant Dates in FBI History,* OCPA, S. 10).

36 Die Bücher waren *Ten Thousand Public Enemies* (1935), *Here's to Crime* (1937) und *Persons in Hiding,* (1938, in dem Hoover als Autor genannt wird). Die Filme waren *Persons in Hiding* (1939), *Undercover Doctor* (1939), *Parole Fixer* (1940) und *Queen of the Mob* (1940).

37 Courtney Ryley Cooper, »Getting the Jump on Crime«, *American Magazine* 116 (August 1933), S. 23-25, 100-101; Coopers erste Reportage über das FBI; dieser Artikel erschien, während Hoover auf Cummings Entscheidung hinsichtlich seiner Zukunft wartete.

38 Ibid., S. 25.

39 Courtney Ryley Cooper, *Ten Thousand Public Enemies.* Diese »zehntausend« waren vermutlich die besonders gefährlichen Verbrecher, deren Verhaftung besonderer Sorgfalt, Ausrüstung, Waffen und Pressemitteilungen bedurfte. Mit diesem Titel sollte dem Vorwurf entgegengetreten werden, daß das Bureau seine Bemühungen auf die kurze Liste der »Volksfeinde« konzentriere.

40 Nathan Douthit diskutiert die Dankbarkeit der Vollzugsbehörden für Hoovers Führungsrolle in »Police Professionalism and the War Against Crime in the United States, 1920s-1930s«, in *Police Forces in History,* ed. G. L. Mosse, S. 332-333.

41 Hoover vor der Criminal Law Section, Jahresversammlung der American Bar Association, 30. August 1934, OCPA.

42 Eine gute Untersuchung über die Filmzensur ist Murray Shumach, *The Face on the Cutting Room Floor.* In der zwölfbändigen Payne-Studie, benannt nach der Payne-Stiftung, die das Projekt finanzierte, wurden die sozialen Auswirkungen von Filmen untersucht. Durchgeführt wurde diese Studie vom National Committee for the Study of Social Values. Besonders wichtig waren auch Herbert Blumer und Philip M. Hauser, *Movies, Deliquency and Crime,* und Henry James Forman, *Our Movie Made Chrildren.* Hintergrundinformationen zur Studie siehe Robert Sklar, *Movie-Made America,* S. 134. Eine Analyse der Wirkung der Studie in Garth Jowett, *Film, The Democratic Art,* S. 227. Die Legion of Decency (April 1924) erwuchs aus einer Kampagne, die von katholischen Bischöfen teils als Reaktion auf die Payne-Studie teils als Reaktion auf eine päpstliche Order ins Leben gerufen wurde. Innerhalb weniger Wochen hatten über sieben Millionen Katholiken das Gelöbnis abgelegt, Filme zu meiden, die »Verbrechen und Verbrecher glorifizieren« (Shumach, *The Face on the Cutting Room Floor,* S. 84, und *Commonweal* 20 [18. Mai 1934], S. 58). Ein Drehbuch für *G-Men* findet sich im Filmarchiv der State Historical Society of Wisconsin in Madison, das besonders für Informationen über Warner Bros. und RKO-Filme sehr hilfreich ist.

43 Rede Hoovers an Hi-Y-Clubs von Amerika, die über ein Sendernetz übertragen wurde, 22. Juni 1936, OCPA.

44 Interview, Rex Collier, 1. Januar 1976.

45 Lord an Collier, 23. Juli 1935, im Besitz des Autors. Offenbar wurde dadurch die bereits

praktizierte Art der Zusammenarbeit bestätigt. Siehe FBI-Memo, datiert vom 23. September 1935, OCPA.

46 Jack Kofoed, »Famous Cases of J. Edgar Hoover«, *G-Men,* November 1935. *G-Men* war eines der beiden wichtigsten Groschenheftchen über die G-Men (das andere war *The Feds),* aber es gab noch viele weitere. Näheres in Powers, *G-Men,* Kap. 9.

47 Frederick L. Collins, *The FBI in Peace and War,* S. 287. Hoover berichtete diese Geschichte auch in seinem Buch *Persons in Hiding,* S. 70-72.

48 Diese Geschichte wurde oft erzählt (de Toledano, *J. Edgar Hoover,* S. 145). Seinen letzen eigenen Fall löste Hoover, als er gemeinsam mit Tolson am 29. Dezember 1942 den ausgebrochenen Häftling »Terrible Roger« Touhy verhaftete. Das Bureau hatte erfolglos versucht, Touhy im Entführungsfall Hamm zu verurteilen, konnte ihn aber dann, vielleicht fälschlicherweise, für die Entführung Jake Factors im Jahre 1942 verantwortlich machen.

49 Hoover, »Patriotism and the War Against Crime«, Rede vor den DAR am 23. Mai 1936. Nachdruck durch das Government Printing Office, SUDOC 67689-36.

50 Hoover, »Modern Problems of Law Enforcement«, Rede auf der Jahresversammlung der IACP, Atlantic City, N. J., 9. Juli 1935, in *Vital Speeches,* 29. Juli 1935, S. 682; Hoover, »Crime's Challenge to Society«, Rede vor der American Hotel Association, 9. November 1937, OCPA.

51 Hoover, »Patriotism and the War Against Crime«. Vgl. mit Hofstadters Analyse des Statusressentiments in seinen Essays »The Pseudo-Conservative – 1954« in *The Paranoid Style in American Politics* (Chicago: University of Chicago Press, 1979) und »The Status Revolution and Progressive Leaders« in *The Age of Reform* (New York: Vintage, 1955).

52 Hoover, »Soldiers – In Peacetime«, Rede vor der American Legion, 19. September 1938, OCPA. Dieselben Ansichten finden sich mit nahezu identischem Wortlaut in Hoover, »The Criminals' Code«, Rede vor den Civic Organizations of Martinsburg, West Virginia, 20. Oktober 1938, OCPA. Hoover, »Fifty Years of Crime: Corruption Begets Corruption«, Rede vor National Fifty Years in Business Club, Nashville, Tenn., 20. Mai 1939, in *Vital Speeches,* 1. Juni 1939, S. 505-509.

53 Hoover, »Fifty Years of Crime«.

54 Hoover, »The Criminals' Code«.

55 Hoover, »Fifty Years of Crime«.

56 Ibid.

57 Burns, *Roosevelt: The Lion and the Fox,* S. 371.

58 Francis Biddle, *In Brief Authority,* S. 164.

59 Als im April 1938 das FBI, der Heeresnachrichtendienst und der Geheimdienst der Marine um die Spionageabwehr gegen die Deutschen konkurrierten, kam es zu leichten Differenzen zwischen den beiden Männern. Das Außenministerium protestierte gegen Pressemitteilungen des FBI über deutsche Spione, deshalb wies Cummings Hoover an, keine weiteren Mitteilungen über diese Fälle herauszugeben. Hoover machte jedoch gerade in Florida Urlaub, und als seine Mitarbeiter ihm die Anweisung über Telefon durchgaben, meinte er, Cummings wolle, daß *alle* Pressemitteilungen zurückgehalten würden. Deshalb setzte er, so Cummings, zum Erstaunen des Pressecorps des Justizministeriums, »die gesamte Pressearbeit aus« und »schuf dadurch eine peinliche Situation«. Das Problem war schnell gelöst, als Hoover nach Washington zurückkehrte (11. April 1938, »Personal and Political Diary of Homer S. Cummings«, Cummings Papers, University of Virginia Library). Zu den Auseinandersetzungen um das »Court Packing« siehe Swisher, *Cummings, Selected Papers,* S. 146-154, 170-175, 215, und Morgan, *FDR,* S. 469.

60 Swisher, *Cummings, Selected Papers,* S. 56-60. Siehe auch Hoover an Topeka *Daily Capital,* 1936, zitiert in Whitehead, *Die FBI-Story,* S. 150 der engl. Ausgabe.

61 Nichols an Hoover, 17. Mai 1937, im Anschluß an FBI Akte 67-39021-169.

62 Baker an Powers, 11. April 1985.

63 Hoover an Tolson et. al., 5. Juli 1935, FBI Akte 67-9524-195. Ihre vorhersagbare Antwort war, daß es nichts gebe, das sie nicht billigten, wenn ihnen jedoch noch etwas einfallen sollte, würden sie es ihn wissen lassen (Clegg an Hoover, 6. Juli 1935, FBI Akte 67-6524-204; Tolson an Hoover, 6. Juli 1935, FBI Akte 67-6524-196).

64 Hoover an Tolson, 6. Mai 1936, FBI Akte 67-9524-232; 18. Januar 1937, FBI Akte 67-9524-245; 4. Januar 1943, FBI Akte 67-9524-?

65 Hoover an Nichols, 6. August 1937, FBI Akte 67-39-21-194.

66 Joseph Schott, *No Left Turns,* S. 28.

67 Hoover an Purvis, 23. Oktober 1934, FBI Akte 67-7489-299; Inspektionsbericht, 6. Dezember 1934, FBI Akte 67-342-515 und FBI Akte 67-342-515x.

68 Hoover an Purvis, 9. März 1935, FBI Akte 67-7489-343; Purvis an Hoover, 12. März 1935, FBI Akte 67-7489-352; Nathan an Hoover, 8. April 1935, FBI Akte 67-7489-353.

69 Suydam an Nathan, 12. Juli 1935, FBI Akte 67-7489-364. Suydam war Cummings' Pressesprecher; Nathan war diensttuender Direktor, während Hoover und Tolson in Atlantic City Urlaub machten. Hoover an Akte, 12. Juli 1935, FBI File 67-7489-368.

70 Melvin Purvis, *American Agent,* (Garden City: Doubleday, 1936)

71 So arbeitete der Dienststellenleiter Dunn als technischer Berater für die Produzenten von *Mary Burns, Fugitive, Snatched* und *Show Them No Mercy;* Hoover an Tolson, 16. Juli 1935, FBI Akte 67-7489-387; Hoover hatte mit Charles Pettijohn von den Motion Pictures Producers and Distributers of America Kontakt aufgenommen; Dunn an Hoover, Akte 67-7489-401, 21. September 1935, FBI Akte 67-7489-420; und 31. Oktober 1935, FBI Akte 67-7489-437; Tolson an Hoover, 26. Januar 1938, FBI Akte 67-7489-513.

72 Zur »Junior G-Men«-Manie siehe Powers, *G-Men.* Purvis arbeitete später als Sprecher in der nicht offiziellen Radiosendung »Top Secrets of the F.B.I.«. FBI Akte 80-84-74.

73 Powers, *G-Men,* S. 131.

74 Mason an Nichols, 18. Dezember 1944, FBI Akte 62-73866-2; Nichols an Tolson, 2. Februar 1945, FBI Akte 67-7489-546, Randbemerkung Hoovers; Zeitungsausschnitt aus dem *Washington Times Herald* mit Randbemerkung, 6. Februar 1948; FBI Akte 67-7489.

75 DeLoach an Mohr, 29. Februar 1960; Rosanne, Melvin jun., Alison und Christopher Purvis an Hoover, 7. März 1960, FBI Akte 7487-585.

76 Sonderausschuß des Senats, *Abschlußbericht,* Buch III, »Martin Luther King jun., Case Study«, S. 139.

Kapitel 8: Die FBI-Front

1 Don Whitehead, *Die FBI-Story,* S. 192, 193; Hoover an Cowley, 10. Mai 1934, Sonderausschuß des Senats, *Abschlußbericht,* Buch III, S. 25. Zu diesem Zeitpunkt nannte Hoover seine Arbeit immer noch »sogenannte nachrichtendienstliche Ermittlungen« und betonte, daß es sich dabei nicht um ein *eigenes* Projekt des Bureau handle, sondern um Dienstleistungen für andere Regierungsstellen: das Außenministerium und das Weiße Haus. Einen brillanten Überblick über das FBI unter Roosevelt, einschließlich der wichtigsten Streitpunkte, die den Aufbau des Apparates für die nationale Sicherheit betreffen, bringt Kenneth O'Reilly, »A New Deal for the FBI: The Roosevelt Administration, Crime Control and National Security«, *Journal of American History* 69 (Dezember 1982), S. 638-658.

2 Memo von Hoover, 24. August 1936, Sonderausschuß des Senats, *Abschlußbericht,* Buch III, S. 394.

3 Memos von Hoover, 24., 25. August 1936, Sonderausschuß des Senats, *Abschlußbericht,* Buch III, S. 395.

4 Whitehead, *Die FBI-Story,* S. 190. Ralph de Toledano zufolge benutzte Hull das Wort »Schwanzlutscher« (de Toledano, *J. Edgar Hoover: The Man in His Time,* S. 152). Diese wichtige Episode wird unter allgemeinen Gesichtspunkten erörtert in Sonderausschuß des Senats, *Abschlußbericht,* Buch III, S. 395, 396.

5 Whitehead, *Die FBI-Story,* S. 191. Cummings war nicht in Washington, als Hull, Roosevelt und Hoover sich zu den entscheidenden Besprechungen trafen. Nach seiner Rückkehr wurde Cummings von Hoover informiert und gab seine Zustimmung (Hoover an Tamm, »Streng Vertraulich«, 10. September 1936, Sonderausschuß des Senats, *Abschlußbericht,* Buch III, S. 396). Die chronologische Abfolge der Ereignisse wird von Whitehead in *Die FBI-Story,* S. 191, noch genauer dargestellt.

6 Einige Wissenschaftler vertraten den Standpunkt, daß sich das Statut von 1916, das dem Bureau Ermittlungen auf Anfrage des Außenministers gestattet, nur auf engbegrenzte, spezifische Untersuchungen bezog, nicht aber auf die Schaffung eines riesigen nationalen Geheimdienstapparates. Frank Donner meint: »Niemand konnte überzeugend behaupten – auch wenn das Bureau nicht zögerte, das zu tun –, Außenminister Hull habe im Jahre 1936 eine Untersuchung in Auftrag gegeben, die das Bureau auf Dauer ermächtigte, geheimdienstliche Ermittlungen im Inland durchzuführen.« (Donner, *The Age of Surveillance,* S. 54.) Mit Donner stimmen überein Thomas I. Emerson, »Remarks« in John T. Elliff, »The Scope and Basis of FBI Data Collection«, in Pat Watters und Stephen Gillers, *Investigating the FBI,* S. 294; Athan Theoharis, *Spying on Americans,* S. 70. Ebenfalls umstritten ist, ob Hoover den Auftrag Roosevelts, politische Gruppen mit ausländischen Verbindungen zu untersuchen, zu weit auslegte, als er den Justizminister darüber informierte, der Präsident wünsche, daß er die »Lage der Radikalen« und »subversive Aktivitäten, einschließlich Kommunismus und Faschismus« untersuche (Hoover an Tamm, 10. September 1936,

Sonderausschuß des Senats, *Abschlußbericht,* Buch III, S. 396). In den Anweisungen an seine Agenten befahl Hoover, Informationen über »subversive Aktivitäten von Individuen oder Gruppen« beizubringen« (Hoover an Außendienststellen, 5. September 1936, Sonderausschuß des Senats, *Abschlußbericht,* Buch III, S. 396). Der entscheidende Punkt ist das Wort *subversiv,* das jeder allgemeingültigen oder rechtlichen Definition entbehrt, von Roosevelt, Hoover und den Justizministern im Kontext aber in bezug auf »radikale« Aktivitäten gebraucht wurde, die potentiell gefährlich waren, ohne jedoch gegen ein konkretes Gesetz zu verstoßen (Spionage und Sabotage dagegen *waren* Verbrechen auf Bundesebene). Trotz der unmittelbaren Bedrohung durch den Faschismus bestand die Zielgruppe des Bureau hauptsächlich aus Kommunisten (Hoover an Außendienststellen, 5. September 1936, und Tamm an Hoover, 28. August 1936, Sonderausschuß des Senats, *Abschlußbericht,* Buch III, S. 396, 397; ebenso Sonderausschuß des Senats, *Hearings,* Bd. 6, FBI, S. 562).

7 Hoover an Cummings, 10. Oktober 1938, beigelegt in Cummings an Roosevelt, 20. Oktober 1938, Sonderausschuß des Senats, *Abschlußbericht,* Buch III, S. 398. In diesem Memo teilte Hoover Cummings ebenfalls mit, daß seiner Ansicht nach jede weitere Ausdehnung der nachrichtendienstlichen Arbeit, die möglicherweise nötig würde, auch durch den Auftrag des Außenministers abgedeckt werden könne. Später behauptete das FBI, Hoover habe sich nur auf den Auftrag des Außenministeriums berufen, um die Verwendung von Etatgeldern zu rechtfertigen, doch Hoover scheint es in seinem Memo eher um eine rechtmäßige Vollmacht zu gehen als um Etatgelder, die keinen rechtlichen Beschränkungen unterworfen sind. Vgl. zwei verschiedene FBI-Studien, die nach Hoovers Tod die Befugnis des Bureau untersuchten, nachrichtendienstliche Ermittlungen durchzuführen: Direktor an Justizminister, 7. August 1973, und »An Analysis of FBI Domestic Security Intelligence Investigations: Authority, Official Attitudes, and Activities in Historic Perspective«, 28. Oktober 1975, Sonderausschuß des Senats, *Hearings,* Bd. 6, FBI, S. 540-546, 547-575.

8 Robert Sherwood, *Roosevelt und Hopkins,* S. 211.

9 *New York Journal American,* 22. Februar 1938, S. 3;28. Februar 1938, S. 1.

10 Ibid., 9. Mai 1938, S. 4; 12. Mai 1938, S. 1, 2; 20. Juni 1938, S. 1. Der Titel des Berichts lautete »Investigation ... Nazi Training Camps in the United States«, 31. Dezember 1937, zitiert in Kenneth O'Reilly, *Hoover and the Un-Americans,* S. 307.

11 Cummings an Roosevelt mit Memo von Hoover, 20. Oktober 1938, Sonderausschuß des Senats, *Abschlußbericht,* Buch III, S. 399. Vgl. Memos von Hoover 7. November 1938; Hoover an diensttuenden Stellvertreter des Justizministers, 5. Mai 1939; Keenan an Behörden, 7. Februar 1939; Hoover an Murphy, 16. März 1939; Hoover an Justizminister, 16. März 1939; Tamm an Hoover, 31. Mai 1939; Murphy an Roosevelt, 17. Juni 1939, alle in Sonderausschuß des Senats, *Abschlußbericht,* Buch III, S. 399-402. Die zentrale Stelle aus Roosevelts wichtigstem Memo lautete:

»Es ist mein Wunsch, daß die Untersuchung von allen Angelegenheiten, die Spionage, Spionageabwehr und Sabotage betreffen, vom Federal Bureau of Investigation des Justizministeriums, dem Heeresnachrichtendient des Kriegsministeriums und dem Nachrichtendienst der Marine des Marineministeriums geleitet und durchgeführt wird. Die Direktoren dieser drei Nachrichtendienste werden einen Ausschuß bilden, der die Aktivitäten ihrer Behörden koordiniert.

Außer den oben genannten drei Nachrichtendiensten soll keine Ermittlungsbehörde der Regierung Untersuchungen durchführen, die tatsächliche oder potentielle Fälle von Spionage, Spionageabwehr oder Sabotage betreffen.

Ich würde mich freuen, wenn Sie, abgesehen von den drei genannten, die Leiter aller Ermittlungsbehörden instruierten, alle Daten, Informationen oder Materialien, die ihnen in direktem oder indirektem Zusammenhang mit Spionage, Spionageabwehr oder Sabotage zur Kenntnis gelangen, unverzüglich an die nächste Außendienststelle des Federal Bureau of Investigation zu übermitteln. (Roosevelt an Behördenleiter, 26. Juni 1939, Sonderausschuß des Senats, *Abschlußbericht,* Buch III, S. 403.)

12 Hoover an Justizminister, 6. September 1939, Sonderausschuß des Senats, *Abschlußbericht,* Buch III, S. 404.

13 Erklärung des Präsidenten, 6. September 1939, Sonderausschuß des Senats, *Abschlußbericht,* Buch III, S. 404. Im ersten Abschnitt scheint diese Direktive vom 6. September die Zuständigkeit des Bureau auf Untersuchungen bei Verstößen gegen das Gesetz (Spionagegesetz, Sabotagegesetz, Neutralitätsgesetz) zu beschränken. Im letzten Abschnitt jedoch wird das Bureau ermächtigt, Informationen zu sammeln, die von anderen Behörden beschafft worden sind, und zwar nicht nur Informationen, die sich auf Verstöße gegen das Gesetz bezogen, sondern auch Informationen über *subversive Aktivitäten.* Einem internen FBI-Memo zufolge hatte das Bureau erwartet, daß der Präsident dem Bureau in seiner

Erklärung, in Ergänzung zu den mündlichen Anweisungen aus den Jahren 1936 und 1938, die offizielle Vollmacht geben würde, auch in Fällen von »Subversion« zu ermitteln (Tamm, Memo für Ablage, 6. September 1939, Sonderausschuß des Senats, *Abschlußbericht,* Buch III, S. 404). Roosevelt selbst hatte diese Unterscheidung vielleicht gar nicht so wichtig genommen, da er seinerseits von Hoover erwartete, ein »umfassendes Bild« der »subversiven Bestrebungen in den Vereinigten Staaten, besonders im Hinblick auf den Kommunismus und Faschismus« zu erhalten.

14 Proklamation, 8. September 1939, 54 Stat. 2643; Executive Order Nummer 8247, 8. September 1939; *Emergency Supplemental Appropriation Bill,* 1940; *Supplemental National Defense Appropriations,* 1941; Hearings vor dem Appropriationsausschuß des Repräsentantenhauses, 6. Juni 1940, S. 180, zitiert in Sonderausschuß des Senats, *Abschlußbericht,* Buch III, S. 405, 407, 408.

15 *Justice Department Appropriation Bill,* 1941, Hearings vor dem Appropriationsausschuß des Repräsentantenhauses, 5. Januar 1940, S. 151, in Sonderausschuß des Senats, *Abschlußbericht,* Buch III, S. 407, 414; Bericht der Außendienststelle in New York City, 22. Oktober 1941, zusammengefaßt im Memo des Justizministeriums von Brodie an Quinn, 9. Oktober 1947, Sonderausschuß des Senats, *Abschlußbericht,* Buch III, S. 415. Die Marine bat Hoover, eine Protestnote schwarzer Kasinoordonnanzen gegen Rassendiskriminierung zu überprüfen. Später hatte das Bureau dann einen Informanten in der NAACP, um herauszufinden, ob Verbindungen zwischen der NAACP und »der kommunistischen Partei oder anderen kommunistisch kontrollierten Organisationen« bestehe. Das Bureau berichtete, daß »die NAACP eine starke Tendenz zeigt, sich von kommunistischen Aktivitäten fernzuhalten. Dennoch besteht auf kommunistischer Seite die starke Bestrebung, diese Gruppe durch Infiltration mit kommunistischen Doktrinen zu dominieren. Aus diesem Grund werden die Aktivitäten der NAACP in Zukunft streng überwacht und überprüft« (Bericht von der Außendienststelle in Oklahoma, 19. September 1941, Sonderausschuß des Senats, *Abschlußbericht,* Buch III, S. 416).

16 Im Jahre 1943 ordnete Justizminister Biddle offiziell die Beendigung dieser Aktion an, doch Hoover befahl, die Liste unter einer anderen Bezeichnung weiterzuführen – ein Verhalten, das als bemerkenswerte Befehlsverweigerung erscheint. Eine andere Erklärung für Hoovers Verhalten ist, daß der Präsident Hoover anwies, Biddles Anordnung zu ignorieren, was durchaus zu den Arrangements paßte, die sich aus dem Verhältnis zwischen Hoover und den amtierenden Justizministern ergeben hatten. Hoover hatte sowohl verwaltungstechnische als auch ideologische Gründe, eine solche Inhaftierungsliste trotz anderslautender Befehle weiterzuführen. Es waren verschiedene Situationen denkbar, in denen Hoover den Befehl erhalten könnte, Massenverhaftungen von Radikalen durchzuführen. Hätte er dann keine Listen aufgrund von Untersuchungen bereit, wäre er auf Denunziationen der Feinde und politischen Gegner seiner Zielgruppen angewiesen.

17 Hoover an Außendienststellen, 14. August 1943, Sonderausschuß des Senats, *Abschlußbericht,* Buch III, S. 421.

18 Roosevelt an Hoover, 14. Juni 1940, Offizielle Akte 10-B, FDRB.

19 Der Brief vom 14. Juni war nicht rechtswirksam und wurde weder von Hoover noch vom Bureau zur Verteidigung herangezogen. Dennoch hätte er sehr wertvoll sein können, wenn Roosevelt je versucht hätte, die Verantwortung für Hoovers Aktionen abzustreiten.

20 Jack Alexander, »Profile: The Director«, *New Yorker,* 25. September 1937, und 2., 9. Oktober 1937, zusammengefaßt in *Reader's Digest,* Dezember 1937, S. 42-45; Kenneth G. Crawford, »J. Edgar Hoover«, *Nation,* 27. Februar 1937, S. 232-234. Die *Nation* hoffte, daß die FBI-Überwachung der Angehörigen der Fünften Kolonne private Vigilantenbewegungen in Grenzen halten würde (29. Juni 1940, S. 772). Siehe auch Kenneth Crawfords Serie über Hoover in *Nation,* 27. Februar 1937, S. 232-234, und 6. März 1937, S. 262-264.

21 Das Gesetz, um das es ging, war Par. 22 Hauptabschnitt 18 des United State Code, zitiert in Whitehead, *Die FBI-Story,* S. 340 der engl. Ausgabe. Die Verhaftungen der Veteranen aus der Abraham Lincoln Brigade waren ein Teil von allgemein harten Maßnahmen gegen extremistische Gruppen mit ausländischer Orientierung. Zwischen Dezember und März klagte das Ministerium etliche russische Agenten an, weil sie versäumt hatten, sich zu melden. Im Januar 1940 wurden siebzehn Mitglieder der Christian Front verhaftet; ihnen wurde vorgeworfen, ein Komplott geschmiedet zu haben, um die Regierung zu stürzen (Robert J. Goldstein, *Political Repression in Modern America,* S. 249).

22 *Nation,* »Our Lawless G-Men« 2. März 1940, S. 296-297.

23 Hoover teilte dem Weißen Haus mit, daß Franz Boas, der gegen die Verhaftung der Mitglieder der Lincoln Brigade protestiert hatte, kein Kommunist sei, aber so verdächtigen Organisationen wie der New School of Social Research und der World Association for the Advancement of Atheism angehöre (Hoover an Watson, 13. April 1940, Offizielle Akte,

10-B, FBI Numerierter Bericht 55, FDRB). Am 6. Dezember 1940 informierte er den Präsidenten darüber, daß die Kommunistische Partei eine Friedenskampagne gestartet habe – für Hoover ein »typisch kommunistischer Trick« (Hoover an Watson, 6. Dezember 1940, Offizielle Akte 10-B, FBI Numerierter Bericht 520, FDRB). Das Pressediner, bei dem Roosevelt Hoover öffentlich seine Unterstützung zeigte, wird in der Literatur oft zitiert. Vgl. zum Beispiel Whitehead, *Die FBI-Story,* S. 180 der engl. Ausgabe.

24 Biddle an Hoover, vertrauliches Memorandum, 9. Oktober 1941, Sonderausschuß des Senats, *Abschlußbericht,* Buch III, S. 281.

25 Roosevelt an Jackson, 21. Mai 1940, Sonderausschuß des Senats, *Abschlußbericht,* Buch III, S. 279.

26 Hoover an Katzenbach, 14. September 1965, Sonderausschuß des Senats, *Abschlußbericht,* Buch III, S. 286-287.

27 Unter Nixon führte Hoover das formale Programm »Inlet« ein, um an politische Leckerbissen zu kommen, die er dem Präsidenten servieren konnte.

28 Hoover an Watson, 7. März 1940, Offizielle Akte 10-B, FBI Numerierter Bericht 46, FDRB.

29 Hoover an Watson, 8. Januar 1941, Offizielle Akte 10-B, FBI Numerierter Bericht 576, FDRB.

30 Näheres zu Chambers' Vorwürfen siehe Berles Notizen in »Adolf Berle Papers«, U.S.-Ausschuß für Unamerikanische Aktivitäten, sowie Allen Weinstein, *Perjury: The Hiss-Chambers Case* , und de Toledano, *J. Edgar Hoover,* S. 222.

31 Whitehead, *Die FBI-Story,* S. 201. Im FBI gab es zu jener Zeit zwei Direktionsassistenten: Edward A. Tamm und Clyde Tolson. Tamm war für das Labor, die Ermittlungs- und Sicherheitsabteilung (Investigative und Security Division) zuständig; Tolson unterstanden die Abteilungen für Identifizierung (Identifikation), Schulung und Inspektion (Training und Inspektion), Verwaltung (Administration) und Akten und Kommunikation (Records und Communications). – (Hoover an Tolson u. a., 15. Dezember 1942, FBI Akte 67-80008-52).

32 Executive Order 9066. Eine vorzügliche Studie über die japanisch-amerikanische Internierung ist Peter Irons', *Justice at War.*

33 Hoover an Watson, 7. Dezember 1941, Offizielle Akte 10-B, FBI Numerierter Bericht 1028, FDRB.

34 Erklärung des Präsidenten, 6. September 1939, Sonderausschuß des Senats, *Abschlußbericht,* Buch III, S. 404; Memorandum, vorbereitet vom stellvertretenden Außenminister Berle, 24. Juni 1940, gebilligt vom Präsidenten, Offizielle Akte 10-B, Justizministerium, FBI, FDRB; Whitehead, *Die FBI-Story,* S. 206.

35 Hoover an Early, 12. Dezember 1941, Stephen Early Papers, FBI, FDRB.

36 Ibid.

37 In John Tolands Buch *Infamy* wird den Argumenten Saffords und anderer viel Platz eingeräumt, die der Ansicht waren, die Katastrophe von Pearl Harbor sei das Ergebnis einer Verschwörung auf höchster amerikanischer Regierungsebene gewesen (eine Überzeugung, die Toland schließlich auch teilte).

38 Gordon W. Prange, *Pearl Harbor: The Verdict of History,* S. 329.

39 Whitehead, *Die FBI-Story,* S. 206.

40 John O'Donnell, *Washington Times Herald,* ungefähr 29. Dezember 1941, im Anschluß an Hoover an Early, 29. Dezember 1941, Stephen Early Papers, FBI, FDRB.

41 Hoover an Early, 29. Dezember 1941, Stephen Early Papers, FBI, FDRB.

42 Whitehead, *Die FBI-Story,* S. 207.

43 Hoover an Watson, 5. Januar 1942, Offizielle Akte 10-B, FBI Numerierter Bericht 1097, FDRB.

44 Sir John Masterman, Erfinder des britischen »Systems des Doppelspiels«, schrieb später, es sei »gewiß angemessen, anzunehmen, der Fragebogen habe deutlich darauf hingewiesen, daß Pearl Harbor, sollten die Vereinigten Staaten sich im Krieg befinden, das erste Angriffsziel darstellen würde und daß die Pläne für diesen Angriff im Sommer 1941 in einem sehr fortgeschrittenen Stadium waren (J. C. Masterman, *Unternehmen Doppelspiel,* S. 79-80 der engl. Ausgabe, zitiert in William Stevenson, *A Man called Intrepid,* S. 260).

45 Dusko Popov, *Spy Counter-Spy,* S. 119, 203, zitiert in Prange, *Pearl Harbor,* S. 307. In Wirklichkeit leitete Hoover eine bearbeitete Version des Fragebogens an das Weiße Haus weiter, um die »Mikro-Punkt«-Technik der Deutschen zu demonstrieren. (Auf Telegrammformularen bestanden die »Punkte« aus Informationen, die auf winziges Format verkleinert worden waren. Vgl. Whitehead, *Die FBI-Story,* S. 220. [A.d.Ü.]). Den vollständigen Popov-Bericht sandte er dem Geheimdienst der Marine. Das FBI arbeitete mit dem ONI (Office for Naval Intelligence) zusammen und benutzte Popov, um den Deutschen falsche Informationen zuzuspielen. Genauere Darstellungen beider Seiten der Kontroverse vgl. John F. Bratzel und Leslie B. Rout jun., »Pearl Harbor, Microdots, and J. Edgar Hoover«,

American Historical Review, Dezember 1982, S. 1346-1347, und John Estel, »Hoover Shared Spy Disclosure on Pearl Harbor«, *Pittsburgh Post-Gazette,* 1. April 1982. Ebenso Prange, *Pearl Harbor,* S. 310-311, 609.

46 Popovs Behauptung findet sich in *Spy Counter-Spy,* S. 190-191, zitiert von Toland (der ihm offenbar beipflichtet) in *Infamy,* S. 15. Überzeugender ist das Argument, daß Popovs Fragebogen auf Sabotageakte hinwies, nicht auf einen Überraschungsangriff (Prange, *Pearl Harbor,* S. 305-311, besonders S. 310).

47 Hoover lieferte zum Beispiel einen Bericht, in dem er bedauernd schrieb, daß japanische Diplomaten in Lima, Peru, am Sonntag, den 7. Dezember, nicht zu ihrer allwöchentlichen Golfpartie erschienen waren (Hoover an Watson, 17. Dezember 1941, Offizielle Akte 10-B, FBI Numerierter Bericht 1057, FDRB).

48 Whitehead, *Die FBI-Story,* S. 187, 190, 343-344 der engl. Ausgabe.

49 de Toledano, *J. Edgar Hoover,* S. 176; Telefoninterview mit de Toledano am 16. Jan. 1986.

50 Roosevelt befahl Hoover, die »Verantwortung für alle Vorbereitungen für die Zensur zu übernehmen, bis weitere Maßnahmen getroffen werden« (Memorandum des Präsidenten an Außenminister u. a., 8. Dezember 1941, Offizielle Akte 10-B, FBI 1941, FDRB). Am 9. Dezember hinderte Hoover die *New York Times,* einen Artikel zu drucken, in dem detaillierte Angaben über die Verluste in Pearl Harbor gemacht wurden. Ein paar Tage später mußte er Drohungen aussprechen, um Drew Pearson davon abzuhalten, einen Artikel ähnlichen Inhalts zu veröffentlichen (Hoover an Watson, 9. Dezember 1941, Offizielle Akte 10-B, FBI Numerierter Bericht 1038; Early an Hoover, Hoover an Early, 12. Dezember 1941, Early Papers, FBI, FDRB). Siehe auch Hoover an Watson, 9. Dezember 1941 mit beigelegtem Memorandum, 8. Dezember 1941, Offizielle Akte 10-B, FBI Numerierter Bericht 1039, FDRB, und Whitehead, *Die FBI-Story,* S. 204-205.

51 Irons, *Justice at War,* S. 23.

52 Ibid., S. 27, 28, 41, 60, 61. Irons weist darauf hin, daß Hoover keine Einwände dagegen erhob, der Armee seine Inhaftierungsliste zur Verfügung zu stellen, jedoch darauf bestand, daß seine Agenten jeden Namen mit einer konkreten Empfehlung versahen, damit »wir nicht mit leeren Händen dastehen, wenn danach das Geschrei losgeht«, wenn wir »von der Bande der bürgerlichen Freiheitsrechtler« angegriffen werden (Irons, *Justice at War,* S. 28).

53 Dieses Zitat stammt aus einem Brief, den Berle an Hoover schrieb, 17. September 1946, Adolf Berle Papers, »H«, FDRB. Siehe auch Whitehead, *Die FBI-Story,* S. 236.

54 Whitehead, *Die FBI-Story,* S. 238. Vgl. auch Leslie B. Rout jun. und John F. Bratzel, *The Shadow War: German Espionage and American Counterespionage in Latin America During World War II.*

55 Whitehead, *Die FBI-Story,* S. 224, 347 der engl. Ausgabe.

56 *Axis Aspirations Through South America,* 1. April 1942, Hopkins Papers, Latin America Miscellaneous, FDRB.

57 Hoover, »Problems of Law Enforcement«, Rede vor der IACP (International Association of Chiefs of Police), 10. Oktober 1939, *Vital Speeches,* 1. November 1939, S. 54-57; Hoover, »Our Future«, Notre Dame Graduation, 10. Mai 1942, OCPA; Hoover, »An American's Privilege«, jährliches Bankett der Holland Society of New York, 9. November 1942, OCPA.

58 Hoover, »The Call of Americanism«, Rede vor der Michigan Bankers Association, 19. Juni 1940.

59 Powers, *G-Men,* S. 222.

60 Whitehead, *Die FBI-Story,* S. 215. Näheres darüber, wie die U-Boot-Saboteure verhaftet wurden, findet sich in Whitehead, *Die FBI-Story,* S. 221ff. Näheres über die Entscheidung, die Verhaftung öffentlich bekanntzugeben, und über Roosevelts Beschluß, die Saboteure (nach einem Kriegsgerichtsverfahren, an dem Hoover teilnahm) hinzurichten, vgl. Biddle, *In Brief Authority,* S. 328, 330.

61 Whitehead, *Die FBI-Story,* S. 209 der engl. Ausgabe; Hoover an Watson, 9. Mai 1941, und Watson an Hoover, 13. Mai 1941, Offizielle Akte 10-B, FBI Numerierter Bericht 766, FDRB. Roosevelt ließ Hoover durch Watson ausrichten: »Machen Sie Ihre Arbeit weiterhin so gut, Junge!«

62 Whitehead, *Die FBI-Story,* S. 207 der engl. Ausgabe.

63 Hoover an Hopkins, 30. Juni 1942, Hopkins Papers, FBI Charts, FDRB; Whitehead, *Die FBI-Story,* S. 208-209 der engl. Ausgabe; Athan Theoharis, »The FBI and the American Legion Contact Program, 1940-1966«, *Political Science Quarterly,* Sommer 1985, S. 271-286; Mikrofilme der FBI-Akten zu dem Programm sind abgedruckt in *The FBI American Legion Contact Program,* ed. Athan Theoharis, Scholarly Resources, Wilmington, Del. Siehe auch Belmont an Baumgardner, 22. Juni 1960, FBI Akte 66-9330-389; und Hoover an Tamm und Clegg, 18. November 1940, FBI Akte 66-9330-2. Die Zahl der Kontaktpersonen stammt aus Theoharis, »American Legion Contact Program«, S. 278.

64 *American Popular Culture* (Carbondale, Ill.: University of Southern Illinois Press, 1983), S. 156-159.
65 Collins, *The FBI in Peace and War,* S. 285-286, 290-291.
66 Hoover absolvierte auch während des Krieges ein volles Programm öffentlicher Reden. Meist wurden sie in den *Congressional Record* aufgenommen; dadurch standen sie Zeitungen und Zeitschriften, vor allem regionalen Blättern, die ihre Spalten mit Material aus Staatsbesitz füllten, im ganzen Land als kostenloses Nachdruckmaterial zur Verfügung. Seine Reden wurden in *Vital Speeches* regelmäßig abgedruckt und oft auch vom Rundfunk aufgenommen und landesweit übertragen.
67 Hoover konnte die Erfolge seiner Operationen gegen Spione (organisatorische Funktion) benutzen, um sein Monopol über den Bereich Sicherheit gegen jede Konkurrenz zu verteidigen (verwaltungstechnische Funktion); Zitate aus Hoover, »The Test of Citizenship«, Rede vor den DAR (Daughters of the American Revolution), 18. April 1940, *Vital Speeches,* 1. Mai 1940.
68 Hoover, »A Nation's Call to Duty«, zur Feier der Verleihung der akademischen Grade, St. John's University, Juristische Fakultät, 11. Juni 1942, OCPA; siehe auch Hoover, »Your Call to Duty«.
69 Hoover, »An Adventure in Public Service«, Drake University, Mutual Broadcasting, 3. Juni 1940, OCPA.
70 Hoover, »Our Duty to Youth«, Jährliches Bankett der Boys Clubs of America, 4. Mai 1944, OCPA, FBI.
71 Hoover, »Our Duty to Youth«.
72 Vgl. Tolson an Hoover, 6. November 1940, FBI Akte 67-9524-277.
73 Hoover, »Your Call to Duty«, »Our Duty to Youth« und »Our Future«.
74 Hoover, »Your Call to Duty«, »Our Duty to Youth«.
75 Herbert Hoover an J. Edgar Hoover, 4. Oktober 1943, »Herbert Hoover FBI Akte«, General Accession, HHB. Hoover, »The Man I Want My Son to Be«, *Parents Magazine,* Februar 1940, S. 15.
76 Darin sagte er unter anderem: »Immer wenn ich eine Frau kennenlerne, die ich gerne heiraten würde, muß ich feststellen, daß sie bereits mit einem anderen verheiratet ist.« Nachdem er dargelegt hatte, daß auch sein Beruf ihn sehr in Anspruch nahm, sagte er: »Und dann war auch meine Mutter noch da. Nicht daß sie nicht gewollt hätte, daß ich heirate. Das war nicht der Grund. Ich gab ihr ein Zuhause und sorgte für sie, bis sie vor zwei Jahren starb. Die anderen Kinder in der Familie waren verheiratet, und ich blieb halt bei der Mutter. Und so haben meine Mutter und mein Beruf ebenso dazu beigetragen wie die Frau, die ich nicht fand . . . Ich habe Mädchen und Frauen immer verehrt. Männer sollten zu ihnen aufsehen, sie ehren und anbeten. *Washington Star,* 2. August 1939.
77 Hoover, »America's Duty to the Future«, New York Federation of Women's Clubs, 3. Mai 1940, OCPA; Hoover, »An American's Privilege«, »Your Call to Duty«, »A Nation's Call to Duty«, zur Feier der Verleihung der akademischen Grade, St. John's University, Juristische Fakultät, 11. Juni 1942, OCPA, FBI.
78 Hoover an Watson, 22. Juli 1943, Persönliche Akte des Präsidenten 4819, J. Edgar Hoover, Van Buren (Arkansas), *Post Argus,* 21. Mai 1943.
79 Berichte wurden erstellt über Sumner Welles, Thomas Corcoran und Donald Nelson; siehe Theoharis, *Spying on Americans,* S. 159. Zu Roosevelts Reaktion siehe Sherwood, *Roosevelt and Hopkins,* S. 250 der engl. Ausgabe.
80 Hoover an Watson, 3. September 1943, Offizielle Akte 10-B, FBI Numerierter Bericht 2405, FDRB; Morgan, *FDR,* S. 676-686. Weitere politische Ermittlungen siehe Early an Roosevelt, 20. März 1942, und Roosevelt an Hoover, 21. Januar 1942, eine Mitteilung, in der Roosevelt Hoover bat, den kriegsbedingten Notstand zu benutzen, um »anstößige« Veröffentlichungen zu säubern; beide President's Secretary's File, Justizministerium. Siehe auch Roosevelt an Hoover, 4. Mai 1942, Querverweis auf 1933-1945, Offizielle Akte 10-B, in der eine Untersuchung über Hamilton Fish angeordnet wird (alle FDRB).
81 Roosevelt an Eleanor Roosevelt, 17. Juni 1942, President's Secretary's File, Justizministerium 1938-1944, FDRB; Eleanor Roosevelt an Roosevelt, 12. März 1943, unter Bjoze, Jack, Querverweis auf 1933-1945, Offizielle Akte 10-B, FDRB. Eleanor Roosevelt machte 1941 nach einer vermasselten Ermittlung gegen ihre Sekretärin Edith Helm eine ähnliche Bemerkung über Hoover (Morgan, *FDR,* S. 674).
82 Hoover O&V-Akte 103; Morgan, *FDR,* S. 669-673.
83 Auch Morgan, der diese Episode aufmerksam analysiert, ist eher skeptisch, ob die Ereignisse tatsächlich so stattfanden, wie sie dem FBI berichtet wurden (Morgan, *FDR,* S. 673).
84 Hoover richtete seine Ablage am 1. Oktober 1941 ein (Memo von Hoover, 1. Oktober 1941, US-Repräsentantenhaus, Ausschuß für Operationen der Regierung, *Untersuchung über die*

Vernichtung von Akten des ehemaligen FBI-Direktors J. Edgar Hoover, 94. Kongr., 1. Sitz., 1975). In vielen Fällen, wie zum Beispiel bei den O&V-Akten über John und Robert Kennedy, wurde ein Großteil des böswilligen Geredes Hoover von den Betroffenen selbst erzählt, weil sie von ihm wissen wollten, ob irgend etwas dagegen unternommen werden könnte. Es gibt keine Beweise dafür, daß die Informationen aus den O&V-Akten (oder den vernichteten Persönlichen und Vertraulichen Akten) tatsächlich jemals mißbraucht wurden. So wurden, darauf sei ausdrücklich hingewiesen, die Informationen, die Martin Luther King jun. diskreditieren sollten, im Laufe von Ermittlungen beschafft, die von der Kennedy- und Johnson-Administration autorisiert waren. Obwohl keine schriftlichen Aufzeichnungen über die Bemühungen des Bureau bestehen, sexuell inkriminierende Aufzeichnungen über King in der Regierung und den Medien zu verbreiten, sind andere Schritte, die in dieser empörenden Verschwörung unternommen wurden, in der Zentralablage dokumentiert. Außerdem ist es keineswegs ungewöhnlich, daß ein Beamter in seinem Büro separate Akten für seine persönliche und offizielle Korrespondenz aufbewahrt, und je politisch bedeutender ein Beamter ist, desto schwieriger wird es, eine klare Linie zwischen den beiden Bereichen zu ziehen. Im allgemeinen versteht man unter offiziellen Dokumenten, die abgelegt werden müssen und nicht vernichtet werden dürfen, all jene Aufzeichnungen, die im normalen Funktionsablauf einer Behörde anfallen oder für einzelne Aktivitäten besonders wichtig sind. Eine ausführliche Darstellung der heimlichen Ablage, die Hoover anlegte, um illegale Überwachungstechniken zu verbergen, findet sich in Theoharis, »In House Cover-up: *Researching FBI Files*«, in *Beyond the Hiss Case,* ed. Athan G. Theoharis, S. 20-77.

85 Eine Ansicht darüber, die allerdings aus einer eher ungewöhnlichen Quelle stammt, siehe Kim Philby, zitiert in Stevenson, *Intrepid,* S. 161.

86 Näheres über die Verwirrung bei den Geheimdiensten findet sich in Bradley F. Smith, *The Shadow Warriors,* S. 67, 68. Siehe auch Anthony Cave Brown, *The Last Hero: Wild Bill Donovan,* S. 160, 161.

87 Smith, *The Shadow Warriors,* S. 63.

88 Brown, *The Last Hero,* S. 160, 165; Thomas F. Troy, *Donovan and the CIA,* S. 47; Stevenson, *Intrepid,* S. 328.

89 Foxworth an Tamm, 3. Juli 1941, Kermit Roosevelt Akte, Nichols O&V-Akten, FBI.

90 Tamm an Hoover, 3. Juli 1941; Donegan an Hoover, 4. Juli 1941, Kermit Roosevelt Akte, Nichols O&V-Akten, FBI.

91 Brown, *The Last Hero,* S. 164-165.

92 Ibid., S. 222.

93 Ibid., S. 209.

94 Diese Darstellung des Ablaufs gibt Donald Downes in *The Scarlet Thread,* S. 91-97. Siehe auch Brown, *The Last Hero,* S. 229-230.

95 Brown, *The Last Hero,* S. 338; Smith, *The Shadow Warriors,* S. 340.

96 Smith, *The Shadow Warriors,* S. 341, 342.

97 Ibid., S. 344. Die Zusammenarbeit zwischen dem NKVD und dem OSS in Deutschland wurde mit Zustimmung der JCS fortgesetzt.

98 Brown, *The Last Hero,* S. 626; Troy, *Donovan and the CIA,* S. 225. Es lagen auch andere Vorschläge auf dem Tisch, als das JCS versuchte, eine Entscheidung über die Organisation der Geheimdienste nach dem Krieg zu treffen; siehe Smith, *The Shadow Warriors,* S. 398.

99 Brown, *The Last Hero,* S. 627. Es gab (allerdings widersprüchliche) Berichte, der Heeresnachrichtendienst habe die Informationen weitergegeben. Trohan selbst behauptete, er sei »zu Steve Early, dem Sekretär des Präsidenten, bestellt worden. Er gab mir die [Donovan-] Dokumente und sagte, ›Roosevelt will, daß die Sache veröffentlicht wird‹«. Es besteht jedoch durchaus Veranlassung, alles, was Trohan über Roosevelt (den er haßte) oder Hoover (zu dem er ein freundliches und nutzbringendes Verhältnis hatte) sagte, sehr skeptisch zu betrachten. Trotz Trohans Behauptung, macht es viel mehr Sinn, in Hoover den Hauptverdächtigen zu sehen, da er am meisten Nutzen daraus zog, daß Donovans Plan vereitelt wurde (Brown, *The Last Hero,* S. 631; Smith, *The Shadow Warriors,* S. 400). Siehe auch Walter Trohan, *Political Animals,* S. 165, über seine Einstellung zu Roosevelt und Early.

100 Zeitungsausschnitte, »Pearl Harbor«, Nichols O&C-Akten.

Kapitel 9: Innere Sicherheit im Kalten Krieg

1 Ralph de Toledano, *J. Edgar Hoover: The Man in His Time,* S. 256.

2 Berichte über Trumans Kritik an Hoover siehe Ausschnitte aus dem *Washington Times Herald,* 4. Februar 1942, in »Pearl Harbor«, Nichols O&V-Akte, FBI. Truman behauptet, Biddle sei auf eigenen Wunsch gegangen; Biddle dagegen sagt, er sei entlassen worden (Harry S. Truman, *Memoiren: Das Jahr der Entscheidungen,* Bd. 1, S. 314). Zu Hoovers Haltung gegenüber Biddle siehe Tom Clarks Bemerkungen in Ovid Demaris, *The Director: An Oral Biography of J. Edgar Hoover,* S. 133. Näheres darüber, daß Hoover Clark eingeschüchtert habe, findet sich in einem Interview mit Pat Collins in Demaris, *The Director,* S. 135.

3 Hoover, »The Reconversion of Law Enforcement«, Rede vor der IACP (International Association of Chiefs of Police), 10. Dezember 1945, OCPA. Hoover versorgte Roosevelt den ganzen Krieg über mit Memos über die Aktivitäten der Kommunistischen Partei (siehe Spingarn an Wilson, 4. Mai 1942, Akte zur Inneren Sicherheit, Spingarn Papers; Hoover an Watson, 16. Juni 1943, Justizministerium, ZAWH, HSTB; Hoover an Hopkins, 22. Juli 1942, 22. August 1942, 26. September 1942, 9. November 1942, alle FBI Kommunistische Partei, Hopkins Papers, FDRB; Hoover an Watson, 26. Februar 1942, FBI Numerierter Bericht 1119, 3. September 1943, FBI Numerierter Bericht 2405, 27. Oktober 1943, FBI Numerierter Bericht 2435, 17. Mai 1944, FBI Numerierter Bericht 2536, und Hoover an Hopkins, 26. Dezember 1943, FBI Numerierter Bericht 2461B, Offizielle Akte 10-B; Biddle an Roosevelt, 23. April 1943, Richter Francis Biddle, President's Secretary's File, FDRB; Hoover an Berle, 8. Oktober 1943, Justizministerium J. Edgar Hoover, President's Secretary's File, FDRB; Hoover an Hopkins, 13. Januar 1944, FBI Kuba, Hopkins Papers, FDRB). In seinen monatlichen »General Intelligence Surveys« ging es hauptsächlich um kommunistische Aktivitäten (siehe General Intelligence Survey, März 1942, November 1942, Hopkins Papers, FDRB; General Intelligence Summary, Dept. 1944, FBI 1944-1945, Offizielle Akte 10-B, S. 272). In einem der letzten »Summary«, die vor Roosevelts Tod an das Weiße Haus abgingen, hieß es, daß viele Ortsgruppen der Partei vor dem finanziellen Ruin stünden, daß die Mitgliederzahl sehr gering sei und daß eine Kampagne zur Werbung von Mitgliedern nur langsam in Gang komme, in einigen Ortsgruppen nicht einmal gestartet sei (General Intelligence Survey, März 1945, Hopkins Papers, FDRB). Hoover hatte Roosevelt Berichte über kommunistische Spionageringe in England geschickt (Hoover an Watson, 14. Oktober 1943, FBI Numerierter Bericht 2433A, Offizielle Akte 10-B, FDRB); er zapfte die Telegraphenleitung der TASS von Washington in die Sowjetunion an (Hoover an Hopkins, FBI Numerierter Bericht 2516A, Offizielle Akte 10-B, FDRB) und plazierte einen Spion in der »Purchasing Commission« der russischen Regierung (Hoover an Biddle, 30. März, 1944, FBI, Biddle Papers, FDRB).

4 Er informierte Truman, daß die Russen bis zu einem Stichtag, dem 1. Februar 1946, Ausrüstungsgegenstände von den Vereinigten Staaten kaufen könnten; daß sie bis zum 1. Januar 1946 Informationen über die Atombombe wünschten (Hoover an Vaughan, 4. Januar 1946, Subject File FBI P, President's Secretary's File, HSTB). Memo zur Oster-Krise, siehe Hoover an Justizminister, Subject File Communist, President's Secretary's File, HSTB. Über die Unruhen in Frankreich, siehe Hoover an Vaughan, 15. Februar 1946, Subject File FBI H, President's Secretary's File, HSTB. Weitere Warnungen vor einem Krieg, siehe Hoover an Justizminister, 12. Oktober 1946, Subject File FBI S, President's Secretary's File, HSTB; Hoover an Vaughan, 25. März 1946, Subject File FBI, President's Secretary's File, HSTB; Hoover an Justizminister, 20. Juni 1946, Hoover an Vaughan, 30. Juli 1946, und Hoover an Allen, 10. September 1946, alle in Subject File FBI Communist, HSTB. Die Zitate stammen aus den Memos Hoover an Allen, 24. Februar 1947, und Hoover an Vaughan, 21. August 1947, Subject File FBI, President's Secretary's File HSTB.

5 Irving Howe und Lewis Coser, *The American Communist Party,* S. 437-449. Der Bericht über Stalins Entthronung findet sich in Hoover an Vaughan, 19. November 1945, Subject File FBI S, President's Secretary's File, HSTB.

6 Hoover an Vaughan, 6. Oktober 1947, Subject File FBI N, President's Secretary's File, HSTB.

7 Eine ausgewogene und detaillierte Erörterung des Falles findet sich in Earl Latham, *The Communist Controversy in Washington,* S. 203-216. Vgl. auch *Nation,* 17. Juni 1950. In Harvey Klehrs und Ronald Radoshs »Anatomy of a Fix« (*New Republic,* 21. April 1986) werden die Methoden des einflußreichen Washingtoner Anwalts Tom Corcoran analysiert,

der eingriff, damit die Anklagen gegen John Stewart Service fallengelassen würden. Klehr und Radosh vermuten, daß das Justizministerium zögerte, den Fall gerichtlich zu verfolgen, weil den Gegnern Tschiang Kai-scheks kein Forum für eine öffentliche Kritik an den Fehlern in der China-Politik der Regierung geboten werden sollte. Zu Hoovers Ressentiments gegenüber Clark und dem Justizministerium siehe Nichols an Hoover, 24. Februar 1955, FBI Akte 94-3-4-317-366, wo Nichols schreibt, es wäre »gegen den guten Geschmack, unseren wahren Gefühlen gegenüber Tom Clark Ausdruck zu verleihen«, und Hoover an Tolson u. a., 31. Mai 1950, »Jaffe II«, Nichols O&V-Akte, FBI.

8 Eine detaillierte Version der Aussage Elizabeth Bentleys findet sich in »Underground Soviet Espionage Organization (NKVD) in Agencies of the United States Government«, 21. Oktober 1946, Justizministerium, ZAWH, HSTB: Allen Weinstein, *Perjury: The Hiss-Chambers Case,* S. 347, 356; de Toledano, *J. Edgar Hoover,* S. 249.

9 Hoover an Vaughan, 8. November 1945, Subject File FBI S, Hoover an Vaughan, 1. Februar 1946, Subject File FBI W, President's Secretary's File, HSTB. Die Bibliographie des Memos vom 21. Oktober 1946 ist oben angegeben.

10 Walter Goodman, *The Commitee: The Extraordinary Career of the House Committee on Un-American Activities,* S. 125, 126, 131, 135, 141; George Seldes, *Witch Hunt,* S. 153-160; Weinstein, *Perjury,* S. 341, erörtert die »allgemeine Unfähigkeit« des Bureau, die sowjetische Spionagetätigkeit während des Krieges zu untersuchen.

11 Hoover an Allen, 29. Mai 1946, Subject File FBI Atombombe, President's Secretary's File, HSTB.

12 Äußerungen von Angehörigen des Church-Ausschusses, daß »Schutzhaft ... aus rein rassischen Gründen genau das war, was durch ... das Programm verhindert werden sollte«, sind irrelevant. Im Konflikt mit der Sowjetunion, den Hoover voraussah, wären ethnische Kategorien völlig fehl am Platz gewesen, (Sonderausschuß des Senats, *Abschlußbericht,* Buch III, S. 417).

13 Hoovers Schutzhaftprogramme für den Kalten Krieg entstanden, als Hoover im Juni 1940 mit Justizminister Jackson und Kriegsminister Stimson darüber diskutierte, wie im Falle eines nationalen Notstandes mit ausländischen Feinden umgegangen werden sollte. Jackson übertrug dem Justizministerium, nicht dem Bureau, die Verantwortung für die Pläne, und sie blieben innerhalb des Ministeriums, bis Biddle 1943 die Beendigung des Programmes anordnete. Hoover kam dieser Anordnung jedoch nicht nach und befahl, das Programm unter der neuen Bezeichnung »Sicherheitskartei« (Security Index) fortzusetzen (Sonderausschuß des Senats, *Abschlußbericht,* Buch III, S. 418, 420-421). Hoover teilte Clark mit, in die Sicherheitskartei seien »bekannte Mitglieder der Kommunistischen Partei in den Vereinigten Staaten [aufgenommen worden], außerdem sehr verdächtige Mitglieder der Kommunistischen Partei und Personen, die durch ihre Aktivitäten, Äußerungen und Verbindungen demonstriert haben, daß sie den Zielen und Absichten der Partei und der Sowjetunion anhängen« (Ladd an Hoover, 27. Februar 1946; Hoover an Justizminister, 8. März 1946 und 5. September 1946, zitiert in Sonderausschuß des Senats, *Abschlußbericht,* Buch III, S. 430, 438).

14 Ladd an Hoover, 27. Februar 1946, in Sonderausschuß des Senats, *Abschlußbericht,* Buch III, S. 430.

15 Eine erschöpfende Darstellung der Entwicklung dieses Projekts, die öffentliche Meinung durch die Medien zu beeinflussen, gibt Kenneth O'Reilly in *Hoover and the Un-Americans,* S. 75-100 und passim.

16 Robert Justin Goldstein, *Political Repression in America, S. 295,* der auch Peter H. Irons zitiert. Peter H. Irons, »American Business and the Origins of McCarthysm: The Cold War Crusade of the United States Chamber of Commerce«, in *The Specter: Original Essays on the Cold War and the Origins of McCarthysm,* ed. Robert Griffith und Athan Theoharis, S. 72-89; David Caute, *The Great Fear: the Anti-Communist Purge Under Truman and Eisenhower,* S. 26; Goldstein, *Political Repression in America,* S. 295.

17 Sonderausschuß des Senats, *Abschlußbericht,* Buch III, S. 431-435.

18 Direktor an Vanech, 3. Januar 1947, Bericht der Temporary Commission, Vanech Papers, HSTB; Protokolle, Temporary Commission, 17. Januar 1947, Stephen Springarn Papers, Temporary Commission des Präsidenten, HSTB; Memo, Clark an Vanech, 14. Februar 1947, HST Papers, Offizielle Akte 252-I, HSTB, nachgedruckt in Athan Theoharis, *The Truman Presidency: The Origins of the Imperial Presidency and the National Security State,* S. 253-256.

19 Memo für Ablage, Stephen Springarn, 20. Februar 1947, Springarn Papers, Temporary Commission des Präsidenten, HSTB, zitiert in Theoharis, *The Truman Presidency,* S. 256ff; O'Reilly, *Hoover and the Un-Americans,* S. 117; Goldstein, *Political Repression in America,* S. 311.

20 Roosevelt hatte es immer geschafft, den Schaden, den die Vorgängerorganisation des HUAC, der Dies-Ausschuß angerichtet hatte, im Grenzen zu halten, doch Truman besaß nicht die Fähigkeit Roosevelts, die Kongreßabgeordneten einzuschüchtern. Abgesehen davon war der Dies-Ausschuß zudem noch ein demokratischer Ausschuß gewesen. Im Jahre 1947 aber hatten die Republikaner im HUAC das Sagen; im November 1947 sahen sie das Ende der Präsidentschaft Trumans nahen und gerieten in zunehmende Aufregung darüber, was das Jahr 1948 bringen würde. Der neue Vorsitzende des HUAC war ein Republikaner, J. Parnell Thomas aus New Jersey, doch die Gedanken und die Energie kamen von einem Mann, der seine »antikommunistische« Karriere erst begann: von Richard M. Nixon, dem jungen Kongreßabgeordneten aus Kalifornien.

21 O'Reilly, *Hoover and the Un-Americans,* S. 116.

22 Latham, *The Communist Controversy,* S. 373-393. Alle Zitate stammen aus Hoovers Aussage vor dem HUAC, abgedruckt in *Congressional Record, Appendix* (28. März 1947, S. A1409-A1412).

23 Sonderausschuß des Senats, *Abschlußbericht,* Buch III, S. 434.

24 Hoover an Vaughan, 13. November 1946, Hf-Hz, General File, HSTB.

25 *Newsweek,* 9. Juni 1947, S. 30.

26 Ladd an Hoover, 22. Januar 1948; Hoover teilte dem Justizminister mit, daß der Kongreß seiner Ansicht nach diese Gesetzgebung »bereitwillig« verabschieden werde: Hoover an Justizminister, 27. Januar 1948, beide in Sonderausschuß des Senats, *Abschlußbericht,* Buch III, S. 439.

27 Gil Green, *Cold War Fugitive,* S. 26.

28 Michael R. Belknap, *Cold War Political Justice: The Smith Act, the Communist Party, and American Civil Liberties,* S. 46. Eine Übersicht darüber, wie das FBI die kommunistische Theorie und Organisation betrachtete, gibt Green, *Cold War Fugitive.*

29 Näheres über das Hin und Her in Clarks zögerlicher Politik siehe Ronald Radosh und Joyce Milton, *The Rosenberg File: A Search for the Truth,* S. 83, und Belknap, *Cold War Political Justice,* S. 48, 51.

30 Aus der Gil Green FBI Akte, zitiert in Gil Green, *Cold War Fugitive,* S. 27. Die Akte befindet sich in der Tamiment-Bibliothek, N.Y.U.

31 Theodore Draper, *The Roots of American Communism,* S. 227-232.

32 Belknap, *Cold War Political Justice,* S. 156.

33 Weinstein, *Perjury,* S. 340-341, 351.

34 Ibid., S. 357.

35 Ibid., S. 357, 359, 365-367. Es gibt deutliche Gemeinsamkeiten zwischen den Arrangements, die Truman und Hoover im Fall Hiss trafen, und Trumans falschen Erinnerungen an eine andere Vereinbarung, die er meinte, im Fall Harry Dexter White getroffen zu haben. Truman könnte, etwas kühn formuliert, die beiden Fälle schlicht durcheinandergebracht haben.

36 Ibid., S. 6.

37 Resolution des Repräsentantenhauses 262, 81. Kongr., 1. Sitz., zitiert in Max Lowenthal, *The Federal Bureau of Investigation* S. 546.

38 Allen Weinstein schließt: »Das zur Verfügung stehende Beweismaterial zeigt, daß er tatsächlich meineidig wurde, als er seine geheimen Verbindungen mit Chambers beschrieb, so daß die Geschworenen in dem zweiten Prozeß keinen Fehler machten, als sie Alger Hiss im Sinne der Anklage schuldig fanden« (Weinstein, *Perjury,* S. 565).

39 Ibid., S. 507, 513; Latham, *The Communist Controversy,* S. 10.

40 Undatierte Memos von Hoover, »Direktor«, Nichols O&V-Akte, FBI.

41 Richard Nixon, 26. Januar 1950, *Congressional Record,* 81. Kongr., 2. Sitz., S. 999-1000, abgedruckt in Theoharis, *The Truman Presidency,* S. 355.

42 Daniel Yergin zitiert einen ehemaligen höheren FBI-Beamten, der sagte, Kaufman »war berühmt für seine positive Einstellung zu Hoover ... Nun ja, Hoover war für ihn so etwas wie Jesus Christus.« (Vielleicht ein wenig ironisch gemeint!) Kaufman hatte persönlichen Kontakt zu Hoover, als er als Sonderbeauftragter des Justizministers im Justizministerium arbeitete (Radosh und Milton, *The Rosenberg File,* S. 288). Siehe auch Abschrift des Protokolls, *United States of America vs. Julius Rosenberg, Ethel Rosenberg, Anatoli A. Yakovlev, David Greenglass, and Morton Sobell,* Bundesbezirksgericht der Vereinigten Staaten, Southern District von New York, C. 134-245, 6. März bis 6. April 1951, S. 1613-1614, zitiert in Whitehead, *Die FBI-Story,* S. 338 (S. 317 der engl. Ausgabe) sowie in Radosh und Milton, *The Rosenberg File,* S. 283-284.

43 In ihrer Studie – der bislang umfassendsten und unvoreingenommensten – zu diesem Fall kommen Ronald Radosh und Joyce Milton zum Schluß, daß »die Beweise zwingend nahelegen, daß es Julius Rosenberg, auch wenn er ein Amateur gewesen ist, im Laufe der

Jahre gelungen war, eine ausgedehnte Spionageorganisation zu koordinieren, deren Kontaktleute in guten Positionen waren, um Informationen über streng geheime militärische Projekte im Bereich der Radartechnik und Luftfahrt zu liefern. Ethel Rosenberg wußte wahrscheinlich von den Bestrebungen ihres Mannes und unterstützte sie ... Die Rosenbergs waren zwar nicht die Opfer einer Intrige, aber sie hatten das Pech, zur Zielscheibe eines Propagandakrieges zu werden – eines Krieges, in dem ihr Tod von beiden Seiten als Sieg empfunden wurde« (Radosh und Milton, *The Rosenberg File,* S. 452). Näheres über Kaufmans öffentliches Lob siehe H. Montgomery Hyde, *The Atom Bomb Spies,* S. 183, und Radosh und Milton, *The Rosenberg File,* S. 285.

44 Um die Wohnungen von Leuten, die unter dem Verdacht standen, zu Rosenbergs Spionagering zu gehören, waren Agenten postiert, falls Julius Rosenberg gestehen sollte und sie versuchen würden, zu fliehen (einige der Verdächtigen hatten das Land bereits verlassen [Radosh und Milton, *The Rosenberg File,* S. 416-417]).

45 Hoover an McGrath, 19. Juli 1950, und Hoover an Dienststellenleiter in San Francisco, 24. März 1952, Sarant Akte, zitiert in Radosh und Milton, *The Rosenberg File,* S. 99, 575. Radosh und Milton legen überzeugend dar, daß Greenglass' Informationen für die Russen durchaus wertvoll waren: Sie erlaubten ihnen, die Authentizität der Daten, die Fuchs ihnen zuspielte, unabhängig zu überprüfen. Zudem konnten sie auf diese zweite Informationsquelle zurückgreifen, als Fuchs mehrere Monate verschwand und die Russen nicht wußten, ob er weiterhin als Spion für sie arbeiten würde (Radosh und Milton, *The Rosenberg File,* S. 444-445). Siehe auch J. Edgar Hoover, »The Crime of the Century: The Case of the A-Bomb Spies«, *Reader's Digest,* Mai 1951, S. 149, 150.

46 Radosh und Milton, *The Rosenberg File,* S. 280.

47 Hoover, »The Crime of the Century«, S. 149, 150, 168. Hoover ließ es sich nicht entgehen, ausdrücklich darauf hinzuweisen, daß das »FBI erst drei Jahre später bevollmächtigt wurde, Atomgeheimnisse zu schützen«.

48 Genaueres über den Fall Coplon siehe Robert J. Lamphere, *The FBI-KGB War* (New York: Random House, 1986), S. 116-117.

49 Hechler, *Working with Truman,* S. 202; Nichols an Tolson, 11. April 1952, »James P. McInerney«, Nichols O&V Akte, FBI.

50 Max Lowenthal, *Federal Bureau of Investigation.* Näheres über die Interessen des Weißen Hauses an Lowenthals Projekt und seine Verbindungen dazu im mündlichen Bericht von George M. Elsey, S. 461, MB 128, HSTB.

51 Siehe Louis Nichols Briefing, Pegler Papers, Subject – Communism – Max Lowenthal, HSTB; Brief von Hoover an Trohan, 28. November 1950, in dem Hoover bemerkte, die »ganze Sache habe weder Sinn noch Verstand. Es wäre gewiß interessant, alle Hintergründe der Motive des Autors und vor allem auch der des Verlegers zu kennen«. Sechs Jahre später diskutierten Pegler und Trohan mit Nichols über die Möglichkeit, feststellen zu lassen, ob Lowenthal Geld von der AMTORG (russische Gesellschaft für Handel zwischen Rußland und den Vereinigten Staaten [A.d.Ü]) erhalten habe; vielleicht könne ihm ein Verstoß gegen den Voorhis Act vorgeworfen werden (Trohan an Pegler, 28. März 1956, Subject – Communism – Max Lowenthal, Pegler Papers, HHB). Donderos Rede findet sich im *Congressional Record* für den 1. September 1950. Auf Peglers Kopie der Rede Donderos in der Hoover-Bibliothek steht die handschriftliche Notiz: »Von Nichols, FBI«.

52 Dick an Truman, 22. Januar 1951, Offizielle Akte 10-B, HSTB. Der Artikel »The FBI Reviews a Book« in *Nation,* 27. Januar 1951, S. 86, gibt eine allgemeine Darstellung der Reaktion des Bureau auf Lowenthals Buch.

53 Harry Overstreet und Bonaro Overstreet, *The FBI in Our Open Society,* S. 218-234; Fred J. Cook, *The FBI Nobody Knows* (New York: Macmillan, 1964).

54 Know-Nothings: Mitglieder der American Party (1853-1856 besonders aktiv), die sich dafür einsetzte, daß politische Rechte auf gebürtige Amerikaner beschränkt würden. Huey »Kingfish« Long: Gegner des New Deal; er gewann mit einem »Share Our Wealth«-Vorschlag viele Anhänger zwischen dem mittleren Westen und der Pazifikküste. Im September 1935 fiel er einem Mordanschlag zum Opfer. Vgl. Udo Sautter, *Geschichte der Vereinigten Staaten von Amerika,* (Stuttgart: Alfred Kröner, 1976, S. 384ff. Charles E. Coughlin: Katholischer Radioprediger, der die Verstaatlichung des Bankwesens forderte. Er war zunächst ein Anhänger Roosevelts gewesen, hielt dessen Programm dann jedoch für ungenügend (Ibid., S. 385). A.d.Ü.

55 Es ist umstritten, wie McCarthy seine Rede vor republikanischen Frauen am 9. Februar 1950 an diesem Punkt fortsetzte. Entweder sagte er: eine Liste von 205 Mitgliedern der Kommunistischen Partei, die für das Außenministerium arbeiteten und deren Namen dem Außenminister bekannt seien. Oder: eine Liste von 57 Leuten, die dem Anschein nach Mitglieder der Kommunistischen Partei seien. Eine dritte Möglichkeit war, daß er sagte, er

habe eine Liste von 110 kommunistischen Sympathisanten in der Hand. (Merle Miller, *Offen gesagt: Harry S. Truman erzählt aus seinem Leben* [Stuttgart: Deutsche Verlagsanstalt, 1975], S. 160). A.d.Ü.

56 Hechler, *Working with Truman,* S. 185-188; Truman, *Memoiren,* Bd. II S. 305ff; »Witch Hunting and Hysteria«, Akte zur Inneren Sicherheit, Bd. III, Spingarn Papers, HSTB. Es gab, so die Studie, eine relativ beständige Strömung von »Haß und Intoleranz« in Amerika. In periodischen Abständen drang diese Strömung an die Oberfläche und äußerte sich in Ausbrüchen von Intoleranz gegen neue Ziele einer allgemeinen Hysterie. Truman war beruhigt, als er erfuhr, daß solche Perioden der Massenhysterie »stets wieder überwunden werden ... Bei solchen Anfällen von Massenhysterie handelt die Nation ähnlich wie ein Mann, der in der Öffentlichkeit die Nerven verliert – wenn er wieder zu sich kommt, schämt er sich –, und das gleiche tun wir als Nation, wenn der gesunde Menschenverstand wiederkehrt« (Truman, *Memoiren,* Bd. II. S. 306).

57 Hofstadter und andere, die wie Seymour Martin Lipset diesen Ansatz vertraten, betrachteten den neuen Antikommunismus als eine Form der »Statuspolitik« (im Gegensatz zur »Interessenpolitik«, die auf die Durchsetzung materieller Interessen gerichtet ist). »Die Politik«, schrieb Hofstadter, »ist nicht nur ein Schlachtfeld, auf dem die Konflikte verschiedener sozialer Gruppen ausgetragen werden, die widerstreitende Interessen an konkreten materiellen Gewinnen haben, sondern ein Bereich, in den Statusaspirationen und Statusängste, wie die Psychologen sagen, projiziert werden. An diesem Punkt vermischen sich die Streitfragen der Politik oder die angeblichen Streitfragen der Politik mit den persönlichen Problemen von Einzelpersonen und werden von ihnen bedingt. Es laufen immer zwei verschiedene Prozesse ab, die unauflösbar miteinander verwoben sind: *Interessenpolitik,* die Kollision der materiellen Ziele und Bedürfnisse von verschiedenen Gruppen und Schichten; sowie *Statuspolitik,* die Kollision verschiedener projizierter Rationalisierungen, die sich aus Statusaspirationen und anderen persönlichen Motiven ergeben« (Richard Hofstadter, »The Pseudo-Conservative Revolt«, in *The Radical Right,* ed. Daniel Bell, S. 84).

58 Vgl. Ignazio Silones berühmte Prognose, der »letzte Kampf [werde] der Kampf zwischen den Kommunisten und den Ex-Kommunisten sein« (Weinstein, *Perjury,* S. 520); J. Edgar Hoover, »Secularism, Breeder of Crime«, Rede auf der Conference of Methodist Ministers, Evanston, Ill., 26. November 1947, OCPA.

Kapitel 10: Unter Präsident Eisenhower

1 Walter Goodman, *The Committee: The Extraordinary Career of the House Committee on Un-American Activities,* S. 417.

2 Über zwei Fälle in der Ära Truman hatte sich Hoover besonders geärgert: den Fall *Amerasia,* weil die Administration es abgelehnt hatte, die gerichtliche Verfolgung des Falles voranzutreiben, und den Spionageprozeß gegen Judith Coplon im Jahre 1949, in dem das Justizministerium dem Gericht allzu bereitwillig nicht bearbeitete, peinliche FBI-Akten zur Verfügung gestellt hatte. Außerdem hatte Hoover den Eindruck, Truman habe ihn im Auge gehabt, als er in einer Zeit, da es nötig gewesen wäre, sich mit dem Gesetzesvollzug auseinanderzusetzen, ständig die Bedeutung der bürgerlichen Freiheitsrechte betont hatte. In einem Fall hatte er zum Beispiel Tom Clark davor gewarnt, daß aus »Ermittlungsbeamten keine Gesinnungsschnüffler werden dürfen« (Harry S. Truman, *Memoiren,* Bd. I, S. 325 der engl. Ausgabe).

3 Interview mit Herbert Brownell, 6. Mai 1986; Interview mit William Rogers, in Ovid Demaris, *The Director: An Oral Biography of J. Edgar Hoover,* S. 151-152.

4 Ralph de Toledano, *J. Edgar Hoover: The Man in His Time,* S. 27.

5 Mark Felt, *The FBI Pyramid: From the Inside,* S. 47.

6 Ibid., S. 53.

7 Dwight D. Eisenhower, *Mandate for Change, 1953-1956,* S. 90.

8 Louis Nichols hatte Brownell im Jahre 1948 beim Präsidentschaftswahlkampf unterstützt, den Brownell für Thomas Dewey leitete. Hoover erhielt sich eine direkte Verbindung zum Weißen Haus, da er den Vorsitz über das Nachrichtenkomitee der Ministerien (Interdepartmental Intelligence Committee, IIC) führte, das der Nationale Sicherheitsrat im Jahre 1949 eingerichtet hatte. Durch die Verbindung des Nationalen Sicherheitsrates mit dem Weißen Haus konnte Hoover, am Justizminister vorbei, direkt Bericht erstatten und dem

Weißen Haus dieselben unanalysierten Nachrichten zukommen lassen, die er früher an Larry Richey, Steve Early, Harry Hopkins, Larry Vaughan und George Allen gesandt hatte. Diese Situation blieb unverändert, bis Präsident Kennedy seinem Justizminister Robert Kennedy die Verantwortung für das IIC übertrug (Sonderausschuß des Senats, *Abschlußbericht,* Buch III, S. 458). Demaris, *The Director,* S. 148; Hoover an Rogers, 3. Januar 1953; 10., 11. April 1956; 3. Mai 1956, 3. Januar 1957; 3. April 1958; 27. Juni 1958; 7. November 1958; 17. Juni 1959, und Rogers an Hoover, 9., 21. Dezember 1954, FBI Korrespondenz Hoover, Rogers Papers, DDEB. Gegen Ende seiner Regierungszeit benutzte Eisenhower in seinen Briefen an Hoover die Anrede »Lieber Edgar«. Siehe auch das Schreiben Eisenhowers an Hoover, 28. März 1960, FBI, Vertrauliche Akte, ZAWH, DDEB, in dem Eisenhower um die informelle Beurteilung einer Predigt bat, gegen die er Einwände hatte.

9 Wenn diese Bewerber angestellt worden wären, so teilte Rogers Hoover mit, »wäre das für die Interessen der Vereinigten Staaten höchstwahrscheinlich sehr nachteilig gewesen, zumindest aber hätte es den Präsidenten in eine äußerst peinliche Situation gebracht« (Rogers an Hoover, 21. Dezember 1953, FBI Korrespondenz Hoover, Rogers Papers, DDEB).

10 Diese Zusammenfassung orientiert sich an Parmet, *Eisenhower and the American Crusades,* S. 256. Siehe auch Athan Theoharis, *Spying on Americans,* S. 208, 210; das »Loyalty Program« Eisenhowers trat mit der Executive Order 10450 vom 27. April 1953 in Kraft; Stephen E. Ambrose, *Eisenhower, The President,* S. 46.

11 Stephen E. Ambrose, *Eisenhower, The President,* S. 64; David M. Oshinsky, *A Conspiracy So Immense: The World of Joe McCarthy,* S. 146; Parmet, *Eisenhower,* S. 343.

12 Parmet, *Eisenhower,* S. 335.

13 Oshinsky, *A Conspiracy So Immense,* S. 147.

14 Truman verwechselte den Fall White möglicherweise mit dem Fall Hiss. Im Fall Hiss war abgesprochen worden, Hiss im Außenministerium weiterarbeiten zu lassen, während die Ermittlungen liefen.

15 Interview mit Herbert Brownell, 6. Mai 1986; Hoovers Aussage vor dem SISS wird in vollem Wortlaut zitiert in de Toledano, *J. Edgar Hoover,* S. 256.

16 Matthews Vorwürfe erschienen in der Juli-Nummer des *American Mercury,* im Jahre 1953; Oshinsky, *A Conspiracy So Immense,* S. 57, gibt eine genaue Übersicht über McCarthys Stab.

17 Oshinsky, *A Conspiracy So Immense,* S. 117, 257, 321. Als Senator Karl Mundt im Rahmen eines Banketts in Utah vor seinem Publikum beiläufig erwähnte, das Bureau gebe Informationen über Kommunisten an den Kongreß weiter, sorgte Hoover dafür, daß Mundt bekanntgab, diese Aussage sei falsch, und überdies leugnete, sie je gemacht zu haben.

18 Ibid., S. 117.

19 Oshinsky, *A Conspiracy So Immense,* S. 430.

20 Sullivan an Hoover, 6. Oktober 1971, in William C. Sullivan mit Bill Brown, *The Bureau: My Thirty Years in Hoover's FBI* (New York: Norton, 1979), S. 268-269.

21 Demaris, *The Director,* S. 37.

22 In nahezu allen Berichten, die Hoover je über Organisationen von Schwarzen erstellte, machte er darauf aufmerksam, daß sie ein potentielles Ziel kommunistischer Unterwanderung seien.

23 »The Communist Party and the Negro«, Februar 1953, Büro des Sonderbeauftragten für Angelegenheiten der nationalen Sicherheit (SANSA, Special Assistant for National Security Affairs), White House Office, DDEB; Hoover an Anderson, 6. Oktober 1955, FBI S(1), SANSA, White House Office; Hoover an Anderson, 6. März 1957, FBI O-R(1), SANSA, White House Office, DDEB.

24 In seinen Memoiren machte sich Eisenhower die Vorteile des Zurückblickenden zunutze. Er sagte nämlich, daß er sich prinzipiell nicht zu Entscheidungen des Gerichts geäußert, »in diesem Fall aber dem einstimmig getroffenen Beschluß entschieden zugestimmt« habe (Dwight D. Eisenhower, *Wagnis für den Frieden,* S. 150 der englischen Ausgabe).

25 Ohne Titel, 5. März 1947, FBI Akte 66-6200-44-?. Im Jahre 1944 gab Hoover seinen Mitarbeitern die Anweisung, in den Bürgerrechtsfällen nichts zu unternehmen, »bis wir eine konkrete Genehmigung oder Weisung vom Ministerium erhalten haben, da diese Angelegenheiten sehr kontrovers sind. Wenn wir aber die Vollmacht erhalten, vorgehen zu dürfen, dann sollten wir dafür sorgen, daß unverzüglich Maßnahmen getroffen werden und daß bei Gericht nachdrücklich auf die Untersuchung verwiesen wird, damit dem Bureau nicht angelastet werde kann, es vernachlässige in solchen Fällen seine Pflichten« (Hoover an Tolson, Tamm und Rosen, 5. April 1944, FBI Akte 66-6200-44-10).

26 Hoover jammerte darüber, es sei »unabdingbar für das Funktionieren einer Demokratie,

daß die Täter in solchen Fällen [Lynchjustiz] ergriffen und für ihre Verbrechen vor Gericht gestellt werden«, und machte seine Vorgesetzten darauf aufmerksam, daß »es in der gegenwärtigen Situation den Anschein hat, als sei die Arbeit des Ministeriums und des Bureau sowohl als Abschreckung als auch als Strafmaßnahme völlig wirkungslos«. Später teilte er dem Justizminister mit, »eine zunehmend große Zahl von Menschen [habe] eine kritische Einstellung zum Ministerium, weil es in diesen Fällen keine Ergebnisse präsentiert«. Deshalb »bin ich der Ansicht, daß das Ministerium und das Bureau einen Fehler machen, wenn sie überhaupt in diese Fälle von Lynchjustiz eingreifen, bevor es nicht Anzeichen dafür gibt, daß ein Bundesgesetz verletzt wurde« (Direktor an Justizminister, 12. September 1946, FBI Akte 66-6200-44-?, und 17. September 1946, FBI Akte 66-6200-44-?; ohne Titel, 5. März 1947, FBI Akte 66-6200-44-?).

27 Ähnliche Vorwürfe erhob auch Martin Luther King, vgl. David J. Garrow, *The FBI and Martin Luther King, Jr.: From »Solo« to Memphis,* S. 54-55. Siehe auch Tolson an Hoover und Hoovers Randbemerkungen, 22. November 1955, FBI Akte 66-6200-44-377; Belmont an Tolson, Rosen an Tolson, 1. März 1957, FBI Akte 66-6200-44-?.

28 Bureau Bulletin Nr. 66, Serie 1947, 6. November 1947, FBI Akte 66-6200-44-?; Brief an Dienststellenleiter Nr. 144, Serie 1947, 12. November 1947, FBI Akte 66-6200-44-?; ohne Titel, 29. Oktober 1952, FBI Akte 66-6200-44-?.

29 Monitor Radio Program, 5. Dezember 1955, JMin Akte 144-012, zitiert von Scott Rafferty, *Federal Protection of Civil Rights Against Acts of Violence,* (unveröffentlichte BA-Dissertation, 1976), S. 36-37, JFKB.

30 Zum Fall Till siehe Don Whitehead, *The FBI-Story,* S. 296-297. Bei den Gesetzen handelte es sich um die Paragraphen 51 und 52, Abschnitt 18 des Gesetzbuches der Vereinigten Staaten (heute Abschnitt 18, Paragraph 241 und 242), die dahingehend interpretiert wurden (vor allem in *Screws gegen Vereinigte Staaten* [1945]), daß sie nur angewendet werden dürften, wenn Beamte unter dem »Deckmantel des Gesetzes« mit der konkreten Absicht handelten, einer Person ein bestimmtes verfassungsmäßiges Recht zu verweigern. Eine andere Schwierigkeit bei der Durchführung der Bürgerrechtsgesetze durch den Bund war der Grundsatz des Obersten Bundesgerichtes, daß mit dem Vierzehnten Amendment (durch das vor allem das Prinzip der Gleichheit vor dem Gesetz und die rechtsstaatliche Garantie von Leben, Freiheit und Eigentum gegenüber den Einzelstaaten bundesverfassungsrechtlich grarantiert wurde [A.d.Ü]) nicht alle, sondern nur die wichtigsten verfassungsmäßigen Rechte auf die Einzelstaaten ausgedehnt wurden (Alfred Kelly et al., *The American Constitution,* S. 618-619). Brownells Aktionen, Interview vom 6. Mai 1986.

31 An dieser Sitzung nahmen zwei Hoovers teil, da der stellvertretende Außenminister Herbert C. Hoover jun. den Außenminister John Foster Dulles vertrat. Der wenig schmeichelhafte Kommentar zu Hoovers Bericht stammt von Sanford J. Ungar, *FBI,* S. 408. Die Zitate stammen aus handschriftlichen Notizen, die während der Kabinettssitzung am 9. März 1956 gemacht wurden, Office of Staff Secretary, Cabinet Series, White House Office; Kabinettssitzung vom 9. März 1856, Cabinet Series, Papers as President of the United States, DDEB; Eisenhower, *Waging Peace,* S. 161.

32 Zu Brownells Plänen vgl. Parmet, *Eisenhower,* S. 445-446.

33 Ibid., S. 554. Dort wird Tiffany an Morgan zitiert, 2. November 1959, Morgan Papers, DDEB.

34 »Im Jahre 1960 bestand die große Herausforderung für Amerika«, schrieb John Doar 1975, »in der Zerstörung des Kastensystems. Zunächst war das nur wenigen wirklich klar« (John Doar und Dorothy Landsberg, *The Performance of the FBI in Investigating Violations of Federal Laws Protecting the Right to Vote – 1960-1967,* Sonderausschuß des Senats, *Hearings,* Bd. 6, FBI, S. 948.

35 Fred J. Cook, *The FBI Nobody Knows,* S. 227. Zu Gerüchten über eine angebliche Vereinbarung zwischen dem FBI und dem Verbrechersyndikat, sich gegenseitig nicht in die Quere zu kommen, siehe Interview mit George Allen in Demaris, *The Director,* S. 23; dazu auch Hank Messick, *John Edgar Hoover: An Inquiry into the Life and Times of John Edgar Hoover and His Relationship to the Continuing Partnership of Crime, Business and Politics* (New York: David McKay, 1972). Diese These ist, milde ausgedrückt, zumindest sehr dubios.

36 James Q. Wilson, *The Investigators: Managing FBI and Narcotics Agents,* S. 170.

37 Cook, *The FBI Nobody Knows,* S. 229; Arthur M. Schlesinger jun., *Robert Kennedy and His Time,* S. 264. Allerdings sollte berücksichtigt werden, daß die Agenten, die in New York mit Sicherheitsfragen befaßt waren, sich auch um Spione aus der Sowjetunion oder dem Ostblock kümmern mußten, die als UNO-Diplomaten getarnt operierten – eine gewaltige Aufgabe.

38 Cook, *The FBI Nobody Knows,* S. 230; Ungar, *FBI,* S. 392-393. Welche Kämpfe innerhalb

des Bureau stattfanden, bis Hoover endlich den Bureau-Grundsatz, daß eine Mafia nicht existiere, revidierte, beschreibt Sullivan in *The Bureau,* S. 121.

39 Zu dem Memo von Brownell vgl. Justizminister an Direktor, 20. Mai 1954, Sonderausschuß des Senats, *Abschlußbericht,* Buch III, S. 297. Brownells Erläuterung vgl. Interview am 6. Mai 1986.

40 Robert Justin Goldstein, *Political Repression in Modern America, from 1870 to the Present,* S. 341; »Die Rolle der Kommunistischen Partei Amerikas im sowjetischen Nachrichtendienst«, 20. Februar 1953, Staff Files, SANSA, DDEB.

41 Hoover an Cutler, 18. März 1953, Staff Files, SANSA, DDEB.

42 Goldstein, *Political Repression in America,* S. 402; Michael R. Belknap zitiert in *Cold War Political Justice: The Smith Act, the Communist Party, and American Civil Liberties,* S. 261, Hoovers Jahresbericht für 1958.

43 Sonderausschuß des Senats, *Abschlußbericht,* Buch III, S. 449.

44 Im Fall *Yates* hatte Richter Harlan verfügt, daß eine Verurteilung unter dem Smith Act nur dann gültig sei, wenn bewiesen werden könne, daß nicht nur eine »abstrakte Lehre vom gewaltsamen Sturz« befürwortet wurde, sondern auch »Taten, die zu diesem Ziel führen«, und zwar »in einer Sprache, die einfach und verständlich darauf zielt, Personen zu diesem Ziel aufzuwiegeln«. Auch die Lehre und nicht einfach nur die Tat mußte befürwortet werden. Damit war den Verfolgungen nach dem Smith Act ein Ende gesetzt, die aufgrund der »Befürwortungs-Klausel« eingeleitet worden waren. Im Jahr 1961 wurden durch die Entscheidung *Scales* Verurteilungen aufgrund der »Mitgliedschafts-Klausel« ebenso unwahrscheinlich. Das Oberste Bundesgericht vertrat, wie Arbeitsminister Wilson und Louis Post schon in den zwanziger Jahren, die Ansicht, daß eine Person sich nur strafbar machte, wenn sie sich »bewußt« in einer verbotenen Organisation engagierte, nicht aber, wenn sie nur passives Mitglied war (Kelley et al., *The American Constitution,* S. 596).

45 Belknap, *Cold War Political Justice,* S. 155.

46 Sonderausschuß des Senats, *Abschlußbericht,* Buch III, S. 15, 17; John Crewdson, »Seeing Red«, *Sunday: The Cicago Tribune Magazine,* 2. März 1986, S. 10. Wesley Swearington, ein ehemaliger Spezialagent in Chicago, meint, das Bureau habe sich dazu bekannt, vom Ende des Zweiten Weltkrieges bis ins Jahr 1966, als diese Praktik offiziell eingestellt wurde, 238 Einbruchaktionen durchgeführt zu haben; er selbst aber habe als einzelner Agent in einer einzigen Stadt (Chicago) allein an über 500 teilgenommen.

47 Sonderausschuß des Senats, *Abschlußbericht,* Buch III, S. 33-61, 45, 58. (Anklage wegen Homosexualität wurde nie erhoben, da die Agenten ihre Bitte, gerichtlich vorgehen zu dürfen, zurückzogen, als sie erfuhren, daß die Person ihre Tätigkeit bei der Kommunistischen Partei niedergelegt hatte.) Frank J. Donner, *The Age of Surveillance,* S. 187. Donner berichtet auch vom Fall William Albertson, einem Kommunistenführer, dessen Leben ruiniert wurde, weil das FBI ihn als FBI-Spitzel verleumdete (Donner, *Age of Surveillance,* S. 192-194).

48 Belknap, *Cold War Political Justice, S. 190, 197;* Peter L. Steinberg, *The Great »Red Menace«: United States Prosecution of American Communists, 1947-1952,* S. 281.

49 68. Stat. 775 (1954) und Paragraph 50 Abschnitt 841-844 des Gesetzbuches der Vereinigten Staaten (50 U.S.C. 841-844), Sonderausschuß des Senats, *Abschlußbericht,* Buch III, S. 428; Kelley et. al., *The American Constitution,* S. 588.

50 Sonderausschuß des Senats, *Abschlußbericht,* Buch III, S. 62.

51 Hoover war nicht gerade ehrlich, wenn er die neue Richtung, in die sich die Aktionen des Programmes gegen die Kommunistische Unterwanderung (COMINFIL) entwickelten, immer noch als Geheimdiensttätigkeit bezeichnete. 1960 FBI Manual, Abschnitt 87, S. 5-10, zitiert in Sonderausschuß des Senats, *Abschlußbericht,* Buch III, S. 449; Jahresberichte für 1958 (S. 338) und 1964 (S. 375), zitiert in Sonderausschuß des Senats, *Abschlußbericht,* Buch III, S. 449.

52 Sonderausschuß des Senats, *Abschlußbericht,* Buch III, S. 450-451, 453.

53 Der Church-Ausschuß äußerte sich verwundert darüber, daß sich eine »Vollzugsbehörde« in einen »Gesetzesberecher« verwandeln konnte. Ein Agent sagte: »In jener Zeit [Mitte der fünfziger Jahre] ... herrschte die allgemeine Einstellung vor, daß man sich wegen des Kommunismus keine Sorgen zu machen brauche, weil das FBI sich darum kümmerte ... Fast jeder mir bekannte Agent, der bei einem gesellschaftlichen Ereignis als FBI-Mann vorgestellt wurde, wurde mit dem Kommentar empfangen: ›Wir fühlen uns sicher, denn wir wissen, daß ihr euch um die Bedrohung kümmert‹. Und wir kümmerten uns mit allen verfügbaren Direktiven und Vorschriften darum. Niemand schien großes Interesse daran zu haben, uns schärfere oder genauer definierte Vorschriften zu geben« (Sonderausschuß des Senats, *Abschlußbericht,* Buch III, S. 10). Der Church-Ausschuß mißtraute der Erklärung des Bureau, daß die enttäuschenden Erfahrungen des Bureau mit der Entschärfung

des Smith Act durch das Oberste Bundesgericht zum COINTELPRO geführt habe. Der Ausschuß schloß, daß Hoover das FBI in eine Organisation verwandelt hatte, die total auf den Kampf gegen den Kommunismus eingeschworen war, und daß das Oberste Bundesgericht ihr durch seine Entscheidung keine Möglichkeit mehr gelassen hatte, legal zu operieren. Ein Agent erklärte: »Das Spionageabwehrprogramm des FBI entstand, weil es ein wesentliches Ziel gab ... wenn das FBI irgend etwas war, dann eine einsatzorientierte Gruppe von Leuten, die sehen, daß etwas passiert, und etwas dagegen tun wollen (Sonderausschuß des Senats, *Abschlußbericht,* Buch III, S. 11). Siehe auch Interview mit Herbert Brownell, 6. Mai 1986.

54 Demaris, *The Director,* S. 13-20, 90.

55 Kenneth O'Reilly und Athan G. Theoharis, »The FBI, the Congress and McCarthyism«, in *Beyond the Hiss Case: The FBI, Congress and the Cold War,* ed. Athan Theoharis, S. 373. Don Whitehead schrieb auch *Attack on Terror: The FBI Against the Klu Klux Klan in Mississippi.*

56 Whitehead, *The FBI-Story,* S. 346, 349.

57 Bosley Crowther, *New York Times* 4. Oktober 1959, Teil 2, S. 1.

58 Mervyn Le Roy, zitiert in Demaris, *The Director,* S. 68.

59 Goodman, *The Committee,* S. 418, 427, 428.

60 Ibid., S. 431, 433.

61 Kenneth O'Reilly, *Hoover and the Un-Americans,* S. 262-270; Goodman, *The Committee,* S. 434.

62 Ein kalifornischer Politiker behauptete, Hoover habe über die Demonstrationen die Unwahrheit gesagt. In einem Brief an Hoover schrieb er, »dieses Pamphlet, das der HUAC veröffentlichte und verbreitete, zeigt deutlich, daß ein Nicht-Kommunist keinen legitimen Grund hatte, sich dem Verhör des Ausschusses zu widersetzen. Viele Leute in San Francisco betrachteten das als ein politisches Urteil, das durch die Tatsachen in keinster Weise begründet wird und zudem außerhalb des rechtmäßigen Aufgabenbereiches der angeblich unpolitischen Funktion Ihrer Behörde liegt« (Cook, *The FBI Nobody Knows,* S. 404; Goodman, *The Committee,* S. 434, der sich besonders auf den HUAC bezieht).

63 de Toledano, *J. Edgar Hoover,* S. 259; Whitehead, *Die FBI-Story,* S. 251 der engl. Ausgabe.

Kapitel 11: Konfrontation mit Kennedy

1 Arthur M. Schlesinger jun., *Robert Kennedy and His Times,* S. 260 (im folgenden *RFK*).

2 Arthur M. Schlesinger jun., *Die tausend Tage Kennedys,* S. 19.

3 Um den Vergleich zu vervollständigen: Vizepräsident Lyndon Baines Johnson war neun Jahre älter als Kennedy, aber dreizehn Jahre jünger als Hoover. Zu den Altersangaben der Kabinettsmitglieder siehe Herbert S. Parmet, *JFK: The Presidency of John F. Kennedy,* S. 63.

4 Norman Mailer, *The Presidential Papers,* S. 6-7. In diesen Essays nennt Mailer das FBI die »einzige absolute Organisation in Amerika ... eine Hochkirche der wahrhaft Mittelmäßigen« (Mailer, *The Presidential Papers,* S. 129).

5 Schlesinger, *RFK,* S. 256.

6 Jack Levine's vierundvierzigseitigem *Memo on the FBI* ist ein Brief beigelegt, Levine an Miller, 23. Januar 1962, JFKB. Herbert J. Miller jun. war für die Criminal Division zuständig.

7 Edwin Guthman, *We Band of Brothers,* S. 266.

8 Parmet, *JFK,* S. 60. Für eine Entlassung sprachen sich Bill Walton und Ben Bradlee aus (Schlesinger, *RFK,* S. 256).

9 Herbert Parmet, *Jack: The Struggles of John F. Kennedy,* S. 510; Schlesinger, *RFK,* S. 111, 112. Der Streit entzündete sich an Annie Lee Moss. Trotz seiner Funktion als Berater der Feinde, die McCarthy schließlich stürzten, brachte Kennedy dem Senator eine gewisse persönliche Sympathie entgegen und verteidigte ihn oft in Gesprächen mit seinen Freunden.

10 Schlesinger, *RFK,* S. 230; Navasky, *Kennedy Justice,* S. 4; Ovid Demaris, *The Director: An Oral Biography of J. Edgar Hoover,* S. 183.

11 Parmet, *Jack,* S. 88, 90, 91.

12 Richard Bissell, der für die Versuche des CIA, Castro zu beseitigen, verantwortlich war, berichtete 1975, daß John und Robert Kennedy ihn »zur Sau gemacht« und ihm vorgewor-

fen hätten, er sitze sich »den Hintern platt«, statt Castro zu beseitigen (Henry Hurt, *Reasonable Doubt,* S. 316).

13 Parmet, *JFK,* S. 126, 127. Hoovers Gespräch mit Robert Kennedy über die Bemühungen des CIA, Giancana mit Hilfe von Robert Maheu anzuheuern, wird in Hoover an Tolson et. al. beschrieben, 19. Mai 1962, Sonderausschuß des Senats, *Abschlußbericht,* Buch V, Ermordung JFK, S. 11.

14 Parmet, *JFK,* S. 128.

15 Levine, *Memo on the FBI,* S. 3, JFKB. Viele Schilderungen über das Verhältnis zwischen Hoover und Robert Kennedy sind anekdotisch und müssen mit Vorsicht behandelt werden. Im Jahre 1966 kam es zwischen Hoover und dem Kennedy-Lager zu einer offenen Auseinandersetzung darüber, ob der Justizminister informiert worden sei, daß das FBI illegale Abhörtechniken bei den Ermittlungen gegen Verbrecherorganisationen einsetzte, oder nicht. Zu jener Zeit war Hoover ein absolut überzeugter Anhänger von Lyndon Johnson, hatte also zusätzlich zu all seinen anderen Motiven, Kennedy anzugreifen, auch den Wunsch, den Präsidenten zu verteidigen. Die Kennedy-Anhänger hatten ihrerseits ein entsprechendes Bedürfnis, Hoover zu diskreditieren.

16 William L. O'Neill, *Coming Apart: An Informal History of America in the 1960s,* S. 46.

17 William W. Turner, *Hoover's FBI, The Man and the Myth,* S. 241-242, 292.

18 Turner, *Hoover's FBI,* S. 243.

19 Demaris, *The Director,* S. 67; Interview mit Louis Nichols, 26. Juni 1975.

20 Telefoninterview mit Edward L. R. Elson, 1. Mai 1986; Hoover an Robert Kennedy, 20. November 1962, Personal Papers von Robert F. Kennedy, Allgemeine Korrespondenz, Hoover, J. Edgar, JFKB.

21 Das Hoover-Zitat stammt aus der Januar-Nummer des *FBI Law Enforcement Bulletin* von 1961, zitiert in Schlesinger, *RFK,* S. 409. Auch die Erörterung des Juvenile Delinquency Act folgt Schlesinger, *RFK,* S. 411.

22 Schlesinger, *RFK,* S. 413.

23 Ibid., S. 264.

24 Guthman, *We Band of Brothers,* S. 266.

25 Kennedy befürwortete gerichtlich angeordnete Abhöraktionen bei Ermittlungen in Kriminalfällen und drängte den Kongreß, allerdings ohne Erfolg, dahingehende Gesetze zu verabschieden. Bei den Abhöraktionen, die er während seiner Zeit als Justizminister genehmigte, ging es fast ausschließlich um nationale Sicherheit (Schlesinger, *RFK,* S. 271). Siehe auch Guthman, *We Band of Brothers,* S. 263. Der Streit brach 1966 offen aus; eine eingehende Erörterung bringt Navasky, *Kennedy Justice,* S. 80.

26 Ibid., S. 81; Schlesinger, *RFK,* S. 269.

27 Ollestad, *Inside the FBI,* S. 129; Levine, *Memo on the FBI,* S. 7, JFKB.

28 Welche Probleme sich Kennedy im Bereich der Bürgerrechte stellten, beschreibt Schlesinger, *Die tausend Tage Kennedys,* S. 809; John Doar und Dorothy Landsberg, *The Performance of the FBI in Investigating Violations of Federal Laws Protecting the Right to Vote – 1960-1967,* Sonderausschuß des Senats, *Hearings,* Bd. 6, FBI, S. 948.

29 David J. Garrow, *The FBI and Martin Luther King, Jr.: From »Solo« to Memphis,* S. 41. Die andere wichtige Quelle für diese Diskussion ist Sonderausschuß des Senats, *Abschlußbericht,* Buch III, S. 79-184, »Dr. Martin Luther King, Jr., A Case Study«. Die FBI-Quelle war einer der zuverlässigsten Informanten des Bureau über die Kommunistische Partei, der den Kodenamen »Solo« hatte.

30 Sowohl Navasky, *Kennedy Justice,* S. 152, als auch Schlesinger, *RFK,* S. 359, weisen auf die mögliche Verbindung zwischen dem Fall White und Kennedys Reaktion auf die Beschuldigungen gegen King hin.

31 Garrow, *The FBI and Martin Luther King, Jr.,* S. 45.

32 Ibid., S. 55.

33 Executive Conference an Direktor, 22. November 1955, FBI Akte 66-6200-?, in Max Rafferty Papers, JFKB; Garrow, *The FBI and Martin Luther King, Jr.,* S. 56. Der Versuch von Hoover und DeLoach, mit King Kontakt aufzunehmen, bedeutet, daß sie ihn noch nicht als hoffnungslosen Fall abgeschrieben hatten. Es existieren viele Memos, in denen Hoover seinen Leuten Anweisung erteilt, keine Zeit damit zu verschwenden, jemanden »zurechtzubiegen«, wenn er bereits beschlossen hatte, eine bestimmte Person als seinen Feind zu betrachten.

34 Garrow, *The FBI and Martin Luther King, Jr.,* S. 59.

35 Sullivan wurde 1912 auf einer Farm in der Nähe von Bolton, Massachusetts geboren. Er erwarb an der American University ein pädagogisches Diplom und lehrte in Bolton. Dann arbeitete er für die Finanzbehörde in Boston und trat 1941 in das FBI ein. Während des Krieges war er in der Spionageabwehr tätig, bis er bei einem Sonderauftrag in Spanien

erkrankte und in die Domestic Security Division in Washington, D.C., versetzt wurde. Dort blieb er seine ganze Laufbahn über. Siehe William C. Sullivan mit Bill Brown, *The Bureau: My Thirty Years in Hoover's FBI,* passim, besonders S. 14-46; Nachruf, *New York Times,* 10. November 1977, S. D13; Sanford Ungar, *FBI,* S. 295-312; Demaris, *The Director,* S. 76-97, passim.

36 Sullivan an Belmont, 9. Oktober 1956, FBI Akte 100-3-104, Sektion 2; Direktor an Dienststellenleiter, Chicago, 23. November 1956, alle Rafferty Papers, JFKB.

37 Felt, *The FBI Pyramid,* S. 111.

38 Sonderausschuß des Senats, *Abschlußbericht,* Buch III, »King«, S. 106.

39 Notiz Hoovers auf Memo von Baumgartner an Sullivan, 23. August 1963, Sonderausschuß des Senats, *Abschlußbericht,* Buch III, »King«, S. 105-106.

40 Arthur M. Schlesinger jun., der Sullivan schon kannte, bevor er das Bureau verließ, erzählte mir, er habe nie gehört, daß Sullivan Hoover in Gesprächen mit ihm vor seiner Entlassung 1971 jemals kritisiert habe; danach habe er eine deutlich andere Einstellung zu Hoover gehabt (Telefoninterview mit Arthur M. Schlesinger jun., 4. Juni 1986; Aussage von Sullivan, 1. November 1975, in Sonderausschuß des Senats, *Abschlußbericht,* Buch III, S. 107).

41 Vgl. Hoover Kommentare zu Baumgartner an Sullivan, 26. 29. August 1963, Sonderausschuß des Senats, *Abschlußbericht,* Buch III, S. 107.

42 Sullivan an Belmont, 30. August 1963, Sonderausschuß des Senats, *Abschlußbericht,* Buch III, »King«, S. 108.

43 Baumgartner an Sullivan, 16. September 1963, Sonderausschuß des Senats, *Abschlußbericht,* Buch III, »King«, S. 108.

44 Aussage Sullivans, 1. November 1975, S. 30, Sonderausschuß des Senats, *Abschlußbericht,* Buch III, »King«, S. 109.

45 Sonderausschuß des Senats, *Abschlußbericht,* Buch III, S. 131-132; Garrow, *FBI and Martin Luther King, Jr.,* S. 74-75.

46 Anekdoten dazu in Joseph Schott, *No Left Turns.*

47 Ollestad, *Inside the FBI,* S. 54.

48 Levine, *Memo on the FBI,* JFKB. Levine legte an der Juristischen Fakultät der Universität von New York seine Abschlußprüfung ab, trat im September 1960 in das FBI ein und schied weniger als ein Jahr später wieder aus. Es erzählte seine Geschichte Fred J. Cook., der sie in seinem Buch *The FBI Nobody Knows* verarbeitete.

49 Schlesinger, *RFK,* S. 608.

50 Hoover an Johnson, 23. November 1963, vorläufiger Bericht; Katzenbach an Moyers, 26. November 1963, Sonderausschuß des Senats, *Abschlußbericht,* Buch V, Ermordung JFK, S. 23.

51 Sonderausschuß des Senats, *Abschlußbericht,* Buch V, Ermordung JFK, S. 13-20.

52 Hoover an Belmont, 10. Dezember 1963, Sonderausschuß des Senats, *Abschlußbericht,* Buch V, Ermordung JFK, S. 23 und S. 5. Der Church-Ausschuß meinte später, Hoovers größte Sorge sei offensichtlich gewesen, daß man das Bureau für seinen Umgang mit dem Sicherheitsfall Oswald kritisieren könnte (S. 47). Siehe auch Hurt, *Reasonable Doubt,* S. 32.

53 Sonderausschuß des Senats, *Abschlußbericht,* Buch V, Ermordung JFK, S. 89.

54 Ibid., S. 92.

55 William C. Sullivan meinte, Hoover habe es so eilig gehabt, die Agenten zu bestrafen, damit er, wenn die Warren-Kommission seine Verteidigung zerpflückte, zeigen könne, daß er die Schuldigen bereits zur Verantwortung gezogen hatte (Sullivan, *The Bureau,* S. 52).

56 Hoover, handschriftliche Notiz auf DeLoach an Mohr, 25. September 1964, und Gale an Tolson, 30. September 1964, Sonderausschuß des Senats, *Abschlußbericht,* Buch V, Ermordung JFK, S. 53, 54.

57 Hoover, Notiz auf Sullivan an Belmont, 24. September 1964, und Hoover, Notiz auf Belmont an Tolson, 1. Oktober 1964, Sonderausschuß des Senats, *Abschlußbericht,* Buch V, Ermordung JFK, S. 52-55.

58 Hoover, Deckblatt von FBI Supervisor an Gale, 12. Oktober 1964; Hoover, Notiz auf Rosen an Belmont, 2. Oktober 1964, Sonderausschuß des Senats, *Abschlußbericht,* Buch V, Ermordung JFK, S. 53, 55. Das FBI führte im geheimen Buch über seine Kritiken an der Warren-Kommission. Aktionen, die gegenüber der Warren-Kommission verteidigt wurden, waren dort als grobe Fehler aufgeführt. So stellte das Bureau zum Beispiel fest, es habe »der Kommission brieflich mitgeteilt, daß die Tatsachen es nicht gerechtfertigt haben, den Paß für ungültig zu erklären, da unsere Untersuchungen keine Beweise dafür erbrachten, daß Oswald nach Anweisung oder im Interesse einer fremden Regierung oder einer ihrer Vertreterinstanzen agierte. Der Inspektor ist der Ansicht, daß es zu jener Zeit

angemessen war, ›nach außen hin‹ diesen Standpunkt zu vertreten. Allerdings hätten wir, wie wir meinen, den Paß angesichts der Vorgeschichte Oswalds für ungültig erklären sollen, vor allem da wir nicht definitiv wußten, ob er zu jenem Zeitpunkt einen geheimdienstlichen Auftrag hatte oder nicht« (Gale an Tolson, 30. September 1964, Sonderausschuß des Senats, *Abschlußbericht,* Buch V, Ermordung JFK, S. 54).

59 Schlesinger, *RFK,* S. 616.

60 Schlesinger, *RFK,* S. 629 bestätigt die Geschichte mit dem Telefon, die offenbar im ganzen Bureau zirkulierte (auch Schott, *No Left Turns,* S. 204-205, und Turner, *Hoover's FBI,* erwähnen sie); Ralph de Toledano, *J. Edgar Hoover: The Man in His Time,* S. 308, hält sie für eine Erfindung.

Kapitel 12: Johnsons FBI

1 Ovid Demaris, *The Director: An Oral Biography of J. Edgar Hoover,* S. 232. Von Demaris nach dieser Bemerkung Johnsons gefragt, sagte Ramsey Clark, er bezweifle, daß Johnson sie tatsächlich gemacht oder, wenn ja, ernst gemeint habe: »Ich glaube, Johnson hatte ihn einfach gern um sich. Er war immer ausgesucht freundlich zu Mr. Hoover, und es lag ihm viel daran, Mr. Hoovers Meinung zu hören.«

2 Name File: Hoover, J. Edgar, ZAWH, LBJB.

3 Demaris, *The Director,* S. 232. Zum freundschaftlichen Ton der Korrespondenz zwischen Hoover und Johnson vgl. Johnson an Hoover, 6. Mai 1958, LBJ Famous Names Box J. Edgar Hoover, ZAWH, LBJB. Anders als die herzlichen Briefe Johnsons der korrekte, aber leicht herablassende Ton der Briefe John F. Kennedys, z.B. Kennedy an Hoover vom 9. Juni 1962 und vom 26. September 1962, Name File: Hoover, J. Edgar, ZAWH, JFKB.

4 Hoover, »Off the record remarks«, anläßlich eines informellen Empfangs für Journalisten aus Georgia und Michigan am 15. April 1965, OCPA. Hoover kritisierte dort die Empfehlungen des Warren-Ausschusses zur Verbesserung der zum Schutz des Präsidenten getroffenen Vorkehrungen.

5 Tucker an Johnson, 12. Oktober 1966; Morrison an Clinton, 23. Juli 1965; Russell-Kirk-Kolumne, 12. Dezember 1964; Burford an Johnson, 16. Dezember 1964, Name File: Hoover, J. Edgar, ZAWH, LBJB.

6 Johnson, Telefon-Tagebuch, LBJB; Sanford J. Ungar, *FBI,* S. 292.

7 Callahan an Mohr, 18. Februar 1959, FBI-Akte 67-561-?, Hoover Personalakte, FBI. Wie empfindlich das Bureau in der Altersfrage reagierte, macht die Reaktion auf ein kritisches Straßeninterview zur Wiederernennung Hoovers deutlich, vgl. Jones an DeLoach, 14. Mai 1964, FBI-Akte 67-561-356, Hoover Personalakte, FBI.

8 Executive Order 11154 vom 8. Mai 1965, in Ralph de Toledano, *J. Edgar Hoover: The Man in His Time,* S. 301.

9 Robert Spivack, »Watch on the Potomac«, Manuskript vom 14. Dezember 1966, und H. H. Wilson an den Präsidenten, 13. Dezember 1966, EX JL, 12. Dezember 1963 bis 31. Juli 1967, ZAWH, LBHB.

10 Arthur M. Schlesinger, *Robert Kennedy and His Times,* S. 260 (im folgenden zitiert als RFK). Schlesinger zitiert Interviews, die Kennedy Anthony Lewis und John Bartlow Martin im Oral History Program gegeben hat, JFKB.

11 Ungar, *FBI,* S. 282. DeLoach ermöglichte es Walter Trohan, auf der Jahresversammlung der American Legion zu sprechen, und schrieb ihm dafür eine Rede (DeLoach an Trohan, 14. September 1964, DeLoach, Trohan Papers, HHB). Vgl. auch James an Johnson, 22. Februar 1966, Diary Back-up, LBJB.

12 Schlesinger, *RFK,* S. 663-664; Ungar, *FBI,* S. 288; Staff Report: »Political Abuse and the FBI«, De Loach an Jenkins, 25. August 1964, und DeLoach an Mohr, 29. August 1964, »Morning Summary of Activities, Democratic National Convention«, Sonderausschuß des Senats, *Hearings,* Bd. 6, FBI, S. 476, 623-637, 714-717.

13 Aussage des Präsidenten vom 15. Oktober 1964, Jenkins File, LBJB; William C. Sullivan, *The Bureau,* S. 68-70; Ungar, *FBI,* S. 291, »Addendum to Staff Report on Political Abuse and the FBI: The Johnson Administration and Mrs. Anna Chennault«, Sonderausschuß des Senats, *Hearings,* Bd. 6, FBI, S. 483-484.

14 Hoover an Watson, 15. September 1965, Hoover, J. Edgar, Macy Papers, LBJB.

15 Richard Harris, *Justice: the Crisis of Law, Order, and Freedom in America,* S. 53.

16 Daniel J. Freed, »Proposed District of Columbia Crime Control Program«, 12. Oktober

1967; vgl. [H. Rowan] Gaither: Crime-General, and Crime General – Juvenile Delinquency, Presidential Task Forces, Gaither Papers, LBJB.

17 Harris, *Justice,* S. 56. Nicholas Katzenbach sagte später, einer der Gründe für sein Ausscheiden aus dem Justizministerium sei die Zusammenarbeit mit Hoover gewesen, die er als unangenehm empfunden habe (Sonderausschuß des Senats, *Hearings,* Bd. 6, FBI, S. 202).

18 Hoover, Ansprache an ehemalige Agenten des FBI, gehalten am 28. September 1967, S. 4, OCPA.

19 John T. Elliff, *Crime, Dissent, and the Attorney General: The Justice Department in the 1960s,* S. 122.

20 Vgl. Watson an Johnson, 30. November 1965, JL, ZAWH; »Wiretaps«, Verwaltungsgeschichte, Justizministerium, Vol. III, LBJB; »Warrantless FBI Electronic Surveillance«, Sonderausschuß des Senats, *Abschlußbericht,* Buch III, S. 271-351, bes. 285, 310; Pub Law 90-351, Juni 1968. Hoover an Katzenbach, 14. September 1965, Sonderausschuß des Senats, *Abschlußbericht,* Buch III, S. 287; Athan Theoharis, *Spying on Americans,* S. 113. 1965 hob Hoover die Überwachung der Post und des Müls auf (Robert Justin Goldstein, *Political Repression in Modern America,* S. 443). Die Anordnung Johnsons, die das Anzapfen von Leitungen untersagte, wurde von Katzenbach am 8. April 1965 ausgearbeitet und trat am 1. Juli in Kraft (White an Moyers, 10. April 1965; Katzenbach an Johnson, 8. April 1965; Busby an Moyers, 20. April 1965, Justizministerium, Moyers-Akte, LBJB). Hoover beendete am 29. September 1965 die Postüberwachung; für Einbrüche galt Entsprechendes ab 19. Juli 1966 (Sullivan an DeLoach, 19. Juli 1966, S. 3, Sonderausschuß des Senats, *Abschlußbericht,* Buch III, S. 365).

21 Aussage vor dem Aproppriationsausschuß des Repräsentantenhauses Anfang 1964, in der Hoover sich gegen die Übernahme der DEA durch das FBI aussprach; zitiert in Ungar, *FBI,* S. 421.

22 Hoover, »Faith, Freedom and Law«.

23 Hoover, »Off the record remarks«.

24 Elliff, *Crime, Dissent, and the Attorney General,* S. 38.

25 Hoover an Tolson et. al., 19. August 1966, FBI-Akte 67-9524-?, Tolson Personalakte, FBI.

26 Hoover, »Our Heritage of Greatness«, am 12. Dezember 1964 gehaltene Ansprache vor der Pennsylvania Society, OCPA.

27 Hoover, »Faith, Freedom and Law«, »Off the record remarks«.

28 Eric Goldman, *The Tragedy of Lyndon Johnson,* S. 499.

29 Hoover an Jenkins, 17. Juli 1964, FG 135-6, ZAWH, LBJB.

30 Erklärung des Präsidenten vom 26. März 1965, Appointment File Back-up, LBJB. Siehe auch Hoover an Tolson, 26. März 1965, FBI-Akte 67-9524-?, Tolson Personalakte, FBI; Hoover teilt Katzenbach mit, daß sich einer seiner Informanten im Auto der Mörder befunden habe, daß er das Haus der verdächtigen Personen überwachen lasse und schnell handeln wolle, um deren Entkommen zu verhindern. Sullivan hielt sich in Selma auf, um die Ermittlungen zu leiten.

31 Hoover an Tolson et. al., 26 März 1965, FBI-Akte 67-9524-?, Personalakte Tolson, FBI.

32 Hoover, »Off the record remarks«; Telefongespräch mit Birch Bayh; Hoover an Tolson et. al., 6. Juli 1966, FBI-Akte 67-9524-?, Personalakte Tolson, FBI.

33 Hoover, »Our Heritage of Greatness«.

34 Sonderausschuß des Senats, *Abschlußbericht,* Buch III, S. 27.

35 Doar und Landsberg, *Performance of the FBI,* in Sonderausschuß des Senats, *Hearings,* Bd. 6, FBI, S. 985. Vgl. auch Sonderausschuß des Senats, *Abschlußbericht,* Buch III, S. 471-475.

36 Sonderausschuß des Senats, *Abschlußbericht,* Buch III, S. 471; *Hearings,* Bd. 6, FBI, S. 378. Goldstein, *Political Repression in Modern America,* S. 445.

37 Aussage Katzenbachs, *Hearings,* Bd. 6, FBI, S. 219.

38 Hoover an Dienststellenleiter, 2. September 1964 und 12. Oktober 1964, Sonderausschuß des Senats, *Hearings,* Bd. 6, FBI, S. 377-382.

39 Baumgartner an Sullivan, 16. September 1963. Die Verschärfung der Maßnahmen gegen King wurde den Dienststellen in einem Memorandum Hoovers vom 1. Oktober 1963 bekanntgegeben (Hoover an seine Dienststellenleiter, 1. Oktober 1963). Vgl. auch Sullivan an Belmont, 24. Dezember 1963, und Hoover an die Außendienststelle in Atlanta, 1. April 1964, Sonderausschuß des Senats, *Abschlußbericht,* Buch III, S. 108, 111, 134.

40 Hoovers Kommentar zu einer Pressemitteilung vom 29. Dezember 1963; Sullivan an Belmont, 8. Januar 1964, Sonderausschuß des Senats, *Abschlußbericht,* Buch III, S. 135f. Zu einer ausführlichen Diskussion der Pläne des FBI siehe David Garrow, *The FBI and Martin Luther King, Jr.: From »Solo« to Memphis,* S. 101-150, besonders 106.

41 Hoover an Dienststellenleiter, Atlanta, 28. August 1964, und Hoover, FBI-Memo vom 28. August 1964, Sonderausschuß des Senats, *Abschlußbericht,* Buch III, S. 138 und 139.
42 Garrow, *The FBI and Martin Luther King, Jr.*, S. 107-109.
43 Ibid., S. 114.
44 Baumgartner an Sullivan, 31. August 1964; Anmerkung Hoovers zu Pressemitteilung der UPI vom 8. September 1964; und *New York Herald Tribune* vom 19. September 1964 in Sonderausschuß des Senats, *Abschlußbericht,* Buch III, S. 143. Eine eingehende Beschreibung des Verhältnisses Hoovers zu Spellman bringt John Cooney, *The American Pope.* Die beiden etwa gleichaltrigen Männer waren einander verblüffend ähnlich in ihrem Aussehen, ihren politischen und religiösen Überzeugungen, ihrem Organisationstalent, der engen Mutterbindung und sogar in bezug auf hartnäckige Gerüchte über ihre Homosexualität.
45 Memo DeLoach vom 18. November 1964; Aussage DeLoach vom 25. November 1975; Sonderausschuß des Senats, *Abschlußbericht,* Buch III, S. 157.
46 Interview mit Cartha DeLoach vom 10. März 1975.
47 *New York Times,* 11. November 1964, in Sonderausschuß des Senats, *Abschlußbericht,* Buch III, S. 157.
48 Ein Durchschlag des Briefs wurde in Sullivans Akten gefunden, nachdem er aus dem FBI ausgeschieden war. Sullivan sagte später, er könne sich nicht erinnern, den Brief je gesehen zu haben. Es sei »möglich«, daß er damit zu tun gehabt habe, aber was genau, könne er nicht mehr sagen (Sonderausschuß des Senats, *Abschlußbericht,* Buch III, S. 160).
49 Sonderausschuß des Senats, *Abschlußbericht,* Buch III, S. 152. Arthur Schlesingers Kommentar dazu: »Hoover scheint seinen gesunden Menschenverstand in diesem November in Urlaub geschickt zu haben« (Schlesinger, *RFK,* 364).
50 Sonderausschuß des Senats, *Abschlußbericht,* Buch III, S. 165-167; Hoover, »Off the record remarks«.
51 Die *Washington Post* bringt in ihrer Ausgabe vom 17. Februar 1965 eine solche Meinungsumfrage (Harris Poll), aus der hervorgeht, daß 50 Prozent der Befragten Hoover stützten und nur 16 Prozent King. Die Umfrage schließt mit den Worten: »Hoover ist für die meisten immer noch das, was er nun seit fast einer Generation ist: ein Symbol für Ruhe und Ordnung und ein Pfeiler der Sicherheit in einem unsicher gewordenen Land und einer unsicheren Welt« (FBI-Akte 67-561-?, Hoover Personalakte, FBI). Zu den Briefen an das Weiße Haus über die Affäre siehe Hopkins an White, 27. November 1964, FG 135-36, ZAWH, LBJB.
52 Interview mit Ramsey Clark, in Demaris, *The Director,* S. 230.
53 Hoover an Jenkins, 25. September 1964, und Moyers an Valenti, 26. September 1964, Verbrechen und Kriminalität, Moyers Papers, LBJB; Sonderausschuß des Senats, *Abschlußbericht,* Buch III, S. 475.
54 Hoover an Tolson et. al., 25. Juli 1967, FBI Akte 67-9524, Tolson Personalakte.
55 Sonderausschuß des Senats, *Abschlußbericht,* Buch III, S. 492-493; Goldstein, *Political Repression in Modern America,* S. 450.
56 Sonderausschuß des Senats, *Abschlußbericht,* Buch III, S. 179.
57 Hoover an Dienststellenleiter, Albany, 25. August 1967, Sonderausschuß des Senats, *Hearings,* Bd. 6, FBI, S. 383; Sonderausschuß des Senats, *Abschlußbericht,* Buch III, S. 3, 20, 21, 180.
58 Hoover an Außendienststellenleiter, März 1968, Sonderausschuß des Senats, *Abschlußbericht,* Buch III, S. 180; Sonderausschuß des Senats, *Hearings,* Bd. 6, FBI, S. 387-390.
59 Sonderausschuß des Senats, *Abschlußbericht,* Buch III, S. 189.
60 Hoover, »Turbulence on Campus«, *PTA Magazine,* Februar 1966, S. 4.
61 Memo Hoover vom 28. April 1965, Sonderausschuß des Senats, *Abschlußbericht,* Buch III, S. 485.
62 Goldstein, *Political Repression in Modern America,* S. 430. Vgl. auch *FBI Director's Report,* 1968, S. 56, FBI Narrative History, Documentary Supplement, LBJB; Hoover, »Turbulence on Campus«.
63 Sonderausschuß des Senats, *Abschlußbericht,* Buch III, S. 489; Goldman, *The Tragedy of Lyndon Johnson,* S. 500.
64 Das Bureau setzte auch seine Praxis fort, befreundeten Journalisten wie Walter Trohan von der *Chicago Tribune* Material zuzuspielen, um den kommunistischen Einfluß auf die Antikriegsbewegung »aufzudecken« (Goldstein, *Political Repression in Modern America, S. 438). Vgl. auch DeLoach an Johnson, 10. Juli 1967, FG 135-6, ZAWH, LBJB; Aussage Hoovers vor dem Appropriationsausschuß des Repräsentantenhauses, 1967, S. 93, FBI Narrative History, Documentary Supplement, LBJB.*
65 *Sonderausschuß des Senats, Abschlußbericht,* Buch III, S. 519; Goldstein, *Political Repression in Modern America,* S. 458.

66 Goldstein, *Political Repression in Modern America,* S. 449.

67 Charles D. Brennan, Aussage vom 25. September 1975, Sonderausschuß des Senats, *Abschlußbericht,* Buch III, S. 524.

68 Ibid., S. 525.

69 Schreiben an die Dienststellenleiter vom 2. April 1968, Sonderausschuß des Senats, *Abschlußbericht,* Buch III, S. 26, 507.

70 Zentrale an Dienststellenleiter, 23. Mai 1968 und 6. Juli 1968, Sonderausschuß des Senats, *Abschlußbericht,* Buch III, S. 24, 26.

71 Sonderausschuß des Senats, *Abschlußbericht,* Buch III, S. 511; Goldstein, *Political Repression in Modern America,* S. 452-453; Sonderausschuß des Senats, *Hearings,* Bd. 6, FBI, S. 371; Beispiele für Operationen des COINTELPRO gegen die Neue Linke ibid., S. 812-813; Sonderausschuß des Senats, *Abschlußbericht,* Buch II, S. 88f.

72 Garrow und Donner halten die Ablehnung des gesellschaftlichen und kulturellen Wandels für das grundlegende Motiv, das Hoover während seiner ganzen Laufbahn begleitete; ihrer Meinung nach veranlaßte die durch King und die Radikalen repräsentierte Bedrohung der traditionellen Werte Hoover zum Einschreiten. Für Felt, DeLoach und John Mohr war für die COINTELPRO-Operationen ausschließlich Sullivan verantwortlich (Demaris, *The Director,* S. 325; Aussage Brennans, Sonderausschuß des Senats, *Abschlußbericht,* Buch III, S. 527-528).
Aber obwohl Sullivan die treibende Kraft hinter diesen Programmen war (und das steht außer Frage), ist andererseits genauso wahr, daß Hoover die Operationen sehr genau überwachte; sie waren nicht nur in ihren allgemeinen Umrissen von seiner Genehmigung abhängig, sondern Hoover hat immer auf der persönlichen Kontrolle der einzelnen Operationen bestanden. Hoover war auf keinen Fall der Erfüllungsgehilfe Sullivans; Sullivan war im Gegenteil der Erfüllungsgehilfe Hoovers.
Nachdem Sullivan 1971 unter heftigem Beschuß aus dem FBI ausgeschieden war, kam seine Standfestigkeit ins Wanken. Er schwankte zwischen der Verteidigung der COINTELPRO-Operationen als patriotischer Triumphe (obwohl er manchmal auch behauptete, der Druck von Agenten des Außendienstes habe ihn zu diesen Programmen gezwungen) und ihrer Verurteilung als übler Produkte aus der Giftküche Hoovers. Sullivan ist außerdem die einzige Quelle für heftige Beschuldigungen Hoovers als selbstgerechten Vulgär-Rassisten, Antisemiten oder gar Voyeur, der vom Sexualleben seiner Gegner besessen war. Auch wenn Sullivan oft zitiert wird, ist seine Zuverlässigkeit doch fragwürdig. Er will oft über Vorgänge Bescheid wissen, bei denen er nicht dabei war; auf der anderen Seite ist es nicht schwer, ihm falsche Fakten nachzuweisen, wo er Augenzeuge war (ein Beispiel ist die Geschichte, die Sullivan einmal in seinem Buch *The Bureau* erzählt [S. 116] und ein zweites Mal ganz anders in einem Interview, abgedruckt in Demaris, *The Director,* S.236).

73 Hoover an Tolson et. al., 20. Juni 1968, FBI Akte 65-9524-?, Tolson Personalakte, FBI.

74 *FBI Law Enforcement Bulletin,* August 1968, FG 135-6, ZAWH, LBJB.

75 Davidson an Callahan, 23. Juli 1962, FBI Akte 67-9524-392; DeLoach an Mohr, 1. März 1965, FBI Akte 67-9524-461; John Macy, dem Leiter der Civil Service Commission, gegenüber ließ DeLoach durchblicken, daß Tolson die Medaille nur deshalb noch nicht verliehen worden sei, weil Robert Kennedy ein Vorurteil gegen Hoover gehegt habe; vgl. auch Hoover an Johnson, 2. Juni 1965, FG 135-6, ZAWH, LBJB.

76 Hoover O&V Akte, Nr. 6, FBI; Interview mit Efrem Zimbalist jun., in Demaris, *The Director,* S. 71; Richard Gid Powers, *G-Men: Hoover's FBI in American Popular Culture,* S. 245, 246.

77 Interview mit Ramsey Clark, in Demaris, *The Director,* S. 238.

Kapitel 13: Nixon und Hoover

1 Besprechung vom 12. Dezember 1968 (Richard Nixon, *Memoiren,* S. 241).

2 John Ehrlichman, *Witness to Power,* S. 156.

3 Laut Nixon kam die Hilfe von einem »unbedeutenden FBI-Agenten«, es ist allerdings bekannt, daß Louis Nichols für den Kontakt sorgte (Nixon, *Memoiren,* S. 51).

4 Ehrlichman, *Witness to Power,* S. 156, 157, 163.

5 Ibid., S. 168.

6 John Mohr aus der FBI-Zentrale nannte die Situation unter Nixon »eigenartig, weil ich glaube, daß Hoover von allen Präsidenten, unter denen er diente, in Wirklichkeit Nixon am nächsten stand, während er zugleich von mehr Leuten aus dem Weißen Haus angeschossen

wurde als unter jeder anderen Administration, an die ich mich erinnern kann« (Interview mit John Mohr, in Ovid Demaris, *The Director: An Oral Biography of J. Edgar Hoover,* S. 307). Ehrlichman meint, »wenn Nixon Hoover den direkten Zugang zum Präsidenten einräumte, so war das eine symbolische Geste. Hoover erhielt den Zugang, den Kennedy ihm verweigert hatte. Aber als die Geste gemacht war, wurde es Bob Haldemans Aufgabe, Nixon davor zu bewahren, daß Hoover von seinem Recht Gebrauch machte« (Ehrlichman, *Witness to Power,* S. 157).

7 Ehrlichman, *Witness to Power,* S. 159.

8 Ibid., S. 160; Demaris, *The Director,* S. 42.

9 Ehrlichman, *Witness to Power,* S. 160, 161.

10 Theodore White, *Breach of Faith: The Fall of Richard Nixon,* S. 97. Mitarbeitern gegenüber kritisierte Nixon Hoover für seine zunehmende Ängstlichkeit und übergroße Vorsicht (Ehrlichman, *Witness to Power,* S. 164).

11 So die Theorie Tom Charles Hustons in der freien Wiedergabe von Demaris, *The Director,* S. 251.

12 Besprechung vom 12. Dezember 1968, Nixon, *Memoiren,* S. 241. Da sie auf Geheimhaltung angewiesen war, verwies die amerikanische Asienpolitik Johnsons und Nixons auf ihre Ursprünge in den Administrationen Eisenhowers und Kennedys, die zur Durchsetzung ihrer Außenpolitik lieber auf geheime konterrevolutionäre Taktiken zurückgriffen als auf reguläre Kriegsführung; vgl. auch Szulc, *The Illusion of Peace,* S. 803.

13 White, *Breach of Faith,* S. 78; Nixon, *Memoiren,* S. 243.

14 Theodore White schreibt, Nixon habe schon zu Beginn seiner Karriere gelernt, daß man nur bestimmte Knöpfe drücken müsse, um öffentliche Reaktionen auszulösen: »Der Sieg lag im Angriff – man wählte eine kleine Schar Namenloser aus und erschreckte damit die Wähler; oder man stürzte sich auf eine bekannte Persönlichkeit, nahm sie auseinander und heftete ihr dann ein bestimmtes Schlagwort an« (White, *Breach of Faith,* S. 62-63).

15 Daniel Patrick Moynihan, der Berater des Präsidenten, meinte zum Thema Nixon, die späten sechziger Jahre seien der Weimarer Republik in Deutschland ähnlich gewesen, als die Unfähigkeit der Liberalen Weimars, der Unruhen Herr zu werden, den Weg für Hitler geebnet habe. »Ihre Aufgabe liegt klar vor Ihnen«, sagte er zu Nixon, »Sie müssen die Autorität der amerikanischen Institutionen wiederherstellen.« Nixon brauchte wohl kaum Moynihan, um das zu wissen (Dan Rather und Gary Paul Gates, *The Palace Guard,* S. 93).

16 Nixon, *Memoiren,* S. 255.

17 Ibid., S. 256. Nixons Aussage, Hoover habe ihn zum Einsatz von Abhöranlagen gedrängt, gilt im Licht der späteren panikartigen Aufregung Hoovers über deren Risiko nur *cum grano salis* .

18 Ibid., S. 256.

19 Hoover an Tolson, DeLoach, Sullivan und Bishop, 9. Mai 1969 (drei Memos), und Aussage Kissingers in *Halperin v. Kissinger,* Civ. No. 1187-73 (D.D.C.), 12. Januar 1976, S. 18, in Sonderausschuß des Senats, *Abschlußbericht,* Buch III, S. 324; Nixon, *Memoiren,* S. 256; Demaris, *The Director,* S. 252.

20 Die Memoranden Hoovers an Mitchell mit der Bitte um Genehmigung tragen Mitchells Unterschrift und sind zu finden in Sonderausschuß des Senats, *Hearings,* Teil 3, S. 1208-1220. Mitchell bestritt später, die Memoranden unterzeichnet zu haben, konnte aber keine überzeugende Erklärung für seine Unterschriften unter den Vollmachten anbieten.

21 Eidesstattliche Aussage Haigs, *Halperin v. Kissinger,* Civ. No. 1187-73 (D.D.C.), 25. Oktober 1974, S. 9-10, in Sonderausschuß des Senats, *Abschlußbericht,* Buch III, S. 325.

22 Mark Felt, *The FBI Pyramid: From the Inside,* S. 143, 144; Demaris, *The Director,* S. 260.

23 »Leider brachte keine dieser Anzapfungen einen Beweis dafür, daß ein Mitglied der Regierung in eine die nationale Sicherheit betreffende Indiskretion verwickelt war« (Nixon, *Memoiren,* S. 257); Sonderausschuß des Senats, *Abschlußbericht,* Buch III, S. 323, 336.

24 White, *Breach of Faith,* S. 128, 129. Die Darstellung folgt White, S. 129-132. Nixons Bemerkungen zu seinem Gespräch mit den Studenten finden sich in Nixon, *Memoiren,* S. 303f.

25 J. Edgar Hoover, »Modern Day Campus Attilas or the SDS in Action«, *Phi Kappa Epsilon,* Frühjahr 1970, S. 42, 46. Ein Beispiel dafür, wie sehr Hoover sich bei Angriffen auf die Studenten in seinen späten Jahren die Finger verbrannte, ist sein Artikel »The SDS and the High Schools, a Study in Student Extremism«, *The PTA Magazine,* Januar, Februar und März 1970; in der Märzausgabe sind die Leserantworten abgedruckt.

26 Hoover an Tolson et. al., 11. Mai 1970; Telefongespräch mit Egil Krogh vom 11. Mai 1970, FBI Akte 67-9524, Tolson Personalakte, FBI; Hoover an Tolson et. al., 11. Mai 1970, FBI Akte 44-54339, Kent State Akte, FBI.

27 Hoover an Helms, 1. März 1970, Sonderausschuß des Senats, *Hearings,* Bd. 2, Huston Plan, S. 354-356.
28 Nixon, *Memoiren,* S. 309.
29 Ibid., S. 309f.
30 White, *Breach of Faith,* S. 133; Athan Theoharis, *Spying on Americans* (Philadelphia: Temple University Press, 1978), S. 16f; Nixon, *Memoiren,* S. 310.
31 Zum Verlauf der Besprechung vgl. Sonderausschuß des Senats, *Abschlußbericht,* Buch III, S. 937. Sullivan sagt, Hoover sei nach der Besprechung »sichtlich erregt« gewesen und habe ihn in sein Büro gerufen (William C. Sullivan, *The Bureau: My Thirty Years in Hoover's FBI,* S. 209).
32 Sullivan, *The Bureau,* S. 204, 206. Auch Felt vertritt die Ansicht, daß Hoovers Einschränkung von Überwachungstechniken der Grund seines Streits mit Sullivan war (Felt, *The FBI Pyramid,* S. 106, 112). Sullivan machte sich nach Aussage seiner Kollegen »ernsthafte Sorgen, daß das FBI nicht genug tut, um die gewalttätigen Segmente der Neuen Linken zu bekämpfen und aufzureiben« (Interview mit John Mohr, in Demaris, *The Director,* S. 310; Felt, *The FBI Pyramid,* S. 114).
33 Sullivan, *The Bureau,* S. 211.
34 Demaris, *The Director,* S. 294. Die Anspielung auf die Kampagnen gegen die Radikalen unter Palmer stammt aus Demaris' Interview mit Mohr, S. 314.
35 Die Darstellung folgt dem Bericht der Mitglieder des Church-Ausschusses; die Reaktion Hoovers schildert Sullivan, der zur Zeit seiner Aussage vor dem Church-Ausschuß (1. November 1975) versuchte, Hoover in Mißkredit zu bringen (Sonderausschuß des Senats, *Abschlußbericht,* Buch III, S. 942).
36 Das Dokument ist abgedruckt in Sonderausschuß des Senats, *Hearings,* Bd. 2, Huston Plan, S. 141-188.
37 Interviews mit Willard und Sullivan, in Sonderausschuß des Senats, *Abschlußbericht,* Buch III, S. 944, 945; Sullivan, *The FBI Pyramid,* S. 214.
38 Huston an Haldeman, Juli 1970, Sonderausschuß des Senats, *Hearings,* Bd. 2, Huston Plan, S. 189.
39 Nixon, *Memoiren,* S. 311; Haldeman an Huston, 14. Juli 1970, Sonderausschuß des Senats, *Hearings,* Bd. 2, Huston Plan, S. 198.
40 Sonderausschuß des Senats, *Abschlußbericht,* Buch III, S. 956.
41 Sullivan sagt, Hoover sei, als er erfuhr, daß Nixon den Plan trotz seiner Einwände gebilligt hatte, »an die Decke gegangen«. Hoover habe gesagt: »Ich werde die Empfehlungen, die in diesem Plan stehen, nur dann befolgen, wenn der Präsident mir das befiehlt. Und ich werde sie nur dann ausführen, wenn jemand anders – der Präsident oder der Justizminister – die Verantwortung dafür übernimmt« (Sonderausschuß des Senats, *Abschlußbericht,* Buch III, S. 956; Sullivan, *The Bureau,* S. 211; Interview mit William Sullivan, in Demaris, *The Director,* S. 312). Arthur M. Schlesinger, jun., *Imperial Presidency,* S. 274: »Vielleicht machte er sich letzten Endes gar nicht so viel aus den Bürgerrechten, aber am Ruf des FBI als Organ des Gesetzesvollzugs lag ihm sehr viel.«
42 Sonderausschuß des Senats, *Abschlußbericht,* Buch III, S. 956; Nixon, *Memoiren,* S. 474f der englischen Ausgabe.
43 Hustons Klagen finden sich in seinem Memorandum an Haldeman vom 5. August 1970, Sonderausschuß des Senats, *Hearings,* Bd. 2, Huston Plan, S. 249-253.
44 Zu einem Versuch, Senator Scott dazu zu überreden, eine geplante Ehrung Kings nicht vorzunehmen, siehe »King«, Hoover O&V Akte 23, 22. Mai 1968; Hoover an Tolson et. al., 19. Juni 1969, FBI Akte 67-9524, Tolson Personalakte. Die »Panther-Direktiven« datieren vom 25. November 1968 und vom 30. Januar 1969 (Sonderausschuß des Senats, *Abschlußbericht,* Buch III, S. 22). Vgl. auch Sanford J. Ungar, *FBI,* S. 465.
45 Ungar, *FBI,* S. 466: »Es ist nur fair, offen zu sagen, daß das FBI sich überall nach einem Arm des Gesetzes umsah, der bereit war, Razzien durchzuführen, die das Bureau durchgeführt sehen wollte, ohne selbst dafür einen legalen Vorwand zu haben.
46 Ehrlichman, *Witness to Power,* S. 164. Eine ausführliche Darstellung des Falls Seberg findet sich in David Richards, *Played Out: The Jean Seberg Story.*
47 Richards, *Played Out,* S. 237.
48 Ibid., S. 238.
49 Ob die Quelle für Joyce Habers Artikel tatsächlich das FBI war, ist nicht eindeutig festzustellen, scheint aber sehr wahrscheinlich. Vgl. Richards, *Played Out,* S. 240.
50 Anhang zu William Sullivans Memorandum an Cartha DeLoach vom 6. Juni 1970, Sonderausschuß des Senats, *Hearings,* Bd. 2, Huston Plan, Beweisstück 9, zitiert in Sonderausschuß des Senats, *Abschlußbericht,* Buch III, S. 939.

51 Zentrale an Dienststellenleiter, 23. Mai 1968 und 6. Juli 1968, Sonderausschuß des Senats, *Abschlußbericht,* Buch III, S. 24, 26.
52 Wann Sullivan die neue Stelle tatsächlich antrat, ist nicht ganz geklärt. Sullivan sagte später, er habe DeLoach im Juni abgelöst, aber DeLoach war noch aktiv am Kampf des FBI gegen den Huston-Plan im Juli beteiligt. Dazu, wie Sullivan sich nach beiden Seiten schützte, indem er je nach Publikum als Verteidiger oder Gegner des Plans auftrat, vgl. Memoranden in Sonderausschuß des Senats, *Abschlußbericht,* Buch III, S. 965-966.
53 Demaris, *The Director,* S. 274, 327; Sullivan, *The Bureau,* S. 203. Die Vermutung über Hoovers Motive bei der Beförderung Sullivans stammt von mir.
54 Felt, *The FBI Pyramid,* S. 93.
55 Ungar, *FBI,* S. 139.
56 Felt, *The FBI Pyramid,* S. 88, 98.
57 Theoharis, *Spying on Americans,* S. 149, 152.
58 Hoover an Tolson et. al., 28. April 1971, FBI Akte 67-9524, Tolson Personalakte; Pat Gillers und Stephen Watters, *Investigating the FBI,* S. 474-475.
59 Theoharis, *Spying on Americans,* S. 150.
60 Felt, *The FBI Pyramid,* S. 130.
61 Felt, *The FBI Pyramid,* S. 88; Jack Nelson und Ronald J. Ostrow, *The FBI and the Berrigans,* S. 19-20.
62 Sullivan, *The Bureau,* S. 154.
63 Nixon, *Memoiren,* S. 335, 338.
64 Felt, *The FBI Pyramid,* S. 131.
65 Nixon, *Memoiren,* S. 338.
66 Ibid., S. 339.
67 Ibid., S. 339 und S. 513 der englischen Ausgabe. Nach Ehrlichman wäre es »für die Administration von großem Vorteil gewesen, wenn Hoover früher, noch vor diesem Vorfall, in Pension geschickt worden wäre. Viele der Probleme, die sich uns stellten, waren die Folge der starren Ansichten Mr. Hoovers, an denen er mit aller Überzeugung festhielt. Er war wachsam und aufrichtig, und er war ein Patriot, aber in seinen Ansichten war er unflexibel, und das machte es für uns so ungemein schwierig« (zitiert nach Demaris, *The Director,* S. 304). Zum Einbruch des Teams in die Praxis von Ellbergs Psychiater vgl. das Interview mit John Mohr, in Demaris, *The Director,* S. 307, und Nixon, *Memoiren,* S. 339f.
68 Felt, *The FBI Pyramid,* S. 133.
69 Interview mit Mark Felt, in Demaris, *The Director,* S. 271; Memorandum der Konferenz der Führungskräfte, 2. Juni 1971, Sonderausschuß des Senats, *Abschlußbericht,* Buch III, S. 539.
70 Nixon, *Memoiren,* S. 596 der englischen Ausgabe. Demaris erwähnt in *The Director* (S. 260) Mitchells Aussage, Hoover sei gegen das Anbringen und die fortgesetzte Verwendung dieser Abhörgeräte gewesen (John Dean stimmt dem zu); Sullivan sei damals »nicht ganz richtig« gewesen. Die eigentliche Gefahr, die der Administration drohte, war, daß Ellsberg über die angezapfte Leitung Halperins abgehört worden war und dies den Prozeß gegen Ellsberg gefährdete, wenn es bekannt wurde.
71 Vgl. Sullivan, *The Bureau,* S. 244.
72 Felt, *The FBI Pyramid,* S. 1, 140.
73 Ralph de Toledano, *J. Edgar Hoover: The Man in His Time,* S.367.
74 Ehrlichman, *Witness to Power,* S. 166. Nach DeLoach wollte Nixon Hoover aus dem FBI hinauskomplimentieren, indem er ihn zum »Director Emeritus« machte; das hatte Kleindienst Nixon empfohlen (Interview mit Richard Kleindienst, in Demaris, *The Director,* S. 244). Vgl. auch Nixon, *Memoiren,* S. 400 und S. 596-598 der englischen Ausgabe.
75 Nixon, *Memoiren,* S. 597-598 der englischen Ausgabe.
76 Ehrlichman, *Witness to Power,* S. 166.
77 Nixon, *Memoiren,* S. 401 sowie S. 598-599 der englischen Ausgabe.
78 Ehrlichman, *Witness to Power,* S. 166.
79 John W. Dean III, *Blind Ambition,* S. 46.
80 Ibid., S. 50; Felt, *The FBI Pyramid,* S. 170.
81 Felt, *The FBI Pyramid,* S. 170, 173, 174.
82 Für John Dean war es »politischer Realismus«, nicht »Angst vor Erpressung«, die Nixon davon abhielt, Hoover zu entlassen (Dean, *Blind Ambition,* S. 51).
83 Eine Darstellung des letzten Tages von Hoover findet sich in Felt, *The FBI Pyramid,* S. 178. Felt ist die verläßlichste Quelle, aber zwischen seinem Bericht und anderen Darstellungen aus erster Hand bestehen Unstimmigkeiten.
84 *Washington Post,* 3. Mai 1972; Felt, *The FBI Pyramid,* S. 176.

85 Savannah *Morning News,* 4. Mai 1972, und Augusta *Chronicle,* 3. Mai 1972, beide in Senat, *Memorial Tributes,* S. 300, 305.

86 Felt, *The FBI Pyramid,* S. 183.

87 Die Ansprachen Elsons und Nixons finden sich in Senat, *Memorial Tributes,* S. XIX-XXVIII; Felt, *The FBI Pyramid,* S. 185; Lawrence Van Gelder, Nachruf auf Tolson, *New York Times,* 15. April 1975; Bericht über die Beerdigung, *Washington Evening Star,* 5. Mai 1972, in *Memorial Tribute,* S. 229. Tolson starb am 14. April 1975.

Bibliographie

Berichte und Veröffentlichungen der Regierung

Comptroller General der Vereinigten Staaten. *FBI Domestic Intelligence Operations – Their Purpose and Scope: Issues That Need to Be Resolved.* 24. Februar 1976. GGD-76-50.
– *FBI Domestic Intelligence Operations: An Uncertain Future.* 9. November 1977. GGD-78-10.
Congressional Record. 5. Februar 1923, S. 3051-3073. (Berichte von den Senatoren Walsh und Sterling und Walshs Antwort auf Sterling im Hinblick auf die Palmer-Razzien.)
FBI-Jahresberichte
General Intelligence Bulletin. Spule 16-18 der *U.S. Military Intelligence Reports: Surveillance of Radicals in the United States, 1917-1941.* Frederick, MD.: University Publications, 1984?.
Jährliche *Reports* des Justizministers.
Jährliches *Testimony* [Rechenschaftsbericht] des FBI-Direktors vor dem Appropriationsausschuß des Repräsentantenhauses.
National Advisory Commission on Civil Disorders. *Report.* New York: Bantam, 1968.
National Commission on the Causes und Prevention of Violence. *Rights in Conflict.* [Der Walker-Bericht über die Unruhen in Chicago 1968.] New York: Bantam, 1968.
Nationalarchiv. *Appraisal of the Records of the Federal Bureau of Investigation: A Report to Honorable Harold H. Greene, United States District Court for the District of Columbia.* 1981.
President's Commission on Law Enforcement and Administration of Justice. *The Challenge of Crime in a Free Society.* New York: Avon, 1968.
Registers des Justizministeriums.
Research Unit, Office of Congressional and Public Affairs. Federal Bureau of Investigation. *Conducting Research in FBI Records.* 1986.
Senate of the State of New York, Joint Legislative Committee Investigating Radical Activities, Revolutionary Radicalism. Albany, N.Y.: J. Lyons, 1920.
US-Repräsentantenhaus, Ausschuß für die Regierungstätigkeit, *Untersuchung über die Vernichtung von Rapporten und Akten des ehemaligen FBI-Direktors J. Edgar Hoover.* 94. Kongr., 1. Sitz.
US-Repräsentantenhaus, Lenkungsausschuß, *Justizminister A. Mitchell Palmer über die Anklagen gegen das Justizministerium, erhoben von Louis F. Post und anderen.* 65. Kongr., 2. Sitz., 1. Juni 1920.
US-Repräsentantenhaus, Sonderausschuß für geheimdienstliche Aktivitäten. *Hearings,* Behörden und Aktivitäten des US-Geheimdienstes: Inländische Geheimdienstprogramme, Teil 3. 94. Kongr., 1. Sitz.
US-Repräsentantenhaus, Spezialausschuß für die Untersuchung kommunistischer Aktivitäten in den Vereinigten Staaten. *Untersuchung kommunistischer Propaganda.* 71. Kongr., 2. Sitz., 1930, Teil 2, Bd. 1.
US-Senat, *Ermittlungen des Justizministeriums, Brief des Justizministers, übersandt als Antwort auf eine Resolution des Senates vom 17. Oktober 1919, ein Bericht über die Aktivitäten des Bureau of Investigation des Justizministeriums gegen Personen, die zu Anarchie, Agitation und zum gewaltsamen Sturz der Regierung aufrufen.* 66. Kongr., 1. Sitz., 15. November 1919.
US-Senat, *Reden zum Gedächtnis J. Edgar Hoovers im Kongreß der Vereinigten Staaten und verschiedene Artikel und Editorials über sein Leben und Werk.* 94. Kongr., 2. Sitz., 1974.
US-Senat, Rechtsausschuß. *Bolschewistische Propaganda, Hearings vor einem Unterausschuß des Rechtsausschusses.* Sen. Res, 439 und 469, 65. Kongr., 3. Sitz. (11. Februar 1919 bis 10. März 1919).
– *Anklagen gegen das Justizministerium wegen illegaler Praktiken.* 66. Kongr., 3. Sitz., 16. Januar bis 3. März 1921.
– *Hearing,* Pressefreiheit. 92. Kongr., 1. und 2. Sitz.
US-Senat, Sonderausschuß für Ermittlungen gegen den Justizminister. *Ermittlungen gegen den Honorable Harry M. Daugherty, ehemals Justizminister der Vereinigten Staaten.* 68. Kongr., 1. Sitz. S. Res. 157, 1924, Bd. III.

US-Senat, Sonderausschuß zur Untersuchung von Aktionen der Regierung im Hinblick auf geheimdienstliche Tätigkeiten. *Abschlußbericht,* Geheimdienstaktivitäten und die Rechte amerikanischer Staatsbürger, Buch II. 94. Kongr., 2. Sitz., Bericht Nr. 94-755.
– *Abschlußbericht,* Detaillierte Nachtragsberichte des Personals über Geheimdienstaktivitäten und die Rechte amerikanischer Staatsbürger, Buch III. 94. Kongr., 2. Sitz., Bericht Nr. 94-755, Serie 13133-5.
– *Abschlußbericht,* Die Untersuchung über die Ermordung des Präsidenten J. F. Kennedy: Funktion der Geheimdienstbehörden, Buch V. 94. Kongr., 2. Sitz., Bericht Nr. 94-755, Serie 13133-5.
– *Abschlußbericht,* Nachtragsberichte über Geheimdienstaktivitäten, Buch IV. 94. Kongr., 2. Sitz., Bericht Nr. 94-755.
– *Hearings,* Bd. 6, FBI. 94. Kongr., 1. Sitz.
– *Hearings,* Huston Plan, Bd. 2. 94. Kongr., 1. Sitz., 23., 24., 25. September 1975, S. 354-356.

Bücher

Abridged History od the Federal Bureau of Investigation. c. 1983, OCPA.
Adler, Bill, ed. *Kid's Letters to the FBI.* Englewood Cliffs, N.J.: Prentice Hall, 1966.
Ambrose Stephen E. *Eisenhower, The President.* New York: Simon and Schuster, 1984.
American Friends Service Committee. *Anatomy of Anti-Communism.* New York: Hill and Wang, 1969.
Appel, Special Agent Charles. *History of the Bureau of Investigation.* 18. November 1930. OCPA, FBI.
Bales, James D., ed. *J. Edgar Hoover Speaks Concerning Communism.* Washington, D.C.: Capitol Hill Press, 1970.
Baltzell, Digby. *The Protestant Establishment: Aristocracy and Caste in America.* New York: Vintage, 1964.
Belknap, Michael R. *Cold War Political Justice: The Smith Act, the Communist Party, and American Civil Liberties.* Westport, Conn.: Greenwood, 1977.
Bell, Daniel, ed. *The Radical Right.* New York: Anchor, 1964; erstmals veröffentlicht im Jahre 1955.
Bergman, Andrew. *We're in the Money.* New York: New York University Press, 1972.
Berle, Adolf; Berle, Beatrice; Jacobs, Travis, eds. *Navigating the Rapids.* New York: Harcourt Brace, 1973.
Biddle, Francis. *In Brief Authority.* Garden City, N.Y.: Doubleday, 1962.
Blumer, Herbert und Hauser, Philip M.. *Movies, Delinquency and Crime.* New York: Macmillan, 1933.
Bontecou, Eleanor. *The Federal Loyalty-Security Program.* Ithaca, N.Y.: Cornell University Press, 1953.
Brown, Anthony Cave. *The Last Hero: Wild Bill Donovan.* New York: Times Books, 1982.
Brown, R.G., et al. *Illegal Practices of the Justice Department.* Washington, D.C.: National Popular Government League, Mai 1920.
Burns, James MacGregor. *Roosevelt: The Lion and the Fox.* New York: Harcourt Brace, 1956.
Caesar, Gene. *Incredible Detective.* Englewood Cliffs, N.J.: Prentice-Hall, 1968. (Eine Biographie von William Burns.)
Caute, David. *The Great Fear: The Anti-Communist Purge Under Truman and Eisenhower.* New York: Simon and Schuster, 1978.
Centennial History of Central High School. Washington, D.C.: Alumni Association of Central High School, 1976.
Chester, Rev. John D. D. *Discourse Delivered at the Funeral Services of Mrs. Anna Hitz in the Metropolitan Presbyterian Church of Washington, D.C., on March 8, 1883.* Washington, D.C.: Beresford, 1883.
Coben, Stanley. *A. Mitchell Palmer, Politician.* New York: Columbia University Press, 1963.
Cobler, John. *Capone.* New York: Putnam's, 1971.
Collins, Frederick L. *The FBI in Peace and War.* New York: Putnam's, 1943.
Cook, Fred J. *The F.B.I. Nobody Knows.* New York: Macmillan, 1964.
Cooney, John, *The American Pope.* New York: Times Books, 1984.
Cooper, Courtney Ryley. *Ten Thousand Public Enemies.* New York: Blue Ribbon Books, 1935.
Cowan, Paul, et al. *State Secrets.* New York: Holt, Rinehart and Winston, 1974.

CRAWFORD, ALAN. *Thunder on the Right: The New Right and the Politics of Resentment.* New York: Pantheon, 1980.
CROMIE, ROBERT UND PINKSON, JOSEPH. *Dillinger: A Short and Violent Life.* New York: McGraw-Hill, 1962.
CUMMIMGS, HOMER UND MACARLAND, CARL. *Federal Justice: Chapters in the History of Justice in the Federal Executive.* New York: Da Capo, 1970; erstmals veröffentlicht im Jahre 1937.
DEAN, JOHN W., III. *Blind Ambition.* New York: Pocket Books, 1977; erstmals veröffentlicht im Jahre 1976.
DEMARIS, OVID. *The Director: An Oral Biography of J. Edgar Hoover.* New York: Harper's Magazine Press, 1975.
DE TOLEDANO, RALPH. *J. Edgar Hoover: The Man in His Time.* New Rochelle, N.Y.: Arlington House, 1973.
Digested History of the FBI. 1. Februar 1940. OCPA, FBI.
DONNER, FRANK J. *The Age of Surveillance.* New York: Knopf, 1980.
DONOVAN, ROBERT J.,5KT2E. *Conflict and Crisis: The Presidency of Harry S Truman, 1945-1948.* New York: Norton, 1977.
– *Tumultuous Years: The Presidency of Harry S Truman, 1949-1953.* New York: Norton, 1982.
DOWNES, DONALD. *The Scarlet Thread.* London: Derek Verschoyle, 1953.
DRAPER, THEODORE. *The Roots of American Communism.* New York: Viking, 1957.
DUBOFSKY, MELVYN UND THEOHARIS, ATHAN. *Imperial Democracy: The United States since 1945.* Englewood Cliffs, N.J.: Prentice-Hall, 1983.
DUMENIL, LYNN. *Freemasonry and American Culture.* Princeton, N.J.: Princeton University Press, 1985.
DURKHEIM EMILE. *Über die Teilung der sozialen Arbeit.* Frankfurt: Suhrkamp, 1977; geschrieben im Jahre 1893.
EASTMAN, MAX. *Reflections on the Failure of Socialism.* New York: Devin-Adair, 1962.
EDELMAN, MURRAY. *Politik als Ritual.* Frankfurt, New York: Campus Verlag, 1976. [*The Symbolic Uses of Politics.* Urbana, Ill.: University of Illinois Press, 1964.]
EHRLICHMAN, JOHN. *Witness to Power.* New York: Simon and Schuster, 1982.
EISENHOWER, DWIGHT D. *Mandate for Chance: 1953-1956.* Garden City, N.Y.: Doubleday, 1963.
– *Wagnis für den Frieden.* Düsseldorf: econ, 1966. [*The White House Years: Waging Peace, 1956-1961.* Garden City, N.Y.: Doubleday, 1965.]
ELLIFF, JOHN T. *Crime, Dissent, and the Attorney General: The Justice Department in the 1960s.* Beverly Hills, Kalif.: Sage, 1971.
FALK, CANDACE. *Liebe und Anarchie & Emma Goldman.* Berlin: Karin Kramer, 1987. [*Love, Anarchy, and Emma Goldman.* New York: Holt, Rinehart and Winston, 1984.]
FELT, MARK. *The FBI Pyramid.* New York: Putnam's, 1979.
FORMAN, HENRY JAMES. *Our Movie Made Children.* New York: Macmillan, 1933.
FRAENKEL, O. K. *The Sacco-Vanzetti Case.* New York: Knopf, 1931.
FREEDMAN, MAX, ed. *Roosevelt and Frankfurter: Their Correspondence.* Boston: Little Brown, 1967.
GARROW, DAVID J. *The FBI and Martin Luther King, Jr.: From »Solo« to Memphis.* New York: Norton, 1981.
GATEWOOD, WILLARD B. *Theodore Roosevelt and the Art of Controversy.* Baton Rouge: Louisiana University Press, 1970.
GITLOW, BENJAMIN. *The Whole of Their Lives.* New York: Scribner's, 1948.
GOLDMAN, EMMA. *Gelebtes Leben.* Bd. 1-3, Berlin: Karin Kramer, 1978, 1979, 1980. [*Living My Live.* New York: Knopf, 1931.]
GOLDMAN, ERIC. *The Tragedy of Lyndon Johnson.* New York: Knopf, 1969.
GOLDSTEIN, ROBERT J. *Political Repression in Modern America.* Cambridge, Mass.: Schenckman/Two Continents, 1978.
GOODMAN, WALTER. *The Committee: The Extraordinary Career of the House Comittee on Un-American Activities.* New York: Farrar, Straus, 1968.
GOULART, RON. *Line Up, Tough Guys.* Nashville, Tenn.: Sherbourne Press, 1966.
GREEN, CONSTANCE MCLAUGHLIN. *Washington: Capital City, 1879-1950.* Princeton, N.J.: Princeton University Press, 1963.
GREEN, GIL. *Cold War Fugitive.* New York: International Publishers, 1984.
GREENE, NATHANAEL. *European Socialism Since World War I.* Chicago: Quadrangle, 1971.
GRIFFITH, ROBERT UND THEOHARIS, ATHAN. *The Specter: Original Essays on the Cold War and the Origins of McCarthyism.* New York: New Viewpoints, 1974.

GUTHMAN, EDWIN. *We Band of Brothers*. New York: Harper and Row, 1964.
HALPERIN, MORTON H., et. al. *The Lawless State: The Crimes of the U.S. Intelligence Agencies*. New York: Penguin, 1976.
HANDY, ROBERT T. *A Christian America: Protestant Hopes and Historical Realities*. New York: Oxford University Press, 1984.
HARMON, JIM. *The Great Radio Heroes*. New York: Ace, 1967.
HARRIS, RICHARD. *Justice: The Crisis of Law, Order, and Freedom in America*. New York: Avon, 1970; erstmals veröffentlicht im Jahre 1969.
HECHLER, KEN. *Working with Truman: A Personal Memoir of the White House Years*. New York: Putnam's, 1982.
Here's to Old Central. Washington, D.C.: Alumni Association of Central High, 1967.
HIGHAM, JOHN. *Strangers in the Land: Patterns of American Nativism, 1860-1925*. New York: Atheneum, 1973.
HILL, ROBERT A., ed. *Marcus Garvey and Universal Negro Improvement Association Papers*. Bd. 2. Berkeley, Kalif.: University of California Press, 1983.
HOOK, SIDNEY. *Heresy, Yes – Conspiracy, No*. New York: John Day, 1953.
HOOVER, J. EDGAR. *Persons in Hiding*. Boston: Little Brown, 1938.
– *Masters of Deceit*. New York: Henry Holt, 1958.
– *A Study of Communism*. New York: Holt, Rinehart and Winston, 1962.
– *J. Edgar Hoover on Communism*. New York: Random House, 1969.
– *J. Edgar Hoover Speaks*. Herausgegeben von James D. Bales. Washington, D.C.: Capitol Hill, 1971.
HORAN, JAMES D. *The Pinkertons*. New York: Bonanza, 1967.
HOWE, IRVING UND COSER, LEWIS. *The American Communist Party: A Critical History*. New York: Praeger, 1962.
HUIE, WILLIAM BRADFORD. *Three Lives for Mississippi*. New York: Signet, 1968.
HURT, HENRY. *Reasonable Doubt*. New York: Holt, Rinehart and Winston, 1985.
HYDE, H. MONTGOMERY. *The Atom Bomb Spies*. London: Hamish Hamilton, 1980.
ICKES, HAROLD L. *The Secret Diaries*. New York: Simon and Schuster, 1954.
IRONS, PETER. *Justice at War*. New York: Oxford University Press, 1983.
JAFFE, JULIAN F. *Crusade Against Radicalism*. Port Washington, N.Y.: Kennikat, 1972.
JENSEN, JOAN M. *The Price of Vigilance*, Chicago: Rand McNally, 1968.
– *Military Surveillance of Civilians in America*. Morristown, N.J.: General Learning Press, 1975.
JOHNSON, LYNDON BAINES. *Meine Jahre im Weißen Haus*. München: Praeger, 1971. [*The Vantage Point*. New York: Holt, Rinehart and Winston, 1971.]
JOWETT, GARTH. *Film, The Democratic Art*. Boston: Little, Brown, 1975.
KAYSER, ELMER LOUIS. *Bricks Without Straw: The Evolution of George Washington University*. New York: Appleton-Century-Croft, 1970.
KEARNS, DORIS. *Lyndon Johnson and the American Dream*. New York: Harper and Row, 1976.
KELLY, ALFRED, et al. *The American Constitution*. New York: Norton, 1983.
KEMPTON, MURRAY. *Part of Our Time: Some Monuments and Ruins of the Thirties*. New York: Simon and Schuster, 1955.
KIMBALL, PENN. *The File: The Chilling True Account of Government Spying on an Innocent Man*. New York: Harcourt Brace, 1983.
KLEINDIENST, RICHARD. *Justice: The Memoirs of an Attorney General*. Ottawa, Ill.: Jameson, 1985.
KUTLER, STANLEY I. *The American Inquisition: Justice and Order in the Cold War*. New York: Hill and Wang, 1982.
LASCH, CHRISTOPHER. *The Agony of the American Left*. New York: Vintage, 1969.
LATHAM, EARL. *The Communist Controversy in Washington*. Cambridge, Mass.: Harvard University Press, 1966.
LEWIS, EUGEN, E. *Public Entrepreneurship: Toward a Theory of Bureaucratic Political Power*. Bloomington, Ind.: Indiana University Press, 1984.
LINDEMANN, ALBERT S. *The Red Years: European Socialism versus Bolshevism, 1919-1921*. Berkeley, Kalif.: University of California Press, 1974.
LISIO, DONALD J. *The President and Protest: Hoover, Conspiracy and the Bonus Riot*. Columbia, Mo.: University of Missoury Press, 1973.
LOWENTHAL, MAX. *The Federal Bureau of Investigation*. New York: William Sloane Associates, 1950.
LYNN, ROBERT W. UND WRIGHT, ELLIOTT. *The Big Little School: Two Hundred Years of the Sunday School*. New York: Harper and Row, 1971.
MACDONALD, J. FRED. *Television and the Red Menace: The Video Road to Vietnam*. New York: Praeger, 1985.

Mailer, Norman. *The Presidential Papers*. New York: Berkley, 1963.
Martin, Olga. *Hollywood's Movie Commandments*. New York: H. W. Wilson, 1937.
Mason, Alpheus Thomas. *Harlan Fiske Stone: Pillar of the Law*. New York: Viking, 1956.
Masonic Obituary, J. Edgar Hoover Memorabilia Collection, Freedoms Foundation, Valley Forge, Pennsylvania.
Masterman, John C. *Unternehmen Doppelspiel: Sir John Mastermans Geheimbericht an die Regierung Seiner Majestät; der Kampf zwischen deutscher Spionage und britischer Abwehr im Zweiten Weltkrieg*. München: Molden, 1972. [*The Double Cross System in the War of 1939 to 1945*. New Haven: Yale University Press, 1972.]
Mitchell, David. *Red Mirage*. New York: Macmillan, 1970.
Morgan, Richard E. *Domestic Intelligence: Monitoring Dissent in America*. Austin, Tex.: University of Texas Press, 1980.
Morgan, Ted. *FDR: A Biography*. New York: Simon and Schuster, 1985.
Murray, Robert K. *Red Scare: A Study in National Hysteria, 1919-1920*. New York: McGraw-Hill, 1964.
Nachruf der Freimaurer, siehe Masonic Obituary.
Navasky, Victor. *Kennedy Justice*. New York: Atheneum, 1971.
– *Law Enforcement: The Federal Role*. New York: McGraw-Hill, 1976.
– *Naming Names*. New York: Viking, 1980.
Nelson, Jack und Ostrow, Ronald J. *The FBI and the Berrigans*. New York: Coward, McCann, 1072.
Nixon, Richard, *Memoiren*. Köln: Ellenberg, 1979. [*The Memoirs of Richard Nixon*. New York: Grosset & Dunlap, 1978.]
O'Neill, William L. *Coming Apart: An Informal History of America in the 1960s*. New York: Quadrangle, 1971.
O'Reilly, Kenneth. *Hoover and the Un-Americans*. Philadelphia: Temple University Press, 1983.
Ollestad, Norman. *Inside the FBI*. New York: Lancer, 1968.
Oshinsky, David M. *A Conspiracy So Immense: The World of Joe McCarthy*. New York: Free Press, 1983.
Overstreet, Harry und Overstreet, Bonaro. *The FBI in Our Open Society*. New York: Norton, 1969.
Parmet, Herbst S. *Eisenhower and the American Crusades*. New York: Macmillan, 1972.
– *Jack: The Struggles of John F. Kennedy*. New York: Dial, 1980.
– *JFK: The Presidency of John F. Kennedy*. New York: Dial.
Perkus, Cathy, ed. *COINTELPRO: The FBI's Secret War on Political Freedom*. New York: Monad, 1975.
Perrett, Geoffrey. *Days of Sadness, Years of Triumph*. New York: Coward, McCann, 1973.
– *Dreams of Greatness*. New York: Coward, McCann, 1979.
– *America in the Twenties*. New York: Simon and Schuster, 1982.
Philbrick, Herbert. *I Led Three Lives: Citizen, »Communist,« Counterspy*. New York: McGraw-Hill, 1952.
Pinkerton, Allan. *The Mollie Maguires and the Detectives*. New York: G. W. Carleton, 1877.
Popov, Dusko. *Spy Counter-Spy*. New York: Grosset & Dunlap, 1974.
Post, Louis F. *The Deportations Delirium of Nineteen-Twenty: A Personal Narrative of an Historic Official Experience*. New York: Da Capo, 1970; erstmals veröffentlicht im Jahre 1923.
Powers, Richard Gid. *G-Man. Hoover's FBI in American Popular Culture*. Carbondale, Ill.: Southern Illinois University Press, 1983.
Powers, Thomas. *CIA*. Hamburg: Hoffmann und Campe, 1980. [*The Man Who Kept the Secrets*. New York: Knopf, 1979.]
Prange, Gordon W. *Pearl Harbor: The Verdict of History*. New York: McGraw-Hill, 1986.
Preston, William Jr. *Aliens and Dissenters*. Cambridge, Mass.: Harvard University Press, 1963.
Purvis, Melvin. *American Agent*. Garden City, N.Y.: Doubleday, 1936.
Radosh, Ronald und Milton, Joyce. *The Rosenberg File: A Search for the Truth*. New York: Holt, Rinehart and Winston, 1983.
Rather, Dan und Gates, Gary Paul. *The Palace Guard*. New York: Warner, 1975.
Richards, David. *Played Out: The Jean Seberg Story*. New York: Playboy, 1981.
Rout, Leslie B. und Bratzel, John F. *The Shadow War: German Espionage and the United States Counterespionage in Latin America During World War II*. Frederick, Md.: University Publications, 1986.
Russell, Francis. *The Shadow of Blooming Grove: Warren G. Harding and His Times*. New York; McGraw-Hill, 1968.

Schlesinger, Arthur M., Jr. *The Vital Center: The Politics Of Freedom.* New York: Houghton, Mifflin, 1949.
– *Die tausend Tage Kennedys.* Bern, München, Wien: Scherz, 1965. [*A Thousand Days.* Boston: Houghton, Mifflin, 1965.]
– *The Imperial Presidency.* Boston: Houghton, Mifflin, 1973.
– *Robert Kennedy and His Times.* Boston: Houghton, Mifflin, 1978.
Schott, Joseph. *No Left Turns.* New York: Praeger, 1975.
Seldes, George. *Witch Hunt.* New York: Modern Age, 1940.
Sherwood, Robert. *Roosevelt und Hopkins.* Hamburg: Krüger, 1950. [*Roosevelt and Hopkins.* New York: Harper and Row, 1948.]
Shils, Edward W. *The Torment of Secrecy: The Background and Consequences of American Security Policies.* Glencoe: Free Press, 1956.
Shumach, Murray. *The Face on the Cutting-Room Floor.* New York: William Morrow, 1964.
Widmung: Für Eileen, Sarah und Evelyn

Dank

Die Beamten des FBI waren sehr hilfsbereit und erfüllten meine Wünsche nach Akten und Informationen sehr effizient. Für ihre Bemühungen danke ich James K. Hall von der Records Management Division of the Freedom of Information-Privacy Acts Section, Jack French und Ernest Porter von der Research Unit des Office of Congressional and Public Affairs und Dr. Susan Falb, FBI-Historikerin, OCPA, die Großartiges geleistet hat, um die Eigenheiten des SOG (Seat of Government, Regierungssitz, FBI-Ausdruck für Washington) zu rechtfertigen. Nachforschungen in den FBI-Archiven sind mit Schwierigkeiten verbunden, die jedoch in der Sache selbst begründet sind und nicht, soweit ich das beurteilen konnte, an Hindernissen, die das FBI heute dem Recherchierenden in den Weg legt.

In den Nationalarchiven hatte ich das Glück, von Cynthia G. Fox und Michael McReynolds von der Civil Archives Division für die Bereiche Recht, Finanzen und Gesellschaft sowie von John Taylor von der Abteilung für modernes Militärwesen unterstützt zu werden.

Spezialisten für die Geschichte der Schulen in Washington halfen mir, schwer zugängliche Informationen über Hoovers Kindheit zu lokalisieren: Richard Hurlbert für das Schulsystem im District of Columbia, Mrs. Hardy für die Schulaufsicht, Walton Shipley für die Geschichte der Central High School und Hugh Y. Bernard für die Geschichte der juristischen Fakultät der George Washington University.

Danken möchte ich auch den Mitarbeitern in den Bibliotheken der Präsidenten: Dale C. Mayer von der Herbert-Hoover-Bibliothek, Raymond Teichman von der Franklin-D.-Roosevelt-Bibliothek, Dennis Bilger von der Harry-S.-Truman-Bibliothek, David Haight von der Dwight-D.-Eisenhower-Bibliothek, Nancy Smith von der Lyndon-B.-Johnson-Bibliothek und Megan Floyd Desmoyers und Joan Kennedy von der John-F.-Kennedy-Bibliothek.

Für die Unterstützung von Mary Wolfskill von der Abteilung für Handschriften in der Kongreßbibliothek, Mary Plummer von der Presbyterian National Historical Society, Robin Wear von der Alderman Library der Universität von Virginia sowie Franz Lassner und Harold Badger von der Freedoms Foundation bin ich ebenfalls zu Dank verpflichtet.

Hoovers Nichten Margaret Hoover Fennell und Anna Hoover Kienest gaben viele Erinnerungen an ihren Onkel an mich weiter. Hoovers Pastor, Edward L. R. Elson vom National Presbyterian Center, und der Historiker des Center, Ervin Chapman, erhellten mein Verständnis für Hoovers religiöse Neigungen. Mr. und Mrs. Rex Collier ließen mich an den Erinnerungen ihrer langen Verbindung mit Hoover teilhaben.

Der ehemalige Justizminister Herbert Brownell, der ehemalige Associate FBI Director Mark Felt, Assistant to the Director Cartha DeLoach, Assistant Director Courtney Evans und die ehemaligen Spezialagenten William Gunn und Milton Ellerin gaben mir viele nützliche Informationen über Hoover und sein FBI. Ernest Cuneo und Thomas Troy beantworteten meine Fragen über Hoover und den militärischen Geheimdienst (OSS, Office of Strategic Services).

Mein Dank gilt auch vielen Autoren, die im Rahmen ihrer Forschungen Aspekte von Hoovers Karriere berührten und mir dadurch halfen: Kai Bird, Ralph de Toledano, Candace Falk, David Garrow, Donald M. Goldstein, Walter Goodman, Gil Green, Robert Hill, Max Holland, Ted Morgan, David Oshinsky und Scott Rafferty; ebenso Paul Burka, John Cammett, Stanley Coben, John Copp, Lynn Dumenil, Charles Gillieron, Stanley Kutler, J. Fred MacDonald und Arthur Schlesinger jun. Im College of State Island wurde ich von Präsident Edmond L. Volpe, Dekan Barry Bressler und Jerome Mardison von der CSI-Bibliothek enthusiastisch unterstützt.

Viele Freunde halfen mir und ermutigten mich in den Jahren, die dieses Projekt in Anspruch nahm. Besonders dankbar bin ich Frederick Binder, Sandi Cooper, Roy und Cora Hoopes, Jane Kozlowski, Carol Luedtke, Claire und Edward Margolies, Louis Phillips und Barton L. St. Armand. Mein Dank gilt auch Seymour Rudin für seine Mühe, die Fehler im Text zu korrigieren.

Nach allem, was ich so höre, ging es meiner Frau und meinen Kindern während der Zeit, in der ich mit Hoover beschäftigt war, gut. Ich freue mich darauf, dies selbst festzustellen.

Kein Autor kann sich eine bessere Unterstützung wünschen als jene, die ich von den Mitarbeitern bei The Free Press bei Macmillan erhalten habe. Mich mit der Intelligenz des Leiters und Verlegers Erwin Gilkes zu messen war eine großartige Erfahrung. Das größte Verdienst jedoch für alle Qualitäten, die dieses Buch haben mag, gebührt meiner Lektorin bei The Free Press, deren gute Laune, intensive Konzentration, scharfsinniges Verständnis und hohe Ansprüche während einer langen und schweren Prüfung nie versagten: Joyce Seltzer.

Register

Bildnachweis

Bildteil 1: zwischen den Seiten 224/225

AP/Wide World Photos: Seite 5 unten; Seite 7 unten; Seite 8
Federal Bureau of Investigation: Seite 2 rechts; Seite 4 unten rechts
National Archives: Seite 1 oben/unten; Seite 2 oben links/unten links; Seite 4 unten links; Seite 6 oben/unten
News Picture Service/Miller, National Archives: Seite 4 oben
Underwood and Underwood/The Bettmann Archive: Seite 3
UPI/Bettmann Newsphotos: Seite 5 oben; Seite 7 oben

Bildteil 2: zwischen den Seiten 384/385

AP/Wide World Photos: Seite 4 oben
Federal Bureau of Investigation: Seite 4 unten
National Archives: Seite 2 unten; Seite 6 unten; Seite 7
The New York Times: Seite 1 oben
Pedro A. Noa: Seite 8 unten
Time Magazine/Walter Benett: Seite 8 oben
The Union Tribune: Seite 2 oben
UPI/Bettmann Newsphotos: Seite 1 unten; Seite 3 oben/unten; Seite 6 oben